Siedler

Buch

Das 19. Jahrhundert scheint voller unerfüllter und unter-
drückter Sehnsüchte gewesen zu sein. Die Liebe, so
meint man, war bestimmt von romantischen, ewig uner-
reichten Idealen, beherrscht von rigorosen Moralvorstel-
lungen, die keinen Freiraum für individuelle Gefühlsre-
gungen ließen. War das bürgerliche Zeitalter prüde und
frustriert? Peter Gay, der international renommierte
Kulturhistoriker, erforscht die Herzensangelegenheiten
dieser Epoche: Er stöbert in Romanen und Dramen,
Biographien und Briefen, Tagebüchern und Traktaten. Er
erzählt Geschichten von Zuneigung und Begierde, von
Zärtlichkeit und ungebrochener Sinnlichkeit.
Gay zeigt »die ganze Wirklichkeit der Liebe« und bringt
so manches Vorurteil ins Wanken. Denn die Liebeswirk-
lichkeit kam dem Ideal näher, als man gemeinhin glaubt.
Das bürgerliche Zeitalter kannte nicht nur Verdrängung
und Sublimation, sondern auch eine erstaunliche Freizügigkeit: Es gab die »zarte Leidenschaft« in all ihren
Spielarten. Und so kommt die Frage auf, ob nicht das
19. Jahrhundert das große Jahrhundert der Liebe war.

Autor

Peter Gay, 1923 in Deutschland geboren, ist emeritierter
Professor für Geschichte an der Yale University. Für seine
Studien zum 18. und 19. Jahrhundert hat er zahlreiche
Preise und Auszeichnungen erhalten, darunter Fellow-
ships des Berliner Wissenschaftskollegs, der Guggenheim
und der Rockefeller Foundation.
Weitere Veröffentlichungen: »Erziehung der Sinne«, »Die
Macht des Herzens«, »Freud«, »Kult der Gewalt«.

Peter Gay

Die zarte Leidenschaft

Liebe im bürgerlichen Zeitalter

*Aus dem Englischen
von Holger Fließbach*

Siedler

Die Originalausgabe erschien 1986 unter dem Titel »The Tender Passion« bei Oxford University Press, New York.

Siedler Taschenbücher erscheinen im Goldmann Verlag,
einem Unternehmen der Verlagsgruppe Bertelsmann.

1. Auflage
Vollständige Taschenbuchausgabe Februar 1999
Copyright © 1986 Peter Gay
Copyright der deutschen Ausgabe © 1987 C.H. Beck'sche
Verlagsbuchhandlung (Oscar Beck), München
Satz: Fotosatz Otto Gutfreund, Darmstadt
Umschlaggestaltung: Design Team München
Umschlagabbildung: James Tissot, Les Adieux, 1871
(City of Bristol Museum & Art Gallery, Avon/Bridgeman Art
Library, London/New York)
Made in Germany 1999
ISBN 3-442-75552-2

Inhalt

Für
Julie Boltin
in Freundschaft

«It is awful work, this love...»
                    Byron an Thomas Moore, 1821

«Liebe – ob mütterlich oder sinnlich, es ist alles eins...»
        Tschaikowsky an Wladimir W. Stasow, 1877

«Je voudrais enfin qu'en hermaphrodite nouveau tu me donnasses avec ton corps toutes les joies de la chair et avec ton esprit toutes celles de l'âme.»
        Flaubert an Louise Colet, 28. September 1846

I. Kontrapunkt

Der Bürger des 19. Jahrhunderts erlebte Liebe spontan und zugleich stilisiert. Mit wirksamen Einrichtungen, von der geschickt inszenierten Tischgesellschaft bis hin zum kühlen Vertrag zwischen Kaufmannssippen, begünstigte die Mittelschicht passende Verbindungen. Zwar konnten diese Vorkehrungen Empfängliche nicht daran hindern, sich zu verlieben; aber sie konnten dafür sorgen, daß junge Männer und Frauen kaum andere als geeignete Partner kennenlernten. Wer schon nicht um des Geldes oder der guten Familie willen heiraten wollte, war im allgemeinen doch dazu zu bewegen, nach Geld oder guter Familie Ausschau zu halten. Die akzeptablen Wege zur Liebe waren gut ausgeschildert und schwer bewacht; extrem hart hingegen die Strafen, die auf – beabsichtigte oder eingegangene – Mesalliancen standen: gesellschaftliche Ächtung, Versetzung in ein gottverlassenes Nest, Enterbung. Doch gerade die Strenge der Strafe zeugt von der Stärke der Versuchung. Das Aufeinanderprallen unterschiedlicher gesellschaftlicher Stile, Ungleichheiten des Temperaments, neurotische Hemmungen oder Neigungen, der anarchische Zauber der Schwärmerei – dies alles machte, daß das Grundmuster «respektabler Liebe» von bunter Mannigfaltigkeit war und manche Überraschungen barg. Es gab großzügig Raum für Liebesmotive, die weniger berechnend waren als materieller Vorteil oder gesellschaftlicher Aufstieg. Mehr und mehr trug der Trieb den Sieg davon über die Abwehr.

Der ewige, nie endende Kampf zwischen Freiheit und Kontrolle der Freiheit ist das kritische Problem aller Zivilisation, nicht zuletzt in der Liebe. Die Grenze zwischen erotischer Expressivität und erotischer Reserve war, im bürgerlichen Zeitalter des 19. Jahrhunderts vielleicht noch mehr als zu irgendeiner anderen Zeit, fließend und fragwürdig; sie definitiv zu erfassen, nahezu unmöglich. Die alte patriarchalische Ordnung war im Zerfall begriffen, am sichtbarsten in den Mittelschichten Westeuropas und der USA, während die Herrschaft der Jungen noch nicht heraufgezogen war. In dieser zunehmend undurchsichtigen, angsterzeugenden Situation handelte das Bürgertum nur rational, wenn es nachgerade verzweifelt an seiner Privatsphäre festhielt und sich auf die größtenteils ernsthafte, nur teilweise bewußte Suche nach raffinierten Varianten irdischer Wünsche machte. Das gibt der Psychoanalyse Gelegenheit, dem Historiker beizuspringen, der die entlegeneren Bereiche der

Liebe hinter dem Rauchschirm vorsätzlicher Schicklichkeit, beflissener Selbstzensur und verbissener moralischer Voreingenommenheit zu entdecken trachtet. Es wäre – wie eine zentrale These des vorliegenden (und des vorangegangenen) Buches lautet – eine grobe Verkennung der bürgerlichen Erfahrenswelt, wollte man glauben, daß der Bürger im 19. Jahrhundert das, worüber er nicht redete, eben deshalb auch nicht gewußt, nicht praktiziert oder nicht genossen hätte. Was für die Sexualität galt, gilt erst recht für die Liebe eines Erwachsenen zu einem anderen Erwachsenen, die – neben allem, was sie sonst noch sein mag – mehr ist als bloße Geschlechtslust.

Wohl haben wütende Gegner des bürgerlichen 19. Jahrhunderts versucht, der Welt das Gegenteil einzureden, aber ein gut Teil bürgerlichen Liebens bekannte sich frei, in glühenden Briefen und unbekümmerten Taten. Ein weit größerer Teil solchen Liebens nötigt jedoch zu jenem programmatischen Argwohn gegen manifeste Oberflächen, der das Herzstück von Freuds Untersuchungstechnik bildet. Nur allzu oft zeigt sich bürgerliche Liebe im 19. Jahrhundert in vornehmer künstlerischer oder literarischer Verbrämung, in unverständlichen Träumen und ungewollten Geständnissen – was alles nach jener vertieften archäologischen Deutung schreit, auf die sich die Psychoanalyse spezialisiert. Damit soll nicht bestritten werden, daß Psychoanalyse in erster Linie Individualpsychologie ist. Sie hat zwar soziale Dimensionen, die im allgemeinen unterschätzt werden und noch keineswegs völlig erforscht sind. Aber der eigentliche Gegenstand ihres Interesses – ihres systematischen Voyeurismus – ist der einzelne, unwiederholbare Mensch. Eine historische Epoche besteht – wir alle wissen es – genauso wie ein historisches Ereignis aus einer gewissen Zahl von Möglichkeiten, die in der Ausdehnung von Raum und Zeit realisiert werden, und jeder Akteur im menschlichen Drama, ob Hauptdarsteller oder Speerträger, ist gehalten, den ihm zugeteilten Part durch den Dunstschleier seines Charakters, seiner wirtschaftlichen Umstände und seiner regionalen oder sozialen Identifikationen zu lesen. Da jedoch jeder Mensch zugleich einer sozialen Klasse mit gewissen voraussagbaren Denk- und Verhaltensweisen angehört, können die Porträts, die der psychoanalytisch versierte Historiker von Individuen zeichnet, willkommenes neues Licht auch auf deren Klasse und Zeit werfen.

Das waren meine Überlegungen bei der Niederschrift der beiden wahren Liebesgeschichten, die den Auftakt dieses Bandes bilden. Beide Liebenden, Otto Beneke wie Walter Bagehot, waren einzigartig. Doch beide mußten sich, wie alle anderen Vertreter ihrer Gattung, mit den unbewußten Bezirken ihrer Seele herumschlagen; sie durchliefen jene

Entwicklungsgeschichte des Geschlechtstriebs, die im Säuglingsalter beginnt und für alle Zeit durch das ödipale Erlebnis geprägt ist; sie empfanden Angst, als Warnung vor einer Gefahr, die von ihrem Selbst oder von der Welt drohte; und sie erdachten eine Fülle von Anpassungsmechanismen. Daher sind Beneke und Bagehot, wenn auch auf unterschiedliche Weise, repräsentative Gestalten. Sie bleiben Individuen, und das Individuum – man kann es nicht deutlich genug sagen – ist die einzige Mitte des Erlebens. Doch gemeinsam veranschaulichen sie Möglichkeiten des erotischen Lebensweges, die sich den bürgerlichen Mittelschichten des 19. Jahrhunderts boten.

1. Die wahre Liebe

Irgendwann um den 1. November 1841 lernte Otto Beneke im Hause ihrer Eltern Marietta Banks kennen. Er war 29, ein gebildeter Junggeselle und Doktor der Rechte, der in den Archiven seiner Heimatstadt Hamburg beschäftigt war; sie tat, mit 18, gerade die ersten Schritte in die Gesellschaft, will sagen: auf den Heiratsmarkt – die charmante, schüchterne Tochter aus angesehenem Hamburger Hause. Sie entstammte einer Patrizierfamilie von englischem Ursprung und mit Verbindungen nach Italien. Zwei oder drei Tage später begegnete Beneke der jungen Dame zufällig wieder, und zwar auf dem Jungfernstieg, jener reizvollen Alsterpromenade, die zum Flanieren und Einkaufen einlädt und bei den Bürgern Hamburgs als Schauplatz unschuldiger Flirts höchst beliebt war. Zu seinem unerwarteten Vergnügen grüßte Marietta «recht freundlich – gar nicht so entsetzlich stolz, streng, kalt, eisig, wie neulich in ihres Vaters Hause». Ein oder zwei Tage später begann Otto Beneke, über die Zusammenkünfte mit Marietta Banks sorgfältige Aufzeichnungen zu machen; er notierte ihre Konversation, ihre Gesten, ihre Blicke, den Ton ihrer Stimme und ihr Schweigen, und er analysierte, welche Bedeutung ihre Reaktionen auf seine Worte, seine Briefe, seine Geschenke haben mochten. Ich kenne kein anderes Dokument, das so morbid-minuziös dem Auf und Ab einer bürgerlichen Liebe von deren allererstem Anfang an nachspürt. Denn *daß* Otto Beneke seit der ersten Begegnung mit Marietta Banks unwiderruflich verliebt war, unterliegt keinem Zweifel; dies, das wußte er, war die wahre Liebe. Seine erotische Odyssee war vorbei, sein erotisches Ziel stand fest – freilich war es noch keineswegs erreicht.

Andere Mädchen galten ihm plötzlich für nichts. «Gott weiß, was mit mir ist», mit diesen Worten beginnt sein Bericht, der im Laufe der Jahre zwei stattliche Kästchen füllen sollte, «meine Gedanken, die sonst, sowie sie frei waren, zu Susette flogen, verfehlen immer den Weg dahin, kehren um, langen endlich immer bei Mariette an, u. fühlen sich hier wie magnetisch angezogen.» Wann ihr Magnetismus zu wirken begonnen hatte, wußte er nicht mehr genau: «Entweder M. hat mich verzaubert, oder ich war vorher v. Susette behext an sie gebannt.» Diese Ausdrucksweise, dem Reich des Übersinnlichen entlehnt, erlaubte es ihm, sich als willenloses Spielzeug von Mächten zu geben, die er nicht beherrschen, ja nicht einmal ermessen konnte. «Nun plötzlich», so gab er Susette den Laufpaß, «läßt ihr Zauber unkräftig nach.» Von da an führte er Tagebuch, grübelnd, sich selbst zerfleischend, zentriert einzig und allein um Marietta Banks; es illustriert nur einmal mehr die – zu Otto Benekes Zeit bereits triviale – Beobachtung Shakespeares, daß der Strom der treuen Liebe nie sanft rann.[1]

Für manche freilich doch – mehr oder weniger. Am 24. Januar 1857 machte Walter Bagehot die Bekanntschaft von Eliza Wilson. Die Parallelen zwischen seinem Liebeserlebnis und jenem Benekes sind frappierend, bis zu dem Punkt, wo sie auseinanderlaufen und einen instruktiven, lebhaften Kontrapunkt bilden. Wie Beneke war auch Bagehot nicht mehr der Jüngste: Er war 31, als er James Wilson aufsuchte, den Herausgeber des *Economist*, um mit ihm über Beiträge zu seiner Zeitschrift zu sprechen. So fand Bagehot, wie Beneke, seine spätere Frau im Hause ihres Vaters. Und wiederum wie Beneke verhielt sich Bagehot untadelig, in einwandfreier bürgerlicher Manier: Welche (bewußten oder unbewußten) Wünsche er auch gehabt haben mochte, er unternahm ebensowenig einen Anschlag auf die Tugend Eliza Wilsons wie Beneke auf die Marietta Banks'. Genau wie Otto Beneke erkannte Walter Bagehot sogleich sein Schicksal. Jugendsünden hin oder her: diese Liebe war etwas anderes. In einem frühen Essay über Hartley Coleridge, der frappierende autobiographische Züge aufweist, sagt er über Coleridge: «Seine Liebesaffären waren hoffnungslos.»[2] Eliza Wilson verkörperte ihm die Hoffnung. «Es war Elizas Geschick, von Walter zum Dinner geführt zu werden», erinnerte sich ihre jüngste Schwester Emilie mehr als sieben Jahrzehnte später. «Falls es nicht Liebe auf den ersten Blick war, dann war es bestimmt lebhaftes Interesse auf den ersten Blick»[3] – ein Gefühl gegenseitiger Anziehung, das zur Liebe gedeihen konnte. Doch mit Ausnahme einer einzigen drohenden Gefährdung, die sich dann rasch wieder verflüchtigte, begegneten Walter Bagehot und Eliza Wilson keinen Hindernissen auf ihrem Weg zum Gipfel. Ihr Liebeserleben widerspricht zwar allen gängigen Vorstellungen von romantischem Liebesleid oder kommerziellem Ehekalkül, war aber für das 19. Jahrhundert ein ebenso realistischer Weg zur Ehe wie (auf der anderen Seite) das Wirrsal, das die Werbung von Otto Beneke um Marietta Banks auszeichnete.

Was Otto Beneke litt, war durchaus «selbsteigne Pein», darum aber nicht weniger quälend und nur um so interessanter. Einen oder zwei Monate lang führte er seinen Eroberungsfeldzug in jenem Schneckentempo, das er für strategisch angezeigt hielt. Diese Sprache des Krieges ist seine eigene; er sah sich gern als Kombattanten, der das trügerische Minenfeld der Liebe durchquert, und redete von «Scharmützeln» und «Vorpostengefechten». Auch wo er nicht in diese martialische Sprache verfällt, lesen sich seine Berichte, mit ihrer Aufzählung der angewandten Kriegslisten, aufgegebenen Stellungen und erlittenen Verluste, wie Bulletins aus dem Großen Hauptquartier. So friedfertig Marietta Banks von ihrem Temperament her war: Otto Beneke faßte gerade die Reize, die sie für ihn hatte, als Anreiz zum Kampf auf.[4]

Der gesellschaftliche Stil der führenden Hamburger Familien – Bankiers, Kaufleute, wohlhabende Anwälte – gab Gelegenheit zu ersten erotischen Gehversuchen, und eifrig nutzte Beneke seine Chance – bei abendlichem Tanz oder bei Kammermusikkonzerten in den herrschaftlichen Häusern vermögender und etablierter Familien. Sie boten willkommenen Anlaß, Susette die kalte Schulter zu zeigen und Marietta schön zu tun. Kaum zwei Wochen, nachdem er «Mariette» kennengelernt hatte, sah er sie bei einem Ball wieder und verstand es, sie zum letzten Tanz vor Tisch zu «engagieren», so daß er sie zu Tisch führen konnte. Ein paarmal sprach er sie an, aber «hauptsächlich beobachtete ich sie». In den kommenden Monaten und Jahren sollte er sie noch ausgiebig beobachten. Schon am nächsten Abend sah er sie bei einem Quartett wieder, wie gewöhnlich in privatem Rahmen. Er fand sie «ganz charmant» aussehend, beklagte aber an der Veranstaltung «Impedimente der Förderung meiner Angelegenheit». Ein aufdringlicher Leutnant hatte Marietta «blockiert» gehalten, und außerdem hatte die Musik ein höchst unproduktives Schweigen bewirkt.[5]

Von Anfang an war Benekes angstvoller Voyeurismus, bei aller Subtilität, weit mehr Projektion als Wahrnehmung. Anfang November 1841 fand er, Marietta sehe «wirklich niedlich…, blühend u. frisch» aus, doch sei sie augenscheinlich «befangen gegen mich – verbarg es aber sehr gut und graziös». Ende des Monats hatte er mit ihrem kleinen Bruder eine Darbietung von Kunstreitern besucht und war bei der Rückkehr gebeten worden hereinzukommen. Er traf «Mariettinola» inmitten ihrer «hochansehnlichen» Familie bei einer Näharbeit an; sie sagte wenig und errötete oft. Er verweilte bei dieser ausdrucksvollen Färbung: «Dies zarte Erröthen ist eine ihrer charmantesten Eigenschaften; nicht allein sieht es allerliebst mädchenhaft aus, sondern es ist auch ein farbiger Beweis von der Bewegtheit ihrer Seele, – indem sie oft gänzlich ohne äußern Anlaß erröthet.»[6] Nach Art vieler Liebender konnte er in seiner konsequenten Selbstherabsetzung nicht zugeben, daß vielleicht *er* der äußere Anlaß ihres Errötens war. Jedes Verdienst auf Marietta Banks häufend, blieb ihm für sich selber keines übrig. Die seelische Zergliederung, die er so intensiv trieb, half ihm nicht, Klarheit über seine Situation zu gewinnen, sondern vertiefte nur sein Gefühl der Entmutigung. Benekes Stil des Werbens hinterläßt entschieden den Eindruck einer heftigen, kaum bezwungenen Depression.

Mit einem Wort, Otto Beneke war besessen von Marietta Banks. Des Nachts fand er keinen Schlaf mehr, grübelte über sie nach und entwarf einen Schlachtplan nach dem anderen. Genüßlich quälte er sie – und sich selbst – mit Vorwürfen ob ihrer Gleichgültigkeit, ihrer stummen Zurückhaltung. Als er im Dezember auf einem Ball sowohl seiner alten Flamme als auch seiner neuen begegnete, ignorierte er Susette völlig; gerade, daß er, diskretionshalber, zweimal mit ihr tanzte. «Dagegen erblühte die Neigung für Mariettinola immer mehr u. mehr! Sie war auch wirklich allerliebst. – Gott weiß, wo ich so lange meine Augen hatte!» Er schalt sich dafür, seine Zeit verschwendet zu haben, und überlegte nüchtern, daß Marietta ihm so lange kein Vertrauen schenken werde, solange Susette ihr Klatsch hinterbrachte. Auf den Abend zurückblickend, registrierte er elf kleine Vorkommnisse und flüchtige Eindrücke über den Erfolg seiner Strategie; sie war, dessen war er sich nur allzu sicher, ein Mißerfolg.[7]

Für Otto Beneke verkehrte sich alles in Material, das zur Deutung reizte. Etwas später, auf einem anderen Ball, entlockte er Marietta Banks ihren Geburtstag – es war der 7. November – und ergriff die Gelegenheit, um sie für ihr Mißtrauen zu schelten: «Wenn sie so oft nicht zu antworten wußte, – so deutete ich das entw. als Absicht, Maske, – oder als Zerstreutheit, Befangenheit, namentlich in meiner Gegenwart, da sie sich von mir beobachtet wisse.» Sie war «so ersichtlich verlegen und befangen» – kein Wunder, möchte der Chronist einwerfen –, «daß sie kaum die nöthigsten Antworten hervorbringen konnte.» Mit dem Masochismus des Liebenden drang er in sie, ihm zu sagen, was ihr an ihm mißfalle, und nach hartnäckigem Bohren tat sie ihm schließlich den Gefallen und tadelte vorsichtig seine «Courmacherei». Er dankte ihr, ohne bewußte Ironie, für dieses «erbettelte Vertrauensbrödtchen»; offenbar übersah er die Bedeutung der dem Mädchen abgebettelten Kritik: Es war die zarte Einladung, nur einem einzigen Mädchen die Cour zu machen.[8]

Benekes ungebrochener Pessimismus erscheint als eine psychologische

Taktik, die sich nur aus unbewußten Konflikten erklärt. Anfang 1842 ermutigte ihn ein freimütiger Freund, um Marietta Banks' Hand anzuhalten: «Das Mädchen mag Sie verteufelt gern leiden, das kann selbst ein Blinder sehen.» Auch den Eltern des Mädchen werde «so ein hoffnungsvoller, liebenswürdiger Mensch» als Schwiegersohn gewiß sehr willkommen sein. Beneke aber zog es vor, diesen aufmunternden Klaps auf den Rücken als Scherz abzutun. Wenn er Marietta Banks der Falschheit zieh, wie er es mehr als einmal tat, dann nur, um bei sich das Bild eines Bedrängten und Verfolgten abzurunden, denn objektiv gesehen waren seine Anschuldigungen lächerlich. Aber er verfolgte seine Politik, wiewohl sie das Mädchen nur verwirrte und erschreckte, breitete seinen Kummer im Tagebuch aus und deutete munter drauf los. Im Februar 1842 schickte Marietta Banks ihm einige «prognostications» in englischer Sprache – ein harmloses, aber keineswegs bedeutungsloses Gesellschaftsspiel, bei dem die Mitspieler Verse auf die Zukunft ihrer Partner machen mußten. Wie üblich nahm Beneke jedes einzelne Wort unter die Lupe und drehte und wendete es so lange, bis es eine entmutigende Facette zeigte. «But be not downcast, love shall favor thee», schloß ihr Gedicht, «Heed not the rest et suis ta destinée!» Warum, so fragte sich Beneke, dieser Wechsel ins Französische? Und was, wenn sie statt des nichtssagenden «et» geschrieben hätte «je»?[9] Er wollte es nicht wahr haben, daß sie sich ihm als sein Geschick anbot – scheu, wie es sich für ein wohlerzogenes Mädchen gehörte, aber durchsichtig genug für jedermann, außer ihm.

Wenn Otto Beneke sich nicht ruhelos auf seinem Bette wälzte und über Mariettinola brütete, dann träumte er von ihr. Er kannte sie kaum zwei Wochen, als er sich schon notierte, daß er «gar anmuthig» von ihr träume. Einen Monat später wird seine Sprache drängender: «Fort u. fort bewegt sie mich innerlich auf das Tiefste! Tags mein Gedanke, nächtlich mein Traum! Tags fliegen ihr meine Gedanken zu, wie Eisen zu dem Magnet; – nachts kann ich nicht schlafen vor der Bilder Menge darin sie als Königin erscheint»; wenn endlich doch der Schlaf kam, sah er sich mit seiner «schlanken Mariette» auf einem romantischen Waldweg wandeln. Zwei Monate später, in einer «Epoche, in der ich fast nächtlich von Marietta träume», fragte er sich, ob sie wohl auch einmal von ihm geträumt habe.[10] Die trübe, negative Antwort war in der Frage schon enthalten.

Selbst spürbare Fortschritte konnten ihn nicht zufriedenstellen. Ende Februar 1842, unmittelbar nachdem er darüber nachgedacht hatte, ob sie wohl von ihm träume, notierte er sich: «Das Wort ‹Freundschaft› ist für uns nun gefunden.» Aber seine Wünsche eilten den Erfolgen weit voraus:

«Ein armes, geduldiges Wort!» bemerkte er und setzte hinzu (offenbar ohne recht zu wissen, was er schrieb): «Erste jungfräuliche Liebe» sei so rein wie Alpenluft, so geistig, so seelenhaft, «so alles Irdische ausschließend». Unbewußt – und so heftig, daß sie zum Teil schon wieder bewußt wurden – trieben ihn seine irdischen Leidenschaften zu Wünschen, die eine jungfräuliche Liebe niemals befriedigen konnte. In einem eigenen Tagebuch, das er neben dem Marietta Banks gewidmeten führte, hatte er sich schon im Dezember gefragt: «Was mich seit längerer Zeit bewegt? Ein unaussprechlich heißer Wunsch, eine unsäglich tiefe Sehnsucht, – die ich mir kaum selbst gestehen mag, weil ihr Ziel so unerreichbar wie die Sterne ist, u. die fast nur in nächtlichen Träumen sich ausspricht.» Und in dem typischen ominösen Ton, auf den sein ganzes Werben gestimmt war, setzte er hinzu: «Wie ein Mann kämpfe ich dagegen an, – Gott schicke mir Kraft, zu entsagen, da's doch wieder entsagt sein muß.» Zwei Monate später war er deutlicher und zugleich diskreter – unfähig, den privatesten Aufzeichnungen seine Sehnsucht anzuvertrauen: «Innerlich unbeschreiblich bewegt, – von den extremsten Motiven! Prädominierend jedoch eins––––.»[11] Nichts könnte beredter sein als diese Striche durch seine Gedanken.

Es ist leicht zu erkennen, welcher Drang ihn bewegte, und den Namen der jungen Frau zu erraten, auf die dieser Drang sich konzentrierte. Benekes sinnliche Frustration machte sich in körperlicher Betätigung Luft; all seine «verhaltene Leidenschaftlichkeit» erfuhr ihre energische Sublimierung im Tanz. Er tobte durch die wildeste Tarantella, bis seine «zarten, erschöpften» Partnerinnen aufhören mußten; eine sagte mit Grauen zu ihm: «Man fühlte eine solche entsetzliche Leidenschaft aus Ihnen heraus!» Halb gefiel ihm das Kompliment, halb wehrte er sich dagegen. Denn das «Hauptmotiv», das ihn mit solcher erschreckenden Selbstvergessenheit tanzen ließ, war «so schön, so reich, so herrlich, so beseeligend», daß er es desto schmerzlicher empfand, daß das Schiff im Angesicht des Hafens dennoch scheitern mußte.[12]

Sein Unterbewußtsein spielte ihm Streiche und rang ihm Geständnisse ab, ohne daß er es merkte. Ihre Adressatin war zweifellos zu wohlerzogen, um ihre ganze Tragweite zu ermessen. Im Laufe seines Feldzugs gewöhnte Beneke sich an, Marietta Banks ausgewählte Bücher zu senden – nicht ohne in seinem Tagebuch sorgfältig ihre Titel und die Reaktion auf sie zu vermerken. Anfang 1842 verfaßte er für sie eine ausführliche Deutung der *Schachspieler*, einer Radierung des damals weitbekannten Illustrators Moritz Retzsch (Abb. 4). Sie zeigt einen jungen Mann in gotischer Tracht und nachdenklicher Haltung, der mit dem Teufel Schach spielt. Seine Satanische Majestät, angetan mit Umhang und Federhut, mustert boshaften Blickes den hübschen menschlichen Widersacher, während ein traurig dreinblickender Engel zusieht. Die Schachfiguren des Satans sind kleine Drachen, Teufel und verführerische Evas, während der Weiße keusche, kreuzgeschmückte Figuren führt. In seinem wortreichen Kommentar verweist Beneke darauf, daß der Teufel in dieser Partie die Oberhand hat, und deutet die Szene und ihre Symbole für «die junge sinnige Beschauerin, sie sei», fügt er spröde hinzu, «wer sie wolle, ich will aber einmal annehmen, sie sei eine der zarten ‹Noli-me-tangere›-Mädchenseelen Hamburgs, die sich gar scheu und ängstlich vor jeder geistigen Annäherung und Eindringung des Fremden, in sich selbst und in tiefes Schweigen zurückziehen.» Die «sinnige Beschauerin» wird bemerken, daß der Teufel die Lust am Bösen verkörpert; sein König ist der Teufel selbst, seine Königin «der Menschen mächtigste, allgemeinste Triebfeder zum Bösen, des Teufels glücklichstes Verführungsmittel: *Sinnenlust*, eine schöne reizende verlockende Frauengestalt, die Schale der Berauschung darbietend.» Dann führt Beneke eine Verbesserung des Originals ein, indem er dem Jüngling eine Figur gibt, die Retzsch «unverantwortlich übersehen» hat: «*Die Ehre*.» Der Schutzengel aber ist die «*Liebe*. So muß er gewinnen!» Denn «wo *Ehre* wacht» und Liebe ihn umflattert, muß der Mensch den schlimmsten Verführungen des Satans siegreich trotzen.[13]

Die Moral von dieser Geschichte ist dürftig genug. Man darf es mit ihr auch nicht allzu genau nehmen: Benekes gedrechselte Gabe war nichts anderes als der Versuch eines Verehrers, die Gunst einer sensiblen und behüteten jungen Dame zu gewinnen, die er für kapriziös, unnahbar und abweisend hielt. Außerdem entbehrt seine Deutung der Retzschen Radierung ja nicht der Plausibilität; den Teufel mit der Sinnenlust in Zusammenhang zu bringen, war alles andere als eine originäre Entdeckung Benekes. Doch wenn er auch die manifeste Lehre zieht, daß Liebe gleichbedeutend sei mit Selbstbeherrschung, so bringt seine Fixierung auf die Sinnlichkeit diese brave Schlußfolgerung doch ins Wanken. Beneke «korrigierte» die *Schachspieler*, indem er die Reinheit gegen die Bosheit gewinnen ließ, doch seine tieferen Sympathien galten dem Satan; in Gedanken beschäftigte ihn die «mächtigste, allgemeinste Triebfeder zum Bösen», der libidinöse Wunsch nach sexueller Erfüllung.

Benekes Konflikte hatten neurotische Wurzeln, aber kulturelle Implikationen. Im 19. Jahrhundert mußte der ordentliche Bürger, der eine Frau suchte, sich erst einmal beruflich etablieren, bevor er ans Heiraten denken konnte. «[D]ie Chemie», schrieb Freud aus dem Laboratorium an seine Braut, «besteht zu zwei Dritteilen aus Warten, das Leben wahrscheinlich ebenso». Das war im Sommer 1882. Ein weiteres Jahr ihrer langen Verlobungszeit verging, und er philosophierte halb stolz, halb bedauernd über «diese Gewohnheit der beständigen Unterdrückung natürlicher Triebe», die für die gebildeten Mittelschichten charakteristisch sei.[14] In seinem eigenen, untadelig bürgerlichen Leben bekam Freud jenes Elend selbstauferlegter sexueller Frustration zu spüren, über das er später so autoritativ theoretisieren sollte. Nicht anders erging es Otto Beneke und Tausenden anderer junger Männer, die ihren Weg in der Welt machten und den vorgeschriebenen Pfaden zur Gründung eines die bürgerlichen Werte bewahrenden und beständigen Hausstandes folgten.

Allerdings gestaltete sich dieses sexuelle Stillhaltenmüssen für Beneke besonders schmerzlich. Die meisten Männer in seiner Lage, auch Walter Bagehot, wüteten gegen ihre Frustrationen und setzten alles daran, sie loszuwerden. Im 19. Jahrhundert war die Verlobungszeit ein Zwischenstadium, das gewisse Vertraulichkeiten zuließ; diese Übergangsphase in der Erziehung der Sinne war viel angenehmer, zugleich aber auch viel quälender, als die Zeit der ersten erotischen Annäherungsversuche.[15] Otto Beneke hingegen schien es darauf anzulegen, seinen Schatz zu verlieren, statt ihn sich zu sichern. Selbst in seinen Träumen redete er Marietta Banks weiter mit dem förmlichen «Sie» statt mit dem intimeren und vertraulicheren «Du» an. Im Juni 1842 erlitt er dann die Niederlage, auf die er unbewußt schon gewartet hatte. Leonclair Gossler war in den Hamburger Senat gewählt worden, und Otto Benekes Freunde brachten ihn als Gosslers Sekretär ins Gespräch; mit diesem Amt hätte Beneke Zutritt zum inneren Kreis der Hamburger Führungsschicht erhalten. Den Namen Gossler kannte in Hamburg jedes Kind; Beamte, Senatoren, Bürgermeister waren seit Generationen aus dieser Familie hervorgegangen, und Beneke bewarb sich widerstrebend, unterlag jedoch einem älteren Kandidaten mit 9 zu 12 Stimmen.

Das bedeutete in seinen Augen das Ende seiner Hoffnungen. *«Mariettes Besitz»*, notierte er in einer trotzigen Aufwallung, *«jetzt oder nie!»* Aber, dessen war er sich nur allzu sicher, es würde nie sein. In den nächsten Monaten verzeichnet das Tagebuch immer wieder Ausbrüche einer geradezu selbstmörderischen Niedergeschlagenheit. Er sieht sich selbst «in der trostlosesten Verstimmung». In seinem 30. Jahr hat er «seinen Weg verfehlt, sein Glück verspielt». «Pein», «Qual»: das sind jetzt Worte, die er allen Ernstes gebraucht. Mitte Juli kommt er zu dem Schluß, daß es seine «Ehrenpflicht» sei, «Marietten zu entsagen». Er wird sie nicht abrupt verlassen, sie nicht durch Preisgabe der wahren Gründe verwunden, sondern seine Zwangslage andeuten und sich allmählich aus ihrer geliebten Nähe zurückziehen. Er kann sich nicht ganz dazu durchringen, sie aufzugeben: «O ich glaube, wenn ich die Arme öffnete und sagte – Komm Mariette! sie wäre mein in Leben und Tod!...» Doch rasch verwirft er solche Phantasien: «Träume eines Thoren!» Den ganzen Sommer hindurch variiert er diese Themen; abwechselnd geißelt er sich mit dem Pathos seiner Resignation und gratuliert sich selbst ob seiner Kraft zur Selbstverleugnung.[16]

Die erkünstelte Kühle, die er glaubte zur Schau tragen zu müssen, war rätselhaft und quälend für Marietta, die nur darauf wartete, daß er ihr einen Antrag machte. Nachdem sie seinem Versteckspiel einige Monate lang zugesehen hatte, sandte sie ihm, zunehmend irritiert, im Oktober 1842 ein Billet: «Ich bitte dringend um Erklärung Ihres rätselhaften Betragens, welches mir in den letzten Tagen gänzlich unerklärlich geworden ist.» Diese Bitte, weit davon entfernt, Otto Beneke zu beglücken oder seine Zweifel zu zerstreuen, war nur ein weiterer Vorfall, der der Analyse bedurfte: Was konnte «das arme Mädchen» nur meinen? Er hielt jedenfalls an der Überzeugung fest, daß Entsagung der einzig ehrenhafte Weg sei. Er träumte weiter von ihr, seinem «golden Kind», seinem «armen Mädchen», jedoch in dem unerschütterlichen Glauben, daß der Gedanke an ihren Besitz nichts weniger denn ein «Verbrechen» für ihn sei.[17] Er sah sie weiterhin und schickte ihr Bücher, reduzierte aber die Temperatur seines Werbens bis auf den Nullpunkt.

Als es Beneke im Dezember 1843 wiederum nicht gelang, «außerordentlicher Sekretär des Senats» zu werden, fand er sich in seinem traurigen Entschluß bestärkt. «Zum 2ten Mal durchgefallen, refüsiert, abgeblitzt, oder wie man's nennen will.» Beneke sah darin einen Fingerzeig Gottes, der ihn streng zur Entsagung mahnte. Doch ein besonnener, bittender Brief seiner Mariettinola wirft ein anderes Licht auf seine Verzweiflung. Sie erzählte ihm, daß sie die ganze Sache mit ihrem Vater besprochen habe, der wie sie selber der Meinung sei, er solle diesen Rückschlag nicht so tragisch nehmen. Ein Jahr mehr oder weniger bedeute wenig im Leben eines so tüchtigen Mannes – eines Mannes, der berufen sei, seinen Weg zu machen! Edward Banks, freundlich, welterfahren und seiner Tochter zugetan, lud Otto Beneke zu einem zwanglosen Gespräch ein und fragte ihn rundheraus, ob er Marietta liebe. Kein Wunder, daß Beneke diese Unterredung unbehaglich war: Drohte Mariettas Vater doch, ihm die einzige Entschuldigung dafür aus der Hand zu schlagen, daß er jenes Mädchen nicht heiratete, das er angeblich liebte und von dem er jede Nacht träumte! Aber so leicht war Beneke nicht einzufangen. Wenn er jene Stelle bekommen hätte, erklärte er seinem Schwiegervater in spe, hätte er auch um Mariettas Hand angehalten. So, wie die Dinge jetzt lägen, könne er nichts versprechen. Aber Marietta mochte ihn nicht gehen lassen. Als er sie während dieser bewegten Wochen, Anfang Januar 1844, bei einer privaten «Quartett-Unterhaltung» sah, sagte er taktloserweise zu ihr, ihm sei «ein solches Sehen qualvoller als gar nicht Sehen», doch sie wandte ein: «O nein, schon Sehen ist etwas, – und lieber ein Etwas als gar nichts.» Dann, und er zeichnete es getreulich auf, «sagte sie plötzlich in flehendstem Tone: ‹O bitte, bitte, lassen Sie's nicht aus sein!›» Noch in derselben Nacht träumte ihm von Marietta «sehr lebendig», Dinge, die seiner Phantasie niemals vorgeschwebt hatten, «heimliche, süße Minnebilder», und er erwachte «von seligen Brautnachtschauern».[18] Otto Beneke hatte nicht die Absicht, das Verhältnis zu beenden – und nicht die Absicht, mit ihm Ernst zu machen. Zu groß war die Lust, die er aus seiner Qual zog.

In Wirklichkeit war seine Lage günstig. Er behauptete, sich über seine Wünsche im klaren zu sein; das Mädchen, das er liebte, wollte nichts sehnlicher als von ihm geheiratet werden. Obwohl er es mit Anfang dreißig noch nicht geschafft hatte, einen einflußreichen Gönner zu finden, war seine berufliche Stellung gesichert und die Aussicht auf ein Fortkommen im Hamburger Stadtarchiv gut. Im Mai 1842 ereignete sich eine unerhörte Katastrophe, für die er zwar in seinen Marietta-Tagebüchern keinen Platz fand, die aber Epoche in der Geschichte Hamburgs machte: Ein Großfeuer legte ganze Stadtviertel in Schutt und Asche und forderte schlimme Verluste an Menschenleben. Die bedauernswerten Bürger erlebten unzulängliche Löschmaßnahmen, verbreitete Panikreaktionen und häßliche Plünderungen. Das Stadtarchiv wurde von dem Feuer stark in Mitleidenschaft gezogen. Beneke hatte, was er bescheidenerweise nicht erwähnte, heroische Anstrengungen unternommen, zu retten, was zu retten war, und instand zu setzen, was instand gesetzt werden mußte; und sein Einsatz, der weit über das Pflichtgemäße hinausging, kann seinem künftigen Schwiegervater nicht verborgen geblieben sein, der, als einflußreicher Syndikus, den Wiederaufbau der Stadt nach dem Brand an führender Stelle überwachte. Auch Unterschiede des familiären Ranges oder der Herkunft waren nicht der geringste Hinderungsgrund bei seinem Werben um die Hand Marietta Banks': Selbst für den arrogantesten Snob muß Dr. Otto Beneke einen hervorragenden Schwiegersohn abgegeben haben. Entstammte er doch einer hochachtbaren Familie: Sein Vater, wie Otto Beneke Jurist, hatte in eine vornehme Hamburger Familie geheiratet und war in einflußreichen Führungsgremien der Stadt tätig gewesen, wo es ihm mit bemerkenswertem Takt gelang, rivalisierende politische Gruppierungen miteinander zu versöhnen, deren Streit nach der komplizierten Verfassung des Stadtstaates in eine offene Feldschlacht auszuarten gedroht hatte. Nach zwei

Jahren der Selbstsabotage in seinem Werben begann Otto Beneke denn auch zu vermuten, daß er an seinem Unglück im großen und ganzen selber schuld war: Dem Tagebuch vertraute er an, daß er seine «Nicht-wählung» gewollt haben müsse; «denn sonst wäre ich sicher gewählt».[19] Wenn er noch immer ein Nobody – und ein Junggeselle war, so lag der Fehler, wie ihm jetzt dämmerte, in ihm selber und nicht in den Sternen, die er anzuklagen liebte.

Auch Walter Bagehot hatte einen verborgenen Fehler – oder meinte es zumindest –, der ihn am Heiraten hindern konnte. 1826 in Langport (Somerset) als Sohn eines wohlhabenden und gescheiten Bankiers geboren, der seinen Sprößling liebte und ansporante, erwies er sich als aufgeweckter, etwas frühreifer Knabe, der mit seinen Leistungen in der Schule, auf dem College in Bristol und dann auf dem University College in London eine glänzende Zukunft vor sich zu haben schien. 1852 gab er jedoch London und die Aussicht auf eine juristische Laufbahn auf und ging wieder nach Langport, wo er in die Bank seines Vaters eintrat. Dort machte er sich allmählich einen Namen als origineller, umstrittener politischer Publizist und als schreibfreudiger, nachdenklicher Literaturrezensent für die Journale. Doch obgleich er mit fast allen begabten Zeitgenossen bekannt war, blieb seine Reserve undurchdringlich. Sieben Jahre, bevor er London den Rücken kehrte, mußte Bagehot sich von seinem engsten Freund, Richard Holt Hutton (später ein prominenter Zeitschriftenherausgeber und Journalist), sagen lassen, daß er sich gegenüber denen, die ihm nahestünden, zu sehr auf sich selbst zurückziehe: «Ich wünschte, der Kreis Ihrer Anteilnahme wäre weiter, nicht nur im Geistigen, sondern auch im Gefühlsmäßigen, das sich bei Ihnen zu sehr auf das Häusliche beschränkt.» Hutton räumte gerne ein, daß Bagehot der Freundschaft fähig sei; er sei ein guter Gesellschaftsmensch, gewiß: meistens von sprühender Laune, und immer geistreich. Aber das war nur Bagehots gesellschaftliche Außenseite, wie Hutton nicht entging: «Ich wünschte, Sie würden – nicht einfach mehr Freundschaften schließen, sondern mehr Bindungen eingehen.» Bagehot wußte das selbst nur zu gut; er wußte, daß sein beißender, frappierender Witz nicht einfach Ausdruck überschäumender Vitalität, sondern auch eine Abwehr war. «Das Kesse ist mein spezielles Dessin», sollte er später an Eliza Wilson schreiben. «Zu Leuten, die ich achte, bin ich immer frech.»[20]

Walter Bagehot hatte, wie seine Biographen melden, verschiedene gute Gründe, den Anwaltsberuf an den Nagel zu hängen; das Haupthindernis aber war seine Mutter, eine amüsante, energische, liebevolle – und intermittierend psychotische Frau. Mehr als alles andere bedingten ihre

Phasen der Umnachtung Bagehots Zurückgezogenheit und die kaum unterdrückte, isolierende Melancholie, die Hutton an ihm so bedauerte. «Alles Schlimme im Leben», sagte Bagehot einmal, «ist ein Spaß, verglichen mit dem Wahnsinn.» Er hatte ihn als mitfühlender Sohn und aus nächster Nähe beobachtet und wußte, was er sagte. Wenn seine Mutter einen ihrer manischen Anfälle hatte, vermochte ihr geliebter, als einziger am Leben gebliebener Sohn sie besser als jeder andere zu beruhigen. Er kannte den Rhythmus ihrer Anfälle.[21] Wieviel es Walter Bagehot gekostet haben mag, sich jenen ruhigen, klinischen Ton anzugewöhnen, in dem er den Zustand seiner Mutter beschrieb, können wir nur vermuten.

Zweifellos fand Mrs. Bagehot in der fürsorglichen Ergebenheit ihres Sohnes einen Lohn ihres Wahnsinns. Unaufdringlich machte sie ihm die Reize des väterlichen Bankgeschäfts schmackhaft, um ihn nach Hause zu holen, und bekräftigte den Anspruch auf seine sorgende Zuneigung mit munterer, erfrischender Redeweise, selbstlosem Interesse an seiner Verehelichung und offenkundiger Sorge um seine Karriere. Kein Wunder, daß er nichts als Langeweile empfand auf den «stupiden» Bällen, die er besuchte und in Gesellschaft all der «kleinen blauen und rosa Mädchen, die einander so ähnlich sind». Der Bann einer originellen, temperamentvollen, hübschen und rührend hilfsbedürftigen Mutter war schwer zu brechen. Er war sogar um so schwerer zu brechen, als Bagehot ihn durchschaute. Seine Empfindungen des Mitleids und der Zärtlichkeit, das Gefühl, unentbehrlich zu sein und sehr geliebt zu werden, bereiteten ihm (einigermaßen rührende) Lust. Was Bagehot darüber hinaus an seine Mutter band, war aber die – großenteils unbewußte, bei Kindern leidender Eltern nicht seltene – Überzeugung, irgendwie mitverantwortlich zu sein für ihre peinigenden Episoden.

> The highest spirits deepest sorrows claim,
> The noblest destinies are tinged with fear

[die höchsten Geister leiden tiefste Qual, / das hehrste Schicksal ist nicht frei von Furcht], schrieb er in einem frühen Sonett, das sich gegen die von seinem Freund Hutton postulierte «grundlose Melancholie» wendet:

> No pain is causeless; o'er God's mightiest sons
> Two angels Grief and Guilt divide their sway.

[Kein Schmerz ist grundlos; über Gottes stärkste Söhne / schwingen zwei Engel, Pein und Schuld, ihr Schwert.] Seine Pein – die Fähigkeit, mit seiner Mutter mitzuleiden – bewahrte sein Schuldgefühl davor, ihn unter der ganzen Bürde seiner Bosheit zu begraben; und seine Schuld mischte sich trübend in den Erguß seiner Sympathie. «Die furchtbarste Strafe für die Sünde, die Gott in unsere Natur gesenkt hat», schrieb er, wie aus persönlicher Erfahrung, in seinem ersten veröffentlichten Essay, «liegt in der Sünde selbst.» Buße bringt keine Linderung, Reue keinen Trost, weil diese Strafe inwendig ist. «Der erste der Sünder ist der Wärter ihres Gefängnisses.» Eines seiner vielzitierten Epigramme besagt, daß er zuzeiten gegen das Schicksal aufbegehrte, der Liebling seiner Mutter zu sein, um später aus dieser Auflehnung den Funken des Witzes zu schlagen. Als seine Mutter wieder einmal in ihn drang, er solle doch endlich heiraten, reagierte er auf ihre gutgemeinte Einmischung mit den Worten: «Die Mutter eines Mannes ist sein Pech; seine Frau ist sein Fehler.»[22] Es mangelte Bagehot am technischen Vokabular, um seine elementare Ambivalenz psychologisch zu formulieren, doch war er scharfsichtig genug, ihr in Gedichten und Sinnsprüchen Ausdruck zu geben. Ihr unterirdisches Wirken zwang ihm jene latente Depression und jene schützende Distanz zu anderen auf, die Hutton an ihm bemerkt und beklagt hatte.

Trotzdem warf die Pein seiner Mutter, wie für diese selbst, so auch für Walter Bagehot gewisse indirekte Dividenden ab. Ihre Zyklen von Erregtheit, Niedergeschlagenheit und Verwirrtheit machten ihn sensibel für menschliche Irrationalität und die abwegigen Taktiken des unerkannten Motivs. Rationalisten verfehlten seines Erachtens «die unbewußte Fülle von unerklärlichen und ungeahnten Schönheiten» sowie den eigentlichen Sinn der Religion, «deren Wesen Ehrfurcht, deren Zauber Unendlichkeit, deren Strafe Furcht ist». Im Gegensatz zu diesen Denkern, deren Ohr taub sei für die Musik des Universums, glaubte Bagehot, «ein *Ohr* für vieles an der Religion» zu besitzen, und war entschlossen, sich der Schönheit wie dem Schrecken der Unvernunft zu stellen. Die literarischen und biographischen Essays, die er nach 1850 verfaßte, streifen immer wieder jenes verborgene Thema, das sein Leben verdüsterte. Er schrieb mit einfühlsamer Anteilnahme über William Cowper, den Sänger des englischen Landlebens, der lange Phasen des Wahnsinns durchlitt; er durchsetzte seine Schriften mit Reflexionen über die Mysterien der Seele. Es gebe «klare, präzise, unterscheidungsfähige» Geister, die doch «sofort vor dem Symbolischen, dem Schrankenlosen, dem Nichtbegrenzten» zurückschreckten. Aber «unglücklicherweise hat die Mystik recht». Einen kaum verhüllenden Schleier über sein persönliches Interesse an diesen Dingen breitend, machte er sich in seinen gedruckten Schriften besorgte Gedanken über die Gefahr, die der Zustand seiner Mutter für seine eigene geistige Gesundheit in sich bergen mochte. In seinem Essay über Hartley Coleridge, den talentierten, lebensuntüchtigen Sohn des Lyrikers Samuel Taylor Coleridge, fragt sich Bagehot, ob des jüngeren Coleridge «Schwächlichkeit» und Hang zum «Laster» vielleicht erblich bedingt sein mochten. Er merkt mit Recht an, daß über den Vater zu wenig bekannt sei, um über den Sohn sinnvoll spekulieren zu können. Doch dann fügt er streng hinzu, wie um sich selbst aufzumuntern: «Mag es auch falsch und schädlich sein, von erblichem Laster zu sprechen, so ist es doch richtig und klug, die geheimnisvolle Tatsache erblicher Versuchung festzuhalten.»[23]

Eine bemerkenswerte Feststellung, und ein Beweis für Bagehots Kampf zwischen Mut und Furcht! Er lebte in einer Zeit, in der man überzeugt war, daß Vererbung eine signifikante, wahrscheinlich sogar die verbreitetste Ursache des Wahnsinns sei, und er hatte einen geistesschwachen Halbbruder – ein Kind seiner Mutter aus einer früheren Ehe –, der ihn an diese medizinische Binsenweisheit erinnerte. Dr. James Cowles Prichard, ein vorzüglicher Arzt und mit Bagehot durch Heirat verwandt, betonte in seinem *Treatise on Insanity*: «Eine gewisse besondere Beschaffenheit des natürlichen Temperaments oder der körperlichen Ausstattung ist notwendige Voraussetzung für die Ausbildung einer Geisteskrankheit.» Diese besondere Beschaffenheit mochte alleinige Eigenschaft des Kranken sein, aber «es ist eine über jeden Zweifel hinaus feststehende Tatsache», daß «die Disposition zur Geisteskrankheit, sobald sie einmal aufgetreten ist, häufig auch übertragen wird». Bagehot war nicht geneigt, die Verleugnung so weit zu treiben, daß er diese feststehende Wahrheit moderner Wissenschaft angezweifelt hätte. Schließlich erblickte auch der große Etienne Esquirol, dem Prichard sein Lehrbuch gewidmet hatte, in der «Erblichkeit die vornehmliche Ursache des Wahnsinns». Andere Kapazitäten lehrten dasselbe. «Die Tatsache ist klar», meinte Bagehot dazu. «Neigungen und Versuchungen werden noch bis ins vierte Glied weitergegeben, zum Guten wie zum Bösen, in jenen, die Gott dienen, wie in jenen, die Ihm nicht dienen.»[24] Immerhin bewahrte er sich einen Hoffnungsschimmer: Eine Neigung ist keine Gewißheit.

Bagehots kontrollierte, aber hartnäckige Angst vor dem Wahnsinn wurde gesteigert durch seine sinnlichen Bedürfnisse. Auch sie begegnen in seinen Essays in der kenntlichen Verkleidung von allgemeinen Bemerkungen zur menschlichen Natur. Hartley Coleridge, in dessen introvertiertem Leben er Züge des eigenen wiedererkannte, lebte «in einer Atmosphäre der Achtung und Zuneigung», aber mit «der Launenhaftigkeit der Kindheit ohne die Unschuld ihrer Anschläge», und, schlimmer noch, «mit der Leidenschaft des Mannes ohne die zügelnde Kraft eines männlichen Willens». Es ist unübersehbar, daß Bagehot selbst die Dienste dieses zügelnden Willens in Anspruch nahm. Ist doch die Liebe, seiner Definition zufolge, «die reinste und eiferndste aller menschlichen Leidenschaften». So konnte man es auch formulieren – gescheit und nicht ohne Selbsttäuschung. Gewiß war die Liebe die eiferndste aller Leidenschaften; aber er wußte, daß sie nicht immer rein war: «Versuchung», schreibt er in seinem Essay über Shelley, «ist das Merkmal unseres Lebens.» Ohne jeden Zweifel war diese Versuchung die Sinnlichkeit. Er fragte sich sichtlich besorgt, ob er genügend Selbstdisziplin besaß, um unbeschadet den Sumpf der sexuellen Verlockung zu durchqueren. In einer Diskussion über Ehelosigkeit hatte er gegenüber Hutton den «wichtigen Grundsatz» vertreten: «Kein Mensch sollte den selbstlosen Teil seiner ursprünglichen Natur ablegen, bevor er nicht den selbstsüchtigen und den unnatürlichen gründlich abgelegt hat.» Er fand es erschrekkend, wenngleich keine Seltenheit, daß die Menschen, «nachdem sie der Affekte Herr geworden sind, ihren Gelüsten unterliegen». Die «Affekte», fügte er hinzu, «sind die besten Gehilfen in dem, was man den unausweichlichen Bereich der menschlichen Tat nennen könnte.» Zu diesem Bereich gehörte natürlich auch die Ehe.[25]

Bagehots beste Chance in dieser Hinsicht war Eliza Wilson. Sie war intelligent, attraktiv, eine leidenschaftliche Leserin und sprachgewandt, galt als ein wenig zerbrechlich und als gänzlich unverdorben – ein Juwel. Ihr Deutsch war, nach gelegentlichen Einträgen in ihrem Tagebuch zu urteilen, im schriftlichen Ausdruck perfekt, und Französisch konnte sie fließend. Um sich belletristisch auf dem laufenden zu halten, studierte sie die Rezensionen im *Spectator*. Das war teilweise schon Arbeit; wie ihre Schwester Julia schrieb sie Rezensionen für ihres Vaters *Economist*. Zur Familie gehörten der schwämerische Vater, die gesellige Mutter und fünf freundliche jüngere Schwestern. Die Wilsons kannten, so schien es, jeden. Während einer Frankreichreise im Winter 1855 sahen sie die «de Tourgenoffs», ganz zu schweigen von «Mr. Browning, dem Dichter»; sie besuchten Rosa Bonheur und Ary Scheffer in ihren Ateliers; sie kannten Dickens; zu ihren Tischgesellschaften luden sie prominente Politiker und Romanciers wie Bulwer-Lytton und Lady Eastlake ein.[26] Elizas Vater war eine interessante Persönlichkeit: Verleger, Zeitschriftenherausgeber, Parlamentsmitglied, Beamter des Fiskus, ein unternehmungslustiger Geschäftsmann und beliebter Kumpan. Die Atmosphäre in seinem Hause mußte Eliza Wilson für Walter Bagehot noch begehrenswerter erscheinen lassen.

Auch die Wilsons blieben von der Modekrankheit Neurasthenie nicht verschont. Mrs. Wilson zog sich oft mit heftigem Kopfweh auf ihr Zimmer zurück, wo sie nicht selten für zwei bis drei Tage verschwand. Auch ihre älteste Tochter hatte immer wieder Anfälle von Kopfschmerzen und Überanstrengung der Augen, die sich nach einem aufschlußreichen Schema wiederholten: Sie kamen in der Regel dann, wenn Elizas

Mutter sich gerade wegen eines ihrer schmerzhaften Intermezzi zurück-
gezogen hatte. Es war, als wetteifere die Tochter mit der Mutter um die
Aufmerksamkeit des Vaters, indem sie die Symptome der Mutter übernahm.[27] Am 50. Geburtstag ihres Vaters ging sie «wegen böser Kopfschmerzen nicht in die Kirche. Mama den ganzen Tag im Bett.» Doch das
alles beeinträchtigte nicht ihren Frohsinn und ihre zahlreichen gesellschaftlichen Verpflichtungen. «Wir waren sehr lustig», notierte sie sich
im Herbst 1855 in Paris in ihr Tagebuch; zwei andere Einträge: «den
ganzen Abend getanzt» und «den ganzen Abend sehr lustig».[28] Manchmal lag sie den ganzen Tag im Bett und pflegte ihr Kopfweh, nur um am
Abend tanzen zu gehen und morgens um drei nach Hause zu kommen.
Walter Bagehot freute sich an ihrer Ausgelassenheit und ließ sich durch
ihre Beschwerden nicht verdrießen; auch er litt von Zeit zu Zeit an
grausamen Kopfschmerzen und nahm Elizas – und seine eigenen –
psychosomatischen Symptome so, wie im 19. Jahrhundert die meisten
Bürger sie nahmen: gottergeben und als etwas Selbstverständliches.

Bagehot wurde von der ganzen Familie Wilson sogleich ins Herz
geschlossen – noch mehr als Beneke von den Banks – und besuchte sie
oft, entweder in ihrem Landhaus in Claverton bei Bath oder in London.
Er war ein guter Gesprächspartner, und nicht nur für Mr. Wilson; aus
Diplomatie, und weil es ihm Spaß machte, schloß er die ganze Familie in
seine wohlwollende, vergnügliche Aufmerksamkeit ein. Er machte der
Familie lange Besuche und verfolgte – bei Einladungen zum Essen, an
Wochenenden, bei Ausflügen zu Sehenswürdigkeiten in der Umgebung –
beharrlich sein Ziel. Anders als Otto Beneke hatte er keinerlei Bedenken,
oder nur das eine: seine Mutter und die mögliche Gefährdung seiner
eigenen seelischen Stabilität durch ihre Krankheit.

Zwar zielbewußt, handelte Bagehot doch nicht übereilt. Kennengelernt hatte er Eliza Wilson Ende Januar 1857, doch dauerte es, wie Elizas
Schwester registrierte, bis zum Herbst, ehe das eigentliche «love-making» begann, «love-making» natürlich von der gesitteten bürgerlichen
Art: «Promenaden im Mondschein auf der Terrasse, Lektüre von Walters
Lieblingsgedichten in traulichem Tête-à-tête, aufmerksamste Fürsorge
für Eliza und ihren Esel beim Ausritt an den Strand – für weite Spaziergänge war Eliza zu schwach. Bei solchen Gelegenheiten bemerkten wir
belustigt, wie Walter schlau den Esel antrieb, um Eliza für sich allein zu
haben.» Es gab, wie erwähnt, Ähnlichkeiten zwischen Bagehots und
Otto Benekes Eroberungsfeldzügen: Walter Bagehot wußte zwar, was er
wollte, war sich aber nicht ganz sicher, ob er es verdiente. Im Gegensatz
zu Beneke war Bagehot jedoch zu selbstsicher, um sich jahrelang herum-
zuquälen. «27. Sept.», notierte sich Eliza Wilson in ihr Merkbuch für

1857. «Saß im Gewächshaus, wo Mr. Bagehot mir erzählte, daß seine Mutter wahnsinnig ist.» Es war ein schwieriger Augenblick für beide, vor allem aber für «Mr. Bagehot». Taktvollerweise ließ er Eliza Wilson Zeit, diese schwerwiegende Neuigkeit zu verdauen; erst am 4. November und nach ernsten Gesprächen mit Elizas Vater machte er ihr förmlich einen Antrag. Sie war tief bewegt, aber kaum ambivalent. «Mit Mama über den Heiratsantrag gesprochen», notiert sie am 5. November; «um 9 ins Bett, aber erst um 3 geschlafen.» Und zwei Tage später: «7. Nov. Um 10 kam Mr. Bagehot, um meine Antwort zu hören. Ich war im Eßzimmer und habe mich gleich dort mit ihm verlobt.»[29] Es war an der Zeit, daß aus «Mr. Bagehot» Walter wurde.

2. Alte Liebe – neue Liebe

Liebe muß mit Erinnerungen fertig werden, hauptsächlich mit unbewußten. Bindungen aus Kindheitstagen machen ihren Anspruch gegen den jungen Erwachsenen geltend, wenn ein gern gesehener Eindringling, ein attraktiver Fremder sich anschickt, einstige Vorlieben abzulösen. «Papa ziemlich krank», trug Eliza Wilson in ihr Tagebuch ein, nachdem James Wilson zur Kenntnis zu nehmen hatte, daß er seine erste Tochter einem anderen würde abtreten müssen. Keinem Menschen ist es möglich, diesen elterlichen Druck, und mag er noch so sanft sein, zu ignorieren. Die Objektfindung ist, wie Freud 1905 prägnant formuliert, eigentlich eine Wiederfindung. Es gibt Menschen, die niemals das große Erlebnis haben, einen anderen als den Vater oder die Mutter zu lieben; im 19. Jahrhundert war dies das Schicksal so mancher namhafter Frauen und Männer, ein Schicksal, das sich häufig als Erfüllung einer Kindheitspflicht ausgab. Und viele von jenen, die sich in die Welt hinauswagten, um ihre erotischen Bedürfnisse zu befriedigen, machten die Entdeckung, daß der Gegenstand ihrer Liebe unheimliche Ähnlichkeit mit dem Elternteil aufwies, über den sie glaubten hinausgewachsen zu sein. «Der Mann wird Vater und Mutter verlassen – nach der biblischen Vorschrift – und seinem Weibe nachgehen», schreibt Freud 1912, «Zärtlichkeit und Sinnlichkeit sind dann beisammen.» Das war jedoch, wie er besser als jeder andere wußte, nur das Ideal. «Der Ehemann ist sozusagen immer nur ein Ersatzmann, niemals der Richtige», bemerkt er recht sardonisch sechs Jahre später; «den ersten Satz auf die Liebesfähigkeit der Frau hat ein anderer, in typischen Fällen der Vater, er höchstens den zweiten.»[30] Und was für den Ehemann gilt, gilt, obwohl Freud es hier nicht sagt, auch für die Ehefrau: Auch sie ist zum Teil ein Ersatz. Ja, wer bewußt und mit Ingrimm einen

Partner wählt, der das diametrale Gegenteil seiner ersten Liebe und ersten Enttäuschung ist, verrät gerade durch die Flucht aus dem elterlichen Zuhause, daß er gefühlsmäßig noch immer unter dessen Bann steht. Der Sog der frühen inzestuösen Bindungen ist unsichtbar, unerkannt und hartnäckig.

Das Ringen mit der zwanghaften Wiederholung in der Liebe scheint auf den ersten Blick für Walter Bagehot viel schwerer gewesen zu sein als für Otto Beneke. Doch während Bagehot tapfer durchhielt, wäre Beneke um ein Haar unterlegen. Der liebende, allzeit pflichtbewußte Sohn seiner Mutter empfand zeitlebens eine starke Bindung an sie; zu den drei Gedenktagen, die er jährlich beging, gehörte auch der Todestag seiner Mutter. Bezeichnenderweise brach er, als das merkwürdige Werben um Marietta Banks dem Höhepunkt entgegenstrebte, die umständliche Aufzeichnung seiner Gespräche, Träume und Gedanken unvermittelt ab; das Tagebuch endet abrupt, ohne Vorwarnung, Anfang April 1845 – dreieinhalb Jahre, nachdem er seine Mariettinola kennen und bald schon lieben gelernt hatte. Es ist, als habe er es nicht ertragen können, Zeuge seines eigenen Erfolgs zu sein. Er hatte Marietta tags zuvor, wie so oft, beim Tanzen gesehen, sie wieder einmal durch seine Distanziertheit verletzt und seine Roheit sogleich bereut: «Wenn ich nur wüßte, was ich tun und lassen sollte!» In den Papieren der Familie Beneke findet sich ein rührendes Dokument, aus dem hervorgeht, was er tat. Unterzeichnet ist es mit «Marietta», inzwischen schon längst Marietta Beneke. Ihr Mann war seit vier Jahren durch einen Schlaganfall gelähmt, und sie war auf sein Tagebuch gestoßen. «Jene Liebe, von der diese Blätter berichten, sie hat sich bewährt in guten und bösen Tagen in 40 Jahren»; sie dachte daran, die Papiere zu vernichten, «denn der Tag hat sich geneigt, es ist Abend geworden und bald wird Niemand mehr sein der sie lesen möchte. Und doch» – der Chronist ist dankbar dafür – «sträubt sich die Hand sie zu verbrennen, mögen Andere es tun.» Aber wenn doch ja ein anderer sie las, so sollte er erfahren, was damals geschehen war, nachdem Otto Beneke mit dem Tagebuchschreiben aufgehört hatte. Ende April 1845 hatte er sich entschlossen, zu ihrem vergötterten Vater zu gehen «und mit ihm zu überlegen was weiter». Die Verlobung folgte auf dem Fuße, und im Oktober war die Hochzeit.[31]

In einem weiteren Kommentar zu Benekes Tagebuch, der 1900 entstand, neun Jahre nach dem Tod ihres Mannes, führte Marietta Beneke den glücklichen Ausgang der Sache auf bewußte wie unbewußte Kräfte zurück. «*Bewußt* hat aber mein lieber Vater Ottos Wunsch erkannt» und «Otto aus der Verbitterung mit sanfter fester Hand geführt». Wenn er anfangs andere Pläne mit Marietta hatte, so begrub er sie schließlich, als er ihre Liebe zu Otto erkannte, und gewann Otto Beneke um so lieber. Und: «*Unbewußt* ist meine feste Liebe zu ihm, die sich nicht erschüttern ließ, der Grund zu unserem Lebensglück geworden.»[32] Dem gemeinsamen Ansturm solcher Kräfte vermochte Otto Beneke, so sehr er sich auch sträubte, nicht zu widerstehen.

Noch interessanter als diese zwar interessante, aber voraussehbare Lösung des Knotens ist, wie Marietta Beneke den Charakter ihres Mannes einschätzte. «Obgleich diese Papiere Wahrheit enthalten», bemerkt sie, «so muß ein Fremder doch von uns beiden eine ganz verkehrte Vorstellung bekommen, da Otto stets seine Entsagungsabsichten voranstellt, die er im Herzen, besonders, wenn er an seinem Schreibtisch die vielen Hindernisse, die sich seinen Wünschen entgegenstellten, erwog, gehabt hat, aber im Verkehr mit mir sind sie nicht ausschließlich hervorgetreten, sondern neutralisiert durch die Liebe welche sich nicht verleugnen konnte» – eine verräterische Formulierung. Sie selbst sei damals «ein sehr junges, stilles, schüchternes und bescheidenes Mädchen» gewesen, «während in diesen Blättern es scheinen könnte wie das grade Gegenteil». Auch wenn er über andere Leute urteilte, habe er fast immer alles durch seine «misanthrope Brille» gesehen und «von der schlimmsten schwärzesten Stelle alles aufgefaßt». Oft, wenn sie in seinem Tagebuch las, habe sie «lächelnd gedacht: ‹bist das du, war Otto so?›» Sie war fest davon überzeugt, daß ihre Ehe ein Glück für sie beide gewesen sei: «Ein Glück, für das wir stets Gott gedankt haben, aber vielleicht nicht immer bewußt empfunden, wie traurig sich das Leben sonst für uns gestaltet hätte.» Nach der Heirat sei «die größte Wandlung [...] entschieden mit Otto vorgegangen». In den letzten Jahren vor der Ehe sei er durch «mancherlei quälende Sorgen» oft versucht gewesen, «der Verbitterung anheim zu fallen» und seine «eigentliche Natur» zu verlieren, die – man höre und staune – «heiter, sorglos, fröhlich angelegt»[33] gewesen sei.

Die beruflichen Aussichten Otto Benekes hellten sich unbestreitbar auf. In den Hamburger Archiven setzte er seinen Weg stetig fort; als Johann Martin Lappenberg, sein verdienstvoller Chef, in den Ruhestand trat, berief man zu seinem Nachfolger Otto Beneke, der nun ein Faktor im politischen Leben der Stadt wurde. Zuvor hatte er sich einige ehrgeizige Pläne gestattet. Entzückt von Lübeck, der «alten, ehrwürdigen Stadt» mit ihren schmucken Straßen und den mittelalterlichen Häusern, träumte er um 1850 davon, Gesamtarchivar der norddeutschen Hansestädte zu werden und im Schatten des Lübecker Doms zu wohnen. Auch sein häusliches Leben war jetzt – nach den nun weit weniger introspektiven Tagebüchern und der jährlichen Feier seines Hochzeitstages zu schließen

– relativ geregelt und friedlich. Doch fehlte es nicht an obskuren, ambivalenten Wünschen: Anfang 1849, nach mehr als drei Jahren einer kinderlos bleibenden Ehe, träumte ihm, er habe ein «klein anmuthiges Töchterlein», an die zwei Jahre alt, die auf dem Schoß der Mutter saß und wunderschön sang – das geborene «musikalische Wunderkind». Einige Wochen später sorgte er in eigener Regie für Nachwuchs und träumte, in einem «tollen Traum», daß er schwanger sei.[34] Beide Träume führte er auf physische Ursachen zurück: den ersten auf den anhebenden Gesang seines zahmen Zeisigs, den anderen auf einen vollen Magen. Ergänzend könnte man noch unbefriedigte Wünsche nennen, kompliziert durch letzte Reste einer Konfusion über seine Geschlechtsidentität. Aber dergleichen ist das Los des Menschen; seine Frau hatte recht, wenn sie ihr Eheleben als glücklich beschrieb. Wenn Marietta Beneke freilich, in ihrem liebevollen Rückblick, die wohltätigen Auswirkungen der Heirat auf den Gemütszustand ihres Mannes gebührend herausstrich, verkannte sie die Natur der Probleme, die Otto Beneke so lange im Ungewissen gelassen hatten. Seine beruflichen Rückschläge waren nicht die Ursachen seiner depressiven Entsagungsstimmung, sondern Ausflüchte seiner Heiratsunwilligkeit.

Otto Benekes Träume deuten beredt genug auf sein Problem: auf die Schwierigkeiten, die er hatte, seine erste Liebe zugunsten einer neuen aufzugeben. Er träumte, wie er mit einem gewissen Erstaunen registrierte, Nacht für Nacht von Marietta Banks, und solche wiederkehrenden Träume sind in der Regel Zeichen für etwas Unerledigtes, für das fortgesetzte Bemühen, einen schwelenden Konflikt beizulegen; sie führen die noch zu leistende Arbeit und die so heiß ersehnte Lösung vor. Von dieser Art sind Otto Benekes Träume: Sie erzählen von Begegnungen mit einer Frau, sie sind erfüllt von Sehnsucht und einer erlesenen erotischen Symbolik; aber sie verraten ebensosehr den Wunsch nach Mißerfolg wie den Wunsch nach Erfolg. In einem dieser Träume – er erzählt ihn in allen Einzelheiten – sah Beneke sich in größerer Gesellschaft auf einem Ausflug nach Wohldorf, einem realistisch geschilderten Ort bei Hamburg. Marietta Banks war mit von der Partie, vermied es jedoch, mit ihm zu zweien zu gehen, und hielt sich lieber zu ihren jungen Freundinnen. Dann griff die Natur ein: Ein unendlicher Platzregen (den Beneke in seinem Traum als gutes Vorzeichen deutete) trennte die ganze Gesellschaft, und «unabsichtlich» fanden sich Marietta und er zusammen, erklommen «den Hügel beim Eiskeller» und suchten dort, aneinandergedrängt, aber schweigend, Schutz vor dem Regen. Keiner von ihnen mochte reden, und: «Jedes fühlte wohl, es sei ein großer Moment, der der Entscheidung, im Anzuge, u. bebte davor zurück.» Denn, merkt er an, «Liebe ist zag, scheu, furchtsam, feig». Selbstvertrauen, ganz zu schweigen von hochmütigem Sinn, können in *dem* Moment nicht bestehen. Aber bei aller Zurückhaltung und Furcht war das Paar auch stolz: «Keiner mochte dem Andern gestehen: ‹ich liebe dich, ich will Dein sein, ich kann nimmer ohne Dich sein, – ich bin *Nichts* ohne Dich, mein Alles!›» Der Abend dunkelte schon, und die beiden standen noch immer schweigend und so nahe aneinandergepreßt, daß jeder das Herzklopfen des anderen hören konnte. Als sie endlich in der Dunkelheit versuchten nach Hause zu finden, verirrten sie sich nur noch mehr und gerieten ins Cäcilienholz. Sie kamen an den Bach, «der später den Kupfermühlenteich bildet», und erblickten auf ihm einen Nachen. Er sagte zu ihr, und der Doppelsinn seiner Worte durchschauerte ihn: «‹Wollen Sie mir folgen? Ihr Loos von meinem abhängig machen? Wollen Sie in meines Lebens gebrechliches Boot steigen?›» Schweigend trat sie zu ihm ins Boot; er ruderte – und ließ das Boot den angeschwollenen Bach hinabtreiben, während das Regenwasser von allen Seiten in den Fluß stürzte und «ein seltsames, süßbetäubendes Rauschen» erzeugte. Nixen nickten ihnen zu und sagten: «Erfaßt Euer Glück.» Marietta schaute still nieder, die Hände gefaltet, während das Schifflein «pfeilgeschwind» dahinschoß. Plötzlich blickte er auf und sah, daß sie nicht, wie erwartet, auf den Kupferhammer zutrieben, sondern auf ein ungeheures Mühlen- und Räderwerk; an die dreißig gigantische Räder, mit Schaufeln wie eiserne Pflugscharen, drehten sich wie gehetzt und drohten, das junge Paar zu zermalmen. Verzweifelt versuchte er, das Schiff aus der Strömung zu arbeiten, aber vergebens. Marietta sah auf und hatte alles verstanden, ihr drohendes Verderben begriffen; ihr Blick schien zu sagen: «Das Leben wär doch noch so schön!» Jetzt, «während das Donnergebraus der Räder unsere Worte erstickte», stand er auf, «öffnete schweigend gegen sie meine Arme, – da flog sie wie jubelnd hinein, an mein Herz, –». Die tödliche Gefahr zu vergessen, «zusammen und in Liebe verschmolzen zu sterben, gab dem Tod eine wunderbare Seligkeit». Er drückte sie an sein Herz und fühlte eine unaussprechliche Freude, in ihrer Umarmung zu sterben. Von irgendwoher kamen die Worte: «jetzt kommt der Tod», wobei er den schwerwiegenden Sinn dieser Worte durch eine Reihe von neun Gedankenstrichen hervorhob – dann erwachte er. Der Eindruck dieses Traumes war so stark, daß Beneke einen Augenblick lang glaubte, wirklich in *ihren* Armen gestorben zu sein, «– als ich endlich begriff, daß ich allein, daß ein Traumbild in meinen Armen geruht, daß jetzt die Bitterkeit des Wachens dem seeligen Traume folge».[35] Der kleine Tod des gleichzeitigen Orgasmus nach einem langen, erregenden und gefährlichen Verkehr – die schlagenden Herzen, der prasselnde Regen, das immer

schneller dahinschießende Boot, die alles verschlingende Maschine, der
ungeheure Höhepunkt, das sterbliche Resultat –: nie ist dergleichen
lebhafter geträumt worden als hier.

Ein anderer Traum, von Otto Beneke sechs Wochen später notiert,
drehte sich im wesentlichen um dasselbe Thema der ersehnten und
bedrohten Liebe. Er war wieder in Wohldorf, dem beliebten Ausflugs-
und Picknickort, und Marietta war auch da, diesmal mit ihren italienischen Verwandten. Es war «ein lautes lustiges verwirrtes Leben u.
Treiben», das Beneke innerlich sehr vereinsamt sein ließ. Zur Gesellschaft gehörte auch «ein schöner Italischer Vetter» Mariettas, «schlank,
groß, dunkeläugig, braunlockig, ritterlich, gewandt, fröhlich» – kurz,
mit all jenen verführerischen Qualitäten gesegnet, die, wie wir vermuten
dürfen, Beneke nicht zu besitzen glaubte und die seinen Neid erregten.
Dieser Italiener «machte sich viel mit seiner blonden schlanken Cousine
Mariette zu schaffen». Sie horchte ihm gern zu und war am liebsten in
seiner Gesellschaft, so daß Beneke «auch äußerlich recht vereinsamt
wurde». Er schwieg jedoch stille und sagte kein Wort. Er trug eine weiße
Lilie im Knopfloch als stummen Vorwurf für Marietta; sie kam zu ihm
und fragte, was die Blume bedeuten solle. «Ich schwieg und sah sie nur
durchdringend an.» Da riß sie ihm die Blume ab, warf sie ins Wasser und
sagte, er solle künftig bunte Blumen tragen. «Ich trug darauf eine
dunkelrothe, – und wieder fragte sie: was soll nun *die* bedeuten? Da sagte
ich: ‹es ist die *weiße* Blume in meinem Herzblut so roth geworden.›»[36]
Diese letzten Worte hatte Beneke, wie er abschließend erwähnt, laut im
Traum gesprochen; er wachte von ihnen auf und hörte noch, wie er sie im
Erwachen deutlich und langsam vor sich hinsprach.

In Ermangelung von Benekes Assoziationen werden diese Träume für
alle Zeiten ihr Geheimnis hüten. Zudem weckt ihre Niederschrift Argwohn: Der gehobene Ton an manchen Stellen läßt einen gewissen literarischen Anspruch erkennen, der mehr mit Benekes schriftstellerischem
Ehrgeiz als mit seinen Träumen zu tun hat. Auch seine sententiösen
Zwischenbemerkungen – Liebe ist furchtsam; die doppelsinnigen Worte
zu Marietta – mögen das sein, was Freud sekundäre Bearbeitung nennt,
oder sogar spätere Zutat. Dennoch zeigen Benekes ungemein detailreiche
Träume einige für sein Seelenleben aufschlußreiche Züge. Sie demonstrieren das immer neue Durchkauen von Problemen, die für ihn überaus
wichtig waren und ihn beschäftigten. Auch die Tagesreste in diesen
Träumen – jene Ereignisse und Gedanken des vergangenen Tages, die die
Träume von Marietta auslösten – sind nicht besonders ausgefallen: Wohldorf war ein Ort, an dem Beneke oft, und in Mariettas Gesellschaft,
gewesen war; und gewiß sah er sie mehrmals die Woche und dachte wie

besessen an sie, wenn er allein war. Marietta Banks entfachte seine Träume; aber sie erschöpft nicht deren Bedeutung.

Vielmehr schloß der Sinn seiner Träume gewiß auch verzweifelt drängende Bedürfnisse und nicht weniger verzweifelte innere Zerrissenheit in sich ein. Die sexuelle Symbolik des ersten Traumes ist evident; die erotischen Implikationen des zweiten sind kaum weniger offensichtlich. Beneke, eifersüchtig und deprimiert, trägt eine weiße Lilie, dieses universelle Symbol der Reinheit, im Knopfloch, als stummen Vorwurf – Vorwurf wegen seiner eigenen, hartnäckigen Jungfräulichkeit. Marietta selbst ist es, die ihm die Blume abreißt und ihn zwingt, sie als Frau von Fleisch und – jawohl – Blut anzuerkennen. Wir wissen, daß Otto Beneke ihr manchmal Blumen brachte und ihre Reaktion darauf in seinem Tagebuch abwog. Ihre unangreifbare Unschuld ließ ihn daran zweifeln, ob er wirklich der Mann dazu war, sie ihr zu nehmen. Doch da war sie nun in seinen Träumen und forderte ihn dazu auf: freilich in ihrer scheuen, wohlerzogenen Art und im wahrsten Sinne des Wortes «durch die Blume».

Was in seinen Träumen gesprochen wird, stützt diese Deutung. Freud entdeckte, daß gesprochene Worte in Träumen entweder Zitate aus wirklichen Gesprächen oder, in Ausnahmefällen, aus zwanghaften Gedanken sind. Beneke hatte Marietta schon viele Male sagen wollen, daß er sie liebe, und seine Liebeserklärung zweifellos schon oft geübt – wenn ihm nicht die Stimme versagt hätte! Das beredte Schweigen in seinen Träumen – es fällt auf, wie nachdrücklich er Mariettas hartnäckiges Nichtredenwollen beschreibt – unterstreicht nur seine Verzweiflung über die eigene Unentschlossenheit und Mariettas Zaghaftigkeit. Jene feurigen Worte: «ich liebe Dich, ich will Dein sein, ich kann nimmer ohne Dich sein, – ich bin *Nichts* ohne Dich, mein Alles!» klingen wie Reminiszenzen aus seinen Tagträumen.

Während seines ganzen ergebnislosen Werbens, das gelegentlich unterbrochen wurde von erschütternden Beschwörungen Marietta Banks', begleiteten Otto Beneke seine Träume. In einem solchen Traum vom Februar 1844 befand er sich in einer Gesellschaft zusammen mit Marietta, und nach einigen ziemlich spitzen Bemerkungen verlobte er sich mit ihr. Von einem boshaften kleinen Kobold wurde er zuerst verspottet («Aha, das ist also die Auserwählte eines Genialen!») und zuletzt empfindlich und schmerzhaft verwundet. Während Marietta seine Pflege großes Vergnügen zu bereiten schien, erklärte ein Arzt die Wunde für unheilbar. Es war, als hätte sein kühner Schritt in Richtung auf das so begehrte wie bedrohliche Ziel der Heirat seine Mannheit in Gefahr gebracht. Zwei Wochen später gab er seiner Unschlüssigkeit in puncto Ehe noch explizi-

teren symbolischen Ausdruck. Er träumte, er trage einen seltsam geform-
ten goldenen Ring am Finger, den er, als ihm fremd, abstreifte, der aber
dennoch nach einiger Zeit wieder da war. Endlich warf er ihn aus dem
Fenster – nur um festzustellen, daß hinter allem Marietta steckte, die die
ganze Zeit zugegen war. Da begann er, überall fieberhaft nach dem Ring
zu suchen, konnte ihn aber nirgends finden und erwachte, wobei er sich
fragte: «ob ich ihn noch wiedergefunden hätte?»[37]

Im Laufe des Jahres 1844 war Beneke in seinen Träumen immer
unverhüllter fleischlich gesinnt. Im Juni träumte ihm, daß er mit Marietta
in einer «kleinen zierlichen Kapelle auf dem Lande» saß und der Predigt
zuhörte. Marietta sah ihn von Zeit zu Zeit an, um festzustellen, ob er
noch da war «u. was ich wohl dächte». Nach der Predigt befand er sich
mit Marietta in der Sakristei, wo ihn der Pastor über seine Ansprache
examinierte. Marietta «sagte mir, ich sollte nur ruhig sein, sie hätte gut
aufgepaßt u. würde mir alles deutlich soufflieren». Ihr ängstliches Um-
blicken nach ihm, das Erraten seiner Gedanken spiegelt sein eigenes,
offenbar unverbesserliches Zögern; das Anerbieten ihrer Soufflierdienste
entspricht ihren flehentlichen Bitten, er möge doch sich selbst und sie
nicht länger quälen, sondern sich zu seiner Liebe bekennen. Anschließend gingen die beiden auf den Kirchhof, wo es so windig war, daß «ihr
ein rosiges Tüchlein, das sie um den Hals u. weißen Nacken trug,
weggeweht wurde». Errötend bedeckte sie ihre Blöße mit ihren «kleinen
Händen», während er galant das Tüchlein aufhob und ihr schweigend,
ohne sie anzusehen und ohne «ihre mädchenhafte Zartheit zu verletzen»,
wieder umlegte. Ein dankbarer, liebevoller Blick lohnte es ihm.[38] Benekes gebieterisches Verlangen, Marietta zu besitzen und eben gerade «ihre
mädchenhafte Zartheit zu verletzen» und eine Frau aus ihr zu machen,
verkehrt sich im Traum in brüderliche Besorgtheit, so wie sich ihr
unmißverständlicher Wunsch, er möge den Worten endlich Taten folgen
lassen, in Dankbarkeit für seine Selbstbeherrschung verkehrt.

Um diese Zeit war nämlich Marietta Banks gewillt, ihrem zu nichts
führenden Liebesgeplänkel eine Wendung ins Konkrete zu geben. Ende
September 1844 gab Beneke ihr den ersten Kuß, nicht ohne von ihr
zärtlich-zaghaft dazu provoziert worden zu sein. Sie befanden sich beide
auf einer großen Gesellschaft auf dem Lande, und nach dem Abendessen
lustwandelten sie in einem Park, den er aus Kindheitstagen kannte. «Es
dunkelte, unsere Hände fanden sich, – sie legte meine Hand (unter ihrer
Mantilla) auf ihr klopfendes Herz, –– so gingen wir eine Weile, helle
Sterne funkelten ihr zuweilen ins liebleuchtende klare Angesicht, ––.»
Angestrengt führten die beiden eine triviale Unterhaltung, damit die vor
ihnen Gehenden nicht durch ihr Verstummen Argwohn schöpften. Auf

dem Rückweg «begann diese süße Verschlingung von neuem, immer inniger. Wieder legte sie meine Hand auf ihr Herzchen, dicht an ihren golden jungfräulichen Busen, u. ihre beiden Händchen preßte sie auf meine Hand.» Von Zeit zu Zeit «blickten wir uns lächelnd seelig an». Endlich umarmte er sie und eilte mit ihr einen Abhang hinunter in eine dunkle Hütte; und «hier, – ein schüchternes, stummes u. doch so beredtes Umfangen, – mein Mund berührte küssend ihre Wangen, sie hatte ihr Köpfchen seitwärts gewendet.» Die Eindrücke des Augenblicks drängten seine Kindheitserinnerungen zurück und wurden doch zugleich durch sie verstärkt. Die anderen Leute waren «dicht vor uns, unsichtbar, – schnelles, nochmaliges inniges Umfangen, – stumm, kein Wort, kein Laut,– ein Kuß», versteckt hinter einer Konversation, «wobei sie gewandt genug mir half». Als alle wieder zurück im «hellen Zimmer» waren, mied Marietta Banks seinen Blick und setzte sich «mit lebendigstem Wesen zur *Mutter*». «Wie bezeichnend für sie das Alles», kommentierte er das Geschehen des Tages beim Eintrag ins Tagebuch: «Die Unbefangenheit ihrer Liebe indem sie meine Hand sich aufs Herz legt, – die jungfräuliche Zagheit, als der erste Kuß naht!» Doch nicht einmal dieser Liebesbeweis vermochte ihn vor den Altar zu ziehen, wie aus seinen Träumen (und seinem Verhalten) hervorgeht. Im Oktober träumte ihm, Marietta käme in sein Zimmer, doch als er sie umarmte und küssen wollte, »war's ein anderes Wesen in ihrer Gestalt»; er fand, dies sei «ein vieldeutiger, sehr nachdenklicher Traum, – als sollts noch eine Warnung, eine Mahnung sein! –»[39] Sein Wachleben barg hinreichend Stoff für seine Träume.

Und doch kann das nicht alles gewesen sein. So stark Otto Benekes Verlangen nach Marietta auch war: hinter seinen Traumbegegnungen mit ihr müssen stärkere Antriebe gestanden haben. Marietta war, wie es Gestalten im Traum sein können, sowohl sie selbst als auch Stellvertreterin für jemand anderes. «*Der Wunsch, welcher sich im Traume darstellt, muß ein infantiler sein*»,[40] betont Freud, und dieser Satz lädt zu einer vertieften Traumdeutung ein. Otto Benekes Träume über Marietta Banks unterstreichen diesen infantilen Ursprung in greifbarer Weise. Zwangsläufig enthalten seine Träume eine gewisse Verzerrung, aber ihr realistischer Rahmen und ihre völlig logischen, wenngleich einigermaßen abenteuerlichen Handlungen machen sie den Träumen von Kindern mit ihrer unverhüllten Wunscherfüllung ähnlich. In meinen Augen repräsentieren Benekes Träume also sowohl den Wunsch, ein Kind zu bleiben, das in liebender Vereinigung mit der Mutter lebt, als auch den hiermit unvereinbaren Wunsch nach lebenslanger erotischer Vereinigung mit Marietta, wozu noch komplizierend seine Angst vor dem Moment des sexuellen Vollzugs tritt. Es scheint, daß er sich von seinen ersten Lieben lösen und ihnen gleichzeitig treu bleiben wollte: Im Mai 1844 träumte ihm, er werde in irgendeiner «fremden Dorfkirche» mit einer Braut vermählt, die nicht Marietta war, sondern wie seine elf Jahre zuvor verstorbene Schwester Ida aussah.[41] Marietta Banks war Otto Benekes Fluchtweg in die Reife. Mit ihres Vaters Hilfe zwang sie ihn zuletzt, ihn zu gehen. So viel an ihm lag, hatte er schließlich, und besser als mancher andere, seine ödipalen Kämpfe bestanden und hinter sich gelassen.

Was Walter Bagehot und seine Liebe betraf, so behielt er die Initiative fest in der Hand. Trotz seiner beschützenden, ja besitzergreifenden Einstellung zur Mutter war er ziemlich zuversichtlich, für den Fall, daß Eliza Wilson ihn haben wollte, eine neue Liebe aufbauen zu können, ohne die alte schlicht nachzuäffen oder gemein zu verraten. Wie es der glückliche Zufall wollte, machten 1857, kurz nach seiner Verlobung mit Eliza Wilson, deren Kopfschmerzen und Augenbeschwerden die Reise zu einem Heilkundigen im fernen Edinburgh erforderlich, so daß die beiden einander fast ein halbes Jahr lang zärtliche und neugierig-forschende Liebesbriefe schreiben konnten. «Ich bin ein solches Gefühl gar nicht gewöhnt, und es ist schrecklich aufregend», schreibt Walter Bagehot Ende November 1857 an Eliza Wilson, und sie antwortet drei Tage später im selben Stil: «Eine Liebe wie die unsere ist etwas Andächtiges und verleiht dem Leben soviel neue Bedeutung – jedenfalls für mich.» Offensichtlich hatte Bagehot eine solche Liebe bisher nicht erlebt: «Ich habe die vage Vorstellung, daß da früher ein großes Loch war und das trübe Gefühl von Empfindungen, für die es keinen Gegenstand gab und wohl nie einen geben würde.» Wie herrlich, nun einen solchen Gegenstand gefunden zu haben! Sie pflichtete ihm von ganzem Herzen bei: «Ich habe in mir ein ähnliches Gefühl, wie Du es beschreibst, ein Bewußtsein von Tiefen meines Herzens, die nicht erschlossen waren, von einer Kraft zur Liebe, die noch unerweckt war; aber ich wagte nicht, daran zu rühren, vor lauter Furcht, daß es mir nicht beschieden sei, jener Seele zu begegnen, die von diesen Tiefen Besitz ergreifen könnte.»[42]

Stärker noch als diese überschwenglich-andächtigen waren die Gefühle der Erleichterung und des Überstandenhabens. «In mir ist eine solche Ruhe vom brennenden Schmerz männlicher Liebe», sagte er ihr drei Tage, nachdem sie sich mit ihm verlobt hatte. Er «habe nie zuvor ein Glück empfunden, das so stark und tröstlich war». Ehrlicherweise fügte er hinzu, daß er die Liebe anstrengend fand: «Gefühle machen immer *müde.*» Wieder einmal war Eliza Wilson einig mit ihm: Nun, da die Dinge geregelt waren, empfinde sie nicht mehr «die Last auf meinem

Herzen, die noch vor einem Monat da war». In ihrer heiteren Abgeklärt-
heit hoffte sie, zu seinem Seelenfrieden beitragen zu können: «Es ist
köstlich zu denken, daß ich wirklich etwas tun kann, um Dich zu
beruhigen und zu sänftigen.»[43]

«Köstlich» (delicious), dieses würzige Wort, wurde zur Signatur ihrer
Korrespondenz; es war ein privates Kennwort, das alle Arten mentaler
Freuden beschrieb und diesen gesittet-aufgewühlten Briefen eine ganz
eigene erotische Energie mitteilte. Walter Bagehot war eher bereit, den
Forderungen des Leibes ihr Recht werden zu lassen, als sie. Er hatte von
Anfang an die intellektuellen Gespräche mit Eliza genossen, aber auch
gestanden, daß ihm nichts über gutes Essen ging. Er gab auch zu, daß ihn
ihr Aussehen ebenso fasziniert hatte wie ihr Verstand: «Junge Damen
sollten eben ihre Haare nicht im Winde flattern lassen – damit hat alles
angefangen.» Was er freilich sogleich zurücknahm: «Ernstlich gesprochen – es ist nicht recht, so zu reden.» Geständnis und Desavouierung
des Geständnisses: beides zusammen verrät seine geistige Haltung – und
jene Elizas nicht minder. Das ist es, was für beide das Wort «köstlich» in
sich barg: eine kultivierte, gezügelte, aber frei bekannte Leidenschaftlichkeit. Sie findet es köstlich, daß er ihrem Leben eine Aufgabe gegeben hat.
Er wiederum findet ihre Briefe «*zu* köstlich, um sie an die lauten und
geschäftigen Stätten der Menschen zu tragen»; und es ist «köstlich,
Deinen Namen nennen zu hören». Auch sie findet seine Briefe köstlich,
besonders wenn es zwei sind. Doch war die Sinnlichkeit der beiden
gelassen, oder besser gesagt: beherrscht. Die *«Dankbarkeit»*, die Walter
Bagehot für die Zuneigung Eliza Wilsons empfindet, ist, wie er ihr
anvertraut, «eine der stillsten, sanftesten und köstlichsten Empfindungen, die ich je gehabt habe.»[44]

Trotzdem war die Seelenheiterkeit der beiden nicht ungebrochen. Ein
anderes Wort, das in ihrer Korrespondenz kaum weniger häufig vorkommt als «köstlich», ist «nervös». So erklärt Walter Bagehot, nun
freilich nicht ohne Eitelkeit, seiner Eliza: «Ich versichere Dir, zu anderen
Zeiten bin ich wieder nervös über das Vertrauen, das Du mir schenkst,
und die erhabene Verpflichtung, die mir Dein Glück ist.» Sie wiederum
ist nervös bei dem Gedanken, daß er ihre Briefe enttäuschend oder ihren
Geist dem seinen nicht gewachsen finden könnte. Jeder stattet den
anderen mit Vollkommenheit aus, während er am eigenen Wert zweifelt.
«Es macht mich manchmal sehr nervös», schreibt Bagehot an Eliza, «daß
Du mich geistig überschätzest; aber ich komme darüber hinweg.»[45] Er
sah die Sache richtig: Nervosität war nur die Begleitung, nicht die
Leitmelodie ihrer Liebe. Was die Briefe verraten, ist wachsendes Vertrau-
en in sich selbst und in den anderen, der allmähliche Abbau von

Ängstlichkeit und Abwehrbereitschaft. Die Anrede «Liebste» bzw. «Liebster», die sich anfangs wie ein mechanischer Kosenamen liest, gewinnt an Substanz, je höher sich die Briefe stapeln.

In dieser aus Vertrauen und Seelenheiterkeit gemischten Stimmung schrieb Walter Bagehot einen der wahrhaft bezaubernden Liebesbriefe des 19. Jahrhunderts. Er dankt Eliza Wilson im November 1857 für ihren «überaus freundlichen» und *«köstlichen* Brief», den er mittlerweile öfter gelesen habe, «als ich zugeben sollte». Sein Vergnügen an dem Brief rührte nicht zuletzt von dem Eindruck her, daß sie ihm solche Liebesbriefe nun ohne sichtbare Mühe schrieb. «Und doch sagst Du mir darin Dinge, die zu Papier zu bringen Dich, bei Deiner tiefen und zurückhaltenden Natur, einiges gekostet haben muß.» In einem momentanen Anfall von Kleinmut wünscht er sich, «ich könnte mich Deiner Zuneigung wert fühlen». Doch erholt er sich rasch – froh und glücklich, zu empfangen, was er nicht ganz verdient. Sein Glück ist nicht ungestört oder ungetrübt gewesen. Zuzeiten hat er, wie er Eliza erzählt, «wilden, brennenden Schmerz» gefühlt, doch immer auch «eine wilde, köstliche Erregung, die ich nicht um die Welt hätte missen mögen». Die ruhige Zuneigung, die ihre erste Bekanntschaft und ihre ernsten Gespräche trug, war «reine Freude» gewesen; doch dann, «seit jenem Tag im Gewächshaus», als er ihr von der Geisteskrankheit seiner Mutter erzählt hatte, war sein Gefühl «zu eifernd geworden, um nicht ein gut Teil Pein in sich zu bergen». Nicht zur Verschleierung, sondern zur Verdeutlichung seiner Gefühle setzt er hinzu: «Dennoch ist die Zeit, die ich dich kenne und liebe, die überaus glücklichste, die ich je gekannt habe.» Er hatte Phantasien gehabt, in denen sie ihn verschmähte, und diese Phantasien, waren sie auch mittlerweile von den Ereignissen überholt, hatten ihn fortwährend bedrückt. Er gibt zu, daß es «egozentrisch» ist, so ausführlich von sich selber zu schreiben, doch entschuldigt er sich dafür nicht (oder nur andeutungsweise): «Ich weiß nicht, ob Egozentrik in Briefen so schlecht ist, und wenn ich an Dich schreibe, *muß* ich einfach über das schreiben, was ich für Dich empfinde.»

Als genauer Beobachter nicht nur der englischen Szene, sondern auch seiner selbst wiederholte Bagehot, daß seine Liebeserklärung an sie ihn Kraft gekostet und hysterische Nebenwirkungen gehabt habe: «Niemand kann sich vorstellen, welche Anstrengung es mir bereitet hat, Dir zu sagen, daß ich Dich liebe – ich weiß nicht warum, aber ich habe um Atem gerungen, und jetzt ist es für mich die reinste Wonne, Dir das zu sagen und Dich in jeder erdenklichen Weise damit zu langweilen, und am liebsten würde ich es in ganz großen Buchstaben quer über die ganze Seite schreiben, zur Bekräftigung: ICH LIEBE DICH.» Er erkannte den infantilen Ursprung seiner Gefühle, doch er stand zu ihnen: «Ich weiß, Du wirst mich für einen schrecklichen Kindskopf halten, und Deine ursprüngliche Vorstellung von mir als einem klugen Kopf wird eine Erschütterung leiden; aber ich kann's nicht ändern. So ist mir halt zumute.» Es ist ein Seelenzustand, der ihn buchstäblich nicht ruhen läßt: «Ich gehe umher und murmele vor mich hin ‹Dieses herrliche Mädchen, ich habe sie *gewonnen*, sie ist mein, ist mein›, und dann tue ich vor lauter Jubel einen Satz über das Sopha! Das sind die Empfindungen des Menschen, mit welchem Du Dich verbunden hast. *Bitte* sei nicht böse über dieses dumme Zeug!» – eine objektiv überflüssige Bitte um Zuspruch, denn warum hätte sie böse sein sollen? Es gab gute Anhaltspunkte dafür, daß sie es nicht war. «Ich könnte Dir natürlich von den tiefen und ernsthaften Gefühlen schreiben, die ich, wie Du mir hoffentlich glauben wirst, für Dich im Herzen trage; aber meine Feder schlägt Kapriolen, und sie wird es sich nicht abgewöhnen.» Doch die Unterschrift schlägt keine Kapriolen: «In zärtlichster, tiefster Liebe, Dein Walter Bagehot.»[46]

Es war nur recht und billig, daß auch die Hochzeit, am 21. April 1858, ohne Zwischenfälle und mit wenig Nervosität verlief – es war «ein Tag voller Sonne», wie Elizas jüngste Schwester sich noch viel später erinnerte. Jemand konnte nicht dabei sein: Walter Bagehots Mutter, und er sandte ihr gleich nach der Trauung, noch in der Kutsche, ein paar hastig gekritzelte Zeilen, daß alles gut abgelaufen war. Zwei Tage später schrieb er ihr ausführlicher, und seine Frau fügte ein Postskriptum hinzu: «Ich bin Ihre treu ergebene Tochter ELIZA BAGEHOT. Das ist das *erste* Mal, daß ich mit meinem *neuen* Namen unterschreibe!» Neunzehn Jahre lang – bis sie durch seinen vorzeitigen Tod 1877 ein abruptes Ende fand – scheint die Ehe von Walter und Eliza Bagehot reich an Liebe und Zuneigung (und wohl auch an Kopfweh) gewesen zu sein. Eliza Wilson hatte schon während ihrer Verlobungszeit auf Künftiges vorausgedeutet, als sie, leidenschaftlich und züchtig zugleich, erklärte: «Welche Wonne zu lieben und geliebt zu werden!»[47]

3. Liebe und Arbeit

Jene Energien, aus denen sich die Freuden der Liebe wie deren Leiden speisen, streben weit über diesen Bereich hinaus. So kommt es, daß der erotische Stil Walter Bagehots (und auch Otto Benekes und überhaupt fast jedes Menschen) seine erkennbare Spur in seiner Arbeit hinterlassen hat. Gewiß kann die an sich recht vernünftige Behauptung, daß Arbeit im

wesentlichen Sublimierung von Triebbedürfnissen sei, nicht zum Reduktionismus reizen. Ihre Sublimierungen bilden sich die Menschen aus
Material, das sie fix und fertig vorfinden; es sind vielschichtige Kompromisse aus widersprüchlichen inneren Bedürfnissen und keineswegs offensichtlichen äußeren Möglichkeiten. Dennoch eignete Bagehots und Benekes schriftstellerischem und öffentlichem Wirken ein gewisser emotionaler Grundton, der von unerwarteten imperialistischen Übergriffen der
Libido kündet.

Otto Benekes charakteristische Art des Liebens war von geradezu
rührender Defensivität. Wo er, nach langem Hin und Her, Zuneigung
investiert, beweist er halsstarrige Treue; doch im allgemeinen re-agierte
er lieber auf Ereignisse, als daß er sie steuern wollte, und suchte ständig
nach Gründen für Trübsinn und Resignation. Die ersten Küsse, die er
Marietta Banks an jenem Septemberabend 1844 auf Wangen und Mund
drückte, mußte ihm das errötende Mädchen erst ablisten. Und aus dem
Dschungel aus Selbsthaß und Unschlüssigkeit, den er um sich herum
gepflanzt hatte, führte ihn Marietta Banks' Vater heraus. Walter Bagehot,
wir wissen es, war anders. Sobald er den Gegenstand seiner Liebe
ausgemacht hatte, steuerte er mit dem ganzen Tempo darauf los, das seine
Kultur ihm erlaubte. In seiner ausführlichen Würdigung von Cloughs
epischem Gedicht *Amours de Voyage* läßt er sich mit merklichem Spott
über dessen Protagonisten aus, einen «unentschlossenen jungen Herrn»,
der nie weiß, was er will – und am allerwenigsten, in welches Mädchen er
verliebt ist und in welches nicht. Bagehot, zu diesem Zeitpunkt bereits
vier Jahre verheiratet, konnte auf die Zeit seines Werbens mit der
beruhigenden Gewißheit zurückblicken, daß er jedenfalls gewußt hatte,
was er wollte. Er bringt längere Beispiele für die heillose Ambivalenz
dieses Helden und äußert zuletzt sardonisch die Hoffnung, das Mädchen
möge «einen befriedigenderen Liebsten und Gemahl» finden.[48] Wenn
Walter Bagehot Marietta Banks umworben hätte, wären die beiden
wahrscheinlich binnen eines Jahres ein Paar geworden. Wenn Otto
Beneke Eliza Wilson umworben hätte, deren Vater sie so widerstrebend
fortließ, wäre sie möglicherweise als alte Jungfer gestorben.

Und so, wie Bagehot in der Liebe sein Schicksal selbst meisterte,
versuchte er auch, in der Welt seinen Weg zu machen: Er gab eine
vielversprechende juristische Laufbahn auf, weil sie ihm nicht zusagte,
und wurde ein erfolgreicher und zufriedener Bankier auf dem Lande; er
machte sich mit provokanten politischen und literarischen Essays einen
Namen; er kandidierte, wenngleich erfolglos, für das Parlament – mehr
als einmal und ohne Rücksicht auf politische Handicaps wie Geradlinig-
keit, Freimut und rhetorisch ungeeignete Stimme –, weil er diese Betäti-

gung für wichtig und innerlich befriedigend hielt; und er erwies sich, in seinen langen Essays und zumal in seinem klassischen Buch über die englische Verfassung, als klarsichtiger politischer Beobachter und tiefschürfender Sozialpsychologe. Dagegen war Beneke eher ein Pedant: der gewissenhafte Sammler genealogischer Details, der fruchtbare Biograph lokaler Würdenträger, der nicht weniger fruchtbare Erzähler von Anekdoten zur Lokalgeschichte, der Beamte auf Lebenszeit, der über vierzig Jahre lang an ein und derselben Dienststelle arbeitete, dem Hamburger Staatsarchiv.

Trotzdem war Otto Beneke nicht einfach ein verhockter, scheuklappenbehafteter Bürokrat. Er kannte immer wieder Augenblicke des peinlichen Selbstzweifels, wenn ihn Anfechtungen ob seines ameisenhaften Fleißes befielen. Eines Tages seine Papiere musternd, überlegte er sich: «Wie hab ich doch so endlos vieles zusammengetragen, theils selbst geschrieben, und, in der Meinung Werthvolles daran zu besitzen, aufbewahrt. Und je älter ich werde desto werthloser erscheint mir alles dies.» Mehr noch, sein Biograph in der ADB ergriff die Gelegenheit, Benekes Bildung, seinen Humor und sein lebhaftes Temperament in jungen Jahren zu rühmen.[49] Jene zarten Tanzpartnerinnen, die er mit seinen wilden Tarantellen erschreckte, hätten dieses Urteil bestätigen können. Er schrieb ein Buch, das sich deutlich von seinen sonstigen monotonen Ausflügen in die glorreiche Vergangenheit seiner Heimatstadt unterscheidet: eine Studie über Hamburgs «unehrliche Leute» wie Gaukler, Bänkelsänger, fliegende Händler, Scharfrichter, Barbiere und dergleichen Gelichter, das die Kulturgeschichte gerade erst zu entdecken begann.

Die beste Gelegenheit, sich von der Konformität seiner Mitmenschen zu distanzieren, kam für Beneke mit dem Deutsch-Französischen Krieg 1870/71 und der Errichtung des Zweiten Reichs im Januar 1871. Mit unerwarteter Heftigkeit schwamm er gegen den Strom der deutschen Gesellschaft. Genauer gesagt, er schwamm nicht gegen ihn, sondern verharrte auf seinem Platz, während sein Vaterland und ein gut Teil seiner Hamburger Landsleute sich fortreißen ließen. Beneke verabscheute diesen Krieg und pries das Schicksal eines jüngst verstorbenen französischen Freundes, dem es der Tod erspart hatte, die Demütigung Frankreichs miterleben zu müssen. Seine Verachtung für diejenigen, die die preußischen Militärmeldungen bejubelten, war grenzenlos. Nach der Proklamation des Bismarckschen Reiches pflegte er Begriffe wie «Reich» oder «deutscher Kaiser» in ironische Anführungszeichen zu setzen und sich über den «Erfolgskaiser» Wilhelm I. lustig zu machen. Säuerlich beobachtete er den festlichen Taumel in seiner Stadt und vertraute dem Tagebuch sarkastische Kommentare über seine Mitbürger an, die dem

neuen Kaiser abstoßende Glückwunschadressen sandten, Straßen und
Läden nach ihm umbenannten und ihn in Schokolade, Marzipan, Wachs,
Seife, Holz und Metall nachbildeten.[50]

Fraglos waren der Krieg gegen Frankreich und die Einigung Deutschlands bei der Hamburger Bevölkerung ungeheuer populär und bei der
politischen Elite kaum weniger. Es bedurfte schon einer gehörigen
Portion Zivilcourage, sich dieser Lawine patriotischer Begeisterung entgegenzustellen. Wer in Hamburg auch nur ein Wort gegen Preußen und
die preußischen Leutnants zu sagen wage, werde gesteinigt, schrieb
Beneke in sein Tagebuch. Sein alter Hamburger Lokalpatriotismus machte ihn zu einem Mann der Opposition, einer kleinen und immer kleiner
werdenden Minderheit. Einige Alte hörten aus seiner Nörgelei die Stimme seines Vaters heraus, dessen Anhänglichkeit an die einstige Freie und
Hansestadt Hamburg sprichwörtlich gewesen war. Otto Beneke hatte,
wie wir wissen, eine starke Bindung an die Mutter; nun wurde er ganz
unverkennbar der politische Erbe seines Vaters. In seinen letzten Jahren
stand er im Ruf eines eigensinnigen, isolierten Partikularisten, eines
unbeugsamen, ja verschrobenen Verfechters der schwindenden Privile-
gien seines Stadtstaates. Als er im Februar 1891 starb, gab es ausführliche,
respektvolle Nachrufe, die notgedrungen auch auf seine starre Haltung
eingehen mußten. Von seinem Vater, so schrieben die *Hamburger Nachrichten*, habe er die Frömmigkeit geerbt, den historischen Sinn sowie die
Liebe zur Hansestadt «und die im Wandel der Zeit unerschütterliche
Anhänglichkeit an ihre von den Vätern ererbten, den Wünschen der
rascheren Jugend vielfach nicht mehr entsprechenden Verfassungsfor-
men»[51]. Weniger vornehm verklausuliert hieß das: Beneke war ein Reaktionär.

Beneke hat, mit einem Wort, den engen Kreis seiner Zuneigungen
niemals erweitert. Er liebte seine Eltern, er liebte seine Frau, er liebte
seine Stadt. Der große Schritt, den er mit über dreißig tat – oder besser
gesagt, zu tun gedrängt wurde –, als er Marietta Banks heiratete, hat sich
in der Welt seiner Arbeit oder der Politik nicht wiederholt. Befriedigung
lag für ihn im Altbekannten, in Dingen, die den Widerklang längst
entschwundener Zeiten weckten. Das soll keine Kritik sein. Benekes
Abneigung gegen das Deutsche Reich, mag sie auch kleinlich, ja gehässig
wirken, entbehrte doch nicht des Scharfblicks. Auch war sie nicht reines
Ressentiment; was Beneke ablehnte, war Bismarcks Mischung aus
opportunistisch-autoritärer Politik und altmodisch-hausgemachtem
Liberalismus. Es ist bezeichnend für seinen politischen Standort, daß
Beneke den Tod Kaiser Friedrichs III. und damit das Verschwinden
dieser Hoffnung für das liberale Deutschland mit klagenden Worten

notierte: «*Kaiser Friedrich* ist von seinen Leiden *erlöst, gestorben.* Ein
schmerzl. Verlust. Er hätte Vieles gut gemacht! Groß in kleinen Dingen.»[52]

Dieses Urteil trifft wohl auch auf seinen Urheber zu. Beneke war groß
in kleinen Dingen; er besaß Grimms philologische «Andacht zum Kleinen», mit seinen Dutzenden von Biographien und Lokalgeschichten und
volkskundlichen Sammlungen, die das öffentliche Gegenstück zu seiner
kindlichen Pietät und seinem hart errungenen häuslichen Glück bildeten.
In seinem Tagebuch notierte er sorgfältig, neben dem Todestag seiner
Mutter, den Geburtstag seiner Frau und seinen Hochzeitstag. Es waren
die Hauptdaten in seinem Gefühlskalender. Einmal, im Jahre 1844, hatte
ihm geträumt, daß Marietta Banks ihn besuchte und er ihr etwas hatte
sagen wollen; beim Erwachen fiel ihm ein, was es gewesen war: Er wollte
ihr zum Geburtstag gratulieren. Später, in den langen Jahren einer
ungetrübten Zweisamkeit, machte er jene Hemmung wett, mit sinnrei-
chen Geschenken, kleinen Gedichten und frommen Wünschen: «*Mariettas Geburtstag!* Gott sei und bleibe mit ihr!» trug er 1849 mit roter Tinte
in sein Tagebuch ein, um sodann jenes weltliche Detail nachzutragen, das
in Tagebüchern so häufig ist: «(Regenwetter).» Das Geburtstagsgedicht
für Marietta, dessen Entwurf er notiert, «giebt meine Empfindungen
kund, deren Fundament: Gott Dank, der sie uns gab, ihr Dank für alle
Lieb und Treu!» Nicht weniger bewegte Otto Beneke die Wiederkehr
seines Hochzeitstages; jedes Jahr bekundete er seine Dankbarkeit gegen
Gott: «Gott sei Dank und Preis für den unversieglichen Schatz von Liebe
und häuslichem Glück, den er mir in Mariette geschenkt.» 1890 beging er
den letzten Hochzeitstag, den er erleben sollte, mit dem ganzen Gefühls-
überschwang der alten Tage: «*Unser gebenedeyter 45ster Hochzeitstag
Gott sei Dank und Preis*, für das mir beschiedene *große Glücksloos!*»[53]
Die Sprache ist abgedroschen und banal; die Gefühle sind unverbraucht
und echt. Benekes Abneigung gegen Bismarck und sein Wirken war nur
die Kehrseite seiner Treue zu einzelnen Menschen und zu Einrichtungen,
denen dienen zu dürfen er als Vorrecht empfand; die Energie, die seinen
Haß nährte, erwuchs aus der Energie, die seine Liebe speiste.

Bagehot ist schwerer zu erfassen. Sein veröffentlichtes Werk ist ebenso
gewichtig wie vielfältig: Es sind journalistische Stücke über Volkswirtschaft und Politik, Essays über Dichter und Romanciers, ausführliche
Studien über die Bank von England, die Übel der Parlamentsreform, die
Anwendung neuer psychologischer und biologischer Erkenntnisse auf
die Gesellschaftstheorie und die Struktur der englischen Verfassung. Er
schrieb schnell und gut; seine geschliffensten Formulierungen, die zuge-
spitztesten Epigramme haben Eingang in die Sprache des politischen

Diskurses gefunden. Mit Ausnahme von *Lombard Street*, einem Werk
über den Geldmarkt, sind alle seine Bücher zuerst fortsetzungsweise in
Zeitschriften erschienen. «Man muß dem modernen Menschen sagen,
was er denken soll – kurz und bündig, gewiß, aber sagen *muß* man es
ihm.»[54] Seine bevorzugte Form und Länge war der Essay. Es überwiegt
darin der Ton einer milden Ironie, der Ton des Gentleman, der sich seiner
Kultur mit der überlegenen Selbstsicherheit eines Mannes von Geist,
Bildung und Stand bewußt ist.[55] Bagehot war sicherlich kein Demokrat;
die Herrschaft sollte bei einer politischen Elite liegen, die mit fester, aber
gütiger Hand die ihr Anvertrauten in deren bestem Interesse regierte.
Der Reform Act von 1867, der dem städtischen Arbeiter das Wahlrecht
brachte, bereitete ihm Sorgen. Seine eigentliche geistige Leidenschaft war
indes die Suche nach der politischen Substanz hinter ihrer rechtlichen
Form. Bagehots brillantes Buch über die englische Verfassung, bis heute
der reizvollste seiner Texte, befaßt sich ebensosehr mit Gefühlen wie mit
Institutionen; mit seiner berühmten Unterscheidung zwischen den wirkungsvollen (efficient) und den würdevollen (dignified) Elementen jener
großenteils ungeschriebenen Regeln, nach denen England regiert wird,
liest sich Bagehots Meisterwerk wie eine lange Rezension über politisches
Theater, in dem das, was die Menschen zu sehen und zu glauben meinen,
ebensosehr zählt wie das, was die Gesetze vorschreiben.

So ist es nicht verwunderlich, daß es den Gelehrten, die sich mit
Bagehot und seinen Ideen befassen, schwerfällt, ihn im politischen
Spektrum präzise zu orten. Man hat ihn den Konservativen zugerechnet
und den Liberalen, oder mit hilflosen Etiketten wie «liberaler Konservativer» oder «konservativer Liberaler» gearbeitet – ein Armutszeugnis, das
instruktiv ist; denn Bagehots Denken kreist um die unaufhebbare Spannung zwischen Wandel und Kontinuität. Wandel war für ihn die Hauptsi-
gnatur seines Zeitalters: «Eine der Eigentümlichkeiten dieses Zeitalters ist
der plötzliche Zuwachs an umfangreichem physikalischen Wissen.» Ein
1867 veröffentlichter Essay beginnt mit diesen Worten, die ich, neben
anderen Zeugnissen, bereits in *Erziehung der Sinne* zitiert habe, um zu
zeigen, daß Bagehot recht hatte, wenn er die Erfahrung des Wandels als
strukturierendes Faktum seiner Zeit begriff, worin sich Zuversicht und
Angst auf einzigartige Weise mischten. «Es gibt kaum eine Abteilung der
Naturwissenschaft», fährt er fort, «die noch ganz dieselbe, oder überhaupt dieselbe, ist wie vor fünfzig Jahren. Eine neue Welt der Erfindungen – von Eisenbahnen und Telegraphen – ist um uns herum emporgestie-
gen, die wir nicht umhin können zu sehen; eine neue Welt der Ideen
erfüllt die Luft und tangiert uns, obwohl wir sie nicht sehen.» Das
Jahrhundert, vermutete er Mitte der fünfziger Jahre, ist eine Zeit «unent-

wirrbarer Konfusion»; «alte Gewohnheiten geraten ins Wanken, alte
Anschauungen werden verworfen, was seit jeher Allgemeingut war, wird
frech bezweifelt, was seit jeher schlüssig war, bedingungslos bestritten;
jeder hat eine andere Sicht der Dinge als sein Nachbar, der geistige
Wandel hat Vater und Sohn auseinandergebracht, und im eigenen Hause
findet man die geschworenen Feinde des selbst erwählten Lieblings-
Credos.»[56] Worin die angemessene rationale Reaktion auf solchen Wirr-
warr besteht, ist schwer auszumachen.

In solchen rauschhaften, instabilen Zeiten gibt es zwei Haltungen, die
laut Bagehot dem Gemeinwohl abträglich sind: eine blinde Vergötzung
der Vergangenheit, die zum reaktionären Festhalten an untauglich gewordenen Lösungen führt, und ein nicht weniger blindes Schwärmen für
radikale, rationalistische Utopien. Er mißtraute Fanatikern jeder Couleur: «Der Wunsch, vom Himmel möge Feuer regnen, ist dem reinen
Eifer für eine reine Sache selten fremd.» Politik war seiner Überzeugung
nach weder Archäologie noch Geometrie: Bagehot wußte sich mit dem
Wandel auszusöhnen und war nicht geneigt, mit dem Unvermeidlichen
zu hadern: «Zu den schlimmsten Schmerzen, die das Menschenwesen
kennt, gehört der Schmerz einer neuen Idee.»[57] Aber der Mensch muß
lernen, ihn zu ertragen, ja ihn zu begrüßen.

Diese Haltung bestimmt auch Bagehots ambivalente Einstellung zur
«Dummheit», einem seiner bevorzugten und bezeichnendsten diagnostischen Begriffe. Der Tory-Reaktionär, der das Rad der Geschichte zu-
rückdrehen möchte und «erfahrungsunfähig» ist, ist dumm im gewöhnlichen Sinne des Wortes: Er weiß nicht aus der Erfahrung zu lernen, er hält
es auch nicht für nötig, aus ihr irgend etwas zu lernen, und ist daher zur
politischen Herrschaft ungeeignet. Denn Herrschen heißt: sich den
Realitäten stellen, wie wenig sie einem auch schmecken mögen. Wenn der
Reform Act von 1867 die politische Öffentlichkeit Englands – vielleicht
überhastet – um Gesellschaftsschichten erweitert hatte, die man bis dahin
einer rationalen Wahlentscheidung nicht für fähig gehalten hatte, so war
die Notwendigkeit dieses Schrittes nicht zu beklagen, sondern zu erklären: «Die Parole muß jetzt lauten: ‹Klärt auf! Klärt auf!›» Die große, von
Burke verkündete Lehre: «Politik wird gemacht aus Zeit und Ort»,
mußte in zweierlei Weise gelesen werden: Lösungen zu fabrizieren, die
auf spekulativen Prinzipien beruhen, ist frivol; Innovation aus panischer
Angst vor dem Unbekannten zu sabotieren, ist töricht.[58]

Damit hatte Bagehot eine andere Art von Dummheit herauspräpariert:
Dummheit als positive, stabilisierende Macht. Shakespeare, fand er, habe
schon recht gehabt: «Für die meisten Zwecke des menschlichen Lebens
ist Dummheit eine höchst wertvolle Zutat.» Es ist die Zähigkeit des

gemeinen Mannes, der für Erfahrung offen ist, aber das Experiment
verabscheut; des soliden Bürgers, dem das Gewohnte und Althergebrachte zu lieb geworden ist, als daß er es auf Geheiß irgendeines
glattzüngigen Demagogen über Bord werfen würde. «Erste Pflicht der
Gesellschaft ist die Erhaltung der Gesellschaft», schreibt er Anfang 1852
aus Paris, in seinen Briefen über den französischen Staatsstreich. «Durch
das brave Walten altmodischer Generationen – durch die einzigartige
Mühsal der Schläfer im Grabe – durch dumpfes Sorgen – durch dummen
Fleiß gibt es irgendwie so etwas wie eine gesellschaftliche Textur», das
denn auch zu überleben versteht. Bagehot bewahrte sich zeitlebens seine
Schwäche für produktive Dummheit; ihr schrieb er das Verdienst an dem
zu, was ihn, loyalerweise, die überlegene Begabung des Engländers zur
Politik dünkte. Freilich gab es keinen Automatismus in der Tugend der
Dummheit. Dieses Phänomen bedurfte vielmehr einer gründlichen Würdigung aller Umstände, wobei auch die Wirkung politischer Symbole in
den Köpfen der Menschen und die Prägung des Charakters durch
Gewohnheiten einzubeziehen waren. Und so wird für Bagehot, ohne daß
er viel Aufhebens davon machte, das Studium der Psychologie zu einer
unentbehrlichen Voraussetzung für das Studium der Politik.

Das ist der Punkt, an dem Bagehots Stil des Liebens und sein Stil des
Denkens einander berühren – sowohl in der bewußten Reflexion als auch
in der emotionalen Einheitlichkeit. In der Dichtung, in der Volkswirtschaft und in der Politik sah Bagehot dieselben Kräfte am Werk, die auch
das intime Leben des Menschen beherrschen – in Augenblicken der
Schwärmerei, in den weltlichen Angelegenheiten seiner Ehe, im Bett. Es
ist bezeichnend, daß er «politisches Leben» definierte als «riesige Ansammlung von Ideen und Gefühlen und Hoffnungen, von Liebe und
Haß». Hellsichtiger als jeder andere Zeitgenosse registrierte er das Spiel
privater Leidenschaften auf der Bühne der Öffentlichkeit. «Instinktiv
schrecken wir davor zurück, über uns selbst nachzudenken», schrieb er
1847, mit 21 Jahren.[59] Zeit seines Lebens blieb er fasziniert von jenen
Mächten, die die Menschen sich natürlicherweise nicht eingestehen mögen: ihren wahren Gründen. Darum war es bei der Interpretation
dichterischer und politischer Werke seine Richtschnur, daß der Charakter eines Menschen sein Werk durchdringt. Shakespeare hatte seine
Meisterwerke schreiben können, weil er «erfahrungsfähig» war; manche
«Besonderheiten» in Shelleys Leben und Werk mochten auf die «Besonderheit seiner Natur» zurückzuführen sein. Das Werk Adam Smith' «ist
schwerlich zu verstehen ohne eine Vorstellung davon, was für ein Mensch
er war».[60] Bagehot war kein Vulgär-Reduktionist. Doch für ihn war klar,
daß Charakter und Werk in engstem Zusammenhang stehen, einander

definieren und dem Kommentator gestatten, das eine aus dem anderen zu beleuchten.

Auch in seinem eigenen Leben demonstrierte Bagehot diese subtil-komplexe Dialektik. Die Liebe zu Eliza Wilson war seine Art, seine Chancen zu ergreifen und seinen Gefühlen zu vertrauen. Jene Eigenschaften, die er als die vornehmsten Bürgertugenden pries – die Fähigkeit, Ungewißheit und Konfusion zu ertragen, Tatsachen anzuerkennen und Ambiguität zu akzeptieren –, waren genau jene Eigenschaften, die auch er in seinem Leben kultivierte. Er scheute sich nicht, Ungeduld zu artikulieren, war aber fähig, Aufschub zu ertragen. «Meine liebste Eliza», konnte er sie schelten, als sie im fernen Edinburgh war, «schreib mir nicht mit dieser elenden zweiten Post», deretwegen er einen Tag lang ohne Nachricht von ihr war. Dies alles waren günstige Vorzeichen für ein Leben an der Seite Elizas, und sie wußte das auch. Sie habe von Bekannten gehört – erzählte sie ihrem «liebsten Walter» –, die einander noch nach zwanzig Jahren so nahe waren wie am ersten Tag ihres gemeinsamen Lebens, und sie übertrug dieses Glück auf ihre eigene Zukunft. Ihr Optimismus war offensichtlich nicht das Resultat einer interesselosen wissenschaftlichen Untersuchung; es steckte nicht wenig ängstliches Wunschdenken darin. Gewiß: Was Psychiater in ihren Fallgeschichten beschrieben, was Pastoren und Priester an tränenreichen Geständnissen zu hören bekamen, was Klatschautoren und Scheidungsrichter an traurigen Vorfällen offenbarten, läßt deutlich erkennen, daß auch bei den Wohlanständigen des 19. Jahrhunderts unglückliche eheliche Gemeinschaften alles andere als unbekannt waren. «Wieviele Liebesheiraten bewähren sich bis zuletzt –?» fragt Thackeray bitter in *Pendennis*, «und wieviele empfindsame Firmen enden nicht im Bankrott? – und wieviele heroische Leidenschaften verkümmern nicht zu verächtlicher Gleichgültigkeit oder enden in schmachvoller Niederlage?»[61] Zwar übersetzte Thackeray seine persönliche Misere in diese säuerliche Schätzung des Lebens; aber er hätte reichlich Belege für seinen zynischen Standpunkt finden können. Trotzdem: Wenn Eliza Wilson postulierte, daß eheliches Glück etwas Weitverbreitetes sei, war das nicht einfach ein Hirngespinst. «Es ist gerade so, wie es ohne Zweifel sein soll in gleichgestimmten Verbindungen», dachte sie bei sich. «Ich denke jetzt über diese Dinge nach und stelle zu meinem Entzücken fest, wieviel ich weiß. Glückliche Ehen sind nichts Ungewöhnliches.» Hätte sie vor der Aufgabe gestanden, die Geschichte der bürgerlichen Liebe im 19. Jahrhundert zu schreiben, sie wäre nicht gezwungen gewesen, ihre Meinung zu ändern.

II. Zwei Strömungen der Liebe

Das für das 19. Jahrhundert so bezeichnende Theoretisieren über die Liebe summiert sich in seiner Gesamtheit zu einer reichhaltigen und faszinierenden Bibliothek von Kulturdokumenten. Die Werke von Romanciers, Philosophen und Psychologen, die im allgemeinen nicht den Beifall des Publikums suchten – und jahrzehntelang auch nicht fanden –, waren weit davon entfernt, ein Wegweiser zur Wonne zu sein; sie waren schon eher eine Literatur der Mißbilligung. In unverdünnter Form zu schwierig oder zu streng, um das erotische Leben des Durchschnittsbürgers regulieren zu können, gelang es ihnen endlich doch, Leser zu finden und sich durchzusetzen. Paradoxerweise ist es gerade die Distanz dieser Aphorismen, Essays und Monographien zum Leben und Lieben der gewöhnlichen Mittelschicht, was sie für diese bedeutsam macht. Mit ihren unverblümten, experimentellen und oft widersprüchlichen Diagnosen waren sie nicht nur in bewegter Zeit außerordentlich präsent, sondern auch selbst Symptom dieser Bewegtheit. Sie lesen sich wie illusionslose Berichte von der kulturellen Front: amüsante, bittere, oft vernichtende Bulletins über Liebeskatastrophen der Mittelschicht. Diese Literatur war besser gerüstet, bürgerliche Fehlschläge zu registrieren als das unzweifelhaft vorhandene, aber unbesungene Gelingen. Sie war, was sie bei der kritischen Intention ihrer Autoren sein mußte: parteiisch und ungerecht. Sie komprimierte kompromißlos Ängste der Mittelschicht, die die meisten bürgerlichen Liebenden entweder nicht artikulieren konnten oder völlig verdrängt hatten. Schonungslos deckte sie unbewußte Konflikte auf, die die rigorose Mittelschichtsmoral den ihr Hörigen unerbittlich aufzwang – und ebenso unerbittlich zu verschweigen zwang.

Aber auch auf andere Weise geben die Schriften des 19. Jahrhunderts zum Thema Liebe Aufschluß über die Kultur dieses Jahrhunderts. Sie liefern aussagekräftige Zeugnisse für den grausamen Bürgerkrieg, der die bürgerliche Kultur zerfleischte, den Konflikt zwischen der künstlerischen, geistigen und politischen Avantgarde und dem, was diese das materialistische, reaktionäre, rohe Philistertum zu nennen liebte. Die bürgerliche Verhunzung der Liebe war in den Augen der Kritiker nur ein spezielles Symptom für ein generelles Versagen – in der ästhetischen Unterscheidung und der moralischen Wahrnehmung, vor allem aber auf dem entscheidenden Gebiet des feineren Gefühls.[1]

Trotzdem waren die Autoren, die im 19. Jahrhundert über Liebe nachdachten, bei aller Gegnerschaft doch auch Bestandteil der bürgerlichen Kultur. Sie projizierten und organisierten bürgerliche Wünsche und bürgerliche Ängste und gaben unausgesprochenen oder verklausulierten Wunschphantasien Ausdruck. Es gab denn auch ein Grundprinzip, auf das sich der Zyniker wie der Metaphysiker, der Forscher wie der gewöhnliche Bürger gerne einigen konnten: Wahre Liebe ist die Verbindung aus Lüsternheit und Zuneigung. Freud faßte nur zusammen, was überkommenes Gemeingut war, wenn er meinte, «ein völlig normales Liebesverhalten» sei erst gesichert, wenn «zwei Strömungen» zusammenträfen, «die *zärtliche* und die *sinnliche*». Das Unterbleiben dieses glücklichen Zusammentreffens sei ein neurotisches Symptom, am verhängnisvollsten bei Männern mit «psychischer Impotenz»: «Wo sie lieben, begehren sie nicht, und wo sie begehren, können sie nicht lieben.»[2]

Dieses Ideal der Verschmelzung von Seelenbindung und Sinnenlust war so alt wie die Bibel; schon Griechen und Römer hatten es gepredigt, Klassiker wie Plutarch es an die moderne Kultur weitergegeben. Im 19. Jahrhundert wurde es ziemlich unbestritten akzeptiert. «Das große, wunderbare Werk der Fortpflanzung», hatte Plutarch der Nachwelt verkündet, «ist so recht das Werk der Venus, wo Liebe waltet, wenn Venus zugegen ist; doch ohne sie wird der Akt verdrießlich, entehrend, grob und undankbar.» Denn: «Die Vereinigung von Mann und Frau ohne wahre Zuneigung ist, wie Hunger und Durst, mit der Sättigung zu Ende und erzeugt nichts wahrhaft Vornehmes oder Löbliches.» So las Emerson seinen Plutarch, und er hatte, wie die meisten anderen Menschen, keinen Grund, am Diktum Plutarchs zu zweifeln. Man konnte ihm überall begegnen; wer sich über Frauenmode verbreitete, benutzte es ebenso wie der Romanschriftsteller. Die «höchste» Schönheit, lesen wir in einem Buch über Kleidung von 1892, ist «spirituelle, geistige und sittliche Vorzüglichkeit»; ein «vollkommener Leib» spiegelt eine «vornehme Seele». Und Henry Sinkiewicz machte die Beobachtung: «Der Mensch ist weder Tier noch Himmelswesen, sondern ein Zusammengesetztes.»[3] So blieb nur die Frage, ob Liebende der Mittelschicht – Regeln und Konventionen derart verhaftet, wie sie nach Meinung ihrer Kritiker waren – dieses hohe Ideal jemals würden erreichen können. Diese Frage sollte zum durchgängigen Thema aller Kulturkritik werden, von Stendhal und Coleridge bis zu Freud.

1. Widerstreitende Vermächtnisse: Nazarener und Hellenen

Mit seinen Theorien über die Liebe war das 19. Jahrhundert Erbe der Zeiten. Die Definition der Liebe als einer Synthese aus irdischen und edlen Leidenschaften geht ebenso wie die so romantisch anmutende Meinung, daß die Liebe Wahnsinn und schlimmste Verkehrung aller Regeln sei, auf die Antike zurück. Es paßt in diesen Zusammenhang, daß Freud die Brücke zur Vergangenheit schlug, indem er behauptete, daß die Libido der psychoanalytischen Theorie im großen und ganzen mit dem «*Eros* des göttlichen Plato» zusammentreffe.[4] Doch trotz dieses respektablen Ahnherrn der Liebe fuhr man fort, über ihr Wesen nachzudenken wie seit Jahrhunderten. Manche Autoren hatten, wie den Lesern im 19. Jahrhundert nicht verborgen blieb, den Ursprung der Liebe in der Sehnsucht des Menschen nach höheren Sphären entdeckt, andere in seiner Begabung zum Selbstbetrug, wieder andere in seinen animalischen Instinkten. Die meisten trennten heilige von weltlicher Liebe; einige wenige hielten diese Unterscheidung für unhaltbar. Die Liebe war göttlicher Segen, unversiegliche Quelle der Kraft, ansteckende Krankheit, schleichendes Gift. Dante beschloß die *Göttliche Komödie* mit einer bewegenden Anrufung der «Minne, die wiegt die sonne und andern sterne» (Rudolf Borchardt); Pascal hatte, in einem lange verloren geglaubten «Diskurs», den Victor Cousin 1842 für das 19. Jahrhundert wiederentdeckte, in der Liebe das Zusammenfließen ästhetischer und sinnlicher Elemente gesehen. Anfang des Jahrhunderts hatte der Erz-Romantiker Lord Byron zu dieser Blütenlese die alte, trübe Einsicht beigesteuert, daß Liebe und Haß in Wirklichkeit untrennbar sind: «Liebende mögen Feinde sein, und im allgemeinen sind sie es wirklich», schrieb er 1822, «aber niemals können sie Freunde sein.» Und er fühlte sich zu dem schneidig-zweischneidigen Geständnis bewogen: «Vielmehr betrachte ich die Liebe ganz und gar als eine Art feindseliger Akt.»[5] Es war eine Ansicht, die später von Erz-Antiromantikern wie Turgenjew und George Bernard Shaw wiederholt wurde.

Bestimmte Vorstellungen von der Liebe überlebten also die erschütterndsten emotionalen Erdbeben. Zwar drängten sich an beiden Enden des Meinungsspektrums Grüppchen eloquenter Abweichler; aber es *waren* Abweichler. Das eine Extrem vertrat Diderot mit der kühlen Definition, Liebe sei «das wollüstige Aneinanderreiben zweier Eingeweide»;[6] das andere vertraten die Asketen, für die die wahre Liebe eine himmlische Empfindung war, gereinigt von jeder sinnlichen Beimischung. Doch wie gesagt: Eine breite, solide Mehrheit in der Mitte fand sich in dem Satz zusammen, daß die gegenseitige libidinöse Anziehung zweier erwachsener Menschen auch eine gehörige Portion Achtung, Bewunderung und Zärtlichkeit enthalten müsse, um als Liebe gelten zu können.

Dieser solide Konsens, der noch dazu auf eine lange, eindrucksvolle Vergangenheit zurückblicken konnte, bewahrte den Bürger des 19. Jahrhunderts nicht vor schmerzlicher Selbsterforschung; in ihr wurde der ewige Gegensatz ausgetragen zwischen jenen, die das sinnliche Element in der Liebe verherrlichten, und jenen, die es verteufelten. Die Liebe als notwendige Mischung aus Erotik und Zuneigung zu definieren, war *eine* Sache; jedem der beiden Elemente den ihm gebührenden Platz zuzuweisen, eine ganz andere. So waren zwei widerstreitende Vermächtnisse am Werk, die im 19. Jahrhundert durch zwei zeitlose Typen repräsentiert wurden: den Nazarener und den Hellenen. Es war Heinrich Heine, der, unter Berufung auf den recht eklektischen Humanismus eines Winckelmann und Goethe, diese Typologie entwickelte – freilich mehr zu Angriffs- als zu hermeneutischen Zwecken. Dann bürgerte Matthew Arnold, mit der ihm kulturell geboten erscheinenden Reserve, Nazarener und Hellenen in England ein und brachte sie, in *Culture and Anarchy*, dem gebildeten Publikum nahe. Arnold war schwerlich ein Sensualist; für ihn war der Gegensatz von Nazarenertum und Hellenismus der Gegensatz von zwei unvereinbaren Wegen zur menschlichen Vollkommenheit: der erste eine programmatische, oft augenrollende Ablehnung der Welt; der zweite eine robuste Hinnahme der menschlichen Natur und ihrer reichen Anlagen.[7] Die Antithese beherrschte viele Gebiete des menschlichen Denkens und Handelns: Ethik, Ästhetik, Politik. Sie war aber auch, und in erster Linie, ein Konflikt um die Bedeutung der Liebe. Hinter Arnolds idealisierender Vorstellung von der zwiefältigen Konzeption der menschlichen Natur stand, dezent genug formuliert, die uralte Debatte um Eros und dessen wahre Natur.

Arnold, wie vor ihm schon Heine, gab zu, daß die asketische nazarenische Weise gelegentlich eine wohltätige, ja unentbehrliche Rolle auf der Bühne der Kultur gespielt hatte. Heine, als selbsternannter Verteidiger des Fleisches, verurteilte das «unnatürliche» Christentum, weil es «die Sünde und die Hypokrisie» in die Welt gebracht habe. Freilich habe die «christkatholische Weltansicht» auch ihren Nutzen gehabt. «Sie war notwendig als eine heilsame Reaktion gegen den grauenhaft kolossalen Materialismus, der sich im römischen Reiche entfaltet hatte und alle geistige Herrlichkeit des Menschen zu vernichten drohte.» Die Askese sei das geeignete Gegengift gegen den hemmungslosen erotischen Genuß gewesen. «Das Fleisch war so frech geworden in dieser Römerwelt, daß es wohl der christlichen Disziplin bedurfte um es zu züchtigen.» Nach dem Gastmahl des Trimalchio, jener schauerlich-prächtigen Orgie im *Satyricon* des Petronius, «bedurfte man einer Hungerkur gleich dem Christentum.»[8]

Das ist zwar oberflächlich, aber brillant gesehen. Die Einstellung des Christentums zur Sexualität hatte ja ihre eigene, ambivalente Geschichte; zumindest einige Theologen hatten die – vornehm umschriebene – Sinnlichkeit definiert als Antrieb zu unschuldigen und sogar lobenswerten Tätigkeiten. Prinzipientreue Verfechter des Priesterzölibats setzten die klerikale Elite, die dem Ruf zur Selbstverleugnung folgte, gegen jene breite Masse von Gläubigen ab, die ihren Platz in der Welt hatten, um neue gute Christen zu zeugen. Viele gedachten der Worte des hl. Paulus, daß es besser sei «zu heiraten als sich in Begierde zu verzehren» (1 Kor. 7, 9); Asketen, die es besser fanden, sich in «Begierde zu verzehren» als zu heiraten, blieben immer in der Minderheit. Gewiß, der hl. Hieronymus hatte jeden verheirateten Mann als Ehebrecher gebrandmarkt, der leidenschaftlich-liebevollen Verkehr mit seinem Weibe pflog, und sein wütender Kampf gegen die Lust im Ehebett hat zu allen Zeiten Anhänger gefunden; doch gibt es wenig Anhaltspunkte dafür, daß Christen, die ihre fünf Sinne beisammen hatten, sich in bezug auf ihre Sexualpraktiken hierum viel gekümmert hätten. Die Tatsache, daß die Kirchen der meisten Denominationen Sinnlichkeit, auch eheliche Sinnlichkeit, mißbilligten, läßt sich nicht als böswillige Verleumdung, in Umlauf gebracht von respektlosen Ungläubigen, vom Tisch wischen. Dennoch scheinen Tausende von frommen Männern und Frauen für sich selbst eine Möglichkeit gefunden zu haben, die bereitwillige Unterwerfung unter die religiöse Lehre mit einem beachtlichen Maß an erotischer Befriedigung zu verbinden.

Dieser Befund ist für jede Untersuchung der Liebe im 19. Jahrhundert von Bedeutung; denn auch im 19. Jahrhundert beherrschten christliche Werte noch das Leben von Millionen von Bürgern. Zwar fand das Christentum Mittel und Wege, seine asketischen Ideale den Bedürfnissen der menschlichen Natur anzupassen. So ist die alte römisch-katholische Vorstellung von der unbefleckten Empfängnis Mariens, die 1854 von Papst Pius IX. zum Dogma erhoben wurde, das historische Beispiel einer Verleugnung: Sie befreite zumindest *eine* Frau von der Last der Erbsünde, mochte sie auch von ihren Eltern, dem hl. Joachim und der hl. Anna, auf normale menschliche Weise gezeugt worden sein. Zusammen mit dem Dogma, daß Jesu Mutter eine Jungfrau und sein Vater Gott war, müssen diese Marienlegenden der kühnste, farbigste Familienroman gewesen sein, der je erdacht wurde. Sie verkörpern die typische Weigerung des Kindes zu glauben, daß seine Eltern miteinander Geschlechtsverkehr haben, sowie die heimliche Lieblingsfiktion des Kindes, auf jeden Fall von ungemein hoher Herkunft zu sein. Und doch war die in den katholischen Jahrhunderten entstandene weltliche Literatur oft eine deutliche, ja derbe Huldigung an die Freuden der Sexualität. Die vielzitierte Abhandlung des Andreas Capellanus, *De Amore*, beschreibt ungeniert die erotischen Gefühle als körperliche Leidenschaft und schlimmes Leiden, hervorgerufen durch den Anblick oder die Vorstellung des Körpers eines Menschen anderen Geschlechts; laut Capellanus ist zur Liebe nur tauglich, wer «das Werk der Venus» zu vollbringen vermag. Diese – weltliche – Liebesauffassung war typisch für Kreise am französischen Hof gegen Ende des 12. Jahrhunderts; etwa zur selben Zeit bekundete der italienische Theologe Petrus Lombardus seinen Abscheu vor aller, auch der ehelichen, Sinnlichkeit, wobei er die flammenden Worte des hl. Hieronymus gegen den Ehebruch mit dem eigenen Weibe aufgriff. Wohl bewegte sich das christliche Nachdenken über die Liebe zwischen diesen Polen; doch betonte die präskriptive Literatur unablässig die Sündigkeit der Sexualität. Und so blieb die Sexualität auch für den frommen Gläubigen ein Problem. Einige Jahrhunderte vor Andreas Capellanus und Petrus Lombardus hatte der hl. Augustinus, dem, nach seiner Bekehrung zum Christentum, niemand eine laxe Moral vorwerfen wird, die These vertreten, daß auch der Geschlechtsverkehr einst, im Paradies, unschuldig genug gewesen sei. Erst nach Evas Ungehorsam, mit dem Sündenfall, sei die fleischliche Lust in die Welt gekommen; davor hätten Adam und Eva ohne Sünde kopuliert, ohne jede Beimischung von sinnlicher Begierde.[9]

Die Protestanten richteten sich auf eigene Weise ein. Die Puritaner waren, obwohl im Rufe muffiger Prüderie stehend (ein Mißverständnis, das sich unverändert ins 19. Jahrhundert fortschleppte), den Freuden der Ehe keineswegs abhold; in ihrer Auffassung von der Liebe waren sie nicht puritanisch. «Das Besteigen des Ehebettes», schrieb Edward Taylor, ein Gottesmann im frühen Massachusetts, «gründet in der menschlichen Natur»; andere, wie John Cotton, sekundierten ihm begeistert, mokierten sich über den katholischen Kult der Virginität und zitierten den «Heiligen Geist» mit seiner Mahnung an die irrenden Menschen: «Es ist nicht gut, daß der Mensch allein sei.» Von der Ehe dachten sie hoch – so hoch, daß sie mit drakonischer Strenge gegen Ehebruch und Hurerei vorgingen. Allerdings erwarteten sie nicht ernsthaft, daß diese Gesetze unfehlbar befolgt würden. «Die protestantische Ethik», schrieb Oskar Pfister, der Schweizer Pastor und erfolgreiche Laienanalytiker, 1909 an Sigmund Freud, «nahm dem Sexualverkehr das Odium der Unreinheit. Die Reformation», spekulierte er, «ist ja im Grunde nichts anderes als eine Analyse der katholischen Sexualverdrängung», wobei er sich beeilte hinzuzufügen: «leider eine ganz ungenügende.»[10] Die Protestanten des 19. Jahrhunderts, die im Kampf mit ihrem Über-Ich lagen, wenn sie den Gebrauch von Verhütungsmitteln erwogen, waren sich da nicht so sicher wie Pfister; ihr Leben bewies, wie unvollkommen die Reformation die Menschen von sexuellen Schuldgefühlen befreit hatte. Immerhin zeugen Pfisters und Heines Verallgemeinerungen von der Komplexität der religiösen Einstellungen zur Sexualität – einer Komplexität, die die polemischen Feinde des Christentums nicht zur Kenntnis nehmen wollten.

Bei allem gebotenen Respekt vor der Fähigkeit der christlichen Kasuistik, sich an die sinnliche Natur des Menschen anzupassen, ist aber doch zu sagen, daß Virginitätskult und Lob des mönchischen Lebens auf katholischer Seite, Beschränkung der Liebe auf die nüchterne Erfüllung erlaubter Fortpflanzungsaufgaben auf protestantischer Seite und die Verketzerung der Sinnenlust auf beiden Seiten in vielen Gemütern einen Bodensatz von Schuldgefühl und Depression hinterließen. Es herrschte im 19. Jahrhundert allgemein das Gefühl, daß «anständige» Liebe das genaue Gegenteil der freien Liebe sei und daß die christliche Zivilisation in der Tat den Eros «gezüchtigt» habe. Für die Bürger des 19. Jahrhunderts waren die Konsequenzen aus diesen religiösen Lehren klar: Sie ordneten ihre sinnliche Begierde der gegenseitigen Zuneigung in rechtmäßiger, lebenslanger Ehe unter und hielten sich an den Satz, daß erotisches Begehren nur zulässig sei, wenn es der Erzeugung von Nachwuchs diene. Diese christliche Perspektive blieb für die meisten Bürger eine Richtschnur – wenn auch nicht immer ein erreichbares Ideal.

Aber sie hatte auch ihre Kritiker. Die herrschenden religiösen Definitionen der Liebe gerieten unter doppelten Beschuß: von seiten der Aufklärung und von seiten der Romantik. Es ist üblich und angebracht, diese beiden großen philosophisch-politisch-literarischen Traditionen in Gegensatz zueinander zu sehen; und gewiß hielten viele Romantiker in vielen Ländern die *philosophes*, die Aufklärer, für den Feind – oder doch einen ihrer Feinde. Nicht wenige Romantiker gaben den christlichen Glauben ihrer Väter niemals auf oder kehrten zu ihm zurück. Doch in der gemeinsamen Ablehnung überkommener Liebesvorstellungen wurden Aufklärung und Romantik zeitweilig – und unwahrscheinlich genug – zu Verbündeten.

Für die Vertreter der Aufklärung war das Christentum der geschworene Feind der Vernunft wie der Leidenschaft, wobei der Protestantismus nur geringfügig besser abschnitt als der Katholizismus. In den Augen der Aufklärer war das Christentum abergläubisch und mythensüchtig und gab Märchen den Vorzug vor wissenschaftlichen Erklärungen – eine

Vorliebe, die so ausgeprägt war, daß das Christentum zu allen Zeiten Wissenschaftler und Philosophen mit allen ihm zu Gebote stehenden Mitteln verfolgt hatte. Diese Vorwürfe fanden sich in den tendenziösen Zergliederungen der christlichen Lehre und Praxis, die im 18. Jahrhundert die Deisten und ihre atheistischen Nachfolger in ganz Europa vornahmen. Die erbarmungslose Entlarvung des christlichen Krieges gegen die Vernunft war denn auch die wichtigste Aufgabe, die Voltaire sich in seinen späteren Jahren stellte, und er fand tatkräftige und talentierte Leute, die ihn bei seinen Akten intellektueller Aggression unterstützten.

Dieser Kreuzzug der Aufklärung gegen die Religion ist bekannt. Weniger bekannt ist die Tatsache, daß die Aufklärung das christliche System auch wegen seiner Leib- und Leidenschaftsfeindlichkeit attackierte. Die Religion, behaupteten die Aufklärer, schaffe zwar Raum für Gefühle, aber grundsätzlich nur für das Lamentieren ob der eigenen heillosen Sündhaftigkeit; dies bedeute eine unerträgliche Verunglimpfung der menschlichen Natur. Die Aufklärer, die sich hier in der Gesellschaft gebildeter und disziplinierter Christen befanden, verachteten die schamlose Zurschaustellung von Gefühlen als das Vorrecht religiöser Schwärmer. Diese Ausbrüche eines leichtgläubigen Fanatismus waren offenkundig nicht das, was der Aufklärung als rühmenswerte Leidenschaft vorschwebte; vielmehr waren sie Ausdruck einer primitiven, gefährlichen Erregtheit im Dienste des Aberglaubens, verbreitet vor allem bei den niederen Schichten. Und die christliche Vernichtungswut gegen die Vernunftgläubigen erschien den Aufklärern als natürliches und notwendiges Nebenprodukt christlichen Hochmuts. Indem sie der Schwärmerei und Intoleranz Vorschub leisteten, ließen die Christen den unrühmlichsten Leidenschaften des Menschen freien Lauf. Dafür verkannten sie jene Leidenschaften, die den Adel der menschlichen Natur ausmachen: Stolz, Selbstwertgefühl und Sinnlichkeit.

Wenn also die Aufklärer die erotische Leidenschaft priesen, dann gehörte das generell zu ihrer Weltanschauung und war Teil ihrer Kritik am Christentum. «Unsere Leidenschaften», schrieb David Hume, «sind die alleinigen Ursachen unserer Plagen» – ein Satz, den seine Mit-Aufklärer ohne Schwierigkeit unterschreiben konnten. Denis Diderot, hemmungsloser als seine Freunde, übersetzte das Loblied der elementaren Leidenschaften in einen lyrischen Hymnus an die Sexualität. Er erkannte wohl, daß sinnliche Erregung Gefahren birgt; sie trübt das Urteil und verkehrt die Vernunft. Trotzdem konnte er die erotische Inbrunst als den wundervollen Urquell allen menschlichen Tuns feiern. «Ein Stück Hoden», schrieb er knapp und vulgär, «verbirgt sich in unseren erhabensten Empfindungen wie in der verfeinertsten Zärtlichkeit.»[11] Freud hätte diesen Aphorismus als einen frühen, kruden Kommentar zum Wirken der Sublimierung anführen können. Er wußte – wie Diderot es vor ihm wußte –, daß die erlesenste Blume der Liebe auf dem Boden erotischer Wünsche wächst.

Mehr als einmal jedoch und mit unverkennbarem Vergnügen zitierte Freud einen anderen Satz Diderots, aus *Rameaus Neffe*: «Wäre der kleine Wilde sich selbst überlassen», sagte Diderots Sprachrohr über den kleinen Sohn dieses Neffen, «und bewahrte seine ganze Schwäche, vereinigte mit der geringen Vernunft des Kindes in der Wiege die Gewalt der Leidenschaften des Mannes von dreißig Jahren, so bräch' er seinem Vater den Hals und entehrte seine Mutter.»[12] Wie wir heute wissen, ist das spezielle, von Diderot skizzierte Familiendreieck nur *eine*, noch dazu die einfachste, Form des Ödipuskomplexes. Dennoch war diese ergreifende Entdeckung Diderots ein epochaler Beitrag zu den Reflexionen des Menschen über die Liebe; er erkannte – intuitiv und unvollständig – das zwar verborgene, aber unvergleichlich entscheidende Wirken des Sexual- und des Aggressionstriebes in allen Menschen. Es sollte noch mehr als hundert Jahre dauern, bevor die Psychoanalyse den Anteil des Ödipuskomplexes an der erotischen Vita des Menschen zu systematisieren vermochte.

Diderot, der das Anliegen der *philosophes* höchst amüsant und überzeugend vortrug, trieb die Logik der Aufklärung bis zu ihren äußersten Grenzen. Seine schlüpfrigen Aphorismen und freimütigen Analysen der Sexualität finden sich in allen seinen Schriften und Briefen und haben immer dieselbe aggressive Spitze. Es waren seine Waffen in der großen Polemik gegen das Christentum, für die er und seine Gefährten sich so leidenschaftlich engagierten. Andere Aufklärer, so Hume und Holbach und vor ihnen bereits Montesquieu, bezweifelten die Gültigkeit der christlichen Einstellungen zur Liebe und nannten sie deprimierend, heuchlerisch und verlogen. Sie waren beeindruckt von der Mannigfaltigkeit der moralischen Sitten und Codes auf der ganzen Erde und in der Geschichte und keineswegs davon überzeugt, daß der erotische Impuls etwas Sündiges sei. Hume vermutete zwar, daß Inzest in allen Gesellschaften etwas Verderbliches sei, war sich aber weit weniger sicher, ob die lebenslange Einehe überall auf der Welt die angemessene Einrichtung war, um individuelle Wünsche mit gesellschaftlichen Bedürfnissen zu versöhnen. Die christliche Askese fanden Hume und seine Bundesgenossen absurd und wahrscheinlich verderblicher, als es der Inzest jemals sein konnte. Mit ihrer Vision einer von allen Beimischungen der Erbsünde befreiten menschlichen Natur entwickelten die Aufklärer eine radikale

Alternative zu den Liebeslehren des Christentums. Sie öffneten Perspektiven, die der Bürger des 19. Jahrhunderts als höchst beunruhigend empfand – Perspektiven, denen er vielleicht bei seinen gelegentlichen schamhaften Ausflügen in die gewagte erotische Literatur begegnen mochte, die er normalerweise aber nicht zur Kenntnis nahm.

Gingen die Aufklärer mit den christlichen Liebeskonzepten hart ins Gericht, so nahmen sich die Alternativen der Romantiker vergleichsweise zahm aus. Zwar fanden nur die wenigsten Bürger in den Ideen der Romantik brauchbare Wegweiser für ihr eigenes Verhalten; aber diese Ideen regten zu Phantasien und Taten an, die die unternehmungslustigeren Liebenden aus der Mittelschicht zumindest als realistisch erträumen konnten. Daß die Romantik sich von der unapologetischen, wissenschaftlichen Sinnlichkeit der Aufklärer zurückzog, machte ihre erotischen Spekulationen nur um so verlockender und bedenkenswerter für die Bürger, die sich auf dem Gebiet der Liebe selber für phantasielos und geradezu ängstlich hielten.

Selbstverständlich empfanden die Romantiker ihre Ideen über die Liebe nicht als Rückzug. Diejenigen unter ihnen, die sich überhaupt zur Ideengeschichte äußerten – etwa Blake und die Brüder Schlegel –, kritisierten an den Aufklärern ihre Seichtigkeit und ihre einseitige Leidenschaft für das Physiologische; in ihren Augen reduzierten die Aufklärer in ihren Schriften über die Liebe dieses höchste der Gefühle auf ein bloßes Spiel der Drüsen. In der Tat hat das Zeitalter der Aufklärung keine eigentliche Philosophie der Liebe hervorgebracht, wenngleich Richardsons *Clarissa* oder Rousseaus *La nouvelle Héloïse* und andere Romane der Zeit viel zum Thema Liebe zu sagen hatten. In ihrer Lektüre, ihrem Privatleben sowie vor allem in ihren Essays und Abhandlungen hatten die Aufklärer ein weit größeres Interesse an der Sexualität als an der Liebe bewiesen. Ihre Leistung ist eindrucksvoll; sie verfolgten die Wurzeln des Erotischen bis ins Begehren und enthoben es der Sphäre billigen Moralisierens. Doch die Romantiker waren geneigt, diese Leistung für nichts zu achten, und die aufklärerischen Werke über die Liebe schienen ins Wasser geschrieben zu sein, bis Freud sich um 1900 ihnen wieder zuwandte. Im 19. Jahrhundert wurde in der Diskussion über die Liebe wieder fleißig moralisiert. Viele Romantiker führten ein Leben, das in keiner Weise ehrbarer war als das der Aufklärer. Aber ihre Äußerungen über die Liebe lesen sich wie eine Erwiderung auf das, was in ihren Augen die verdorbene Sinnlichkeit der Aufklärung war.

Genau wie die Aufklärer betteten die Romantiker ihre Reflexionen über die Liebe in alle möglichen allgemeinen Auffassungen über das Leben ein. Allerdings waren sie sich einiger in dem, wogegen sie waren –

bornierte Aufklärer einerseits und Spießbürger andererseits –, als in dem,
wofür sie waren: Die Romantiker bildeten keine Schule. Einige hoben die
quälenden Probleme des erotischen Lebens hervor, andere dessen überir-
dische Beglückungen. Die später von Freud formulierte gemäßigte Position: «Es bedarf eines Hindernisses, um die Libido in die Höhe zu
treiben»,[13] war weniger reizvoll als der masochistische oder orgiastische
Überschwang, zu welchem romantische Vorstellungen verführerisch ver-
lockten. Sie ließen wehmütige Phantasien entstehen, regressive Sehnsüchte nach der Vereinigung mit infantilen Objekten.

Diese romantische Verherrlichung der Liebe, eine einigermaßen narzißtische Überbewertung nicht so sehr des Liebesobjektes als vielmehr
der Liebe selbst, sicherte der Romantik ihre bleibende Beliebtheit. «Ewige Liebe», wie es Valentin nennt, der jugendliche Held in Mussets *Il ne
faut jurer de rien*, war das Losungswort romantischen Dichtens und
Denkens. Es war, wie der englische Reiseschriftsteller und Biograph
Francis Gribble 1910 den allgemeinen Eindruck zusammenfaßte, nicht
so, daß die Romantiker «die Liebe erfunden oder gar entdeckt hätten.
Die Liebe, das steht fest, ist ein gut Teil älter als die Literatur; viele
Männer und Frauen haben geliebt und über Liebe geschrieben, bevor die
Reihe an die Romantiker kam.» Aber sie waren, meint Gribble, die
ersten, «die die Liebe sozusagen zum Programm erhoben, sie als Erfah-
rung und Fest ernst nahmen und zum integralen Bestandteil der liberalen
Erziehung eines gebildeten Menschen machten».[14]

Die populäre Vorstellung von «romantischer Liebe», mit schmachtenden Helden, erbleichenden Heldinnen, exotischer Landschaft, wilder
Natur, grausamen Hindernissen und tief befriedigendem Tod ist zwar
karikierend vereinfacht, trifft aber recht gut romantische Gedankengänge
und Situationen. Zumal die intime Verbindung von Liebe und Tod war
ein verführerisches romantisches Thema, das sich enormer und anhalten-
der Beliebtheit erfreute, weil es einem verbreiteten latenten Bedürfnis der
Leser nach Regression zu frühen, undifferenzierten Freuden entgegen-
kam; zu dem Zeitpunkt, da Wagners Tristan und Isolde in ihren Liebestod gingen, war das bereits eine altbekannte Sache. Doch während unser
romantischer Themenkatalog – schmachtender Held, erbleichende Heldin etcetera – die Handlung romantischer Gedichte und Romane treffend
genug zusammenfaßt, verfehlt er doch den metaphysischen, ja oft religiösen Anspruch, den die Romantiker für dieses höchste der Gefühle, das
großartigste der Geschicke geltend machten. Vor allem aber vernachlässigt er das von allen Spielarten der Romantik vertretene oberste Dogma
von der schöpferischen Kraft der Phantasie. Gleichgültig, wie sinnlich
der Romantiker nach Neigung und Ausdruck war: Er vertraute darauf,

daß seine Phantasie die Sinnlichkeit reinige. Das Wirken der Phantasie war ihm mehr als die bloße Ausarbeitung vorgefundenen Stoffes, es war eine autonome gestaltende Kraft, «ein Abglanz von Schöpfung», wie Coleridge[15] sagte. Darum wurde die Poesie zum bevorzugten Instrument der Romantiker, darum lag für sie so viel Reiz in den Mythen, darum deuteten sie die Natur als ein einziges System von Symbolen.

Romantische Liebe hat natürlich teil an dieser begeisterten Weltsicht, ist eine Grundlage und zugleich ein Beweis ihrer Stärke. «Die Liebe», sagte Novalis, «ist der Endzweck der Weltgeschichte – das Amen des Universums.» Das Wort «Anbetung», oft mißbraucht als sinnfälliges Synonym für die leidenschaftliche Überbewertung des Liebesobjekts, taugte der Romantik zur Kennzeichnung wirklicher Gefühle; war Liebe doch für sie angewandte Religion. Die Phantasie verklärt sogar die körperliche Erscheinung: Der Liebende findet die Geliebte schön, gleichgültig, wie sie aussieht; er kann sogar eine Frau anbeten, die er nie gesehen hat. Die Aufklärer hätten kühl zugestimmt, daß Liebesschwärmerei eine Form von gewollter Blindheit ist, aber sie hätten ein Verhalten physiologisch und psychologisch gedeutet, für das die Romantiker weniger irdische Erklärungen fanden. «Aber freilich, das Universum ist und bleibt meine Losung», schrieb Friedrich Schlegel an seine geliebte Dorothea. «Liebst du wohl, wenn du nicht die Welt in der Geliebten findest?»[16] Es war eine rhetorische Frage.

Die meisten Romantiker empfanden aber doch die Anbetung als etwas höchst Problematisches. Sie erklärten die erotische Erfüllung zu einem schönen und notwendigen Ingrediens der Liebe und versuchten, sich in ihrem Leben an diese Erklärung zu halten. Einige erhoben den Geschlechtsverkehr zu einem Symbol für die vereinigende Kraft des Eros, die das organische Weltall zusammenhält. «Vielleicht», so dachte Novalis, «gehört der Sinnenrausch zur Liebe wie der Schlaf zum Leben. Der edelste Teil ist es nicht, und der rüstige Mensch wird immer lieber wachen als schlafen.» Aber schlafen muß er – regelmäßig und fest. Damit ist die romantische Liebeslehre ziemlich genau formuliert, und nicht nur die deutsche. In der wahren Liebe sind sinnliche und geistige Elemente miteinander verwoben, doch ist das Geistige der edlere Teil. Um noch einmal Novalis zu zitieren: «Eine Ehe sollte eigentlich eine langsame, kontinuierliche Umarmung, Generation, wahre Nutrition, Bildung eines gemeinsamen harmonischen Wesens sein.»[17]

Das war ein anstrengendes Ideal. Es klang auch nach einem subversiven Ideal: Aus ihm folgte so manches, was sich auf das Überkommene viel destruktiver auswirkte, als die modische romantische Rhetorik mit ihrem oft verblasenen Überschwang vermuten läßt. Das romantische

Ideal brachte eine neue Einschätzung von Wesen und Stellung der Frau mit sich. Doch auch hier boten die Romantiker keine geschlossene Front. Immerhin war es Byron, der große Romantiker, der in seinem *Don Juan* die viel zitierten Verse schrieb:

> Man's love is of man's life a thing apart,
> 'Tis woman's whole existence

[Liebe ist für den Mann nur ein Teil seines Lebens, für die Frau ist sie das Ein und Alles ihres Daseins].

Das war ein Satz, den der in seinen Traditionen erstarrte Bürger unbedenklich unterschreiben konnte; entsprach er doch vollkommen dem herrschenden Häuslichkeitsideal der Mittelschicht. Der Mann steht draußen im feindlichen Leben des Geldverdienens und der Politik; Ambitionen zu befriedigen und Profite zu erzielen ist für ihn genauso wichtig, wie der zarten Leidenschaft zu huldigen. Die Frau hingegen, Hüterin des Herdes und der Familienreinheit, hat die Zeit, die Pflicht, ja die heilige Aufgabe, die Liebe allem voranzustellen. Die Liebe, unterstrich der verspätete Romantiker Jules Michelet, ist die Bestimmung des Weibes.[18] Diese Scheidung der Geschlechter war weder einfältig noch vollkommen: Die Romantiker waren nicht die einzigen, die darauf verwiesen, daß Männer häufig Macht erstrebten oder Geld verdienten, um Liebe zu erringen. Und diese ziemlich fadenscheinige romantische Vorstellung vom modernen Mann als dem Ritter im schwarzen Rock, der die Welt erobert, um sein Weib zu erobern, war für die damalige Zeit ein praktisches Ideal: Bei den anständigen Bürgern konnte man erst heiraten, wenn der künftige Gatte eine gesicherte Stellung und ein ansehnliches Bankkonto hatte.

Aber die Romantiker boten den Frauen auch andere, nicht so beengende Perspektiven. Wenn wahre Liebe Gegenseitigkeit voraussetzt, wenn jene langsame, kontinuierliche Umarmung, in welcher Novalis das Ideal der Ehe erblickte, auf mehr abzielen soll als auf häufigen Geschlechtsverkehr, dann muß gewährleistet sein, daß die Frau ihre Fähigkeiten ungehindert entfalten kann. Das Glück in der romantischen Liebe verdankte sich, so glaubten die Romantiker, zu einem guten Teil dem klugen, weitgespannten Gespräch, dem Spiel des Geistes, dem geselligen Treiben, wozu eine unwissende, ungebildete Frau, mochte sie an sich noch so begabt sein, niemals taugen konnte. Außerdem ergab sich aus dem romantischen Ideal die Notwendigkeit, in der Welt zu experimentieren. Erste Liebe, oder Liebe auf den ersten Blick, war kein herausragender Punkt im romantischen Programm. Zwar haben manche Denker, so etwa Kierkegaard, romantische Liebe definiert als «unmittelbar: Sie sehen und lieben war eins».[19] Doch für die meisten Romantiker war die Liebe eine gemeinsame, ausgedehnte Expedition; sie erforderte Können und Reife und jene Art von Erfahrung, die nur erwarb, wer viele Jahre geliebt hatte, und zwar mehr als einen Partner. Die ewige Liebe war übertragbar. Träume erzeugten den Romantikern wahre Gesichte, und die Phantasie erschuf sich ihre eigene Schönheit; doch bedeutete das nicht mönchisches Leben, rief nicht dazu auf, Realitäten durch Phantasien zu ersetzen. Die romantische Begeisterung für Erfahrung und Experiment stellte vielmehr die Ehe in Frage, zumal die lebenslange Ehe. Sie warf sogar – zart andeutend und nur durch die Feder einiger exaltierter Geister – das Problem auf, wo die schicklichen Grenzen der Liebe verliefen. In diesem Punkt, bei dem nichts weniger als die Gültigkeit des Inzesttabus auf dem Spiele stand, konnten Shelley, ganz zu schweigen von Byron, und Diderot einander die Hände reichen.

Solche radikalen Eskapaden, mochten sie noch so verwegen – und ungeschickt – sein, verstärkten nur die verführerischen romantischen Vorwürfe gegen die bürgerliche Moral. Einige Romantiker, namentlich William Wordsworth, feierten den Zustand der Ehe in ihrer Poesie und in ihrem Leben. Die leidenschaftlichen Liebesbriefe, die er und seine Frau Mary nach zehn Ehejahren und fünf Kindern wechselten – «wie tief wir doch einander lieben, mit Leib & Seele» –, sind keine Huldigung an die Beständigkeit der Liebe und ihrer Möglichkeiten. Wordsworth war, wie Coleridge nicht umhin konnte, spöttisch zu bemerken, seiner Frau «zärtlich zugetan» und «ridikülisierte das Vorhandensein jeglicher anderen Leidenschaft, die sich nicht zusammensetzt aus Lust & Achtung & Freundschaft & beschränkt ist auf einen einzigen Gegenstand». Aber das zeige eben nur, daß Wordsworth durch und durch konventionell sei und «von Natur aus unfähig zur Liebe».[20]

Das war engherzig gesehen und eine unfreiwillige Huldigung an zumindest *ein* glücklich verheiratetes Paar; aber was Coleridge sagen wollte, war klar: Bürger – und zu diesen zählte er auch Wordsworth – waren unfähig zu jenem erhabenen Bund, nach dem die Romantiker trachteten; ihre Ehen waren ein reiner Witz, bestenfalls inferiore Verbindungen. «Was man eine glückliche Ehe nennt», schrieb Friedrich Schlegel, «verhält sich zur Liebe wie ein korrektes Gedicht zu improvisiertem Gesang.» In einem seiner kompromißlosesten Fragmente umreißt er diesen Standpunkt so: «Fast alle Ehen sind nur Konkubinate, Ehen an der linken Hand oder vielmehr provisorische Versuche und entfernte Annäherungen zu einer wirklichen Ehe.» In der bürgerlichen Ehe, sagt er in seinem Roman *Lucinde*, einem freizügigen, ziemlich wirren Manifest der romantischen Liebe, «liebt der Mann in der Frau nur die Gattung, die

Frau im Mann nur den Grad seiner natürlichen Qualitäten und seiner
bürgerlichen Existenz, und beide in den Kindern nur ihr Machwerk und
ihr Eigentum.»[21] Das war das Höchste, wonach gewöhnliche Sterbliche
trachten konnten, und es war nicht genug. Die Ehe der Mittelschicht, mit
ihrer ganzen Mattigkeit und Lauigkeit und dem Schielen auf die Meinung
anderer, verkörperte nicht die Liebe, sondern die institutionalisierte
Gleichgültigkeit. *Lucinde* ist ein frühes Beispiel dessen, was ich die
Mißbilligungs-Literatur genannt habe.

Die Bürger schlugen zurück. Als *Lucinde* 1799 erschien, hatten die
Leser nur Augen für die ihnen verächtlich erscheinende Sinnlichkeit und
Unanständigkeit des Buches und übersahen das in ihm enthaltene Programm. Mit pointierten Allegorien, locker verbundenen Vignetten, saftigen Szenen und gezielten Randbemerkungen schildert *Lucinde* eine
Liebesgeschichte als glückliche Verschmelzung des Körperlichen mit dem
Geistig-Seelischen; die Frau ist hier etwas Besseres als nur erotisches
Spielzeug, gefügiges Eheweib oder engelsgleiche Mutter. Schlegel verstand seinen kurzen, experimentellen Roman als «Hieroglyphe» der
«ewigen Liebe». Doch seine Leser stürzten sich lieber auf die Großzügig-
keit, mit der Julius und Lucinde ihre Kleider um sich herum verstreuten,
auf das anspielungsreiche Zwiegespräch der nackten Liebenden, auf die
handfeste Darstellung dessen, was Schlegel das «heilige Feuer» zu nennen
beliebte, den «frischen Reiz der Brüste» und die «Wut der Liebe», und
auf die Andeutung des Erotischen bei Kindern und der kindlichen
Wurzeln der Erotik: «Gewiß! es liegt tief in der Natur des Menschen, daß
er alles essen will, was er liebt.» Solche Lehren waren irritierend genug,
um dem Bürgertum Kopfschmerzen zu bereiten. Schlegels eigene Mutter, schon schmerzlich betroffen davon, daß ihr Sohn in Berlin «mit einer
Person, einer Jüdin» zusammenlebte – nämlich «Mentelsons Stieftoch-
ter» –, sah in der *Lucinde* den Beweis dafür, «daß er keine Religion und
keine guten Grundsätze hat».[22] Die Wohlanständigen konnten mit solchen Schriften nichts anderes anfangen, als den Kopf darüber zu schüt-
teln.

In anderen Ländern konnte man mit den Schriften – und dem Leben –
der Romantiker genauso wenig anfangen. Shelley hat in seinem kurzen,
glühenden Leben die unkonventionellsten häuslichen Arrangements ausprobiert und in alle Welt die These hinausposaunt, daß die Liebe stets das
Primäre ist und die Ehe – jedenfalls die bürgerliche – immer Sklaverei
bedeutet: «Liebe verkümmert unterm Zwang; ihr ganzes Wesen ist
Freiheit.» Etwas später experimentierte in Frankreich Alfred de Musset
mit Liebesepisoden, in denen jeweils ein Element – die Empfindung, das
Fleisch, der Geist – das beherrschende war. Und zu Shelleys Lebzeiten

war es der von Goethe bewunderte Lord Byron, der – umwittert von Skandalen, verfolgt von Gerüchten, verfemt von Pamphleten – seine sexuelle Kometenbahn durch England und den Kontinent zog und an einem Schweif von Geliebten sein besessenes Sexualathletentum bewährte. Im Januar 1819, aufgereizt durch Klatschgeschichten, die, von Lord Lauderdale verbreitet, ihn mit irgendeinem «Weibsstück» in Zusammenhang brachten, mußte er sich gegenüber seinen Freunden John Cam Hobhouse und Douglas Kinnaird mit einem ruhmredigen Katalog seiner jüngsten Eroberungen brüsten, so als ob er nicht nur den Don Giovanni, sondern gleich den Leporello dazu spielen wolle: «Welches ‹Weibsstück› meint er denn? – Seit letztem Jahr läßt man mich Spießruten laufen; da ist die Tarruscelli – die da Mosti – die Spineda – die Lotti – die Rizzato – die Eleanora – die Carlotta – die Giuletta – die Alvisi – die Zambieri – die Eleanora da Bezzi (die Mätresse von König Gioachino von Neapel – jedenfalls eine von ihnen) – die Theresina von Mazzurati – die Glettenheim und ihre Schwester – die Luigia und ihre Mutter – die Fornaretta – die Santa – die Caligari – die Portiera – die Bologneser Tänzerin – die Tentora und ihre Schwester – cum multis aliis – manche sind Gräfinnen – andere sind Schusterfrauen – einige sind adlig – einige bürgerlich – einige niedrig geboren – und alle sind Huren – welche von ihnen meint denn der vermaledeite ‹Ladro & porco fotutto› [Schelm und verdammtes Schwein; A. d. Ü.]? Ich habe sie alle gehabt, und seit 1817 noch dreimal soviel.»[23] Die Anspielungen auf homosexuelle Freuden in Shelleys Gedichten und die geheimnisvolleren unter Byrons erotischen Abenteuern waren auch nicht dazu angetan, der Mittelschicht das romantische Vorgehen als Richtschnur in Liebesdingen zu empfehlen. Noch lange, nachdem die Wogen der Romantik in Musik, Malerei und Literatur verebbt waren, war eine ziemlich vulgarisierte, blutleere, verwaschene, aber ungemein suggestive Vorstellung von romantischer Liebe voller unaussprechlicher Erlebnisse, Sehnsüchte und Erfüllungen im Schwange. Das Verhalten, durch das die Anrüchigeren unter den Romantikern von sich reden machten – sei es nun Friedrich Schlegel oder Percy Bysshe Shelley, Alfred de Musset oder Lord Byron –, konnte zwar, wie gesagt, als Mißbilligung des Bürgers aufgefaßt werden, der zu ängstlich war, um solch anspruchsvollen Vorbildern zu folgen; aber im allgemeinen war es ein Skandal, über den der brave Bürger nur die Hände über dem Kopf zusammenschlagen und, in seinen ehrlichsten Augenblicken, in Neid verfallen konnte.

2. Zyniker und Enthusiasten

In seinem Leben wie in seinem Denken verschmolz der lohnendste Philosoph der Liebe zu Beginn des 19. Jahrhunderts jene geistigen Traditionen, die den gewöhnlichen Bürger so unbehaglich stimmten. Henri Beyle, der Mann der vielen Pseudonyme, der am besten bekannt ist als Stendhal, war ein Romantiker aus Profession und ein Aufklärer aus Neigung. Sein Leben war eine dauernde, ebenso intelligente wie geistreiche und mitunter recht hoffnungslose Erkundung der Liebe und ihrer oft abwegigen Umwege: Anzeichen von Impotenz, die Andeutung homosexueller Momente, Inzestwünsche bereichern, verunklärend, das ohnedies schon reiche Amalgam aus amourösem Spiel und sexueller Erregung, das seine Romane durchdringt. Sein Nachdenken über die Liebe erwies sich als so lohnend, weil er nicht allein eine Vielzahl erotischer Möglichkeiten in seinen Liebesbeziehungen durchspielte und darüber in seinen Romanen Rechenschaft legte, sondern weil er auch einen brillanten, stark persönlich gefärbten Essay *De l'Amour* veröffentlichte, den er in den Ankündigungen als eine «Physiologie der Liebe» bezeichnete.

Das Studium der Liebe hat sich standhaft gesträubt, zur Wissenschaft zu werden; dennoch hat es im ganzen 19. Jahrhundert nicht an unerschrockenen Geistern gefehlt, die es zu eben dieser zu machen suchten. Ich meine nicht Anleitungen zur Verführung der Mädchen; diese gehören eher in den Bereich der Kunst, oder vielmehr des Handwerks. Ich rede von den Versuchen, Liebe nach Typen zu klassifizieren, ihre Symptome zu beschreiben, ihre Ursachen zu diagnostizieren, ihren Verlauf zu erfassen, ihr Abklingen zu schildern. Der eindringlichste, wenn auch keineswegs vollständige oder absolut befriedigende Beitrag zu diesem Genre kam nach 1900, mit dem Werk Sigmund Freuds. Unter dessen Vorgängern aber ragt Stendhals *De l'Amour* einsam hervor – originell trotz aller schamlosen Entlehnungen, eine entwaffnende, unwiderstehliche Mischung aus bewegendem Bekenntnis und technischem Traktat, eine Monographie über die Wissenschaft der Liebe.

Einigermaßen seltsam war sie schon, die Wissenschaft, die Stendhal betrieb; der Romantiker, der Romancier und vor allem der geplagte Liebende kommen auf jeder Seite dem fachkundigen Forscher in die Quere. Stendhal war ein leidenschaftlicher und, in der Mehrzahl der Fälle, unglücklicher Liebhaber der Frauen. Seine erste Niederlage bereitete ihm das Schicksal mit dem tragischen Ende seiner ödipalen Bindung an die Mutter, die weit über die übliche Zeit hinaus gedauert hatte. «Meine Mutter», schreibt er in der unvollendeten Autobiographie *La vie de Henry Brulard*, «war eine bezaubernde Frau, und ich war in meine Mutter verliebt.» Niemals vergaß er ihre füllige Figur, ihr frisches, hübsches Wesen und seine kindlichen Gelüste nach ihr. Er erinnerte sich, daß er sie nackt zu sehen begehrte, um sie mit Küssen bedecken zu können, besonders auf den Busen. Mit Befriedigung dachte er daran zurück, wie auch seine Mutter ihn außerordentlich geliebt und oft geküßt hatte; er reagierte auf ihre Küsse «mit solcher Inbrunst, daß sie sich nicht selten genötigt sah wegzugehen». Das Paradies des kleinen Stendhal war perfekt – einschließlich Schlange: «Ich verabscheute meinen Vater, wenn er kam und unsere Küsse störte.» Aber die Rivalität des Vaters war nicht das Schlimmste, was der junge Liebende zu erdulden hatte: «Man bedenke, daß ich sie durch das Kindbett verlor, als ich kaum sieben Jahre alt war.»[24] Danach, so bemerkt er mit feiner Weisheit, begann sein sittliches Leben. Die idealisierten weiblichen Wesen, die er in späteren Jahren – mitunter vergeblich – liebte, waren gewoben aus solider, wirklicher Körperlichkeit und rührend-bewahrten Kindheitsbildern.

Als Stendhal Ende 1819 mit den ersten Entwürfen zu *De l'Amour* begann, schmachtete er wieder einmal in den Fesseln einer unerwiderten Leidenschaft. Mathilde Viscontini Dembowski muß eine außergewöhnliche Frau gewesen sein. Tatkräftig, gescheit, selbstbewußt, war sie die Mutter zweier Söhne und engagierte sich für die patriotische Untergrundbewegung der Carbonari, die die Unabhängigkeit Italiens erkämpfen wollten; von ihrem Gatten getrennt, empfand sie alles andere als Liebe für ihren aufdringlichen Freier. *De l'Amour* bleibt das Dokument einer Erfahrung, wenn auch kaum einer schablonenhaften Erfahrung. Wenn das Buch die Kennzeichnung «Wissenschaft» verdient, dann ist es experimentelle Wissenschaft, in der der Verfasser selbst die Versuchsperson ist. Stendhal war, mit einem Wort, ebensosehr der Erforscher der Seele, wie er der Erzähler von Geschichten und der Liebhaber von Frauen war. Er strebte die Distanziertheit des Diagnostikers an und trachtete danach, eine «genaue wissenschaftliche Darstellung» der Liebe, nicht ihren Roman, zu geben. Dieser Ehrgeiz überstieg, wie er selbst wußte, schier seine Kräfte; das kurze, vielzitierte neunte Kapitel von *De l'Amour* schildert eindringlich sein Streben nach Klarheit und Objektivität und die unerschütterliche Treue zu seinen wahren Gefühlen: «Ich gebe mir alle Mühe, nüchtern zu sein. Ich zwinge mein Herz zum Schweigen, wenn es auch glaubt, viel sagen zu müssen. Stets zittere ich, nur einen Seufzer niedergeschrieben zu haben, wo ich eine Wahrheit aufzuzeichnen meinte.»[25] *De l'Amour* mag vielleicht teilweise mißlungen sein; aber es ist glorios mißlungen – das Provisorium eines Genies.

Als Aristokrat der Erfahrung, der das profanum vulgus hochmütig verachtete, schrieb Stendhal selbstverständlich nicht für den Durchschnittsbürger seiner Zeit. Es ist sattsam bekannt, daß er «die glücklichen Wenigen» sein Publikum nannte und sich in einem erträumten postumen Ruhm sonnte – nach fünfzig oder hundert Jahren. Wie andere Romantiker auch, hatte er in der rauschhaften Erregung der napoleonischen Tage geschwelgt und die dann folgenden Jahre der Restauration als Regiment der Langeweile gebrandmarkt. Die Wahrnehmung des *ennui* als der widerwärtigen Signatur seiner Zeit bestimmt die beiden meisterhaften Romane *Le rouge et le noir* und *La Chartreuse de Parme* und prägt auch seine Diagnose der Zeit in *De l'Amour*, wo er «die jetzige Langeweile» und die alles beherrschende, tödliche Schablonenhaftigkeit beklagt. Die Liebe ist ihm «eine in Frankreich sehr seltene Torheit». Er hegt sogar explizite Zweifel, daß der ums Geld sich plackende Bürger ihn jemals verstehen werde: Zwar habe er sich aufrichtig Mühe gegeben, «klar und deutlich» zu sein, doch befürchtete er, daß Geldjäger und grobe Genußmenschen, die hunderttausend Francs pro Jahr verdient hatten, ehe sie seine Abhandlung lasen, namentlich «Bankiers, Fabrikanten und achtbare Gewerbetreibende», für ihn wahrscheinlich unerreichbar waren: «Ich kann keine Wunder tun.» Begreiflicher werde sein Buch schon jenen sein, «die viel Geld an der Börse oder in der Lotterie gewonnen haben», also den Abenteurern, den Conquistadoren im Bürgertum; ihre Weise, zu Reichtum zu kommen, vertrug sich mit Träumereien, mit dem Genuß der Gemälde Prud'hons, eines Satzes von Mozart, des Blickes einer Frau, die man begehrt. In bedrückendem Gegensatz hierzu mangelt es dem archetypischen Bürger in beklagenswerter Weise an Phantasie: «So aber *verlieren ihre Zeit* nicht *die* Leute, die an jedem Wochenschluß zweitausend Arbeiter entlohnen. Ihr Geist ist stets auf das Einträgliche und Positive gerichtet.» Typisch bürgerliche Eigenschaften wie die Furcht, sich lächerlich zu machen, und das Verlangen nach gesellschaftlichem Aufstieg sind die Nemesis der Liebe.[26]

Das war der Grund, weshalb Stendhal es besonders auf die USA abgesehen hatte, wo nach seiner Meinung die Herrschaft des Bürgertums am sichersten befestigt war. Amerikaner sind eingefleischte Rationalisten, und daher hat die Liebe dort keine Heimstatt. «Nichts ist so phantasielos wie die Regierung der Vereinigten Staaten von Amerika.» In dem Kapitel über die Liebe in den USA – bezeichnenderweise dem kürzesten in diesem vergleichenden Überblick – bemerkt er, geradezu mitfühlend: «Man möchte sagen, daß die Quelle des Empfindens bei ihnen versiegt. Sie sind gerecht und verständig, aber durchaus nicht glücklich.»[27] Wie andere Menschen im 19. Jahrhundert, ließ auch Stendhal sich seinen geistigen Lieblingszeitvertreib, das Studium des Volkscharakters, nicht durch Sachkenntnis trüben; er hatte die USA nur im Geiste bereist, und was er über das Land gelesen hatte, war dürftig. Doch das tat wenig zur Sache: Für Stendhal waren die Amerikaner Bürger in Reinkultur, und daraus folgte per definitionem, daß für sie außerordentlich geringe Hoffnung bestand, wahre Liebe zu erleben.

Doch ist *De l'Amour*, obgleich ein hervorragendes Beispiel für die Literatur der Mißbilligung, nicht einfach nur eine weitere höhnische Durchleuchtung des materialistischen Bürgertums: Es ist, erstaunlich genug, ein Reformtraktat. Stendhals Kapitel über Frauenerziehung sind frühe, nachdrückliche Formulierungen einer Position, die die Feministinnen erst Jahrzehnte später zu der ihren machen sollten. Wie weite Passagen in *De l'Amour*, stützen sich auch diese Kapitel zu einem nicht geringen Teil auf die Vorarbeiten anderer, namentlich auf das Werk des Seelenforschers Destutt de Tracy, den Stendhal enorm bewunderte und fröhlich plünderte; doch tragen sie den Stempel seines Geistes und seiner unwiderstehlichen Verve. Die Borniertheit, Zimperlichkeit und Hohlköpfigkeit der meisten modernen Frauen war, Stendhal zufolge, ganz und gar das Werk bedrückender gesellschaftlicher Verhältnisse: «Die gegenwärtige Erziehung der jungen Mädchen, eine Frucht des Zufalls und des dümmsten Hochmuts, läßt ihre glänzendsten Fähigkeiten verkümmern» – zu ihrem eigenen Nachteil, aber auch, ironischerweise, zum Nachteil der Männer. Praktisch denkende Männer mögen sich zwar in den Kopf setzen, eine sanfte und anspruchslose Frau zu bekommen; doch für das zweifelhafte Glück, mit einem solchen Wesen verheiratet zu sein, zahlen sie mit tödlicher Langeweile.[28]

Mit Scheinargumenten hatte Stendhal keine Geduld: Die Frauen sind das, was die Männer aus ihnen gemacht haben. «Man weiß doch, daß ein zehnjähriges Mädchen zwanzigmal gewitzter ist als ein gleichaltriger Junge. Mit zwanzig Jahren ist sie eine große Gans, linkisch, schüchtern und fürchtet sich vor einer Spinne, während der Junge ein gescheiter Kerl geworden ist.» Der Grund: Männer sind Tyrannen, sie sind es seit Jahrhunderten gewesen. Sie haben die Frauen zu Packeseln im Haushalt gemacht, zu Sklavinnen ihrer Kinder, zu Krankenschwestern; sie haben die Frauen dumm und unwissend gehalten, damit sie nicht, kundig des Schreibens und Lesens und begierig auf mehr Bildung, jene Aufgaben vernachlässigen, zu denen männliche Selbstsucht sie verdammt hat. Aber diese traditionelle Behandlung der Frauen ist nicht nur ungerecht und grausam, sie wirkt auch als Bumerang: Anders als das hirnlose Wachspüppchen, dem das Herz des modernen Mannes zu gehören scheint, wird es eine geistig wache und gebildete Frau nicht nötig haben, außerhalb ihres Heims nach Liebe (nicht einmal nach körperlicher) zu suchen, um ein kleines rührendes Glück zu genießen. Die Frau, die sich aus der Versklavung durch Unwissenheit und aufgedrungene häusliche Pflichten befreit hat, wird darum nicht ihre Weiblichkeit einbüßen: «Die weibliche Anmut hat mit der Unwissenheit nichts zu tun.» Im Gegenteil: Ein freier Geist wird zu einer glücklicheren Ehe führen.[29]

Denn Stendhal war kein Kritiker der Ehe als solcher. Wie andere Physiologen der Liebe vertrat er mit Entschiedenheit den Satz, daß die Liebe Zuneigung mit Leidenschaft verknüpft. Schon in seiner ersten Klassifizierung der Liebe – Liebe aus Leidenschaft, Liebe aus Neigung, Liebe aus Sinnlichkeit und Liebe aus Eitelkeit – hatte er festgehalten, daß schiere Sinnnenlust, körperliche Liebe, nicht jene Art von Liebe sei, die am wichtigsten ist, und er sie daher auch nicht untersuchen werde. Und er bemerkt dazu, in zivilisierten Ländern erreiche «die zartfühlende Frau» «Sinnengenuß nur bei dem geliebten Manne». Stendhal, kein Bewunderer des edlen Wilden, erklärte die Liebe zum «Wunder der Kultur. Bei wilden oder barbarischen Völkern findet man nur die roheste Sinnenliebe.» Er schloß sich dem Liebeskodex der mittelalterlichen Minnehöfe an, in dem es heißt: «Es ziemt sich nicht, eine Frau zu lieben, die zu heiraten man sich schämen würde.»[30]

An diesem Punkt verschmelzen Stendhals reformerische Impulse mit seiner überhöhten Definition der Liebe. Liebe fordert Achtung, und Achtung ist nur möglich, wenn es der Frau erlaubt wird, ihre Anlagen voll auszuschöpfen. Ja, nur eine Ehe, die alle diese Qualitäten in sich vereinigt, hat nach Stendhal das Recht auf diesen Namen: «Die eheliche Treue der Frauen ohne Liebe ist sicherlich naturwidrig.» Das sind starke Worte, und die wenigen braven Bürger, denen Stendhals Traktat in die Hände fiel, müssen diese implizite Verteidigung des Rechts auf freie Scheidung als gewagt empfunden haben. «Es ist mehr gegen das Schamgefühl, sich nach ein paar lateinischen Brocken in der Kirche mit einem Manne zu Bett zu legen, den man nur zweimal im Leben gesehen hat, als sich widerstrebend einem Manne zu ergeben, den man seit zwei Jahren anbetet.»[31] Das war nicht weniger gewagt, und nicht nur für jene wohlmeinenden reichen Bürgerfamilien, die noch während des ganzen 19. Jahrhunderts an der Überzeugung festhielten, die besten Ehen seien die von den Eltern arrangierten.

Als echter Romantiker hatte Stendhal seine Zweifel, ob der Bürger sich jemals zu jenen Höhen der Phantasie würde emporschwingen können, auf denen nach seiner Überzeugung die Liebe – ob ehelich oder nicht – zu Hause war. Phantasiebegabte Männer liefen andere, böse Gefahren, namentlich die des «Fiaskos», also der Impotenz; ihr widmet Stendhal ein prägnantes, teilweise autobiographisches Kapitel in *De l'Amour* und später sogar einen ganzen Roman, *Armance*. Aber ohne das Risiko des Fiaskos keine Hoffnung auf Liebe: Das war der problematische Anteil der Phantasie in der erotischen Ökonomie des Mannes.

Stendhals Behandlung der Phantasie in *De l'Amour* ist sein bleibendster Beitrag zu den Liebestheorien des 19. Jahrhunderts. Der Gedanke, daß Phantasie den Liebenden unentbehrlich ist, ist selbstverständlich so alt wie Platon. Die Troubadoure hatten die kunstvollen Anschläge der Phantasie erkundet. Stendhals geliebter Shakespeare hatte es ein für allemal formuliert und die Liebe in einem Atem genannt mit Dichtung und Wahnsinn:

> «Wahnwitzige, Verliebte und Poeten
> Bestehn aus Einbildung.»

Es blieb die Aufgabe, das Wirken der Phantasie in der Sphäre des Erotischen auf eine Regel zurückzuführen, eine aussagekräftige Metapher zu finden, die den Anteil der Phantasie an jenem poetischen Wahnwitz namens Liebe überzeugend faßte. Stendhal schlug dazu eine glückliche Prägung vor, die «Kristallbildung». Er selbst erklärt das am besten: «Was geht binnen vierundzwanzig Stunden im Kopf eines Liebenden vor? Es ist dies: Wirft man in den Salzbergwerken von Salzburg einen entlaubten Zweig in die Tiefe eines verlassenen Schachts und zieht ihn nach ein paar Monaten wieder hervor, so ist er mit glänzenden Kristallen überzogen. Auch die kleinsten Äste, nicht größer als der Fuß einer Meise, sind mit zahllosen lockeren, funkelnden Diamanten bedeckt. Der kahle Zweig ist nicht wiederzuerkennen. Kristallbildung nenne ich die Tätigkeit des Geistes, der bei jedem Anlaß neue Vorzüge bei der Geliebten entdeckt.»[32] Nicht alles, was schön ist, wird geliebt; aber alles, was geliebt wird, ist schön.

Diese Überbewertung durch die Phantasie tritt nicht bereits mit beginnender Liebe ein. Nach dem Zeitplan der Liebe, wie ihn Stendhal konzipiert, stellt sie sich erst in einem relativ späten Stadium ein. Liebe beginnt mit Bewunderung; dann kommt die Phantasie ins Spiel mit dem Gedanken, daß es höchst wonnevoll sein müßte, das Mädchen zu küssen. Hoffnung keimt auf, Begehren wird sichtbar. Dann, und erst dann, kommt die wirkliche Liebe: der Wunsch, das liebenswürdige Objekt zu sehen und zu berühren. Ein Jahrhundert, bevor Freud es tat, verband Stendhal diese beiden Dinge im erotischen Tun. Erst danach beginnt «die erste Kristallbildung». Der Liebende entleert, wie die Psychoanalytiker später sagen werden, sein Ich und investiert seine Libido in das erwählte Objekt: «Er übertreibt seine eigenen Vorzüge weniger und überschätzt die geringsten Gunstbeweise der Geliebten.» Doch geschieht die Kristallbildung in mehreren Wellen. Nachdem der Liebende von Zweifeln geplagt wird und nachdem die Frau versucht hat, seine inbrünstigen Phantasien abzukühlen, verfällt er einer Wiederholung der Kristallbildung: dem elektrisierenden Gedanken: «sie liebt mich.» Die Kristallbildung hat also ein Eigenleben: Die Erkenntnis des Liebenden, sich im Ziel seiner Liebe getäuscht zu haben, die Notwendigkeit, sich der falschen Hoffnungen zu entschlagen und neu zu beginnen, hat Folgen: «Dann zweifelt man an der Kristallbildung selbst.»[33] Trotzdem muß diese Transformation durch die Phantasie, mag sie noch so wesenlos sein und noch so oft der Erneuerung bedürfen, dem Liebenden immer wieder zu Hilfe kommen.

Man kann – und hat – die Meinung vertreten, daß diese Analyse weder sonderlich tiefgründig noch sonderlich originell ist, sondern nur auf geistreiche Weise den Einfall formuliert, daß auch in der Liebe der Wunsch der Vater des Gedankens ist. Schließlich sagt Stendhal selbst es explizit: «Sobald er liebt, sieht auch der Verständigste kein Ding mehr so, wie es ist.» Bei allen anderen Leidenschaften «müssen sich die Wünsche der kalten Wirklichkeit anpassen; hier beeilt sich die Wirklichkeit, sich nach unseren Wünschen zu richten.» Trotzdem ist Stendhals «Kristallbildung» mehr als die simple Neuformulierung des alten Sprichworts, daß Liebe blind macht. Sie ist zunächst einmal kein Zustand, sondern ein Prozeß: eine adaptive Fehlwahrnehmung im Dienste des Lustprinzips. Die Natur «gebietet uns das Verlangen nach Genuß und läßt unser Blut wallen, in dem Gefühl, daß der Genuß sich mit den Vorzügen der Geliebten steigert», bemerkt Stendhal.[34] In der Liebe setzt das Ich vorübergehend einige seiner Funktionen außer Kraft, namentlich die der Realitätsprüfung, um sein Begehren zu schützen – ein Begehren, das sich auch noch nach dem Aufhören der Kristallbildung als wirklich begehrenswert erweisen kann. Diesen Prozeß mit der Liebe in Zusammenhang zu bringen, heißt zu realisieren, daß Liebe eine Beimischung aufgefrischter Erinnerungen, alter Phantasien, zeitloser Bedürfnisse enthält. Das braucht nicht selbstzerstörerisch zu sein: In der Phantasie sich auszumalen, was die Wirklichkeit nur unvollkommen – oder gar nicht – gewährt, bereitet Lust und hebt die Moral. Als eine Art von self-fulfilling prophecy und frühe Vorwegnahme des «Willens zum Glauben» à la William James verleiht Kristallbildung dem Liebenden Wagemut. Schließlich ist sie – im Gegensatz zur Blindheit – radikaler Revision zugänglich; sie ist offen für Selbstkritik, mitunter sogar für Korrekturen.

Gewiß hatte Stendhal erlauchte Vorgänger, die wie er geduldig den Selbstbetrug des Liebenden erkundet hatten. Was seine Behandlung des Themas vor dem Plagiatorischen bewahrt – ich sage nicht «vor der

Banalität»; denn Stendhal ist niemals banal –, ist die durchdachte Genauigkeit seiner Metaphorik und die brillante Treffsicherheit seiner Beispiele. Der Weg zu einer neuen Wahrheit, belehrte er – in einem jener didaktischen Briefe, mit denen er sie gerne traktierte – seine Schwester Pauline schon 1804, führe über «viele Beispiele». Denn je weiter man sich von den Fakten entferne, desto mehr «verfällt man in Systeme, gerät man ins Träumen, und Deine Zuhörer werden über Dich lachen». Sein Durst nach Empirie war unersättlich; waren auch Montesquieu, Buffon und Rousseau – in mancherlei Hinsicht seine Lehrmeister – von diesem Ideal abgewichen, so bedurfte er für seinen Teil «der Beispiele und vieler, vieler Fakten». Und so ist Stendhals *De l'Amour* eine Fundgrube von Beispielen. Beim wissenschaftlichen Studium der Liebe nicht weniger als bei der leidenschaftlichen Hingabe an sie kann das bezeichnende Detail den ganzen Verlauf einer Affäre in sich schließen, kann der unbedeutendste Vorfall das entscheidende erotische Ereignis signalisieren. «In der Liebe», schreibt Stendhal in *De l'Amour*, «ist alles ein *Zeichen*.» Und er verleiht auch dieser bündigen Behauptung, wie es seine Art ist, konkrete Gestalt. «Das größte Glück, das die Liebe gewähren kann», notiert er, «liegt in dem ersten Händedruck der Geliebten.»[35] Als vorausschauender, sparsamer Autor verarbeitete Stendhal später justament diesen Augenblick, da der Liebende heimlich die Hand der Geliebten ergreift und so den ersten Schritt in eine unerbittliche, tödliche Liebesleidenschaft tut, in seinem großen Roman *Le rouge et le noir*.

Kurzum, Erinnerungen, die eine Blume weckt oder ein Stück Seide, eine ferne Landschaft oder ein Duett von Rossini – sie können die Kristallbildung stärker fördern als die körperliche Gegenwart der Geliebten. Stendhal liefert triftiges Material zur Untermauerung der bereits erwähnten These Freuds, daß das Finden eines Liebesobjekts stets ein Wiederfinden ist. Mit seinen eigenwilligen Listen und auftrumpfenden Aphorismen, den markigen Klassifikationen und aufschlußreichen Anekdoten, mit dem Ausblick auf Liebespaare vieler Länder und dem einleuchtenden Vergleich zwischen dem erotischen Stil eines Don Juan und dem eines Werther, nimmt Stendhal in *De l'Amour* nicht allein die analytischen Höhenflüge Sigmund Freuds vorweg, sondern auch die melancholischen Streifzüge Marcel Prousts, die in ihrer Art ebenso wissenschaftlich waren wie jede psychoanalytische Studie. Das Erstaunlichste an *De l'Amour* sind nicht die Vorgänger, sondern die Nachfolger.

Stendhal hatte *De l'Amour* eine Physiologie genannt. Diese Bezeichnung, und die so denkwürdig erkundete Gattung, schlugen die Phantasie des ganzen 19. Jahrhunderts in ihren Bann. Honoré de Balzac brachte

1829 eine *Physiologie du mariage* heraus und Paul Bourget, beide Titel geschickt miteinander verschmelzend, 1891 eine *Physiologie de l'amour moderne*. Es ist bezeichnend, daß Stendhals *De l'Amour* bei der ersten Übersetzung ins Deutsche – 1888 – den Titel erhielt *Physiologie der Liebe*.[36] Die Charakterisierung als «Physiologie» scheint besagen zu wollen, daß die Theoretiker der Liebe ein grundsätzliches Interesse an der körperlichen Seite des erotischen Lebens und an den zur sexuellen Eroberung führenden Strategien hatten.

Indes ist dieser Eindruck, wiewohl nicht grundlos, doch unvollständig. Indem man diese Abhandlungen Physiologien nannte, stellte man sie in eine Reihe mit jener unwiderstehlich beliebten Ratgeberliteratur, für die die Verleger ein stattliches und aufgeschlossenes Publikum erwarten durften.[37] Außerdem erinnerte sie an jene materialistische Psychologie, die im vorigen Jahrhundert im Schwange war; bestrebt, mentale Zustände auf körperliche Ursachen zurückzuführen, waren die Psychologen geneigt, in den Fieberschauern der Liebe eine körperliche Beschwerde, einen besonderen Fall von Wahnsinn zu diagnostizieren. Am bezeichnendsten hierfür war wohl der implizite Anspruch ernsthafter Wissenschaftlichkeit, den solche Titel anmeldeten. Jean-Anthelme Brillat-Savarin, menschenfreundlicher Ratsherr, braver Violinist und unsterblicher Gourmet, der seine «gastronomischen Meditationen» für würdig hielt, den Namen *La physiologie du goût* zu tragen, wies damit den Weg; indem er die Kunst des Kochens mit der Aura und dem Prestige gebildeter Konversation und philosophischer Reflexion umgab, ermutigte er die Theoretiker der Liebe, für ihre Werke ähnlich hochtrabende Ansprüche anzumelden. Ja, Bourget meint sogar – mit reichlich gezierter Selbstkritik im Vorwort seiner *Physiologie* –, dieses Wort (das er damit natürlich erst recht akzentuiert) sei lediglich Ausdruck eines «harmlosen literarischen Snobismus», der die Leser an ein «altes, überholtes Genre» erinnern werde.[38]

Ungeachtet solcher zierlichen Tournüren waren die Physiologen der Liebe und Ehe, trotz gelegentlich sorgenvoller Miene, von heiterer Weltlichkeit und geradezu forscher Frivolität – zumindest vordergründig. Willige Erben des 18. Jahrhunderts, feierten sie den erregenden Reiz der Jagd und ließen die Ekstasen der Erfüllung erahnen. Sie waren Führer zu den Freuden (und scharfsinnige Warner vor den Fallen) des sexuellen Abenteuers und rekapitulierten jene zynische Geographie der Liebe, die Mozarts und da Pontes *Così fan tutte* so denkwürdig darlegt. Die Energie und Echtheit des Gefühls, die Stendhals poetisch-pseudowissenschaftliche Analyse der Liebe beseelt hatte, ging diesen Autoren nicht gänzlich verloren, die seine Ideen, und mitunter auch seine Sprache, entlehnten.

Aber mehr und mehr mischte sich in die Begeisterung Zynismus, ja sogar
Verzweiflung. Metaphern aus der Kriegskunst, ursprünglich eingeführt,
um eine gewisse feindselige Heftigkeit der Liebe zu treffen, verkamen zu
rhetorischen Gemeinplätzen. Aus Physiologien wurden Berichte über
Feldzüge zur Eroberung von Mätressen und zur Sicherung ihrer Treue;
Traktate über Betten und Flitterwochen; Anatomien krankhafter Eifersucht und der vieldeutigen Freuden des Ehebruchs; Rezepte gegen die
Krankheit der Schwärmerei. Daher waren sie von geringem Wert für die
durchschnittlichen Männer und Frauen der Mittelschicht, die, hin- und
hergerissen zwischen drängendem Gefühl und nagendem Gewissen,
skeptisch über jene aristokratische Ausschweifung dachten, die solche
Bücher hervorbrachte. Jungfräulichkeit, Einehe, Reinheit – diese Ideale
fanden sich in derlei strategischen und trostspendenden Ratgebern des
19. Jahrhunderts nur selten. Vielmehr wandten sich die Physiologen
ausdrücklich an die oberste Schicht des Bürgertums, an millionenschwere
Bankiers und Kaufleute, an erfolgreiche Spekulanten und Modeschrift-
steller, an Zyniker wie die Brüder Goncourt, in deren Tagebüchern
immer wieder wie ein böser Kehrreim der brutalste Frauenhaß durch-
bricht. Sie suchten ihre Leser bei jenen, die reich, gebildet oder doch
ehrgeizig genug waren, um Salons zu unterhalten und jene erotische
Atmosphäre um sich zu verbreiten, in der allein, laut Balzac, Liebe
gedeihen kann. Balzac erklärt denn auch unverblümt, wenn die geliebte
Frau eine Bürgerliche sei, werde der Liebende es nur errötend gestehen;
in seinen Kreisen werde er mit einer jungen Arbeiterin weit mehr Ehre
einlegen, von einer Tänzerin ganz zu schweigen.[39]

Ohnehin fand Balzac die meisten Frauen der Mittelschicht und auch
die meisten Männer der Mittelschicht untauglich zur Liebe. Liebe, betont
er, ist eine kostspielige Sache, eine Beschäftigung für die glücklichen
Wenigen. In einer seiner statistischen Berechnungen reserviert Balzac das
ehrenvolle Prädikat «Frau» für weniger als eine Million «weißer Schafe»
in einem «privilegierten Schafstall, in den alle Wölfe einbrechen möchten»; an anderer Stelle findet er sogar diese Zahl noch übertrieben: Auf
400000 verringert er die Zahl aller Frauen in ganz Frankreich, «deren
Besitz feinfühligen Männern die auserlesenen Genüsse verschafft, die sie
in der Liebe suchen». «Liebe» ist die «Religion» solcher Frauen, und ihr
Glaube fordert alle Requisiten des Luxus und des Müßiggangs. In seiner
zynischen Sammlung von Aphorismen über die «femme honnête» betont
Balzac noch einmal die Bedeutung des Ehebruchs und die Macht des
Geldes in der Liebe: «Eine anständige Frau ist notwendigerweise verhei-
ratet» – und sie allein ist der Nachstellungen des Liebenden würdig.
«Eine verheiratete Frau, deren Gunstbezeigungen gegen Barzahlung

käuflich sind, ist keine anständige Frau» – eine *femme honnête* ist
selbstverständlich niemals eine Prostituierte. Aber schließlich braucht sie
das Geld auch nicht: «Eine Frau, die in ihrer Haushaltung selber kocht,
ist keine anständige Frau»; hingegen: «Eine verheiratete Frau, die einen
eigenen Wagen hat, ist eine anständige Frau.»[40] Dergleichen war scharf-
gewürzte, prächtige Kost, vorbehalten der ausschweifenden high society.

Aber nicht alles in Balzacs Vademecum der Liebe ist Zynismus oder
Satire. Die *Physiologie du mariage* in der endgültigen Fassung von 1829
unterscheidet sich deutlich von der drei Jahre älteren ersten Version:
Balzac war, ungeachtet aller flotten Sprüche über den Krieg der Geschlechter, auf dem Weg vom Unterhaltungsschriftsteller zu einer Art
Moralist. Das vernachlässigte Kind eines exzentrischen Vaters und einer
hübschen jungen Mutter, entwickelte er eine Vorliebe für ältere Frauen
und, dank seiner ersten Amouren, eine gewisse Routine im Schreiben
von Liebesbriefen und Abgeben von Beteuerungen. Wenn er betonte, die
Liebe sei «die erste unter allen Leidenschaften», sprach er aus Erfahrung.
Aber Liebe, betonte er auch, dürfe niemals verwechselt werden mit
bloßer Fleischeslust. «Die physische Liebe ist ein Bedürfnis, das dem
Hunger gleicht», doch Liebe selbst ist feiner, facettenreicher, aber auch
gewalttätiger als der Hunger, diese hartnäckigste der körperlichen Begierden. Das Wort «Liebe» auf «die Fortpflanzung der Rasse» anzuwen-
den, es mit anderen Worten auf den Geschlechtsverkehr zu reduzieren,
ist «die schändlichste Lästerung», die die moderne Gesellschaft aussprechen kann. Schließlich hat die Natur die Spezies Mensch mit dem
«göttlichen Geschenk des Denkens» über das Tier erhoben und «uns die
Fähigkeit verliehen, Eindrücke und Gefühle, Bedürfnisse und Leidenschaften zu empfinden». Liebe ist daher «der Einklang von Bedürfnis
und Gefühl». Erotik und Zuneigung zugleich, ist sie «die Poesie der
Sinne».[41]

Balzac hielt inne, um sich zu fragen, ob diese Poesie in einer so
bedrohlichen Institution wie der Ehe überleben könne. Und an diesem
kritischen Punkt verlangt seine Ambivalenz ihren Preis: Er ist außerstan-
de, sich zwischen zwei unvereinbaren Standpunkten: dem des glattzüngigen Mannes von Welt und dem des indignierten Kritikers der Gesellschaft, zu entscheiden, und muß dafür im folgenden manche Inkonsequenz in Kauf nehmen. Auf der ersten Seite seiner *Physiologie* sagt er von
der Ehe, sie habe «mit der Natur nichts zu tun», sei aber notwendig «zur
Aufrechterhaltung der Gesellschaft», und ist der Ansicht, daß in diesem
Konflikt zwischen den Forderungen der Natur und den Bedürfnissen der
Kultur die Liebe auf der Strecke bleibe. Verfolgt nicht die Physiologie

den Zweck, nachzuweisen, «daß Leben gleichbedeutend ist mit Leidenschaft und daß keine Leidenschaft der Ehe standhält»? Doch später, in einer seiner aphoristischen Blumenlesen, kommt Balzac zu diametral entgegengesetzten Schlüssen. «Leidenschaft empfinden heißt wenig begehren. Kann man», fragt er rhetorisch, «immer und ewig die eigene Frau begehren?», um entschlossen zu antworten: Ja, man kann. «Die Behauptung, es sei unmöglich, immer dieselbe Frau zu lieben, ist so abgeschmackt, wie wenn man sagen wollte, ein berühmter Künstler brauche mehrere Violinen, um ein Musikstück zu spielen und eine Zaubermelodie zu schaffen.» Gewiß erfordert eine Ehe, die leidenschaftlich und zärtlich zugleich sein soll, Taktgefühl, Geduld, Nachsicht und Zartsinn; aber Balzac ist ja auch bestrebt, in der *Physiologie* diese Eigenschaften zu fördern. «Beginne niemals die Ehe mit einer Vergewaltigung», mahnt er und: «Das Schicksal einer Ehe hängt von der ersten Nacht ab.»[42]

Im Anschluß an Stendhal, den Schüler Destutt de Tracys, nennt Balzac die Ehe eine «Wissenschaft». Der Ehemann, normalerweise älter und erfahrener als seine junge Frau, hat die Aufgabe, die Grundsätze dieser Wissenschaft zu erfassen und über ihre Anwendung zu wachen. «Nicht nur die Ehre, sondern zum mindesten ebenso sein eigener Vorteil gebieten dem Ehemann, sich niemals einen Genuß zu erlauben, wenn er nicht verstanden hat, in seiner Frau den Wunsch nach diesem Genuß zu erwecken.» Balzac sieht die Frau als sinnliches Wesen – ebenso sinnlich wie der Mann –, doch hält die moderne Gesellschaft sie in Unwissenheit über das Glücksversprechen der erotischen Leidenschaft. «Die keuscheste verheiratete Frau», bemerkt er, «kann zugleich die wollüstigste sein.» Pflicht des Ehemannes ist es, diese Wollust zu wecken und sie in langen Ehejahren lebendig zu erhalten. Das alles verschlingende Ungeheuer Gewöhnung ist ein höchst formidabler Widersacher, gegen den es unablässig anzukämpfen gilt.

Aphorismen wie diese, und die ganze *Physiologie* Balzacs, spiegeln die gesellschaftlichen Realitäten, oder vielmehr die gesellschaftlichen Vorstellungen seiner Zeit. Sein Buch wendet sich an Männer, die, zumal in der ehelichen Liebe, der aktive Teil sind. «Die verheiratete Frau ist eine Sklavin, die man verstehen muß, auf einen Thron zu setzen.» Die Menschen sehen im Ehemann einen Arbeiter, «der die Aufgabe hat, dem Diamanten, der von Hand zu Hand gehen soll, um eines Tages in der Runde bewundert zu werden, zu schleifen, zu glätten, zu facettieren und zu fassen». Aufgabe der Frau, dieses Rohedelsteins, ist es hingegen, passiv abzuwarten; bestenfalls kann sie dem Siegeszug des Mannes Hindernisse in den Weg legen; denn je zäher sie ihm Widerstand leistet, desto wertvoller wird ihr Besitz für ihn sein. Balzac gibt hier lediglich die

gängige Meinung wieder. Der Mann ist in die Pflicht genommen; er ist
dafür verantwortlich, sich seine Frau zu schaffen: «Die Frau ist für ihren
Mann, was ihr Mann aus ihr gemacht hat.»[43]

Dieses ganze großartige, erbarmungslos maskuline Gehabe wirkt scha-
blonenhaft genug und phantasielos in höchstem Maße. Gelegentlich
mißbraucht Balzac seine Phantasie zu Abstürzen in die schiere Absurdi-
tät. «Ein Mann kann sich nicht verheiraten, ohne Anatomie zu studieren
und mindestens eine Frau seziert zu haben.» Er bettet diese selbstgefälligen Pronunciamentos in ein Potpourri von Anekdoten, Konversations-
Piècen und kleinen Exkursen über Koketterie, Liebhaber – «ein Liebhaber besitzt alle Vorzüge und alle Mängel, die ein Gatte nicht hat» – und
vor allem den Krieg in der Ehe: die Wahl der Waffen, den Wert der
Überraschung, das Werben von Verbündeten, die Einleitung von Frie-
densverhandlungen. Sein Buch sprach eine Sprache, die die fashionable
Pariser Gesellschaft verstehen konnte. Selbst sein Lobpreis der Ehe traf
den richtigen Ton: Er konnte dabei den Reiz des Verbotenen andeuten,
ohne Phantasien zu erregen, die seine Leser übertrieben nervös gemacht
hätten.

Trotzdem ließ Balzacs *Physiologie du mariage*, bei aller Hohlheit, bei
aller zynischen Anzüglichkeit, mitunter Themen anklingen, die nicht nur
kritisch waren, sondern auch unbehaglich sein mußten. Balzac fand die
herrschenden gesellschaftlichen Arrangements dringend verbesserungs-
bedürftig, insbesondere die ergebnislose Erziehung der Mädchen sowie
das finanzielle Feilschen bei Eheverträgen. Er beklagt die Heuchelei, «die
bei uns die Oberhand gewinnt und uns nicht mehr lachen läßt, wie einst
unsere Väter lachten». Auch niedere Berechnung gewinnt die Oberhand:
«Verheiraten die meisten Männer sich nicht genau so, wie wenn sie einen
Posten Staatspapiere an der Börse kauften?» In dieser Gesellschaft ist die
moderne Frau bloß «ein Salonzierat, eine Modepuppe». Die Art, wie
Mädchen auf den Eintritt in die Welt vorbereitet werden, ist schlechthin
skandalös: Die junge Frau bleibt unwissend, eingebildet, ungefestigt
zurück und erwartet nur allzu ungeduldig die verheißenen Segnungen des
Luxus. «Ein Mädchen wird vielleicht ihre Pension als Jungfrau verlassen;
aber keusch? Keinesfalls!»[44] Sie ist reif für den Ehebruch, bevor sie noch
geheiratet hat.

Hier weist Balzac auf ernstere Bedenken. Hinter dem leichten Ton und
dem recht zahmen Bemühen der *Physiologie* um Seriosität meldet sich die
Angst. Wie andere Physiologien auch, bietet Balzacs *Physiologie du
mariage* Rezepte, wie die liebesbedingten Konflikte und Ängste – Furcht
vor Ablehnung, vor Impotenz oder Verlust – zu steuern, vielleicht sogar
zu meistern seien. Die in seinem Traktat vorkommenden Männer befin-

den sich alle in einer bemerkenswerten Verteidigungshaltung – nervös darum besorgt, die schlimmste Schande von allen, die Hahnreischaft, von sich fernzuhalten. Balzac sieht auch in der glücklichsten ehelichen Verbindung einmal den Zeitpunkt kommen, an dem der Ehefrau dämmert, daß der Honigmond vorbei ist. Der aufmerksame Ehemann wird an einer ganzen Reihe flüchtigster Anhaltspunkte die dräuenden Wolken, die fast unmerkliche Abkühlung der ehelichen Temperatur bemerken; aber aufmerksam sind eben nur die wenigsten Ehemänner. Die meisten brauchen einen drastischen Nasenstüber. Zunächst wird die Gattin, sanft und scheinbar im ureigensten Interesse ihres Mannes, einen winzigen Schimmer von Unvollkommenheit an ihm bemerken – sei es die Art, wie er seine Meinung kundgibt oder die Art, wie er sein Schwert gürtet. Oder sie versäumt, ihm die Gesellschaft und die Tröstungen zuteil werden zu lassen, die er, nach dem Morgenglanz der jungen Ehe, als etwas Selbstverständliches hinzunehmen begonnen hat. Ein ganzes Kapitel widmet Balzac diesen «ersten Symptomen», und er prägt einen seiner schlagendsten Aphorismen zu dieser hochernsten Sache: *«Plus on juge, moins on aime»*: Kritik ist der Tod der Liebe oder, genauer gesagt, das untrüglichste Symptom ihres Schwindens. Und schwinden wird sie – bei den Frauen viel früher als bei den Männern. Dazu erzogen, Vollkommenheit zu erwarten, unvorbereitet auf die Wirklichkeit, voller Sehnsucht nach ungebrochener erotischer Beseligung und einem immerwährenden regressiven Honigmond, erblickt die jungvermählte Frau nach und nach ihren Mann, wie er ist: behaftet mit Fehlern, mittelmäßig, wenn nicht Schlimmeres. Die von der Phantasie bewirkte Kristallbildung, die anfangs den Werbenden und dann den Ehemann schützend umgab, schmilzt nun dahin. «An einem schönen Frühlingsmorgen, am Tage nach einem Ball oder am Vorabend einer Landpartie» vereinigen sich die einzelnen Signale der Enttäuschung zu einer unausgesprochenen, noch unausgereiften Attacke gegen die eheliche Treue. «Deine Frau langweilt sich, und das erlaubte Glück hat keinen Reiz mehr für sie. Ihre Sinnlichkeit, ihre Einbildungskraft, vielleicht auch nur eine Laune ihrer Natur verlangen einen Liebhaber.»[45] Sie wird sich nicht sogleich in ein Abenteuer stürzen; noch behält der Gatte in ihren Augen manchen Vorzug, und die Risiken eines Seitensprungs sind groß. Aber was die Phantasie der Frau aufgereizt hat, ist eben der Verlust ihrer Illusionen. Der Ehebruch ist jetzt nur noch eine Frage der Zeit und der Gelegenheit. Alles, was noch fehlt, ist ein aufgeweckter und ausgehungerter Junggeselle, der aus Erfahrung die Zeichen ehelicher Mißhelligkeit zu deuten versteht.

Balzac spart nicht an weisen Ratschlägen, wie diesem Schicksal zu begegnen ist und der Mann seine Ehre und seine Selbstachtung, kurzum:

die Unversehrtheit seiner männlichen Gewalten, verteidigen kann. Hahnreischaft ist für ihn, ich sagte es schon, die größte Schande, eine Art Kastration. Und so verfaßt Balzac einen «Traktat» über «Ehepolizei», mit langen Seiten darüber, wie man unauffällig, aber kritisch einen Besucher taxiert, ja wie man die Wohnung im eigenen Sicherheitsinteresse anlegt und einrichtet. «Ein verheirateter Mann muß das Gesicht seiner Frau zum Gegenstand eines tiefen Studiums gemacht haben.» Denn die Frau mag noch so listig und raffiniert vorgehen, ihre wahren Gefühle brechen sich doch Bahn; Geständnisse dringen aus jeder Pore, wie Freud einmal sagt. Das Niederschlagen der Augen, die mehr oder weniger schöne Färbung des Augapfels, das leiseste Beben der Lippen: Alles kündet dem Ehemann von ehebrecherischem Sinnen und Treiben. Sie wird «unvorsichtig», das heißt untreu, sein oder werden, dafür vorsichtiger denn je in Gesellschaft und im privaten Gespräch. In einer Meditation über die «Theorie des Bettes» versichert Balzac, daß schon die Entscheidung über die Aufstellung der Betten die Aussichten ehelicher Treue bzw. Untreue mitbestimme. Getrennte Schlafzimmer sind undenkbar, «Zwillingsbetten» unbefriedigend. Allein das Doppelbett ist für ein Ehepaar das Gegebene. Allerdings begründet Balzac dies nicht mit der reizvoll-zärtlichen Überlegung, daß körperliche Nähe bleibende Zuneigung festigt, sondern mit der geradezu paranoiden Erwägung, daß das Doppelbett wirksame Überwachung begünstigt. Es hilft der Ehefrau, ihre Liebe auf einem Maximum der Erregung zu halten, aber es übermittelt vor allem getreulich ihre Gefühle, macht sie sozusagen zur Spionin gegen sich selbst, indem es dem Gatten erlaubt, seine Frau zu belauschen, selbst wenn sie schläft.[46] Balzac schließt sich, ohne zu zögern, der wohlanständigen Auffassung der Mittelschicht an, daß Liebe mehr ist als Sinnenlust. Aber wie er trübselig formuliert, ist die Liebe, *hélas*, eine seltene und zarte Pflanze und nur allzu anfällig für all den Mehltau, den eine grausame Welt im Übermaß bereithält.

Jene mitleiderregenden Eventualitäten, die in Balzacs amüsanter Sammlung von Rezepten und Warnungen für die düsteren Farbtupfer sorgen, werden in Paul Bourgets *Physiologie de l'amour moderne* zum bestimmenden, ja einzigen Thema. Das Buch ergeht sich in einer zwanghaften, ja wollüstigen Beschäftigung mit dem Scheitern von Liebe. Bourget schildert den Protagonisten, seinen imaginären Freund Claude Larcher, dessen nachgelassene Papiere er mitzuteilen vorgibt, als spektakuläres Opfer der Liebe: Larcher, verlassen von Colette, seiner so betörenden wie grausamen Geliebten, erliegt zuletzt seiner Melancholie – freilich nicht, ohne zuvor zu Papier gebracht zu haben, was er, seinen Erfahrungen nachsinnend und im Gespräch mit Freunden, über die Liebe gelernt hat. Sein trauriges Schicksal – das dem Leser natürlich immer vor Augen steht – widerlegt jeglichen Optimismus in Sachen Eros, den dieser oder jener seiner Gesprächspartner etwa verbreiten mag.

Bourgets *Physiologie de l'amour* ist trotz des Bemühens des Autors um Distanzierung das subjektivste aller Bücher. Bourget – giftiger Rezensent, notorisch ehrgeiziger Literat und ein großer Snob, der genüßlich die Snobs sezierte – schien sich hier an der Welt für eine nicht wiedergutzumachende Kränkung rächen zu wollen. Bourget erlitt früh und kultivierte zeitlebens einen herben Verlust: Als er gerade fünf war, starb seine Mutter an Tuberkulose, und er pflegte später (in Worten, die an Balzac und dessen ganz andersartigen Verlust erinnern) seine notorische Kälte mit dieser unheilbaren Wunde zu verteidigen: «Wer keine Mutter gehabt hat, weiß weder zu lieben noch geliebt zu werden.»[47] Der Tenor seines Buches entspricht genau dem, was man von einem solchen Mann erwarten würde, besonders wenn er sich in jenen intellektuell-illustren Kreisen bewegte, die Bourget zu seiner geistigen Heimat machte.

Bemerkenswerter als das Publikationsdatum sind die Gedanken in seiner Physiologie. Das Werk, das ab 1888 in *La Vie Parisienne*[48] erschien, war offenbar in ihm gereift, während er den einflußreichsten seiner vielen Romane beendete, den 1889 veröffentlichten *Le disciple*. Die beiden Bücher ergänzen einander, sich gleichsam kommentierend: Die Hauptfigur in *Le disciple*, der dogmatische, weltfremde Philosoph Adrien Sixte, taucht auch in einem Kapitel seiner Physiologie der modernen Liebe auf. *Le disciple* ist ein kaum verhülltes polemisches Pamphlet gegen die verderblichen Folgen der «Religion der Wissenschaft». Es ist eine Studie über den tödlichen Würgegriff des Systemdenkens, die Unmenschlichkeit des gottlosen Positivismus und damit eine deutlich vernehmbare Stimme im anschwellenden Protestchor französischer Publizisten gegen die Verwüstungen des Geistes und für die Rückkehr zum katholischen Christentum. Bourget, Mediziner und Philosoph, Romancier und Essayist, dessen Domäne die psychologische Zergliederung von beachtlicher, zuweilen selbstverliebter Tiefe war, schuf sich in den achtziger Jahren langsam, aber unaufhaltsam einen geachteten Platz bei der französischen Rechten. In *Le disciple* karikiert er schonungslos einen typischen Volkshelden der französischen Linken, den irreligiösen Intellektuellen, in der Gestalt des Adrien Sixte, in welchem mehr als ein französischer Positivist sich abkonterfeit glaubte. Sixtes Lehren veranlassen einen seiner jungen Schüler, die Theorien des Meisters zu erproben, indem er herzlos ein Mädchen verführt, das schließlich durch Selbstmord endet. Es ist bezeichnend, daß Bourget zur Illustration seiner These ein Experiment mit der Liebe wählt, mit eben jenem Gefühl, das, wie

Bourget damit sagen will, der wissenschaftlichen Erforschung am wenigsten zugänglich ist. Bourget wollte die innere Brutalität der atheistischen Metaphysik und den gotteslästerlichen Hochmut der Wissenschaft entlarven; hauptsächlich wollte er aber die Lehre vermitteln, daß die Menschen verantwortlich sind für das, was sie denken. Die weitere Lehre, die er zu ziehen empfiehlt, lautet: Mitleidige Güte ist unendlich viel mehr wert als knochentrockenes Wissen. Schließlich bietet Bourget sogar einen Hoffnungsschimmer. Das Verbrechen, dessen Urheber Sixte unwillentlich wurde, hat ihn, den philosophischen Ungläubigen, die Vergeblichkeit seiner Jagd nach Gewißheit einsehen lassen und wird ihn vielleicht in die aufnahmebereiten Arme der Mutter Kirche zurückführen.

Spekulativ und flach, wie dieser Romanschluß ist, verströmt er dennoch mehr Optimismus, als die ganze *Physiologie de l'amour moderne* enthält. In diesem Buch ist alles grau in grau, nirgends vielleicht bedrückender als in dem Kapitel, in dem Bourget die «Heilung von der Liebe» à la Sixte entwickelt. Der Professor versucht, einen ungläubigen, heimlich amüsierten Claude Larcher zu überzeugen, wobei er zu lächerlichen algebraischen Formeln und kindischen Definitionen greift. Auf Befragen muß er eingestehen, daß er niemals geliebt hat: «Ich habe keine Zeit gehabt. Aber», wehrt er triumphierend ab, «ich habe eine Theorie, daß man diejenigen Leidenschaften am besten versteht, die man am wenigsten empfunden hat.»[49] Das ist lachhaft, und es soll lachhaft wirken: Mathematischer Rationalismus, bedeutet uns Bourget recht unverhohlen (wie er es uns schon in *Le disciple* bedeutet hat), ist der schlechtestmögliche Führer durch das Labyrinth der Liebe. Das war seit den Romantikern ein Gemeinplatz: Leidenschaft kann den kalten Blick des Forschers nicht aushalten; wir morden, um sezieren zu können.

Doch hat das Buch Bourgets noch in anderer Hinsicht etwas sehr Abgeleitetes. Mit den numerierten Aphorismen und Axiomen und den als «Meditationen» bezeichneten Kapiteltiteln stützt es sich schon formal unverfroren auf frühere Physiologien, die gewiß andere Absichten verfolgten als Bourget. Nicht weniger unoriginell sind seine Vorstellungen über die Liebe. Geschickt versteckt er das spärliche Gerippe seiner Erfindung unter jenen zwanglosen, eleganten Dramatisierungen, die eine Spezialität der Franzosen waren. Doch ist der satirische Zugriff nicht sicher genug; der heutige Leser bleibt unschlüssig, ob eine gewisse Laxheit der Darstellung dazu dienen soll, die Versäumnisse der modernen Liebe anzuprangern, oder unbeabsichtigt die Dürftigkeit von Bourgets eigenen Gedanken über das Thema verrät. Seine *Physiologie* ist eine Bankrotterklärung, ohne daß feststünde, wessen Bankrott da erklärt wird.

Offenkundig erfüllt von Besorgnis ob der modernen Dekadenz nimmt Bourget die degenerierte, verweichlichte Form der *fin de siècle*-Liebe aufs Korn, doch wirkt sein eigenes Buch nicht so sehr als Anatomie denn als Produkt dieser Dekadenz. Der Antiheld der *Physiologie* ist ein willensschwacher, passiver, ewig maulender Ästhet, der es nicht ertragen kann, verschmäht zu werden; Bourget führt ihn vor, wie er egoistischen Grübeleien nachhängt, Geständnisse belauscht und kleine Begegnungen zwischen feinsinnigen, normalerweise unglücklichen Liebenden aufschreibt. Kavaliere promenieren durch diese Seiten, und Mätressen, beschäftigt mit feinsten Gefühlszergliederungen, würdig eines Henry James, mit dem Bourget befreundet war. Aber die Liebe, und erst recht die moderne Liebe, bleibt irgendwie auf der Strecke. Bourget definiert die Liebe, wie andere sie vor ihm definiert haben: als etwas, das über bloße Selbstachtung oder gar unsere «Tiernatur» hinausgeht.[50] Aber nur sehr wenig in seinem Buch läßt erkennen, daß solche Liebe zu seiner Zeit existierte oder jemals existiert hatte.

Und dennoch: Als Kompendium «fortschrittlicher», moderner Einstellungen zur Liebe gelesen, hat Bourgets *Physiologie* beträchtlichen Beweiswert. Immerhin war Bourget ein kluger und sensibler Mann. Seine Klassifikationswut zeugt von der allgemeinen Wissenschaftsbegeisterung seiner Zeit, die anscheinend sogar bei erklärten Kritikern des Szientismus grassierte. Seine Untersuchung des Leidens und des innigen Wechselverkehrs zwischen Liebe und Haß besitzt darüber hinaus ein gewisses klinisches Interesse. Verraten und betrogen von seiner Colette, überläßt Larcher sich seiner Wut, indem er in sadistischer Sinnlichkeit schwelgt: «Ich schloß die Augen. Ich sah diesen Leib vor mir, von dem ich jede Linie kannte, diese vollen und doch schlanken Schultern, den üppigen Busen, die schmalen Hüften, ihre ganze Nacktheit, und mich selbst mit einem Messer, wie ich dieses Fleisch aufschlitzte, wie ich diese Glieder mit Blut bespritzte, und wie sie erzitterten unter dem scharfen Stahl – und *Colettes Schmerz...*» Doch sogleich nimmt er alles wieder zurück: «Nein, die Tat soll niemals die Schwester des Begehrens sein.» Aber wenn er schon nicht seine Wut ausagiert, will er wenigstens denken und definieren: «Liebe», überlegt er sich bitter, ist «wilder Haß zwischen zwei Paarungen». Er erkennt, daß seine Liebe eine «grausame» Sache gewesen ist, «durchsetzt von Haß».[51] Doch findet er, von seinem Elend in den Irrsinn getrieben, Trost in der Entdeckung, daß auch andere Männer gelitten haben wie er.

Er sucht auch andere, konventionellere Tröstungen: Eine Nacht verbringt er in den Armen eines Freudenmädchens. Er führt Gespräche über die Liebe, die er später aufschreibt. Zwanghaft legt er Listen an: Es gibt

acht Arten von Menschen, die von der Liebe ausgeschlossen sind; es gibt
drei Gründe für eine Frau, sich einen Geliebten zu nehmen; es gibt
vielleicht drei Arten der Heilung. Er fragt seine Freunde nach Geschichten aus; er hört zu und hört doch nicht zu. Einer seiner virileren,
vitaleren Bekannten versichert ihm, daß das Zergrübeln und Aufschrei-
ben seines Leidens keine Linderung der Liebesenttäuschung bewirken
werde: «‹Sie trösten sich, indem Sie Ihr Papier beklecksen, und Sie
werden immer ein Dutzend Leser finden, denen es Trost bringen wird,
Sie zu lesen. Das ist immerhin etwas… Aber für Ihre Heilung wäre es
besser gewesen, Sie hätten weder eine *Physiologie* noch eine *Psychologie*
noch überhaupt irgendeine *Logie* geschrieben, sondern Sie hätten Ihre
Geliebte morgens, mittags, abends und nachts gesehen und sie so sehr
wie möglich besessen…›»[52] Aber Larcher fährt fort, in seiner Wunde zu
wühlen.

Er entdeckt immer neue Gründe zur Verzweiflung: Es gibt viel zu viele
Kokotten, deren wahrer Lebenszweck es ist, andere leiden zu machen; es
gibt, findet er in vagem Anklang an Balzac, wenig «tugendhafte Frauen»;
Liebe (und hier ist schon wieder Balzac) ist eine Art von Krieg; Frauen
dünken ihn (hier wiederholt er, was Männer seit Jahrhunderten sagen)
unergründlich: «Hat es je ein Warum und Wozu, das Betragen des
Weibes? Sie sind Rätsel ohne Worte.» Wenn es überhaupt ein Glück in
der Liebe gibt, dann für den Mann, der nicht liebt und kaltblütig die
Geliebte verrät. Und was am schlimmsten ist: das Wissen selbst ist
verderblich: «Die Frauen kennen zu lernen», lautet einer der ernüch-
terndsten Aphorismen Larchers/Bourgets, «heißt zu lernen, im Voraus
das Übel zu kennen, das sie einem zufügen werden, ohne sich dagegen
schützen zu können. Diese Art von Wissen vergrößert das Elend der
Liebe durch klare Voraussicht dieses Elends.»[53] Kurz, ganz kurz betritt
Bourget hier die Gefilde Prousts, freilich mit weit weniger Autorität als
sein vielbewunderter Stendhal, der vor ihm dort gewesen war.

3. Von der Physiologie zur Psychologie

Im Ausland sagte man den Franzosen gerne nach, sie hätten ein Monopol
auf das Ersinnen von Theorien der Liebe, zumal der weltlichen Liebe,
und machten hiermit blühende Geschäfte. Man übersah die kaum
verhüllte Angst hinter dem Zynismus und pflegte die Franzosen als herzlose Sensualisten anzuschwärzen. 1856 lenkte die *Saturday Review* in
einem ihrer vielen, Kopfschütteln hervorrufenden Artikel über französische Literatur und Kultur die Aufmerksamkeit der Leser auf ein

Sammelwerk mit dem Titel *La Femme jugée par l'Homme* und zitierte einige wahllos herausgegriffene Epigramme: «Wenn in Frankreich die Ehe so ganz nach dem Geschmack der Weiber ist», ließ ein D. Caron sich vernehmen, «dann deshalb, weil sie für sie ein Käfig ist, dessen Türe offensteht.» Das folgende, kaum weniger nervöse Bonmot hatte Etienne de Neufville beigesteuert: «Hat sie hübsche Beine? Sie wird sie unablässig übereinanderschlagen. Hat sie ein hübsches Profil? Man wird sie niemals en face erblicken.» Was die *Saturday Review* bezeichnend dünkte, war nicht der Umstand, daß die meisten französischen Frauen «so» waren, sondern die Tatsache, daß viele französische Männer offenbar nur allzu bereitwillig in dieser skandalösen Weise über sie sprachen. Das war der Nährboden, der einen Balzac oder einen Baudelaire hervorbrachte, und übrigens auch eine George Sand, diese hemmungslose – und reizvolle – Theoretikerin und Praktikerin der modernen Liebe. Tolstoi hielt Paris, wie er Turgenjew anvertraute, schlicht für Sodom und Gomorrha. Als der deutsche Reichskanzler Caprivi gegen Ende des Jahrhunderts Wilhelm II. vorschlug, in Berlin eine große Weltausstellung einzurichten, wie man es in Paris getan hatte, sträubte sich der Kaiser hartnäckig, ausgerechnet diesem Vorbild nachzueifern: «Paris», klärte er Caprivi auf, «ist nun mal – was Berlin hoffentlich nie wird – das große Hurenhaus der Welt [...]»[54]

Was die selbstgefälligen und selbstgerechten Kritiker vergaßen, war, daß viele Franzosen ihre scheelsüchtige Meinung rückhaltlos teilten. Alle Welt sei sich einig, schrieb Dumas fils 1864, daß «französische Literatur das Unmoralischste von der Welt» sei.[55] Wie dieser Eindruck entstand, ist nicht schwer zu sehen. Die eiskalten Aphorismen der Brüder Goncourt über die Frauen als die dummen, gierigen, unersättlichen Spenderinnen und Nutznießerinnen sexueller Lust; Jules Michelets düstere physiologische Zwangsvorstellung von dem Weibe als dem krankhaft menstruierenden Tier und zugleich der nahrungspendenden Mutter; Emile Zolas Untersuchungen – in Briefen und Romanen –, daß Liebe notwendig und zugleich tödlich ist: trotz aller drastischen Unterschiede zwischen den einzelnen Autoren fanden ihre deutschen oder englischen oder amerikanischen Leser sie «typisch französisch»; bewiesen sie doch allesamt, daß ihr Volk eine Familie von Experten in der Liebe war, der anständigen wie der anderen – hauptsächlich der anderen.

Unzweifelhaft gab es französische Autoren, die sich auf solche Erzeugnisse kaprizierten wie Adolphe Rettés saftigen Kurzdialog *Paradoxe sur l'Amour* von 1893, der die These vertritt – falls man dergleichen im Ernst eine «These» nennen kann –, daß sich nur kalte, käufliche Frauen für die Liebe eignen. Um den Reiz des Buches für Sammler zu erhöhen, hatte

man ihm ein Frontispiz von Emile-H. Meyer beigegeben (siehe Abb. 5).
Zweifellos gab es Kunden, die solche Blasphemie, eine Art von sakralem
Sadismus, zumal in dieser bildlichen Kraßheit als höchst erregend emp-
fanden. Es gab auch zahmere französische Erzeugnisse, etwa Catulle
Mendès' zynische *L'Art d'aimer*, gedacht für junge Männer an der
Schwelle zur Welt der Liebesintrige. Mendès riet seinem – natürlich
männlichen – Leser, sich bei der Verfolgung des «anbetungswürdigen
Feindes Weib» der Unaufrichtigkeit und anderer sinnreicher Finten zu
bedienen; so werde er schließlich «die eine völlig beherrschen, der du
untertan bist; in der Erniedrigung der Sklaverei wirst du die stolzen
Freuden der Tyrannei genießen.»[56] Dann gab es, auf weit höherem Niveau, Marcel Proust, der seit 1909 an seinem uferlosen Meisterwerk *A la
recherche du temps perdu* komponierte, einem Zyklus von sieben Romanen, in denen es, neben anderen gewichtigen Themen, auch um die
minuziöse Zergliederung der Liebe geht. Proust suchte den entmutigenden Satz zu beweisen und akribisch zu belegen, daß Liebe stets mit
Eifersucht einhergehe und daß sie niemals Glück bringen könne. Denn
die Speise der Liebe muß justament die Abwesenheit, das Mißverständnis, die Gleichgültigkeit des anderen, ja seine Geringschätzung sein; wird
Liebe erwidert, erkaltet sie schnell und unwiderruflich. Der Vorgang der
Kristallbildung, für Stendhal das wesentliche Ingrediens der Liebe, ist für
Proust ein verzweifelter und tragischer Betrug. Nicht alle französischen
Bücher über die Liebe waren obszön oder auch nur zweideutig. Manche
verhießen nur Elend.

Auch waren die Franzosen nicht die einzigen, die sich an der großen
Suche des 19. Jahrhunderts nach Wesen und Bedeutung der Liebe beteiligten. Namentlich die Deutschen entwickelten eine Liebesmetaphysik,
die die Liebe in der Natur des Menschen selbst verankerte und sie zu
einer Triebkraft des Lebens machte. Schon die deutschen Romantiker
hatten in der Liebe Sinnbild, Ausdruck, ja vielleicht sogar Wesenskern
der Religion erkannt. Von weltlicher gesinnten Geistern geübt, wurde
diese biologisch-philosophische Sicht der Liebe zum Kennzeichen einer
ganzen Denkschule. Ihr Meister und Prophet war Arthur Schopenhauer.

Die Denker mögen ihre Systeme der Liebe noch so abstrakt oder
scheinbar rational gestalten – immer wird ihre eigene erotische Vita in die
Theoriebildung eingehen. Das war bei Stendhal so, bei Balzac und bei
Bourget. Schopenhauer bildete keine Ausnahme. Es ist allein Schopenhauers alles überstrahlende Geltung – zwar langsam heranreifend, dann
aber, einmal gefestigt, unwiderstehlich –, die es dem Historiker erlaubt,
Schopenhauers Ideen als repräsentativ für das 19. Jahrhundert anzuse-

hen. Was den Zusammenhang zwischen Schopenhauers Privatleben und seiner veröffentlichten Philosophie um so irritierender macht, ist die Tatsache, daß sein Denken sozusagen das Photonegativ seines Lebens war und ihm das lieferte, was ihm eigentlich abging. Als berühmtester Pessimist des 19. Jahrhunderts war Schopenhauer, auf seine exzentrische Art, ein überschwenglicher Liebhaber des Lebens. Er lehrte orientalische Apathie, schwelgte aber selber in Kunst-, Musik- und Theatergenuß und in all den anderen guten Dingen, die für Geld zu haben waren; er predigte philosophische Gleichgültigkeit und litt unter unbezwingbaren Anfällen von Angst; er war – für unsere Zwecke am bezeichnendsten – ein erklärter, oft brutaler Frauenfeind, der doch Frauen genoß und sexuelle Abenteuer suchte.[57] Es ging mit Schopenhauer so, wie es in seinem Jahrhundert so oft ging: Seine persönlichen Bedürfnisse wichen erheblich ab von seinem öffentlichen Erscheinungsbild – nicht aus Heuchelei, sondern weil er sich genötigt fühlte, auf irgendeine Art seine gebieterischen Triebe in den Griff zu bekommen.

Schopenhauers Bedürfnis, sogar vor sich selbst zu verhehlen, wozu seine Triebe ihn drängten, stammte aus der Kindheit. Arthur Schopenhauer, Sohn eines ruhelosen, temperamentvollen Kaufmanns und einer eigenwilligen, reservierten Mutter, wuchs in einer Familie auf, die so kühl im Gefühlsmäßigen war wie reich an geistigen Anregungen. Heinrich Schopenhauer trieb kundig philosophische Lektüre, verstand Englisch und Französisch und hatte einen zwanghaften Hang zum Reisen, dem er dank seiner finanziellen Möglichkeiten reichlich frönen konnte; Johanna Schopenhauer, reiselustig wie ihr Mann, schrieb vielgelesene Romane und bedrängte ihren Sohn, er müsse es zu mehr bringen als zu einem flatterhaften Schöngeist. Als gehorsamer Sohn stellte er seine eigenen Wünsche zurück und schlug die Laufbahn des Kaufmanns ein, für die sein Vater ihn bestimmt hatte. Doch kurz nachdem er die verhaßte Lehre begonnen hatte, kam sein Vater durch einen Sturz vom Dachboden seines Hauses ums Leben – mit ziemlicher Sicherheit war es Selbstmord.

Es dürfte nur allzu wahrscheinlich sein, daß Heinrich Schopenhauers Sohn, bei aller ungeheuchelten und lebenslangen Bewunderung für den Vater, diesen bösen Tod in seinem aufgewühlten Unbewußten ersehnt haben muß. Kein Wunder, daß er, von Schwermut und Schuldgefühlen geplagt, nach des Vaters Tod zwei weitere Jahre in der Lehre aushielt, so als sei Heinrich Schopenhauer noch gegenwärtig, um über das Leben seines Sohnes zu verfügen. Verbarg Arthur Schopenhauers Liebe zum Vater wahrscheinlich ein gewisses Maß an Wut, so spricht sein notorisch schlechtes Verhältnis zur Mutter von verzweifelten Wünschen, von einer

in Haß verkehrten Sehnsucht. Mutter und Sohn stritten sich ständig: um
Geld, über Literatur, um Arthurs berufliche Zukunft. Sie äußerte sich
verächtlich über seine abstruse Dissertation; dafür übergoß er ihre Romane mit Hohn und Spott. Schlimmer noch, sie gerieten sich über die
Männer in Johanna Schopenhauers Leben in die Haare. Zum Bruch kam
es 1813 in Weimar, als Arthur fünfundzwanzig war. Seine Mutter, damals
siebenundvierzig, hatte einen viel jüngeren Mann in ihrem Hause wohnen – ob als Freund oder als Liebhaber, bleibt unklar. Arthur Schopenhauer verlangte von ihr die Entfernung des Eindringlings, der, wie er
großspurig erklärte, seinen Vater entehre. Johanna Schopenhauer weigerte sich, und Mutter und Sohn schieden als Feinde. Im selben Jahr, bei der
Arbeit an seinem Meisterwerk *Die Welt als Wille und Vorstellung*, machte
er sich selbst im übertragenen Sinne zu einem liebenden, schwangeren
Weib: «Das Werk wächst», schrieb er, «concrescirt allmählig und langsam wie das Kind im Mutterleibe... Ich seh' es an und spreche wie die
Mutter ‹Ich bin mit Frucht gesegnet›.»[58] Sein eigenes Werden parodie-
rend, lieh er sich selbst die liebevolle Fürsorge, die er von seiner Mutter
nicht empfangen hatte.

Schopenhauers schier sprichwörtliche Frauenfeindlichkeit hatte viele
Quellen, darunter enttäuschte Begierde; ihn einen Frauenhasser zu nennen, hieße gewiß, ein wahres Labyrinth von Bedürfnissen und Abwehrhaltungen plattzuwalzen. Es war etwas konventionell Männliches in ihm;
er war hypochondrisch, von einer geradezu bewußt kultivierten Ungeho-
beltheit und – leider Gottes – mit der Gabe des bissigen Bonmots begabt.
«In unserm monogamischen Welttheile», sagt er in seiner berühmt-
berüchtigten Abhandlung *Über die Weiber*, «heißt heirathen seine Rechte
halbiren und seine Pflichten verdoppeln.» Zwar sei die Frau den Kindern
eine Hilfe, dem Mann in mittleren Jahren eine Aufheiterung, dem Greis
ein Trost. Aber unfreundlich fügt er hinzu: «Schon der Anblick der
weiblichen Gestalt lehrt, daß das Weib weder zu großen geistigen, noch
körperlichen Arbeiten bestimmt ist. Es trägt die Schuld des Lebens nicht
durch Thun, sondern durch Leiden ab [...]» Die Frau ist das mindere
Geschlecht, sie hat weder für Kunst noch für Gedanken Sinn. Zur Pflege
und Erziehung kleiner Kinder eignen sich die Frauen «gerade dadurch,
daß sie selbst kindisch, läppisch und kurzsichtig, mit Einem Worte, Zeit
Lebens große Kinder sind [...]»[59]

Um solches hausbackene Spruchgut zu produzieren, hätte Schopenhauer kein origineller Philosoph zu sein brauchen: Dergleichen konnte
man auch in Männerclubs hören, in antifeministischen Leitartikeln lesen,
aus Michelets unglaublichen Äußerungen über die Frau als wandelnde
Wunde entnehmen. Aber Schopenhauer entwickelte auch eine andere

Vorstellung von der Frau, weniger herablassend, aber auch weniger leicht erkennbar: Er sah in ihr die Trägerin des elementaren, irrationalen Willens zum Leben. Diese Überlegung bewegt sich auf einer ganz anderen Ebene des Diskurses; Schopenhauer faßt sie bezeichnenderweise in jenem Kapitel seines Hauptwerks zusammen, das den Titel «Metaphysik der Geschlechtsliebe» trägt. Dieses Kapitel ist eine außerordentliche Leistung und löste manche erregte philosophische Diskussion über das Wesen der Frau aus. Ann Whitfield, die entschlossene junge Frau, die sich in Shaws *Man and Superman* den widerstrebenden modernen Don Juan, John Tanner, angelt, führt Schopenhauer im Munde und eifert seinen Zielen nach.

Einleitend bemerkt Schopenhauer, daß die Geschlechtsliebe für gewöhnlich die Domäne der Dichter, der lyrischen so gut wie der dramatischen und epischen, sei, und zwar überall auf der Welt. Doch bleibt ihr Lieblingsthema, die schicksalhafte Anziehung der Geschlechter, nicht allein ihrer üppigen Phantasie vorbehalten. Zeitungsberichte über Verbrechen aus Leidenschaft, Selbstmorde, Liebende, die im Irrenhaus landen – alles beweist, wie mächtig die Liebe sein kann. Und darum schaltet sich Schopenhauer als Philosoph in die Diskussion um die Geschlechtsliebe ein. Er beansprucht nicht das Verdienst, als erster Denker die Geschlechtsliebe ernst genommen zu haben. Im Gegenteil: Er zitiert Platon, Spinoza, Rousseau und Kant – freilich nur, um sie höhnisch abzuqualifizieren: Diese Vorarbeiten sind «falsch und ungenügend» und verdienen nur, «zur Aufheiterung» angeführt zu werden. «Vorgänger habe ich demnach weder zu benutzen, noch zu widerlegen.» Allerdings durften seine eigenen Ideen nicht auf Beifall hoffen; vor allem Menschen, die von der Liebesleidenschaft beherrscht sind und ihre Gefühle «in den sublimsten und ätherischesten Bildern» malen, werden seine Ansicht «zu physisch, zu materiell» finden, «so metaphysisch, ja transscendent, sie auch im Grunde ist».[60]

Schopenhauer hatte recht, wenn er seine Ansichten über Geschlechtsliebe radikal fand; er irrte aber, wenn er für sie keinen Beifall erwartete. Gewiß, in den Jahrzehnten des Verstummens gingen Gebildete wie Laien an ihnen vorbei, wie sie an allem vorbeigingen, was er geschrieben hatte. Doch als Schopenhauer in den fünfziger Jahren zum Modephilosophen avancierte, fanden auch seine Ansichten über die Liebe zahlreiche begeisterte Anhänger; schienen sie doch zu jener verbreiteten Furcht vor der Frau zu stimmen, die Kunst und Literatur Ende des 19. Jahrhunderts artikulierten und – auf ihre Weise – weiterverbreiteten. Mehr noch, sie befriedigten offenbar ein von anderen Denkern nicht behandeltes philosophisches Bedürfnis. Denis Diderot hatte in den erhabensten Gedanken

des Menschen ein Stück Hoden erkennen wollen. Arthur Schopenhauer
lehrte: «[A]lle Verliebtheit, wie ätherisch sie sich auch geberden mag,
wurzelt allein im Geschlechtstriebe [...]»; sie erweise sich, «nächst der
Liebe zum Leben», als «stärkste und thätigste aller Triebfedern». Verschiedentlich verschmilzt Schopenhauer (wie einige Jahrzehnte später
Freud) beide Triebe, die Liebe zum Leben und die Liebe zur Liebe, zu
einem einzigen; der Geschlechtstrieb ist ihm das Mittel, wodurch die
Natur für die Erneuerung der menschlichen Gattung sorgt. Die Geschlechtsliebe, die die festesten Bande zerreißt, hohe Ideale stürzt, die
größten Köpfe verwirrt, Staatsmänner und Gelehrte stört, tritt auf «als
ein feindsäliger Dämon, der Alles zu verkehren, zu verwirren und
umzuwerfen bemüht ist».[61] Liebende, die sich sexuell zueinander hingezogen fühlen, sehen nur das Gegenüber und leben für den Augenblick.
Doch die Natur in ihrer Weisheit, die Männern wie Frauen diesen
unwiderstehlichen Drang eingepflanzt hat, denkt weder an das Individuum noch an die Gegenwart, sondern an die Gesamtheit der Menschen
und an die Zukunft. Im Zeugungsakt, fügt Schopenhauer nüchtern und
konsequent hinzu, bejaht der Wille sich selbst. «Das Leben eines Menschen, mit seiner endlosen Mühe, Noth und Leiden, ist anzusehen als die
Erklärung und Paraphrase des Zeugungsaktes [...]»[62] Schopenhauer
verknüpfte diese Bejahung des Lebens mit der Bejahung des Todes: Sein
unerlöster Pessimismus folgte dem Lobpreis des irrationalen Eros wie ein
Schatten und lieh ihm eine gewisse verführerische Bitterkeit. Aber Pessimismus war kein wesentliches Moment in der Metaphysik der Liebe, wie
Nietzsche zeigte, dem die Philosophie Schopenhauers als Leiter zu seiner
eigenen diente. Schopenhauer selbst dachte über Sexualität in einer
Stimmung nach, die an den berühmten Augenblick der Depression nach
dem Koitus erinnert: Sie machte ihn traurig.

Friedrich Nietzsche, Arthur Schopenhauers eigenständigster und
phantasievollster Leser, übernahm von ihm das Grundprinzip: Der
Wille, der das Weltgetriebe erhält, ist in seinem Wesen erotisch. Doch gab
er diesem Satz eine Wendung ins Überschwengliche; er war Vorkämpfer
der Leidenschaften, nicht ihre Nemesis. Die Ursprünglichkeit seines
Denkens haben seine entsetzlichen Aussprüche gegen die Frauen verdunkelt, in denen er nicht anders tönte als alle die anderen Frauenhasser
seiner Zeit, nur noch maßloser. In dieser Hinsicht war er so maliziös –
nicht weniger maliziös als Schopenhauer, der maliziös genug war –, daß
sogar die bewundernden Exegeten, die sich in seinem letzten Lebensjahr-
zehnt um ihn scharten, nach irgendeiner unglücklichen biographischen
Konstellation suchten, die seinen irrationalen Antifeminismus erklären
mochten. So schrieb Dr. Julius Reiner ein Jahr nach Nietzsches Tod eine

für diese rasch anwachsende Literatur bezeichnende, kurze Einführung in Nietzsches Denken «für gebildete Laien». Er zitierte einige der anstößigeren Auslassungen Nietzsches über die Frauen und konstatierte die «merkwürdige und rätselhafte Erscheinung», daß ein so tiefer Denker (der zudem mit «höchst gebildeten und gelehrten Frauen» Umgang hatte) die Frau als inferiores Wesen behandelte. Er kam zu dem Schluß, dieser «ablehnenden, ja oft sehr gehässigen und unfeinen Haltung den Frauen gegenüber» müßten «persönliche Motive» zugrunde liegen.[63]

Die kleine Schar von Psychoanalytikern, die sich seit 1902 jeden Mittwoch in Freuds Wohnung traf, konnte dem nur zustimmen. Die Gestalt Nietzsches fesselte sie; seine unheimlich wahren, intuitiven See-lenerkenntnisse, seine glänzende und eigentümliche Laufbahn, seine impulsiven Heiratsanträge und seine geistige Umnachtung – eine Mischung aus Größenwahn und Verstummen –, die ihn die letzten elf Jahre seines Lebens der Welt entzog. Freud und seine Gefolgsleute ergründeten die Ursachen für Nietzsches Paralyse, spekulierten, ob sie die Folge einer syphilitischen Ansteckung sein konnte, fragten sich, ob man ihn als Neurotiker bezeichnen dürfe, und entdeckten deutliche Anzeichen verdrängter Homosexualität. Zwei ganze Abende widmete die Mittwochsgesellschaft den Spätschriften Nietzsches, und Dr. Eduard Hitschmann, einer der frühesten und loyalsten Bannerträger Freuds, zitierte einen Aphorismus des Meisters, den die Gruppe zwar nicht billigen, aber einschätzen konnte: «Wenn eine Frau sich wissenschaftlich interessiert, so ist etwas an ihrer Geschlechtlichkeit nicht in Ordnung.»[64]

Nietzsche sagte noch viel mehr, was in dieselbe Richtung ging. Er nannte die Frauen pedantische, oberflächliche, schulmeisterliche, kleinlich-anmaßende, unbescheidene Beutejägerinnen, die bislang nur durch die Furcht vor dem Manne gebändigt worden seien. «Wehe, wenn erst das ‹Ewig-Langweilige am Weibe› – es ist reich daran! sich hervorwagen darf.» Das emanzipierte Weib galt ihm als schlimmes Symptom des modernen Niedergangs: «Es ist *Dummheit* in dieser Bewegung, eine beinahe maskulinische Dummheit [...]» Nichts ist schädlicher und verderblicher als die wohlmeinenden modernen Versuche, das Weib zur Literatur und Kunst, «wohl gar zum Zeitungslesen und Politisieren herunterzubringen»; jedes wohlgeratene Weib – «das immer ein kluges Weib ist» – würde sich dessen von Grund aus schämen.[65]

Auch war sich Nietzsche nicht zu schade, die alte Leier vom «Rätsel Weib» zu drehen, für das er eine ebenso herablassende wie abgedroschene Lösung bot: «Alles am Weibe ist ein Rätsel, und alles am Weibe hat *eine* Lösung: sie heißt Schwangerschaft.» Hier klingt Angst an – persönliches Ungemach, verbrämt als Kulturkritik. Das Weib ist eine «gefährliche und

schöne Katze»; seine Natur flößt «Respekt und oft genug Furcht» ein,
weil sie «natürlicher» ist als die des Mannes; was es auszeichnet, ist seine
«listige Geschmeidigkeit», «seine Tigerkralle unter dem Handschuh»,
seine Naivität im Egoismus, seine Unerziehbarkeit und innerliche Wildheit, das Unfaßliche seiner Begierden und Tugenden. Der notorischste
Ausspruch Nietzsches in *Also sprach Zarathustra* – «Du gehst zu Frauen?
Vergiß die Peitsche nicht!» – ist mit seiner Brutalität ein panischer
Aufschrei zur Selbstverteidigung.[66]

Zwischen solchen wüsten Auslassungen finden sich freilich auch Sätze,
die Nietzsches Frauenfeindlichkeit in einen größeren Zusammenhang
rücken. «Das Weib hat immer mit den Typen der *décadence*, den
Priestern, zusammen konspiriert gegen die ‹Mächtigen›, die ‹Starken›, die
Männer», schrieb er in Aufzeichnungen der Achtzigerjahre, die er später
zum *Willen zur Macht* zusammenstellen wollte. Nietzsches Angriff auf
die Frau ist mancherlei – nicht zuletzt eine von atemloser Furcht diktierte
Strategie –, aber doch auch eine Verteidigung der Passionen gegen jene,
die sie verharmlosen oder vernichten wollten. Hierin hatte er ebenso
seine Vorgänger wie bei seinen bösen Bemerkungen über das Weib.
Nietzsches Sätze über die Passionen sind ein Echo des Voltaireschen
Schlachtrufs *Ecrasez l'infâme!*; als Aufklärer der letzten Tage ist ihm die
Religion, und am infamsten das Christentum, der unversöhnliche Feind
der Leidenschaften. Weib sein und Christ sein – für Nietzsche ist es
praktisch dasselbe: Das Weib, körperlich schwach, «braucht die Stärke,
um sich an sie zu klammern, und eine Religion der Schwäche, welche es
als göttlich verherrlicht, *schwach* zu sein, zu lieben, demütig zu sein»;
oder besser noch: es macht die Starken schwach, es herrscht (wenn es
gelingt, die Starken zu überwältigen).[67]

In einem bedeutsamen Kapitel der *Götzen-Dämmerung* entfaltet
Nietzsche diesen Gedanken genauer. «Alle Passionen», erklärt er, «haben eine Zeit, wo sie bloß verhängnisvoll sind, wo sie mit der Schwere
der Dummheit ihr Opfer hinunterziehn – und eine spätere, sehr viel
spätere, wo sie sich mit dem Geist verheiraten, sich ‹vergeistigen›.» Es
gab eine Zeit, in der man «der Passion selbst den Krieg» machte: «man
verschwor sich zu deren Vernichtung – alle alten Moral-Untiere sind
einmütig darüber ‹il faut tuer les passions›.» Das Christentum hat diesen
übelwollenden Kreuzzug zu seinem erschreckenden Extrem getrieben.
«Die Kirche bekämpft die Leidenschaft mit Ausschneidung in jedem
Sinne: ihre Praktik, ihre ‹Kur› ist der *Kastratismus*.» Aber die Menschen,
bemerkt Nietzsche mit einer treffenden Metapher, bewundern die Zahn-
ärzte nicht mehr, welche die Zähne ausreißen, damit sie nicht mehr weh
tun. Zugegeben, die erste Kirche war gar nicht darauf aus, die Passionen

intelligent zu vergeistigen; aber die Kirche hält an ihrer alten Übung fest, sie ausrotten zu wollen – den Stolz wie die Herrschsucht, die Habsucht wie die Sinnlichkeit. «Aber die Leidenschaften an der Wurzel angreifen heißt das Leben an der Wurzel angreifen: die Praxis der Kirche ist *lebensfeindlich...*»[68]

Die unerschöpfliche Quelle der Lebensenergie ist also die Leidenschaft, in erster Linie die sexuelle Leidenschaft. Der Dummheit der Leidenschaft – denn jede Passion ist ihrer Natur nach dumm – hilft man nicht durch Abtötung oder Kastrierung ab, sondern dadurch, daß man sie kultiviert. Hierzu ist laut Nietzsche die Liebe bestens geeignet. «Die Vergeistigung der Sinnlichkeit heißt *Liebe*: sie ist ein großer Triumph über das Christentum.» Liebe ist sublimierte Geschlechtsleidenschaft. «Alle Tugenden sind eigentlich verfeinerte *Leidenschaften* und erhöhte Zustände», so daß «Mitleid und Liebe zur Menschheit» eine «Entwicklung des Geschlechtstriebs» sind, so wie Gerechtigkeit die «Entwicklung des Rachetriebes» ist.[69] Nietzsche, der aristokratische Radikale, hatte nur Hohn und Spott übrig für die eigennützige Moral des Huhns, die dem Fuchs das Räubern im Hühnerhof austreiben will. Reaktionsbildungen wie Menschenliebe und Pazifismus erregten seinen tiefsten Argwohn; in der *Genealogie der Moral* sieht er in der modernen, bürgerlich-christlichen Ethik des Mitleids mit den Schwachen nichts anderes als die Sklavenmoral, die die Knechte ihren Herren listig aufzuzwingen verstanden. Sein Lobpreis des Krieges, mag er noch so metaphorisch gemeint sein, verrät Züge eines unkontrollierten Sadismus. Doch innerhalb fester Grenzen, einem Gefühl überquellender Stärke entströmend, bewirken die Leidenschaften Freundlichkeit und Großmut.

Deshalb konnte Nietzsche das hemmungslose Sichergießen der Leidenschaft im Rausch feiern: Was vermag nicht der Rausch, der Liebe heißt und doch noch etwas anderes ist als Liebe! Die Liebe beweist die erstaunliche Kraft des Rausches zur Verklärung. Und deshalb konnte Nietzsche vehement und ekstatisch Ja sagen zum Leben nach Art der alten Griechen, wie er sie las; er forderte «die religiöse Bejahung des Lebens, des ganzen, nicht verleugneten und halbierten Lebens». Und elliptisch, aber prägnant, fügt er hinzu: «(typisch – daß der Geschlechtsakt Tiefe, Geheimnis, Ehrfurcht erweckt)». Und deshalb schließlich konnte er «die Furcht vor den Sinnen, vor den Begierden, vor den Leidenschaften» anprangern, «wenn sie so weit geht, dieselben zu widerraten»; denn das ist «ein Symptom bereits von Schwäche: die extremen Mittel», setzt er abschließend hinzu und klang für alle Welt wie ein Psychoanalytiker vor der Psychoanalyse, «kennzeichnen immer anormale Zustände.»[70]

Für Nietzsche beweist Liebe, die sich «auf dem Untergrund einer hitzigen Sinnlichkeit» erhebt, eine löbliche «Wärme der Leidenschaft». Diese Verherrlichung der Liebe verband Nietzsche mit anderen Autoren, die die bürgerliche Art des Liebens kritisierten: Für ihn war offenkundig, daß die Mittelschichten seiner Zeit nichts von jener Liebe wissen wollten, die ihm als Quelle des Lebens galt. «Bei den Ehen im *bürgerlichen* Sinne des Wortes», schreibt er, «wohlverstanden im achtbarsten Sinne des Wortes ‹Ehe›, handelt es sich ganz und gar nicht um Liebe, [...] sondern um die gesellschaftliche Erlaubnis, die zwei Personen zur Geschlechtsbefriedigung aneinander erteilt wird, unter Bedingungen, wie sich von selbst versteht, aber solchen, welche das Interesse der Gesellschaft im Auge haben.»[71] Der Satz ist verschachtelt, sein Sinn jedoch klar: Die Ehe der Mittelschichten ist liebeleer und unfein. Aber unbewußt erfüllt sie die ihr von der Natur zugedachte Aufgabe, für den Fortbestand des Menschengeschlechts zu sorgen. In dieser lebenswichtigen Frage ging Nietzsche auf den großen Lehrmeister seiner frühen Jahre: auf Schopenhauer zurück, den er sonst in so vielem verworfen hatte. Wie Schopenhauer bereicherte auch Nietzsche die Literatur der Mißbilligung um etliche aufschlußreiche Seiten.

Von diesen Liebestheorien her gesehen, scheinen die Aussagen Freuds zu unserem Thema – unsystematisch, aber zahlreich in seinen Schriften verstreut – auf den ersten Blick kaum mehr zu sein als eine brillante Verdichtung deutscher Ideen, verbrämt mit französischem Beiwerk. Gewiß hatte bereits Schopenhauer auf seine geistreich-derbe Weise viele der mit der psychoanalytischen Libidotheorie zusammenhängenden Aussagen vorweggenommen. Er hatte nicht nur «den Primat der Affektivität» vertreten, wie Freud sein Denken später charakterisierte, und «die überragende Bedeutung der Sexualität» ausgesprochen, sondern sogar «den Mechanismus der Verdrängung» gekannt. Doch setzt Freud hinzu: »Ich habe Schopenhauer sehr spät im Leben gelesen»; er wollte sich nicht beeinflussen lassen, seine Unbefangenheit behalten. Ebenso ging es ihm mit Nietzsche: Freud schätzte den aphoristischen Einblick des Meisterphilosophen in das Herz des Menschen; trotzdem mied er bewußt die konsequente Lektüre seiner Schriften, teils, weil Nietzsches «Ahnungen und Einsichten sich oft in der erstaunlichsten Weise mit den mühsamen Ergebnissen der Psychoanalyse decken», teils weil er sich von Nietzsches Gedankenreichtum und Plausibilität überfahren fühlte. Es ging Freud nicht um «Priorität», sondern darum, sich Abstand und Bewegungsfreiheit zu wahren.[72]

Freuds bewußter Widerstand gegen diese suggestiven Amateurpsychologen war die vernünftige Verteidigung der Wissenschaft gegen die Dichtung. Zumal Nietzsche war ein geradezu unwiderstehlicher Vorgänger; ohne Hilfe der Forschung hatte er gesehen, daß Träume Bedeutung haben, daß die Triebe von Abwehrhaltungen umringt sind, daß Religion Neurose ist, daß Zivilisation Opfer verlangt, daß, mit einem Wort, die Triebsublimierung das Werk der Kultur übernimmt: alles Vorwegnahmen psychoanalytischer Theorien. Und Freud zitierte mehr als einmal – er selber hätte es nicht besser sagen können – den schneidenden Spruch Nietzsches von der Gewalt der Leidenschaft über die Vernunft: «‹Das habe ich getan›, sagt mein Gedächtnis. ‹Das kann ich nicht getan haben› – sagt mein Stolz und bleibt unerbittlich. Endlich – gibt das Gedächtnis nach.»[73] Dennoch haben wir einen guten Grund, Freud und der Darstellung seines wissenschaftlichen Weges zu trauen; zwar war er ein ehrgeiziger Neuerer, aber er pflegte im allgemeinen anzuerkennen, wenn andere seine Gedanken vorweggenommen oder seine Phantasie befruchtet hatten. Er rühmte die Fähigkeiten scharfsichtiger Amateure, zumal die der Dichter. «[A]lles ist schon einmal gesagt worden»,[74] meinte er und sog im übrigen geistige Nahrung aus der das ausgehende bürgerliche Jahrhundert bestimmenden fachwissenschaftlichen Beschäftigung mit der Sexualität. Doch verwandelte er – findiger Alchimist, der er war – konventionelle Materie in die kostbare Substanz der Theorie, indem er dynamische Zusammenhänge entdeckte, wo andere nur isolierte Phänomene beobachtet hatten. Er machte das Studium des Eros in einer Weise gewinnträchtig, die die Vorstellungskraft selbst eines Platon überstiegen hätte.

Überdies gab es außer Schopenhauer und Nietzsche auch andere Anreger, die Freud auf die zentrale Rolle der Sexualtriebe im menschlichen Leben hinwiesen, namentlich den berühmten französischen Neurologen Jean-Martin Charcot; ja, wenn der Historiker wählen müßte, ob ein Philosoph oder ein Arzt als geistiger Vorfahr Freuds anzusprechen sei, wäre er gut beraten, sich für den Arzt zu entscheiden. Als Freud im Winter 1885 einige hochproduktive Monate lang in Paris bei Charcot arbeitete, wurde er gelegentlich auch zu den Empfangsabenden des Meisters eingeladen. Bei einer solchen Gelegenheit hörte er einmal – wie er sich vierzig Jahre später erinnerte –, daß sein Gastgeber mit einem Kollegen den interessanten Fall eines jungen Paares diskutierte: Der Mann war impotent oder jedenfalls ungeschickt, die Frau zeigte schwere, vermutlich neurasthenische Beschwerden. Plötzlich vernahm Freud, wie Charcot mit großer Lebhaftigkeit in die Worte ausbrach: *«Mais dans des cas pareils c'est toujours la chose génitale, toujours – toujours – toujours.»* Das war für Freud eine verblüffende Kunde, und er verfiel, wie er sich erinnerte, einen Augenblick lang «in ein fast lähmendes Erstaunen» und fragte sich: «Ja, wenn er das weiß, warum sagt er das nie?» Dieser autoritative Tribut an die Gewalt des Genitalen erschien diesem eifrigen und unerfahrenen Neurologen als befremdende diagnostische Verallgemeinerung. Befremdend, aber vielleicht doch nicht so weit hergeholt; denn bald hatte Freud die Episode vergessen – später hätte er gesagt: verdrängt –: «die Gehirnanatomie und die experimentelle Erzeugung hysterischer Lähmungen hatten alles Interesse absorbiert.»[75] Nur allmählich und stückweise, in der Praxis, die er nach seiner Rückkehr in Wien eröffnete, überzeugte sich Freud von der Wahrheit der beiläufig-nachdrücklichen Beobachtung Charcots und ihrer ganzen Tragweite.

Freuds Methode der Enthüllung psychologischer Ursachen und der Verschmelzung disparater Beobachtungen zu organischen Mustern ist dort am frappierendsten, wo sie der alten, zur Binsenwahrheit gewordenen Einsicht gilt, daß Liebe eine Synthese aus Begehren und Gefühlsneigung ist. «Ein völlig normales Liebesverhalten», um ihn noch einmal zu zitieren, erfordere die Vereinigung von «zwei Strömungen, die wir als die *zärtliche* und die *sinnliche* voneinander unterscheiden können.» Menschen, denen diese Vereinigung nicht gelingt, sind Versager in der Liebe, mag das Register ihrer erotischen Erfolge noch so stolz sein: Don Juan, die vielbeneidete Eroberungsmaschine, muß gegen ein tiefsitzendes neurotisches Übel angekämpft haben, mag es nun Enttäuschung über die Wirklichkeit der Frau gewesen sein oder homosexuelle Panik oder Furcht vor dem Fiasko.

Triumphierend baute der Theoretiker Freud die Liebe in ein übergreifendes Entwicklungsschema ein, das – mit unvermeidlichen kulturellen und persönlichen Varianten – für die ganze Menschheit gültig sein sollte. Dieses Schema band zwar die Liebe an den Körper, beließ es dabei aber nicht: Die Liebe wird (wie der Haß) früh geboren und durchläuft eine Reihe erogener Zonen, bis sie in den Genitalien kulminiert, dem Hauptsitz erotischer Lust als der erregenden Begleitung der «zielgehemmten» Zuneigung. Freud erhob, wie Diderot und Schopenhauer vor ihm, die erotischen Triebkräfte des Menschen zu vitalen Lebensmächten, die sich in einem langwierigen Prozeß zu differenzieren suchen und unablässig mit ihrem unsterblichen Gegenspieler, der Gewalt von Vernichtung und Tod, im Kampfe liegen. So schlug Freud die Brücke zwischen Physiologie und Psychologie: Die Libido ist eine biologische Mitgift, die sich in Taten wie in Gefühlen ausdrückt und ausprägt und die in Erfahrungen mündet, die mehr sind als bloße Befriedigung der Lust. Es war nicht eitle Rhetorik, wenn Freud in seinem Menschenbild die Sexualität mit dem Eros des göttlichen Platon verglich.

So trug also Freud die beiden von ihm definierten Strömungen in der

Liebe in seinen Zeitplan der menschlichen Reifung ein. Dabei überließ er es seinen Nachfolgern, einige unleserliche beziehungsweise widersprüchliche Angaben zu enträtseln. Seine Schriften zur Sexualität legen den Schluß nahe, daß die libidinösen Triebe zunächst nichts anderes sind als eine völlig ungeordnete Zusammenballung von emotionalen Bedürfnissen, Wünschen und Ausbrüchen – schmeichelnd und fordernd, rührend und grausam, absolut ichbezogen und im späteren Leben teilweise zu einer reflektierten, sorgenden Gefühlszuwendung zu anderen sublimiert. In einer seiner seltenen Erklärungen des tatsächlichen Wachstums der Liebe vertritt Freud jedoch die These, daß von den beiden Strömungen die zärtliche die ältere sei: «Sie stammt aus den frühesten Kinderjahren», schreibt er. «Diese zärtlichen Fixierungen des Kindes setzen sich durch die Kindheit fort und nehmen immer wieder Erotik mit sich, welche dadurch von ihren sexuellen Zielen abgelenkt wird.» In der Pubertät, der Zeit der körperlichen Veränderungen und der geistig-seelischen Unrast, «tritt nun die mächtige ‹sinnliche› Strömung hinzu, die ihre Ziele nicht mehr verkennt.» Diese Sinnlichkeit ist immer dagewesen, latent, maskiert, ohnmächtig zur Tat. Ihr untergründiges Dahinvegetieren, woraus erst die Adoleszenz sie so dramatisch erlöst, macht erklärlich, warum so gut wie alle Ärzte und sonstigen Beobachter das Erwachen der Sexualität in die Pubertät verlegt haben – bis Freud die Welt zwang, ihre Vorstellungen zu revidieren und das schockierende Faktum der kindlichen Sexualität anzuerkennen.

Seinem Entwicklungsschema folgend, sah Freud den jungen Erwachsenen, den die Inzestschranke zur Aufgabe seiner frühen erotischen Wünsche gezwungen hatte, «von diesen real ungeeigneten Objekten möglichst bald» übergehen zu «anderen, fremden Objekten [...], mit denen sich ein reales Sexualleben durchführen läßt.» Gewiß werden diese neuen Objekte «immer noch nach dem Vorbild [...] der infantilen gewählt». Die Vergangenheit bewahrt etwas von ihrer Gewalt: Der Erwachsene hält sich an die in seiner Kindheit niedergelegten «Liebeskonditionen». Diese erwachsenen Objekte «werden mit der Zeit die Zärtlichkeit an sich ziehen», die an die frühere «Imago» von Mutter oder Vater «gekettet» war. In diesem – keineswegs häufigen – Idealfall der Entwicklung werden die «höchsten Grade von sinnlicher Verliebtheit [...] die höchste psychische Wertschätzung mit sich bringen»;[76] der normale Liebende weiß beglückende erotische Erinnerungen zu vereinen mit den körperlichen und seelischen Möglichkeiten, die nur das Erwachsenenalter bietet. Es ist kein Zufall, daß Freud der Liebe gerade in jenen klassischen Arbeiten über psychoanalytische Technik breiten Platz einräumt, in denen so ausführlich von Übertragung die Rede ist. Die Liebe, wie Freud nicht

müde wurde zu betonen, gewinnt einen Teil ihrer Kraft und formuliert
die meisten ihrer Bedürfnisse (mehr, als die Liebenden wissen) in der
Übertragung früher Erfahrungen auf spätere Liebesbegegnungen.

Die Entdeckung, daß unbewußte Erinnerungen eine unberechenbare,
oft beherrschende Rolle in der Liebe spielen, ist wahrscheinlich Freuds
originellster Beitrag zu den Liebestheorien des 19. Jahrhunderts. Daß
Liebe irrational ist, ist gewiß keine neue Erkenntnis. Stendhal hatte diese
alte Wahrheit in die denkwürdige Metapher der Kristallbildung gekleidet;
Balzac hatte sie prägnant ausgesprochen, wenn er sagte: «Je mehr Kritik,
desto weniger Liebe»; Wilkie Collins hatte sie melodramatisch formuliert, wenn er in seinem Roman *Basil* den unglücklichen Helden, der sich
zum ersten Mal, auf den ersten Blick verliebt hat, grübeln läßt: «Besonnenheit, Pflicht, Erinnerungen und Vorurteile von einst: alles war hinge-
nommen und vergessen in der Liebe.» Doch Freud stellt Collins' Schilderung dessen, was Basil «diese gigantische Empfindung» nennt, auf den
Kopf: Die Liebe verdunkelt nicht, sondern benutzt die Erinnerungen
und Vorurteile von einst. Ja, sie sind sogar mächtige Motive für diese
irrationale Leidenschaft, Geister aus der «vergessenen Vergangenheit»[77],
die über der Tragikomödie der Liebe wachen. In dieser Tragikomödie
sind die Hauptfiguren zugleich Spielleiter, Zuschauer, Hauptdarsteller –
und Dramatiker, die unbewußt ihre eigenen, verdrängten Stücke plagiie-
ren.

Daß Liebe von Erinnerungen regiert wird, die sich dem Zugriff des
Bewußtseins entziehen, galt, Freud zufolge, ebensosehr für das Geliebt-
werden wie für das Lieben. Daß der Erwachsene sich – sei es in gesunder
Selbstachtung, sei es in primitiver Selbstverliebtheit – als liebenswert
empfindet, hängt entscheidend von dem sicheren Gefühl ab, als Kind
zuverlässig und bedingungslos liebgehabt worden zu sein. Denn Liebe
kann man nur geben, wenn man Liebe empfangen hat und es auch weiß.
Die frühe Kindheit liefert den speziellen Rahmen; in ihr wird sogar
künftige Treue geprobt: Der kindliche Erwerb von Objektkonstanz, das
heißt der Fähigkeit, sich die Eltern auch in deren Abwesenheit und ihre
Liebe auch in Augenblicken des Zorns vorzustellen, ist die Vorform der
Konstanz beim Erwachsenen, die die Liebe zu mehr macht als der bloßen
Abfuhr sexueller Spannung.

Aber Erziehung zur Liebe war in der pessimistischen Anthropologie
Sigmund Freuds immer auch Erziehung zum Verlust. Wie die Kultur die
Kinder zwingt, Gratifikationen aufzuschieben, drängende Begierden zu
zügeln und heißgehegte Wünsche aufzugeben, setzt sie später auch dem
im erotischen Bereich Erlaubten Grenzen. Und sie verstärkt ihre Lektionen durch Drohungen, namentlich durch die Drohung mit Liebesentzug.

Für den Erwachsenen ist daher das Sichverlieben eine ebenso unvermeidliche wie mutige Tat, eine Erfahrung voller widersprechender Möglichkeiten. Es ist eine Abwehr der unerträglichen Furcht vor Liebesverlust, ein unbewußtes Nachspielen früher Liebesverwicklungen, ein Inkaufnehmen von Risiken. Die Empfänglichkeit der Liebenden für Eifersucht, ihr rührendes Verlangen nach Bestätigung, ihr vereinnahmendes Wesen und ihre Angst inmitten der Beseligung bezeugen ihre Unsicherheit und Ungewißheit – das Los aller Liebenden.

Freuds Pessimismus war keine bloße Laune; er entsprang dem schwierigen Kurs, den er für das Reifen der Triebe und die unvermeidlichen Konflikte zwischen Trieb und Abwehr vorhersah. Die Möglichkeit, ja die Wahrscheinlichkeit des Scheiterns war in Freuds Theorie der psychosexuellen Entwicklung eingebaut. Diese Theorie sah in der Libido keine einzelne, fest umschriebene Mitgift der Natur, sondern die Verschmelzung von Triebkomponenten, die sich im Idealfall (dessen Erreichung ihnen selten beschieden war) ganz auf geeignete Ziele und Objekte zu konzentrieren hatten. Der Primat heterosexueller Genitalität, im sicheren Verein mit Zärtlichkeit, war nach Freuds düsterer Einschätzung keineswegs etwas Selbstverständliches, sondern eine eindrucksvolle, fragile, ziemlich ungewöhnliche Leistung. Da die gesamte Menschheit mehr oder minder von Neurosen befallen ist, hielt es Freud für nur allzu wahrscheinlich, daß die Verschmelzung der libidinösen Triebkomponenten, ähnlich wie die Vereinigung der zärtlichen mit der leidenschaftlichen Strömung in der Liebe, unvollkommen bleiben werde: Ihr innerer Zusammenhalt würde unvollständig sein, ihr Zusammenwirken stockend, ihre Entwicklung höchst ungleich. Es war die generelle – mäßige bis lähmende – Fixierung auf frühere erotische Objekte, die schuld war an der bestürzenden Vielfalt des sexuellen Geschmacks beim Menschen – für die Perversionen, für Fetischismus, Impotenz, Frigidität und die tausend erotischen Schocks, die «unseres Fleisches Erbteil». Freud wagte sogar die Vermutung, daß etwas in der Natur der Sexualtriebe selbst ihrer vollen Befriedigung entgegenwirke.[78]

Er gab dieser düsteren Ahnung nach, als er die Leiden analysierte, die so viele Liebende, zumal Männer, offenbar freiwillig, ja mit Freuden auf sich nehmen, wenn sie sich vor dem Gegenstand ihrer Anbetung erniedrigen. Das Erfinden, Überhöhen und zwanghafte Preisen, ja Anpreisen der Vorzüge der Geliebten schien Freud wenig Raum für die eigenen guten Eigenschaften zu lassen. Die männliche «Sexualüberschätzung» der Frau, meint Freud 1914, entspringe wohl «dem ursprünglichen Narzißmus des Kindes [...] und somit einer Übertragung desselben auf das Sexualobjekt.» «Diese Sexualüberschätzung gestattet die Entstehung des

eigentümlichen, an neurotischen Zwang mahnenden Zustands der Verliebtheit [...]»[79] Auch Frauen können durch Vergrößerung des erwählten
erotischen Objekts ihr Ich entleeren.

Fühllose oder amüsierte Beobachter haben über dieses Bedürfnis nach
Selbstverkleinerung häufig gespottet. Gewiß gab es im 19. Jahrhundert
zahllose Witze und romanhafte Darstellungen dieses Menschentyps.
Charles Dickens' David Copperfield macht bei den Frauen, die er liebt,
einen rechten Narren aus sich, und Copperfield ist ein ziemlich typischer
Romanheld des 19. Jahrhunderts. Gewiß stand die Realität, was bittere
bis rührende Szenen anging, der Fiktion in nichts nach. Otto Beneke
erklärte, Mariettas nicht würdig zu sein; Walter Bagehot war sich keineswegs sicher, Eliza zu verdienen. Und als Effie Gray sich an den Schreibtisch setzte, um einen überschwänglichen Liebesbrief John Ruskins zu
beantworten, wußte sie, obwohl im allgemeinen eine robuste und vernünftige junge Frau, vor Minderwertigkeitsgefühlen sich kaum zu lassen:
«Mein liebster John», begann sie. «Ich weiß nicht, wie ich Dir genug
danken soll für Deinen unschätzbaren Brief heute morgen, so voller
Zärtlichkeit und Zuneigung, fast zu liebenswürdig und gut, Du wirst
mich noch verziehen, Lieber, ich mußte schier vor Freude weinen bei
dem Gedanken, so geliebt zu werden, nicht daß ich nicht schon früher
ganz erfüllt davon gewesen wäre, aber dieser Brief heute morgen ließ
mich fast allzusehr aufjubeln bei dem Gedanken, daß mir so viel Glück
verstattet ist, mir, die ich dessen doch so unwert bin.»[80] Es war wohl der
längste Satz ihres Lebens, und der stritt, wie sich zeigen sollte, für eine
verlorene Sache.

Bezeichnenderweise hat Freud über die erfreulicheren Formen, welche
die erotische Idealisierung annehmen kann, sehr wenig zu sagen. Die
verliebte Überschätzung des anderen muß ja nicht zwangsläufig zur
masochistischen Unterschätzung des eigenen Selbsts führen. Im Gegenteil, oft begünstigt sie eine Art reflexiver Kristallbildung; über die
Vorzüge der Geliebten zu phantasieren, kann Phantasien über die eigenen
Vorzüge erzeugen. Berauscht blickt dann der Liebende die Erwählte wie
einen Spiegel an, erstaunt und entzückt bei dem Gedanken, daß ein so
großartiges Wesen in die Liebe zu ihm eingewilligt hat und er selbst
infolgedessen doch irgendwelche bewunderungswürdigen Eigenschaften
haben muß. Freud war indessen geneigt, dergleichen erhöhte Selbstachtung dem unangebrachten Fortwirken narzißtischer Voreingenom-
menheiten zuzuschreiben. Soweit wir sehen können, verlief Freuds eigenes Leben als Liebender und Gatte weniger konfliktreich, als seine
Theorie der Liebe ihm konzediert hätte. Fast war es, als ob er sich mit
seiner Geschichte des janusköpfigen Eros an einer Kultur rächen wolle,

die ihn zu jahrelangem Warten in ungeduldiger sexueller Frustration verdammt hatte, bevor er die Liebe zu seiner Braut genießen durfte. War also der Pessimismus Freuds größer, als sein Material und seine Erfahrungen geboten hätten, so war die explanatorische Spannweite seiner Gedanken zur Libido eindrucksvoll. Freud befand sich mit seinem Glauben an die genetische Kausalkette im Einklang mit anderen Psychologen, doch nahm er es damit ernster als seine Kollegen. Für ihn war diese Kausalkette länger, verwickelter und verworrener als für sie. Das Schicksal der Libido, wie Freud es skizzierte, war mehr als die Erklärung für den Ursprung der Neurosen, der Perversionen und der normalen erotischen Erfüllung. Es erklärte auch Gefühls- und Handlungsweisen, die man bisher mit Sexualität überhaupt nicht in Zusammenhang gebracht hatte: die Wut des Kindes auf das neugeborene Geschwister, die rasch wechselnden Freundschaften Heranwachsender, die unüberwindliche Angst der alten Jungfer vor Vergewaltigung, die kriegerische Friedensliebe des Pazifisten, die schäumende Proselytenmacherei des Fanatikers, den unkontrollierbaren Eßzwang des Übergewichtigen. Darüber hinaus konnte das Schicksal der Libido neues Licht auf Forschungsrichtungen und Betätigungen werfen, die scheinbar erotisch harmlos waren, wie Volkskunde und Geschichte, Kunst und Politik. Die Psychoanalyse ermöglichte erstmals das systematische Nachdenken über eine so umfassende, komplexe und schwer greifbare Erfahrungswelt wie die bürgerliche Liebe und über die Wege und Umwege, die zur Vereinigung ihrer beiden Strömungen führen.

III. Erfahrung – die beste Lehrmeisterin

1872 äußerte der hervorragende französische Volkswirtschaftler und Moralphilosoph Henri Baudrillart, was ein großer Kreis versierter Publizisten dachte: «Es ist die Bestimmung unserer Zeit, alles aufs neue in Frage zu stellen.»[1] Die Bemerkung war trivial, aber darum nicht weniger wahr – und nicht weniger bezeichnend; denn sein Essay war ein Beitrag zu der ohnehin bereits unübersehbaren Literatur über die Rechte der Frau und damit ein weiterer Tropfen im Meer des Schrifttums über die Liebe und ihre Strömungen. Es war ein Schrifttum, das im 19. Jahrhundert mit flinker Hand produziert und begierig verschlungen wurde, von Frauen wie von Männern. Schließlich waren die Frauen, wo nicht die originellsten Verfasser, so doch das bevorzugte Thema dieser Literatur, für die sie durchaus empfänglich waren, da ihr Spektrum von der verbissensten Misogynie bis zum utopischsten Feminismus reichte. Sie lieferte den weiblichen Konsumenten überreichliches Material an die Hand, das sie bekämpfen oder auch begrüßen und, auf ihrem stockenden Marsch zur Gleichberechtigung, verwerten konnten. Doch trotz dieses wirksamen Ausstoßes an wissenschaftlichen und populären Druckerzeugnissen genossen Bücher und Aufsätze zur Verhaltensorientierung in der Welt weniger Autorität als die Welt selbst. Was der Bürger über die Liebe wußte, lernte er hauptsächlich von Eltern und Geschwistern, vom sprichwörtlichen «Küchenpersonal» oder von ein paar Freunden und Zufallsbekanntschaften. Erfahrung, «die beste Lehrmeisterin»,[2] kam ihrer pädagogischen Verpflichtung auf dem Gebiet der Liebe ebenso pünktlich nach wie in allen anderen Bereichen.

Das bewirkte Wiederholung. Das bürgerliche Liebes-Erleben wurde gefiltert durch das kulturelle Gedächtnis, vulgo «Gewohnheit»: Im großen und ganzen übernahmen Männer und Frauen der Mittelschicht Eros so, wie sie ihn vorfanden. Gebote und Gebräuche ihrer Eltern blieben für sie mehr oder weniger verbindlich. Sie hörten vielleicht von den phantastischen, radikalen Vorschlägen der Saint-Simonisten oder Charles Fouriers, die aus Büchern bekannten experimentierfreudigen Vorstellungen über Liebe und Liebende in das wirkliche Leben zu überführen. Aber diese Projekte, mochten sie mitunter auch reizvoll scheinen, kamen den meisten von ihnen unrealistisch vor; sie wurden ja auch selten in die Tat umgesetzt. Den meisten Bürgern erschienen die respektablen Kompromisse zwischen Sexualtrieben und kultureller Abwehr als gut genug. Sie konnten es sich kaum leisten, die nüchternen Realitäten aus dem Auge zu verlieren: namentlich Geld, Macht und die Aspirationen der Frauen.

1. Die Wirklichkeit der Ehe

Die Liebe war stark, aber sie hatte Rivalen. Die Bürger des 19. Jahrhunderts glaubten zu wissen, was die Menschen seit Vergil zu wissen geglaubt haben: daß die Liebe alles besiegt; sie stellten sich gerne vor, daß Liebe Berge versetzt, Hindernisse überwindet, der Ketten spottet. Liebe, hätten sie mit Stendhal sagen können, ist eine «zärtliche Passion»,[3] doch hinter ihrer weichen, schmelzenden Art verbirgt sich bekanntlich ein stahlharter Wille. Ein Freier, unglücklich verliebt, konnte sich mit Sprichwörtern trösten, um seine Knechtschaft in Worte zu fassen; der Zyniker mochte sich sagen, daß nicht die Liebe alles überwindet, sondern das Geld. Aber die Weisheit des gesunden Menschenverstandes sah in der Liebe die Leiter zur Freiheit; sie erlaubte den Liebenden die Überwindung der ihnen von der Konvention in den Weg gelegten Hindernisse, mochten es Unterschiede des Standes, der Religion oder der landsmannschaftlichen Verbundenheit sein. Die Liebe, diese Urkraft, erschien als das universale Lösungsmittel, als triumphierende Nemesis aller gesellschaftlichen und kulturellen Zwänge. So wurde sie jedenfalls von beliebten Dichtern, Essayisten und Romanschriftstellern geschildert.

Die Lehren der Erfahrung waren differenzierter und weniger theatralisch. Die Bürger des 19. Jahrhunderts entdeckten nur wieder, was andere Klassen und andere Zeiten längst vor ihnen entdeckt hatten – oft schon Jahrhunderte früher. Der Weg zur Ehe – für alle Menschen mit Ausnahme von Bohemiens und hoffnungslosen Romantikern das eigentliche Ziel der Liebe – war keine glatte, sei es rational kalkulierte, sei es leidenschaftlich gewagte Bahn. Vielmehr war er ein Schlachtfeld konkurrierender und widerstreitender Gefühle, von denen viele unbewußt waren. Die Sorge der Eltern um finanzielle Abgesichertheit und gesellschaftlichen Aufstieg konnte im Widerspruch stehen zum gebieterischen Verlangen der Kinder nach emotionaler Erfüllung, und im Gerangel familiärer Gefühlsbindungen und Spannungen stand der Ausgang keineswegs von vornherein fest. Nachgiebige Eltern mochten gnädig über die gesellschaftlichen Mängel ungeeigneter Partner für ihre Söhne beziehungsweise Töchter hinwegsehen, um Streit, Auftritte und Tränen zu vermeiden, oder, positiver ausgedrückt, sie mochten es der jüngeren Generation überlassen, den Weg zum Glück selber zu finden. Aber das

Gegenteil war nicht weniger richtig und wahrscheinlich sogar häufiger: So mancher junge Mann, so manche junge Frau, zum Gehorsam erzogen und nicht gewohnt, häusliche Dekrete zu «hinterfragen», beugte sich gehorsam dem elterlichen Gebot und versäumte, den im Rechtssystem des Landes vorgesehenen Schutz vor erzwungener Eheschließung in Anspruch zu nehmen. Aus diesem Grund waren die Gesetze, die die Rechte der Eltern und die Pflichten der Kinder regelten, für jede Familie eine unzuverlässige Verhaltensorientierung. *Eine* Wahrheit aber war für die Mittelschichten des 19. Jahrhunderts ebenso unumstritten wie für andere: Am sichersten war es, sich mit einem voraussichtlichen Lebenspartner emotional einzulassen, der strengsten Ansprüchen genügte. Geregelte romantische Bindungen, im eigenen Kreise eingegangen oder nur geringfügig über ihn hinauszielend, hatten am wenigsten mit dem strikten Veto der Familie zu rechnen.

Die jeweilige Mischung aus Rationalität und Emotion, die die Entscheidung der Eltern über einen Ehegatten für ihr Kind (oder auch nur ihre Einwilligung in dessen persönliche Entscheidung) prägte, differierte von Familie zu Familie, innerhalb der einzelnen Familie und mitunter von einer Liebesschwärmerei zur nächsten. Jene leidenschaftlichen Unterströmungen, die alle Familienbeziehungen komplizieren, färbten auf subtile Weise die Forderungen der Eltern an ihren heiratsfähigen Nachwuchs und, auf nicht weniger subtile Weise, die diesem Nachwuchs eigene Art, sich zu verlieben. Wie wir wissen, werfen die frühen inneren Erfahrungen, aus denen sich die Suche nach dem Liebesobjekt bildet, ihren Schatten noch auf die scheinbar freieste erotische Wahl des Erwachsenen. Die verdrängte Liebe einer jungen Frau zu ihrem Vater oder eines jungen Mannes zu seiner Mutter konnte sich gegen die Liebe zu gleichaltrigen Freiern durchsetzen oder die Beschaffenheit des würdig scheinenden Freiers diktieren. Es gab für den Bürger des 19. Jahrhunderts viele Gründe, nicht zu heiraten; einer von ihnen war, in England wie in Deutschland, ein markanter Frauenüberschuß. Doch gab es hochachtbare lebenslange Junggesellen (beiderlei Geschlechts), deren tiefste Beweggründe für die Ehelosigkeit sie selbst frappiert haben würden.

Die wahren Motive von Eltern und Kindern, die bei der delikaten Transaktion der Ehestiftung am Werke waren, blieben oft hinter gesellschaftlichen Konventionen verborgen, gegen die man nicht verstoßen wollte. Doch war diese Konventionalität nicht bloß ein Vorwand. Was ich die Mischung aus Rationalität und Emotion in dieser Transaktion genannt habe, war den nach Land, Gesellschaftsschicht und Zeit verschiedenen vorherrschenden kulturellen Stilen unterworfen. Der Historiker, der die feinen Abstufungen in den Mittelschichten Europas und

Amerikas untersucht, kann bei diesem Beginnen seiner Differenzierungs-
wut freien Lauf lassen. Zeitgenössische Kulturkritiker und reisende
Journalisten fanden jedenfalls überreichlich Gelegenheit zu moralisierenden Kommentaren, wenn sie, mitunter verächtlich überlegen, mitunter
unverhohlen neidisch, die sozialen Gepflogenheiten des fremden Landes
mit denen der Heimat verglichen. Ein repräsentatives Beispiel für diese
Literatur ist das 1865 erschienene, beliebte Buch des Grafen de Gasparin
über die moderne Familie. «In Frankreich», schreibt er, «verhindert eine
törichte Sitte, die unserer Moral kaum zum Ruhme gereicht, daß die
künftigen Gatten einander vor der Ehe wirklich kennenlernen. Sie mögen
sich bei einem Ball begegnet sein; die finanzielle Seite mag von den
Anwälten geregelt, der Heiratsantrag gemacht und angenommen worden
sein; und dann, nachdem alles entschieden ist, mag es ein paar unbedeu-
tende Gespräche gegeben haben.» Im wohltuenden Gegensatz hierzu
werden «in England, in Deutschland, in den Vereinigten Staaten und in
der Schweiz die Dinge anders gehandhabt. Hier herrscht von Rechts
wegen große Freiheit des Verkehrs zwischen jungen Männern und Frau-
en. Sie haben einander kennengelernt, sie werden über alles Ehrenwerte
gesprochen haben, und ihre Einwilligung in die Ehe ist alles andere als
leere Formalität.» Gerne gibt de Gasparin zu: «Zweifellos ist in diesen
Ländern nicht alles vollkommen; in Amerika geht die Unabhängigkeit
der jungen Leute zu weit; in Deutschland dauert die Zeit der Verlobung
zu lange.» Gleichwohl konnten die Franzosen von diesen Ländern vieles
lernen. «Die Freiheit der Wahl bleibt wenigstens erhalten; die Zuneigung
behält ihren rechtmäßigen Platz; ernsthafte und spontane Bindung geht
dem Schwur ewiger Liebe voran; die Ehe bricht nicht ohne Vorbereitung,
wie ein factum brutum herein; die Beteiligten treten nicht innerhalb einer
Stunde aus dem distanziertesten und zeremoniösesten Verhältnis in die
Intimität des Ehelebens ein.« Er beklagte, daß in Frankreich selbst in der
Ehe die Liebe «in keinem guten Geruche» stehe.[4]

Andere Publizisten kamen, von analogen Beobachtungen aus, zu
diametral entgegengesetzten soziologischen Ergebnissen. Als seit den
1860er Jahren der Ruf nach alleiniger Liebesheirat immer lauter wurde,
galt dies den konservativen und gestrengen Sittenrichtern als bedauerli-
ches Zeichen dafür, daß die Emanzipationsbewegung, diese Pest der
Neuzeit, außer Kontrolle geriet. Liebe bedeutete per definitionem die
Möglichkeit der freien Wahl, und diese wiederum war doch nichts
Geringeres als ein weiteres Brett zur subversiven feministischen Platt-
form; das Chaos, das sie zu entfesseln drohte, war am sichtbarsten im
Land der Zukunft, den Vereinigten Staaten, mit seiner «Gleichberechti-
gungswut». Die verantwortungslosen Reformer der Ehemoral mit ihrer

Idealisierung der Liebesheirat sind ichsüchtige Träumer, die, wie Henri Baudrillart indigniert rügt, «immer nur von Rechten und niemals von Pflichten sprechen».[5]

Solche freihändigen Verdikte sowie die umstandslosen Verallgemeinerungen über gesellschaftliche Beziehungen, auf denen sie beruhen, sind von zweifelhaftem Wert. Die Kultur der Mittelschichten im 19. Jahrhundert wimmelt von Ausnahmen. Selbst in Frankreich, das von allen westlichen Ländern jenes war, in dem junge Leute, und zumal die jungen Frauen, bei ihrer Eheentscheidung am meisten gegängelt wurden, gab es Eltern, die ihre Söhne und Töchter nach ihren Wünschen fragten, ihr Zögern respektierten und Verständnis hatten, wenn es der jungen Frau vor der Aussicht auf einen ältlichen, reizlosen Gatten grauste, der ihr allein wegen seines guten Namens oder seines verführerischen Vermögens aufgenötigt wurde.[6] Man kann aber generell doch sagen, daß die Mädchen der englischen und vor allem der amerikanischen Mittelschicht viel weniger daran gehindert wurden, selber ihren Gatten zu wählen oder ihre Eltern umzustimmen, als ihre deutschen und französischen, geschweige denn ihre russischen Geschlechtsgenossinnen. Außerdem waren die obersten und die der Tradition am meisten verbundenen Kreise des Bürgertums – alte Kaufmannssippen, reiche und angsterfüllte Emporkömmlinge, katholische Patrizier, orthodoxe Juden – eher als andere, nicht so standesbewußte und wohlhabende Bürger geneigt, Eheverhandlungen als Staatsaffären und nicht als Herzensangelegenheiten zu betrachten. Und mit der Domestizierung der romantischen Vorstellung, daß Liebe persönliche Bestimmung sei, und dem zunehmenden Hineindrängen der jungen Frauen in die Einrichtungen der höheren Bildung und in die Berufe schwächte sich schließlich die elterliche Autorität in dem Maße ab, wie die Möglichkeiten zu freien Bindungen zahlreicher wurden. Das bürgerliche Mädchen von 1820 hatte widerstandslos Diktaten gehorcht, die ihre Enkelin empört und oft erfolgreich von sich wies. Gleichwohl spielten in den Mittelschichten noch gegen Ende des Jahrhunderts Vernunftüberlegungen bei der Auswahl von Ehepartnern eine oft beherrschende Rolle. «Es ist besser […], der Wirklichkeit ins Auge zu sehen», meinte eine deutsch-jüdische Gouvernante, die einen älteren Witwer geheiratet hatte, um 1890 mit einer gewissen ruhigen Bestimmtheit. Sie hatte es gut getroffen; der Gatte und die Kinder, die sie bekam, scheinen sie glücklich gemacht zu haben. Dennoch schloß sie mit eiserner Logik: «Ideale bringen nicht viel.»[7]

Zumal in den ersten Jahrzehnten des Jahrhunderts war Liebe für wohlerzogene junge Mädchen ein seltener emotionaler Luxus. Sie konnten sich die Liebe aus den Romanen vorstellen, die sie heimlich lasen und

mit deren Heldinnen sie sich identifizierten. Sie konnten für den Haus-
lehrer schwärmen. Sie konnten großartige, weitgehend theoretische Leidenschaften für attraktive Gäste des Hauses hegen. Doch immer wieder
obsiegte der übermächtige Druck der Familie. «Wir heiraten nicht, wir
werden verheiratet», sagt Olga in Gontscharows Roman *Oblomow*, für
Tausende ihrer Schwestern sprechend, und nicht nur in Rußland. Die
Liebe wurde verordnet – vom Vater, von Ehehandbüchern, ja sogar vom
Gesetz: «Die Frau hat ihrem Gatten zu gehorchen, in Liebe, Achtung
und uneingeschränktem Gehorsam mit ihm zu leben», besagte das russische Gesetzbuch 1836, «und ihm als dem Herrn im Hause jede Liebens-
würdigkeit und Zuneigung entgegenzubringen.»[8] Für eine Frau, die
solcher Zucht unterstand, war Liebe kein unwiderstehlicher Trieb des
Herzens, sondern eine häusliche Fertigkeit, die sie ebenso lernen mußte,
wie sie Klavierspielen oder eine Fremdsprache erlernt hatte.

Um die harten Konturen der Wirklichkeit zu verwischen, überredeten
Eltern ihre Töchter zum Eingehen einer Vernunftehe gern mit dem
verheißungsvollen Argument, die Liebe werde im Laufe der Jahre wachsen. Sie verkauften ihnen die Liebe als eine zu kultivierende Tugend. Das
ist die Angriffslinie, auf der Frau Konsul Buddenbrook ihre Tochter
Tony zur Ehe mit dem pomadigen, wenig einnehmenden Herrn Bendix
Grünlich verlockt, dessen demonstrative finanzielle Saturiertheit ihn in
einer Zeit der Rückschläge für die Firma Buddenbrook zum passenden
Schwiegersohn macht. «Siehst du, ich nehme an, daß du noch keine
entscheidenden Empfindungen für Herrn Grünlich hegst, aber das
kommt, ich versichere dich, das kommt mit der Zeit...» Für Tony sind
die Argumente der Mutter überzeugend, zumal im Verein mit der
ernsten, unbewußt verführerischen Mahnung des Vaters, sie müsse auch
an ihre Pflichten gegen das Haus Buddenbrook denken. Als die Vermählung vorbei ist und das Paar zu seiner Hochzeitsreise aufbricht, springt
Tony – nunmehr Tony Grünlich – noch einmal in der Kutsche auf, um
ihren Vater leidenschaftlich zu umarmen und ihn flüsternd zu fragen:
«Bist du zufrieden mit mir?» Er ist es – sehr auf Kosten seiner Tochter.[9]
Wieder ist eine verhängnisvolle bürgerliche Nützlichkeitsehe lanciert
worden. Die *Buddenbrooks* sind Fiktion, aber sie spiegeln getreulich
familiäre Wirklichkeit des 19. Jahrhunderts wider.

Die Verhandlungen um die Mitgift breiteten den kalten Hauch des
Geschäftlichen über die Hochzeitsvorbereitungen, selbst wenn die künfti-
gen Gatten einander schon liebten. «Konvenienz, Politik, Freundschaft,
Stand, Einfluß, Vermögen – dies alles wird als Motiv der Verehelichung
genannt», stellt der Bostoner Arzt H. S. Pomeroy Ende der achtziger
Jahre in einem Buch über die Ehe fest,[10] und das Feilschen um die Mitgift

der Braut zeigt drastisch das Hereinspielen aller dieser Motive. Die Ausstattung der Braut mit weltlichen Gütern (Bargeld, Silber, Schmuck, Möbel, Wäsche) durch ihre Familie war eine Einrichtung des 19. Jahrhunderts, die bei denen, die es sich leisten konnten, fast ausnahmslos üblich war; bei denen, die es nicht konnten, blieb sie Gegenstand rührender Sehnsucht. Diese Einrichtung blickte zurück auf eine lange, mindestens bis ins Hochmittelalter reichende Geschichte. In der viktorianischen Ära jedoch machte die Mitgift (und das dazugehörende Institut der Aussteuer) eine radikale, der spannungsgeladenen Zeit entsprechende Verwandlung durch. Die Aussteuer war einst gewesen, was sie in gewissen Kreisen blieb: etwas ganz Persönliches, ein säuberlicher Stapel von Tisch- und Bettwäsche, Taschentüchern und Kleidern, die das heranreifende Mädchen mit viel Liebe und Mühe selber gearbeitet hatte und die in sogenannten «hope chests» [Aussteuertruhen; A. d. Ü.] auf den glorreichen Tag der Hochzeit warteten, um dem neuen Hausstand zu Nutzen und Zierde zu gereichen. Ende des Jahrhunderts wurde die Aussteuer dann mehr und mehr eine Sache der Fachgeschäfte; sie war nun wesentlich kostspieliger und zeugte daher weniger vom Geschick des Mädchens im Nähen und Sticken als vielmehr vom Reichtum ihres Vaters. Ebenso geriet die traditionelle Mitgift mehr und mehr in Mißkredit, mochte sie sich auch bis in unser Jahrhundert zäh am Leben erhalten. Für manchen ambitionierten Bräutigam blieb sie freilich attraktiv – für den angehenden Arzt oder Rechtsanwalt, der sich seine Praxis bzw. seine Kanzlei einrichten wollte und vor beträchtlichen Ausgaben stand, für den ehrgeizigen Beamten, der von seinem Gehalt ein bescheidenes Dasein fristete und nach ein wenig Luxus lechzte, für den tatkräftigen Unternehmer, der Risikokapital benötigte. Es war bezeichnend, daß in Heiratsanzeigen von Männern die Mitgift fast immer eine wesentliche Rolle spielte. Es gab sogar Junggesellen, die ganz unverhohlen die (wie das treffende deutsche Wort lautet) «Einheirat» in ein Geschäft oder eine Praxis wünschten – mit der Braut als unvermeidlicher Zugabe.[11]

An dieser Art eines nackten Nützlichkeitsdenkens war nichts Zynisches oder Hinterhältiges. Die Männer erstrebten die Regelung, die sie zu verdienen glaubten; die Familie der Braut wiederum hatte, sobald sie Vertrauen in die Mittel und Zukunftsaussichten des prospektiven Schwiegersohns setzte, nichts dagegen, über die finanzielle Seite offen zu reden. Ganz im Gegenteil: Die Eltern zogen echte Befriedigung (und willkommenes Prestige) aus dem Bewußtsein, ihre Tochter wohlversorgt in die Ehe gegeben zu haben. Doch nach der Jahrhundertmitte begann auch das konventionelle Bürgertum, diese materialistische Jagd als unwürdig zu verurteilen; idealisierte man doch die Ehe zu einer Verbindung, in der zwei Herzen miteinander verschmolzen und nicht zwei Bankkonten. Die poetischen und philosophischen Apologeten der Liebe fanden ein ermutigendes und überraschendes Echo bei Familien der Mittelschicht, zumal bei jenen, die ihren Töchtern keine Steine in den Weg legten, wenn sie sich in heroischer Anstrengung weiterbildeten und sich die Welt eroberten. Um 1880 stellt der englische Geistliche George St. Clair nüchtern fest: «Der jungen Frau steht es heute frei, jedes Angebot, das ihr gemacht wird, anzunehmen oder auszuschlagen.»[12] Freilich sprach er von seinem eigenen Land; auf dem europäischen Festland lagen die Dinge verwickelter. Aber die Liebesheirat wurde nun auch in konservativeren Gesellschaften zu einer vertrauten Erscheinung, die man wortgewaltig pries.

Es wäre allerdings verfehlt, den Triumph der Liebe als total zu betrachten. Im Rausch romantischer Schwärmerei, verzaubert von sentimentalen Romanen, verloren die meisten Liebenden doch nicht den Kopf. Die Motive blieben gemischt. Die elementarsten Familiengewohnheiten waren im Umbruch begriffen, und natürlich stießen die «neuen Ideen» auf den entschlossensten Widerstand. Die alte Maxime «Don't marry for money, but go where the money is [Heirate nicht das Geld, aber suche seine Gesellschaft]», von Tennyson, Trollope, Meredith am Leben erhalten, weckte die Mißbilligung romantischer und intransigenter Geister. Viele aber befolgten sie mit einer Art schamloser Unschuld, das ganze Jahrhundert hindurch. Noch 1893 gründeten Isidor Hirschfeld und sein Bruder Joseph eine erfolgreiche Damenbekleidungsfirma in Hamburg und beschlossen im folgenden Jahr, eine Badereise zu unternehmen, um sich vorteilhaft «sehen zu lassen»: «Vielleicht verliebte sich doch ein Mädchen mit Geld in uns.»[13] Hinter solch berechnendem Werben witterten Antisemiten gerne einen typisch jüdischen Charakterzug. In Wirklichkeit blieben zwar arrangierte und geplante Ehen bei frommen Juden länger im Schwange als in den meisten anderen ethnischen und religiösen Gemeinschaften, doch befanden sich die nach reichen Bräuten Ausschau haltenden Brüder Hirschfeld in zahlreicher christlicher Gesellschaft und wurden von Juden ebensosehr kritisiert wie von Nichtjuden. In einer dermaßen im Fluß befindlichen Welt vertrugen sich die widersprüchlichsten Überzeugungen in ein und derselben Familie, ja mitunter in ein und demselben Herzen.

Die Autobiographie der bahnbrechenden deutschen Ärztin Rahel Straus registriert diese Spannungen mit kunstloser Genauigkeit. Über die Verlobung ihrer Mutter irgendwann Ende der 1870er Jahre bemerkt sie, diese sei nicht von ungefähr gekommen, «sondern Vater kam direkt nach Posen, um sich Mutter anzuschauen. In jüdischen Häusern war es damals und auch später durchaus noch Sitte, daß Eltern, Verwandte, Freunde der

Familie oder auch berufsmäßige Heiratsvermittler kamen, um den oder
jenen Mann für dies oder jenes junge Mädchen vorzuschlagen. Paßten
dann die äußeren Bedingungen, wie Familie, Beruf, Vermögen, Gesundheit, so gaben die Eltern des Mädchens die Zustimmung, daß der junge
Mann zur ‹Beschau› kam. Selten fuhr der junge Mann unverlobt wieder
fort. Das galt als eine große Beleidigung, denn eigentlich heiratete man
‹in eine Familie›, nicht das individuelle Mädchen. Daß man nachher
zusammenpaßte, dafür sorgten schon Sitte und Tradition.» Dagegen war
Rahel Straus' Großvater für seine Zeit «eine seltene Ausnahme»: «Er
begriff nicht, daß seine Töchter sich nicht verliebten und einen Mann
eigener Wahl fanden.» Ihre Schwester wurde noch auf die altehrwürdige
Weise verheiratet: Ein junger Rabbiner hatte durch eine Cousine so viel
Gutes von Trude gehört, daß er anfragte, ob er kommen dürfe, um sie
kennenzulernen. «Mir war die Form, in der Schwester Trude ihren Mann
fand, unverständlich, obwohl ich sah, wie schnell sie Vertrauen zu ihm
faßte und Liebe empfand», meinte Rahel Straus später; ohne Groll räumt
sie rückblickend ein: «Ich habe ja auch gesehen, welch glückliche Ehe sie
mit dem Manne geführt hat, der sie nach alter jüdischer Tradition gewählt
hatte.»[14] Was sie selbst betraf, so machte sie den Wunsch des Großvaters
wahr und heiratete aus Liebe ihre erste Liebe, auch wenn der fromme
Schwiegervater, streng orthodox und dem alten Glauben verhaftet, mit
diesem neumodischen Verfahren seines Sohnes nicht einverstanden war.
Fragloser Respekt vor der väterlichen Autorität, das solide Fundament
der Mitgift, das fortdauernde Festhalten an archaischen Kulturgewohnheiten – das waren die ängstlichen Verteidigungen gegen die zersetzende
Wirkung der liberalen Kultur, gegen den Spaltpilz unberechenbarer
Liebe.

Auch den Verfechtern der Tradition blieb nicht verborgen, daß das
Mitgiftsystem zu Mißbräuchen einlud. Deshalb fanden Familien nichts
dabei, vertrauliche Untersuchungen anzustellen, Bankbilanzen zu prü-
fen, Heiratsvermittler und sogar Detektivbüros einzuschalten, um festzustellen, ob eine namhafte Erbin wirklich so viel zu erwarten hatte, wie
die Gerüchte wissen wollten, oder ob die Geschäfte des Verehrers so gut
gingen, wie er behauptete. Bevor Konsul Buddenbrook seiner Tochter
Tony Herrn Grünlich aufzwang, hatte er seinen prospektiven Schwiegersohn gewissenhaft auf Herz und Nieren geprüft; freilich war es diesem
glattzüngigen Hochstapler gelungen, selbst die schärfsten Beobachter
durch sein selbstsicheres Auftreten und seine rührenden Bekenntnisse zu
täuschen. Grünlich war ein Konterfei nach dem Leben, eine Landplage.
Dennoch zielte der zunehmende Protest gegen die materialistischen
Geldheiraten weniger gegen diese Pest der Glücksritter als vielmehr

gegen die stillschweigenden Voraussetzungen des Prinzips der Mitgift selbst.

Kraß gesagt, versinnbildlichte diese Einrichtung die Abhängigkeit der Frau von den Mitteln anderer, ihre passive Rolle als Beutestück, das der siegreiche Krieger davonschleppt.[15] Die Mitgift war integrierender Bestandteil eines Machtsystems, konkret: der Macht des Mannes über die Frau. Ein Mann, der auf die traditionelle Art und Weise in den Besitz einer Frau gelangte, heiratete eine sichtbare finanzielle Garantie – ob uneigennützig geliebt oder nicht –, eine private Quelle des Geldes und der Beziehungen. Romantische Liebe aber schließt per definitionem jeden Gedanken an Besitz und Ungleichheit aus; sie verherrlicht ihrer ganzen Natur nach die Abwesenheit von Macht. Dr. Pomeroy, für viele seiner Zeitgenossen im ausgehenden 19. Jahrhundert sprechend, stellt den Heiratsmotiven wie Konvenienz, Stand, Geld usw. ausdrücklich «die ideale romantische Ehe – aus Liebe» gegenüber, ein Ideal, das keinen Raum ließ für strategische Erwägungen oder die Demonstration von Überlegenheit. «Die wahre Ehe», insistiert er, «ist die Verbindung fürs Leben zwischen einem Mann und einer Frau, die nach ihrer geistigen und körperlichen Gesundheit, nach Alter, Temperament, Überzeugungen und Geschmack so zueinander passen, daß sie glücklich und harmonisch miteinander zu leben vermögen.» Emile Acollat, ein französischer Autor, der sich ebenfalls ausgiebig über dieses Thema verbreitete, hatte es 1868 im selben Sinn, wenn auch weniger medizinisch formuliert: Die Ehe «ist die auf das sittliche Gefühl der Liebe gegründete und dem doppelten Gesetz der Gleichheit und der Freiheit unterworfene Verbindung von Mann und Frau». Es war der prägnante Ausdruck einer an Verbreitung gewinnenden Idee. Thackeray hatte es, in seiner etwas forcierten Munterkeit, schon früher getroffen: «Lustigsein ist 'was Gutes, aber die Wahrheit ist doch 'was Bess'res, und am besten ist – die Liebe!»[16] Solche glatten Aphorismen unterschlagen zwar die Konflikte, die achtbaren Seelen zu schaffen machten, aber sie zeigen den Aufschwung der Liebesideologie seit der Jahrhundertmitte.

Neu waren solche Ansichten nicht. Schon die Romantiker hatten einfallsreiche Variationen über dieses Thema gespielt und aus Respekt vor den Talenten der Frau versucht, die gesellschaftlichen Realitäten, oder zumindest ihr Privatleben, in Einklang zu bringen mit ihren erotischen Idealen. Ja, lange vor den Romantikern, im vielgelästerten «rationalistischen» 18. Jahrhundert, hatten Dichter und Romanciers streng unterschieden zwischen dem Wunsch, durch das Mittel der Liebe Reichtum und Einfluß zu erraffen, und der wahren Liebe selbst. Die englische Dichterin Anna Laetitia Barbauld[17] gab dieser Meinung schon um 1770 Ausdruck:

The world has little to bestow,
When two fond hearts in equal love are joined.

[Die Welt hat wenig zu bieten, wenn zwei einander gewogene Herzen sich in gleichberechtigter Liebe verbinden.] Gerade die leiernde Abgegriffenheit solcher Empfindungen um 1850 beweist, wie verbreitet sie mittlerweile in Kreisen der Mittelschicht waren, die mit ererbten Kulturgewohnheiten zu brechen begannen.

Kein Zweifel: Was in den Jahrzehnten des 19. Jahrhunderts als Liebe galt, verdeckte eine auf Abwehr- und Selbsttäuschungsstrategemen ruhende Machtstruktur. Die liebevollsten und wohlwollendsten Eltern übten Macht über ihre Kinder, Ehemänner über ihre Frauen, Herren über Knechte – immer zu ihrem Besten und für gewöhnlich in ihrem Namen. Solches autoritative Gebaren war oft genug kaum mehr als der selbstgefällige Rückgriff auf Rechtsprivilegien, emotionale Ressourcen oder körperliche Stärke. In einer Situation, in der Sitte und Gesetz den Mann zum Herrn machten, war der Ausdruck von Libido selten frei von Aggression; er verriet den Wunsch, zu verletzen oder zu kontrollieren, zu beherrschen oder zu zerstören oder einfach die eigene Stärke zu zeigen, um so die Furcht vor der eigenen Schwäche zu bannen. Als Freud 1905 der Sexualität «eine Beimengung von Aggression» zuschrieb, den Wunsch, das Sexualobjekt zu überwältigen, meinte er bezeichnenderweise, die «meisten Männer» zeigten diese Neigung.[18]

Waren nun diese tödlich ernsten Liebeskämpfe für gewöhnlich ziemlich ungleich, waren sie doch keineswegs ganz einseitig. Das «schwächere Geschlecht» konnte eigene Machtmittel mobilisieren, indem es Avancen auswich oder Zuneigung entzog; es konnte durch Anfälle von Schüchternheit, Beweise von Unschlüssigkeit und schieren Mutwillen seinen Wert in den Augen des begehrenden Mannes steigern. «Für viele Frauen ist Zuneigung süß», schrieb Charlotte Brontë um die Jahrhundertmitte an Elizabeth Gaskell, «und eroberte Macht gleichgültig – schätzen wir auch gewonnenen Einfluß.»[19] Die Männer, sich gefangen wähnend in einer Welt, die nicht mehr von schmachtenden, gefügigen, absolut häuslichen Frauen bevölkert war, und vor der Notwendigkeit stehend, ihr bequemes Überlegenheitsgefühl überdenken zu müssen, sahen gern das Heiligtum des Mannes von Verschwörern geschändet. Es gab zahllose Frauen, die ihnen applaudierten; war ihnen bei diesem Wandel doch ebenso unbehaglich zumute. Diese Frauen hätten protestiert und sich erfolgreich gewehrt, wenn ihre Eltern versucht hätten, sie bei der Wahl des Ehegatten zu manipulieren, geschweige denn zu bevormunden; und dennoch gaben sie brav die alten Gemeinplätze vom

Supremat des Mannes von sich. Sich mit dem Aggressor identifizierend, seine Sprache und Argumentationsweise übernehmend, wiesen sie allen Ernstes nach, warum Frauen keine höhere Schulbildung, keine Gleichstellung vor dem Gesetz und erst recht kein Wahlrecht nötig hätten; geboten sie doch über die unfehlbaren Künste der Zärtlichkeit, der Schmeichelei und der Tränen. «Ich kenne keinen Mann, mag er noch so wenig wert sein», rief Beatrice Potter einmal provozierend bei einem Suffragettenbankett aus, «von dem ich nicht glaube, daß er mehr wert ist als ich.» Damals war sie jung, ärgerte sich über das nach ihrer Meinung öde Geschwätz der Frauenrechtler und wollte schockieren.[20] Aber es gab kluge und selbständig denkende Frauen, die ganz ernsthaft dasselbe sagten. Die Logik der nicht erzwungenen, nicht mit Geld erkauften, völlig gleichberechtigten gegenseitigen Liebe ohne Macht war das Äußerste, woran im 19. Jahrhundert einige wenige Männer, und noch weniger Frauen, zu denken wagten.

Es bedurfte vieler Generationen von Feministen – weiblicher wie männlicher, berühmter wie unberühmter – und mancher weitreichender und deshalb unbestreitbarer gesellschaftlicher Veränderungen, um der alten Ideologie wirksam Paroli zu bieten. Die Nutznießerinnen selbst empfanden ihre quälend langsamen Erfolge als überaus schmerzlich, unter anderem deshalb, weil sie zu ihrem Kummer entdeckten, daß in ihrem eigenen Leben die Liebe untrennbar verbunden war mit Macht – männlicher Macht. Zwar gab es Ausnahmen: Einige der aktivsten Feministinnen wie Elizabeth Cady Stanton in den USA oder Millicent Garrett Fawcett in England waren mit Männern verheiratet, die die selbstgewählte Aufgabe ihrer Frauen billigten und ihre langen Abwesenheiten um der Sache willen hinnahmen. Aber Ende des 19. und Anfang des 20. Jahrhunderts sahen sich viele Frauen, oft nach bitteren Gewissenskämpfen, genötigt, auf die Liebe ganz zu verzichten und sich für die Berufstätigkeit und gegen die Ehe zu entscheiden. Daß in jenen Jahrzehnten des Umbruchs ein solcher Entschluß als unnatürlich gebrandmarkt wurde, machte ihn nicht leichter. Aber es konnte diese Sozialarbeiterinnen, politischen Aktivistinnen und Ärztinnen nicht befriedigen, aus dem Käfig des Mitgiftsystems auszubrechen um der illusionären Freiheit einer Liebesheirat willen, die sie wieder auf den festumschriebenen Bezirk von Haushalt, Kindern, Ehemann eingeschränkt hätte. Zeitgenössische Antifeministen – Prediger und Leitartikler und Sozialphilosophen – unterstellten den ledig bleibenden Frauen mit Vorliebe krankhafte, nicht wiederzugebende erotische Gelüste.[21] Und gewiß gab es fortschrittliche Frauen, die sich emotional so tief mit anderen Frauen eingelassen hatten – ob sie dabei nun ihren homoerotischen Neigungen nachgaben oder nicht –, daß sie für eine konventionelle Haushaltsführung ungeeignet waren. Aber wie es um ihre sexuellen Vorlieben auch bestellt gewesen sein mochte, sie schadeten ihrer Sache nicht; denn sie waren im Bunde mit der Zukunft.

Mit wenigen Ausnahmen introspektiv und wortgewandt, hinterließen jene Frauen des 19. Jahrhunderts, die nicht einmal aus Liebe heiraten mochten, wenn dies die Kompromittierung ihrer Berufung bedeutet hätte, schriftliche Aufzeichnungen – Tagebücher, Kalender, Autobiographien –, die über ihren schweren Kampf um Klärung ihrer unkonventionellen Prioritäten Aufschluß geben. Das vielleicht lohnendste dieser Experimente in Selbsterforschung ist das Tagebuch, das Beatrice Webb 1873, mit fünfzehn Jahren, zu führen begann, als sie noch Beatrice Potter hieß. Sie war, trotz aller gelegentlichen Schwermutsanfälle, ein glückliches Geschöpf: Ihre Familie war reich, liberal, kultiviert und gesellig. Beatrice Webbs Eltern kannten, wie die Eltern Eliza Bagehots, Gott und die Welt. Auch waren sie überzeugt, daß Frauen Verstand haben. Beatrice Webb pries ihren Vater als «den einzigen Mann, den ich kennengelernt habe, der ehrlich der Meinung war, daß Frauen den Männern überlegen sind, und auch danach handelte… Er redete zu uns immer von gleich zu gleich.» Das Zutrauen Richard Potters, des «Großkapitalisten», in das weibliche Geschlecht war so prononciert, daß, seiner Darstellung zufolge, seine brillanteste Tochter später gegen seine «Überschätzung» der Frauen aufbegehrte.[22] Ihr Leben lang laborierte Beatrice Webb an dem unbehaglichen Argwohn, daß die traditionellen Vorstellungen von der geistigen und charakterlichen Überlegenheit des Mannes doch zutreffen könnten.

Als achte von neun Schwestern, von denen fast alle geeignet waren, hoffnungsvolle junge Männer ins Haus zu locken, wuchs Beatrice Potter inmitten ernster Bücher, anregender Gespräche und zahlreicher interessanter Besucher auf. Hübsch, unverkennbar gescheit, von unersättlichem Wissensdurst und einem recht grüblerischen Verlangen nach Selbstläuterung erfüllt, notierte sie ihre leidenschaftlichen Interessen, ihre Mißstimmungen und ihre Ausflüge in die Gesellschaft, die Bildung und die Liebe mit jener Mischung aus weitläufiger Beschreibung, literarischem Geschick und schonungsloser Strenge, die ihre Tagebücher zu einer unerschöpflichen Quelle machen. Ohne über professionelles Handwerkszeug zu verfügen – sie bedauerte mitunter ihre Ahnungslosigkeit in der Psychologie –, gelang ihr eine außerordentlich scharfsichtige Selbstanalyse. Zwar erkannte sie nicht, daß ihre intermittierenden Anfälle von Depression (ähnlich wie Eliza Wilsons Kopfschmerzen) nicht bloß Folge, sondern auch Nachahmung der emotionalen Labilität ihrer Mutter waren. Doch war sie sensibel genug, um nüchtern die Distanziertheit der Mutter zu registrieren, eine Distanziertheit, die sie, mitten unter ihren lebhaften Schwestern, einsam und nach Zuneigung hungernd zurückließ. Sie konnte sich ihre schwankende Beurteilung der eigenen Begabung zu geistiger Arbeit nicht erklären, zumal mit ihr doch die zutreffende Einschätzung ihres hübschen Äußeren einherging. Aber sie fand Raum dafür in ihren Tagebüchern, in drängender Detailfülle. Auf eine ihr selbst nie ganz verständliche Art fürchtete sie und verlangte zugleich die Zurückweisung, sie herbeiphantasierend, herbeiplädierend, ja herbeinötigend; sie zwang die Realität zur Übereinstimmung mit dem eigenen, trostlosen Bild des unliebenswürdigen Kindes. Aber dann bewahrte sie in ihrem Tagebuch auch wieder das Material auf, dessen es zur Korrektur ihrer kindlichen Selbstbestrafung bedarf.[23] In ihren Briefen, ihren Tagebüchern, ihren Schriften war sie eine vertrauenswürdige und eindringliche Autobiographin, die ihren Chronisten einlädt – und ermächtigt –, weiter zu forschen.

Beatrice Webb, die berühmte Sozialistin, präsentierte sich der Welt als ungemein beherrschte, wohlinformierte und zielstrebige, allem Anschein nach respektgebietende, nicht ganz liebenswerte Denkmaschine. Als ihre Mutter 1882 starb und ihre verheirateten älteren Schwestern ihre eigenen Familien hatten, präsidierte sie routiniert am Tisch ihres alternden Vaters, in London wie auf dem Lande. Dann, nach der Heirat mit Sidney Webb im Jahre 1892, machte sie sich einen Namen als formidable Gastgeberin, Analytikerin der Gesellschaft, fruchtbare Historikerin und politische Maklerin. Doch wie sie ihrem heißgeliebten Intimus, dem Tagebuch, immer aufs neue anvertraute, war und blieb ihr Inneres der Schauplatz qualvoller Konflikte. Sie kannte, in ihren jungen Jahren, Augenblicke, da sie mit dem Gedanken an die Rolle einer «Dame der Gesellschaft» spielte; aber sie spürte rasch, daß eine fashionable Heirat sie zur Langeweile verdammen würde. Sie wünschte sich sehnlichst, ihre Pflicht als selbständige, berufstätige Frau erfüllen zu können; doch gleichzeitig hegte sie nagende Zweifel, ob sie imstande sein werde, die Schinderei entsagungsvoller empirischer Sozialforschung zu ertragen und langwierige Untersuchungen auf dem knochentrockenen Gebiet der politischen Ökonomie durchzuführen. Dieser lebhafte, bewußte Zwiespalt um ihre Karriere und ihre Begabungen verdeckte kaum die wohlverhohlenen Konflikte zwischen ihren nie ganz zu verdrängenden elementaren Leidenschaften und der beherrschten Rationalität, an die sie sich als die sicherste Hoffnung für ihre geistige Gesundheit klammerte. Erst sechzehn Jahre alt, notierte sie rührend frühreif, sie müsse sich davor hüten, um der Männer willen einen Narren aus sich zu machen. «Und jetzt, meine liebe

Freundin», sagt sie in ihrem Tagebuch zu sich selbst, «möchte ich Dir ganz im Ernst etwas sagen, weil sonst niemand Gelegenheit haben wird, es Dir zu sagen: Du bist wirklich dabei, häßlich und, wie ich sagen würde, unanständig von den Männern und der Liebe zu denken, und wenn Du nicht acht gibst, wirst Du alle Reinheit Deines Denkens verlieren und zu einer blöden, eitlen, befangenen kleinen Gans werden.» Ganz eifrig ermahnte sie sich selbst, «rein und ernst von der Liebe zu denken». Ihr inständiger Wunsch unterstreicht ihre Hilflosigkeit: «Oh, daß ich Dich ganz in meiner Gewalt hätte!» Diese Suche nach einer vernünftigen Liebe, weit entfernt von jener «fieberhaften, geradezu lüsternen Leidenschaft», die sie an *Jane Eyre* so abstoßend fand,[24] gestaltete ihre Odyssee sehr quälend; denn sie war zu ehrlich, um sich nicht einzugestehen, daß sie regelmäßig jenen unanständigen Gedanken über Männer und Liebe anheimfiel.

Ihre Konflikte erreichten einen traumatischen Höhepunkt, als sie sich mit Mitte zwanzig leidenschaftlich in Joseph Chamberlain verliebte und ihm das auch sagte. Sie war hin- und hergerissen zwischen der unüberwindlichen Zuneigung zu Chamberlain und ihrer ebenso unüberwindlichen Furcht vor ihm, zwischen beruflichem Ehrgeiz und anlehnungsbedürftiger Häuslichkeit. Mehrmals brach sie schier zusammen und ersehnte den Tod, mehr als einmal machte sie, die nach außen hin von jugendlicher Vitalität Strotzende, in diesen Jahren ihr Testament. Die Krise beanspruchte ihre seelische und geistige Spannkraft aus äußerste.

Hochgewachsen, verschlossen und von magnetischer Anziehungskraft, ein reicher Geschäftsmann und, seit 1873, der umstrittene, unerhört beliebte radikale Bürgermeister von Birmingham, war Joseph Chamberlain eine überaus passende Partie für eine so attraktive, wohlhabende und gesellschaftlich prominente Frau wie Beatrice Potter. Zweimal verwitwet, hatte Chamberlain sechs Kinder zu versorgen; seine privaten Kümmernisse verbarg er hinter einer Maske hochmütigen Stolzes und der Leidenschaft für Politik. In einer Zeit, die mit Massenveranstaltungen zu experimentieren begann und vor einer weitreichenden Sozialgesetzgebung stand, war Chamberlain ein Vorbote der Zukunft: der Demagoge mit Ideen, der seine Wähler verführt. Beatrice Potter, scharfsinnig psychoanalytische Deutungen vorwegnehmend, beobachtete Chamberlain in Birmingham, wo er bei einer politischen Versammlung just dieses tat: seine Wähler verführen. «Beim ersten Ton seiner Stimme wurden sie wie ein Mann. In die Tönung seiner Stimme legte er jene Wärme des Gefühls, die seinen Worten abging, und jeder Gedanke, jedes Gefühl, der leiseste Anklang von Ironie und Verachtung spiegelte sich auf den Gesichtern der Menschen. Es hätte eine Frau sein können, die den Worten ihres Liebsten

lauscht! Perfekte Reaktion, fraglose Aufnahmebereitschaft. Wer *rechtet*
mit seiner Geliebten?» Die Zukunft dieses demokratischen Politikers,
«Herr und Liebling seiner Stadt», schien blendend – manche sahen in ihm
den künftigen Premierminister –, und blendete auch Beatrice Potter,
schon von der ersten Begegnung an. «Lernte verschiedene ausgezeichnete
Männer kennen», notierte sie am 3. Juni 1883, «darunter Joseph Chamberlain. Ich mag ihn, und mag ihn nicht. Das Gespräch mit ‹klugen
Männern› in Gesellschaft ist eine Falle und eine Täuschung, was ihr
Interesse daran betrifft. Lieber ihre Bücher lesen.» Drei Wochen später
hing sie bereits am Haken seiner Faszination: «Am Abend kam Mr.
Chamberlain zu uns, und ich hatte ein langes Gespräch mit ihm. Seine
Persönlichkeit interessierte mich.» Er interessierte sie um so mehr, als
andere Männer sie ermüdeten. «Wie gerne ich diesen Mann studieren
würde!» schreibt sie im Juli.[25]

Chamberlain erwies sich als gefährliches Studium, aber Beatrice Potter
führte es weiter, mit wachsender Erregung und Betrübnis. Ihre Tage-
bucheinträge, auch jene, die scheinbar nicht ihn betreffen, enthüllen die
Richtung ihrer Gedanken: «*Wenn* ich frei bleiben sollte (was leider ein
großes Wenn ist), sehe ich ziemlich klar die Arbeit vor mir, die ich tun
würde.» Schon in der ersten Aufwallung ihrer Leidenschaft dachte sie,
wenn sie an eine Ehe mit Chamberlain dachte, an Knechtschaft, an
Schmerz, ja an Verschlungenwerden. Es gab Zeiten, da sie sich selbst die
Peitsche gab, um höher von ihrer Zukunft zu denken; «in dieser Phase
meiner Arbeit», schreibt sie im November 1883 hoffnungsfroh, «kommt
die Verfolgung meiner privaten Ziele meinen Pflichten als gewöhnliche
Frau nicht ins Gehege». Aber im Innersten wußte sie, daß das fromme
Phantasien waren. «Eines will ich nicht tun», schreibt sie energisch und
einigermaßen ominös im folgenden Monat, «ich will keinem noch so
starken Gefühl nachgeben, wenn es von meinem besseren Ich nicht
gebilligt wird. Ich will nicht ein Leben, das vielfältige Möglichkeiten
bietet, wegwerfen für ein Leben, in dem meine Natur im Krieg mit sich
selbst liegt.»[26] Mit schonungsloser Hellsicht erkannte sie in Joseph
Chamberlain den tödlichen Widersacher ihres Lebensplans.

Das waren keine abstrakten Spekulationen. In den letzten Monaten des
Jahres 1883, der Zeit ihrer inneren Unschlüssigkeit, mußte Beatrice
Potter tagtäglich mit einem Heiratsantrag Chamberlains rechnen. «Mein
gepeinigter Zustand», schreibt sie kurz nach Weihnachten, «kann nicht
mehr lange dauern. Das ‹Sein oder Nichtsein› wird sich bald klären.» Sie
stehe vor einem «entsetzlichen Zwiespalt» von «Prinzip und Gefühl».[27]
Das Prinzip war ihre Unabhängigkeit, das Gefühl eine Mischung aus
erotischem Verlangen und Unterwerfungsbedürfnis.

Anfang des folgenden Jahres berichtet sie in einem stimmungsvollen Eintrag über die weiteren Geschehnisse. Chamberlain hatte die Potters besucht, und es war zu einer langen, harten und rückhaltlosen Aussprache gekommen. Ein «Disput um die staatliche Schulbildung» hatte den «Zauber» der harmlosen Tafelkonversation gebrochen. «‹Es schmerzt mich, alle meine Ansichten bekämpft zu finden›», hatte Chamberlain seiner sprachlosen Zuhörerin erklärt und dann seine Ansichten im einzelnen erläutert. Was er von der Frau brauche, sei «‹intelligente Sympathie›», eine Forderung, die Beatrice Potter nicht ohne Grund mit «Servilität» übersetzte. Wagte sie, eine andere Meinung zu äußern, so widerlegte Chamberlain sie, «indem er seine Überzeugungen leidenschaftlich wiederholte, wobei seine Miene von Minute zu Minute finsterer und verbissener wurde». Daß sein autoritäres Gehabe verletzend wirkte, schien ihn nicht zu stören. «Er zeigte nicht die Spur eines Gefühls für mich.» War er überhaupt intolerant gegen abweichende Meinungen, so fand er sie doppelt entnervend, wenn sie von Frauen kamen. «‹Meine Schwester und meine Tochter sind schon von dieser Emanzipationsmanie befallen›», teilte er Beatrice Potter mit. «‹Ich dulde keinerlei Betätigung in dieser Richtung›. ‹Sie dulden nicht, daß man in Ihrem Hause über irgend etwas geteilter Meinung ist, Mr. Chamberlain?› ‹Ich kann nicht verhindern, daß nicht alle so *denken* wie ich.› ‹Aber Sie dulden nicht, daß andere Meinungen geäußert werden?› ‹Nein.› Mit diesem Wörtchen endete unser Verkehr.»[28]

In der Privatheit ihres Tagebuchs zergliederte Beatrice Potter den Charakter Chamberlains mit einer beißenden Exaktheit, die ihre Schlußfolgerung rechtfertigte: «Es ist vorbei.» Chamberlain, so fand sie, «ist weder ein Raisonneur noch ein Beobachter im wissenschaftlichen Sinn». Der ganze Mann bestehe nur aus seinem politischen Credo. Intuitiv erfasse er unheimlich genau, was seine Landsleute wollten, und darin bestehe sein Zauber. Doch «von Natur aus ist er ein Schwarmgeist und Tyrann»; er «haßt den Mann der Mitte». Kurzum, «Schwarmgeisterei und Eigensinn sind die herrschenden Kräfte in Chamberlains Herz». Keine Frage: «Es ist vorbei.»[29]

Aber es war noch nicht vorbei. Chamberlain suchte sie weiterhin auf, und sie war weiter in ihn verliebt. Sie wechselten Briefe, sie sahen sich, sie hielten indirekt aneinander fest. Mehr als einmal brach sie endgültig mit ihm, sagte ihrer Liebe oft und bitter Lebewohl. Ihre Sucht war klassisch in ihrer Einfachheit: Traurig beging sie Jahrestage von denkwürdigen Augenblicken mit Chamberlain. «Werde diesen Tag immer heilig halten», notiert sie im Sommer 1889, zwei Jahre nach seinem letzten Besuch; sechs Jahre waren seit ihrer ersten Begegnung vergangen:

«Ein Sakrament des Schmerzes, das mich für ein Leben der Einsamkeit und Arbeit rüstet, die Erinnerung an eine tiefe Demütigung, und der Ansporn, anderen jenes friedvolle Glück zu verschaffen, das ich selbst verlor.»[30] Im November des vorangegangenen Jahres hatte Chamberlain erneut geheiratet, und sie hatte für das Glück des Paares gebetet, einen «Epitaph» auf Chamberlain verfaßt und sich ihrer Depression überlassen. Ergebnis: «Eine Woche lang völliger Nervenzusammenbruch.» «Merkwürdig», dachte sie versonnen, «daß ein Wesen, das meinem Leben in Zukunft völlig fremd sein wird, mir so heftigen Schmerz verursachen kann.»[31] Die gelegentliche, unverbindliche Regression in einen religiösen Glauben, dem sie intellektuell längst abgeschworen hatte, der Gang zum Abendmahl oder das Sprechen eines Gebets, hatten bestenfalls vorübergehende Linderung bewirkt. Allein die Arbeit erwies sich als tauglich, sie von ihrer vernichtenden erotischen Verwundung nachhaltig zu heilen.

Die Arbeit – und Sidney Webb. Denn zuletzt hatte Beatrice Potter wieder Glück, wie in ihren Anfängen. Im März 1889 gestand sie ihrem Tagebuch, sie sehne sich «jeden Tag mehr nach der Geruhsamkeit einer beständigen Liebe». Freilich war sie nicht willens, ihre Arbeit zu opfern, «zu der mich all das furchtbare Leiden von sechs Jahren gerüstet hat». Wie schon so oft zuvor ermahnte sie sich, Mut zu fassen: «Ich darf mich davon nicht verrückt machen lassen; ich muß die Gefühle in Schach halten, die Ausdruck eines Triebes sind, der nach Erfüllung lechzt. Aber», gab sie zu, «weiß Gott, die Ehelosigkeit ist für eine Frau genauso schmerzlich (auch vom körperlichen Standpunkt aus) wie für einen Mann. Sie kann für ihn nicht schmerzlicher sein, als sie es für eine Frau ist.»[32] Sie konnte den in ihr regen Trieb in Schach halten, aber austilgen konnte sie und wollte sie ihn nicht.

Sidney Webb war ein höchst unwahrscheinlicher Partner für sie. Selbst nachdem sie ihre Zweifel niedergerungen und widerstrebend in die Ehe mit ihm eingewilligt hatte, brachte sie es nicht über sich, ihrem sterbenden Vater diese Neuigkeit zu verkünden, und bangte vor der Reaktion ihrer Familie und ihrer Freunde. Alle hatten sie vor Chamberlain gewarnt, weil sie seinen Narzißmus fürchteten; ihn heiraten, hatte ihre Cousine und vertraute Freundin Mary Booth erklärt, «wäre eine Tragödie – ein Mord an Deiner unabhängigen Natur».[33] Aber Sidney Webb war eine Folie, vor der sich die glänzenden Eigenschaften Joseph Chamberlains nur um so strahlender abhoben – er war häßlich, er war arm, und er war linkisch. Ein hart arbeitender kleiner Beamter aus einer wenig begüterten Familie der Mittelschicht, hatte er keinen jener Vorteile genossen, die eine klassische Bildung angeblich mit sich brachte; seine Manieren waren ungeschliffen, sein Äußeres nicht eben einnehmend, sein

Cockney-Akzent für feine Ohren peinlich. Aber er war brillant und ein engagierter Sozialist, der jeden zu gewinnen suchte, der die Notwendigkeit eines Umbaues der englischen Gesellschaft nach gerechteren und rationaleren Grundsätzen erkannte. Seine Beschlagenheit auf wirtschaftlichem und politischem Gebiet war enorm, sein Gedächtnis nachgerade sprichwörtlich, seine Arbeitskraft derjenigen Beatrice Potters überlegen. Er war, mit den Worten George Shaws, «der fähigste Mann in England».[34] Beatrice Potter hatte er im Januar 1890 kennengelernt: Sie hatte ihn als Fachmann für die Anfänge der englischen Genossenschaftsbewegung konsultiert, über die sie ein Buch schreiben wollte – ihr erstes. Verständlicherweise hatte er sich bald in sie verliebt; Beatrice Potter hingegen war zwar von der geistigen Beweglichkeit Sidney Webbs und der Reinheit seiner sozialen Absichten beeindruckt, fühlte sich aber körperlich nicht zu ihm hingezogen und war überhaupt auf der Hut vor jedem Mann, der sie zu erobern suchte. Mit der Zeit lernte sie, ihn zu schätzen, zu achten und endlich auch zu lieben; doch eine ganze Weile überschritten die beiden nicht die von Beatrice Potter dekretierten, sehr künstlichen Grenzen einer auf Arbeit gestellten, befangenen Freundschaft. Zwanghaft penibel entwarf sie Verträge mit ausgefeilten Verhaltensregeln, die Webb nur um den Preis ewiger Verbannung verletzen konnte. Der Ton dieser diplomatischen Dokumente war kühl und beherrscht; doch die heimliche Temperatur ihrer Verbindung, wenngleich fluktuierend, war hoch und erreichte allmählich jenen Siedepunkt, den Sidney Webb vorweggenommen hatte. Ganz zu Anfang hatte sie ihm geschrieben: «Sie versprechen, sich darüber im klaren zu sein, daß die Chancen 100 zu 1 stehen, daß [sc. aus unser Beziehung] nichts als Freundschaft folgt.»[35] Geduldig und ausdauernd und nicht immer taktvoll arbeitete Sidney Webb darauf hin, dieses Verhältnis umzukehren.

Die Geschichte ihres seltsamen Romans war geprägt von intimen Szenen wie aus Stendhal – es gab jenen entscheidenden Augenblick, da Sidney Webb ihre Hand ergriff und sie sie nicht zurückzog –, von verhaltener Dramatik, wie man sie aus den Werken Henry James' kennt. Beatrice Potter empfand zwar nicht jene erotische Hingerissenheit wie bei Joseph Chamberlain, aber «mehr und mehr gefiel ihr dieser Webb», ihr häßlicher kleiner Sozialist, und ihre Liebe hatte etwas von jener mütterlichen Wärme, die sie selber niemals genossen und immer schmerzlich vermißt hatte.[36] Indem Beatrice Potter Mutterstelle bei Sidney Webb vertrat, konnte sie ein Versäumnis des Schicksals gutmachen und für einen anderen Menschen tun, was für sie nicht getan worden war; vielleicht auch konnte sie dadurch, daß sie die Rolle der Mutter spielte, in ihrer Phantasie eine Bindung an den geliebten Vater herstellen. Das sind

tiefe Gewässer, und ihre Erkundung sagt nicht alles. Denn Sidney Webb
war nicht nur ein Sohn für Beatrice Potter; er war auch ihr Befreier.
Dankbar erkannte sie an, daß er sie aus jener schlimmen Verzauberung
erlöst hatte, die sie länger, als sie sich entsinnen mochte, unglücklich
gemacht hatte. Als sie Ende 1891 – sie war bereits heimlich mit Webb
verlobt – zufällig einmal im selben Zug saß wie ihre alte Liebe, «schau-
derte» ihr bei dem Gedanken an das «Leben, das ich versäumt hatte»,
und überlegte wieder einmal, wie ungeeignet sie gewesen wäre «für die
große Rolle der ‹promenierenden feinen Dame› in dem Stück *Chamberlain*.» Schon vor ihrer Heirat schufen sich die beiden einen strengen,
geregelten Arbeitstag. Aber es war nicht alles nur trockene Plackerei mit
Interviews, Berichten und Büchern. Wenn sie, auf dem Weg zu Konfe-
renzen und Kongressen, in Bahnhofshotels zusammen waren, unterbra-
chen sie das Kopieren von Schriftstücken oder das Exzerpieren nützlicher
Texte mit «einigen kurzen Intervallen» dessen, was Sidney Webb, begierig vor Entzücken, «menschliche Natur» nannte.[37] Wurden die beiden in
späteren Jahren gern gönnerisch als zwei Schreibmaschinen belächelt, die
im Takte einer einzigen ratterten, so verfehlt diese Einschätzung nicht
nur die Gefühle der beiden füreinander, sondern auch ihr unverhohlenes
Vergnügen an körperlicher Nähe. Shaw, der mit den Webbs enger
bekannt wurde, beobachtete sie 1897 bei gemeinsamen Ferien: Jeder
redete endlos über Politik, schrieb eifrig, aß einfach, aber gut, machte
Fahrradtouren, und dann waren da noch die Webbs mit ihren «unverbesserlichen Tiraden über Industrie und Politik». Ein halbes Jahrhundert
Ehe heilte Beatrice Webb nicht dauerhaft von ihren depressiven Anwandlungen, aber es bescherte ihr etwas, das zu erhalten sie die Hoffnung
beinahe schon aufgegeben hatte. Aus seinen arbeitsreichen Flitterwochen
in Dublin schrieb Sidney Webb einen Brief an den Sozialpsychologen und
Fabianer Graham Wallas – seinen besten Mann – und ließ Platz für ein tief
empfundenes Postskript seiner neuen Frau: «Wir sind sehr glücklich»,
schreibt sie, «viel zu glücklich, um vernünftig zu sein.»[38]

Niemand kann Beatrice Webb nachsagen, sie sei für irgend etwas
«typisch»; sie war zu bemerkenswert, um repräsentativ zu sein. Aber ihr
Dilemma, schärfer empfunden und tiefer analysiert als das anderer
Menschen, wirft Licht auf die Zwangslage – und deren mögliche Lösung
– von weniger exzeptionellen bürgerlichen Sterblichen, die nach einer
Liebe ohne Macht suchten. Die Sehnsucht der Frau nach Arbeit, die
Beatrice Webbs Gefühlshaushalt seit ihrer Adoleszenz bestimmte, hatte
verschiedenartige Ursachen. Für sie war Arbeit eine Verteidigungsmaß-
nahme, ein Palliativ, das ihre Misere linderte, indem es sie vor ihr
verbarg, eine Art von Bestätigung, die ihr Unwertgefühl beschwichtigte,

und die Erfüllung dessen, was ihre Zeitgenossen, ziemlich uneinfühlsam und herablassend, ihre «männliche Seite» genannt hätten. Für andere Frauen hatte das Bedürfnis, mehr zu werden als Hausfrau und Mutter, ohne Zweifel ähnliche, vielfältige Antriebe. Aber welche Quellen in unbewußten und nichtrationalen Emotionen dieses Bedürfnis auch haben mochte, es stand in Einklang mit der Tendenz der Zeit. Was Beatrice Webb als «ein neues Sündenbewußtsein bei Menschen von Geist und Anstand» wahrnahm, ein Bewußtsein, das der Sozialforschung und der Gesellschaftsreform Auftrieb gab, bot verborgenen und komplexen Bedürfnissen ein konstruktives Ventil, eine feste Richtung. Beatrice Potters erfolgreicher Kampf um ihren eigenen Weg, ihre standhafte Weigerung, für eine sei es auch noch so verführerische erotische Versuchung ihre Unabhängigkeit preiszugeben, enthielt eine noch ermutigendere Lehre, die sie von Sidney Webb lernte: Die Liebe muß nicht den Platz einer Frau in der Welt usurpieren. Ja mehr noch, es war möglich, Liebe und Arbeit günstig miteinander zu verbinden, was Beatrice Potter – und nicht nur sie – für unvereinbar gehalten hatte. Immerhin ist es bezeichnend für ihre Prioritäten und für das Bedrängende ihres Kampfes, daß sie, über diese Verbindung reflektierend, die übliche Reihenfolge umkehrte: Sie hätte sich nicht träumen lassen, schrieb sie im Mai 1891, «daß diese Jahre des trostlosen Unglücks, durchzuckt von Flammenblitzen echter Qual, einmal in Arbeit und Liebe enden würden».[39] Die Vereinigung der beiden Strömungen der Liebe, des Zärtlichen und des Leidenschaftlichen, nach übereinstimmender Meinung aller das einzig wahre Ideal, mochte schwer zu erringen sein. Aber sie war keine Utopie.

2. Heiliges, reines Verlangen

Die feministischen Kampagnen zur Sprengung der Bande süßer Häuslichkeit und Willfährigkeit machten es für Frauen komplizierter, Liebe zu erfahren. Aber sie verringerten nicht das allgemeine Interesse an Unterweisung in der Liebe, sei es durch intime Erlebnisse, vertrauliche Gespräche oder, was am sichersten war, durch Bücher. Lektüre war einer der möglichen Wege zur Erfahrung, besonders die fachliche Lektüre von Philosophen oder Psychologen. Aber auch die Liebe selbst war Thema für den lesenden Bürger, und zwar ständig. Davon zeugen die zahllosen frommen Traktate über Freuden und Pflichten der Ehe, die Zeitungsberichte über glanzvolle Hochzeiten oder (in den letzten Jahrzehnten des Jahrhunderts) über sensationelle Scheidungen und endlich die sentimentalen Fortsetzungsromane in Familienzeitschriften.[40] Dazu kamen die verklärenden, mitunter leicht anstößigen Biographien über große Liebende, die im 19. Jahrhundert den Buchmarkt überschwemmten. Lola Montez, die sinnlich-schamlose Tänzerin und skandalumwitterte Mätresse König Ludwigs I. von Bayern, gab 1858 ihren Namen für ein armseliges Kompendium hastig zusammengestoppelter «Anekdoten der Liebe» her, das laut Untertitel den Anspruch erhob, die wahre Schilderung der bemerkenswertesten Vorkommnisse aus der Geschichte der Liebe aller Zeiten und Völker zu sein. Diese Sammlung mitunter quälend verhüllender, zumeist aber langweiliger Episoden beginnt mit Alexander dem Großen, bringt Geschichten über die Liebe bei Henri IV., der Schottenkönigin Mary, Napoleon und anderen historischen Gestalten und endet mit der unschuldigen Schilderung eines Besuchs im Harem. Dergleichen typische Konfektionsware konnte sich einer eifrigen und zahlreichen Leserschaft sicher sein.

Diese Bände, oft künstlerisch ausgestattet und geschmackvoll gebunden, passend als Geschenk und für den Nachttisch des Gastes, hielten sich bis ins späte 19. Jahrhundert und länger. 1890 brachte T. F. Thiselton-Dyer *The Loves and Marriages of Some Eminent Persons* heraus, wobei er für seine Sammlung sogar zwei Bände benötigte. Ein wenig nüchterner als die meisten seiner Kollegen, aber auch ambitionierter, gliederte er seine Biographien in Kapitel wie «Eheliches Glück» oder «Ehe-Romantik». Nicht alles war Romantik oder Glück für Thiselton-Dyer; so manche Seite seines Werkes ist ehelicher Zwietracht und Trennung gewidmet. Aber über dem Buch als Ganzem lag der Hauch froher Zuversicht; Thiselton-Dyer suchte im England des 18. und 19. Jahrhunderts nach idealen Ehen, wie der des Dr. Arnold, um seine Leser zu erbauen, dieweil er sie unterhielt. Viele dieser tapferen, hübschen Nichtigkeiten – und ihrer *waren* viele, und in vielen Sprachen – spezialisierten sich auf Leben und Lieben berühmter Maler und Dichter; sie hielten sich, oft atemlos, ja vulgär, an die alte, romantische Vorstellung, daß Schriftsteller und bildende Künstler ein spannendes Innen- und Sinnenleben führen. Implizit verfolgten diese Bücher jedoch eine didaktische Absicht. Sie bedienten nicht nur das, was man literarischen Voyeurismus nennen könnte; sie verbreiteten auch die willkommene Kunde, daß Liebe erreichbar ist, daß sie aufregend sein sollte und daß sie sogar den disziplinierenden Zwang und den Alltagstrott der Ehe überstehen kann.

Einleuchtend und beliebt war freilich seit langem auch eine weit weniger hochgestimmte Auffassung vom erotischen Leben, seinem Ideal und seiner Praxis, in der Mittelschicht im 19. Jahrhundert.[41] Es herrscht auch kein Mangel an Material, das dieser kritischen Einschätzung Glaubwürdigkeit verleiht. Es gab sie ja schließlich, jene ärztlichen Kapazitäten, die mit Nachdruck den Standpunkt vertraten, daß die normale Frau zum Glück frei ist von ungebärdigen sexuellen Wünschen; jene Prediger und Philosophen, die die Stirne runzelten beim Gedanken an eheliche Sinnesfreuden, die nicht von der Absicht begleitet waren, Nachwuchs zu zeugen; jene Romanciers, die körperlose, asexuelle Heldinnen erfanden – entweder dumme, unreife Püppchen, die man als solche behandeln konnte, oder leiderfahrene Tugendmuster, die man anbeten mußte. «So rein und blutleer in ihren Liebesepisoden» – mit diesen Worten geißelte George Meredith die Schriften eines frömmlerischen Dichters und seine ihn vergötternden Leser – «und zugleich so bissig in ihrem moralisierenden Ton, daß sein Name groß war bei den Tugendhaften, die den gewichtigeren Teil der englischen Buchkäuferschicht ausmachen.»[42] Es ist nicht zu leugnen, daß die bürgerliche Kultur des 19. Jahrhunderts tiefgreifende und ungelöste Ambivalenzen gegenüber der Liebe und eine oft unerfreuliche Verschämtheit aufwies. Dennoch, und in höherem Maße als sardonische Beobachter wie George Meredith mit ihren flinken Karikaturen wohl bemerkten, waren das wirklich nur Symptome und nicht die Regel. Die krittelnden Kulturkritiker hielten die Pathologie des Bürgers für dessen Ideal und behandelten das Schauspiel ehelichen Mittelschicht-Glückes kleinlich als triumphierendes Beispiel für Heuchelei.

Bedauerlicher-, aber nicht überraschenderweise hat sich gezeigt, daß die Pathologie leichter zu dokumentieren ist als das Glück. Wir haben allen Grund anzunehmen, daß liebende Paare im 19. Jahrhundert ihr Privatleben hinter einem schier undurchdringlichen Schleier der Diskretion verborgen hielten. Zurückhaltung lautete die Devise. Eine Schwester mochte der anderen heikle Details aus ihrem Intimleben erzählen – Schwangerschaften, Fehlgeburten, Hinweise auf abtreibungswillige Ärzte; ein Bruder mochte den anderen um Hilfe bei der Beschaffung pornographischer Bücher oder wirksamer Verhütungsmittel bitten. Aber beide pflegten ihren Briefpartner anzuflehen, den verräterischen Brief zu vernichten, und oft wurde er auch vernichtet. Anders als die meisten Armen hatten die Ehepaare der Mittelschicht eine Schlafzimmertür, die sie schließen konnten, und sie schlossen sie – fest. Es gibt vieles, was wir niemals wissen werden, und mehr, was wir nur vermuten können. Paare, die intime Tagebücher führten und einander intime Briefe schrieben, sparten häufig die Dinge, die sie am meisten berührten, aus dem Bereich des Schriftlichen aus. So geben etwa die Bagehots ein Rätsel auf. Ihre zärtliche Hingabe aneinander scheint außer Frage zu stehen. Richard Holt Hutton, der engste Freund Walter Bagehots, sagt in seinen Erinne-

rungen: «Die Ehe schenkte Bagehot neunzehn Jahre ungetrübten Glük-
kes.»[43] Auch wenn diese Aussage im keuschen Druck erschien und unter
den Augen der Witwe gemacht wurde, haben wir guten Grund für die
Annahme, daß sie weitgehend der Wahrheit entspricht. Aber Eliza Bagehots häufige Kopfschmerzen, von denen ihres Gatten ganz zu schweigen,
deuten doch auf irgendeinen ungelösten neurotischen Aspekt, der vielleicht – aber nur *vielleicht* – die sinnliche Seite ihrer Liebe gehemmt hat.
Die Bagehots hatten, neben den Leidenschaften des Geistes, ihr Kopfweh
miteinander zu teilen; ob sie den Leib des anderen genossen, wie sie ihren
Intellekt genossen, muß eine offene Frage bleiben.

Die Benekes waren nicht weniger uninformativ über ihr gemeinsames
Leben, auch wenn ihre Nähe zueinander und ihr unverkrampftes Bei-
sammensein aus jeder Seite von Otto Benekes Tagebüchern sprechen; wie
wir in Marietta Benekes liebevollem Rückblick lesen, überwand er seine
depressiven Anwandlungen und seine Selbstzweifel, nachdem er das
Mädchen einmal geheiratet hatte, das er so leidenschaftlich zu lieben
behauptete und das zu gewinnen er so wenig getan hatte. Gewiß, seine
Frau ist schwerlich eine uninteressante Zeugin, aber Otto Beneke hinterließ, von den formelhaften Bekundungen herzlicher Dankbarkeit an den
Hochzeitstagen abgesehen, zumindest *einen* Hinweis, der die lächelnden
Erinnerungen seiner Frau an das gemeinsame Zusammenleben stützt. Am
Ende einer wahren «Liebesgeschichte», die er aus Dokumenten des
Hamburger Stadtarchivs rekonstruiert hatte, nahm Beneke Abstand von
der geläufigen Ansicht, daß eine enthusiastische Liebe das Fehlschlagen
der Ehe erwarten lasse. Seine Geschichte stammt aus der Mitte des
18. Jahrhunderts: Die Tochter eines wohlhabenden Hamburger Kaufmanns und ein junger preußischer Baron hatten sich ineinander verliebt,
doch weigerte sich der Vater hartnäckig, seine Einwilligung zur Ehe zu
geben. Nach langen, erbitternden Verzögerungen und einigen melodramatischen Zwischenfällen wurde das Paar endlich vereinigt, was Beneke
Gelegenheit zu der Bemerkung gab: «Wenn nun die Leser dieser Erzählung einiges Interesse für den Baron und seine Elisabeth gewonnen haben
sollten, so wird es sie gewiß freuen, über deren ferneres Ergehen nur
Gutes zu vernehmen. Man pflegt häufig zu argwöhnen, daß die ungewöhnlich lebendige, vom Hauch der Poesie durchwehte Liebe späterhin
zu einer unbefriedigenden Ehe führe. Diese Ansicht wird durch unser
Paar widerlegt, dem zur billigen Entschädigung für die Leiden ihrer
romantischen Schule, eine ungestört glückliche Lebens-Idylle zu Theil
geworden ist. Nach so vielen Stürmen waren die Liebenden endlich in
den ersehnten Hafen des Friedens eingelaufen!» Sie lebten 40 Jahre
zusammen und «schufen sich ihr irdisches Paradies, in welchem es keine

Schlange, kein flammendes Schwert gab.»[44] Heitere Gelöstheit nach
mancherlei Prüfung, Liebe, die sich in der Ehe zu neuen Höhen empor-
schwingt – es klingt wie eine etwas idealisierte Version von Benekes
eigenem Leben.

Es blieb immer Raum für die skeptische Frage, ob diese Erfahrung
wirklich so weit verbreitet war. Selbst relativ nachsichtige Kritiker der
modernen Ehe fragten sich, ob der Bürger nicht vielleicht einem einseiti-
gen Ehetypus huldigte, wobei sie sich allerdings nie darüber einig waren,
ob er durch ungebührliche Überbetonung einer geschlechtslosen Anbetung oder einer lüsternen Sinnlichkeit sündigte. Die amerikanische Es-
sayistin Julia Duhring beklagte sich 1892, keusch mit der Stimme eines
«Amor» sprechend, daß «viele sogenannte intelligente Leute» wirklich
«und wahrhaftig der Überzeugung sind, daß nur eine Seite der Liebe –
das Gefühl – gut ist, während die andere Seite – die Leidenschaft – so
schlecht ist, daß sie eigentlich nicht einmal genannt werden sollte». Die
entgegengesetzte Seite in dieser Debatte vertretend, meinte ihr Landsmann, der Journalist und Reiseschriftsteller Junius Henri Browne, daß in
der modernen Ehe Liebe «gern mit der Leidenschaft der Sinne verwechselt» wird, ein Irrtum, aus dem in seinen Augen viel Unheil floß.
«Offenbar kann es keine Liebe ohne Leidenschaft geben; aber es gibt
unendlich viel Leidenschaft ohne Liebe.»[45] Welche Seite nun recht haben
mochte, jede stimmte mit der anderen darin überein, daß Liebe die
glückliche Vereinigung der beiden Strömungen sein sollte.

Die meisten Romanciers jeder Couleur unterstützten diese These
eifrig. Charakteristisch ist Denise, die Heldin in Zolas *Au bonheur des
dames*, mit der der Autor unverhohlen sympathisiert: Sie verwirft den
gut gemeinten, aber unzarten Rat einer jungen Freundin – wie sie selbst
Verkäuferin in einem Geschäft –, sie solle sich zwecks finanzieller
Absicherung irgendeinem jungen Mann «an den Hals werfen». «Zuerst»,
widerspricht Denise mit errötenden Wangen, «muß man doch *amitié* für
jemanden empfinden» – wahre Geschlechtsliebe heischt Gefühle der
Zuneigung. 1913 sagte der österreichische Populärphilosoph Emil Lucka
in seinem Buch über «die drei Stufen der Erotik» dasselbe, nur in
gehobener Sprache: Die unterste Stufe ist der Geschlechtstrieb, die
zweite, höhere Stufe, nimmt die Liebe ein, und die dritte, höchste
entsteht aus der Synthese von Geschlechtlichkeit und Liebe.[46]

Wer diese höchste Liebe noch nicht genoß, ersehnte sie glühend und
bildete zielstrebig seinen Charakter, um sie zu erlangen. «Ich darf mir
niemals Vorlieben oder Abneigungen erlauben, die mein Gewissen oder
mein Verstand nicht billigt», ermahnt sich die junge Louisa de Rothschild
streng, während sie mit ihrem Vetter Anthony de Rothschild verlobt ist.

«Ich darf mir niemals erlauben, Neigungen zu empfinden, die nicht auf Achtung gründen, und darf niemals, ob aus Eigennutz, Laune oder Gedankenlosigkeit, mehr Zuneigung zeigen, als ich wirklich empfinde.» Das starke Bedürfnis, ihren ungestümen Liebesdrang zu bremsen, liefert einen aufschlußreichen Beweis für die auf einen Punkt konzentrierte, teilweise unbewußte Intensität dieses Dranges.[47] Die Liebe im 19. Jahrhundert stellte hohe Ansprüche an die Liebenden, verhieß aber auch erfüllende Belohnungen. Die Synthese aus zärtlicher und sinnlicher Strömung in der Liebe war für den Bürger des 19. Jahrhunderts eine Sache nicht allein der Hoffnung, sondern auch der Erfahrung.

So forderte denn auch das Nichterreichen dieser Synthese, ob aus Rücksichtnahme oder Unfähigkeit, zu sardonischen Kommentaren, quälender Selbstprüfung oder tiefer Verzweiflung heraus. Als sich der Vater Sydney Smiths über seines Sohnes Wahl der Gattin beklagte, erwiderte dieser geistreiche englische Journalist und Kleriker: «Ich weiß, daß Dir Miss Pybus' Person höchst zuwider ist, aber diese Erwägung ist so sehr Ansichtssache, und das Übel (falls es eines ist) betrifft so ausschließlich mich selbst, daß Du mir gewiß ohne Not keinen Kummer durch Bemerkungen zu diesem Thema bereiten wirst.» Zum Ausgleich fügte er hinzu: «Ihr Vermögen beträgt, glaube ich, £ 8 000 Sterling.»[48] Henri-Frédéric Amiel wiederum, der tiefschürfende Schweizer Selbstquäler, Essayist und Tagebuchschreiber, sehnte sich nach einer Liebe, die zugleich geistig und sinnlich wäre; wiederholt beklagt er in den privaten Aufzeichnungen seine Unfähigkeit, beides zu vereinen. Eines Nachts, beunruhigt durch eine «ausgiebige Pollution» im Lehnstuhl, notiert er sich rührend: «So besitze ich eine (nächtliche) Phantasie, die meiner ganz unwürdig ist.» Er war entsetzt von der Art, wie seine Sinne die Initiative ergriffen, und wünschte sich nichts sehnlicher als eine «unbefleckte Liebe», eine Liebe, die er niemals beschmutzen würde. Sein Körper aber, so fürchtete er, stand auf Kriegsfuß mit seinem Herzen; denn in diesem Herzen hatte er die jungfräuliche Reinheit seiner Sehnsucht bewahrt. Später lamentiert er, nicht weniger rührend, daß er von einem Mädchen nicht loskommt, das er liebt, trotz ihrer Trägheit und Bosheit: *Ich bete an, oder ich verabscheue»,* bemerkt er dazu und äußert befriedigt, daß er «klug daran getan habe, das Tor zu meinen Leidenschaften zu schließen, auf daß ich nicht von ihnen verschlungen werde. Alles oder nichts; das ist leider mein Wahlspruch. O Epiktet! Wo ist Deine Seelenruhe?»

Amiel fand zeit seines Lebens weder jene stoische Distanz noch jene liebende Vereinigung, die er glaubte so dringend zu begehren. In späteren Jahren über die Ehe nachsinnend, katechisierte er sich selbst, wobei er wirtschaftliche und gesellschaftliche Erwägungen mit Gedanken der Zuneigung und Leidenschaft mischte: «Bevor du von einem Weibe träumst, beantworte folgende Fragen: 1. Kannst du sie, und eventuell eure Kinder, ernähren, auch wenn du Bankrott machen und deinen Posten verlieren solltest? 2. Kannst du dich zu einer Liebe verpflichten, die nicht erwidert wird? 3. Kannst du in deiner Position ein Mädchen ohne Mitgift heiraten, das heißt dich auf deinen Posten, und folglich auf Laune und Zufall, verlassen?» Selbst dieser weltfremdeste aller Junggesellen konnte dem Gedanken an die handfeste Realität der Mitgift nicht entrinnen. Ähnlich wie Amiel dachte der deutsche Dramatiker und Schauspieler Karl von Holtei über sein Schicksal nach, Stränge der Liebe voneinander trennen zu müssen, die, wie er wußte, zusammengehörten, und er fragte sich: «Ob bei andern jungen Männern meines Alters, in dem Grade wie bei mir, und namentlich so lange dauernd – bis über die reiferen Jünglingsjahre hinaus –, wohl die entschiedene Sonderung der Gefühle stattgefunden haben mag, die mich zu einem doppelten Menschen machte?» Es war ein quälender Zustand und eine quälende Frage. Auf seinen täglichen, einsamen Spaziergängen pflegte er seine «komparativ-anatomische Seelen- und Herzen-Studien» zu treiben und sich immer und immer wieder diese Frage zu stellen. «Ich wuchs heran; mit mir wuchsen Wünsche, Regungen, sanfte Träume, menschliche Begierden», aber niemals vereinigten sich «irdische Absichten mit überirdischer, sentimentaler Anbetung … auf einen und denselben Gegenstand»! Wo er liebte, sah er in seiner Geliebten immer nur «die Unerreichbare, Unzugängliche, Reine», und er «wollte nichts Anderes in ihr sehen». Mit unreflektiertem Pathos stellte er fest: «Der Engel in mir suchte nur den Engel», aber «das Thier fragte daneben nach Seines Gleichen». Er befürchtet, das sei sein privates Unglück und war sich gleichzeitig darüber im klaren, daß es ein Unglück *war*: «In seinem Verhältnis zum weiblichen Geschlechte, wird scheint mir, der Mann erst da, wo sich Engel und Thier in ihm verschmelzen, zum vollkommenen Menschen.»[49] Kein Psychologe hätte das Ideal – und seine Schwierigkeiten – einfacher und schärfer formulieren können.

Der Wunsch, körperliche und seelische Liebe miteinander zu vermählen, war in den viktorianischen Jahrzehnten so stark, daß er mitunter die Männer bis in ihre Träume verfolgte. In einem Brief an seine Frau Harriet von Anfang 1857 berichtet John Stuart Mill, er habe in York «wenig geschlafen u. viel geträumt – unter anderem einen langen Traum mit Spekulationen über die Tiernatur». Das ist eine mehrdeutige Formulierung; sie wird nur durch einen «noch tolleren Traum» derselben Nacht klar, der, nach Art aufeinanderfolgender Träume, ein Kommentar zum ersten ist. «Ich saß zu Tisch, bei einer Art Menü; links von mir saß eine

Frau u. gegenüber ein junger Mann – der junge Mann sagte, wobei er sich auf irgend jemanden berief, ‹es gibt an der Frau zwei kostbare u. schwer zu findende Seiten, die ehrliche Freundin u. die ehrliche Magdalena›. Ich antwortete ‹am besten wäre es, man fände beides an einer einzigen› – worauf die Frau sagte ‹nein, das wäre gar zu eitel› – und ich platzte heraus ‹meinen Sie, wenn man von dem spricht, was an sich gut wäre, daß man dann an den eigenen, erbärmlichen Vorteil denkt? nein, ich habe von dem gesprochen, was im abstrakten Sinne gut u. bewunderungswürdig ist.›» Mill fand es, wie er seiner Frau erzählte, «komisch», daß man «alberne Pseudowörter träumt, wie sie dem eigenen Wesen und Charakter ganz fremd sind». Er räumte die «übliche Merkwürdigkeit von Träumen» ein; denn er war sich im Traum sicher gewesen, daß der Mann den Satz falsch zitiert hatte und daß «die Worte richtig lauteten ‹eine unschuldige Magdalena›, wobei er den Widerspruch nicht bemerkte.» Dann spekulierte Mill, daß es vielleicht «das Buch dieses Franzosen» war, das ihm den Traum eingegeben habe. Er schloß, etwas lahm und mit einem rührenden Appell an die gute Meinung seiner Frau von ihm: «Das sind lächerliche Sachen für einen Brief, aber vielleicht ergötzen sie meinen Liebling.»[50]

Mills Assoziationen sind eher quälend als aufschlußreich – wer war «dieser Franzose», den er gelesen hatte? Aber während eine ausführliche Deutung dieser Träume übereilt wäre, erscheint ihre allgemeine Tendenz unverkennbar. Die «Tiernatur» des ersten Traums wird zwar in Verbindung gebracht mit einer Kuh, bezieht sich aber, wie der zweite Traum expliziert, fast mit Sicherheit auf die Tiernatur des Mannes, auf seine Sinnlichkeit. Zwischen einer Frau und einem Mann sitzend, mag John Stuart Mill mit der wahren Natur dieser Sinnlichkeit seine Probleme gehabt haben. Seine Ehe mit Harriet Taylor, gegründet auf uneingeschränkter gegenseitiger Bewunderung, angestrengter geistiger Kameradschaft und auf der unterwürfigen Verehrung des Mannes für die Gaben seiner Frau, war höchstwahrscheinlich das keusche Zusammenleben zweier invalider Kameraden. Viel früher, nicht lange, nachdem die beiden ihre Liebe füreinander entdeckt hatten, während Harriet noch mit John Taylor verheiratet war, hatten die beiden eine erheblich großzügigere Auffassung von der Sache gehabt; zustimmend zitierten sie Robert Owens summarische Definition der *«Keuschheit»* als eines «Geschlechtsverkehrs *mit* Zuneigung», im Gegensatz zur *«Prostitution»*, dem «Geschlechtsverkehr *ohne* Zuneigung». Später scheint ihnen ihr körperlicher und seelischer Zustand eine dritte Haltung aufgenötigt zu haben: Zuneigung ohne Geschlechtsverkehr. Anfang der dreißiger Jahre hatte John Stuart Mill versucht, die Empfindungen Harriet Taylors für ihren Mann und für ihn zu zergliedern, und hatte ihre Liebe zu John Taylor als «Zuneigung, keine *Leidenschaft*» bezeichnet, während er die «*Rechtfertigung* der Leidenschaft» darin sah, daß sie all jene anderen Gefühle lebendig erhielt, die es verdienten, um ihrer selbst willen zu existieren.[51]

Jahrelang hatte Mill es also bewußt wie unbewußt am besten gefunden, beide Arten der Liebe in einer einzigen Frau zu finden – eine Partnerin zu haben, mit der man reden *und* sündigen konnte. Die Stärke seines Verlangens, auch wenn es in die Tiefen des Verdrängten zurückverbannt wurde, erschreckte ihn offensichtlich, obwohl er verheiratet war. Von der Frau der Eitelkeit geziehen – es war gewiß die Stimme seines Über-Ichs, oder jenes wandelnden Gewissens, das er geheiratet hatte –, scheut Mill davor zurück, irgendwelche eigenen Wünsche zu äußern: War es doch die Rücksicht auf das abstrakte Gute gewesen, was aus ihm gesprochen hatte, und nicht irgendein erbärmlicher Eigennutz... Wenn solche «albernen Pseudowörter» seinem Charakter fremd waren, wie er glaubte, dann nur soweit, wie er sich ihrer bewußt war. Für sein Unbewußtes konnte er nicht sprechen; er konnte es nur beschimpfen. Knapp unterhalb der Schwelle des Zugänglichen lag aber die Sinnlichkeit Mills, unerfüllt in seiner traurigen, liebevollen, angsterfüllten, nicht ganz verwirklichten Ehe. Solche «lächerlichen Sachen» in einem Brief zu schreiben, um seinen Liebling zu «ergötzen», erscheint nicht nur als leise Aufforderung zur Dankbarkeit, sondern auch als nicht weniger leiser Akt der Aggression, eines bei ihm seltenen Aufbegehrens; es liest sich wie der rührende Protest eines männlichen Feministen gegen eine Liebe, die dem Eros zu wenig Spielraum gewährt. Es spricht für seinen ebenso rührenden Wunsch, einmal ganz normal zu sein und jene Liebe zu genießen, die für viele andere verheiratete Männer – und Frauen – schlicht selbstverständlich war.

Für den guten Bürger bedeutete die Ehe nicht das Ende für diese Art Liebe. Man war allgemein der Ansicht, daß der romantische Zeitvertreib eines ehrbaren verliebten Paares – die verschämten Blicke, das traute Gespräch, die unschuldigen Geschenke, die keuschen Küsse und halben Aufforderungen, die allgemein als «making love» bekannt waren – in dem Augenblick aufhören würden, da die Frau durch das Sprechen des Ehegelübdes sich ihre Beute gesichert hatte. «Es war ein eigenartiger Zustand», sinniert David Copperfield in Dickens' großem autobiographischen Roman, «der Honigmond war vorüber, die Brautjungfern waren heimgegangen, und ich fand mich in meinem kleinen Hause neben Dora sitzen: gleichsam ganz aus der Bahn geworfen, was den köstlichen alten Zeitvertreib des ‹making love› betraf.»[52] Doch gab es zahllose verkappte Romantiker, die in der Abgeschiedenheit ihres Privatlebens solchen köstlichen Zeitvertreib in der Ehe, früh und spät, beibehielten.

Als Jules Michelet noch ein junger Historiker war, der auf Studienfahrten in der Ferne weilte, pflegte er seiner Frau die Briefe eines einsamen Liebenden zu schreiben: «Adieu, mein gutes, liebes Weib; die Gedanken an Dich betören und quälen mich so.» Und Paul Güssfeldt, ein bekannter deutscher Bergsteiger und Forschungsreisender, kehrte im Sommer 1907 von einer Expedition in die Nordsee mit hohen Militärs und Diplomaten zurück und wurde von seiner Frau Helene empfangen. Er war siebenundsechzig, denn er hatte spät geheiratet, erst ein Dutzend Jahre zuvor. Sein Tagebuch aber bewahrt jugendliche Inbrunst: *«Wiedersehen mit Helene, schöner als ein schöner Traum.»* Charles Kingsley sprach für sie alle, als er nach fünf Ehejahren zu einem Freund sagte: «Die Leute behaupten, die Liebe ende am Altar. Narren!»[53]

Viele untadelige Eheleute der Mittelschicht waren, jedenfalls in dieser Hinsicht, keine Narren. Ja, viele von ihnen, auch wenn sie zur Selbstkritik neigten, gefielen sich in dem Gedanken, dem anstrengenden Ideal entsprochen zu haben, das die Lehre von den beiden Strömungen vor ihnen aufgerichtet hatte. Sie fanden dieses Ideal sogar so realistisch, daß sie ohne Anzeichen von Erstaunen jubelten, wenn sie es erreichten, und sich betrogen fühlten, wenn sie es verfehlten. Mabel Loomis Todd, diese glänzende amerikanische Tagebuchschreiberin, Dozentin und unverfrorene Ehebrecherin, war zugleich anständig und leidenschaftlich, weder mannstoll noch frigide. Ihr Bedürfnis nach sexueller Erfüllung, sei es mit ihrem Mann, sei es mit dem Geliebten, war drängend, ihr Vergnügen daran innig, ihre Reaktion frei von Schuldgefühlen. Aber sie hätte Liebe und Leidenschaft nicht zu scheiden vermocht. «Seine Liebe zu mir», notiert sie 1879, im ersten Ehejahr, mit Befriedigung über David, ihren Gatten, «ist so leidenschaftlich, u. doch so rein.» In ähnlicher Weise stilisiert sie die große ehebrecherische Eskapade ihres Lebens, durch die sie de facto, wenn auch nicht de jure, eine Bigamistin wurde, zu einer transzendenten, ja heiligen Liebe empor. Mit jener Verve, die sie so rasch zu mobilisieren wußte, liebte sie die Männer, mit denen sie schlief, und schlief, vielleicht etwas weniger konsequent, mit denen, die sie liebte.

Kaum anders war es mit Lester Ward und dem «Mädchen», das seine Frau wurde. Der erste Geschlechtsverkehr der beiden, obgleich der Eheschließung um fast zehn Monate vorgreifend, war in ihren Augen makellos und rein, geheiligt durch ihre unzweideutigen monogamen Absichten, eine reizvolle, immer schnellere Kapitulation vor einer Regung, in der Zärtlichkeit und Sinnlichkeit untrennbar, ja ununterscheidbar waren und das Paar Schritt für Schritt zusammenarbeitete. Genauso konnten die gebildeten amerikanischen Frauen, die den Fragebogen von Dr. Clelia Mosher über ihre sexuellen Gewohnheiten beantwortet hatten, sich den Geschlechtsverkehr ganz unabhängig von ihrem Wunsch nach Kindern vorstellen, nicht aber unabhängig von der Liebe der Ehegatten zueinander. Geschlechtsverkehr, sagt die Befragte Nr. 12, ist «nicht sinnliches Vergnügen, sondern das Vergnügen der Liebe»; er ist, wie Nr. 22 beipflichtet, «der Ausdruck der Liebe zwischen Mann und Frau» und «einfach der höchste Liebesbeweis der Leidenschaft». Für diese Frauen ist Sexualität niemals rohe Sinnlichkeit, sondern der körperliche Ausdruck einer geistigen Verbindung – «eine sehr schöne Sache», wie eine andere meint. Ebenso schön ist sie für das imaginäre Paar in Gustave Droz' beschwingter Geschichte eines Junggesellen und seiner Heirat, *Monsieur, madame, et bébé*: Hat die errötende Braut einmal ihre Unwissenheit überwunden, so kann sie über ihre scheue Unbeholfenheit der ersten Nacht im Bett lächeln, ein Vergnügen, das der Gatte mit ihr teilt.[54] Viele Bürger sahen, ob offen sentimental oder leise verlegen, in Liebesgefühlen die Brücke zwischen Leib und Seele. «Theure Geliebte!» schreibt im April 1838 Karl Koch, ein junger deutscher Botaniker auf der Rückkehr von einer wissenschaftlichen Expedition in den Kaukasus, aus St. Petersburg an das Mädchen, das er einmal heiraten wird: «Wenn diese Zeilen bei dir sind, dann laß deine Sehnsucht frei und übergieb dich ganz der süßen Hoffnung, mich bald in deine liebenden Arme zu schließen.» Einige Jahre später, mittlerweile verheiratet und Vater zweier Kinder, schreibt er an seine Frau, während er sich für eine neue Expedition rüstet, in fast denselben Tönen: «Mein Theuerstes, mein Alles!» Er erinnert sich an seine erste, lange Abwesenheit: «War es doch ein ganz anderer Abschied vor 7 Jahren als wir uns sehr innig liebten, aber das jetzige Gefühl von Liebe ist wohl unaussprechlich und gränzenlos es hat das Ernsteste und Tiefste Leben was die Seele innehat und löst sich darin auf.» Umarmungen zwischen den respektabelsten bürgerlichen Liebenden verbanden im günstigsten Fall Verlangen mit Zuneigung. Ludwig Bamberger, ein prominenter deutscher Geschäftsmann und liberaler Politiker, beendet im Mai 1844, nach sechsmonatigem Werben um seine «liebe Cousine», einen Liebesbrief an sie: «mit aller Leidenschaft, umarmt & küsst Dich Dein Louis und nennt Dich seine liebe, süße Anna.»[55] Walter und Eliza Bagehot, Otto und Marietta Beneke und andere beweisen, daß Bambergers Gefühle und seine Art, sie mit dem Partner zu teilen, alles andere als übertrieben oder exzentrisch waren. Eliza Wilson, ohne Strenge erzogen und nicht zu Ergüssen neigend, begrüßt die Verlobung mit Walter Bagehot als «*das große Faktum*», während der Gedanke an dieses große Faktum ihren Bräutigam vor Entzücken über das Sofa springen läßt.

Keines dieser Beispiele, und nicht einmal alle zusammen, berechtigen zu Dogmatismus bezüglich des bürgerlichen Liebeserlebens. Immerhin gaben die Liebenden der Mittelschicht aber doch genügend explizite Auskünfte, um einige hinreichend sichere Schlußfolgerungen zu gestatten. Die emotionalen Energien, die das Leben normaler Paare durchpulsten, waren, wie wir gesehen haben, oft beträchtlich. Werfen wir dazu abschließend einen Blick auf die Liebe der Roes. Alfred Roe begann Anfang 1860, um Emma Wickham zu werben; erst wenige Monate zuvor war seine Frau im Kindbett gestorben. Roes zwölf Jahre während Ehe war, besonders gegen Ende, stürmisch gewesen, belastet von den Stimmungsschwankungen seiner Frau und ihrer Abhängigkeit von Aufputschmitteln. Als er sich diese Zeit im Sommer 1860 ins Gedächtnis zurückruft, spricht Alfred Roe gegenüber Emma Wickham wehmütig von «diesem (für mich) furchtbaren Sommer 1858». Er habe seine «liebe Verstorbene geliebt»; aber es war die «Liebe eines ernsten, sehnlichen Mitleids mit einem fast verirrten, doch hernach reuigen und Gott sei Dank erlösten Kind».[56] Die Liebe zu Emma Wickham, versicherte er ihr – und sich selbst –, werde anders sein: näher an dem Ideal, dem sie sich beide verpflichtet wußten.

1823 in New York City geboren, als Sohn eines Krämers, der sich später auf die Landwirtschaft verlegte, hatte Alfred Roe Theologie studiert, nach Abschluß des Studiums an der Universität New York aber eine Ingenieurschule eröffnet. Sie ging nie besonders gut und mußte, als der Bürgerkrieg ausbrach, ihre Pforten schließen. Roes Aussichten waren nicht eben vielversprechend, und die häuslichen Komplikationen hatten seinen Geist düster gestimmt; für Aufhellung sorgte nur seine neue Liebe. Er war siebenunddreißig, hatte für drei kleine Kinder zu sorgen und war verschuldet. «In meinen derzeitigen Verhältnissen», erklärte er Emma Wickham im August 1860, «kann ich, selbst wenn es nicht besser wird, auskommen und bin in der Lage, mit Deiner Hilfe meine Verbindlichkeiten, wenn auch langsam, abzuzahlen.» Es war in vieler Hinsicht die übliche bürgerliche Geschichte, mit langen pekuniären Durststrecken und mindestens einem Bankrott. Aber mit der Behendigkeit, die für das damalige Amerika bezeichnend war, wechselte er Berufe und Arbeitsplätze, um seine Solvenz zu erkämpfen. 1863 wurde er zum presbyterianischen Geistlichen geweiht. Von Januar 1864 an diente er als Militärseelsorger, und nach dem Bürgerkrieg, zwischen 1867 und 1877, hatte er nicht weniger als vier seelsorgerische Ämter inne. Seine kurze Amtszeit in der Industriestadt Lowell (Massachusetts), wo er anscheinend die Fabrikbesitzer durch seine radikalen Beobachtungen vor den Kopf stieß, beweist, daß er nicht nur unvorsichtig war, sondern auch alles andere als diplomatisch.

Beim Werben um Emma Wickham kam ihm freilich seine stürmische Art sehr zustatten. Aus der «lieben Freundin» vom Frühjahr wurde schnell sein «allerliebstes Täubchen», und als er im Herbst 1860 in den Stand der Ehe trat, hatte er allen Grund, sich zu diesem klugen Schritt zu gratulieren. Seine Liebe zu ihr, und ihre zu ihm, beschrieb er gern als heilig und weltlich zugleich. Hatte er nicht, wie er zu Emma sagte, «in all unserem Umgang die Spur von Gottes Hand» erkannt? Und lernte er nicht demütig die Lektionen, die die Vorsehung ihm erteilte? Emma Wickham sorgte dafür, daß er diese Lektionen gut im Gedächtnis behielt. «Meine Frau», schrieb er an Emma, «pflegte mir während unserer langen Verlobungszeit beträchtliche Freiheiten gegen ihre Person zu gestatten, u. ich fand nichts dabei. Heute sehe ich, wieviel mehr Du recht gehabt hast, u. darum achte ich nicht nur *Dich* mehr, sondern Du hast auch *mich* über mein frühes Ich emporgehoben.» Offenbar hatte sie ihm geraten, die Hände von ihr zu lassen, und er beugte sich ihrer moralischen Autorität ohne Murren, ja mit einem gewissen ernsten Vergnügen: «Ich empfinde es jetzt, daß ich viel, sehr viel von Dir lerne. Ich bin stärker, klüger, besser geworden durch das, was Du über mich vermagst. In Dir ist etwas, was mich aufruft, mich zu ermannen u. Tag für Tag mehr dem mustergültigen Menschen in Jesu Christo entgegenzueifern.»[57]

Gleichwohl opferte Alfred Roe nicht seine Männlichkeit für die Frau, die er liebte. Im Gegenteil, sie machte, daß er sich «ermannte». Als einem guten, im Glauben geschulten Presbyterianer floß ihm der Name Gottes und das Bild Christi bei jeder Gelegenheit geläufig von den Lippen und aus der Feder. Doch wenn sein Glaube und seine Liebe ihn, wie er gesagt haben würde, stetig in die dünne, reine Luft christlicher Ergebenheit hinanzogen, so bedeutete das doch nicht eine blutlose Zuneigung. Seine Frau, kaum weniger gläubig als er und neun Jahre jünger, folgte nur allzu gern dem erotischen Kurs, den er einschlug. Die Roes bekamen in rascher Folge zwei Kinder – eines 1861, das andere 1863 –, nur um wieder für längere Zeit getrennt zu werden, als Alfred Roe in den Krieg zog. Das aber zwang sie, ihren erotischen Kurs großenteils auf dem Papier zu verfolgen.

Anstatt hemmend zu wirken, gab diese Trennung den amourösen Phantasien des Paares unerwarteten Spielraum, den die beiden auch weidlich nutzten. Die gegenseitige Verführung per Post war, darüber waren sie sich einig, ein kümmerlicher Ersatz für die Sache selbst und in vieler Hinsicht sogar ein gefährliches Auskunftsmittel; es steigerte sie in eine unerträgliche Erregung, ohne daß es eine passende Gelegenheit zur Befriedigung ihrer zudringlichen Gelüste gegeben hätte. Aber die Bilder ihrer Phantasie ließen den beiden keine Ruhe, und sie wollten – und konnten – sie nicht voreinander verbergen. Ihr Briefwechsel war derart leidenschaftlich, daß Alfred Roe nervös wurde und seine Frau – vergeblich – bat, soviel Kurzschrift zu lernen, daß sie in völliger Vertraulichkeit miteinander kommunizieren konnten. «Diese Briefe, so gern ich sie von Dir bekam u. so gern ich sie Dir schickte: ich habe immer Angst gehabt, daß sie Fremden vor Augen kämen.» Er schrieb ihr, daß er «oft Dinge sagen wollte, die ich nicht sagen kann, wenn ich daran denke, daß andere sie zu Gesicht bekommen könnten oder die Aufsehen erregen würden, wenn Du Dich weigerst, sie herzuzeigen u. lesen zu lassen». Freilich mochte er auch nicht dem Impuls widerstehen, ihren Briefwechsel ebenso erotisch zu gestalten wie ihre Unterhaltung: «Mir fehlen die kleinen Zettel, die wir immer hin u. hergehen ließen, u. wenn ich es vielleicht auch nicht ratsam finde, in derselben Weise zu schreiben, wie wir es *sehr oft* getan haben, nehme ich doch das Recht in Anspruch, etwas in der Art zu schreiben, wie wir zu reden pflegten, wenn wir so glücklich beisammen lagen u. Dein Köpfchen auf meiner Schulter ruhte u. meine Arme Deine liebe Gestalt umschlangen u. meine Hände auf Deinem süßen Busen ruhten.»[58] Sie waren jetzt mehr als vier Jahre verheiratet, aber Emma war für ihn so frisch wie am ersten Tag.

Aus den Briefen zu schließen, war es der Mann, der damit begann, die Phantasie seiner Frau zu reizen. Es irritierte sie etwas, aber nicht sehr. «Nie in meinem Leben war ich in einem so erregbaren Zustand –», schrieb sie ihm im August 1864. Ängstlich fragte sie sich: «Sollten wir nicht lieber zurückhaltend wie früher schreiben. Wäre das nicht klüger.» Aber auf der Stelle erlag sie der Verführungskraft ihrer sinnlichen Bedürfnisse und nahm ihre Zuflucht zu frommer Sophisterei: «Aber vielleicht ist es nicht schlimm ich weiß daß es ohne Sünde ist – Gottes wertes Wort erlaubt und fördert unsere Liebe.» Sie bebte dermaßen vor sinnlicher Lust, daß selbst ihr Säugling sie an ihren Mann gemahnte, der ihren Körper liebkoste: «Unsere Mamie war schon fast entwöhnt» schrieb sie im Oktober 1864, «aber jetzt nuckelt sie Tag u. Nacht wie nicht gescheit – Während ich wach liege und sie an der Brust habe, denke ich an Dich. Manchmal erinnere ich mich der aufregenden Briefe, die Du kürzlich geschrieben hast – und bei der Vorstellung, wie selig wir sein werden, wenn wir wieder Seite an Seite sind, werde ich manchmal so erregt, daß ich Angst habe es könnte der Kleinen schaden.»[59] Aber die Leidenschaft überflügelte ihre Furcht – spielend.

Es gab Zeiten, in denen sie ihrem Mann versichern mußte, daß die Art ihres Briefwechsels in ihren Augen angenehm und vor Gott nicht anstößig war. «Zuerst, Alfred, wollte ich nicht wieder auf das Thema unserer künftigen geschlechtlichen Beziehungen anspielen», schrieb sie ihm Anfang Oktober 1864, «aber nachdem Du so vieles sagst und hoffst, dabei nicht ‹*zu frei*› zu sein, will ich Dir versichern, daß Du mir kein größeres Vergnügen machen kannst, solange Du nicht in Deiner eigenen, lieben Person in meine Arme kommen kannst – als indem Du *genau das* schreibst, was Du geschrieben hast.» Was ihren künftigen geschlechtlichen Beziehungen eine gewisse Würze der Ungewißheit gab, war die Frage, ob sie ein weiteres Kind haben wollten oder nicht. Diese Frage führte zu dem, was Emma Roe «unsere Dispute» nannte, von denen sie zuversichtlich glaubte, daß es ihnen ohne Schwierigkeit gelingen werde, sie «freundschaftlich u. wonnevoll» im Bett beizulegen. Aber wie sie sich auch entscheiden würden, Emma hatte nicht die Absicht, sich ihrem Mann zu verweigern: «Ich bin ganz und gar u. für alle Zeit willens zu tun, was trotz *allem*, was *Menschen* dagegen *einwenden* mögen, *Gott gewißlich erlaubt. Du hast recht – völlig* recht, u. *niemals* werde ich Dich bitten, es zu unterlassen u. jene herbe Selbstverleugnung zu üben, die eher sündhaft als angenehm ist vor Ihm, der uns zusammengegeben hat, auf daß wir ‹*ein Fleisch*› seien, und *nicht* mehr *zwei*.» Wieder versicherte sie ihm: «Ich *freue* mich darauf, wieder schwanger zu sein – Es ist, als ob Deine Gegenwart und Liebe jede Prüfung süß werden läßt, u. daß wir sogar *zusammen* die *kleinwinzigen Sorgen* und Kümmernisse teilen, die mich früher immer so verdrossen. Ja, ich glaube, wir werden so manche Nacht in noch süßerer Innigkeit beieinander liegen, als uns jemals zuvor Leib u. Seele verwoben waren!» Sie fügte hinzu, und es klang wie Mabel Loomis Todd, die einige Zeit später die glücklichen ersten Ehejahre mit David Todd beschrieb: «Keine *Braut*, die sich für den Bräutigam schmückt – kann von so *reiner* und *glühender* Leidenschaft brennen – *erfreulich und reizend zu sein – für den Mann den sie* liebt.» Alles andere als eine aufbegehrende Feministin, unterwarf sich Emma Roe der häuslichen Oberhoheit des Mannes. Sie war keine Beatrice Potter. «Möge die *schwangere Matrone* in Deinen Augen so kostbar sein wie nur je eine Jungfrau dem, der sie zum ersten Male besitzt. *All mein Verlangen* ist auf meinen *Gatten* gerichtet – und ich kenne kein größeres irdisches Vergnügen als daß er Freude an mir hat. Ja, und über mich herrscht – so bestimmt es Gott u. nicht weniger zu *meinem* Vergnügen als zu *Deinem*.»[60] Welcher Ehemann könnte einer so zärtlichen Kapitulation widerstehen?

Alfred Roe widerstand ihr nicht. Während der Bürgerkrieg sich hinzog und er bei den Unionstruppen blieb, ließ er seinen Phantasien über sein Lieblingsthema freien Lauf und eilte, sie für seine Frau zu Papier zu bringen. «Ich liege oft des Morgens u. denke an all die süßen Stunden, die wir mitsammen verbracht. Mich dünkt es kein Unrecht» – will sagen: er fragte sich nolens volens, ob es nicht Unrecht sei, und stürzte sich kopfüber in eine atemlose Periode – «meine Gedanken so bei unserem Verkehr verweilen zu lassen, bis in die kleinsten Umstände, da doch alles, was damals so erfreulich war u. woran zu denken noch jetzt erregend ist, *Dich* nur noch näher an meine Seele zu ziehen scheint, um Dich ungleich jedem anderen Menschen zu machen u. mich wahrhaftig vor jedem niederen Gedanken zurückzucken zu lassen. Mit Dir sind geschlechtlicher Verkehr u. Verlangen heilig u. rein. Ich sehe vor meinem geistigen Auge Deine liebe nackte Gestalt u. beuge mich hin zu jenem süßen, duftenden Ruheplatz, wo ich so oft mein müdes Gesicht vergraben, auf Deine weiche Brust u. fühle, daß ich es darf.» Das war Ende Februar 1865; drei Wochen später beschwor er, unersättlich, dieselben Bilder und dieselben Argumente in seinem charakteristischen, leicht apologetischen Ton. Was, wie er hoffte, seine Liebe läutere, sei das Beieinander von Zärtlichkeit und Leidenschaft in seinem Herzen, konkret verkörpert in seiner Ehe. Er erinnerte sich an seines Weibes «liebe Brust, so weiß u. schön u. lockend», versicherte ihr aber sogleich, daß sie «ein lauteres Herz bedecke u. wenn ich mich an sie schmiegte, so schlug ihr das Herz ihres Gatten entgegen». Mit fester Stimme erzählte er ihr, ohne doch das Tremolo des Zweifels unterdrücken zu können: «Es kann nichts Unrechtes daran sein, wenn ich mir im Geiste zurückrufe, wie süß u. schön Du mir in jenen Nächten erschienst, da Du ganz nackt in meine Arme kamst. Wie schön u. weich waren Deine Brüste u. wie süß lehnte ein Ruheloser u. Erschöpfter seine Wange gegen sie u. fühlte sich wahrhaft *zu Hause*. Wie wonnevoll, Deine Arme u. Deine lieben Glieder an meine gepreßt zu spüren. Welch ein süß u. kostbar Ding ist doch wahre eheliche Liebe.»[61]

Das war natürlich immer der Rettungsanker: «Wie wonnevoll die Freuden u. der Verkehr Vermählter auch sein mögen, selbst im körperlichen Sinn, ihr größter Zauber ist doch dieses vollkommene Vertrauen u. die vollkommene Liebe.» Die Frage des weiteren Kindes beschäftigte ihn, und er gab ihr zu bedenken, daß es vielleicht am besten sei, damit nicht zu warten, bis sie schuldenfrei waren: Das würde zu lange dauern und hieße wohl auch, «die Vorsehung versuchen». Zu einer kleinen Vorlesung über vergleichende Physiologie ansetzend, fügte er hinzu: «Um die Wahrheit zu sagen, Liebling, ist ein Mann von starker leidenschaftlicher Natur unter solchen Umständen immer in einer schiefen Lage. Ich möchte selbst nicht anders sein; denn der niedere Teil des Gehirns verleiht dem höheren Teil Kraft u. Schwung. Aber im Augenblick ist ein ständiger Kampf zwischen mir und der Natur. Eine rein gesinnte Frau, wie du schon vor der Ehe wußtest, wird selten erregt. Es gibt nichts

Störendes, Erregendes, was man loswerden muß. Kein Mann von starken Leidenschaften ist wirklich in seinem normalen Zustand und fähig, sein Bestes zu geben, wenn es nicht ein reiner, keuscher, aber *verheirateter* Mann ist.» Ende der Vorlesung, jedenfalls für diesmal. Die Roes lebten noch fast vier Jahrzehnte zusammen – einträchtig, wie es scheint –, bis Alfred Roe 1901 starb, der Vater dreier weiterer Kinder. Anscheinend genossen sie noch oft, was Emma Roe ihre «*Seelen*gemeinschaften» nannte: eine eigenwillige, etwas eigennützige Interpretation ihrer reinen, keuschen ehelichen Liebe.[62]

Der Diskurs, den die Roes hinterließen, war umfangreich und offenherzig. Dennoch bleibt vieles schemenhaft – nicht, weil sie eine Kurzschrift benutzt hätten, sondern weil sie in jenen quälenden Ellipsen schwelgten, die für die Kommunikation vertrauter Partner so bezeichnend sind. Alfred Roes Insistieren auf seiner «starken leidenschaftlichen Natur», verbunden mit Emma Roes Versicherung, daß sie ihren Gatten niemals zur ehelichen Enthaltsamkeit verdammen werde, und die ein wenig gespannte Diskussion über Geburtenkontrolle lassen darauf schließen, daß die beiden zur Empfängnisverhütung den *coitus interruptus* praktizierten und danach nicht gerade von heiterer Seelenruhe erfüllt waren. Die geradezu ostentative Weise, wie Emma Roe die Aussicht auf eine neue Schwangerschaft begrüßte, drückt gleichsam beiläufig den heißen Wunsch nach vollständigem und ungehemmtem, nicht von wohlerwogenen Berechnungen beeinträchtigtem Geschlechtsverkehr aus. Daß für sie Sexualität mit Kindern und der stetigen Verbesserung ihres Liebesverkehrs einherging, macht diese Vermutung nur um so plausibler: Als sie im September 1864 ihrem Gatten von ihren «*Seelen*gemeinschaften» vorschwärmte, meinte sie, in der Vergangenheit hätten sie diese nur «*vergleichsweise*» gekostet: «denn wenn wir zusammen waren, liebten wir uns nicht wie jetzt, auch wenn wir damals glaubten, mehr könnten wir nicht lieben. Es wird sein wie neuvermählt, nur *viel viel* besser.» Und ohne Übergang, als berichte sie eine freie Assoziation, fügte sie hinzu: «Du wirst die Kinder auch mögen.»[63] Alfred Roes eigene Wahrnehmung der sexuellen Lust war nicht ohne archaische Beimischungen, die auf seine frühesten Kindheitsjahre zurückführten: Während Emma Roe ihrem Kind die Brust gab, dachte sie an ihn, und während er sich den Geschlechtsverkehr ausmalte, sehnte er sich danach, den Kopf in ihrem Busen zu bergen. Wie jeder andere Mensch brachten auch die Roes einige liebgewordene, weitgehend unbewußte Kindheitserinnerungen in die eheliche Liebesbeziehung ein.

Die Rhetorik der Roes klingt unempfindlich für die Zufälle, die die Verschmelzung des Zärtlichen und des Sinnlichen in der Liebe so oft

hintertreiben. *Ihre* Liebe war zugleich glühend und rein, *ihre* geschlechtliche Vereinigung ein Fest des gegenseitigen Vertrauens. Aber eine solche
makellose Verkörperung der zärtlichen Leidenschaften ist bloßen Menschen selten gegeben, und so verwirklichten auch die Roes nicht völlig
jenes Ideal, das sie, wie alle anderen Bürger, zu erreichen trachteten. Die
spektakulärsten Opfer psychologischer Zwangslagen waren zweifellos
jene Krüppel der Liebe, denen es nicht gegeben war, die Lust am
erkauften Orgasmus irgendwie mit der Anbetung des keuschen Weibes
zu versöhnen; aber auch weniger beredte und besser angepaßte Männer
und Frauen waren dafür anfällig. Wenn Alfred Roe darauf beharrt, daß
nichts Unrechtes daran sei, seine erotischen Phantasien mit seiner Frau zu
teilen, und wenn seine Frau betont, daß seine anzüglichen Briefe willkommen und nicht unschicklich seien, so hat man den Eindruck einer
einigermaßen nervösen Beschwichtigungskampagne angesichts noch immer nagender Zweifel an diesen lustvollen Phantasiegebilden. Aber gerade solche Vagheiten machen die Roes zu solch guten Zeugen. Das gleiche
gilt für die Klischees, an denen in ihrem Briefwechsel kein Mangel
herrscht: Das Weib ist die Sittenrichterin, das Begehren des Mannes ist
stärker als das der Frau, eheliche Liebe ist buchstäblich heilig, die
Vorsehung wirkt sichtbarlich im Unglück wie im Glück – das alles war
gängige Münze im Mittelschichts-Denken des 19. Jahrhunderts, das eine
gemeinsame Sprache für individuelle Gefühle benutzte.

Auch die medizinischen Ideen der Roes sowie Alfred Roes Vorstellungen von den niederen, körperlichen Energien, die die höheren, geistigen
speisen, passen in ihre Zeit. Gewiß waren die beiden mit den herrschenden Anschauungen einverstanden, wenn es um «Selbstbefleckung» ging.
Susan, eines von Alfred Roes Kindern aus erster Ehe, war ein sichtlich
gestörtes Mädchen und eine unverbesserliche Masturbantin. «Wenn mit
zunehmendem Alter nichts dagegen unternommen wird», schrieb er 1865
an seine Frau, «werden sich Nymphomanie, Idiotie u. die für das
heimliche Laster typische Auszehrung einstellen und dem Spuk ein Ende
machen.»[64] Die Roes verbreiteten diese Gemeinplätze mit einer Unschuld,
als wollten sie Gustave Flaubert mit Material für sein *Dictionnaire
des idées reçues* versorgen. Aber eben ihre Normalität, ihr Unvermögen,
aus dem wohldefinierten Bezirk übernommener Meinung herauszu-
treten, macht ihren sexuellen Freimut um so aufschlußreicher; läßt er
doch darauf schließen, daß ein solcher Austausch über die Freuden des
Geschlechtsverkehrs nicht so außergewöhnlich gewesen sein kann, wie
uns die Kritiker des «bürgerlichen Zeitalters» seit hundert Jahren weis-
machen wollen. Das aber läßt den Chronisten – zumindest *diesen* Chronisten – argwöhnen, daß das zugängliche Material *über* die bürgerliche

Liebeserfahrung ganz anders, ja viel lauer ist als diese Erfahrung selbst. Wieviel Briefe gleich denen der Roes mögen in Dachböden und Archiven verstauben oder von schockierten und fürsorglichen Erben vernichtet worden sein? Fragen wie diese zwingen den Forscher, nach weniger direkten Zeugnissen über die Liebe zu suchen, nach Zeugnissen, die schwerer zu lesen sein mögen, aber auch schwerer zu vernichten sind: kulturelle Institutionen, künstlerische Sublimierungen des erotischen Begehrens und fiktionale Niederschläge wie der Roman, diese vornehmste Kunstform der Mittelschicht, die die zärtliche Passion in allen – oder fast allen – ihren Verkleidungen ergründete.

IV. Das Werk der Dichtung

Die Romanciers des 19. Jahrhunderts haben alle Themen behandelt, die wichtig waren: Geld, Klasse und Politik. Sie untersuchten die Manöver der sozialen Aufsteiger und die Abenteuer der Forschungsreisenden, die Verlockungen der Macht und die Tröstungen der Religion. Mit dem Notizbuch in der Hand durchstreiften sie neue Welten: die Welt des Sports, der Eisenbahn, der Slums. Sie zergliederten das kulturelle Gefüge und studierten die feineren Schattierungen in Rang und Sitte. Im Dienst ihrer Kunst unterrichteten sie sich über alles: das Funktionieren des Parlaments, die Bedeutung der politischen Ökonomie, die Not der Streikenden, die Etikette des Duells. So machten sie ihr Jahrhundert zur Epoche des Gesellschaftsromans. Immer aber galt ihr Hauptaugenmerk der Liebe. Auch wenn sie es versuchten: sie entrannen ihr nicht. Selbst Basarow, der schwierige Held in Turgenjews *Väter und Söhne*, der fanatische Anhänger einer gefühlskalt-materialistischen Weltanschauung, erliegt, zu seinem eigenen Erstaunen, dem Stachel der Liebe. Ein Romancier wie Gogol war aufgrund eigener seelischer Konflikte bestrebt, jede Andeutung einer tieferen erotischen Bindung aus seinem Werk zu verbannen: Gerade die Intensität dieses Bestrebens ist sein indirekter Tribut an die Liebe.[1]

Mit den Romanen ging es wie mit den Theorien: Manche Leute glaubten, daß allein die Franzosen (oder französisierte Autoren wie Turgenjew) der Liebe solche Bedeutung beimaßen. Der Rezensent von George Sands *Indiana* wunderte sich 1833 darüber, wie französische Leser Gefallen an Romanen finden konnten, die «von Anfang bis Ende Liebe» seien. «In England würden solche Bücher nicht geduldet, nicht nur wegen ihrer unmoralischen Tendenz und freizügigen Schilderungen», sondern auch, weil tatsächlich «zwei Bände mit Liebe und nichts als Liebe für englische Geschmäcker ermüdend wären». Doch George Sand stand ein halbes Jahrhundert lang bei englischen Autoren in Gunst, und das beweist, wie beschränkt dieser Kommentator war. Die Liebe beherrschte das Romanschaffen aller Kulturstaaten, auch Englands. Anthony Trollope berichtet belustigt-resignierend in seiner Autobiographie, *Miss Mackenzie* habe er geschrieben, «um zu beweisen, daß man einen Roman verfertigen kann, in dem nichts von Liebe vorkommt; aber selbst dieser Versuch scheitert vor dem Ende.» Trollope schuf sich als Heldin eine «sehr unattraktive alte Jungfer, die von Geldsorgen erdrückt wurde; aber selbst diese Person war verliebt, bevor der Roman zu Ende war, und heiratete romantisch genug einen alten Mann.»[2] Wenn ein Romancier es wagte, mit einer Geschichte ohne Liebesverwicklungen zu experimentieren, erinnerten ihn seine eigenen Gestalten unnachsichtig an seine Aufgabe.

Trollope, der gewiefteste Techniker des Romans, zog für sein Gewerbe den Schluß: «In einem Roman muß Liebe vorkommen.» Nicht ohne Stolz entsann er sich, wie er in *Framley Parsonage* (1861) «kernige, ehrliche Liebe» dargestellt hatte: «Die Frau tat nicht so, als sei sie zu ätherisch, um einen Mann gern zu haben; und der Mann war nicht bloß halb und halb geneigt, einen gewissen, nicht zu hohen Preis für ein hübsches Spielzeug zu zahlen. Jeder der beiden sehnte sich nach dem anderen, und sie schämten sich nicht, es zu sagen.»[3] Und selbst wenn die Romangestalten sich schämten, es zu sagen, wurde ihr Leben dennoch von der Liebe – oder deren Ausbleiben – geprägt. Dorothea Brooke in *Middlemarch* ist, wie George Eliot ihren Lesern wiederholt versichert, eine «glühende» junge Frau. Dieses homerische Beiwort bezeichnet mehr als nur Dorotheas Leidenschaft, in der Welt Gutes zu wirken. Es lenkt den Blick auf ihre unerweckte Sinnlichkeit und die heillose Enttäuschung über ihren katastrophalen ersten Gatten: Der sterile Pedant Casaubon scheint im Bett genauso unfähig gewesen zu sein wie am Schreibtisch.

Selbst wenn die Geschichte scheinbar von anderen handelte, zog die Liebe hinter den Kulissen die Fäden. Zwar unternahm die ernsthafte erzählende Literatur des 19. Jahrhunderts eine kritische, gezielte Erforschung der Gesellschaft: Die höchste Tugend des Romans, betonte Henry James in einem berühmten Essay, sei sein Realitätssinn. Doch ein wesentliches Ingrediens dieser Realität – in James' eigenen Werken wie in denen anderer – war immer die Liebe. Das Streben nach Macht und Geld war stets verquickt mit dem Streben nach Liebe; das bezeugen so disparate Romane wie Honoré de Balzacs *Eugénie Grandet*, Emile Zolas *Pot Bouille* und Guy de Maupassants *Bel Ami*. Aber die Franzosen waren nicht die einzigen, die das erkannten. Henry James' *Wings of the Dove* und Trollopes *Phineas Finn* zeigen das Liebes-Spiel als ein zutiefst politisches Spiel. Umgekehrt ist Politik oft ein erotischer Sport – um hohen Einsatz. Die Liebe war allgegenwärtig. In Eça de Queirós' *Stadt und Gebirge* wirkt die Liebesunfähigkeit des Helden als treffendes Symbol für Weltlichkeit und Dekadenz; in Elizabeth Gaskells *North and South* erweisen sich Klassenunterschiede gleichermaßen als Anreiz wie als Hemmnis des Begehrens. Zart andeutend, fast unbewußt ergründeten manche Romanciers noch problematischere Bindungen. Hermann Melvilles *Moby Dick* und Mark Twains *Huckleberry Finn* laden den Leser in eine Welt der Liebe ein, zu der Frauen keinen Zutritt haben. 1867 zählte der französische Kritiker Charles de Mazade das Rüstzeug auf, das der Romancier benötige: «Feinheit der Analyse» und «Anmut der Beobachtung», «die Gabe der Empfindung und des Gefühls» und innige Vertrautheit mit «allen sozialen Nuancen». Aber das war nicht genug: Wesentlich war die «intime Bekanntschaft mit den Leidenschaften des Herzens». Mazade versuchte zu erklären, warum der moderne Roman anscheinend «die bevorzugte Domäne der Frauen»[4] war, und so mußte natürlich die Vertrautheit mit den Leidenschaften des Herzens unter den Talenten eines Romanciers weit oben rangieren.

Der zeitgenössischen Wirklichkeit verpflichtet, kam der moderne Roman am Bürger und seiner Liebe kaum vorbei. 1870 kreidete Perez Galdós seinen spanischen Schriftstellerkollegen an, daß sie die Mittelschicht vergäßen, «das oberste Muster, die unerschöpfliche Quelle». Die Bürger mit ihrem «Sinn für Initiative und ihrer Intelligenz» seien dabei, «die Führung der Gesellschaft zu übernehmen». Unter ihnen fände man «den Menschen des 19. Jahrhunderts mit seinen Tugenden und seinen Lastern, seinem edlen und nie erlahmenden Ehrgeiz, seinem Reformeifer, seiner außergewöhnlichen Energie.»[5] Das war in Spanien, das noch immer in vorindustriellen Denkweisen befangen war. Anderswo standen die Mittelschichten mit ihren Tugenden und Lastern längst im Mittelpunkt der schriftstellerischen Aufmerksamkeit. Zwar erwähnt Galdós nicht die Liebe als hervorstechenden Zug des Bürgers. In seinen eigenen Romanen aber läßt er keinen Zweifel daran, daß die Liebe für die Mittelschichten ebenso schicksalhaft ist wie nur je für einen romantischen Aristokraten.

Eine Lieblingslektüre des aufstrebenden, ehrgeizigen Mittelschichts-Lesers war der Bildungsroman. Die große Bildnerin in ihm ist, wie nicht anders zu erwarten, die Liebe. Gewiß erweist sich Eros oft als vieldeutiger, trügerischer Cicerone: In Gottfried Kellers *Grünem Heinrich* lernt Hermann Lee von den Frauen, die er liebt, Entscheidendes, aber auch Widersprüchliches. In Gustave Flauberts *Education sentimentale*, dieser säuerlichen Parodie auf *Wilhelm Meisters Lehrjahre*, sind eine unerreichbare verheiratete Frau und eine nur allzu erreichbare Kokotte die Lehrmeisterinnen Frédéric Moreaus. Doch ob Urheberin des Elends oder Brunnquell der Seligkeit: die Liebe war für den Roman des 19. Jahrhunderts der am wenigsten entbehrliche, für den Romancier der am leichtesten verkäufliche Artikel.

Die Nöte der Libido bestimmten die Rezeption der Romane nicht weniger als ihre Entstehung. «Die Dichter», bemerkt Schopenhauer, «ist man gewohnt hauptsächlich mit der Schilderung der Geschlechtsliebe beschäftigt zu sehen.» Die Liebe sei seit Jahrhunderten Hauptthema lyrischer und dramatischer Werke, zumal jener «hohen Stöße von Romanen [...], welche, in allen civilisirten Ländern Europas, jedes Jahr so regelmäßig wie die Früchte des Bodens erzeugt». Schopenhauer hatte recht: seit Jahrhunderten. 1670 schrieb Bischof Huet seinen berühmten Essay über die Ursprünge des Romans: Er definierte den modernen Roman, im Gegensatz zu früheren Versdichtungen über die Liebe, als eine in Prosa geschriebene Geschichte über «Liebesabenteuer». Romanciers des 18. Jahrhunderts, von LeSage bis zu Richardson und Rousseau, bestätigten seine Definition.

Und die Autoren des 19. Jahrhunderts gaben ihm erneut Recht – häufiger und emphatischer als je zuvor. Stendhal sagt in *De l'Amour*: «Seit dem ersten Roman, den eine Frau mit fünfzehn Jahren heimlich gelesen hat, wartet sie im stillen auf die Liebe aus Leidenschaft.» Um 1890 formulierte Julia Duhring die Erwartungen zahlloser Leser, wenn sie bekannte, sie achte in Romanen «nur auf einen einzigen Aspekt – die Liebesgeschichte».[6] Die Liebesgeschichte war für jedermann von überragendem Interesse. Denn es war jedermanns Geschichte, ob erregend oder langweilig, wirklich oder erträumt, eine Einladung zum Experiment oder eine Droge gegen die Angst.

1. Gemeinschaften von Phantasien

Eine dynamische Erklärung für die Wirkung, die gedichtete Liebe auf ihre Leser ausübt, lieferte Freud mit seiner epochemachenden Lektüre des *König Ödipus*. Die *Traumdeutung* führt die unverminderte Gewalt der sophokleischen Tragödie auf das Echo zurück, das sie im Unterbewußtsein des Zuschauers weckt. Pures intellektuelles Vergnügen oder bloßes ästhetisches Wohlgefallen konnten die seit zwei Jahrtausenden anhaltende Wirkung des Stückes auf die gebildete Welt nicht erklären: «Es muß eine Stimme in unserem Innern geben, welche die zwingende Gewalt des Schicksals im *Ödipus* anzuerkennen bereit ist [...]» Mit einem Wort: Das Schicksal des Königs Ödipus rührt uns nur deshalb, weil es unser eigenes sein könnte.[7] Die Phantasie, von der Sophokles umgetrieben worden war, vereinte unbewußte Sehnsüchte und unbewußte Konflikte, die alle Menschen in sich tragen. Begegnen die Menschen ihnen im künstlerischen Abbild wieder, begrüßen sie sie mit einem Schock des Wiedererkennens. Unsterblich ist das erotische Dreieck, das der Mensch in früher Kindheit erlebt und als Erwachsener wiederholt.

Aber Freud war sensibel auch für die historische Dimension der Seele. Er wußte, daß die unsterbliche Dreiecksbeziehung der Liebe unterschiedlichste kulturelle Gestalt annimmt. Mögen manche Dichtungen zeitüberdauernd sein: Eine jede trägt den Stempel ihrer eigenen Zeit. Die ödipalen Verstrickungen eines Hamlet sind nicht mehr jene von Ödipus selbst. Und so sind die «Phantasien, Luftschlösser oder Tagträume», die das Werk eines Schriftstellers erfüllen, keineswegs «starr und unveränderlich». «Sie schmiegen sich vielmehr den wechselnden Lebenseindrücken an, verändern sich mit jeder Schwankung der Lebenslage [...].» Der Dichter erschafft sich, wie das Kind, «eine eigene Welt»; richtiger gesagt, er bringt «die Dinge seiner Welt in eine neue, ihm gefällige Ordnung» – ihm und anderen gefällig.[8]

Phantasien sind Szenarien des Wunsches. Sie stehen in Fühlung mit den tiefsten Regungen der Seele, vornehmlich mit unbefriedigten Bedürfnissen. Mit Freuds Worten: «Man darf sagen, der Glückliche phantasiert nie.» «Unbefriedigte Wünsche sind die Triebkräfte der Phantasien, und jede einzelne Phantasie ist eine Wunscherfüllung, eine Korrektur der unbefriedigenden Wirklichkeit.» In der Phantasie werden Erinnerungen umgestaltet und unheilvolle Begegnungen vorweggenommen. Die Phantasie schenkt dem Tagträumer schmeichelhaften Beifall, geistreiche und vernichtende Bemerkungen, sexuelle Großtaten. George Henry Lewes schreibt in seinem Tagebuch: «In der erzählenden Dichtung finden die Leser mit Vorliebe eine Spiegelung ihrer eigenen Ichsucht. Sie stellen sich gerne vor, daß sie dasselbe tun und fühlen, was die Heldinnen und Helden tun und fühlen.»[9] Man mußte kein Psychoanalytiker sein, um die Verbindung von Dichtung und Liebe zu erkennen.

Die lebhaftesten Phantasien kommen als Tagträume daher, in denen Unerlaubtes und Unwahrscheinliches seine magische Verwirklichung erfährt. Die im Unbewußten verborgenen Entsprechungen zu diesen Tagträumereien von Ruhm und Sieg sind schwieriger aufzuspüren, aber in analytischer Hinsicht lohnender. Sie treten nur stark zensiert ins Bewußtsein: als Traum, Fehlleistung, Symptom oder, künstlerisch geformt und stilisiert, als Gemälde, Gedicht und Roman. Stark überdeterminiert, raten sie zu bedächtigem oder kühnem Handeln, vermitteln sie orgastische Erregung oder beschwören die Sehnsucht nach Ruhe und Frieden.

Was immer sie sind und was immer sie tun, bewußt oder unbewußt: Phantasien stehen auf der Grenze; sie dienen als Brücke zwischen der persönlichen und der kollektiven Einbildungskraft. Das gilt vor allem für Werke der Dichtung – disziplinierte, ausgeschmückte Phantasien. Wie alle Akte der Seele ist das Herstellen von Dichtung das Privileg des

Individuums. Doch wenn ein Roman Verbreitung findet, beleuchtet er auch jenen Ausschnitt der Kultur, dem er entstammt und zu dem er spricht. Jede durchorganisierte und ansprucherhebende Gruppe, etwa eine religiöse Sekte oder eine Klasse, strebt nach Verstetigung. Zu diesem Zweck zwingt sie ihren Mitgliedern einen bestimmten Stil des Fühlens und Sich-Ausdrückens auf. Der Stil lenkt Gelüste in schicklich erscheinende Kanäle und organisiert Gemeinschaften von Phantasien. Diese Phantasiegemeinschaften werden an bevorzugten Einstellungen, mißbilligten Handlungsweisen, provozierten Konflikten offenbar. Die Triebe und Ängste des Individuums liefern die Energie; die Kultur stellt das Material für Phantasien; ästhetische Erfordernisse fungieren als Architekt. Phantasien sind darum ein so ergiebiges historisches Material, weil sie nicht einfach phantastisch sind.

Bei den Romanciers und Literaturkritikern des 19. Jahrhunderts kündigte sich dies alles an. Freuds psychologische und kulturbezogene Lektüre des *König Ödipus* und des *Hamlet*, seine Einsicht in die Kraft und Bedeutung der Phantasien sowie seine Traumtheorie waren eine originelle Leistung und zugleich Ausfluß der geistigen Prägung seiner Zeit. Freud entdeckte, daß Träume verdichtete und verzerrte Skripten sind, die aktuelle Ereignisse mit infantilen Wünschen verschmelzen und kryptische Botschaften aus dem Unbewußten vermitteln. Jahrzehnte vor dieser Entdeckung werden bei Turgenjew und Dickens, Thackeray und Flaubert, Wilkie Collins, Charlotte Brontë und Guy de Maupassant Träume erzählt und als bedeutungsschwangerer Ausfluß der Wirklichkeit gedeutet. Zu Beginn des Jahrhunderts definierte Stendhal den Roman als einen Spiegel, der eine Hauptstraße entlangzieht. Es war eine treffende Metapher, in der angelegt war, was im bürgerlichen Zeitalter zum Gemeinplatz werden sollte: Ein erzählendes Werk ist weder einfach ein autonomer Text noch eine völlig private Herzensergießung: Es ist eine Widerspiegelung der Gesellschaft.

Die Romantiker entwickelten um 1800 ihre eigene Psychologie der Ästhetik. Sie suchten die Quelle der literarischen Kreativität in unbewußten Konflikten, in jener seltenen und kostbaren Exzentrizität namens Genie, in Problemen und Defiziten, die in der Seele vergraben waren und die es zu leugnen oder wettzumachen galt. Aber die soziologische Gegentheorie, der manche Romantiker ebenfalls huldigten, ließ nicht lange auf sich warten. Madame de Staël und William Hazlitt brachten die Losung in Umlauf, daß Gesellschaft und Roman einander widerspiegeln. Von deterministischen Literaturhistorikern wie Hippolyte Taine aufgegriffen und veränderten Zeitläuften angepaßt, erhielt sie allmählich den Status einer unanfechtbaren Binsenweisheit. Das zunehmende Ungenügen am Eskapismus des historischen Romans verstärkte nur noch diese recht oberflächliche soziologische Deutung der Literatur. Theodor Fontane bestätigt dieses Ungenügen, wenn er in einer gedankenvollen Rezension der *Ahnen* von Gustav Freytag bemerkt: «Der Roman soll ein Bild der Zeit sein, der wir selber angehören», und zwar ein getreuliches Abbild.[10]

Wir sind heute geneigt, jenen Spiegel der Dichtung, der die Hauptstraßen des 19. Jahrhunderts entlangzieht, oft seltsam gestaltet, schlimm verfärbt, nicht selten gesprungen zu finden. Bedürfnis, Wut und Talent des Autors sowie die Erfordernisse seiner Kunst wirkten auf die Gestaltung seines Werkes ebenso nachhaltig ein wie sein gesellschaftlicher Status, seine religiösen Überzeugungen und politischen Loyalitäten. Nur die sensibelsten Leser des 19. Jahrhunderts ließen diesen widersprüchlichen Anforderungen Gerechtigkeit widerfahren; man denke an Sainte-Beuve in seine besten Stunden oder an Henry James. Taines denkwürdige, vielkritisierte Formel *«race, milieu, moment»* versuchte unerschrocken, aber primitiv, das Gewicht der Welt für Künstler zu wägen, und war gewiß für derlei Zwänge blind. Der Schriftsteller hört ebensosehr auf andere Schriftsteller wie auf das zahlende Publikum, was damals nur wenige verstanden. Sein berufliches Über-Ich ist anspruchsvoll und zudringlich. Es bestimmt den Stil kämpferischer literarischer Manifeste und streitsüchtiger literarischer Coterien. Im 19. Jahrhundert bekämpfte ein Ismus den anderen und löste ihn ab. Auf die Romantiker – so haben wir es gelernt – folgten die Realisten, und auf diese wiederum die Naturalisten und Symbolisten. Doch eigneten sich diese Epitheta eher als Schlachtruf denn als Instrument der Diagnose. Immer gab es auch Gegenströmungen: Romantiker im Zeitalter des Realismus, Realisten im Zeitalter des Symbolismus. Die hervorragendsten Schriftsteller des 19. Jahrhunderts – Flaubert, Dickens, Tolstoi – verwahrten sich gegen diese unpräzisen und unpassenden Etikettierungen. Selbst seine entschlossensten Widersacher konnten dieses Jahrhundert des Realismus nicht ganz ignorieren, das manch zuverlässige soziale Berichterstattung im Roman hervorbrachte. Selbst Dostojewski, dieser bezwingende Phantast, tat sich etwas auf seine emsige Zeitungslektüre zugute; er gewann aus ihr das Material für seine Arbeit. Was den Roman des 19. Jahrhunderts aber zu einem so informativen Zeugnis macht, ist weniger die journalistische Präzision als vielmehr die Fähigkeit, die erotischen Erfahrungen der zeitgenössischen Kultur zu analysieren und – mitunter aufschlußreich verzerrt – darzustellen.

Auf Liebe fixiert, reagierten Romane auf vielschichtige persönliche und kulturelle Bedürfnisse. Noch der größte Schund konnte darauf rechnen, von irgend jemandem wohlwollend aufgenommen zu werden. Ende 1849 bedankt sich Jane Welsh Carlyle bei ihrem Freund John Forster für die Übersendung von «Mulocks» Roman: «Ich habe ihn mit enormem Interesse gelesen.» Sie kann nur *The Ogilvies* gemeint haben, ein schauerliches Gebräu aus deklamatorischen Reden, theatralischen Gesten, verrückten Mißverständnissen, plötzlichen und willkommenen Todesfällen und natürlich unerhörter und unvergänglicher Liebe. Der ganze Roman ist ein Defilee von Ausrufezeichen. «Es ist schon lange her, daß ich mich so in einen Roman gestürzt habe, der nur von Liebe und überhaupt von nichts anderem handelt», schreibt Jane Carlyle an Forster. «Er erinnert einen an den Liebestraum der eigenen Jugend. Mir gefällt er, und mir gefällt auch das arme Mädchen, das das alles noch glauben kann, oder glaubt, daß sie es glaubt. Gott helfe ihr! Sie wird ein anderes Lied singen, wenn sie einmal zwanzig Jahre lang so weiter gelebt und geschrieben hat.»[11] Aber Mrs. Craik lebte und schrieb noch mehr als zwanzig Jahre lang «so weiter» und sang doch kein anderes Lied. Unverdrossen pries sie die bürgerlichen Tugenden und fand eine begeisterte Leserschaft für ihre ungelenk gefügten und aus zweiter Hand geschöpften Romane.

Und trotzdem hing Jane Carlyle, eine kluge, geistreiche und geschmackvolle Frau, an den *Ogilvies*, und sie wußte warum. Dieser Roman schenkte ihr einige erfreuliche Augenblicke der Regression, entführte sie in Tagträume, die sie geglaubt hatte, sich abgewöhnen zu müssen. Versüßt wurden ihr diese Augenblicke noch durch das Vergnügen, selbstgefällig auf naive Kitschautoren herabsehen zu können. Ihre Freude ist weder eine eigenwillige Geschmacksverirrung noch die höfliche Reaktion auf ein sinnreiches Geschenk. Jane Carlyles anmutigselbstbewußtes Eingeständnis läßt die Stärke des Romans im 19. Jahrhundert erkennen: Ob unterhaltend, erbaulich oder literarisch experimentierend, er konservierte und formulierte erotische Phantasien von universeller Bedeutung, aber unverwechselbarem Ausdruck.

Für Liebende muß diese Literatur von höchstem Interesse gewesen sein. Sie fanden darin vieles, was sie befriedigte; aber es gab auch vieles Verstörende. Die erzählende Dichtung des 19. Jahrhunderts stillte die Gelüste des ehrbaren Bürgers, aber auch die des übersättigten Weltmannes. Der Liebesroman reichte von der regelrechten Pornographie oder der sentimentalen Schnulze bis zur schneidenden Gesellschaftskomödie; er konnte die Funktion eines Ratgebers für die Unerfahrenen und eines Trostbüchleins für die Irritierten übernehmen. Die jungen Männer und Frauen, von deren emotionalen Kämpfen die meisten Romane erzählten, durften die gefährlichen Meere der Liebe nur befahren, um endlich in den sicheren Hafen der Ehe einzulaufen; sie genossen den bedingungslosen Segen ihrer Eltern und die Aussicht auf unwandelbare Glückseligkeit. Eine so hervorragende und gewissenhafte Autorin wie George Eliot brachte es fertig, das Schlußkapitel von *Adam Bede* «Hochzeitsglocken» zu nennen. Die meisten Leser erwarteten nichts anderes, und normalerweise bekamen sie auch nichts anderes.

Oft bekamen sie sogar mehr. Viele Fortsetzungsgeschichten in den damaligen Familienzeitschriften spannen Phantasien aus, in denen der Triumph der Liebe zugleich den gesellschaftlichen Aufstieg in seinem Gefolge hatte. Die Heldinnen und Helden hatten voraussehbare Abenteuer zu bestehen, die mit befriedigender Umständlichkeit erzählt wurden; zuletzt aber bekam das niedrig geborene Mädchen den edlen Grafen, der arme, aber tüchtige und selbstbewußte junge Mann die umschwärmte Schönheit. Mit solchem Stoff machte die unnachahmliche Marlitt in der *Gartenlaube* ihr eigenes Glück, und das der Zeitschrift dazu. Gewagtere Texte ließen den Leser sexuelle Triumphe und explosive Erfüllung imaginieren und insofern miterleben, als sie ihn einluden, seine Wünsche durch Selbstbefriedigung oder mit Prostituierten auszuagieren.

Die anspruchsvollere Literatur des 19. Jahrhunderts war düsterer, oder jedenfalls nüchterner. In Wilkie Collins' *Basil* ist der eponyme Held nur eine von vielen Romangestalten, die den zerstörerischen Wahnsinn der Liebe entdecken müssen. In den meisten Romanen von Zolas Rougon-Macquart-Zyklus spendet die Liebesleidenschaft krampfhafte Lust, bewirkt aber im allgemeinen Elend und Verhängnis, stachelt auf zu Gewalt und Mord. In *Effie Briest*, Fontanes berühmtestem Roman, gerät die Liebe in Konflikt mit einem starren, überholten Ehrenkodex: Die Protagonistin wird in Schande und frühen Tod getrieben. Der Held in Machado de Assis' *Dom Casmurro* hegt den eifersüchtigen Glauben, seine Frau habe ihn mit seinem besten Freund betrogen – ob dieser Glaube auf Tatsachen oder Wahn beruht, erfährt der Leser nicht –. Dom Casmurro verstößt die Liebe seines Lebens und jagt sie für immer in ein schändliches Exil. Gewiß, in *Adam Bede* läßt George Eliot aus Bösem Gutes entstehen: Bede hatte treu, aber vergeblich eine narzißtische, hohle Schönheit namens Hetty geliebt; zuletzt aber heiratet er eine fromme Methodistin und darf ein Leben ruhigen Glücks an ihrer Seite erwarten. Aber das Böse, das im Dienste dieser befriedigenden Liebeserfüllung steht, ist schrecklich genug: Hetty tötet ihr uneheliches Kind. In Turgenjews Theaterstück *Ein Monat auf dem Lande* sagt jemand: «Ob glücklich oder unglücklich, die Liebe ist wirklich eine Kalamität, wenn man sich

ganz auf sie einläßt.» Viele Prosawerke Turgenjews lesen sich wie ein
Kommentar zu diesem Satz. Für Marcel Proust sind «Liebe» und «Unglück» praktisch gleichbedeutend. Und Eugène Fromentins ätzende *Dominique* ist repräsentativ für viele Romane, in denen eine große Liebe mit
einem großen Verlust endet. Nicht immer konnten die Autoren mit dem
Happy-End aufwarten, das so viele Leser so inständig wünschten.

Aber nicht nur Leser drangen unerbittlich auf das Happy-End. Charles Dickens schrieb die letzten Seiten der *Great Expectations* auf Anraten
seines Freundes und Kollegen Bulwer-Lytton um: Vielleicht würden Pip
und Estella sich doch noch kriegen... Dazu mußte Dickens sein künstlerisches Gewissen verrenken: Der neue Schluß, ziemlich unwahrscheinlich und unmotiviert, werde, so hoffte er, den Roman «akzeptabler»
machen.[12] Ein Schriftsteller, der ein großes Publikum der Mittelschicht
bediente, hatte seine Verpflichtungen. Zwar schienen es manche Autoren
zu lieben, grausam zum Publikum zu sein und es mit der harten
Wirklichkeit unglücklicher Liebe zu konfrontieren. Aber die meisten
machten doch Zugeständnisse ans Lustprinzip.

Der Roman des 19. Jahrhunderts, ob unterhaltsam, ob literarisch
ambitioniert, eilte von Triumph zu Triumph. Die Gattung sei «flexibel,
vielfältig, beweglich», befand 1861 der französische Kritiker Armand de
Pontmartin. Mit einem gewissen Erstaunen registrierte er den Erfolg des
Romans: «Wir haben eine recht bemerkenswerte Erscheinung in der
Literatur vor uns: Die Lyrik verkümmert, der Roman behauptet sich.»
Freilich könne es kaum anders sein. Schließlich nütze der Roman «die
mannigfaltigen Momente, die Gesellschaft und Leben ihm bieten».[13] Das
war richtig: Die Romanciers entwickelten ein enormes Repertoire an
Plots und Techniken und glücklichen Lösungen. Das brauchten sie auch.
Es gab viele Menschen, die nicht willens oder fähig waren, subtile
Dichtung zu lesen; Romane verschlangen sie nur in ihren primitivsten
Formen. Die Demokratisierung der Pädagogik und der wachsende Bedarf der Industriekultur an gebildeten Arbeitskräften zapften ein bisher
unerschlossenes, praktisch unerschöpfliches Reservoir an gewöhnlichen
Lesern an. Diese Schicht stellte Autoren, Verleger und Kritiker vor
vermehrte und komplizierte Aufgaben. Aber selbst das engere Publikum
der Mittelschicht, von schlechtbezahlten Angestellten und überarbeiteten
Hausfrauen bis zu kultivierten Selbständigen und einflußreichen Bankiers, verschmolz nie zu einem geschlossenen Lesepublikum mit einheit-
lichen Erwartungen an die Autoren. Der Geschmack der Mittelschicht
variierte ebenso stark wie deren Einkommen und Bildung.

Oft gab sich dieser Geschmack mit einfachen Freuden zufrieden.
Leihbüchereien, Bahnhofskioske, Lesezirkel und Buchgesellschaften

spezialisierten sich, um die Lesewut des Bürgertums zu befriedigen, auf berechenbare Schnulzen und Melodramen. Alle diese Erzeugnisse zielten auf das Happy-End; alle verharmlosten systematisch die Ermattung und Ernüchterung, von der reale Liebe stets bedroht ist. «Wie viele verlogene Liebesgeschichten doch alljährlich erscheinen!» klagte der englische Kritiker Alexander Shand 1888; Geschichten, «die nicht die geringste Berührung mit dem wirklichen Leben, nicht die leiseste Schätzung für das Fremde, Unvertraute am Menschen verraten.» Die meisten bürgerlichen Leser des 19. Jahrhunderts wollten nichts von Romanen wissen, die in seelischen Konflikten wühlten oder die erschreckenden Wechselfälle des Gefühlslebens zergliederten. Wie frühere Leser zu früheren Zeiten, sehnten sie sich nach Flucht, nach der primitiven Identifikation mit makellosen Heldinnen und Helden. Ihnen fehlte das Durchhaltevermögen für das strenge und ehrgeizige novellistische Programm der Brüder Goncourt, «nach der Natur die drei großen Akte des Lebens zu geben: KINDBETT, KOITUS, TOD». Bestenfalls mischten sie in ihrer Jugend frivole Eskapaden und ernste Lektüre und reiften allmählich von jenen zu dieser heran. Mabel Loomis Todd war in der Schulzeit eine rechte Leseratte und später selber so etwas wie eine Schriftstellerin. In ihrem Tagebuch aus der Jugendzeit registriert sie Dutzende von Erzählungen unterschiedlichster literarischer Qualität. Die Liste reicht von J. B. Aldrichs *Story of a Bod Boy* («wirklich hübsch») über Louisa May Alcotts *Little Women* («sehr sehr schön») zu *The Cousin from India* von Georgiana M. Craik («ganz wunderschön») und *The Last of the Mohicans* von James Fenimore Cooper («einfach prachtvoll»). Die wahllose Lektüre war typisch für ihre Zeit und ihre Schicht; weniger typisch waren Mabels selbstkritische Anwandlungen. Ihre jüngste Lektüre musternd, meint sie: «Manchmal hoffe ich, eine ganz andere Art von Buch eintragen zu können.»[14] Die meisten ihrer Mit-Bürger brachten es nie zu dieser anderen, schwierigeren Art von Buch. Ein Teil der Literatur des 19. Jahrhunderts war kritisch und anspruchsvoll; das meiste aber war konformistisch und seicht. Die hervorragendsten Muster – die Romane, die Kulturgeschichte gemacht haben – dienten hauptsächlich dem Zweck, die Behaglichen aus ihrer Behaglichkeit aufzuschrecken. Daneben gab es überall Unterhaltungsschrifttum, das dazu diente, Behaglichkeit zu verbreiten. An all diesem leichtverdaulichen Zeug kann der Chronist vor allem ersehen, was zimperliche und ängstliche Leser vermeiden wollten, genauer gesagt: in welcher beschönigenden Verkleidung sie die Konfrontation mit ihren eigenen Leidenschaften in Buchform ertrugen.

Zu gewissen Zeiten suchte aber der gebildetste und unterscheidungsfähigste Leser bei optimistischer Trivialliteratur Zuflucht vor den übermächtigen Realitäten des Lebens. Die kultivierte, tatkräftige amerikanische Tagebuchschreiberin Mary Chesnut hatte seit frühester Jugend nur die besten französischen und englischen Romane gelesen. «Wieviel Freude in meinem Leben verdanke ich nicht diesen viel geschmähten Romanautoren», notierte sie nach der Lektüre von Trollopes *Framley Parsonage*. Aber das war 1861. Im März 1864 hatte sie, grambgebeugt von schlimmen Nachrichten von der Bürgerkriegsfront und herben persönlichen Verlusten, nur Sinn für Ablenkung und Aufmunterung. Hawthornes *Blithedale Romance* «hinterläßt einen so unerfreulichen Eindruck. Was ich jetzt brauche, sind erfreuliche, angenehme Geschichten. Das wirkliche Leben spielt uns so mit. Die Tragödie ist etwas für leichte Stunden.»[15]

Auch andere, typischere Leser der Mittelschicht waren nicht weniger begierig auf erfreuliche, angenehme Geschichten. Geschmack an der Tragödie hatten sie nie entwickelt. 1915 blickte der amerikanische Kritiker Grant Showerman auf ein Jahrhundert zurück, in dem der Roman zur bevorzugten Kost des Bürgers geworden war. Er erinnerte daran, wie Generationen von Lesern den Roman nicht als Spiegel, sondern als Narkotikum benutzt hatten. Die «altmodische Frau der vorigen Generation» hielt «in den gefährlichen Gewässern des modernen Romans immer Ausschau nach dieser Insel der Geborgenheit, die sie die ‹hübsche kleine Geschichte› nannte». Und wieder eine Generation zurück «war ihre Mutter vor unerfreulichen Autoren wie Thackeray und George Eliot auf diese Insel geflüchtet». Was diese Frau selber betreffe, so suche sie auf jener Insel Zuflucht «vor dem tieferen Trübsinn Thomas Hardys, dem schockierenden, jugendlichen Zynismus Kiplings und dem aus Frankreich und Rußland importierten, fremdartigen Ding namens ‹Realismus›». Was seine eigene Zeit betraf, so stellte Showerman sich die jungen Frauen vor, wie sie die Flucht ergriffen «vor den Romanen mit Sexualität, Verbrechen, Intellekt». Statt dessen griffen sie zu dem «weiß-und-goldenen Prachtband mit dem rothaarigen Mädchen auf dem Schutzumschlag». Ihre Unschuld mochte ihnen ein wenig peinlich sein. Dennoch konsumierten sie gerne weiter, was sie «‹einfach eine nette Geschichte›» nannten.[16]

Es stimmte: Moderne Meister hatten die Gewohnheit, unerfreulich zu sein. Zwar standen sie oft exzentrisch zu ihrer Kultur. Aber sie erfaßten deren Charakteristika schärfer, sondierten sie sensibler und gestalteten sie genauer, als es die Bestsellerproduzenten je vermocht hätten. Diese schwierigen Autoren sahen mehr, aber sie gaben auch mehr: dem Zeitgenossen, der bereit war, sich auf sie einzulassen, wie dem Historiker, dem es um gründliche Gesellschaftsanalysen zu tun war. Die Meister geboten über eine weniger stereotype, fruchtbarere Phantasie als die Verfertiger populärer Romane. Trotzdem sind ihre Gestalten fester in der seelischen und sozialen Wirklichkeit verwurzelt als die Figuren ihrer minderen Kollegen. Sie machten den Weg frei zu Konflikten, zumal Liebeskonflikten, die die herrschende Kultur nach Kräften von der Bühne des Bewußtseins zu verdrängen trachtete.

Das heißt nicht, daß die anspruchsvollen Autoren konsequent jene Mittel verschmäht hätten, mit denen der Vielschreiber sich bei seinem Publikum anbiederte. Auch sie konnten papierene Helden und Schurken erfinden, sentimentale Liebesschwüre dichten, unwahrscheinliche Zufälle walten lassen und theatralische Rettungen inszenieren. Zola zaubert mehr als ein Kaninchen aus dem Zylinder, und selbst der geschmackvolle Fontane bereitet mit einigen zufällig entdeckten Liebesbriefen den tragischen Höhepunkt der *Effi Briest* vor. Wohl der melodramatischste Augenblick in einem seriösen Roman des 19. Jahrhunderts ist der Höhepunkt von *Adam Bede*; er galt schon seinerzeit als nicht zu rechtfertigende Geschmacksverirrung. Hetty steht auf dem Wagen vor dem Schafott, wo sie wegen Kindsmordes hingerichtet werden soll. Doch «im letzten Augenblick» (so der Titel des Kapitels) wird sie vom sprichwörtlichen «reitenden Boten des Königs» gerettet: Arthur Donnithorne, ihr Verführer, prescht auf schweißtriefendem Pferd durch die Menge, die der Hinrichtung beiwohnen will, und überbringt Hettys Begnadigung. Das Todesurteil ist in Deportation umgewandelt worden.[17] Aber natürlich haben weder George Eliot noch Fontane noch Zola von solchen handwerklichen Taschenspielertricks gelebt. Sie alle zielten auf das zerrissene Herz ihrer Kultur und auf die Natur des Menschen, dieses konfliktbeladenen, verliebten Tieres. Und in ihren besten Werken trafen sie ins Ziel.

2. Von zuchtlosen und anderen Herzen

Für Romanciers, ob subtil oder nicht, war die Liebe ein gewichtiges Thema. So durchsetzten die Erzähler des 19. Jahrhunderts ihre Schriften mit gedankenvollen Epigrammen, kleinen Predigten und philosophischen Randbemerkungen und betätigten sich regelmäßig als Moralisten. Weder sie selbst noch ihre Leser empfanden diese Abstecher ins Ahnungsvolle und Belehrende als aufdringlich; schließlich waren auch die Geschichten, die sie erzählten, oft mit der schweren Bürde missionarischer Erbaulichkeit befrachtet. Niemand aber schulterte diese Bürde tapferer und machte sie trag-barer als Dickens. Für den Chronisten der bürgerlichen Kultur im 19. Jahrhundert ist Dickens von besonderem

Interesse; war er doch einer ihrer geistvollsten Sprecher. Sein Mittel-
schichtspublikum nahm ihn zu seinen Lebzeiten für sich in Anspruch;
Matthew Arnold bekräftigte diesen Anspruch 1881, als Dickens bereits
eine historische Gestalt war. *David Copperfield*, Dickens' persönlichste
Schöpfung und sein «Lieblingskind», war für Arnold «bezaubernd und
instruktiv», ein «alles enthaltendes Schatzhaus», das die «englische Kultur der Mittelschicht» von der strengen wie von der leichten Seite zeige.[18]
Dickens beherrschte die englische Literaturszene wie kein anderer. Das
Heer der gewöhnlichen und die Elite der gebildeten Leser liebten ihn;
den anspruchsvollsten Literaturkritikern gab er Rätsel auf; die schreibende Konkurrenz empfand ehrliche Bewunderung, aber auch kaum ver-
hohlenen Neid. Als Dickens 1870 starb, verwaiste der Thron eines
Romanschriftstellers der Nation.

Dickens' unvergleichlicher Reiz hat viele Gründe; sein konsequentes
Moralisieren war keineswegs der geringste. Seine Schurken enden im
Gefängnis, am Bettelstab oder am selbstgeknüpften Strick; seine tugendhaften, züchtigen Heldinnen und Helden kriegen sich zu guter Letzt. Es
gibt eine Szene im *David Copperfield*, die die moralischen Neigungen,
literarischen Taktiken und psychologischen Dividenden des Romanschaf-
fens zu Dickens' Zeit vortrefflich verdichtet. Dickens verlegt sie in das
Arbeitszimmer von Dr. Strong. Das ist jener freundliche, ältere, weltfremde Gelehrte, der früher Davids Lehrer war und nun sein geschätzter
Freund ist. Dr. Strong hat eine schöne und junge, aber reservierte und
einigermaßen geheimnisvolle Frau namens Annie. Seit einigen Jahren
brauen sich über ihr Wolken des Argwohns zusammen; ihre besten
Freunde fürchten, daß sie eine unerlaubte Neigung zu ihrem hübschen,
aber selbstsüchtigen und haltlosen Vetter Jack Maldon im Busen hegt.
Dickens hat denn auch sorgsam Spuren gelegt, die solchen Argwohn
plausibel machen. Sogar David Copperfield, der ohne Falsch ist und von
niemandem leichtfertig Böses denkt, fragt sich beklommen, ob Annie am
Ende ihre heilige Weibespflicht vergessen habe. Allein Dr. Strong, der
einst Annies väterlicher Freund war, bevor er ihr väterlicher Gatte
wurde, scheint fest die Augen zu verschließen. Nun aber kommt es zu
einem jener opernhaften Ensembles, die Dickens so unwiderstehlich
fand, und Annie Strong räumt alle Zweifel aus; zugegen sind ihre
geschwätzige, Unheil stiftende Mutter, David Copperfield und andere
Hauptpersonen – ein veritables Sextett. Auf den Knien liegend erklärt sie
ihrem Gatten, daß sie und ihr Vetter «einst ein wenig verliebt» waren;
niemals aber habe sie Jack Maldon ernstlich geliebt; hätte sie sich diese
Liebe dennoch eingeredet und ihn geheiratet, so wäre sie «höchst elend»
geworden. Denn, wie sie ein wenig sententiös bemerkt: «Es gibt in der

Ehe nur eine Unvereinbarkeit: das Nichtzusammenpassen der Seele und des Ziels.» Nach schlimmer Versuchung und langem Argwohn wird die Unschuld strahlend bestätigt.

David Copperfield hat gebannt zugehört und findet Annies Worte merkwürdig bedeutend. Er selbst hat unüberlegt geheiratet; ein entzükkendes, gutherziges, aber unverbesserlich kindisches Geschöpf namens Dora Spenlow. Er fühlt jetzt, daß Annie Strongs Sinnspruch einen «eigentümlichen Bezug» hat, auf den er aber nicht kommt. Annie tut weitere Äußerungen, die ihm zu denken geben. In einer langen, leidenschaftlichen Ansprache an Dr. Strong – «O mein Gatte und Vater» – bekräftigt sie, daß ihre Liebe zu ihm rein ist; sie ist immer rein gewesen: «O drück mich an dein Herz, mein Gatte; denn meine Liebe ward auf einen Felsen gegründet, und sie dauert fort und fort!» Sie ist ihm für so vieles dankbar, nicht zuletzt aber dafür, daß er sie vor Maldon bewahrt hat, «vor dem ersten irregeleiteten Trieb meines zuchtlosen Herzens».

In den folgenden Tagen und Wochen kommt Copperfield nicht los von dieser Formulierung. Der unklare Bezug von Annie Strongs Sätzen ist klar geworden. Als er Dora heiratete, hatte er allein auf seine schwärmerischen Neigungen gehört. Er hatte sich hinreißen lassen von ihrer Schönheit, ihrer Stimme, ihren reizenden kleinen Gewohnheiten, ja von ihren Fehlern. Die Wertschätzung solider menschlicher Qualitäten, der Gedanke an eine lange Zukunft zu zweit, die hellsichtige Vorwegnahme jener reifen Liebe, die allein eine Frucht gemeinsamen Erlebens ist – das alles hat er versäumt, hat dem Realitätsprinzip keine Beachtung geschenkt. Seine Liebe ward nicht, wie jene Annie Strongs, auf einen Felsen gegründet; seine Ehe war der erste irregeleitete Trieb eines zuchtlosen Herzens.[19]

Dickens sorgt dafür, daß David Copperfield seine Übereilung schwer büßen muß. Liebevoll-resigniert erträgt er die schmollende Unbeholfenheit seiner Frau, ihre störrische Unfähigkeit in Haushaltsdingen, ihre rührenden, aber vergeblichen Versuche, die literarischen Arbeiten ihres Mannes zu verstehen, mit einem Wort: ihre mitleiderregende, geradezu programmatische Weigerung, erwachsen zu werden. Nach einer Fehlgeburt stirbt sie einen sanften, langsamen Tod. David Copperfield betrauert sie ausgiebig und heiratet dann Agnes Wickfield, seine «Schwester» seit Kindheitstagen. Sie verkörpert alle Vollkommenheiten, die ein Gatte in einem bürgerlichen Roman des 19. Jahrhunderts von seinem Weibe erwarten durfte: stille Schönheit, unerschöpfliche Großmut, die Begabung zu Häuslichkeit und Mütterlichkeit.

Dickens schrieb Romane, keine moralischen Abhandlungen. Doch *David Copperfield* enthält unter anderem auch eine Moralität: Den

Verlockungen eines zuchtlosen Herzens zu folgen, trägt Strafe ein; das Herz in Zucht zu nehmen bringt Lohn. Die Wünsche des zuchtlosen Herzens richten sich auf die sofortige Befriedigung von Begierden, die die magnetische Gegenwart eines gewinnenden Menschen oder das unrealistische, unersättliche Verlangen nach Erfolg in der Gesellschaft wecken. Die Romanliteratur des 19. Jahrhunderts wimmelt von solchen unreifen und unverantwortlichen Opfern der Begierde. Hetty Sorrel in *Adam Bede*, ganz zu schweigen von Effi Briest, Emma Bovary und Anna Karenina in den Romanen, die ihre Namen tragen, und viele andere ähnliche Gestalten: sie überlassen sich Liebesregungen, die die Stellung dieser Personen im Leben, ihre religiösen Verpflichtungen und die Regeln der Gesellschaft für unzulässig erklärt haben. Der Ehebruch bot einen quälend-aufreizenden Blick auf das bedenkenlose zuchtlose Herz.

Dickens, der Umsichtige, zögerte nicht, mit diesem dubiosen und allgegenwärtigen Thema zu spielen. Für andere Romanciers, vor allem Franzosen, war der Ehebruch ein beliebtes Element der Handlung. Dickens foppte seine Leser nur mit dem Schein von Untreue, ohne sie mit deren Konsequenzen zu konfrontieren. In *Bleak House* verleiht er dem Ehebruch einige lächerliche Züge. Mrs. Snagsby quält sich mit der felsenfesten Überzeugung, daß ihr weichherziger, gutartiger Mann sie mit einer ganzen Reihe sehr unwahrscheinlicher Rivalinnen betrügt. In *Dombey and Son* läßt Dickens den bübischen Carker unter höchst verdächtigen Umständen mit Edith, der Frau von Mr. Dombey, fluchtartig zum Kontinent abreisen. Und wie in *David Copperfield* und *Bleak House* beruhigt Dickens die Leser wieder, nachdem er ihren Argwohn geweckt und ihnen den Mund wäßrig gemacht hat. Annie Strong rehabilitiert sich, wie wir sahen, zur Zufriedenheit aller. Mrs. Snagsby wird von Polizeiinspektor Mr. Bucket über ihre Wahnvorstellungen aufgeklärt; der vernünftige Beamte gibt ihr den Rat, *Othello* zu lesen. Und Edith Dombey, aufgewachsen als schönes, herzloses Objekt, das sich dem Meistbietenden an den Hals wirft, besitzt doch noch soviel Anstand, sich in einer melodramatischen Szene ihrem Möchtegernverführer zu verweigern. Gewiß, ohne die Andeutung von Unmoral wäre der Roman des 19. Jahrhunderts fad geblieben. Aber in den meisten Ländern fanden die Romanciers es ratsam zu zeigen, daß derlei Unterstellungen unberechtigt waren. Manche übertrieben anständigen Romane des 19. Jahrhunderts spielen mit erotischen Provokationen, die unerfüllt bleiben.

Die Leser zogen aus solcher aufreizenden Literatur doppelten Gewinn. Sie durften sich unerhört kühn vorkommen, wenn sie sich an schauerliche sexuelle Erfahrungen wagten, die ihnen normalerweise unerreichbar fern waren. Und sie durften die Erleichterung genießen, die mit der

Enthüllung bewahrter Unschuld einherging. Nur wer süchtig danach war, seine von der Lektüre erzeugten Phantasien auch auszuagieren, pflegte von dieser Taktik enttäuscht zu sein. Die meisten Leser – ausgenommen Reinheitsfanatiker – fanden die Andeutung von ehebrecherischer Leidenschaft, Promiskuität oder gar Inzest besonders reizvoll, wenn sie sich als zwar sorgsam genährter, aber irriger Eindruck erwies. Es war wie die Erwartung einer gefährlichen Dschungelsafari mit ungewissem Ausgang, die sich zuletzt als Sonntagsausflug in den Zoo entpuppte.

Trotz solchen Liebäugelns mit unerlaubten Erfahrungen diente ein großer Teil der Romanliteratur des 19. Jahrhunderts aber auch als weise Warnung: vor verfrühten Schwärmereien, unpassenden Verbindungen, ehelichen Unregelmäßigkeiten. Einige der berühmtesten Romane der Zeit – Tolstois *Anna Karenina*, Eliots *Middlemarch*, Thackerays *Vanity Fair* – verfolgen das unterschiedliche Schicksal von zwei Liebespaaren: Das eine ist dazu bestimmt, Schiffbruch zu erleiden, das andere geht am Ende eine passende Verbindung ein; oder beide werden auf ihre eigene Weise unglücklich. Das Interesse, das die Pein eines einzigen Paares erregt, wird durch die Pein eines zweiten mehr als verdoppelt. An beiden erprobt der Romancier Möglichkeiten der Liebe; jedes Paar gemahnt das andere an das, was hätte sein können.[20]

Ebenso oft kommt es vor, daß der Autor, wie in *David Copperfield*, seinen Protagonisten durch die harte Schule zweier (oder mehrerer) Lieben schickt; die erste ist ein schrecklicher Irrweg, die letzte ist die einzig wahre und richtige. Trollopes *Three Clerks* beschreibt die Bandbreite wohlanständiger Verliebtheit am Schicksal dreier Schwestern und ihrer drei Freier. Einer der Freier, Harry, liebt zunächst die glanzvolle Gertrude, um schließlich die selbstlose Linda zu wählen. In *Democracy* von Henry Adams zieht eine geistreiche, wohlhabende junge Witwe von New York nach Washington; dort erliegt sie der schier magnetischen Anziehungskraft eines rücksichtslosen Senators auf dem Weg ins Weiße Haus. Was sie rettet, sind ihr gesunder Menschenverstand und die Ergebenheit und Rechtschaffenheit eines anderen Mannes, den sie endlich heiraten wird. In Deutschland war in den sechziger und siebziger Jahren des vorigen Jahrhunderts Friedrich Spielhagen der bekannteste oder jedenfalls ehrgeizigste Romanautor. In *Hammer und Amboß* läßt er den Protagonisten praktisch erst auf der letzten Seite bei der bewunderungswürdigen Paula zur Ruhe kommen, nachdem ihn seine Schwärmereien auf manchen spektakulären Umweg geführt haben.

In den meisten Romanen des 19. Jahrhunderts erweist sich Ungestüm in Liebesdingen als Quelle des Verderbens. Dagegen verheißt die Fähig-

keit, Befriedigung aufzuschieben und nur das zu wünschen, was ein
anständiger und verantwortungsbewußter Bürger eben wünscht, im allgemeinen dauerhaftes Glück. Es ist auffallend, wie viele Autoren ihre
Heldinnen für ihre Engelsgeduld auszeichnen und belohnen. Im allgemeinen sind es die guten Frauen bei Dickens, die sich auf das gelassene
Abwarten vestehen; eine Ausnahme ist vielleicht Bella Wilfer in *Our
Mutual Friend*. Fast am Ende des *David Copperfield*, als alles klar
geworden und David wieder ein freier Mann ist, rückt Agnes Wickfield
mit dem Geständnis heraus, daß sie ihn ihr ganzes Leben lang geliebt hat
– und nicht nur als Schwester. Und Spielhagens Paula war ebensosehr
eine Schwester für den Helden und Ich-Erzähler von *Hammer und
Amboß*, wie Agnes Wickfield es, fast sechshundert lange Seiten lang, für
David Copperfield war. Auch Linda in Trollopes *Three Clerks* hat sich in
Standhaftigkeit geübt, bis Harry ihre stillen Reize entdeckt. Der edle
Dobbin in *Vanity Fair*, der jahrelang Amelia liebt, bis sie endlich seinen
Wert erkennt und seine Zuneigung erwidert, kehrt die traditionelle
Rollenverteilung der Geschlechter um: Hier ist es der Mann, der dient
und wartet, nicht die Frau. Aber die Lehre ist dieselbe, die elementare
Moral des Romans im bürgerlichen Jahrhundert: Die Kultur fordert
Opfer, und wer sich weigert, sie zu bringen, muß seinen Preis dafür
zahlen, daß er seinen erotischen Drang nicht in Zucht genommen hat.

Ein so belastetes und umstrittenes Thema wie der Stellenwert der Moral
im Roman war kaum geeignet, zwischen Autoren, Lesern und der neuen
Wachstumsindustrie der Literaturkritik Einigkeit zu stiften. Jedes neue
Jahrzehnt sah neue Adepten der Lehre von der Literatur um der Literatur
willen. Théophile Gautier und Charles Baudelaire in Frankreich, Edgar
Allen Poe und Ralph Waldo Emerson in den USA, Heinrich Heine und
Friedrich Theodor Vischer in Deutschland, sie alle variierten Puschkins
prägnante Formel: «Das Ziel der Dichtung ist die Dichtung.» Der
hochtrabende romantische Anspruch auf die exemplarische Stellung des
Künstlers in der Gesellschaft – ein Anspruch, der noch erhoben wurde,
als die Romantik bereits verschwand –, warf die Frage nach dem Schriftsteller als Erzieher auf. Als ungewählter Gesetzgeber der Menschheit
mochte der Schriftsteller die Aufgabe haben, die moralische Führung zu
übernehmen; als reiner Artist, fern den weltlichen Belangen des Philisters, mochte er darauf verzichten, Tugend zu predigen und das Laster zu
verdammen.

Inkohärenz und Inkonsequenz in dieser Frage waren und blieben an
der Tagesordnung. Als Thackeray am Beginn seines literarischen Weges
stand, verwarf er die Vorstellung, der Schriftsteller solle verkappte Pre-

digten schreiben. Er weigerte sich, dem ahnungslosen Leser mit unheil-
schwangeren Aussagen über die Verderbtheit der zeitgenössischen Gesellschaft aufzulauern. Doch tragische Schicksalsschläge in der Familie
und gründliches Nachdenken über die Kunst des Romans bewogen ihn,
seine Meinung zu ändern. Er schließe sich den «Satiriker-Moralisten» an,
erklärte er einem Freund und verkündete großspurig: «Mir scheint mein
Beruf ebenso ernst zu sein wie der des Pfarrers.» Aber Moralpredigt und
Romanpraxis gingen nicht immer gut zusammen: Anthony Trollope
hatte ein feines Gespür für die Bedürfnisse des Marktes und neigte in
seinen Romanen nicht zum Feierlich-Gespreizten. Dagegen setzt er in
seiner Autobiographie eine ausgesprochene Grabesmiene auf. Dort meint
er, es gebe zwar viele, Zyniker wie Puristen, die «lachen würden beim
Gedanken an einen Romanautor, der Tugend oder Edelmut lehrt»; er für
seinen Teil halte aber die Schriftsteller nicht für eine Gattung, die sich an
die «verruchten Freuden einer verruchten Welt» anbiederten. Ganz im
Gegenteil: «Ich habe mich stets für einen Verkünder von Predigten
gehalten.» Es erfülle ihn mit Stolz, daß sich «kein Mädchen von der
Lektüre meiner Blätter weniger züchtig erhoben hat, als sie zuvor
gewesen ist». Ja, «manch eine mag aus diesen Blättern gelernt haben, daß
Züchtigkeit ein Reiz ist, den zu bewahren wohl die Mühe lohnt».[21] Daß
seine Behandlung der Liebe lüstern sei, hätte wohl niemand Trollope
vorwerfen mögen. Aber wer hätte bei der Lektüre seiner guterfundenen
Arbeiten geglaubt, daß Trollope dabei ernsthaft den Zweck verfolgte, die
Kanzel zu ersteigen und Moralpredigten zu halten?

Die Verwirrung war nach Lage der Dinge unheilbar. Unbequeme
Autoren – Satiriker wie George Meredith und Theodor Fontane, stirn-
runzelnde Richter der menschlichen Situation wie Thomas Hardy oder
Emile Zola – hielten sich für Läuterer, für Geißeln der Heuchelei: Durch
die Maske aus defensiven Ausflüchten und vornehmen Euphemismen im
Bereich des Erotischen hindurchzustoßen, war an sich schon eine moralische Tat. Schließlich war vieles von dem, was in der Romanliteratur der
viktorianischen Kultur als gesunde Moral durchging, lediglich Dekorum.
Um die Verwirrung vollständig zu machen, wurde häufig erbittert darüber gestritten, welche Lehren ein Schriftsteller denn nun verbreiten
wollte und wer die Zielscheibe seiner Ironie oder seines Spottes sei.
Fontane läßt die junge Effi Briest schon bald Kummers sterben, nachdem
ihr Mann ihren Ehebruch entdeckt und ihren einstigen Geliebten im
Duell erschossen hat. Doch ist es die Frage, ob Fontane hier gegen Effis
kurzen Seitensprung moralisiert oder ob er die Koventionen angreift, die
ihren steifen, humorlosen Gatten veranlassen, im Namen seines anachro-
nistischen aristokratischen Ehrenkodexes einen sanktionierten Mord zu

begehen. Ebensowenig kann man ohne weiteres entscheiden, ob Gautiers *Mademoiselle de Maupin* – ein Roman, auf den ich sogleich zu sprechen kommen werde – eine gegen das engstirnig-bürgerliche Nützlichkeitsdenken gerichtete, hinreißende Huldigung an die Schönheit war oder das Machwerk eines gerissenen Pornographen.

Solche Fragen zielen ins Zentrum des Problems, das die Moral im Roman für das bürgerliche Zeitalter darstellte. Der Gesellschaftssatiriker war gezwungen, zumindest einige der Details jener Unmoral zu schildern, die er geißelte. Herkules konnte den Augiasstall nicht ausmisten, ohne im Kot zu waten. Das aber war natürlich die lahme und durchsichtige Ausrede, mit der die Anbieter schmutziger Ware vor den Gerichten aufwarteten. Ihre unredlichen Absichten waren greifbar genug; doch bedurfte es mitunter eines feinen Unterscheidungsvermögens, um unerschrockene Kritiker ihrer verderbten Zeit und prinzipienlose Profitjäger auseinanderzuhalten.

Viele Romanschriftsteller des 19. Jahrhunderts, die sich als Moralprediger gerierten, wirkten auf einen Teil des Publikums höchst geschmacklos, ja geradezu unanständig. Was dem einen Leser sein Satiriker, war dem anderen sein Verführer. Vielleicht mehr als jeder andere Autor seiner Zeit forderte Thackeray, gerade weil er so erfolgreich war, zu solch widersprüchlichen Beurteilungen heraus. Mary Chesnut, nicht eben eine prüde Leserin, bewunderte Thackeray um eben jener Texte willen, die so viele seiner Leser so unbehaglich stimmten. Sie sei «verrückt» nach *Vanity Fair*, schrieb sie, während andere den Autor dieses Buches als «groben, ungehobelten, feixenden Gesellen» empfanden, der «die menschliche Natur entblößt, sie abstoßend macht, etc. etc. etc.». Selbst die eifrigsten, unermüdlichsten Romanleser, die sie kenne und die alles verschlängen, was ihnen auf französisch oder englisch in die Hände falle, könnten mit Thackeray nichts anfangen: «‹Das ist ein sehr unbehaglicher, unerfreulicher Mensch.›» Aber, philosophierte Chesnut weiter: «Ein armes Menschenleben, moralisch entblößt, läßt uns schaudern.» Das war es, was Thackeray unbehaglich und unerfreulich machte. Er schrak nicht davor zurück, «die Kehrseite zu zeigen – hinter den netten Vorhang der Schicklichkeit zu schauen, den wir vor uns hochhalten». Aber selbst Mary Chesnuts Aufgeschlossenheit für sexuelle Themen im Buch hatte ihre Grenzen: «Habe ein Buch gelesen, das – man kann es nicht anders sagen – absolut widerwärtig ist, Balzacs *Cousine Bette*.»[22]

Der Streit zwischen dem Ästhetischen und dem Ethischen war im 19. Jahrhundert alles andere als simpel, auch wenn es Leute gab, die anderer Ansicht waren. Saint-Marc Girardin, einflußreicher Literaturdozent an der Sorbonne und nicht weniger einflußreich als Publizist und

Politiker, setzte umstandslos moralische Güte mit literarischer Größe
gleich, empfahl die Tugenden der Keuschheit und des häuslichen Glücks
und verurteilte die erzählende Literatur seiner Zeit als schlimmste Ver-
derberin des Publikums. Im zeitgenössischen Roman sah er die Hauptursache von Elend und Selbstmord. Einige Jahrzehnte später polemisierte
Leo Tolstoi gegen den Pessimismus und die Überbetonung des Sexuellen
in der modernen Literatur und forderte eine Kunst, die lehrhaft, allge-
meinverständlich und von religiöser Erhabenheit wäre. Auf literarische
Priester und Propheten wie John Ruskin und Matthew Arnold konnten
sich zwar alle Parteien in dieser Kontroverse berufen. Aber da diese
Männer die Literatur idealisierten, ließen sie sich bequem von jenen
unentwegten Moralisten vereinnahmen, die in der Literatur den Triumph
des Guten und die Niederlage des Bösen dargestellt sehen wollten – in
anständiger Sprache.[23]

Die Einstellung in der Frage, ob die Literatur einen moralischen
Auftrag habe, entsprach nicht immer der Einstellung in der Frage, wie die
Liebe literarisch zu behandeln sei. Aber wer die ästhetische Autonomie
des Romans forderte, plädierte doch meist auch für ungeschminkte
Darstellung des Sinnenlebens und gegen ethische und religiöse Zensur.
Dieselbe Logik waltete bei den Hütern der bürgerlichen Moral – Staats-
anwälten, Leihbüchereibesitzern, Vertretern von Gesellschaften zur Unterdrückung der Prostitution. Das, was sie für die soziale Verpflichtung
des Autors hielten, war für sie gleichbedeutend mit seiner Zurückhaltung
in Liebesdingen und der Vermittlung moralischer Belehrung. Thomas
Hardy war ein Romancier, der sich über die körperlichen Gelüste des
Menschen freimütiger ausließ als die meisten seiner Kollegen in den
späten Tagen des 19. Jahrhunderts. Er hatte am meisten unter beleidigten
Lesern und verzweifelt vorsichtigen Lektoren zu leiden. Dieser unheiligen Allianz aus Lektoren und Lesern war der «sexuelle Gesichtspunkt»,
wie Henry James das nannte, auf Gedeih und Verderb ausgeliefert.[24] In
der späten Erzählung «John Delavoy» verewigt James einen der führenden Bösewichter dieser Verschwörung gegen die Freimut. Er erfindet den
Herausgeber des *Cynosure*, einer Zeitschrift mit enormer Leserschaft.
James macht ihn zu einer Art literarischem Kunstrichter, der in Wirklichkeit nur an der Auflagenhöhe seines Blattes interessiert ist. Es würde ihm
nicht einfallen, einem Flaubert oder Zola, Ibsen oder Hardy unter die
Arme zu greifen; tatenlos würde er zusehen, wie sie verfolgt, verleumdet
und verklagt werden.

James läßt die Geschichte in London spielen. Aber das notorisch zarte
englische Gewissen hatte kein Monopol, wenn es darum ging, die liberale
und phantasievolle Behandlung der Sexualität abzuwürgen. Ob in

Deutschland, Frankreich, den USA oder den skandinavischen Ländern, überall gab es den *Cynosure*, der seine loyalen Abonnenten vor jedem derben Rüchlein bewahrte. James' Ich-Erzähler ist ein Kritiker, der dem *Cynosure* eine Würdigung des Romanciers John Delavoy geschickt hat. Jetzt zögern die Herausgeber die Publikation des Beitrags hinaus, nachdem sie ihn zunächst mit Lob überschüttet haben. Delavoy ist vor kurzem gestorben, und seine Schwester, die sein Andenken vergöttert und in seinem Werk aufgeht, hält den Essay des Ich-Erzählers für zutreffend, ja beeindruckend. Doch der Herausgeber findet ihn «unanständig» und unzart. Schließlich läßt er die Maske fallen: «Sie werden im *Cynosure* nicht über die Beziehung der Geschlechter schreiben. Mit diesen Beziehungen, mit der Frage der Sexualität überhaupt – ich dächte, Sie sollten das schon bemerkt haben – wollen wir absolut nichts zu schaffen haben. Wenn Sie wissen wollen, was unser Publikum nicht ausstehen kann: hier haben Sie es.» Und nach Tausenden schätzt er die Zahl der Abonnenten, die er verlieren würde, wenn er den Essay druckte.[25]

Wie diese und viele andere Stellen bei Henry James erkennen lassen – denn er kam wiederholt auf das Schicksal des Schriftstellers in einem vulgären, repressiven Zeitalter zurück –, traten die Antagonisten einander nicht an allen Fronten entgegen. Unterschiedliche moralische Forderungen spiegelten teilweise unterschiedliche Märkte wider. Jene enorme Lesermassen, die die Fortsetzungsromane in der *Gartenlaube* und anderen Familienzeitschriften verschlangen, hatten gegen eine Selbstzensur à la *Cynosure* nichts einzuwenden. Sie wollten die Grenzüberschreitungen der Liebe, die in *Anna Karenina* oder *Effi Briest* tragisches Format erreichten, heruntergebracht sehen auf berechenbare Simplizitäten und aufbauende Lehren. Podsnap, jener ungeheure Heuchler, der alles mißbilligte, was einen jungen Menschen erröten machen konnte, war eine Erdichtung von Dickens. Aber Dickens mußte seine Phantasie nicht besonders strapazieren, um ihn zu erfinden: Zu diesem Charakter gab es mehr als genug Pendants im wirklichen Leben. In Europa und den USA war es verbreiteter Brauch, die Familie um den Herd oder an schönen Abenden in der Gartenlaube zu versammeln und die neueste Fortsetzung vorzulesen. Zu diesem Familienpublikum gehörte fast immer auch eine heranwachsende Tochter, dieses fragilste aller Geschöpfe, das langsamste Schiff im Konvoi familiärer Unterweisung, dem alle sich anzupassen hatten.

Und darum konnte die Podsnapperei gedeihen. 1887 monierte der aus Norwegen stammende Schriftsteller Hjalmar Boyesen, die Weigerung der Familienzeitschriften, etwas zu drucken, was nicht im Familienkreis vorgelesen werden könne, gefährde die amerikanische Literatur. Selbst Trollope – dem es, wie erinnerlich, gefiel, sein Publikum reiner zu lassen, als es war – ärgerte sich über diesen gemütlichen Hindernislauf. Er erinnerte sich an einen englischen Geistlichen, der an der Art und Weise Anstoß nahm, wie in *Can You Forgive Her?* die Heldin der sexuellen Versuchung ausgesetzt wurde. «Es sei eine der harmlosen Freuden seines Lebens gewesen, sagte der geistliche Herr, sich meine Romane von seinen Töchtern vorlesen zu lassen. Nun aber sei ich dabei, ein Buch zu schreiben, das er seine Töchter müsse zuklappen lassen!»[26] Trollope der Amateurprediger, von einem Fachmann ertappt bei ungenügendem Moralisieren – und so ging die Konfusion weiter.

Eines der namhaftesten Blätter der Mittelschicht, das durch seine Kurswechsel und Inkonsequenzen diese Unsicherheiten verriet, war die außerordentlich erfolgreiche englische Wochenschrift *The Saturday Review of Politics, Literature, Science, and Art.* Sie war 1855 aus der Taufe gehoben worden. Chefredakteur war John Douglas Cook, ein aufbrausender, anspruchsvoller Mann, der ungemein geschickt im Umgang mit Menschen war. Die *Saturday Review* wußte sich «keiner Partei verpflichtet»; sie verstand sich als «Sprachrohr der gemäßigten Meinung einer denkenden und gebildeten Gesellschaft».[27] Bis zum Ende von Cooks Tätigkeit, die abbrach, als er 1868 starb, wurde die Zeitschrift diesem Programm gerecht. Sie sprach für die gemäßigten Meinungen – freilich oft in ungemäßigtem Ton. Ihre herrischen Verlautbarungen, ihre Sittenstrenge und die maßlosen Rezensionen wurden bald zu ihrem Markenzeichen. Die Abschlachtung mittelmäßiger Romane erfolgte so gnadenlos-genüßlich, daß die Leser sich fragten, ob die *Saturday Review* sich ihre bedauernswerten Opfer nicht gerade darum wähle, um an ihnen die Kunst der literarischen Exekution zu demonstrieren.

Cook scharte eine Reihe begabter Publizisten um sein Blatt: Fitzjames Stephen, Henry Sumner Maine, George Henry Lewes, Philip G. Hamerton, Mark Pattison, Walter Bagehot. Es war ein brillantes und individualistisches Team. Dank der Anonymität aller Artikel und Cooks geschickter Aufgabenverteilung unter den Autoren wirkte die *Saturday Review* jedoch wie aus einem Guß. Durch Jahre hindurch bezog sie eine einheitliche Stellung in allen Fragen, die ihr vor die strengen, prüfenden Augen kamen: Außenpolitik, Innenpolitik, Naturwissenschaft (zur Zeit der Kontroverse um Darwin), Kunst (sowohl in der Metropole als auch in der Provinz ein höchst lebendiges Gebiet) und Kapitalverbrechen (hierzu gab es eigene Kolumnen mit juristischen und ethischen Erwägungen). Die Unsicherheiten und Ängste des Blattes wurden bezeichnenderweise beim Umgang mit Literatur erkennbar. Die Kritiker, die für die *Saturday Review* schrieben, waren nicht unempfänglich für ästhetische Qualitäten. Aber die Lehre vom «l'art pour l'art» galt ihnen als Verführung zur moralischen Laxheit.

Geistige Heimat der *Saturday Review* war jener privilegierte und einflußreiche Teil der englischen Mittelschicht, der eine klassische Bildung genossen hatte. Es war eine kultivierte Minderheit, die sich für die Vorgänge an den deutschen Universitäten interessierte und von theologischen Disputen ebenso stark fasziniert war wie von naturwissenschaftlichen Entdeckungen. Sie glaubte sich über Bigotterie erhaben, doch nicht über Patriotismus. Sie brauchte keine Übersetzung bei französischen Zitaten. Sie war für bestimmte politische Neuerungen, verhöhnte dann aber die meisten von ihnen als törichte Philanthropie und demokratischen «Benevolismus». Bei ihren unentwegten Angriffen gegen die moderne Frau scheute die *Saturday Review* nicht zurück vor billigen Witzen, plumpem Sarkasmus und Haarspalterei. Darin spiegelten sich die Ängste des vermögenden Bürgertums jener Zeit. Es war kein Zufall, daß 1868 Mrs. Linton ausgerechnet in der *Saturday Review* über «the girl of the period» (die Frau von heute) herziehen durfte.

Das gebildete Bürgertum war bei der *Saturday Review* gut aufgehoben. Beide fanden sich in ihrer skeptischen Auffassung vom Menschen. Das verband sie mit dem Kreuzzug gegen das Laster oder ließ ihn doch als verständlich erscheinen. Es ist interessant, mit welchem Ernst diese Schmutz-und-Schund-Jäger auf ihre Verantwortung gegenüber der nachwachsenden Generation pochten. Schon König Georges III. Proklamation von 1787 hatte verkündet, daß es notwendig sei, «die Jungen und Unbedachten» zu schützen. Nach der Mitte des 19. Jahrhunderts warfen sich Lord Campbell, Anthony Comstock und René Bérenger zu Beschützern der Jugend auf, um Großbritannien, die USA und Frankreich zu einem Hort der Sittlichkeit zu machen. Dasselbe taten ihre Gesinnungsgenossen in anderen Ländern. Ihre Sache schien durchaus vernünftig zu sein: Die Jungen, noch nicht gestählt durch die Begegnung mit der harten Realität, sind beeindruckbar und daher verführbar. Aber der Einwand hatte noch tiefere Gründe. Er ging davon aus, daß in jedem Kind, in jedem Heranwachsenden das Böse schlummerte; es wartete nur darauf, zum Zuge zu kommen. Für die moralische Schule der *Saturday Review* stand nämlich fest, daß im Kampf zwischen Verderbtheit und Unschuld die Unschuld fast immer unterlag. Das traf für jeden Menschen zu, ob jung oder alt. Ein Rezensent hatte einen heiteren Roman von Mrs. Marsh namens *The Rose of Ashurst* zu besprechen. Er bezweifelte die Voraussetzung der Autorin, daß «alle Menschen von Geburt aus gut» seien «und es, mit sehr wenigen Ausnahmen, für den Rest ihres Lebens auch bleiben». Wenn die Autorin recht hätte, «ist es ein Wunder, daß so viele Menschen auf dieser Welt unglücklich sind». Die Leidenschaften sind «gewalttätig» und «den heldenhaften Tugenden gefährlich nahe». Auch zu dem berühmten Prozeß gegen Madeleine Smith, die wegen Giftmordes an ihrem Geliebten vor Gericht stand (der Spruch lautete schließlich «Nicht schuldig»), gab die *Saturday Review* ihren Kommentar ab. «Die Geschlechtsleidenschaft» müsse «zu den wildesten Formen des Verbrechens» führen, solange «die menschliche Natur schlicht menschlich ist».[28] Es war natürlich die Geschlechtsleidenschaft, die durch laszive Literatur erregt und zur Betätigung aufgereizt wurde.

Von diesem hehren Standpunkt aus überblickte die *Saturday Review* die Prosa ihrer Zeit. Aber die Widersprüchlichkeit ihrer Ideale hatte zur Folge, daß die Mitarbeiter des Blattes sich einerseits sorgfältig von aller «Prüderie» distanzierten, andererseits die Blutleere der englischen Romanliteratur beklagten. Diese Kritik kam nicht nur von der *Saturday Review*. Schon 1851 hatte ein anonymer Rezensent englischer Romane in *Fraser's Magazine* geschrieben: «Welche Sünden wider den guten Geschmack und die Moral man den französischen Romanen auch anlasten mag, es ist nicht zu leugnen, daß sie in hohem Maße die Aufmerksamkeit zu fesseln vermögen.» Ihr Stil mag gesucht, ihre Charaktere mögen abwegig, die Bücher selber «überspannt, aufgeblasen, verderblich sein – langweilig sind sie nie». Wer Balzac oder Alphonse Carr, George Sand oder Sophie Gay liest, wird das Buch nie «in einem Anfall von *ennui*» weglegen. Gewiß, diese französischen Prosawerke sind nicht gesund. Und: «Wenn wir zu wählen haben zwischen langatmigen anständigen Büchern und lasterhaften Büchern, die mit Verve und Witz geschrieben sind, dann sind wir natürlich gehalten, die ersteren vorzuziehen. Da gilt kein Zögern.» Das Zögern so emphatisch zu bestreiten, bedeutete, seine Berechtigung anzuerkennen. «Zugleich müssen wir jedoch bedauern, daß unsere englischen Romanautoren, die größtenteils untadelige Sittlichkeit geben, anscheinend nicht imstande sind, sie etwas unterhaltsamer zu gestalten. Es ist eine Schande, daß Sittlichkeit auf dieser Seite des Kanals so überaus dumm wiedergegeben wird» – der gequälte Aufschrei eines anständigen, aber angeödeten englischen Romanlesers. Nach späteren Ausbrüchen zu urteilen, fand dieser Aufschrei niemals Berücksichtigung. Noch in den achtziger Jahren kritisierte Alexander Shand an den von unbegabten Autorinnen auf den Markt geworfenen, billigen Unterhaltungsromanen ihre Langweiligkeit – in seinen Augen der Preis der Unschuld: «Die Bücher mögen sauber sein, aber sie sind banal.»[29] Solche Rezensenten wären bei der *Saturday Review* bestens aufgehoben gewesen.

In den Jahrzehnten ihres Bestehens unternahm die Zeitschrift immer wieder vergleichende Sammelbesprechungen, und die Ergebnisse waren entmutigend. Die Franzosen ragten weithin sichtbar über den Horizont der englischen Literatur; man konnte sie verurteilen, aber nicht ignorieren. Während der englische Roman dabei war, über die Kultur seines Landes einen entnervenden Grauschleier zu breiten, hatte der französische Roman den moralischen Nerv Frankreichs angefressen. Nichts bereitete der *Saturday Review* größeres Vergnügen, nichts entsprach dem Geschmack und Gefühl ihrer Leser mehr als die höhnische Abqualifizierung französischer Romane und Theaterstücke als Schulen des Lasters, des Ehebruchs und der Entartung. Diese Rezensenten taten immer empört, aber niemals erstaunt. Immer wieder dachten sie laut darüber nach, ob das französische Lesepublikum sich wirklich in solchen scheußlichen Geschichten wiedererkannte und, falls nein, warum es sich diese Verunglimpfungen gefallen ließ.

Trotzdem war der französische Roman als Sündenbock nur bedingt tauglich. Gelegentlich verfiel die *Saturday Review* in einen literaturkritischen Relativismus. Frankreich und England sind schließlich unterschiedliche Gesellschaften; beide mögen in ihrer Literatur bestimmte nationale Eigentümlichkeiten übertrieben haben. Frankreich ist eine große Nation – fast so groß wie England –, und es wäre eine Verleumdung, das Land als heillos lasterhaft abzuschreiben. 1857 schrieb Gustave Masson, ein seit längerem in England ansässiger und lehrender Franzose, ein maßloses Pamphlet gegen die neueste französische Literatur: Er beschimpfte sie als «moralische Wildnis», in der nur noch ein «finsterer atheistischer Materialismus» zu Hause sei. Die *Saturday Review* verbeugte sich zwar artig vor Massons Gelehrsamkeit, erhob aber allerlei Einwände. «Zweifellos verdienen viele französische Autoren die entschiedenste Mißbilligung.» Aber die literarischen und kulturellen Realitäten sind wohl doch komplizierter. «Wir können nicht finden und wollen nicht glauben, daß Frankreich so völlig verdorben und entartet ist; und es verdrießt uns, wenn wir sehen, wie häufig Franzosen von beträchtlichem Talent und Wissen Wendungen gebrauchen, die dies unterstellen.» Im Grunde war alles eine Sache unterschiedlicher nationaler Stile. «Es ist unsere feste Überzeugung, daß der Hauptunterschied zwischen den Romanautoren der beiden Länder in folgendem liegt: In Frankreich sprechen sie zum freimütigsten der modernen Völker, in England zum reserviertesten.»[30] Es war eine freundlich gemeinte, aber lahme Folgerung – in keiner Weise gedeckt von den früheren, schonungslosen Rezensionen französischer Literatur.

Die *Saturday Review* war sich nicht schlüssig, wieviel Unreinheit man dem Romanautor durchgehen lassen durfte. Es gab aber doch, ihrem Urteil zufolge, Autoren, die die Grenzen des Anstands eindeutig überschritten. Als Walt Whitmans *Leaves of Grass* zur Besprechung eintraf, machte sich die Zeitschrift ein Vergnügen daraus, das Buch zu zerreißen. Zunächst zitierte sie vollständig und mit unverhohlener Belustigung den begeisterten Dankesbrief Ralph Waldo Emersons an Whitman sowie andere Lobeshymnen, die der Verlag dem Band beigegeben hatte. Dann druckte sie ausführliche Auszüge aus den Gedichten, um mit den schroffen Worten zu schließen: «Nach solcher Dichtung und solchen Kritiken wirkt es wohl befremdend, daß wir das Buch nicht der Beachtung unserer Leser empfehlen können. In Wahrheit verhält es sich so: Nach jeweils fünf oder sechs Seiten mit Stellen wie den zitierten wird Mr. Whitman ungemein verständlich, aber auch ungemein obszön. Sollte jemand die *Leaves of Grass* in die Hände bekommen, so raten wir ihm, sie schleunigst ins Feuer zu werfen.»[31]

Die vom Rezensenten empfohlene Methode, sich des Buches zu entledigen, ist nicht weniger aufschlußreich als sein Urteil über Whitmans Verse. Er fordert den privaten Schritt, nicht das Einschreiten des Staates. Hier wie so oft spricht die *Saturday Review* mit ihrer liberalen, soziologischen Stimme: Gesetze ändern nicht Herzen und Köpfe; sie fabrizieren nicht den Anstand. «Die lautstarke Empörung» des englischen Publikums über ein schmutziges Buch «ist unsere wirksamste Zensur». Das Prinzip war klar: «Wir können Unmoral nicht durch Gesetze oder Polizeimaßregeln unterdrücken.» In diesem Sinne fand die *Saturday Review* auch einige harte Worte für Lord Campbell, den Initiator des Anti-Pornographie-Gesetzes (Obscene Publications Act) von 1857. Unschuldig, wie er war, schien er soeben erst entdeckt zu haben, daß es Pornographie gab. Es gibt unanständige Schriften, so wie es die Mißhandlung der Ehefrau gibt; «wir bedauern jedoch, sagen zu müssen, daß, nach den Tatsachen zu schließen, das Gesetz absolut unfähig zu sein scheint, mit beidem fertig zu werden.»[32]

Das war wohl ziemlich ehrlich gemeint. Sobald aber der Obscene Publications Act in Kraft war, differenzierte die *Saturday Review* ihren Standpunkt. Sie vertrat weiterhin die These, daß Gesetze nur «auf einem sehr großen Umweg» auf die Öffentlichkeit einwirken und daß die beste Abschreckung gegen Unsittlichkeit «nicht die Furcht, sondern das Gewissen» sei. Zugleich zögerte das Blatt aber nicht, den Behörden Verstöße gegen das Anti-Pornographie-Gesetz anzuzeigen, um ein hartes Vorgehen gegen die Schmutz-und-Schund-Händler zu ermöglichen: «Ohne Metapher möchten wir sagen: Wenn einer dieser Schmutzfinken Anstoß erregt, so verbrennt sein Lager, brummt ihm eine Geldstrafe auf, sperrt ihn ins Gefängnis – peitscht ihn tüchtig aus, wenn die Stimmung der Öffentlichkeit es zuläßt –, aber macht keine Gesetze, die bloß die Wirkung haben, seine Tätigkeit in weniger auffällige, aber schädlichere Kanäle zu lenken, anstatt ihm das Handwerk zu legen.»[33] Das Problem hieß auf einmal nicht mehr: Gesetze oder öffentliche Meinung, sondern: wirksame oder unwirksame Gesetze. Wohlwollend könnte man diese Inkonsequenz der Einstellung als «Mäßigung» oder «Flexibilität» beschreiben. Tiefgründiger wäre wohl die Feststellung, daß sichtbare Konfusion auf unsichtbare Konflikte schließen läßt.

Ein klassisches Beispiel für solchen Konflikt war die Rezension der *Madame Bovary* im Juli 1857. Sie stammt wahrscheinlich von Fitzjames Stephen, der nie um eine feste Meinung verlegen war. Kaum ein Text des 19. Jahrhunderts belegt beredter als dieser Essay die bürgerliche Unsicherheit beim Ausdruck von Erotik. Stephen beginnt mit einem Fanfarenstoß: «Erst nach beträchtlichem Zögern haben wir uns entschlossen, *Madame Bovary* zu rezensieren.» Das mag eine rhetorische Floskel sein; aber sie faßt die Geisteshaltung des Rezensenten bewunderungswürdig zusammen. Es gibt für den Menschen viele gute, bewußte Gründe, zu zögern. Da die *Saturday Review* jedoch ausgiebig und regelmäßig französische Romane rezensierte, verrät Stephens Widerstreben sein Unbehagen bei diesem Roman. Es ist ein Buch von unbezweifelbarer Kraft, aber er findet es zugleich «nach unseren Anschauungen anstößig». Es sei ein Werk, meinte Stephen, «von dessen Lektüre wir jedem Manne, und erst recht jeder Frau, abraten müssen». Immerhin nötigte Flauberts stilistische Bravour dem Kritiker eine gewisse Anerkennung ab. Flaubert beschreibt die Nacht der Bovarys auf der Gesellschaft des Marquis «höchst geistvoll»; die Szene trägt den Stempel «geduldiger und sorgfältiger Beobachtung». Das gleiche gilt für Flauberts Schilderung «einer Landwirtschaftsschau», jenes ominösen Auftakts zu Emma Bovarys erstem Ehebruch. Die verliebten Gemeinplätze, die Emmas künftiger Geliebter Rodolphe von sich gibt, stehen in ironischem Kontrast zu den Banalitäten, die vom Stand des Ausrufers dringen. Fitzjames Stephen verharmlost diese brillant arrangierte Szene zu einem Beispiel für «verschiedene Schilderungen von Lokalkolorit». Ungeachtet dieser unschuldigen Lichtblicke findet Stephen jedoch *Madame Bovary* eine Jauchegrube der Verderbtheit. «Es gibt wahrscheinlich ein halbes Dutzend Szenen, die kein einziger englischer Autor von Ruf in seinen Schriften zu bringen wagen würde.» Schlimmer noch, der Roman als ganzer ist abstoßend: «Nicht allein die Fakten und die Sprache – der ganze Rahmen und die Tendenz der Geschichte sind von der fatalsten Art.» «Der Charakter der Madame Bovary selbst ist einer der von Grund auf widerwärtigsten, die uns jemals untergekommen sind.» Zwar liest sich die furchtbare Strafe, die der Autor ihr am Ende zudenkt – ihr grauenhafter Selbstmord –, wie eine ernste Warnung vor der Sünde. Aber das ist vielleicht gerade das Erschreckendste an *Madame Bovary*: Flauberts «unverkennbare Absicht», mit diesem Roman ein «durchaus moralisches Buch» zu schreiben. Das ist nicht Stephens einzige Verkennung des Romans, aber die aufschlußreichste. Wenn irgend etwas aus Flauberts Text hätte deutlich werden müssen, dann dies, daß er mit seinem ersten Roman keinen Traktat vorlegen wollte.

Stephens geheimer Konflikt spricht um so lebhafter aus dem letzten Absatz seiner Rezension. Hier versucht er, für den nachdenklichen englischen Leser die Lehren aus diesem Roman zu ziehen. Gewiß ist in England «die leichte Literatur sauber genug». «Sie ist nach dem Grundsatz geschrieben, daß sie nichts enthalten darf, was ein sittsamer Mann nicht guten Gewissens einer jungen Dame vorlesen kann.» Diese Art Selbstzensur ist dem Flaubertschen Sich-Suhlen in ehebrecherischem Schmutz natürlich vorzuziehen. Dennoch kann Stephen nicht umhin, sich zu fragen: «Sicherlich ist es zweifelhaft, ob es wünschenswert wäre, daß nur noch Romane geschrieben werden, die von jungen Damen gelesen werden können.» Schließlich sind solche Restriktionen in anderen Literaturbereichen unbekannt. «Mit Theologie, Geschichte, Philosophie, Moral, Recht, Naturwissenschaft läßt sich jeder Leser auf eigene Gefahr ein»; wer sich von «unanständigen Stellen» in Herodots Historien oder in Cooks Reisebeschreibungen beleidigt fühlt, ist einfach «zimperlich». Stephen stellt die provozierende Frage: «Sind also Werke der Einbildungskraft bloßes Spielzeug, das stets auf mädchenhafte Unwissenheit berechnet sein soll?» Eine rhetorische Frage! «Wenn Shakespeare nie eine Zeile geschrieben hätte, die Frauen von heute nicht lesen könnten, wäre er niemals der größte Dichter geworden. Wenn wir nur gereinigte Fassungen der Klassiker hätten, dann hätten wir eine höchst unzureichende Vorstellung von Griechenland und Rom.» Englische Autoren scheinen zu denken, «daß die höchste Aufgabe eines Dichters die Unterhaltung von Kindern ist; wir sind aber keineswegs der Ansicht» – und hier greift Stephen auf eines der typischen Epigramme der *Saturday Review* zurück –, «daß in der Literatur Sauberkeit durch Entmannung erzielt wird». Wieder einmal mustert Stephen die schmerzliche Wirklichkeit: Die meisten englischen Autoren sind sauber; doch in ihrer Entschlossenheit zum Anstand fliehen sie die zwar abstoßenden, aber unleugbaren Realitäten der Straßen und der Gerichte. Das führt zu einem letzten, unbequemen Gedanken: «Ob nicht eine leichte Literatur, die ganz auf Liebe gründet, jedoch eine höchst wichtige Seite derselben systematisch verschweigt, eine gewisse Tendenz hat, jene Leidenschaften aufzureizen, auf welche anzuspielen sie viel zu anständig ist?» Aber die *Saturday Review* wird sich nicht in solch tückische Materie verstricken. Erotische Gedanken kann auch die verfeinertste Prosa wecken. Das «ist eine Frage, welche über die Grenzen des gegenwärtigen Anlasses weit hinausgeht».[34]

Und dabei beläßt es Stephen; aber sein Unbehagen ist mit Händen zu greifen. Noch größer wäre sein Unbehagen gewesen, wenn er seinen Lesern und sich selber hätte eingestehen müssen, daß Flaubert zwar nichts dagegen hatte, die Leser durch seine präzise und anspielungsreiche Beschreibung von Emmas Sinnlichkeit zu erregen, daß er aber vor allem das ambitionierteste aller literarischen Meisterwerke schaffen wollte. Man fragt sich, wie er oder seine Kollegen von der *Saturday Review* votiert hätten, wenn sie 1857 Richter in dem französischen Obszönitäts-prozeß gegen *Madame Bovary* gewesen wären.

In all diesen besorgten Bedenken steckte ein reeller Kern. Leben und Liebe wurden ja von der Literatur nicht nur erfunden oder registriert; sie wurden auch von ihr geprägt. Das Lesen ist wie das Schreiben ein mehrdimensionaler Akt. Das Verfassen eines Romans ist ein verwickelter Kompromiß zwischen den Trieb- und Abwehrbedürfnissen des Autors, seiner Sehnsucht nach Beifall und seiner Experimentierfreude. Die Lektüre des Romans befriedigt vielleicht den Wunsch nach Information über das Leben, nach Entlastung von der Realität, nach Augenblicken erotischer Erregung oder nach dem Spiel mit Geist und Form. Autor und Leser sind denselben menschlichen Leidenschaften unterworfen und hegen dieselben menschlichen Bedürfnisse; aber ihre speziellen Erfahrungen differieren oft erheblich. Es mag sein, daß ein Schriftsteller die Leidenschaften gar nicht teilt, die er erregt. Über weite Strecken ist Lesen eine spielerische Regression: Regression, weil es Erinnerungen weckt und verarbeitet; spielerisch, weil der Leser weiß, daß die Geschichte, selbst wenn er von ihr absorbiert wird, «irgendwie» nicht wirklich ist und daß er sich ihrem Bann entziehen kann. Aber solange der Zauber wirkt, beschwört (oder erfindet) ein erzählendes Werk liebgewordene Kindheitserinnerungen. Der Leser durchlebt noch einmal ödipale Begegnungen und noch frühere Intimitäten; er erlebt für selige Augenblicke die Illusion eines Glückes, das er vielleicht nie gekannt hat. Die Arbeit des Lesens beschäftigt alle Hauptinstanzen der Seele: Sie neckt das Es durch Vortäuschung von Triebbefriedigungen; sie schmeichelt dem Ich mit formalen Schönheiten; sie besänftigt das Über-Ich, indem sie den Leser in eine unsichtbare Gemeinschaft einreiht, in der die Bösen und die

Unschuldigen ihre gerechte Strafe beziehungsweise ihren Lohn empfangen oder aber (was das strafsüchtigste Gewissen befriedigen sollte) das Leiden das Los *aller* Menschen ist. Die Lust, die das Lesen bereitet, stammt daher, daß es im psychoanalytischen Sinne des Wortes eine «ökonomische» Tätigkeit ist: Es erprobt unter geringerem Energieaufwand, als das Handeln in der Wirklichkeit erfordern würde, glanzvolle Abenteuer und verbotene Genüsse, und zwar bei geringem Risiko für den Lesenden.

Diejenigen, die den Roman des 19. Jahrhunderts mit Angst betrachteten, sahen die erzählende Literatur in einem ominöseren Licht. Die beflissene Sauberkeit, die so viele Romanciers des 19. Jahrhunderts so ostentativ für sich in Anspruch nahmen, war eine bewußte, mitunter geradezu hysterische Verteidigung gegen den Vorwurf, der Roman (*jeder* Roman) diene allein dem Zweck, die Unschuld zu verführen und das Laster in seinem Tun zu bestärken. Anthony Comstock und René Bérenger waren zwei der aktivsten berufsmäßigen Anstoßnehmer des spätbürgerlichen Jahrhunderts. Für Zensoren wie sie litt die Sache keinerlei Zweifel: Die Romanliteratur war ein verlockender Führer zu fleischlichem Wissen und damit zu romantischem Ruin. Mr. Collins, der gezierte, kriecherische Geistliche in Jane Austens *Pride and Prejudice*, verkündet stolz, niemals Romane zu lesen. Er befand sich zu seiner Zeit in zahlreicher Gesellschaft und hatte viele besorgte Nachfolger. Sie und ihresgleichen waren sicher: Hätte Emma Bovary ihre Phantasie nicht mit Romanen überfüttert, wäre sie eine pflichtbewußte, wenn auch gelangweilte Ehegattin geworden und geblieben. Und es war zu befürchten, daß es im wirklichen Leben nur allzu viele potentielle Emma Bovarys gab. Notorisch unsicher über ihre eigenen verborgenen Regungen, konnten die Moralapostel nur vermuten, daß anzügliche Literatur zur Nachahmung einlud. Und anzüglich kam ihnen die meiste Literatur vor. Ihre Ängste hinderten sie an der Erkenntnis, daß Lektüre als Ersatz für erotische Befriedigung dienen konnte; Lektüre konnte sogar das Handeln hemmen, indem sie es redundant machte. Ein Werk der Literatur verdient «Werk» (work, œuvre) genannt zu werden, nicht nur, weil es den Autor ein gewisses Quantum an Arbeit kostet, sondern auch, weil es in seinen Lesern weiter-«wirkt». Aber bis zum Aufkommen der Psychoanalyse blieb die Vielfalt dieser Wirkungen den nervösen Beschützern der bürgerlichen Moral verborgen. Die meisten von ihnen waren überzeugt, daß Schriftsteller, wie es die *Saturday Review* um die Mitte des Jahrhunderts formuliert hatte, «die einflußreichsten aller Lehrer» seien.[35]

Ausmaß und Hartnäckigkeit dieser Angst kann man ermessen, wenn man einen Blick auf Louis Proals gewichtige Abhandlung *Le crime et le*

suicide passionels wirft. Das Buch kam 1900 heraus und wurde schon sehr
bald ins Englische übersetzt. Proal war Vorsitzender Richter am Appella-
tionsgericht zu Riom, Kriminologe, Amateurstatistiker und ein annehm-
barer, wenngleich etwas überschwenglicher Schriftsteller. Feierlich
mahnte er: «Die Liebe, die einen so beachtlichen Platz im Leben und in
der Literatur einnimmt, beansprucht auch in den Annalen des Verbrechens und in der Statistik der Selbstmorde immer mehr Gewicht.» Immer
neue Anklagepunkte gegen die moderne Liebe bringt er in erschöpfenden
Kapiteln über Selbstmord, Verführung, Verlassen und Ehebruch vor, um
seine Diagnose zu stützen und Hinweise zur Verbesserung der Lage zu
geben. «Verbrechen aus Leidenschaft» sind eine zeitgenössische Epide-
mie, hervorgerufen durch nachsichtige Gerichte, Trunksucht, Frühreife,
mütterliche Nachsicht und die Literatur des Tages. Zu dieser zählte er
Pornographie, den über Leihbüchereien vertriebenen Schund, das moderne Theater und den «Roman der Leidenschaft». Proal zweifelt niemals
an dem Satz, daß Lesen zum Handeln einlädt. Für ihn führt Lektüre
niemals zu einer Katharsis. Deshalb war er besorgt über die «unmäßige
Lektüre von Romanen, die die Liebe schildern (denn die Zeichnung der
Liebe weckt das entsprechende Gefühl)». Goethe hatte geglaubt, die
Jugend könne ohne Gefährdung lesen; aber Goethe irrte sich. «Eltern
können den Einfluß, den Bücher auf ihre Kinder ausüben, nicht kritisch
genug einschätzen.» Vielleicht können reife Leser sich gegen «literarische
Sophistereien und unsaubere Bilder» wehren. «Junge Menschen aber,
Knaben wie Mädchen, können das nicht. Schlimme Lehren verschlim-
mern ihre Seele, schmutzige Bilder verschmutzen ihre Phantasie, verdorbene Bücher verderben ihren Charakter.»[36]

Proals Hauptzeugen waren Kriminelle, die – auf der Anklagebank oder
in einem Abschiedsbrief vor ihrem Selbstmord – bekannt hatten, von
Romanen (*Werther* e tutti quanti) verführt worden zu sein. Schlechte
Bücher setzen Aggressionen frei; sie bahnen Mord und Selbstmord den
Weg. Schlimmer noch: sie stimulieren die Libido. Man sehe nur Mademoiselle Lemoine, die 1859 vor den französischen Gerichten zu nationaler Berühmtheit gelangte. Sie wurde «die Geliebte ihres Kutschers und
tötete später unter Mithilfe ihrer Mutter das Kind, das dieser unerlaubten
Verbindung entsprang». Ohne Frage hatten sie zu ihrem ruchlosen Tun
die Romane George Sands verführt: «In ihnen begegnete sie großen
Damen, die unter ihrem Stande liebten, und wünschte, es ihnen gleichzutun.» Es war gewiß richtig, daß Angelina Lemoine Phantasien ausagierte,
die sie lesenderweise genährt hatte. Während des Prozesses sagte sie, die
Schwangerschaft sei «der einzige Weg gewesen, meinen Roman zu voll-
enden» – den Roman ihres Lebens. Was Wunder, daß Proal es für keinen

Zufall hielt, wenn Verführer «den Mädchen, die sie verleiten wollten», Romane zu lesen gaben. Als Beweis für diese verwerfliche, nahezu unfehlbare Praxis führt er Bourgets Roman *Le disciple* an.[37] Der Roman richtete sich gewissermaßen durch sich selbst.

Doch galt es, wie Proal bemerkt, zu unterscheiden. Manche Romane sind völlig gefahrlos für verheiratete Frauen; als verderblich erweisen sie sich dagegen «für junge Mädchen, weil sie dazu dienen, deren romantische Gefühlsseligkeit zu überreizen». Wieder einmal spannte er einen Roman für sein Anliegen ein: die unvermeidliche *Madame Bovary*. Er zeigt, wie die junge Emma Bovary von Büchern wie Bernardin de Saint-Pierres *Paul et Virginie* in Versuchung geführt wird. Eine solche Idylle kann für ein Mädchen gefährlicher sein «als ein moderner, naturalistischer Roman». Überhaupt waren, Proals Urteil zufolge, Mädchen für dieses Lesefutter empfänglicher als Jungen. Aber auch diese waren in Gefahr: «Wie stark ist nicht der Nachahmungstrieb bei jungen Männern und Frauen, zumal in Frankreich!»[38] Hätte er über die Grenzen seines Landes hinausgeblickt, so hätte er unter anderem auch Puschkins *Eugen Onegin* anführen können: Dessen unschuldige Heldin Tatjana bringt sich durch Lektüre der *Nouvelle Héloïse*, des *Werther* und ähnlicher Werke in eine fast tödliche Liebesraserei.

Manche Romanschriftsteller, wie etwa George Sand, geben sich überzeugt, daß die Leidenschaft «die Menschen reinigt». Sie irren jedoch, behauptet Proal, ebenso wie Goethe irrte. Die einzigen Leidenschaften, die reinigend wirken, sind Patriotismus, Menschlichkeit, Mitleid mit den Unglücklichen und Achtung vor den Höhergestellten. Wahrscheinlich noch verderblicher als die verfehlten Vorstellungen einer George Sand sind die «naturalistischen Liebestheorien» eines Stendhal, Michelet und Schopenhauer; ganz zu schweigen von der Romantik, die «ungeachtet ihrer lyrischen Bestrebungen», letztlich «zu denselben Ergebnissen führt wie der Naturalismus. Auch die Romantik [...] beruft sich auf das *Recht zur Liebe*, ja sogar auf das *Recht zum Ehebruch*.» Ja, wie Sainte-Beuve in dem Roman *Volupté* einräumen muß, «sie bedient sich der Sprache mystischer Frömmigkeit, um die Gefühle weltlicher Liebe auszudrükken». Der Naturalismus predigt den «Fatalismus»; er lehrt, daß unerlaubte Leidenschaften nicht die Schuld, sondern das Schicksal eines Menschen sind und daß Liebesaffären oder Ehebruch nichts weiter als physiologische Zufälle sind.[39]

Nach dieser von Panik geprägten Analyse schreibt sich das abschließende Reformprogramm Proals wie von selbst. Es fordert die Wiederherstellung rechtlicher und sozialer Kontrollen über die ungebärdigen Leidenschaften, denen ein abgestumpfter moderner Staat ihren Lauf gelassen hat. Proal verlangt die Abschaffung von Gesetzen, die eine freie Presse garantiert und die Scheidung ermöglicht haben. «Die arme Menschheit», erinnert Proal seine Leser im letzten Absatz, besteht schließlich «im wesentlichen aus schwachen, fehlbaren Geschöpfen, Sklaven ihrer Leidenschaften und Triebe.» Unkontrolliert und unbewacht wird sie «rasch wieder ins rein Tierische absinken, sofern nicht Staat, Recht, Literatur und Religion vor ihren Augen das Ideal der Gerechtigkeit und Sittlichkeit aufpflanzen und ihr zu diesem Ideal emporhelfen».[40] Proals hysterische Diagnosen und repressive Vorschläge fanden viele Leser, die beifällig nickten: Das Zeitalter Freuds war noch nicht angebrochen. Proals Argumente, so ernsthaft wie erbarmungslos vorgetragen, zeugen von schwer zerstreubaren Sorgen. Es waren die Symptome enormer Ängste, die sich im ganzen 19. Jahrhundert in den Kreuzzügen gegen Masturbation, Syphilis, Empfängnisverhütung und allgemeinen Sittenverfall manifestiert hatten. Proal sah seine Welt zusammenbrechen; sein Reformprogramm war ein letzter Versuch zu retten, was noch zu retten war. Wie wir sehen werden, gab es um 1900 andere Möglichkeiten, das Werk der Dichtung einzuschätzen. Doch waren Proals Warnungen, wenngleich übertrieben und dogmatisch, für seine Zeit und seine Schicht nicht einmal exzentrisch.

3. Jenseits von Gut und Böse

Die Konflikte, die einen so nervösen Sittenrichter wie Louis Proal, aber auch ein so selbstsicheres Tribunal wie die *Saturday Review* aus der Ruhe brachten, waren nicht erst mit den moralisierenden Feldzügen der Jahrhundertmitte aufgekommen: Es gab sie schon im psychologischen Roman. Dieses Genre, mit seiner subtilen und hartnäckigen Erforschung der Seele des Protagonisten, geht mindestens auf Benjamin Constants *Adolphe* von 1816 zurück. Im 19. Jahrhundert wurden die psychologischen Romane eine Art literarischer Mode. Formal sind es meist die Erinnerungen eines wortgewandten, unglücklichen Liebenden, den die Natur mit einem vortrefflichen Gedächtnis ausgestattet hat. Es war das Zeitalter der Privatheit, welches die Wände zwischen dem, worüber man sprach, und dem, was man fühlte, in nie gekannte Höhen zog. Justament in dieser Zeit aber wurden die Heldinnen und Helden der Romane geradezu geschwätzig.[41] Diese imaginären Männer und Frauen waren von unendlicher Sensibilität und empfänglich für den leisesten Anhauch der Liebe. Freimütig verweilten sie bei Leidenschaften, die der normale Leser sich kaum selber einzugestehen wagte. Ihre offenherzigen erotischen Enthüllungen machten aus den irrationalen Phantasien und Gefühlen Liebender die gängige Münze der Literatur. Häufig erzeugte die Bekenntnisform Romane von zweifelhaftem literarischem Wert; man sehe Sainte-Beuves Roman *Volupté*, der die Affäre des Autors mit der Frau Victor Hugos verarbeitet. Das tat der Beliebtheit solcher Romane jedoch kaum Abbruch.

Im Laufe des Jahrhunderts wurden diese Bücher immer zahlreicher: Es gab eine lautstarke Minderheit von Schriftstellern, Kritikern und Lesern, die mit der moralischen Erbauung herkömmlicher Art und mit der beschönigenden Behandlung erotischer Themen nichts mehr anfangen konnten. In den letzten Jahrzehnten des 19. Jahrhunderts war diese Minderheit so selbstbewußt und einflußreich geworden, daß sie die offene Feldschlacht mit jenen lehrhaften oder vorsichtigen Unterhaltungsschriftstellern suchen konnte, die die erste Hälfte des Jahrhunderts beherrscht hatten. Realisten und Naturalisten sicherten sich das Terrain für eine objektive und relativ ungehemmte Beschreibung der Liebe und ihrer Verwurzelung in der Sinnlichkeit. Noch Mitte der siebziger Jahre hatte George Eliot in *Daniel Deronda* schreiben können: «Es ist seit langem bekannt, daß die Rücksichtnahmen der Literatur nicht jene des praktischen Lebens sind.»[42] Inzwischen waren die Romanschriftsteller längst dabei, ihrer Neugierde nachzugeben, wenngleich sie dabei zumeist noch delikat verfuhren. Auf Zehenspitzen schlichen sie in die Schlafzimmer; und mehr und mehr widerstanden sie dem Druck, ihren Romangestalten «poetische Gerechtigkeit» widerfahren lassen zu müssen.

Der realistische Romancier trachtete nach mehr als nur der eindringlichen Wiedergabe der gesellschaftlichen Welt. Er suchte zugleich, die psychologischen Kräfte zu ergründen, die seine beseelten Puppen über die Bühne des Lebens trieben. Die damalige Zeit schätzte mechanistische Motivationstheorien sowie die Anwendung biologischer Gesetze auf das öffentliche und private Verhalten, bis hin zur Liebe. Der mit Recht gelästerte Determinismus Zolas war ein übelschmeckendes Gebräu aus verhängnisvoller Vererbung und schlimmer Umwelt. Er war nur die extreme Version verbreiteter Überzeugungen, die man von den dogmatischen, mitunter phantastischen Sozialwissenschaften der Zeit übernahm. Subtilere Geister veredelten diese recht primitiven Ansätze subjektiver fiktionaler Charaktere. Sie versuchten sich an einer naturwissenschaftlichen Analyse der menschlichen Natur und erforschten das komplizierte Zusammenspiel (und Gegenspiel) von erotischen Neigungen und kulturellen Zwängen. Der psychologische Roman war bald glühend bekenntnishaft, bald kühl objektiv im Ton; bald wehmütige Studie, bald Aufmarschplan verliebter Scharmützel. Er entwickelte ungeahnte Feinheiten, die weit über das Jahrhundert hinauswiesen. Seinen Gipfelpunkt erreichte er in den brillanten Lesedramen eines Henry James, der brütenden Nachdenklichkeit eines Marcel Proust, der experimentierfreudigen Seelen-Mimesis eines James Joyce. Diese Autoren vervollkommneten literarische Techniken, die geeignet waren, der Liebe die verdiente Gerechtigkeit widerfahren zu lassen.

Naturgemäß luden solche Landkarten von der Irrfahrt der Liebenden, vom *Adolphe* bis zum *Ulysses*, zur Gleichgültigkeit gegen moralische Urteile ein. Sie machten es dem Autor schwer, seine allwissende und sentenziöse Stimme einzubringen. Statt dessen behandelten sie die Liebe als eine Erfahrung jenseits von Gut und Böse. Liebe war weder eine Strategie noch eine Sünde, sondern eine Infektion, eine Ansteckung, die der Romancier nur registrieren, aber weder loben noch verurteilen kann. Gegen Obsessionen argumentiert man nicht.

Es ist nur natürlich, daß diese Romane in der Regel in der ersten Person geschrieben sind. Dennoch stellten die Autoren gern eine gewisse Distanz zu ihren Erfindungen her. Sie gaben vor, das Manuskript von einem Unbekannten erhalten, die Geschichte in mitteilsamer Stunde von einem Freund gehört zu haben. Dieser literarische Kunstgriff hatte die Wirkung, den Horizont des Erzählers streng einzugrenzen. Zugleich aber und eben dadurch konzentrierte er die Aufmerksamkeit des Lesers auf den Liebenden und sein Geschick. Liebende erschaffen sich bekanntlich eine exklusive kleine Welt, die niemand bewohnt als sie selbst. Nachdem sie den größten Teil ihrer Libido in den geliebten Partner investiert haben, ist für andere, zumal öffentliche Interessen kaum noch Libido übrig. Das Bekenntnis in der ersten Person ist ein Beispiel für diesen erotischen Isolationismus.

1863 brachte es Eugène Fromentin mit seinem einzigen Roman *Dominique* zu einer gewissen bescheidenen Vollkommenheit in diesem selbstbezüglichen und selbstzerfleischenden Genre. Der Roman bleibt das lohnendste literarische Bekenntnis der Zeit: Es war seinerzeit ein berühmtes Buch und bis weit in unser Jahrhundert hinein ein ergiebiges Studienobjekt. Eindringlicher als andere Prosawerke dieser Art belegt *Dominique* die These, daß Liebe von der Erinnerung lebt, ja vielleicht sogar eine ihrer Formen ist. Der Roman leistet dies auf mehrfache Weise. Der Erzähler, ein Mann mittleren Alters, erinnert sich einer Jugendliebe, die zwar noch immer schmerzt, aber in den Dunstschleier heilsamer Entfernung gehüllt ist. Fromentin, selbst mittleren Alters, entnahm den Stoff und vor allem die Stimmung seines Romans einer Liebesaffäre, die seine Jugend verzehrt und sein Leben geprägt hatte. Fromentins einstige Leidenschaft war drei Jahre älter als er und die Gespielin seiner Kindheit.

Emotional blieb sie also für ihn immer eine «ältere Frau». Sie hatte Jenny geheißen, und es war mehr als ein passender Zufall, daß auch Fromentins angebetete Mutter so hieß. Von Anfang an war Fromentins Liebe durchsetzt mit der Erinnerung an infantile Freuden.

Dominique kopiert nicht in allen Punkten Fromentins eigene Erfahrung. Aber die emotionalen Akzente des Romans – die gedämpften Töne, die belasteten Begegnungen, die herrlichen Landschaftsschilderungen – vermitteln geschickt die psychologische Bedeutung, die jene Erfahrung für den Autor gehabt hat. Seine Jenny hatte geheiratet, war eine Zeitlang seine Geliebte geworden und in jungen Jahren gestorben. Auch Madeleine im Roman heiratet einen anderen, aber sie begeht die Donquichotterie, Dominique von seiner Schwärmerei kurieren zu wollen. Zu diesem Zweck ist sie oft mit ihm zusammen – allein und unter kompromittierenden Umständen. Die Kur mißlingt, wie nicht anders zu erwarten. Der Hauptgrund ist, daß Madelaine, eine treue und anständige Ehefrau, Dominique wiederliebt. Ihre Medizin ist schlimmer als seine Krankheit, und so trennen sich die beiden, am Abgrund des Ehebruchs stehend, um einander nie wieder zu sehen. Die Liebe aber lebt fort, als Erinnerung.

Nachdem Jenny 1844 gestorben war, hatte Fromentin sich die Aufgabe gestellt, die Geschichte seiner Leidenschaft zu erzählen. Fünfzehn Jahre später – inzwischen war er fast vierzig, ein beliebter Reiseschriftsteller und achtbarer Maler an der Akademie – verwandelte er das passive Leiden in die Aktivität des Romanschreibens. Für Fromentin bedeutete das sehnsüchtig-artifizielle Spiel mit Worten die Heilung seiner Liebeswunden. Seine Freundin George Sand las das Manuskript für ihn und sparte nicht mit wohlgemeintem Rat. Wie Fromentin ihr erklärte, schrieb er zu seinem eigenen Vergnügen, um sich «noch einmal von Erinnerungen aufwühlen zu lassen, um meine Jugend in dem Maße einzufangen, wie ich ihr fernrücke». Die erste Seite des *Dominique* entwirft Fromentins Ziel noch genauer als dieser Brief. Fromentin wollte die Erinnerungen nicht nur einfangen, sondern sie überwinden. «Ich habe Stetigkeit und Ruhe gefunden», erklärt der Erzähler; er meint sein stilles Leben als tüchtiger Gutsherr mit Familie und gesellschaftlichen Verpflichtungen, «und das ist mehr wert als alle Hypothesen. Ich habe mich mit mir selber versöhnt; das ist der größte Sieg, den wir über das Unmögliche davontragen können.»[43] Die Geschichte, die er so umständlich erzählen wird, und die Weisheit, die er so schmerzlich erworben hat – sie sind nichts Außergewöhnliches; darauf besteht er. Die Geschichte ist vielen Menschen zugestoßen; die Weisheit ist auf viele anwendbar. Ergebung in die Pflicht und der Sieg über die Erinnerung sind die besten Wege zu jener einzigen Art von Glück, die der Sterbliche erwarten darf. Solche Einsicht hat zwar eine moralische Dimension, aber der Nutzen ist – wie die wesentliche Triebkraft des Romans – psychologisch.

Die allmähliche Abkehr vom konventionellen Moralisieren kam nicht nur solchen inneren Analysen eines einzigen fiktiven Liebenden zugute. Thackeray war zwar stets bereit zum Kompromiß mit der Wohlanständigkeit, rieb sich aber sichtlich an derlei Zwängen. Und manchmal verstieß er bewußt gegen das ungeschriebene Gesetz, daß am Ende eines Romans alle Ränkeschmiede, Schwerenöter und Ehebrecher ihre verdiente Strafe zu finden hätten. Zwar erkennt er in *Vanity Fair* den höchsten Preis, einen liebevollen und getreuen Gemahl, der weinerlichen, beschränkten Amelia zu; aber er trägt Sorge, seine verruchte, unwiderstehliche Becky Sharp wohlhabend und ungebeugt zurückzulassen. Bald folgten ihm andere Romanciers auf dem Weg ins Ungefällige.

Natürlich büßte die gewöhnliche romantische Literatur, die den alten, sentimentalen Rezepten gehorchte, nichts von ihrer Anziehungskraft ein. Was Grant Showerman 1915 «einfach eine schöne Geschichte» nannte, blieb das Um und Auf der Bestsellerliteratur. Aber seriöse Romanciers bestraften ihre Geschöpfe immer weniger dafür, daß sie unklug liebten, als vielmehr dafür, daß sie gar nicht liebten. So hielten es George Eliot mit Casaubon in *Middlemarch*, George Meredith mit Sir Willoughby Patterne in *The Egoist*, Theodor Fontane mit dem Baron von Innstetten in *Effi Briest*, Leo Tolstoi mit Karenin in *Anna Karenina*, Thomas Hardy mit Jude Fawley und Sue Bridehead in *Jude the Obscure*. Wie es der große brasilianische Kritiker und Romancier Machado de Assis in seinem Meisterwerk *Memórias Póstumas de Brás Cubas* formuliert: Die Literatur schickt sich an, mehr als ein Zeitvertreib und weniger als eine missionarische Betätigung zu sein – «mais do que passa tempo e menos do que apostolado».[44]

Diese Unterwanderung der Mittelschichts-Konventionen begann als Skandal und gedieh zur Grundsatzfrage. Théophile Gautiers *Mademoiselle de Maupin* platzte in die Selbstzufriedenheit der ersten Tage der Juli-Monarchie, und der Roman trug seine Anstößigkeit mit einer trotzig-kämpferischen Gebärde zur Schau, deren spätere Romanciers nicht mehr bedurften. Das Buch war ein kalkulierter Schlag ins Gesicht des Bürgertums. Um seine aggressive Aussage zu verschärfen, bewaffnete Gautier den Roman mit einem kriegerischen Vorwort. Darin beschimpfte er die Ehrbarkeit und feierte den Supremat der Schönheit, worunter er sinnlichen Genuß verstand.

Gautier gab sich nicht als reiner Sensualist. Im Gegenteil attackierte er ernsthaft – oder besser gesagt: freudig – das, was er gerne «das große Moral-Getue» nannte. Dies sei eine Schande für seine Zeit wie für seine

Kultur – ein Getue, über das man lachen könnte, wenn es nicht so
borniert wäre. «Heute ist es Mode, tugendhaft und christlich zu sein»,
schrieb er. Leute gerierten sich jetzt als hl. Hieronymus, die früher den
Don Juan herausgekehrt hätten. Das einzige Gegengift ist die unbehin-
derte Suche nach erotischem Glück. Für Gautier war das schlimmste
Laster der bürgerlichen Welt ihr ungebrochener Utilitarismus. «Nichts
ist wahrhaft schön, wenn es nicht nutzlos ist», meinte er; «alles, was
nützlich ist, ist häßlich; denn es ist der Ausdruck eines Mangels.» Daher
sein Lob für den sozialistischen Projektemacher Charles Fourier. Der
«Erfinder leidenschaftlicher Reize» sei einer der wenigen Wohltäter der
modernen Kultur. Fouriers Idee, «Triebe zu nutzen, die man bisher zu
beschneiden versucht hat», fand Gautier schlechthin genial.[45]

Dann geht Gautier daran, sein eigenes Programm zu verwirklichen. Er
erzählt die Geschichte einer hübschen und unternehmungslustigen Frau,
die das Leben kennenlernen will, indem sie in Männerkleidung reist:
Mademoiselle de Maupin ist auf schlüpfrige Weise ein Bildungsroman.
Den Namen seiner Heldin und Einzelheiten ihrer Abenteuer fand Gautier in allerlei französischen Anekdoten. Auch Shakespeares *Wie es euch
gefällt* plünderte er nach Kräften. Freilich machen die historischen und
literarischen Anklänge Gautiers Sinnlichkeit nur um so pikanter. Mademoiselle de Maupins Bildungsweg gipfelt in ihrer genüßlich geschilderten
Entjungferung und einigen nächtlichen Stunden in den Armen Rosettes.
Diese hat Mademoiselle de Maupin – in ihrer Verkleidung als Mann –
schon seit langem angeschmachtet. Denn Gautiers Heldin agiert ihre
androgynen Phantasien aus: «Mein Wunschtraum wäre, abwechselnd
beide Geschlechter zu haben» und ihre doppelte Natur zu befriedigen:
«Heute ein Mann, morgen ein Weib.»[46]

Gautiers anschauliche Beschreibung von Mademoiselle de Maupins
Initiation ist wesentlicher Bestandteil seiner Polemik: Dergleichen –
scheint er mit höhnischem Lächeln sagen zu wollen – bringt der Bürger
niemals fertig; das kann er sich kaum vorstellen. D'Albert ergreift die
Hände der Mademoiselle und küßt nacheinander alle Fingerspitzen.
«Dann löste er sehr zart die Fesseln ihres Kleides, so daß ihr Mieder sich
öffnete und zwei weiße Schätze in ihrer ganzen Pracht zum Vorschein
kamen; auf dieser Brust, die schimmerte und leuchtete wie Silber,
erblühten die beiden lieblichen Rosen des Paradieses. Sanft drückte er
seine Lippen auf ihre rötlichen Spitzen, dann küßte er genauso sanft den
Busen, überall hin.» Mademoiselle de Maupin ist unerfahren, aber unbefangen und erregt, und sie reagiert leidenschaftlich auf diese Liebkosung.
D'Albert entkleidet sie, und sie, obwohl frierend, posiert vor ihm in ihrer
blendenden, nackten Schönheit. Dann fallen die beiden aufs Bett, zum

Höhepunkt ihrer Umarmung: «Sie schieden nicht mehr ihre Küsse», und
die «duftenden Lippen [der Mademoiselle] bildeten *einen* Mund mit
jenem d'Alberts; – beider Brust hob sich, ihre Augen waren halb
geschlossen; – die Arme, wollüstig erschlafft, hatten nicht mehr die
Kraft, den Leib des anderen zu umfangen. – Der himmlische Augenblick
nahte: ein letztes Hindernis ward überwunden, ein seliger Krampf
durchzuckte konvulsivisch die beiden Liebenden.» Die wißbegierige
Reisende gewinnt endlich Klarheit über jenen «dunklen Punkt», der ihr
zuvor so zu schaffen gemacht hat. «Da jedoch eine einzige Lektion, mag
sie noch so gescheit sein, nicht genügen kann, so gab d'Albert ihr eine
zweite, dann eine dritte» – und hier hört Gautier auf, mitzuzählen. Er
will die Empfindlichkeit seiner Leser schonen und deutet an, die Gesamt-
zahl der «Lektionen» könne bloß ihren Neid erregen. Schließlich küßt
Mademoiselle de Maupin ihren schlafenden Geliebten zum letzten Male,
verläßt ihn und begibt sich in Rosettes Zimmer, wo sie den Rest der
Nacht verbringt. Was sie bei Rosette tat, konnte der Erzähler, wie er
freimütig bekennt, trotz aller Bemühungen nicht feststellen.[47]

Offenbar erwartete Gautier von seinen Lesern, daß sie die fehlenden
erotischen Details ergänzten. Das schneidige Heidentum der *Mademoiselle de Maupin* wurde, was vorauszusehen war, von der Avantgarde mit
tosendem Beifall belohnt. Victor Hugo bewunderte den Roman, und
Balzac bewunderte ihn auch. Baudelaire zielte auf den Kern von Gautiers
Botschaft und sprach von einem «Hymnus auf die Schönheit». Die
Bewunderer des Buches nannten es originell, kühn, kraftvoll und großartig. Sie begrüßten es als bahnbrechenden Vorstoß für die edle Sache einer
Literatur um der Literatur willen. Die Ehrbarkeit protestierte, wie
ebenfalls vorherzusehen, gegen die Erotik des Romans. Manche bezeichneten das Buch als reizvoll, aber überspannt; als phantasievoll, aber
schlüpfrig. Andere, weniger gelassen, verwahrten sich gegen seine verführerische Unmoral. Ein Rezensent, der Nachwelt nur als B. Z. bekannt, verurteilte es als jene Art Buch, das man einfach zuklappen *muß*,
nachdem man eine einzige Seite «mit Empörung und Abscheu» gelesen
hat. Und Eugène de Mirecourt, ein fleißiger Biographienschreiber, erhob
den malerischen Vorwurf, Gautier biete in *Mademoiselle de Maupin*
«Gift in diamantenem Kelch». Der Autor habe «mehr getan, als ein
schlechtes Buch zu schreiben; er hat eine schlechte Tat begangen.» «Wenn
ein Jüngling, der eben die Schule verläßt, oder ein Mädchen von fünfzehn
Jahren durch Zufall nur eine einzige dieser Seiten lesen, werden sie
verdorben bis auf den Grund ihres Wesens.»[48] Ein Hauch von köstlicher
Ruchlosigkeit umgab Gautier von nun an. Doch alle tugendhafte Empörung über ihn konnte nicht verhindern, daß er es zu einem vielgelesenen

Dichter und einflußreichen Kunst- und Literaturkritiker brachte. Er wurde, wie Henry James nach seinem Tode so anmutig sagte, «eine Art unendlich unbeschwerterer Rabelais».[49]

Der Hauptgrund dafür, daß Gautier relativ ungeschoren davon kam, war zweifellos dieser: Die Sinnlichkeit der *Mademoiselle de Maupin* war fröhlich, unbelastet von Ernst und Tiefgang, gleichsam intransitiv. Die erotische Aufklärung der Heldin ist genaugenommen nicht eine Lektion in Liebe, sondern eine Einweihung in die sexuelle Erfüllung. Abgesehen von fleischlicher Lust und der Verachtung des phantasielosen Bürgers folgt aus ihr nichts. Mademoiselle de Maupin kommt, sieht, wird besiegt – und verschwindet wieder, wissend geworden, aber unversehrt. Im Gegensatz dazu sind die erotischen Abenteuer der Emma Bovary mit konsequentem Pathos befrachtet. Wie Gautier, den er ziemlich bewunderte, verweilt Flaubert bei der Vergänglichkeit der sexuellen Leidenschaft. Er analysiert, wie unglücklich sie sich dreht und wendet, wenn sie nicht mit Zärtlichkeit und Uneigennützigkeit gepaart ist. Aber anders als Gautier präsentiert Flaubert, der geschickte und zugleich mitleidlose Techniker, diese Arten des Liebens als Vorboten der Katastrophe. Emma Rouault ist, schon bevor sie Emma Bovary wird, durch ihre üppigen Phantasien für die wahre Liebe verdorben. Diese Phantasien, von schlechten, romantischen Romanen genährt, müssen in Emmas trostlos-provinzieller Welt zwangsläufig zu furchtbaren Enttäuschungen führen. Emma, wie Flaubert sie darstellt, ist sinnlich wie eine Katze, mit ihrer flinken kleinen Zunge, ihrer Erotisierung durch religiöses Zeremoniell und geistliche Musik, ihrem narzißtischen Schwelgen in schönen Stoffen, ihrer selbstvergessenen Preisgabe an mittelmäßige und gefühllose Liebhaber. Durch ihr Schicksal zahlt Emma den Preis, den ihr zuchtloses Herz fordert: schmutzige Affären, untilgbare Schulden, Selbstmord. Gerichtlich gegen *Mademoiselle de Maupin* vorzugehen – was nie geschah –, hätte bedeutet, mit Kanonen auf Spatzen zu schießen. Die verhängnisvolle Erotik in *Madame Bovary* als Provokation aufzufassen, hieß, das Buch zwar mit Angst, aber verständnisvoll zu lesen. (Daß der Feldzug gegen dieses Buch tolpatschig und konterproduktiv war, stand auf einem anderen Blatt.)

Gut zwanzig Jahre später veröffentlichte der weltgewandte, kosmopolitische portugiesische Romancier Eça de Queiros seine eigene *Madame Bovary*. Es regte sich überhaupt kein Widerspruch. Der Unterschied lag mehr in den veränderten Zeitläuften als in den Zufällen des Ortes. *O Primo Bazílio* ist die Geschichte eines Ehebruchs in der guten Lissabonner Gesellschaft. Es ist eine boshaft-geistreiche Darstellung der Liebe bei den Reichen. Sie ist durchtränkt mit Fleischlichkeit und erinnert stellenweise an das erste Meisterwerk Flauberts. Verführerische Romane kommen vor und schäbige Liebesnester, widerwärtig-erfolgreiche Erpressung, verliebte Kutschfahrten und das lange Dahinsterben eines treulosen Weibes.

Schon auf den ersten Seiten von *O Primo Bazílio* skizziert Queiros das erotische Klima des Buches. Luiza, attraktiv und empfänglich, streicht sich über das Ohr, mit einer Geste, die ebenso suggestiv ist wie die Geste, mit der ihr ergebener und lebhafter Gatte Jorge sich den Bart streicht. Das Paar ist jung und verzogen und lebt angenehm im Wohlstand. Beide sind brünstige sexuelle Geschöpfe. Jorge ist dabei, eine Inspektionsreise im Auftrag des Bergbauministeriums anzutreten. Es wird die erste längere Trennung von seiner Frau sein. Wehmütig weilen seine Gedanken bei den «Freuden der Nacht», die er und seine Frau genossen haben, und bei ihren ausgedehnten, «so erfreulich-trägen» Frühstückszeremonien.[50] Die Liebe der beiden, unerprobt und bisher ungefährdet, ist bequem und flach. Jorge hat stets seine Mutter vergöttert und nach deren Tod aus Einsamkeit geheiratet. Luiza hat, nach einer traumatischen Beziehung zu ihrem Vetter Bazílio, die Ehe gesucht, um nur halb ausgesprochene Bedürfnisse befriedigen zu können. Aber die beiden passen zueinander. Ihre Begierden – und dies ist ein Roman der Begierden – scheinen sich zu entsprechen. Das Zelebrieren der Mahlzeiten, das Sich-Entkleiden, das gemeinsame Bad sind Befriedigungen, denen sie sich wohlig hingeben. Ihr gemeinsames Glück ist, wie Queiros mit einer pointiert oralen Wendung sagt, «köstlich».

Noch köstlicher wird der Ehebruch sein. In Gesprächen über eheliche Treue gibt Jorge sich sittenstreng: Der betrogene Ehemann ist moralisch verpflichtet, sein irregeleitetes Weib zu töten. Luiza ist sich da nicht so sicher. Sie ist überfüttert mit Büchern wie Dumas' *La dame aux camélias*; außerdem gibt es da eine hohle, flatter- und lasterhafte «beste Freundin» mit ihren sexuellen Capricen. Vetter Bazílio kehrt nach Lissabon zurück, und Luiza ist schon halb verführt – selbst-verführt –, bevor er noch schweres Geschütz auffährt: gewagt placierte Küsse, geschickt geweckte Erinnerungen, plausible Gründe, das Ehegelübde zu vergessen. Jorges Abwesenheit bietet nicht einfach die Gelegenheit zum Ehebruch: Sie garantiert ihn geradezu.

Queiros versteht es, mit erotischen Andeutungen Spannung zu erzeugen. Von Anfang an legt er ahnungsvolle Spuren: Man erörtert, wie ein betrogener Gatte mit seiner Frau zu verfahren habe; Luiza droht scherzhaft, mit ihrem Mann quitt zu werden, falls er zu lange wegbleibt. Sinnlicher Genuß, gewürzt durch verbotenes Tun – das ist das Hauptthema von *O Primo Bazílio*. Der erfahrene, narzißtische Bazílio vereinigt in sich die beiden Liebhaber Emma Bovarys: Er hat die billige, gewinnende Sentimentalität Léons und noch mehr die selbstverliebte, oberflächlich anziehende Unanständigkeit Rodolphes. Mit geradezu sadistischem Übermut beutet er die willige Gelehrigkeit Luizas aus. Er bedient sich ihrer, wie Queiros mit Nachdruck hervorhebt, *«als würde er sie bezahlen!»*[51] Eine Zeitlang findet Luiza diese sexuelle Hörigkeit erregend. Eine berauschende Mischung aus Wollust und Neugier macht sie schwindeln.

Bei der Wiedergabe der erotischen Begegnungen in *O Primo Bazílio* bewegt sich Queiros in einer verschatteten Grauzone. Er schwankt zwischen Indiskretion und Verschwiegenheit; einmal spannt er den Leser auf die Folter, dann wieder gibt er ihm die Möglichkeit, Angedeutetes zu ergänzen. Bei der ersten Verführung murmelt Luiza matt «Jesus, nicht! Nicht!» Mehr sagt Queiros nicht: «Dann schlossen sich ihre Augen.»[52] Das erinnert an Flaubert: Auch er erwähnt nur, daß Emma Bovary sich Rodolphe zum ersten Male «hingab», weinend und das Gesicht verbergend. Später lüftet Queiros den Schleier seiner vielsagenden Verschwiegenheit ein wenig. Nachdem Luiza sklavisch von ihm abhängig geworden ist, wagt Bazílio eine Variation seiner Sexualpraktiken. Eines Tages wirkt Luiza, vom Champagner beschwipst, auf ihren ermatteten Geliebten, den blasierten Eroberer der Frauen, seltsam unwiderstehlich. Genauso erstaunt war Rodolphe darüber, wie sehr er im Banne Emmas stand, dieser gierigen Provinzlerin. Bazílio kniet nieder, küßt Luizas Füße, gelangt empor zu ihren Knien «und fragte sie halblaut etwas. Sie errötete, lächelte, sagte ‹Nein! Nein!›» Es war jene Art von Sträuben, die Bazílio gelernt hatte, als Zustimmung zu deuten. «Als sie nach dem Delirium wieder zu sich kam, bedeckte sie das blutübergossene Gesicht mit den Händen und murmelte vorwurfsvoll: ‹Ach, Bazílio!›» Die Episode verschafft Bazílio, der seinen Schnurrbart zwirbelt, ein gehöriges Maß an Befriedigung. Er hat seiner Geliebten «eine neue Empfindung» beigebracht. Das wird sie, so rechnet er, seinen Wünschen noch gefügiger machen.[53]

Der Rest des Romans ist ein einziges, langes Warten auf das sich von Anfang an abzeichnende Ende. Bazílio wird seiner Cousine überdrüssig und verläßt sie schmählich. Ein boshafter, habgieriger Dienstbote erpreßt Luiza. Ihr Gatte kehrt heim. Der Dienstbote fällt glücklicherweise tot um, und Bazílio geht außer Landes. Jorge bleibt eine Weile ahnungslos, wenngleich irritiert. Schließlich erkrankt Luiza und haucht, geradezu erleichtert, ihre Seele aus. Bazílio kommt nach Lissabon zurück. Als er von Luizas Tod erfährt, bedauert er nur, nicht seine Geliebte aus Paris mitgebracht zu haben: Es ist der zynische Schluß, der zu dieser Geschichte ohne «Moral» paßt. – Queiros scheut nicht vor heiklen Themen zurück. Allerdings ist es in O Primo Bazílio eher die Durchführung des Themas als das Thema selbst, was von seinem Wagemut zeugt. Das spannungsgeladene Dreieck, das der Ehebruch konstruiert, war schließlich in der Literatur des 19. Jahrhunderts keine Seltenheit mehr. Es gibt einen versteckten Hinweis darauf, daß Queiros sich auf dem schauerlich-lustvollen Gebiet der Grenzüberschreitung noch weiter vorgewagt hätte. Luizas Liebhaber ist ihr Vetter; das ging hart an die Grenze zur verbotenen Beziehung. Offenkundig genießt Bazílio die doppelt tabuisierte Natur seiner Affäre. Eine Zeitlang, so sinniert er ein wenig gelangweilt, «war die Romanze entzückend, ja erregend gewesen»; schließlich war es eine interessante Mischung aus «Ehebruch mit ein bißchen Inzest dabei».[54] In Queiros' größtem Roman Os Maias (1880) gedieh das bißchen Inzest zum schockierenden Hauptthema.

Die Literaturkritiker sagen es seit Generationen: Wenn O Primo Bazílio Queiros' Madame Bovary war, dann waren die Os Maias seine Education sentimentale. In der Tat macht Queiros in seinem späteren Roman wiederum Anleihen bei Flaubert – bewußt und ohne Schuldgefühle. Aber Os Maias, eine beißende Gesellschaftssatire, ist viel heiterer und vergnüglicher als die in Enttäuschung und Verbitterung getauchte Education sentimentale. Queiros führt seinen jungen Helden Carlos da Maia durch die Lissabonner High-Society, mit ihren fruchtlosen politischen Intrigen und der mechanisch-sportiven Erotik, den nie verwirklichten Ankündigungen und Plänen, den intensiven, aber meistens ergebnislosen Diskussionen über Literatur und die Zukunft des Landes, der lähmenden Langeweile. Doch in Afonso de Maia, dem geliebten Großvaters Carlos', schuf Queiros eine denkwürdige Gestalt. Dieser würdige, kultivierte, herzliche Patriarch hat kein Pendant auf Flauberts praller Leinwand. Auch in der Behandlung des Inzestthemas gibt es mehr Abweichungen als Gemeinsamkeiten zwischen Os Maias und L'Education sentimentale. Am Ende von Flauberts Roman begegnet Frédéric Moreau noch einmal Madame Arnoux, die er zwei Jahrzehnte zuvor geliebt hat. Seine Erinnerungen behaupten sich gegen seine Wahrnehmungen: Wohl ist Madame Arnoux grau geworden – ihr Anblick ist wie ein Schock für Moreau –; aber seine lange, unerfüllte Liebe zu ihr steigt wieder vor ihm empor, und sein Begehren erwacht aufs neue. Er hatte sie nie vergessen, und sie hatte ihn für alle späteren Abenteuer verdorben. Flaubert spürte, daß die Menschen manchmal nicht so sehr das lieben, was sie sehen, als das, was sie erinnern. Die Erinnerung geht weit zurück, bis zu der eigenen Mutter, die man einmal jung, wohlriechend, unzerbrechlich gewußt hat. Und Flaubert schenkt Frédéric Moreau eine Ahnung dieses Wissens. Als sein Antiheld nach all den Jahren mit seiner ersten Liebe redet, deutet sie an, daß sie ihn hatte glücklich machen wollen. Das Geständnis schreckt ihn. Er argwöhnt, Madame Arnoux sei gekommen, um sich ihm anzubieten, und ihn packt wieder eine wilde Lust. Aber er hat noch ein anderes, undefinierbares Gefühl: die Angst vor dem Grauen des Inzests. Mit einer furchtsamen Geste wendet er sich ab. Madame Arnoux faßt es als Rücksichtnahme auf und küßt ihn zum Abschied «auf die Stirne, wie eine Mutter».[55]

Diese letzte Vergeblichkeit ist bezeichnend für die Stimmung bei Flaubert. Nicht einmal der Inzest – der kein Inzest gewesen wäre – darf gelingen. Queiros in *Os Maias* ist mutiger. Carlos de Maia erlebt die unmöglichsten dramatischen Verwicklungen bei seiner leidenschaftlich-ernsten Affäre mit einer geheimnisvollen jungen Schönheit. Mit unverkennbarem und, wie sich herausstellt, boshaft-subversivem Genuß schildert Queiros die Tage und Nächte des Paares – harmonisch, sinnlich, auf Dauer berechnet. Dann entdecken die beiden, als sie heiraten wollen, daß sie Bruder und Schwester sind. Nicht willens, dem Inzestverbot zu trotzen, gegen das sie unwissentlich verstoßen haben, trennen sie sich – für immer.

Einige Kritiker haben diesen ambitioniertesten Roman Queiros' als symbolische Klage über die Inzucht und Unproduktivität der portugiesischen Kultur am Ende des 19. Jahrhunderts deuten wollen. Doch was die zum Scheitern verurteilte Liebe Carlos de Maias auch immer insgeheim aussagen mag: Die manifeste Geschichte dreht sich um ein Tabu, das – zwar unwissentlich, aber eindeutig – außer Kraft gesetzt wird. Und Queiros erzählt seine Geschichte mit einer Leichtigkeit, ja Beiläufigkeit, die sich mit solch tiefsinnigen Deutungen nicht zu vertragen scheint. Der Leser findet die unverhoffte Enthüllung traurig, aber nicht abstoßend. Er findet sie traurig, weil ein bezauberndes, attraktives und hingebungsvolles Paar gezwungen ist, sich zu trennen. Queiros läßt jenen Schuldgefühlen keinen Raum, die der Psychoanalye zufolge schon den Wunsch nach Inzest, geschweige denn den Inzest selbst, begleiten.

Inzest ist natürlich ein uraltes Thema. In unterschiedlichster Gestaltung durchzieht es Mythen, Märchen und Belletristik, vom Alten Testament bis zu Thomas Manns «Wälsungenblut». Es ist ein Thema, das absolut unwiderstehlich und zugleich außerordentlich heikel zu sein scheint. Gewiß ist es ein unsterbliches Thema, das die einschneidendsten historischen Umwälzungen überlebt hat. Es hat etwas durchaus Folgerichtiges, wenn Freud das ödipale Dreiecksverhältnis als vorherrschenden Inzesttraum am Muster des griechischen wie des elisabethanischen Dramas in den Mittelpunkt rückt. Die Allgegenwärtigkeit des Inzestthemas beweist (sofern es nach Freud eines solchen Beweises noch bedurfte), daß die Liebe in der Familie beginnt. Mehr noch, die Verkleidungen, die der Inzestwunsch annehmen kann, veranschaulichen drastisch einen weiteren Freudschen Kernsatz. Wie geschmeidig und ingeniös die menschliche Seele auch versuchen mag, unerlaubte Wünsche aus dem Blickfeld zu drängen, sie kann sie nicht vernichten. Stark verzerrt werden sie wieder zum Vorschein kommen: als neurotisches Symptom, als besondere sexuelle Vorliebe – oder als kunstvolle Geschichte.

Zu fast allen Zeiten hat das Inzesttabu nicht nur seine Verletzung verboten. Es hat darüber hinaus auch seine Erörterung verhindert. Darum ist die Psychoanalyse – ohnehin in einzigartiger Weise gerüstet, die unfreiwilligen Geständnisse des Menschen zu entziffern – von besonderer Bedeutung für den Chronisten der Liebe.

In der Geschichte der abendländischen Kultur gibt es Augenblicke, in denen die Hemmungen in bezug auf heikle sexuelle Themen kurzfristig zusammenbrechen. Das gibt die Möglichkeit, diese Themen in durchsichtiger Verkleidung oder gar in fast brutaler Direktheit zu präsentieren. Der griechische Mythos erzählt von Söhnen, die ihren Vater kastrieren, von Brüdern, die ihre Schwester heiraten. Der Ödipus des Sophokles, der seinen Vater tötet und seine Mutter freit, muß erfahren, daß solche verbotenen Erfüllungen in Träumen gang und gäbe sind. Euripides fand im *Hippolyt* einen Ausweg aus dieser krassen Darstellung verbotener Liebe. Er ließ Phaidra, die so leidenschaftlich den jungen Hippolyt liebt, dessen Stiefmutter werden – ein Kunstgriff, der Literaturgeschichte machte. Das elisabethanische Drama war ebenfalls ein Hort des sexuellen Freimuts. Man ging das Inzestthema entweder indirekt an – so bei Beaumont und Fletcher – oder aber ohne Rücksicht auf vornehme Zurückhaltung: Giovanni in *'Tis Pity She's a Whore* von John Ford ist hingerissen von seiner Schwester Annabella und gibt mit ihr seiner verbotenen Neigung nach. Die englischen Romantiker waren etwas, aber nicht viel diskreter. Byrons Gestalten spielen unverhohlen auf ihre inzestuösen Verstrickungen an. In Shelleys Lesedrama *The Cenci* befriedigt der schurkische Protagonist seinen perversen sexuellen Willen mit seiner Tochter. Auch solche Leser, die Shelley überragende poetische Begabungen zugestanden, waren entsetzt von den «ungesunden Regionen», der «gemeinen Kloake», in die er sich begeben habe.[56] Doch für Literaturen, die zurückhaltender waren, wie etwa die viktorianische, blieb Inzest ein tückisches Terrain. Es wurde schwer verteidigt, und selbst die hemmungslosesten Romanciers zögerten, es zu betreten. Liebesleidenschaften, die dem Inzesttabu mit knapper Not entgingen, konnten unangenehm intensiv erscheinen; so war es etwa mit der zerstörerischen Liebe zwischen Bruder und Schwester in *The Mill on the Floss* von George Eliot. Aber Romanciers, die ob ihrer Anzüglichkeiten gescholten wurden, retteten sich im allgemeinen auf den festen Boden unschuldiger Andeutungen. Eine bemerkenswerte Ausnahme bildete Queiros, der einen wirklich vollzogenen Inzest zu beschreiben wagte. Aber immerhin war selbst dieser Inzest, zumindest in der manifesten Geschichte, unbeabsichtigt. Meistens trat das leidige Thema, wenn überhaupt, dann als unbewußte Enthüllung des Autors über sich selbst zutage. Vom Publikum wurde es genauso unbewußt absorbiert. Doch wie gut die bürgerlichen Abwehrmechanismen im 19. Jahrhundert auch funktionieren mochten: Inzestuöse Gefühle waren in der Literatur des 19. Jahrhunderts jederzeit gegenwärtig – sei es als Rückkehr zu einer verdrängten Phantasie, sei es als Rückgriff auf eine literarische Technik.

Die bei weitem bedeutendste Rolle unter diesen Gefühlen spielte das ödipale Dreiecksverhältnis. Gewiß sind die Reize, die die Dreiecksbeziehung für einen erfindungsreichen Schriftsteller hat, offenkundig und stark überdeterminiert. Man stelle einen Mann zwischen zwei Frauen, die er liebt oder die ihn lieben, und es ergeben sich wie von selbst dramatische Augenblicke von edler Entsagung oder eifersüchtiger Wut. Von Jane Austen bis zu Emile Zola haben Romanciers derartige Konfigurationen und Konfrontationen ungemein brauchbar gefunden. In *Wuthering Heights* verfolgt Emily Brontë die Dreiecksbeziehungen durch zwei Generationen. George Meredith spielt eine moderne Version des Ödipus-Mythos in *The Ordeal of Richard Feverel* durch. Er läßt Richards Cousine Clare einen Mann heiraten, den die Familie für sie ausgesucht hat. Doppelt so alt wie sie, ist er «ein alter Bewunderer der Mama seiner Braut» gewesen. Anthony Trollopes letzter Roman war *An Old Man's Love*. Darin stellt er eine liebenswerte Waise zwischen den älteren Mann, dem sie in Dankbarkeit verbunden ist, und den jüngeren Mann, den sie wirklich liebt. Theodor Fontane fand in *Frau Jenny Treibel* eine gute Lösung für ein ganz ähnliches Dilemma. Eine resolute junge Frau hat einen gutsituierten Herrn dazu gebracht, ihr einen Antrag zu machen; aber sie bereut dieses rein materielle Arrangement und heiratet den jungen Mann, auf den ihre wirkliche, das heißt emotionale Wahl gefallen ist. Der einst beliebte französische Schriftsteller Barbey d'Aurevilley gab diesem elementaren Muster in *Ce qui ne meurt pas* eine pikantere Form. Der Protagonist, mit einer harmlos-unschuldigen Frau vermählt, beginnt ein Verhältnis mit ihrer Mutter, die er erotisch befriedigender findet. Solche Wendungen wurden niemals langweilig; weckten sie doch im Leser langverschüttete Erinnerungen. Abgesehen davon verstanden es die Schriftsteller, das Liebesdreieck auf erstaunliche Weise zu variieren.

Die russischen Romanciers spezialisierten sich geradezu darauf. Das Dreiecksverhältnis, das Puschkin in seinem prachtvollen Vers-Roman *Eugen Onegin* konstruiert, besteht aus der bezaubernden Tatjana, Eugen Onegin, den sie nicht aufhören kann zu lieben, und ihrem reifen Gemahl, dem sie dennoch treu bleibt. Dostojewskijs Romane wimmeln von dunklen, neurotischen, einander überschneidenden Dreiecksbeziehungen. Fürst Myschkin im *Idioten* sieht sich sowohl zu Aglaja als auch zu Nastassja Filippowna hingezogen. Nastassja wiederum ist zugleich in Myschkin und in Ragoschin verliebt. Die *Brüder Karamasow* betrachtete Freud als besonders aufschlußreiches literarisches Beispiel für den Ödipuskomplex. In ihm liegen Vater und Sohn Karamasow miteinander in bitterer Fehde um die verführerische Gruschenka. Und Turgenjew läßt in *Väter und Söhne* seinen berühmtesten Helden gar im Schlaf die Generationen vertauschen: Basarow verwechselt im Traume Madame Odinstsowa, die er widerwillig liebt, mit seiner zärtlichen Mutter.

Die sexuelle Note, die manche Romanschreiber des 19. Jahrhunderts solchen quälenden Auseinandersetzungen gaben, war mitunter höchst unkonventionell. In *The Bostonians* von Henry James ringt die dominierende, recht unweibliche Reformerin Olive Chancellor mit dem reaktionären, männlichen Basil Ransome um das liebliche charismatische Medium Verena Tarrant. Fünfzehn Jahre zuvor (1871) hatte schon Thomas Hardy in seinem ersten ernsten Roman, *Desperate Remedies*, mit dieser erotischen Variante gespielt. Miss Aldclyffe wetteifert mit Edward Springrove um die Gunst ihrer jungen Schutzbefohlenen Cytherea Graye. Hardy ersinnt sogar eine recht deftige, oft zitierte Intimszene zwischen den beiden Frauen. «‹Cytherea›», ruft Miss Aldclyffe in einem Anfall von Eifersucht aus, als die beiden zusammen im Bett liegen, «‹versuch mich mehr zu lieben, als du ihn liebst – versuch es! Ich liebe dich aufrichtiger als je ein Mann es könnte. Versuch es! Cythie, laß keinen Mann zwischen uns stehen. Ich kann das nicht ertragen!› Wieder legte sie ihr den Arm um den Hals.»[57] Aber Cytherea bleibt standhaft bei ihrem Edward und widersteht der sinnlichen Verlockung. Zuletzt löst Hardy das Dreiecksverhältnis zugunsten einer heterosexuellen Verbindung. Dasselbe wird später Henry James in *The Bostonians* tun. Man würde es sich zu leicht machen, wollte man dies die «sichere» Lösung nennen. Es war die Lösung, die in den vom Autor erfundenen Charakteren und dem verwickelten Geflecht ihrer Liebesbeziehungen angelegt war. Freilich blieb das kraß bisexuelle Dreiecksverhältnis, dem 1835 Mademoiselle de Maupin ihr erotisches Bildungserlebnis verdankte, in der nicht-pornographischen Literatur des 19. Jahrhunderts praktisch ein Einzelfall.

Dreiecksbeziehungen konnten auch eine falsche Fährte sein, die bewußt gelegt wurde, um die Spannung zu erhöhen und zu steigern. Auf diese Art führt George Eliot den Leser von *Daniel Deronda* in die Irre. Der eponyme Held des Romans scheint sich über mehrere hundert Seiten nicht entscheiden zu können, ob er die selbstsüchtige, neurotische Schönheit Gwendolen Harleth oder die unverdorbene jüdische Maid Mirah Cohen liebt. In Wirklichkeit hat er sich von Anfang an für Mirah entschieden. Manchmal hatten solche Dreiecksverhältnisse auch wenig mit dem ödipalen Familiendrama zu tun. Die Autoren erfanden sie, um den Kampf von Ideen – Ideen mit erotischem Hintergrund – zu demonstrieren. Der Protagonist in Eça de Queiros *A Cidade e as serras* empfindet (wie der Held in Balzacs *Illusions perdues*) Stadt und Land, Metropole und Provinz als unversöhnliche Gegensätze, als Allegorien für unvereinbare Weisen des Lebens und Liebens.

Das am wenigsten überraschende, beliebteste Dreiecksverhältnis war das mitunter tödliche Ballett des Betrugs. In *Dom Casmurro* zeichnet Machado de Assis die Obsessionen eines Mannes, der überzeugt ist, daß seine Frau ein Kind von seinem besten Freunde hat. In *Memórias Póstumas de Bras Cubas* gibt er die Autobiographie eines Verstorbenen, in der die Affäre des Erzählers mit einer verheirateten Frau eine besondere Rolle spielt. Das Thema hat Machado anscheinend sehr beschäftigt. Schon seine erste Geschichte, mit achtzehn Jahren geschrieben, behandelt die ehebrecherische Liebe einer Frau zum besten Freund ihres Mannes.[58] Für die anderen reflektierten Autoren der Zeit erwies sich eheliche Untreue als nie versagende Ressource. In *Frühlingswogen* von Turgenjew vergißt der leicht beeindruckbare Held in den Armen einer sinnlichen, männermordenden russischen Megäre seine beispielhafte Neigung zu einem reizenden, ihm treu ergebenen italienischen Mädchen. Perez Galdós liefert eine lohnende Variante des ehebrecherischen Ehekriegs in seinem ausferndsten und eindrucksvollsten Roman, *Fortunata y Jacinta*. Der Schürzenjäger Juanito wird aufgerieben zwischen seiner unfruchtbaren, der Mittelschicht entstammenden Frau Jacinta und seiner fruchtbaren, proletarischen Geliebten Fortunata. Das Bündnis, das die beiden Frauen zuletzt schließen, zeigt wieder einmal die reichen Möglichkeiten von Dreiecksverhältnissen. Theodor Fontane, Deutschlands interessantester Romancier zwischen Goethe und Thomas Mann, nennt eine seiner bekanntesten Novellen ausdrücklich *L'Adultera*. Nichts ist schließlich langweiliger (zumindest in der Literatur) als eine Liebe, die, von keinerlei Zweifeln getrübt, bald erklärt wird und mit gleichmäßig wachsender Schwärmerei beider Partner füreinander zu einer dauerhaften Bindung führt. Im Jahre 1881 lehnte die Deputiertenkammer in Frankreich neuerlich einen Gesetzesentwurf ab, der die Wiedereinführung der

Ehescheidung anregte. Draufhin schrieb Emile Zola einen amüsanten Artikel im *Figaro*: Die Legalisierung der Ehescheidung wäre der Ruin der Literatur. Die Scheidung würde die Lösung ehelicher Probleme ermöglichen – und, wie er andeutete, den Ehebruch mehr oder weniger unnötig machen. Damit hätten die Romanautoren nichts mehr zu schreiben.[59] Es war nur zur Hälfte Spaß.

Kurzum, das Dreiecksverhältnis ist eine spannungsgeladene und zugleich unentbehrliche Figur. Sie fordert eine Lösung, die der geschickte Erzähler dem Leser zunächst verweigert, um sie zuletzt doch zu gewähren. Der Verfasser von Liebesromanen legt den Liebenden Hindernisse in den Weg und läßt sie hartnäckige Vorurteile oder selbstsüchtigen Dünkel überwinden – siehe Jane Austen in *Pride and Prejudice* und Charles Dickens in *Our Mutual Friend* –. In ähnlicher Weise erkannte der Erfinder literarischer Dreiecksbeziehungen, daß ein raffiniert hinausgezögertes Happy-End das Vergnügen des Lesers vervielfachte. Er zwang seine Geschöpfe – und damit den Leser –, den Augenblick der endlichen Erfüllung aufzuschieben. Damit folgte er dem Rhythmus, ja imitierte geradezu die Techniken jeden besseren Geschlechtsverkehrs. Der Leser konnte nicht nur in der Anschauung erotischer Befriedigung schwelgen. Er konnte auch das erleichterte Gefühl von bestandenen und überwundenen Gefahren genießen. Der Aufwand an Mühe und Angst macht zuletzt die Belohnung nur um so süßer.

Praktisch alle von mir angeführten Romane könnten die sexuellen, normalerweise ödipalen Elemente in literarischen Dreiecksbeziehungen belegen. Doch konsequenter als irgendein anderer Roman des 19. Jahrhunderts instrumentiert Dickens' *David Copperfield* den Ödipuskomplex bürgerlicher Schichten. Daher verdient dieser Roman eine eingehendere Untersuchung. Dora Spenlow, David Copperfields erste Frau, ist ein narzißtisches Geschöpf von jungmädchenhaftem Reiz. Damit ist sie eine frappierende Kopie von Davids erster Liebe, seiner Mutter. Als Knabe hat er mit Clara Copperfield in einem Zustand seliger Zweisamkeit gelebt; sein Vater, doppelt so alt wie seine Mutter, war schon vor seiner Geburt gestorben. Wenn David Copperfield seine Dora liebkost – wovon bezeichnenderweise wenig die Rede ist –, dann ist es der schwache Abglanz der Liebkosungen, mit denen er seine Mutter verwöhnte und die sie liebevoll erwiderte. In zweiter Ehe heiratet Clara Copperfield den selbstgerechten, strengen und grausamen Mr. Murdstone. Durch diesen übereilten Schritt wird der ödipale Kampf in seiner destruktivsten Form wiederbelebt. Davids Ehe mit Dora ist keine Lösung. Dora ist einfach seine zum Leben erweckte Mutter, ohne einen sadistischen Murdstone, der ihm ihren Besitz streitig machen kann.[60].

Wie um Dickens' schwierigem durchgängigen Thema Nachdruck zu verleihen, sind praktisch alle Familien in *David Copperfield* irgendwie unvollständig. Ihre häuslichen Dreiecksverhältnisse sind durch Todesfälle beschädigt. So haben die verbleibenden zwei Familienmitglieder reichlich Gelegenheit zu erfüllter, wenngleich gezügelter Gemeinsamkeit. Und ungestört sind sie auch: Fast keine der Hauptfiguren des Romans ist mit Bruder oder Schwester behaftet. Mit einer schönen Unparteilichkeit, die nicht dem tatsächlichen Vorkommen des Inzests entspricht, läßt Dickens die Söhne das ungetrübte Idyll mit der Mutter, die Töchter das mit dem Vater genießen. (In Wirklichkeit sind sexuelle Vater-Tochter-Beziehungen weit häufiger als Mutter-Sohn-Beziehungen.) Von Annie Strong und ihrem Gatten-Vater habe ich schon gesprochen. Bezeichnend ist, daß Annie in der entscheidenden Szene, die jeden Verdacht gegen sie entkräftet, zunächst ihre Mutter zum Schweigen bringen muß. Aber da sind noch andere Personen. Mr. Peggotty ist der Bruder von David Copperfields alter, guter Kinderfrau; über alles liebt er seine adoptierte «Tochter», die kleine Em'ly. Bei ihm sucht sie Trost, als sie von ihrem Verführer, Davids Schulfreund Steerforth, verraten wird und ins Unglück stürzt. Steerforths Mutter wiederum liebt ihren Sohn mit einer wild entschlossenen, ausschließlichen Leidenschaft – einen störenden Mr. Steerforth gibt es ja nicht. Und auf seine eigene, nachlässige Weise erwidert der junge Steerforth diese Liebe. Dora Spenlows Mutter ist tot; als, nicht lange nach ihrer Heirat mit David Copperfield, ihr angebeteter Vater stirbt, demonstriert sie die nicht gelösten kindlichen Bande zu ihm durch ihre geräuschvolle Hysterie und ihren untröstlichen Schmerz. Mit Davids zweiter Frau, Agnes Wickfield, verhält es sich, was die Beziehung der Generationen betrifft, umgekehrt. Sie wird von ihrem Vater auf sehr ähnliche, aber weit neurotischere Weise geliebt. Ihre Mutter ist gestorben – bezeichnenderweise bei der Geburt ihrer Tochter –, so daß Mr. Wickfield freie Bahn für die abgöttische Liebe zu seinem einzigen Kind hatte. Sinnigerweise sind die Hauptbösewichte des Buches, die Heeps, eine Karikatur solcher Liebe. Uriah Heeps Vater lebt in der Familienerinnerung lediglich als Erfinder dümmlicher Aphorismen fort. Das erlaubt es Uriah und seiner Mutter, als zwar abstoßendes, aber fest zusammenhaltendes Paar aufzutreten. *David Copperfield* ist der unerschöpflichste aller Romane; unter anderem ist er auch ein Kranz von Variationen über das Thema «Liebe als Übertragung». Zuletzt ist er aber auch mehr als das. David Copperfield heiratet schließlich Agnes, die – abgesehen von ihrer Schönheit – das genaue Gegenteil von Clara Copperfield und Dora Spenlow ist. Mit dieser Heirat hat er siegreich seinen Ödipuskomplex überwunden und ein neues, würdiges Objekt seiner Libido gefunden.

Liebe im *David Copperfield* ist nicht nur Übertragung, sondern auch überwundene Übertragung. Sie führt zu einem wahren Happy-End, an dem Freud seine Freude gehabt hätte – wenn er daran hätte glauben können.

Die regressiven Beimischungen der Liebe werden von Dickens in diesem Roman – seinem «Lieblingskind» – nicht einmal angedeutet. Das entsprach seinem moralischen Stil. Ihm ging es in erster Linie um Anstand der Diktion und Konformität der Botschaft. Er war auch bereit, sich auf sein intuitives Gefühl für menschliche Leidenschaft zu verlassen – ein Gefühl, für das er kein Vokabular besaß. Agnes Wickfields Vater gibt zu, daß die Affenliebe zu seiner Tochter krankhaft ist. Doch Dickens diagnostiziert diese Krankheit nicht; er stellt lediglich fest, daß sie Mr. Wickfields Urteil getrübt und ihn in den Suff getrieben hat. Freud äußert einmal, daß er Dichter und Schriftsteller um die Gabe beneide, dank reiner Einfühlung auf psychologische Einsichten zu stoßen, für die der Psychoanalytiker Jahre brauche. Aber oft stießen Schriftsteller und Dichter auf solche Entdeckungen, ohne zu erkennen, was sie so deutlich vor sich sahen. *David Copperfield* ist ein bemerkenswertes Beispiel für ein solches unschuldiges, unwissendes Wissen.

Dickens entnahm seiner eigenen Vergangenheit einige Elemente für seine Darstellung des Ödipus-Themas. Auch andere Romanautoren des 19. Jahrhunderts wie Turgenjew und Thackeray zeichneten eine literarische Version der ödipalen Dreiecksbeziehung, die das kaum verhüllte Bruchstück einer großen Konfession war. Eine der hervorragendsten Novellen Turgenjews, *Erste Liebe*, ist eingestandenermaßen autobiographisch inspiriert, und gewiß ist auch ihre Empfindungslage autobiographisch. Es ist die Geschichte eines heranwachsenden Jünglings und seiner ersten Fixierung auf eine junge Frau. Er ist sechzehn, sie einundzwanzig, und vom ersten Augenblick an ist er von ihr fasziniert. Wladimir ist in einer repressiven, gespannten, liebeleeren Atmosphäre aufgewachsen, und so ist er gänzlich unvorbereitet auf die eigenwillige und sinnliche Sinaida. Für Wladimir folgt eine Zeit der jugendlichen Schwärmerei – Augenblicke trügerischen Glücks, Anfälle von Eifersucht, Verzweiflung. Dann entdeckt er, daß Sinaida, auf welche die Männer nur so fliegen, die Geliebte seines Vaters ist.

Es kommt noch schlimmer. Gegen Ende des Buches erlebt Wladimir eine sadistische Abart der Urszene mit. Er überrascht seinen Vater und Sinaida im ernsten Gespräch; anscheinend reden sie über die Männer im Leben des Mädchens. Auf einmal streckt sie die Hand aus, und sein Vater versetzt ihr mit dem Peitschenstock einen Schlag auf den nackten Arm. Wortlos sieht Sinaida ihren Geliebten an und führt langsam den Arm an die Lippen, um die blutrote Wunde zu küssen, während der Vater die Peitsche fortwirft. Diese Wunde, dieser Stock, diese liebende Unterwerfung unter den Schmerz erinnern das Kind an die sexuelle Paarung der Eltern – mag es die Urszene nun phantasiert oder tatsächlich belauscht haben. Turgenjew läßt den Erzähler im Traum alles noch einmal erleben: den Vater mit der Peitsche in der Hand und das rote Wundmal, freilich nicht auf Sinaidas Arm, sondern (in einer zweiten Verschiebung nach oben) auf der Stirn, als erotisches Kainsmal. In dieser furchtbaren, stummen Begegnung verdichtet Turgenjew die düsteren Aspekte des ödipalen Konflikts: Der Sohn, der den mächtigen Vater liebt und zugleich haßt, muß hilflos zusehen, wie der Vater das Objekt der jünglingshaften Anbetung schlägt. Und das Mädchen scheint, sehr zur Konfusion und Verzweiflung des Jünglings, den Schmerz sogar zu genießen. Aber Turgenjew, der ewige Pessimist in bezug auf die zarte Leidenschaft, zeigt, daß die Liebe stärker ist als die Liebenden. Wladimirs Vater stirbt einen vorzeitigen, plötzlichen Tod, der auf irgendeine mysteriöse Weise mit Sinaida zu tun hat. Kurz zuvor hat er seinem Sohn noch eine zynisch-deprimierte Botschaft zugehen lassen: «Mein Sohn, hüte Dich vor der Liebe der Weiber; hüte Dich vor diesem großen Rausch – diesem schleichenden Gift.»[61]

Wie reagierten Turgenjews Leser auf diese verstörende Dreiecksbeziehung in *Erste Liebe*? Manche fanden diese Ehebruchsgeschichte, in der sich ein vierzigjähriger Mann mit einer halb so alten Verführerin einläßt, durch und durch schmutzig. Louis Viardot, Intimus und Gatte von Turgenjews großer Liebe, erklärte seinem Freund unverhohlen, mit dieser Geschichte steige er in die Kloake des modernen Romans hinab.[62] Wie so viele Puristen des 19. Jahrhunderts auf seine anale Bildwelt fixiert, hatte Viardot zu dem tragenden ödipalen Konflikt in der Erzählung wenig zu sagen. Andererseits wurde ein berühmterer Roman, Thackerays *Henry Esmond*, gerade um dieses ödipalen Aspekts willen kritisiert.

Ungeachtet privater Vorbehalte bezeichnete Thackeray *Henry Esmond* gern als seinen besten Roman. Gewiß war es sein am meisten durchdachtes und durchkomponiertes Buch. Anders als *Vanity Fair* und *Pendennis*, wurde es nicht in einer Zeitschrift vorabgedruckt. Die Rezensionen waren begeistert, formulierten freilich auch Unbehagen. *Henry Esmond* hatte alles: das stimmige geschichtliche Detail, die gekonnte Imitation des Queen-Anne-Stils, tödliche Zweikämpfe, historische Schlachten und vergebliche politische Intrigen. Dazu kam noch die faszinierende Lebensgeschichte eines gewinnenden jungen Mannes, samt dem Verdacht der Unehelichkeit, ängstlich gehütetes Familiengeheimnis – und dornenreiche Liebesgeschichten. Anfang 1853 befand sich Thackeray auf einer

Vorlesungstournee durch die USA, und *Harper's* sprach staunend von dem «Henry-Esmond- und Thackeray-Fieber dieses Winters».[63]

Doch *Henry Esmond* behandelte das ödipale Thema mit einer Direktheit, die die Leser nicht übersehen konnten. Charlotte Brontë, die Thackeray schätzte, formulierte nach der Lektüre des Manuskripts, was später herrschende Meinung wurde: «bewunderungswürdig und widerlich». George Eliot definierte das Widerliche: *Henry Esmond* sei «das ungemütlichste Buch, das man sich denken kann». Sie fühlte sich an einen der Romane von George Sand erinnert: In *François le Champi* hegt ein junger Mann erotische Gefühle für eine Frau, in der er seit jeher seine Mutter sieht, und heiratet sie schließlich: «Und genauso ist die Geschichte von Esmond. Der Held liebt das ganze Buch hindurch die Tochter, um zuletzt die Mutter zu freien.»[64] Diese Zusammenfassung gibt präzise wieder, was George Eliot und ein größeres Publikum empfanden. Doch simplifiziert sie Esmonds ambivalente Gefühle gegen Mutter und Tochter sowie deren nicht minder ambivalente Gefühle ihm gegenüber. Aber gerade dieses Mißverständnis ist von Interesse. Sorgfältig verteilt Thackeray über das ganze Buch recht offensichtliche Hinweise, die den Ausgang des Romans rechtfertigen sollen. Daß eine so intelligente Leserin wie George Eliot sie überlas, läßt darauf schließen, daß Thackerays ödipale Fabel an hartnäckige innere Konflikte gerührt hatte, die die aktuelle Wahrnehmung beeinträchtigten.

Andere Leser fanden die Dreiecksgeschichte in *Henry Esmond* genauso beunruhigend. Sie genossen die Geschichte, bewunderten das Pasticcio – und beklagten den Ausgang. Mary Chesnut, die *Esmond* für das beste Buch des größten aller Romanciers hielt, verurteilte dennoch die Lösung als «schrecklich abstoßend»; sie schlage eine «dissonante Note» an. Andere äußerten ihr Unbehagen im Druck. Ein Rezensent im *Athenaeum* monierte: «[Esmonds] plötzliches Erscheinen... vor dem Altar ist wie die Vermählung mit seiner eigenen Mutter.» Reflektierter als die meisten Leser – und die meisten Kritiker – war G. H. Lewes. Er sträubte sich gegen das Romanende, weil es alles andere als *«wahrscheinlich»* sei. John Forster, der Freund und Biograph Charles Dickens', lobte Thackerays «Kunstfertigkeit und Geschmack». Aber: «Das Ding ist unglaubwürdig, und damit basta.» Diese Weigerung, den Romanschluß zu glauben, war eine höfliche Form der Verleugnung. Man unterließ es bewußt, sich mit den ödipalen Fragen in Thackerays Buch auseinanderzusetzen. Mrs. Oliphant, eine fleißige und beliebte Romanautorin von Rang, scheute sich nicht, öffentlich entsetzt zu sein. Henry Esmonds Heirat fand sie «monströs». «Der Leitgedanke des Buches empört unsere heiligsten Empfindungen und schockiert unsere besten Vorurteile» – und das alles in einer bewundernden Besprechung von Thackerays Werk. Allerdings war die Heftigkeit ihrer Empörung ungewöhnlich. Für die meisten Kritiker überstrahlte die Brillanz des *Esmond* sein Ende, und selbst dieses Ende wirkte auf sie eher irritierend als degoutant. George Brimley rezensierte das Buch für den *Spectator* und gab eine Würdigung, die Thackeray zutiefst befriedigte: Nur «überlegene Kunstfertigkeit» habe die Liebesgeschichte Esmonds davor bewahren können, «lächerlich oder anstößig oder beides zu werden». Thackeray habe sich dem Anlaß gewachsen gezeigt. Er mache die Empfindungen Esmonds glaubwürdig, die «zu einem komplexen Gefühl werden, in welchem kindliche Zuneigung und unbewußte Leidenschaft sich eigentümlich verschränken» – eine treffliche und hellsichtige Formulierung.[65]

Die unbewußte Leidenschaft, die Brimley im *Esmond* entdeckte, gärte auch in dessen Autor. Vorsichtig legte er die ödipalen Wurzeln der menschlichen Liebe bloß; in *Pendennis* hatte er dazu Vorarbeit geleistet, in *Henry Esmond* die Aufgabe nach bestem Vermögen vollendet. Damit zeichnete er die unerschütterliche gegenseitige Liebe nach, die sein und seiner Mutter Leben überschattete und prägte. Er mußte einen gewissen Abstand von dieser übermächtigen Bindung gewinnen. Das war zweifellos der Hauptgrund, weshalb er so freimütig über die Liebe eines jungen Mannes zu einer älteren Frau schreiben konnte. Im Jahr des Erscheinens von *Henry Esmond*, 1852, gestand Thackeray einem alten Freund: «Es verursacht meiner lieben alten Mutter die schlimmsten Qualen der Eifersucht und enttäuschten Sehnsucht, daß sie mir nicht alles in allem sein kann: Mutter Schwester Gemahlin alles; aber es kann nun einmal nicht sein.» Als Knabe «hielt ich sie für einen Engel und betete sie an. Heute sehe ich in ihr nur eine Frau – ach wie zärtlich, wie liebevoll, wie grausam.» In der Mitte seines Lebens raffte er sich zu diesem tapferen Versuch auf, emotionale Objektivität zu beweisen. Doch seine Worte klingen mehr nach der Melancholie eines enttäuschten Liebhabers als nach dem liebevollen Abschied eines reifen Sohnes. Aber welche persönliche, halb und halb unverstandene Quelle Thackerays Vorstellung von Liebe auch gehabt haben mag: was vor allem zählt, ist der Widerhall, den er in Lesern und Rezensenten weckte. Sie fanden seine Einsichten ungenießbar, aber sie erkannten – widerwillig – ihre Ursachen und akzeptierten ihre Konsequenzen. 1908 ließ der Kritiker George Saintsbury eine unerwartete Offenheit für die Komplexität der erotischen Erfahrung erkennen, als er zu dem Schluß kam, *Henry Esmond* sei «sehr schockierend – und überaus menschlich».[66] Das Buch hat Thackerays Platz im stark selektiven Pantheon der großen Romanciers des 19. Jahrhunderts nicht gefährdet. Im Gegenteil, es hat ihn gefestigt.

In den letzten Jahrzehnten des 19. Jahrhunderts war dies das Urteil der kultivierten Menge. Man zuckte nicht mit der Wimper über den Baron von Innstetten, der erst Effi Briests Mutter umworben hatte, bevor er Effi Briest selbst zur Frau nahm. Ebenso fand jeder gebildete Leser im Spanien der siebziger Jahre an Juan Valeras *Pepita Jiménez* viel zu loben und wenig zu bemängeln. Das organisierende Dreiecksverhältnis in diesem Klassiker ist ein frommer Seminarist in Gewissensnöten, dessen religiöse Berufung durch eine anziehende junge Witwe gefährdet wird. Aber als Komplikation tritt ein ödipales Thema hinzu, das die spirituelle Not des Seminaristen Luis kontrapunktisch begleitet: Sein Vater, ein vitaler, noch jugendlicher Witwer, hat ein Auge auf dieselbe Witwe geworfen. Pepita Jiménez ist reich, fromm und von untadeliger Reputation. Vielleicht ist sie sich im Innersten ihres Herzens bewußt, daß sie eine gutaussehende, gesunde junge Frau ist – nicht zu endloser Trauer und demonstrativen Werken der Nächstenliebe geschaffen; aber dieses Vielleicht erhöht nur ihren Reiz. Luis' Rivalität mit dem Vater wächst im Verein mit seinem Ringen zwischen seinen religiösen Bindungen und seinen Liebeswünschen. Der erste, kleine Schritt zur Befreiung aus den ödipalen und religiösen Zwängen, die ihn hindern, sich zu seiner Leidenschaft zu bekennen, ist eine etwas unehrliche Selbstanalyse: Er fragt sich, ob er es seinem Vater nachträgt, einst die Mutter mißhandelt zu haben, und verneint vehement. Unbewußt bejaht er also. Er beginnt, über das bisher Undenkbare nachzudenken – die Unvollkommenheiten seines Vaters. Der zweite Schritt folgt bald: Luis entdeckt eine starke erotische Komponente in seinem seit langem feststehenden Entschluß, Priester zu werden. «Mitunter stelle ich mir vor, daß in all dem ein Anflug sinnlichen Vergnügens steckt.»[67]

Eine Zeitlang scheint an beiden Fronten alles in Ordnung zu sein. Luis ist sich ganz sicher, daß Pepita Jiménez eine gute Stiefmutter abgeben wird; genauso sicher ist er sich, daß er sie nicht liebt. Aber die Zwänge des Eros sind stärker als die Verteidigungswälle, die Luis' Verleugnungen errichten können. Er lehnt es ab, sich zu kastrieren, nicht einmal symbolisch: «Ich werde mir nicht das Auge ausreißen.» Und ebensowenig, wie er Ödipus sein will, mag er Hippolyt sein. Pepita ist noch nicht seine Mutter – oder Stiefmutter; noch nicht! Doch der Kampf geht weiter; schließlich haben wir einen Roman vor uns, nicht eine Kurzgeschichte. Luis hat Angstträume, in denen Pepita ihn tötet, so wie Judith den Holofernes getötet hat. Sie enthüllen seine widersprüchlichen Gefühle, seine Sehnsucht und seine Furcht. Er meditiert über die Liebe und findet «tausend Gründe, Gott zu lieben und sie nicht zu lieben.»

Auch Pepita kennt Konflikte, und sie spiegeln die seinen wider: Als die beiden einander das erstemal küssen, fällt sie in Ohnmacht. «Aber was sind alle die Freuden der Sinne», fragte sich Luis in einem letzten Augenblick kasuistischen Zögerns, «was ist alle Pracht und Herrlichkeit der Welt, wenn eine Seele nach der göttlichen Liebe schmachtet und brennt?» Gut gesprochen; aber nicht gut genug. Pepita gesteht ihm ihre eigene Sinnlichkeit. «Ich liebe an dir nicht allein die Seele, sondern auch den Körper.» Wenig später ergeben sich die beiden ihrer Leidenschaft und vollziehen ihre Liebe. Trotzdem geht noch alles gut aus: Mit dem Segen des Vaters heiratet Luis seine Pepita. Die Liebe der beiden verschmilzt sorgfältig jene beiden Strömungen der Liebe, die das 19. Jahrhundert nicht gern getrennt sah. Das Paar beschließt zuletzt, «Gattenliebe und Gottesliebe zu vereinen». Der Schein blieb gewahrt, und so konnte *Pepita Jiménez* sich dem Lager des moralischen Romans zurechnen. Die Liebenden haben zwar gesündigt, wenngleich nur einmal und nur kurz; aber sie haben die Sünde mit ihrer Heirat, und mit Sophismen, wiedergutgemacht. Zuzeiten findet Luis sein weltliches Leben vulgär und selbstisch; dann beeilt sich seine Frau, solche «melancholischen» Anwandlungen zu zerstreuen, und «er erkennt und akzeptiert, daß der Mensch Gott in allen Situationen und Lagen des Lebens dienen kann».[68] Er erkennt auch, wie ich hinzusetzen sollte, daß er den Vater – den irdischen wie den göttlichen – ungestraft aus dem Felde schlagen kann. Juan Valeras berühmtester Roman ist ein klassisches Beispiel für den Roman als Wunscherfüllung.

Die Unschuld des Romans *Pepita Jiménez* ist ebenso kompromittierend wie die Unschuld der Hauptfiguren. Auf irgendeiner Ebene müssen sich die Leser denn auch der skandalträchtigen Implikationen ihrer Lektüre bewußt gewesen sein. Weder Luis noch Pepita werden für ihre Verfehlungen bestraft – Verfehlungen, die ein Romancier noch ein Vierteljahrhundert zuvor zum Anlaß für einen erbaulichen, geziemenden, herrlich rührenden Schluß genommen hätte. Von derselben großartigen Gleichgültigkeit gegen das moralische Kapital, das aus einer derartigen Geschichte zu schlagen war, ist *Fort comme la mort* erfüllt. Hier gibt Guy de Maupassant der erotischen Dreiecksbeziehung eine wieder andere Wendung; etwas anderes hätte sein Publikum von ihm auch nicht erwartet. Olivier Bertin ist ein erfolgreicher Maler, weltgewandt, sportlich, attraktiv – und ein alternder Mann; er ist Anfang Fünfzig. Seit einem Dutzend Jahren erfreut er sich der zärtlich-beschützenden Gunst Anne de Guilleroys; sie ist eine reiche Bürgersfrau, die eine angenehme und vernünftige Ehe mit einem in der Politik tätigen Adligen führt. Das Verhältnis mit Bertin ist geradezu familiär: Ihr Geliebter ist ein enger Freund des Hauses. Aber selbst in den weltläufigen Kreisen, in denen die

Liebenden sich bewegen, muß ihr Verhältnis heimlich und sporadisch bleiben. Anne verzehrt sich vor Eifersucht auf die fashionablen Damen, die Bertin malt, auf die flüchtigen Frauenbekanntschaften, die er kultiviert. Traurig macht sie sich bewußt, daß sie, wenngleich noch immer frisch und unendlich begehrenswert, nicht mehr in der Jugendblüte steht. Die Rachegöttin ihrer Liebe erscheint aber in ganz unerwarteter Gestalt: Es ist ihre liebenswerte junge Tochter Nanette. Bertin kannte das Mädchen schon, als sie noch ein kleines Kind war – eben alt genug, um ihre Mutter zu jenen Sitzungen zu begleiten, bei denen die Affäre begonnen hatte. Jetzt ist Nanette nach Paris zurückgekehrt, um sich auf eine vorteilhafte Heirat vorzubereiten, die ihre Eltern für sie arrangiert haben. Bertin, der sie jugendlich erblüht sieht, verliebt sich in sie.

Tatsächlich ist diese Untreue, die Bertin sich phantasiert, eine zweideutige Sache. Die Krise kommt für Bertin und seine Geliebte, als Anne de Guilleroys Mutter stirbt. Anne bricht vor Erschütterung und Trauer zusammen, was ihrem Aussehen sehr schadet. Bertin ist nun viel allein und lebt seinen Reminiszenzen. Gleichsam geistig masturbierend, genießt er die Erinnerung an Augenblicke der Seligkeit mit Anne. Zwar ist der Kontrast zwischen der welkenden Frau und dem erblühenden Mädchen groß; aber was Bertin beseelt, ist der Gedanke, daß er durch die Tochter wieder die Mutter liebt. Nanette ist geworden, was ihre Mutter einst war. Bertin hatte sich in Anne de Guilleroy verliebt, als er sie in ihrer reizvollen Trauer um den Vater malte. Jetzt durchlebt er neu diese Schwärmerei, während er die Tochter malt, die in der Trauer um ihre Großmutter ebenso reizend anzusehen ist. «Eine andere Liebe trat auf den Plan, ihm zum Trotz», oder vielmehr «dieselbe Liebe, neu entflammt durch ein neues Gesicht».[69]

Einigermaßen monoton – so als traue er seinen Lesern nicht ganz – wiederholt Maupassant, daß die beiden Frauen wie Schwestern aussehen: die Tochter ist die wiedergeborene Mutter in Mienen, Gesten und Gebärden. Schon sein Name macht das Mädchen zur wandelnden Erinnerung. Pflichtschuldigst baut der Romancier Maupassant allerhand Komplikationen und retardierende Momente ein, um das Denouement hinauszuschieben. Bertin versucht, sein fleischliches Interesse an Nanette zu verdrängen, indem er sich einredet, ältere Frauen am liebsten zu haben. Gleichzeitig versucht seine Geliebte, ihn zu halten, indem sie vor ihm die Mutter herauskehrt; das macht aus Nanette gewissermaßen ihre gemeinsame Tochter und setzt Bertins Leidenschaft für das Mädchen zu einer Art Inzest herab. Bertins Ausflüchte scheitern ebenso wie Anne de Guilleroys Ränke. Die Gegenwart des Mädchens wird für Bertin immer belastender. Mehr und mehr ist er überzeugt, daß sie in ihm nie etwas anderes sehen wird als einen liebenswürdigen älteren Herrn, eine Vater-figur aus Kindertagen. So läßt er sich von einem Bus überfahren – ein halbherziger, als Unfall getarnter Freitod. Bertin ist weder das Opfer einer vergeltenden Gerechtigkeit noch das eines unbesiegbaren Schuldge-fühls; er ist das Opfer seiner Unfähigkeit, mit seinem alternden Körper zu leben, auf den er sich nicht mehr uneingeschränkt verlassen kann.

Fort comme la mort erschien 1889. Der einzige, der sich über das Buch empörte, war Firmin Boissin, Maupassants alter Intimfeind, der sich schon früher an seine Fersen geheftet hatte. «Vollendeter Ehebruch, Inzestwünsche, Selbstmord – und dieses Werk hat ein gewisser Rezensent als eine ‹Bekehrung› begrüßt!»[70] Im großen und ganzen war die Aufnah-me jedoch freundlich. Drei Jahrzehnte zuvor, zur Zeit der *Madame Bovary*, hatte man eine solche illusionslose Offenheit über die Wechsel-fälle der Liebe noch als bedrohlich empfunden. Jetzt war diese Offenheit zwar noch immer nicht an der Tagesordnung und noch immer etwas anrüchig; aber sie war plausibel und ziemlich unbedenklich. Statt spora-discher und einigermaßen juveniler Ausfälle gegen die bürgerliche Ehr-barkeit, wie etwa in *Mademoiselle de Maupin*, schrieb man nun nüchter-ne Autopsien des Ehebruchs und trieb ein delikates Spiel mit unorthodo-xen sexuellen Freuden. Die weithin unbewußten, unbeabsichtigten eroti-schen Enthüllungen in den Romanen der Jahrhundertmitte wichen der bewußten Mißachtung der heiligsten bürgerlichen Tugenden.

Die Zurückhaltung in puncto fleischlicher Liebe war auf dem Rück-zug. Queiros' *Os Maias* war 1880 herausgekommen. Als Edmond de Goncourt drei Jahre später an seiner kurzen Erzählung *Chérie* schrieb, wütete er heftig gegen Emile Zola: Dieser habe ihm die revolutionäre Idee gestohlen, die erste Menstruation einer jungen Frau im Roman darzustellen. Während in Paris dieser Sturm im Wasserglas um Gon-courts *Chérie* und Zolas *La joie de vivre* tobte, schrieb der niederländi-sche Autor Lodewijk van Deyssel an seinem impressionistischen Roman *Een Liefde*, der 1887 erschien. Darin schildert der Autor minuziös eine Frau bei der Masturbation. Anfang der neunziger Jahre versuchten Oscar Wilde und seine Freunde mit einem Minimum an Zurückhaltung, auch homosexuelle Leidenschaften in den Kanon einzuführen. Bei einem ersten Rückblick erscheinen die achtziger Jahre des vorigen Jahrhunderts als ein dramatisches Jahrzehnt: Es markiert anscheinend den Übergang vom Zeitalter der Zurückhaltung zum Zeitalter der Freimut in der Literatur.

Der Schein kommt der Wirklichkeit nahe; dennoch war die Geschichte der Liebe in der Dichtung des 19. Jahrhunderts verwickelter und wider-

sprüchlicher. Praktisch jede Verallgemeinerung in bezug auf diese Geschichte scheitert an den Ausnahmen. Der Roman, dieser unzuverlässige
Spiegel an der Landstraße der Kultur, war keineswegs gleichgültig gegen
übergreifendere Themen. Er reflektierte in einem gewissen Ausmaß die
politischen Kämpfe der Zeit, ihre sozialen Bestrebungen, ihr medizini-
sches Wissen und ihren Reinheitsfanatismus. Doch in den Freiheiten, die
der Roman sich nahm, und den Vorsichtsmaßregeln, die er beobachtete,
ging er meistens seiner eigenen Wege. Selbst die Einteilung des 19. Jahrhunderts in ein «frühes» und ein «spätes», die mir bisher gute Dienste
geleistet hat, bedarf der Überprüfung. Das Zeitalter zerfällt nicht umstandslos in Jahrzehnte einer blinden Repression, gefolgt von Jahrzehnten einer unbekümmerten Toleranz. Kurzum, das soziale Schicksal der
Mittelschichten erzeugte keinen berechenbaren Lektürestil. Manche Li-
teraturkonsumenten der Mittelschicht trauten sich in den neunziger wie
in den dreißiger Jahren, ihre erotischen Phantasien jene Wege gehen zu
lassen, die der Roman ihnen eröffnete. Aber die Mehrzahl durfte es nicht
wagen, ihre libidinöse Phantasie mit Geschichten über unerlaubte Affären oder verdächtige Beziehungen zu stimulieren. Man hätte erwarten
sollen, daß Fortschritt und Sicherheit eine gewisse Fähigkeit erzeugt
hätten, Abweichungen vom Schicklichen und irritierende psychologische
Offenbarungen zu tolerieren. Die Wirklichkeit war anders. Um die Mitte
des 19. Jahrhunderts war das Bürgertum fast überall dabei, seine gesellschaftliche Geltung, wirtschaftliche Stellung und politische Macht auszu-
bauen und zu konsolidieren. Die Literatur aber, die es las, war im
allgemeinen von einem todernsten, geradezu rachsüchtigen Respekt vor
dem Dekorum. Es gibt sogar vereinzelt Anhaltspunkte dafür, daß der
Zwang zur Zurückhaltung in jenen Jahren eher noch zunahm. 1841
nannte Dickens in der Einleitung zu *Oliver Twist* Nancy noch ungeniert
eine «Prostituierte». In der Ausgabe von 1867 ließ er dieses vielsagende
Epitheton weg. In Frankreich initiierte die kaiserliche Regierung Mitte
der fünfziger Jahre eine Reihe von Strafverfolgungen, die vom ehrbaren
Bürgertum mit großem Beifall bedacht wurden. Der Prozeß gegen
Flaubert ist nur der berühmteste Fall. 1856 wurde das Urteil gegen Xavier
de Montépins gewagtes Buch *Les Filles de Plâtre* gefällt; die *Saturday
Review* hatte es «ein in jeder Hinsicht schändliches Buch» genannt,
«schändlich durch seine Schamlosigkeit, schändlich durch seinen Zynismus, schändlich durch das völlige Fehlen irgendeines guten Gefühls oder
rechten Gedankens». Autor, Verleger und Drucker erhielten Gefängnisstrafen. Die *Saturday Review*, die *Les Filles de Plâtre* in einen Topf warf
mit Gautiers *Mademoiselle de Maupin*, lobte das harte Urteil und verlangte ein noch härteres Durchgreifen.[71]

Das Schicksal Montépins ist eine notwendige Erinnerung daran, daß im 19. Jahrhundert auf die vielbeschworenen nationalen Unterschiede in der literarischen Permissivität kein Verlaß war. 1889 legte Mary J. Serrano eine Übersetzung von Eça de Queiros' *O Primo Bazílio* aus dem Portugiesischen vor. Für ihr amerikanisches Publikum reinigte sie dieses «anschauliche Bild des Lissabonner Lebens» nach Kräften von «anstößigen» Stellen. Mit Freuden placierte sie Queiros «an die Spitze der Liste portugiesischer Romanciers»; aber für ihren Geschmack war er unerträglich freizügig. So nahm sie die Verantwortung auf sich, «hie und da eine zu scharf gezeichnete Linie, zu grelles Licht oder zu tiefen Schatten zu dämpfen oder gar zu tilgen, einem Geschmack zu Gefallen, der im wesentlichen von puritanischen Mustern geprägt ist.» Das gebildete portugiesische Lesepublikum, an französische Kost gewöhnt, vertrug nach Mary Serranos Meinung die Schilderung lüsterner Bäder, heimlicher Rendezvous und geiler Sexualakte. Den puritanischen Amerikanern aber mußte man solche Dinge ersparen. Die verstohlene Szene, wie Bazílio seine Cousine durch einen Cunnilingus unerträglich erregt, fehlt in Serranos Version. Sie versuchte, ihre Kürzungen mit einer etwas bemühten Entschuldigung zu rechtfertigen: Sie hoffe, nicht nur «das Interesse an der Geschichte nicht beeinträchtigt», sondern auch den «ethischen Zielsetzungen» des Buches «breiteren Raum« gegeben zu haben.[72]

Das war ein ebenso krasser Fall von Verleugnung wie Fitzjames Stephens Unterstellung, Flaubert habe moralische Absichten verfolgt, und ein interessantes Beispiel für die Zählebigkeit der Moralisierwut in der Literatur. Noch interessanter ist allerdings Serranos vergleichender Überblick über das zeitgenössische Romanschaffen. Ihr Urteil über den französischen Roman – in dessen Kielwasser, wie sie meinte, der portugiesische schwamm – war ziemlich streng. Es wurde natürlich von den meisten Zeitgenossen geteilt und war nicht ganz unverdient. Freilich stimmte es einfach nicht, daß in Paris alles erlaubt war. Es gab kaum einen Staat, der eine größere Zahl von Romanen, gewiß aber keinen, der sie mit größerer Schärfe verfolgte als das Empire Napoleons III. oder die frühe Dritte Republik. Zwar hatten französische Schriftsteller viel ungezwungeneren Zugang zu Regionen der Sinnlichkeit, vor denen ihre englischen oder deutschen Kollegen zurückschraken oder die sie nur mit Fingerspitzen anfaßten. Aber die Vorstellung, die bürgerliche Kultur Frankreichs sei in Dingen der Sexualität unbedingt liberal gewesen, oder sie sei in unsittlicher Literatur ertrunken, deckt sich mit dem Gegenteil der sehr viel unfreundlicheren Realität.

Auch nach den befreienden achtziger Jahren besaßen die französischen Romanciers keinen Freibrief für hemmungslose Schilderungen der Liebe.

Noch danach sandten verängstigte Verleger Signale aus, die schwer zu deuten und für Schriftsteller in höchstem Maße verwirrend waren. Paul Léautaud, ein Verfasser von Erotika, die auf eigenen Erlebnissen fußten, notierte sich 1906 einen solchen Fall in sein Tagebuch: Sein Redakteur Alfred Vallette vom *Mercure de France* ersetzte die freizügigsten Passagen in Léautauds Roman *Amours* durch Pünktchen. Und das war derselbe Redakteur, der jahrelang die teilweise recht schlüpfrigen Romane seiner Frau Marguerite veröffentlicht hatte! Unter dem Pseudonym Rachilde schreibend, war sie eine berühmt-berüchtigte, vielgelesene Autorin. Vallettes Überlegungen waren von der Art, wie sie auch Henry James' diplomatischer Herausgeber des *Cynosure* angestellt hätte: «Um seiner Abonnenten – seiner Leser – willen tut der *Mercure* fast alles...»[73] Staatliche Stellen und private Tugendwächter waren überall auf dem Posten, um die – wie sie es sahen – verpestende Propaganda für Perversionen zu unterbinden. Zolas englischer Verleger Henry Vizetelly wanderte 1889 ins Gefängnis, weil er seine Übersetzung von *La Terre* nicht ausreichend gereinigt hatte. Van Deyssel mußte sich den Vorwurf gefallen lassen, ein allzu geleriger Schüler seiner schmutzigen französischen Vorbilder zu sein. Daraufhin unterwarf er die zweite Auflage von *Een Liefde* der freiwilligen Selbstzensur und zog sich ganz von seinem provokanten Naturalismus zurück. Oscar Wilde geriet, wie allgemein bekannt, 1895 mit dem englischen Gesetz in Konflikt, weil er jene speziellen sexuellen Wünsche, die er in seinen Erzählungen so elegant angedeutet hatte, allzu selbstgefällig zur Schau trug. Die deutschen Behörden verfolgten Dichter der leidenschaftlichen Liebe wie Richard Dehmel, weil sie sich in ihrer sinnlichen Lyrik allzu große Freiheiten herausgenommen hatten. Das Damoklesschwert von Verboten, Geldstrafen, Gefängnis, Bankrott hing nach wie vor über der Literatur der Liebe – über Büchern, Autoren und Verlegern.

In der umkämpften Zeit nach den achtziger Jahren gerieten die Mittelschichten unter wachsenden Druck ihrer radikalen politischen und kulturellen Gegner. Front gegen sie machten Sozialisten und Gewerkschaftler, aber auch Bohemiens, die für den Bürger nichts als Verachtung übrig hatten. Trotzdem ließen sich die Mittelschichten nicht dazu hinreißen, wieder die Herrschaft der sentimentalen Töne, der saft- und kraftlosen Ausflüchte und Umschreibungen zu installieren. Die Bürger hatten weit besseren Grund, nervös zu sein, als früher. Aber bereitwilliger denn je erkannten sie an, daß in der Liebe auch der Körper mitspielt und daß ruchlose Verführer es ebensooft zu Glück und Ansehen bringen, wie tugendhafte Jungfrauen leer ausgehen. Eigentlich hätte man eine Intensivierung des Kampfes gegen die realistische Erkundung der Erotik in der

Literatur erwarten sollen. Aber gerade in dieser Zeit wurden die gesetzlichen Abwehrstellungen immer mehr unterhöhlt.

Gewiß gab es Anschläge auf das Dekorum, die so provokant waren, daß sie auf fast einmütige Ablehnung stießen. Die Flexibilität des Bürgertums hatte ihre Grenzen, auch bei den Flexiblen selbst. In Norwegen ließ der Berufsrebell Hans Henrik Jaeger, ein Gotteslästerer und Anarchist, seinen erotischen Roman *Fra Kristiania-Bohêmen* von der Polizei beschlagnahmen und ging für kurze Zeit ins Gefängnis. Sein letzter Roman *Syk Kjærlighed*, an dem er um die Jahrhundertwende jahrelang arbeitete, konnte nur als Privatdruck erscheinen. Veröffentlicht wurde er erst 1920, zehn Jahre nach Jaegers Tod, und auch dann nur in einer deutschen Übersetzung. Der Titel des Buches, «Kranke Liebe», ist treffend genug, die Bezeichnung als «Roman» weniger. Mit seinem Helden, den es tränenreich danach verlangt, sich in den Schoß der Geliebten zu ergießen, mit der selbstverliebten Wortmalerei und der stammelnden expressionistischen Sprache ist es, im notdürftigen Gewande des Romans, eine Autobiographie. *Syk Kjærlighed* ist das getreue Spiegelbild seines neurotischen, trunksüchtigen Autors; das Buch schwankt bezeichnenderweise zwischen sexueller Lust und weinerlichem Schuldgefühl hin und her. Der Erzähler hat ein unersättliches Verlangen nach dem Cunnilingus, am stärksten dann, wenn seine willfährige Geliebte ihm die Genitalien darbietet, während sie menstruiert. Nachdem sie seiner Zudringlichkeit einmal lächelnd nachgegeben hat, bestürmt er sie mit fieberhaften Wünschen und fleht sie an, ihm zu sagen, daß sie ihn noch immer liebt. *Syk Kjærlighed* ist nicht obszön aus Berechnung. Geschlechtsteile und Geschlechtsverkehr werden nicht in der für Pornographie obligatorischen Großaufnahme wiedergegeben. Das sexuelle Programm des Erzählers ist das physische Gegenstück zu seinem regressiven Bedürfnis nach Vereinigung mit der Mutter; seine Selbstvorwürfe nach dem Orgasmus sind die läppischen Appelle eines nervösen Schwerenöters. Solche intimen Bekenntnisse, die als Literatur einherkamen, waren im wesentlichen nur mit Rücksicht auf die Gedankenfreiheit zu verteidigen. Viele Bürger, die mit solchen Texten konfrontiert wurden, flohen denn auch lieber wieder zu jener literarischen Zurückhaltung, in der sie aufgewachsen waren; sie entschieden sich für die Ordnung (sei sie auch noch so langweilig) und gegen die Freiheit (sei sie auch noch so aufreizend).

Die Romanciers, die in der ehrbaren Kultur der Mittelschicht Explosionen auslösten, wunderten sich nicht über diesen Rückzug. Sie hätten für die Paradoxa, die ich dargestellt habe, eine naheliegende Erklärung zur Hand gehabt. Die aufdringlichen, ja törichten Interventionen von Behörden, Kirchen und frommen Buchverkäufern waren für sie einfach

ein weiterer deprimierender Fall von bürgerlicher Prüderie. Was konnte
man anderes erwarten von krassen Materialisten, von schamlosen Phili-
stern, die die Macht besaßen? In der einen oder anderen Weise stellten
sich avantgardistische Schriftsteller diese Frage immer wieder aufs neue.
Praktisch bis zu seinem letzten luziden Tag betonte Flaubert, daß die
Bourgeoisie ihm buchstäblich Übelkeit verursache. Und nach seinem Tod
im Jahre 1880 fanden seine feindseligen Auffassungen noch größeren
Beifall als zu seinen Lebzeiten.

So war es keineswegs originell, wenn van Deyssel ausrief, «der Bürger»
sei «der ekle Abszeß am entzückenden Leibe der Menschheit!» Rückblik-
kend gab er zu, daß seine kriegerische Haltung zum Teil purer Übermut
gewesen sei – die Nadel, um den Ballon bürgerlicher Selbstzufriedenheit
zum Platzen zu bringen. Er schreibt: «Wir waren überspannt und
unanständig, nicht weil wir das Überspannte und das Unanständige für
die Wahrheit hielten, sondern weil wir Überspanntheit und Unanständigkeit für die beste Bekräftigung unseres Anspruchs erachteten, alles zu
dürfen.» Doch bei aller Übertreibung waren die Anwürfe gegen den
Bürger als den Feind der Literatur ernstgemeint und anscheinend auch
plausibel genug. Theodor Fontane war wahrlich kein Fanatiker; zu *Frau
Jenny Treibel* aber, seinem satirischen Roman über das emporgekomme-
ne Bürgertum Berlins, erklärte er seinem Sohn klipp und klar: «Zweck
der Geschichte: das Hohle, Phrasenhafte, Lügnerische, Hochmütige,
Hartherzige des Bourgeois-Standpunktes zu zeigen.»[74]

Was sowohl Fontane als auch die anderen Kritiker – im Kampfgetüm-
mel stehend und ständig unter Beschuß – nicht sehen konnten, war dies:
Der bourgeoise Gegner war nicht so sehr lügnerisch oder hartherzig als
vielmehr von Angst erfüllt. Man konnte von ihnen auch nicht erwarten,
daß sie dankbar waren für die Liberalität und Toleranz, die viele bürgerliche Leser gerade in den Tagen der ärgsten Prüderie bewiesen hatten und
mit den Jahren immer deutlicher zeigten. Mit zunehmender literarischer
Bildung waren die Mittelschichten imstande, die grenzenlose Weite von
Tolstois Universum der Sinne wie George Eliots brillanten Umgang mit
den unterschiedlichen Motiven in der Liebe zu akzeptieren und sogar zu
genießen. Die Konventionen über die Behandlung der Liebe in der
Literatur waren dabei, sich zu verschieben, und wie jeder Wandel weckte
auch dieser Widerstände. Die umkämpfte Avantgarde nun meinte be-
greiflicher-, aber irrigerweise, in diesen Widerständen den Konsens des
gesamten Bürgertums zu erkennen.

Nicht alle Leser machten diese Verschiebung mit; jenes Lesepublikum,
das ich die «bürgerliche Phantasiengemeinschaft» genannt habe, zerfiel
bereits vor der Jahrhundertwende in einzelne Teile. Noch lange, nach-

dem Dickens ihn geschaffen hatte, wurde Podsnap von einflußreichen Meinungsmachern am Leben erhalten. Trotzdem lernten jetzt immer mehr Leser der Mittelschicht, über Podsnap zu lachen (dazu hatte Dickens ihn schließlich auch erfunden) und ihm Widerstand zu leisten – in der Gesellschaft und in sich selbst. Wohl erlahmte das Verlangen der Moralapostel nach Verfolgung anstößiger Literatur zu keinem Zeitpunkt. Dennoch hatte sich, auch durch die schlimmsten Zeiten hindurch, ein beachtliches Reservoir an gutem Willen zugunsten von Freimut und Komplexität in der Literatur erhalten, und nach 1880 wurden die Inseln der Heimlichtuerei sichtlich kleiner. Immerhin war der Roman zu Victorias Zeit eine Literatur der delikaten Andeutung. Bis zum Ende des Jahrhunderts wagten es nicht einmal jene Schriftsteller, denen die herrschenden Zwänge unbehaglich waren, physische Einzelheiten des Liebesspiels oder des Ehebruchs zu schildern. Die aggressive Körperlichkeit eines Zola oder Goncourt bewegte sich – selbst in Frankreich – stets an der Grenze des Erlaubten. Trotzdem empfinden in *Framley Parsonage* die Liebenden, wie Trollope betont, Sehnsucht nacheinander und schämen sich nicht, es auch zu sagen. Und ebensowenig schämten sich die Romanautoren, auch wenn sie im allgemeinen das Dekorum wahrten. Selbst dort, wo er am diskretesten ist, ist der bürgerliche Roman eine Gattung, die ein gewisses Vergnügen am Erotischen verrät und eine kultivierte Bewältigung des Begehrens lehrt. Um die Wende des 19. zum 20. Jahrhundert war ein erheblicher Teil der gebildeten Leser der Mittelschicht bereit für jene unberechenbaren Formen der Liebe, die ihnen Marcel Proust zumutete.

IV. Problematische Bindungen

Der Schauplatz ist ein abgelegenes Landhaus in Montjouvain, an einem drückend schwülen Spätnachmittag. Es ist so heiß, daß Mademoiselle Vinteuil, die dort in der Einsamkeit mit ihrer Geliebten lebt, die Fenster hat offenstehen lassen. Marcel, der sich nach einem seiner gewohnten Spaziergänge ausruht, ist in Sichtweite des Hauses im schützenden Schatten eingeschlafen. Noch mehr, als es sonst bei Icherzählern von Romanen der Fall zu sein pflegt, ist Marcel ein vom Glück einzigartig begünstigter Voyeur. Die Welt scheint förmlich darauf zu brennen, ihm ihre entmutigenden pädagogischen Szenarios vorzuführen. Als er aufwacht, in seinem natürlichen Versteck gefangen, wird er unfreiwillig Zeuge einer abstoßenden Episode, eines ruchlosen kleinen rituellen Tanzes. Seine Choreographie steht seit langem fest und gestattet kaum Improvisationen. Offenkundig gehört er wesentlich zu der traurig-feindseligen Erotik der beiden Liebenden dazu. Mademoiselle Vinteuil ist allein, in tiefer Trauer um ihren Vater, einem unbekannten Musiker der Gegend. (Später wird sich herausstellen, daß er ein genialer Komponist war.) Er ist vor nicht allzulanger Zeit gestorben, hauptsächlich aus Gram über den Lebenswandel seiner geliebten Tochter. Offensichtlich erwartet sie ihre Liebste und trifft ihre Anstalten: Sorgfältig stellt sie eine Photographie ihres Vaters neben das Sofa, auf welchem sie sich dann in einnehmender Pose zurücklehnt. Bald darauf kommt ihre Freundin, und es beginnt das zu erwartende Spiel gegenseitiger Verführung, mit scheuen Fragen und einstudierten Gesten. In einem plötzlichen Ausbruch küßt die Geliebte Mademoiselle Vinteuil zwischen die Brüste, und die beiden Frauen jagen einander durch den Raum, um endlich auf das Sofa zu fallen. Die ihr zugedachte Rolle spielend, lenkt Mademoiselle Vinteuil die Aufmerksamkeit ihrer Geliebten auf die Photographie des Vaters. Das Bild scheint ein täglich benutzter Fetisch des gemeinsamen Liebesspiels zu sein. Mademoiselle Vinteuils Geliebte beschimpft das Bild, und um die Erregung zu steigern, schickt sie sich brutal an, darauf zu spucken. Der Rest bleibt unbekannt, und die Phantasie des Lesers ist gefordert: Mademoiselle Vinteuil erhebt sich und schließt das Fenster. Marcel bleibt seinen Gedanken überlassen.[1]

Es ist eine schockierende Szene, und Proust wußte, daß sie schockierend war. Aber er beharrte mit Recht darauf, daß sie für den Plan seines symphonischen Romanzyklus unentbehrlich sei. Der Zyklus nimmt desto monströsere Ausmaße an, je mehr weltliche Erfahrungen der Erzähler sammelt, je klarer ihm wird, daß eine erstaunliche Zahl seiner Bekannten, Freunde und Geliebten in Sodom und Gomorrha zu Hause ist. Proust spürte, auf welch trügerischem Grund er sich bewegte. Anfang Mai 1908, während er sich noch an *A la recherche du temps perdu* herantastete, erzählte er seinem Vertrauten Louis d'Albufera, er habe noch mehr als ein halbes Dutzend Dinge «in Arbeit». Es seien Erzählungen und Essays über verschiedene Gegenstände, auch über «Päderastie (nicht leicht zu publizieren)». Das war nicht nur die Angst des Autors. Francis Jammes, ein frommer Symbolist, den Proust zu verehren behauptete, beschwor ihn, jene anstößige Szene zu tilgen. Hätte Jammes geahnt, was Proust mit dem Baron de Charlus vorhatte, seine Besorgnis wäre noch größer gewesen: Dieser überlebensgroße Dickenssche Gesellschaftslöwe und von sich eingenommene Ästhet wird sich in späteren Bänden als erklärter Homosexueller entpuppen. Aber Proust war gewillt, seinen Text unversehrt zu erhalten. Nicht ohne Stolz auf seine Aufrichtigkeit und seinen Mut bezeichnete er den Roman, dem er sein Leben weihte, als unanständig, ja als «stellenweise überaus unzüchtig».[2]

In den von wenig Sachkenntnis getrübten Rezensionen, Artikeln und Interviews, die 1913 das Erscheinen von *Du côté de chez Swann* begrüßten, würde nirgends auf die kurze lesbische Episode angespielt. Das lag offensichtlich nicht daran, daß das Thema zu heikel gewesen wäre, es war im Gegenteil zu vertraut, als daß es Erwähnung verdiente. Gewiß, Proust hatte die Kritik auf sein Debut als Romanschriftsteller weitblickend gesteuert. Er hatte Freunde bedrängt, *Swann* zu besprechen oder wohlwollende Rezensenten ausfindig zu machen. Aber selbst diejenigen Kritiker, die unbeeinflußt über Prousts wohlgesetzte Zumutungen schrieben, hatten nichts dagegen einzuwenden, daß er bei seiner unsterblichen Sondierung der unwillkürlichen Erinnerung auch Lesbierinnen auftreten ließ. Wenn Vorbehalte laut wurden, dann gegen seinen Stil, nicht gegen seine Unanständigkeit.

Diese interessante Ungerührtheit hatte verschiedene Ursachen. Zunächst einmal schrieb man das Jahr 1913. Das Lesepublikum war bereits seit mehreren Jahrzehnten mit intimen erotischen Enthüllungen, auch sexuellen Abartigkeiten, in Buchform konfrontiert worden. In eben den Jahren, da Proust begonnen hatte, über seinem *Du côté de chez Swann* zu brüten, waren die Franzosen überschwemmt worden mit Berichten aus Deutschland, in denen von sittlichen Verfehlungen in den höchsten Kreisen, einschließlich der Hofkamarilla Wilhelms II., die Rede war. Das spektakulärste Opfer war Fürst Philipp zu Eulenburg, möglicherweise der engste Freund des Kaisers. Proust fand seinen Fall faszinierend und verfolgte ihn genauestens. Er war nur einer von vielen schadenfrohen Franzosen, die sich der irrigen Meinung hingaben, Homosexualität sei ein deutsches Laster und erreiche in der Reichshauptstadt Berlin, dem «Sodom an der Spree», epidemische Ausmaße. Prompt erhielt der Intimus des Kaisers denn auch den Spitznamen «Eulenbougre». Nach 1906 setzte eine Serie von sensationellen Zeitungsberichten und von sensationellen Prozessen um Eulenburg und seine Gefährten ein. Damit wurde die Berichterstattung über sexuelle Abartigkeiten geradezu zur journalistischen Sorgfaltspflicht. Man konnte sich über diese Abartigkeiten lustig machen oder sie verurteilen, aber man kam nicht darum herum, sie zu diskutieren. Außerdem kannte Proust, der passionierte Leser, seine einflußreichsten Vorläufer genau: Diese Romanschriftsteller hatten, wie wir wissen, eine erlesene, mannigfaltige Sammlung homoerotischer Charaktere vor die Öffentlichkeit hingestellt. Das Werk George Sands und Honoré de Balzacs war ihm natürlich in Fleisch und Blut übergegangen; bei aller Krittelei an deren Büchern kam er nicht an ihnen vorbei. Diese Autoren hatten mit ihren lebensechten homosexuellen Figuren Literaturgeschichte geschrieben. Hitzige Aufwallungen lesbischer Erregung gibt es zwischen Pulchérie und ihrer Schwester in George Sands *Lélia*. Der machtvolle Vautrin, ein Homosexueller, beherrscht gleich mehrere von Balzacs großen Romanen. Zwar erreichten diese Gestalten selten das Format eines Protagonisten. Aber sie schufen allmählich eine Atmosphäre zögernder Toleranz gegenüber dem Porträt problematischer Liebe. Doch gibt es noch einen weiteren wichtigen Grund, weshalb Proust es gefahrlos wagen konnte, Mademoiselle Vinteuil und ihre rüde lesbische Verehrerin bei der Vorbereitung auf den Sexualakt zu zeigen. Walt Whitman und jene minderen Poeten in den kurzlebigen Zeitschriften der achtziger und neunziger Jahre hatten die Freuden solcher Erfahrungen besungen (und dafür büßen müssen). Bei Proust dagegen waren die Homosexuellen, Männer wie Frauen, einzigartig freudlos. Die erotische Episode, der Marcel an jenem Nachmittag notgedrungen beiwohnt, stimmt traurig, mit ihren stereotypen Gesten, ihrer routinemäßigen Verruchtheit, dem völligen Fehlen alles Spontanen und Spielerischen. Die sinnliche Befriedigung, die die beiden Frauen einander abringen, erinnert in ihrer Zwanghaftigkeit an die Getriebenheit, mit der der Drogensüchtige seine tägliche Dosis braucht. Die Akteure, die in dieser Szene miteinander herumtollten, gehörten einem verurteilten Geschlecht an. In Elend und hilfloser Verzweiflung paarten sie sich.

Prousts Einstellung zu seinen homosexuellen und bisexuellen Romangestalten entsprach genau seiner Einstellung zur eigenen Sexualität. Bewußt behandelte Proust den Zwang zur Homosexualität als einen unentrinnbaren Fluch, verhängt durch erbliche Belastung und eine vergiftete Umwelt. Freilich erwies sich diese Betrachtungsweise der Liebe, wie sie *A la recherche du temps perdu* entwickelt, zugleich auch als geschickt. Es war in jenen Jahren am ungefährlichsten, wenn man über sexuelle Abweichungen als Arzt, als Moralist oder als Patriot sprach: Es empfahl sich, sie in (vorzugsweise lateinischen) Fachausdrücken zu analysieren, sie als Auswuchs der modernen Zivilisation zu brandmarken oder ihr gehäuftes Auftreten in anderen Ländern zu konstatieren. «Wenn es ein Laster oder eine Krankheit gibt, die der französischen Mentalität, der französischen Moral und der französischen Gesundheit zuwider ist», schrieb der französische Journalist J. Ernest-Charles 1910, «so ist es zweifellos – um das Kind beim Namen zu nennen – die Päderastie.» Die Formulierung ist ebenso bemerkenswert wie ihre Aussage: Was «Päderastie» sei, läßt Ernest-Charles ungeklärt.[3] Doch ob Krankheit oder Laster, eines stand für die Ehrbaren unanzweifelbar fest: Den Namen Liebe verdiente sie nicht.

Prousts schonungslose, deprimierende Schilderung von Männern und Frauen, die dazu verdammt waren, als heimliche Bürger Sodoms und Gomorrhas zu leben, war für die Homosexuellen seiner Zeit von greifbarem Nutzen. Zwar schlug ihnen nicht die unzweideutige Zustimmung entgegen, die sie sich wünschten. Aber wenn ihre erotischen Bedürfnisse ein Los waren, dem sie nicht entrinnen konnten, dann sprach sie dieser Umstand von moralischer Verantwortung frei: Schicksal ist nicht Laster. Diese mitleidsvolle Betrachtungsweise bot einen gewissen Schutz sowohl vor der Verfolgungs- und Strafsucht heterosexueller Puristen als auch vor der anstößigen Selbstentblößung homoerotischer Propagandisten. Mit einem Wort: Es war leichter, eine leidvolle Schilderung über Homosexuelle zu veröffentlichen als eine lustvolle. Wenn sie sich schon gezwungen fühlten, sich offen zu ihren Neigungen und Praktiken zu bekennen, dann war es am besten, wenn sie heulend und zähneklappernd vor die Öffentlichkeit traten.

1. Der Lohn der Verleugnung

Die Eigenschaften, durch die sich im 19. Jahrhundert unschuldige Liebe von lasterhafter unterschied, verstanden sich eigentlich von selbst. Zyniker wie Moralisten konnten sich darauf einigen, daß die menschliche Natur ihre Leidenschaften und Unvollkommenheiten hatte und daß das offizielle bürgerliche Liebesideal überaus anspruchsvoll war. Infolgedessen war es verzeihlich, wenn viele Männer – aber wenige Frauen – diese

Unvollkommenheiten etwas zu dreist demonstrierten. Es war unausweichlich, daß man das Ideal immer wieder verfehlte. Die wesentlichen Glaubensartikel des Ideals bedurften jedoch kaum einer Diskussion. Jeder wußte, wie sie lauteten: Unbescholtenheit vor der Ehe, ungebrochene Monogamie, Geschlechtsverkehr in Maßen und mit dem Willen zum Kind, absolute Enthaltung von der Masturbation, peinlich genaue Beachtung der Tabus gegen Inzest und sonstige sexuelle Ungeheuerlichkeiten.

Über diese Dinge verlor man buchstäblich kein Wort. Doch gab es, zwischen den wohlabgesteckten Bezirken erotischer Rechtschaffenheit und erotischer Sündigkeit, weite Bereiche, die im Ungefähren blieben und sich im Dunkel verloren. Als die Sittenwächter der Zeit – gesonnen, die Unschuldigen zu schützen und die Schuldigen zu retten – ihren sexuellen Sündenkatalog zusammenstellten, wetterten sie gegen Ausschweifung, Selbstbefleckung und Hurerei. Die Laster, die sie nicht erwähnten, waren solche, die sie sich nicht vorstellen konnten oder wollten. Der reichlich freizügige Proust war der Nutznießer einer kulturellen Revolution, die sich in Jahrzehnten vorbereitet hatte.

Diese (allmählich schwindende) Reserviertheit in Sachen Homosexualität war keine Heuchelei. Sie war der Versuch, ein vertrautes bürgerliches Dilemma angesichts vertrackter Realitäten zu bewältigen. Die Mittelschichten konnten sich nie ganz schlüssig werden, ob Verleugnung ein gesünderer kultureller Abwehrmechanismus war als Freimut. Ende des Jahrhunderts rechtfertigten Sexualforscher ihr neugieriges Schnüffeln im Privatleben anderer mit dem allgemeinen Grundsatz, daß Informationsmangel immer schädlich ist. Er leistet der Passivität vor unlösbar scheinenden Problemen Vorschub. Trotzdem war nicht zu bestreiten, daß die Untersuchungen der Sexualforscher mit Sicherheit an streng tabuisierte, oft peinliche Themen rühren mußten. Und so entschieden die meisten Bürger sich bis in die achtziger Jahre und noch drüber hinaus für die falsche Sicherheit der Unwissenheit, nicht für den gefährlichen Nutzen des Wissens.

Diese Entscheidung hatte eine paradoxe Folge: Homosexuelle Liebespaare – Männer wie Frauen – waren in den früheren Tagen der gequälten Umschreibungen sicherer als in den späteren Tagen klinischer Wißbegier. Solange sie den Schein wahrten, waren Junggesellen über jeden Verdacht erhaben, und Frauen, die miteinander eine ruhige Wohnung teilten, ernteten nur Lob für ihre hingebungsvolle Freundschaft. Die beste Methode, um Gerüchte zu entkräften, war, so zu tun, als seien sie unwahr. Tschaikowskij entschloß sich Mitte der siebziger Jahre hauptsächlich deswegen zur Heirat, weil man ihm hinter vorgehaltener Hand (und zutreffenderweise) unterstellt hatte, er sei homosexuell. Erst wenn sie ihre Verachtung der herrschenden Moralgesetze allzu selbstgefällig zur Schau trugen, erst wenn ihr Verhalten von der Öffentlichkeit schlechterdings nicht mehr ignoriert werden konnte, sahen die Homosexuellen sich dem Gegenangriff der wohlanständigen Gesellschaft ausgesetzt. Was George Sand, trotz der ungeheuren Beliebtheit ihrer Romane, zu einer so skandalumwitterten Persönlichkeit machte, waren weniger ihre zahlreichen Liebhaber (unter ihnen auch mindestens eine Frau) als die Publizität ihrer Liebesaffären, ihr Auftreten in Männerkleidung sowie die Einbrüche in geheiligte Reservate des Mannes, wie das Tragen von Hosen und das demonstrative Rauchen von Zigarren. So etwas machte die Anständigen wütend, weil es ihnen Angst machte.

Und eben diese Angst stand hinter der rachsüchtigen Schadenfreude, die Oscar Wilde während seiner Prozesse im Frühjahr 1895 entgegenschlug. Sie prägte auch die «dumpfe Wut des Philisters», wie der brillante Musikkritiker Ernest Newman sie genannt hat. Wilde provozierte empörte Prüderie, salbungsvolles Pharisäertum, lefzenleckende Lüsternheit, aber auch ratlose Verbitterung, weil er exhibitionistisch seine schmutzigen Sexualgeschichten nicht im Verborgenen treiben wollte. Sein großspuriges Auftreten vor Gericht reizte zusätzlich die Lust zur Vergeltung. Mochte er nur behaupten, Bücher seien weder gut noch böse, nur gut oder schlecht geschrieben: Das Lesepublikum hielt seinen Ästhetizismus für Unsittlichkeit. Mochte er nur seine ach so reinen, herrlichen, durchgeistigten Männerfreundschaften in eine Reihe stellen mit Jonathan und David oder mit Platon und seinen Gastmahlsgenossen: Das Belastungsmaterial vor Gericht machte einen weit weniger erhebenden Eindruck. Für seine fieberhaften Verleumder war Wilde der verstockte, verächtliche Perverse, der gegen das oberste soziale Gebot des «Du sollst nicht darüber reden» verstoßen hatte. Die gemeinen oder geifernden Kommentare in der Massenpresse suchten zugegebenermaßen die billigen Effekte, waren jedoch darum nicht völlig unrepräsentativ. Und sie bestätigen nachdrücklich das Gefühl der Öffentlichkeit, verraten worden zu sein.

Gewiß, manche besseren Zeitungen nahmen von dem Fall fast keine Notiz. So beschränkte sich der *Manchester Guardian* geradezu demonstrativ auf die unbestreitbaren Fakten, die er in dürren Zwei-bis-drei-Zeilen-Meldungen abfertigte. Andere Blätter, wie etwa *The Times* oder die *Pall Mall Gazette*, berichteten über die Prozesse in genüßlichster Ausführlichkeit. Umständlich zitierten sie die Einlassungen des Beschuldigten, die Plädoyers der Anwälte, die Einwürfe des Richters. Unausgesprochen sollten diese Schilderungen den Leser dazu animieren, seine eigenen moralisierenden Schlüsse zu ziehen. Manche Tages- und Wochenzeitungen konnten jedoch nicht der Versuchung widerstehen, anläßlich dieser Prozesse das Publikum zu belehren und ihm zu sagen, was es hören wollte. Die *Westminster Gazette* hielt die Verurteilung Wildes für «heilsam». Sie werde «zweifellos viel Gutes bewirken, nicht nur durch die Bestrafung der Schuldigen und die Kräftigung der Gesetzestreue bei anderen, sondern auch durch Hemmung ungesunder Tendenzen in Kunst und Literatur». Unter diesen Tendenzen sei besonders hervorzuheben «der Versuch, jeglichen Zusammenhang zwischen ‹Kunst› und Moral zu leugnen». Dieser Standpunkt sei «bestenfalls ein Sophisma, im schlimmsten Falle aber – das, als was er sich in diesem Prozeß entpuppt hat». Kurzum, Wildes schlimmster Verstoß waren nicht seine homosexuellen Handlungen; am schlimmsten war vielmehr sein ostentativer Amoralismus. Mit ihm mußte er eine Kultur verprellen, die dem Ideal des Nichtüber-die-Stränge-Schlagens huldigte.

Am Montag nach der Verurteilung Wildes brachte die *St. James's Gazette* einen merkwürdigen Leitartikel. In ihm bekundete sich der Wunsch nach Verschwiegenheit und Reserviertheit in Reinkultur. Es hieß dort: «Toleranz ist eine der besonderen Tugenden der modernen Welt.» Es sei jedoch eine Tugend, die man zu einem Laster habe ausarten lassen. Grausamkeit, Verbrechen, Skepsis, Unmoral – die Schriftsteller fühlten sich berechtigt, alle diese Dinge zu verherrlichen, ohne auch nur mit der Wimper zu zucken. «Wir leben im Zeitalter der Neuen Toleranz, und der oberste Grundsatz der Neuen Toleranz lautet: Alles ist eine offene Frage.» Die Prozesse gegen Wilde hätten bewiesen, wohin diese «allzu liberale» Geisteshaltung führen könne. Der «perverse Kriminelle» habe ein «hartes, aber wohlverdientes Urteil» erhalten. Diese «Person» werde jetzt «in die Unterwelt des Schattens und der Vergessenheit» eingehen. Allerdings hinterlasse er in der anständigen Öffentlichkeit «einen kleinen Stachel des Selbstvorwurfs». Wie die Zeitung ihre Leser erinnerte, hatte sie fünf Jahre zuvor darauf hingewiesen, «daß ein Buch dieses Schriftstellers [offenbar *The Picture of Dorian Gray*] weniger die Aufmerksamkeit des Kritikers verdiene als jene der Polizei». Damals habe sie für diese Warnung einigen Widerspruch geerntet. Mit einem Wort, die *St. James's Gazette* hatte es schon immer gewußt: «Die peinlichen und skandalösen Enthüllungen dieser Wochen werden hoffentlich dazu beitragen, unsere Kunst, unsere Literatur, unsere Gesellschaft, überhaupt unsere Sicht von den Dingen wieder mit einem Hauch von gesunder Intoleranz zu erfüllen.» Ohne solche Intoleranz «geht ein Volk zugrunde». Die Zeitung schloß sich damit einer verbreiteten Hoffnung an: Man wollte endlich wieder Ruhe haben im Lande, selbst wenn das eine gesellschaftlich oder notfalls sogar gesetzlich erzwungene Repression zur Folge hatte. In vollem Einverständnis hiermit schrieb der *Daily Telegraph*: «Der Mann hat jetzt die Strafe für seinen Lebenswandel dahin. Mag er abtreten von dem Forum der Öffentlichkeit, das er so liebte, und eingehen in das Zwischenreich verdienten Verrufs und Vergessens.»

Wohl mochte es Leitartikler geben, die das prüfende Licht des Tages begrüßten, mit welchem endlich in jene heimliche Dekadenz, als deren Hoherpriester Oscar Wilde galt, hinabgeleuchtet wurde. Aber ihre Freude an der Bloßstellung war untypisch. Im Dezember 1900 meldeten *The Times* Wildes Tod. Nach der Besprechung der witzigen und ungemein erfolgreichen Komödien Wildes bemerkt der Nachrufschreiber: «Die Enthüllungen der Kriminalprozesse von 1895 machten sie natürlich für einige Jahre unmöglich.» Das Adverb «natürlich» ist aufschlußreich. Die herrschende Empfindung nach Wildes Einkerkerung war der Wunsch, zu vergessen und wenigstens für eine gewisse Zeit zu den alten Tagen schützender Unwissenheit zurückzukehren.[4]

Seit Emile Durkheim haben Soziologen die These vertreten, daß die Gesellschaft die Abweichung von ihr selbst produziert. Sie definiert, was normal ist, und bezeichnet als unnormal jene Minderheiten, die das ausleben, was gehemmtere Zeitgenossen nur sublimieren, träumen oder überhaupt verdrängen. Aber der bürgerliche Stil, eine Mischung aus delikaten Euphemismen und scharfäugigem Freimut, verkompliziert diese Verallgemeinerung. Schließlich erfreuten sich viele Homosexuelle des 19. Jahrhunderts (männliche wie weibliche) hinter der schützenden Fassade der Diskretion eines privilegierten Freiraums für ihre unorthodoxen Liebesmethoden. Ein wahrhaft gebildeter Mensch, läßt sich Mrs. General in Dickens' *Little Dorrit* vernehmen, wird sich den Anschein geben, nichts zu kennen als das, was «völlig geziemend, gesetzt und gefällig» ist. Diese Politik wirkt allzu bewußt, als daß sie die in solchen bürgerlichen Vermeidungsstrategien steckenden unbewußten Energien hätte binden können. Mrs. General ist eine Karikatur und als Karikatur angelegt, selbst wenn sie zweifellos einen extremen Stil der Abwehr verkörpert, wie er in der Kultur der Mittelschicht des 19. Jahrhunderts verbreitet gewesen sein muß. Interessanter und sicherlich auch bedeutsamer dürfte jedoch die Art gewesen sein, wie der Bürger völlig offen und mit einnehmender Unschuld Charaktere und Situationen diskutierte, die der moderne, gewitztere Leser «suspekt» nennen würde. Im Jahre 1811 entschied das britische Oberhaus zugunsten zweier Lehrerinnen: Die beiden hatten die Großmutter einer Schülerin verklagt, weil sie den beiden einen «unzüchtigen und verbrecherischen Lebenswandel» nachgesagt hatte. Die Law Lords hatten detaillierte und malerische Zeugenaussagen darüber gehört, wie es die beiden Damen im Bett miteinander trieben. Trotzdem bescheinigten sie den beiden ihre sexuelle Reinheit – weil etwas anderes die sexuelle Vorstellungskraft der Herren schlicht und einfach überfordert hätte. «Ich bin fest davon überzeugt», so Lord Gillies, «daß es das hier inkriminierte Verbrechen nicht gibt» – jedenfalls nicht in Großbritannien.[5] Wenn man nicht weiß, was eine Lesbierin ist, oder wenn man ihresgleichen nur im Morgenland findet, dann hat es wenig Zweck, bei sich zu Hause an Frauen, die Frauen lieben, Empörung zu verschwenden oder Strafen auszuteilen. Hier liegt auch der Grund, weshalb Charles Dickens in *Little Dorrit* die Gestalt der Miss Wade entwickeln konnte (jene merkwürdige «Selbstquälerin», die der Leser des 20. Jahrhunderts ohne zu zögern als Lesbierin ansprechen würde), ohne Furcht vor Vergeltung haben zu müssen, ja ohne eigentlich genau zu wissen, wieviel er damit sagte. Auf diese paradoxe Weise gestaltete die wohlanständige Kultur einen großen Teil des 19. Jahrhunderts erstaunlich permissiv.

Trotzdem hat gerade die verschwiegene Reserviertheit, die den sexuellen Ketzern so sehr zugute kam, die Erforschung der ganzen Vielfalt der Liebesformen in dieser Epoche lange behindert. Spektakuläre Vorkommnisse schreiben Geschichte in Anekdotenform. Sie mögen zwar aufschlußreich sein, die provokanten Eskapaden eines Bilderstürmers wie Oscar Wilde, die Orgien eines reichen Päderasten wie Friedrich Krupp, die keuschen photographischen Zuchtlosigkeiten eines gehemmten Gelehrten wie Lewis Carroll, die Männlichkeitsmasche der vielbewunderten Malerin Rosa Bonheur, der lesbische Zirkel unter Vorsitz Natalie Barneys in Paris oder die farbigen Liebesaffären von bisexuellen Künstlern wie Verlaine – «Alkoholiker, Syphilitiker, Päderast, Poet», wie er sich selbst einmal nannte[6] –. Aber auf lange Sicht gesehen sind diese Dinge für den Kulturhistoriker nicht so wertvoll wie die (freudigen oder gequälten) Notizen von der Hand unbekannter Männer und Frauen, die versuchen, ihre heterodoxen sexuellen Wünsche schreibend zu ordnen, zu legitimieren oder einfach dem Vergessen zu entreißen.

Solche Aufzeichnungen sind selten, aber es gibt sie. Am 29. Juli 1836 begann Albert Dodd, Schüler des Washington College in Hartford (Connecticut), in der gehörigen Weise Tagebuch zu schreiben. Seit 1833 hatte er schon Gedichte verfaßt und sie in Reinschrift in einen gebundenen Band übertragen. Auf dessen Titelseite stand in Druckschrift die Warnung «PRIVAT». Aber das Tagebuch war etwas anderes. Einer der Lehrer hatte die Schüler aufgefordert, ihre «Fertigkeit im Aufsatz» durch das Führen eines Tagebuchs zu vervollkommnen. Folgsam und beeinflußbar machte sich Dodd daran, einige freie Assoziationen zu Papier zu bringen: «Ich werde meine Gedanken niederschreiben, currente calamo [mit fliegender Feder, ohne langes Besinnen; A.d.Ü.], unbefangen und aufs Geratewohl, über alles, was mir gerade in den Sinn kommen mag.» Mit gespieltem Ernst rief er die «Jungfräuliche Göttin Minerva» an, ihm bei seinem Vorhaben beizustehen und vor «Nachlässigkeit» zu bewahren. Er hatte die richtige Ahnung, daß Nachlässigkeit seit unvordenklicher Zeit der grimmigste Feind aller Tagebücher ist.

Dodd war ein tüchtiger Humanist, der es liebte, griechische und lateinische Dichtung zu übersetzen und zu rezitieren. So war er durchaus befugt, Minerva anzurufen. Allerdings beginnt das Tagebuch nicht sehr verheißungsvoll. Dodd beschränkte sich zu Anfang auf harmlose Ereignisse und wenig originelle Gedanken. Der etwas gespreizte Stil ist der eines Menschen, der sich an Formeln klammert und zaghafte Anläufe unternimmt, sich selbst kennenzulernen. Am 31. Juli sinniert er etwas unverständlich über «meine Unbestimmtheit»; es ist der erste und für einige Monate einzige Ansatz zur Selbstbeobachtung in dieser fragmentarischen Autobiographie. Er notiert Reisen nach New York, Theaterbesuche (sie waren sein Lieblingszeitvertreib), unerfreuliche Auseinandersetzungen mit der College-Verwaltung und die Vorbereitung seines Wechsels zur Yale University. Am 2. Februar 1837 tadelt er sich streng für die «Trägheit meinerseits», die für den episodenhaften Charakter seines Tagebuchs verantwortlich sei.

Aber es lag nicht allein an seiner Trägheit. Von Februar 1837 an kompensierte er sein langes Schweigen durch tägliche Ausbrüche einer nachträglichen Selbsterforschung. Er bekennt, sein Tagebuch monatelang nicht angerührt zu haben, weil er befürchtete, «Gefühle von trauriger und schmerzlicher Art» aufzurühren. Allerdings befand er sich in einem Konflikt. Der Befürchtung stand nämlich ein Wunsch gegenüber: Dodd bedauerte, nicht «alle jene Szenen und Gedanken getreulich geschildert» zu haben, die er, wie er mit belustigender Unlogik schreibt, sein Leben lang in Erinnerung behalten werde, aber zu vergessen drohe. Das rasende Tempo seiner Einträge nach Monaten der Leere spricht dafür, daß die Fluten seiner nicht gemeisterten Emotionen die Deiche seiner Diskretion hinwegspülten. Das erste Jahr am College war ruhig und friedlich gewesen, eitel Sonnenschein, «mit vielen angenehmen, sehr vielen glücklichen Stunden». Dann war das zweite Jahr über ihn hereingebrochen und hatte ihm die herzzerbrechende Enttäuschung einer Jugendliebe beschert. Albert Dodd war noch keine neunzehn und offenbar nicht vorbereitet auf Sturm und Drang seiner erwachenden, ihrer selbst nicht gewissen Sinnlichkeit. «Auf Sonnenschein folgt Regen», schreibt er sich auf – immer bereit, abgedroschene Phrasen für echte Gefühle zu verwenden. «Das letzte Jahr war meist bewölkt und trübselig genug.»

Zum Glück läßt sich Dodd herbei, genauer zu werden. «Der Freund, den ich liebte, der erste, den ich auf dieser weiten Welt wahrhaft geliebt habe, entfremdete sich mir, wie allerdings auch ich mich ihm entfremdete; und eine Zeitlang dachte ich, daß es töricht von mir gewesen sei, meine Zuneigung an jemanden zu verschwenden, der sie mir so vergalt.» Von unnennbaren Gefühlen gedrängt, hatte Dodd seinen Stolz besiegt und dem anderen angeboten, «unsere Freundschaft zu erneuern, und er tat es mit Freuden, und nun habe ich meinen Freund wieder». Ohne Übergang und ohne erkennbare Mühe, von Männer- auf Frauenliebe zu kommen, berichtet Dodd sodann «eine andere Anfechtung auf der Liste meiner Leiden im vergangenen Jahr». Es war die Entdeckung, «daß *sie*, die ich geliebt, sich als falsch und wankelmütig erwies». Er gab sich alle Mühe, gerecht zu sein gegen seine Julia. Zwei Jahre zuvor hatte er an das Mädchen ein leidenschaftliches Sonett gerichtet, gewidmet seiner «ersten und einzigen Liebe». «Gewiß, sie hat niemals in Worten gesagt ‹Ich liebe dich›, aber ihre Handlungen und die Art, wie sie lange Zeit mit mir umging, führten mich zu dem Schluß, daß meine Zuneigung für sie, von der sie genau wußte, von ihrer Seite erwidert würde.» Traurig «bin ich aus diesem lieben Traum erwacht». Dieses sein Schwanken zwischen schwärmerischen Illusionen und nüchterner Entzauberung, zwischen geliebtem Jungen und geliebtem Mädchen, kennzeichnet den Rest seiner kunstlosen Aufzeichnungen.

Zwei Tage später, am 4. Februar 1837, überlegt Dodd, warum er eigentlich so empfindlich auf Johns kaltes Verhalten reagiert habe: «Weil ich», antwortet er, «ihn achte, ihn schätze, ihn *liebe*, mehr als alle anderen.» Er fragt sich das, was sich zahllose Liebende zu allen Zeiten gefragt haben: «Liegt ihm etwas Besonderes an mir?» und gibt sich die erwartete Absage: «Ich fürchte, nein.» Seine eigenen Gefühle aber sind über jeden Zweifel erhaben. «‹John, lieber John›», schreibt er und setzt seine Worte in Anführungszeichen, so als ob er seinen geliebten Freund im Geiste anspräche, «‹Ich liebe dich, ja, ich liebe dich. Aber du bist nicht da, du kannst nicht hören, was ich dir gestehe, ein Geständnis, an dem dir vielleicht gar nichts liegt.›» Dann definiert er sich selbst noch einmal seine Gefühle: «Es ist nicht bloße Freundschaft, was ich für ihn empfinde; oder es ist Freundschaft der stärksten Art. Es ist eine herzinnige, eine männliche, eine reine, tiefe und glühende Liebe.» Männlich und rein mochte sie ja sein, aber Dodd investierte in sie auch starke Libido. Es war, wie Albert Dodd es sich ausmalte, «eine Flamme», die in seinem Herzen «brannte».

Aus Gründen, die dem Historiker der Liebe bekannt sein werden, hatte Dodd sich seinem Freund nicht erklärt. Er fürchtete, abgewiesen zu werden. «John hat ein Herz», versicherte er sich selbst. «Oh ja, er hat ein liebevolles, ein edles Herz.» Was ihn selbst, Albert Dodd, betraf, so trat er als wahrer Liebender die eigene Selbstachtung mit Füßen. Schließlich ermangele er «aller jener Eigenschaften, die darauf berechnet sind, Freundschaft, die liebende Freundschaft irgendeines Menschen, zu gewinnen». *Eine* Eigenschaft aber glaubte er zuversichtlich zu besitzen: «Aber ich kann lieben, bei Gott, ich kann lieben.» Doch gab es, außer dem Gefühl der Unwürdigkeit und der Furcht vor Zurückweisung, noch andere Dinge, die ihn unglücklich machten. Er litt unter nicht näher bezeichneten Übeln so intimer, vielleicht so verworfener Art, daß er sie selbst dem Tagebuch nicht ganz anvertrauen mochte: «dies —, das mich so lange gequält hat; und auch —, die mich dito. Dann gibt es noch M. O. — ich wage gar nicht, diese Dinge hierherzusetzen —, wovon ich bete, daß es bald ins Reine kommen möge.» Offenbar hatte er irgendeine undurchsichtige und belastende erotische Angelegenheit im Sinn. Er wünschte sich, vergessen zu können, dachte an den Tod, flehte den «Widersacher» an, von ihm abzulassen, trotzte seinem «moralischen Kater».

Mit einem jener assoziativen Sprünge, die das zwanglose Tagebuch begünstigt, findet sich Dodd nach einem langen Gedankenstrich wieder bei «John Heath». Bei ihm verweilen seine Gedanken mit der größten Liebe. Und sogleich setzt er, in seiner sexuellen Wahl wiederum zwischen Frauen und Männern schwankend, hinzu: «Ich frage mich, ob ich Julia wirklich geliebt habe.» Er meint, es müsse wohl so gewesen sein, obgleich seine «Leidenschaft» für sie «nun nahezu vergessen» sei. Den Gedankengang weiterverfolgend, scheint ihm freilich, «daß meine Zuneigung zu A. H. und J. F. H. [Anthony Halsey und John Heath] nahezu von derselben Art war wie die zu Julia. Allerdings», bemerkt er, gleichsam in mildem Erstaunen, «galt die eine einem weiblichen, die andere einem» – und an dieser strategischen Stelle hat irgend jemand, wahrscheinlich der Tagebuchschreiber selbst, das nächste Blatt weggeschnitten. So bleibt dieser Ansatz zur Selbstanalyse unvollendet.

Unvollendet, aber nicht unverständlich: Es folgen noch viele weitere Einträge im selben Sinne, bis weit ins nächste akademische Jahr hinein. Trotz aller Schwärmerei für männliche Freunde legt Dodd seine maskulinen Identifikationen nicht ab. Die Gedichte, die er schreibt, richten sich hauptsächlich an Julia, später an Elizabeth und ihre «geliebte Gestalt». Er verfaßte freundliche Verse, «Ad Amicum», und einen gereimten Scherz über die Vorliebe des griechischen Göttervaters für die homosexuelle Liebe, «Die Erniedrigung Hebes und Erhöhung Ganymeds». In diese Hervorbringung perverse Glut hineindeuten zu wollen, wäre humorlos.

Auch die Träume, die Dodd notiert, drehen sich um Frauen, desgleichen
seine Assoziationen. In einem dieser Träume sieht er seine Julia in der
Gesellschaft eines anderen Mädchens. Julia bekommt plötzlich einen
Wutanfall und «stürzt sich mit Nägeln und Klauen auf sie wie eine
leibhaftige Furie», was überhaupt nicht zu ihr paßt. In ihrer unkontrollierbaren Leidenschaft wirft sie sich schluchzend Dodd an die Brust.
«Wir standen in der Mitte des Raumes, und da lag das liebe, teure
Mädchen in meinen Armen und weinte sich ihre ganze Wut von der Seele.
Heftig pochte ihr Herzchen gegen das meine; die ganze Gestalt bebte und
zuckte.» Halb und halb ist sich Dodd seines orgastischen Wunsches
bewußt; er bemerkt: «O, welch süße und erregende Umarmung das
war!»

Der Traum schien ihm «seltsam», zumal eine unerwartete Bekannte
darin auftauchte; außerdem hatte Julia im wirklichen Leben niemals
solche Temperamentsausbrüche. Aber er weckte seine lebhafte Erinnerung an Weihnachtsferien, die er ein gutes Jahr zuvor im Kreise von Julias
Familie verbracht hatte. Damals hatte ein Pfänderspiel damit geendet,
daß er sie zum erstenmal küßte. Es war ein «süßer und köstlicher» Kuß,
und er wurde erwidert. «Beim Himmel!» bereut er eine versäumte
Gelegenheit, «ich habe die Situation kaum zur Hälfte ausgenutzt, so
verdattert und aufgeregt und verwirrt war ich.» Aber jetzt träumt ihm
von dem bebenden und zuckenden Mädchen in seinen Armen, und er
bemüht sich (man beachte, wie die Traumarbeit die Richtung seines
Wunsches umkehrt!), «ihre Leidenschaft zu besänftigen». Mit diesem
Traum entschädigt sich Dodd für das, was er sich ein Jahr zuvor hat
entgehen lassen.

Einige Monate später, Anfang Juni 1837, träumt er wieder von einem
Mädchen. Diesmal ist es Elizabeth. «Mir war, als hielte ich dich in
meinen Armen, und als lächeltest du mich mit einem gütigen Blicke an,
und dieser Blick sagte, daß du liebst. Liebste, *beste* Elizabeth!» Im selben
Monat schrieb er ein Gedicht «An Elizabeth», in welchem er behauptet,
immer an sie zu denken. Auch am Tage nahmen Mädchen seine liebevolle
Aufmerksamkeit in Anspruch. Er unternahm gern Spaziergänge, um
Mädchen zu sehen, und erwies sich als ungemein empfänglich für ihre
erotischen Reize. Für «die Tochter des alten Webb» hegte er große
Bewunderung, «ein liebliches, wunderbar schönes Mädchen, von gefälliger Gestalt, rechter Größe, schönster Gesichtsfarbe, die rosigsten, duf-
tigsten Lippen, die ich je gesehen, und solche Augen, groß und dunkel,
vielleicht dunkelblau, und feucht schimmernd».

Doch wenn Mädchen ihn erregten – Jünglinge erregten ihn noch mehr.
Die «geliebte Gestalt» John Heaths hatte Dodd auch während Johns

Abwesenheit vor Augen. Unablässig machte er sich Vorwürfe, weil er John nichts von seiner «tiefen und brennenden Zuneigung» erzählt hatte. Ambivalent wie immer, meint Dodd, vielleicht sei sein Schweigen doch am besten gewesen. Aber hier, in seinem Tagebuch, «dessen Seiten kein Auge erblicken wird», konnte er beruhigt den «heimlichen Schwur» seiner Liebe zu John «wiederholen». Er konnte bekennen, daß er ständig an den Freund dachte, an den Gefährten, «der allein in meinem Herzen wohnt».

Dieser Schwur war reiner Selbstbetrug. Schon früher hatte Dodd seine herzlichen Gefühle für «A. H.» erklärt. Im März konnte er die Sehnsucht nach Anthony Halsey, seinem Tony, nicht länger bezwingen: «Mich verlangt so sehr, von ihm zu hören. Wie ich ihn liebe! In letzter Zeit scheint er meine Gedanken mehr zu beschäftigen als J. H., und mir ist, als ob ich ihn inbrünstiger liebte als John.» Der liebe Tony, so konnte Dodd beglückt vermelden, erwiderte seine Liebe. Es war alles sehr kompliziert, aber Alfred Dodd schickte sich an, in seinem Tagebuch alles zu entwirren. «L-i-e-b-e; Liebe; was ist Liebe?» fragt er sich und bekennt, sie nicht beschreiben zu können. «Alles, was ich weiß, ist, daß es drei Menschen auf dieser Welt gibt, die ich liebe, und das sind Julia, John u. Anthony. Geliebtes, teures Trio!»

Es war jedoch ein ungleiches Trio. Mit seinem *«Liebsten Anthony»* scheint Dodd der physischen Erfüllung am nächsten gekommen zu sein. Er hatte Tony schon vor der College-Zeit gekannt und immer gefunden, er sehe *so gut aus*. Die beiden hatten sich sehr eng angefreundet, auch wenn sie nicht dasselbe Zimmer bewohnten. «Wie restlos ich ihn geliebt habe, wie sehr ich in ihn vernarrt war!» Sie unternahmen gemeinsam lange Spaziergänge und führten stundenlange Gespräche. «Oft teilte er», des Nachts, «mein Kissen – oder ich das seine, und wie süß war es dann, neben ihm zu schlafen, die geliebte Gestalt umarmt zu halten, seine Arme an meinem Hals zu spüren, ihm süße Küsse auf das Gesicht zu drücken! Es war das reinste Glück.» Dodd fand das alles weder problematisch noch gar pervers. Er sehnte sich danach, daß diese Tage wiederkämen; er wollte Tony wiedersehen. «Wie süß es wäre, seine Jugend, seine Schönheit und arglose Unschuld wieder zu erblicken! Lieber, liebster Anthony!» Uneingedenk, daß es doch John war, «der allein in meinem Herzen wohnt», sprach Dodd nun von seinem «angebeteten Anthony» als «meinem lieben Freund, meinen am meisten geliebten von allen!» Aber nicht einmal diese Beziehung war völlig stabil. Gegen Ende seines Tagebuchs, im Oktober 1837, notiert Dodd, daß er sich in einen Freshman [Studienanfänger] verliebt hat, eine Schwärmerei, die er, der Student im höheren Semester, völlig unpassend und doch zugleich absolut schicklich findet:

«Ich bin mir bewußt, daß ich ihn sehr liebe, vielleicht sogar mehr als irgend jemanden sonst.»

Albert Dodds komplizierte Treueverpflichtungen verursachten ihm keine wahrnehmbaren Konflikte. In Gegenwart junger Männer vergaß er nicht seine Mädchen, in Gesellschaft seiner Lieblingsmädchen dachte er an seine Männer. Eines Abends hörte er Elizabeth sein «spezielles Lieblingslied» singen, «Low wav'd the summer wood and green». Da fiel ihm ein, daß dies auch das Lieblingslied von John Heath war. Er wünschte, sein Freund könne dem Gesangsvortrag lauschen, und entsann sich, gerade einen Brief von John erhalten zu haben. «Sehr willkommen», bewies der Brief ihm, daß John «mich nicht vergessen hat». Ach, wenn doch John «jetzt nur nach Yale gehen würde, und ich auch, wie sehr würde ich mich darüber freuen! —» Der lange Gedankenstrich beendet den sehnsüchtigen Absatz wie ein erwartungsvoller Seufzer.[7]

Albert Dodd beendete seine Ausbildung in Yale 1838. Dann studierte und praktizierte er Jura, zuerst in St. Louis und hernach in Bloomington (Illinois). Aus dieser Zeit haben sich drei Briefe an seine Mutter und an einen seiner Brüder erhalten. Sie zeigen einen Mann, der nach stürmischen Jahren gelernt hat, sich zu bemeistern. Ende 1843 schreibt er pflichtschuldigst und nicht sehr persönlich an seine Mutter; eine leise Sehnsucht überkommt ihn nur beim Gedanken an das Erntedankfest in Connecticut, wo es immer so gute Sachen zu essen gibt. In einem Brief an den jüngeren Bruder spielt er Anfang 1844 den Polonius und versorgt Edward Dodd mit einer Fülle wohlgemeinter Ratschläge. Es gilt, immer gefaßt und hochgestimmt zu sein, «nicht nur scheinbar, sondern wirklich, äußerlich und innerlich, gegen andere wie gegen Dich selbst». Eine frohe Stimmung ist Sache des Willens: «Die Gewohnheit, heiter und guten Mutes zu sein, erwirbt man durch Übung.» Dazu bedarf es der Fähigkeit, «ständig auf die Lichtseite der Dinge zu sehen» und nicht vor trügerischen Träumen zu kapitulieren. Dodd bekannte, selber nicht so ausgeglichen und optimistisch gewesen zu sein, als er noch zu Hause lebte. Vielmehr war «ich oft schlechter Laune und ärgerte mich über die Fliege an der Wand».[8] Nun praktizierte er selber, was er predigte, und es machte sich bezahlt. Hier war ein Mann, der mit seinen adoleszenten Neigungen gerungen und sie besiegt hatte.

Wie hoch der Preis war, den er für diesen Sieg bezahlt haben muß, werden wir niemals erfahren. Dodds vielversprechender Weg, der ihn vielleicht sogar in die Politik geführt hätte, war schon vier Monate nach seinen weisen Ratschlägen an den Bruder jäh zu Ende. Im Juni 1844 ertrank er, auf dem Heimritt von einer politischen Versammlung, im Hochwasser des Mackinaw. Er war erst sechsundzwanzig Jahre alt.

Dodd war unverheiratet, aber der biographische Eintrag über ihn in den Akten der Yale University sagt mit geziemender Knappheit, er habe «die Ehe erwogen».[9] Es ist anzunehmen – sicher sein können wir nicht –, daß seine Männlichkeit über seine homosexuellen Gelüste triumphierte, so wie sein programmatischer Gleichmut die gelegentlichen Anfälle von Depression überwand. Unzweifelhaft ist folgendes: Albert Dodd, der seine beträchtliche Begabung zur Investition erotischer Gefühle in den ersten Tagen der Regierungszeit Königin Victorias entdeckte, liebte unterschiedslos Männer wie Frauen – ohne unangebrachte Selbstzerfleischung und ohne erkennbare private Schuldgefühle oder schmähliche öffentliche Demütigung. Seine bisexuellen Neigungen schienen ihm selbst, und offenbar auch anderen, harmlos zu sein. Das lag daran, daß sein Auftreten und Betragen, auch die gefühlsmäßigen Bindungen an Menschen seines Geschlechts, nicht gegen herrschende Verhaltensmaßregeln verstießen. Daß Dodd straflos bleiben konnte, spricht für die unerwartete Offenheit seiner Kultur. Er wahrte den Schein; es wäre ihm sogar nie in den Sinn gekommen, etwas anderes zu tun. In seiner Kultur bedeutete sorgsam gewahrter Schein: erfolgreich durchgehaltene Verleugnung. In dieser Kultur ließ man Dodd unbehelligt seinen Frauen – und seinen Männern – nachjagen.

Auch andere Männer fanden ihre Verliebtheit in Schulkameraden oder Soldaten völlig unschuldig – jedenfalls vor ihrem Bewußtsein. Sie grübelten – sofern sie überhaupt zum Grübeln neigten – nicht über die Frage nach, ob ihr Tun verwerflich sei, sondern darüber, ob ihre Schwärmerei erwidert wurde. Einige wenige kultivierten und diskutierten ihre Leidenschaft ohne jede Spur von Befangenheit, geschweige denn Sündenbewußtsein. Henri-Frédéric Amiel füllte sein wortreiches Tagebuch mit Notizen über seine leidenschaftlichen Freundschaften, zumeist mit irgendeinem Kommilitonen; er pries ihre Reize und beklagte ihre Fehler. Im Frühsommer 1839 scheint einer seiner geliebten Gefährten böse auf ihn zu sein und zieht demonstrativ die Gesellschaft anderer junger Männer vor. Amiel ist untröstlich: «Ich habe ihm nie gesagt, wieviel Pein mir diese Entfremdung bereitet. Wie ich ihn lieben würde, wenn er es ermäße!» Das war keine vorübergehende Flamme. Ein gutes Jahr später hielt derselbe Freund «zum hundertsten Male» eine Verabredung nicht ein. Amiel fand es richtig und bestimmt auch tröstlich, seinen Gram dem einzigen treuen Gefährten anzuvertrauen: seinem privaten Tagebuch.[10]

Wie viele seiner Zeitgenossen, hatte auch Amiel es nicht nötig, ausgefeilte philosophische Rechtfertigungen für seine homoerotischen Bindungen zu erfinden. Er war kein Walt Whitman. Doch vertrat Amiel mit Nachdruck den Standpunkt, daß seine Leidenschaft für männliche Gesellschaft einem männlichen Charakter unentbehrlich sei. Mehr als einmal schalt er sich dafür, zuviel mit Frauen zu verkehren. «*Suche den Mann*», mahnte er sich selbst, als seine juvenilen Schwärmereien ein Dutzend Jahre hinter ihm lagen. «Indem du praktisch nur mit Frauen redest, korrespondierst und umgehst, wirst du weibisch.» Innige Männerfreundschaften waren in seinen Augen alles andere als unmoralisch oder gar verworfen. Für ihn waren sie etwas Natürliches, ja geradezu Notwendiges. Ende der vierziger Jahre des 19. Jahrhunderts gingen die jungen englischen Maler Holman Hunt und John Everett Millais einen Bund ein, den Hunt rückblickend als «heilige Freundschaft» bezeichnete. Die beiden arbeiteten, wann immer sie konnten, im selben Atelier und malten gemeinsam an ihren Bildern. Sie verbrachten endlose Stunden kaffeetrinkend und ins Gespräch vertieft, sie schrieben einander liebevolle Briefe, wenn sie voneinander entfernt waren, und weinten, wenn eine lange Trennung bevorstand. Hunt konnte sich fragen, ob «andere Männer» jemals eine solche Zweisamkeit genossen hätten.[11]

Nun, sie hatten; und Frauen hatten auch. Leidenschaftliche Intimität zwischen Frauen war keineswegs auf die Zeit der Pubertät beschränkt. Sie begann aber im allgemeinen in der Pubertät mit ihren physiologischen und psychologischen Umstellungen. Mädchen aus wohlhabendem Hause gingen zusammen in die Schule oder auf Reisen, und gemeinsam trotzten sie der fremdartigen Welt der jungen Männer, indem sie enge Freundschaftsbünde bildeten, um einander aufzurichten. In den Jahren 1885 und 1886 führte die knapp sechzehnjährige Mary I. Barrows, die in Waterbury (Connecticut) die St. Margaret's School besuchte, ihre «Privaten Aufzeichnungen». Getreulich registrierte sie ihre kleinen Siege und Niederlagen, während sie den erotischen Fallstricken eines privaten Mädchenpensionats aus dem Weg zu gehen suchte. Hauptgegenstand ihrer Zuneigung war Mary Dennison; «Mabel» Barrows liebte sie sehr und vermißte sie mächtig. «Mary ist *nicht wieder da*», notiert sie am 25. September 1885, dem ersten Schultag. «Ihr Zimmer ist für sie reserviert, auch ihr Platz bei Tisch und in der Schule. Aber man weiß es nicht genau. Sie fehlt mir so – bin schrecklich müde.» Die Erschöpfung konnte die natürliche Folge ihrer Rückkehr zur Schule sein. Genauso natürlich konnte sie aber auch in den Konflikten und Ängsten um ihre Liebe begründet sein. Am nächsten Tag war sie hocherfreut, ihren Platz im Speisesaal links neben der Schulleiterin zu finden. Aber sie war deprimiert, weil sie ihre spezielle Freundin vermißte: «Mary fehlt mir wirklich.» Einige Wochen später war es unwahrscheinlicher denn je, daß ihre Busenfreundin je wieder auftauchen würde, und Mabel Barrows notierte ihre ohnmächtige Auflehnung gegen ihr Schicksal und ihre Welt: «Ach,

wenn doch *bloß* Mary Dennison da wäre! Dann wäre dieser scheußliche
Ort wieder der Himmel! Wie ich mich danach *sehne*, sie wiederzuha-
ben.» Wie Albert Dodd konnte auch Mabel Barrows nur konventionelle
Worte für heftige Gefühle finden.

Unterdessen wurde Mabel von anderen Mädchen mit leidenschaftlichen Beteuerungen bedrängt. «Carrie hat mir heute abend gesagt, sie
glaubt wirklich, daß sie mich liebt.» Am selben Oktoberabend gestand
ihr die Mitschülerin «Frank», sie liebe Mabel «millionenmal mehr» als
irgendein anderes Mädchen. Nur drei Tage später scheint Mabel Barrows
ihre unvergängliche Liebe zu Mary Dennison bereits vergessen zu haben.
«Carrie und ich haben den ganzen Nachmittag auf meinem Bett gelegen
und uns gebalgt oder geknutscht.» Doch dann kam eine Woche später
«ein sehr liebevoller Brief von Mary», der ihre bevorstehende Ankunft
ankündigte und Mary in ihre alten Rechte wiedereinsetzte. «Das liebe
Mädchen!» rief Mabel entzückt aus. «Ich wünschte, es würde so bleiben!» Mabels Wunsch ging nicht in Erfüllung: Mehr als ein paar Besuche
gönnte Mary ihr nicht. Frank hingegen bot willkommene Ablenkung. An
einem Morgen im November «sagte mir Frank, daß sie mich ‹nicht mehr›
liebt und daß ich zu niemandem nett bin außer zu Carrie.» Noch am
selben Tag kamen die beiden Mädchen auf dieses fesselnde Thema
zurück. «Ich sagte, wenn sie mich nicht mehr liebt, wäre das mein Pech –
nicht meine Schuld. Ich ging zu ihr ins Zimmer u. war den ganzen Abend
bei ihr u. ich denke eigentlich, sie hat sich entschlossen, mich wieder
weiterzulieben.» Diese Szene läßt indirekt auf irgendeine Liederlichkeit
auf Franks Bett schließen. Zumindest rein physisch kann sie aber nicht
sehr viel bedeutet haben. Im allgemeinen begnügten sich Mädchen wie
Mabel Barrows mit Schmusen und Umarmungen – und mit heimlich-
köstlichen Festmählern: Im Hochwinter vertraut die arme Mabel ihrem
Tagebuch an, daß sie 75 Kilo wiege. Ihrer Beliebtheit bei den Klassenkameradinnen scheint das keinen Abbruch getan zu haben.

Trotz ihrer amourösen Eskapaden mit Frank oder Carrie wurde Mabel
doch ihrer geliebten Mary nie ganz untreu. Im November hatte die
Schulleiterin bekanntgegeben, daß Mary endlich am nächsten Tag eintref-
fen werde, und Mabel war «so froh und aufgeregt», daß sie in der Nacht
kaum schlafen konnte. Mary wurde ekstatisch begrüßt: Da war sie nun
endlich, mit «ihrem lieben Gesicht», freute sich offenkundig, wieder in
der Schule zu sein, und «strahlte». So ziemlich das erste, was Mary ihrer
Mabel zuflüsterte, war: «Setzt du dich zu mir?» «Und ob ich mich zu ihr
setzte», verrät das Tagebuch. «Sie sagte mir auch, daß sie bei mir schlafen
wolle. Ich tat erstaunt», doch war sie unendlich glücklich, daß die teure
Besucherin gerade sie mit dieser besonderen Gunst bedachte. So gingen

die unschuldigen Spiele ruhig weiter. Doch ein Brief von Mary von Ende Januar 1886 zwingt Mabel wieder, ihrer Sehnsucht beredten Ausdruck zu geben: «Ohne Mary bin ich so *allein* u. ich weiß manchmal nicht, was ich tun soll.» Mary schrieb selten, doch machten ihre Briefe an Umfang wett, was sie an Häufigkeit vermissen ließen. Am 26. Januar traf ein neunseitiger Erguß ein, am 8. März ein weiterer von zwölf Seiten Länge. Gegen Ende des Schuljahrs, in den letzten Apriltagen, erklärt Mabel in ihrem Tagebuch noch einmal ihre «starke Liebe für Mary». Diese Liebe beweist eine Beständigkeit, die den meisten Mädchenschwärmereien abging.

Es war fast unausbleiblich, daß in den Aufzeichnungen Mabel Barrows Jungen nur eine untergeordnete Rolle spielten. Für diejenigen ihrer Klassenkameradinnen, die schon den Reiz des Mannes kannten, hatte sie nur wortreiche Verachtung übrig. Mitte Februar notiert sie, daß Hattie und Frank am Abend zuvor eine kirchliche Veranstaltung besucht hatten. «Sie haben 3 Knaben gesehen und sind entsprechend daneben. Mir wird ganz *schlecht*, wenn ich sie nur reden höre.» Sie fragt sich, «ob diese Mädchen jemals daran denken, wie ihr ganzes Sinnen und Trachten nur noch auf die Männer geht, während diese nur dann an sie denken, wenn sie mit ihnen sprechen». Das mag, wie sie einräumt, «ein wenig übertrieben sein, aber ich glaube nicht, daß die Männer sich auch so wie Schafsköpfe aufführen».[12] Vielleicht paraphrasiert sie hier die bekannten Zeilen Byrons: die Liebe ist für den Mann ein Ding unter vielen, für die Frau aber ihr ganzes Dasein. Auf jeden Fall zeigt der Vergleich zwischen Männern und Frauen, daß Mabel Barrows alles andere als eine militante Feministin war. Ihre unverhohlene Zuneigung zu anderen Mädchen war nicht leidenschaftliche Männerfeindlichkeit, sondern eine natürliche Phase ihres Lebens.

Die Liebesgeschichten einer Mabel Barrows, wie die eines Albert Dodd, waren also weder etwas Seltenes noch an sich etwas Anstößiges. Vielmehr wurden sie geradezu erwartet und nachsichtig belächelt. Gelegentlich erhoben sich Stimmen, die vor der Schädlichkeit solcher juveniler Bindungen, zumal in Knabeninternaten, warnten. So stellte 1834 ein ungenannter Autor im angesehenen englischen *Quarterly Journal of Education* die Frage: «Könnten nicht der Mangel an Charakter und die Unmoral so vieler junger Männer, zumal auf dem College, zum großen Teil auf ihr früheres Schuldasein zurückzuführen sein?»[13] Doch war er eine einsame und sehr zurückhaltende Kassandra. Als 1906 Robert Musils Kurzroman *Die Verwirrungen des Zöglings Törless* erschien, der homosexuelle und sadistische Handlungen in einer österreichischen Kadettenanstalt beschreibt, wurde das Buch als eine schockierende Enthüllung aufgenommen. In Wirklichkeit hätte es niemanden überraschen sollen: Schließlich förderte, ja institutionalisierte das bürgerliche Zeitalter die Trennung der Geschlechter: durch Kleidung und Auftreten, in Clubs, bei Arbeit, Sport und Spiel. Und es verklärte diese Unterschiede noch. Jedes der beiden Geschlechter lebte sein eigenes Leben, besetzte seine eigene Sphäre, schien sogar seine eigene Natur zu haben. Aber die Macht der Verleugnung war nicht zu unterschätzen. Sie leistete eindrucksvolle Arbeit angesichts unerfreulicher Fakten. So war die homoerotische Aura der britischen «public school» im 19. Jahrhundert so etwas wie ein offenes Geheimnis – Gegenstand von Klatsch, Gerüchten und Romanen. Die bürgerliche Kultur brachte es fertig, glühende Jugendfreundschaften mit scheelen Blicken zu betrachten, zugleich aber als etwas Bekanntes und Harmloses abzutun.

Mitunter fanden solche problematischen Bindungen auch den Weg ins Buch, ohne Umschweife und ohne Entschuldigungen. 1843 veröffentlichte der deutsche Schauspieler und Dramatiker Karl von Holtei seine umfangreiche Autobiographie. Er zögert nicht, in ihr seine persönliche Welt jugendlich-homoerotischer Schwärmerei vor dem Leser auszubreiten. Dreißig Jahre zuvor – damals war er fünfzehn – hatte er Abschied nehmen müssen von seinem engsten Freund Karl, der zum Militär ging. Die beiden waren von dem Augenblick so «ernstlich ergriffen, daß wir weder Worte noch Geberden fanden unser Gefühl auszudrücken». Diese Schweigsamkeit, gesteht Holtei, sei für ihn bezeichnend: «Je mehr in mir vorgeht, desto verlegner fühl ich mich, es zu zeigen.» Erst als Karl fort war, «als ich die Musik seines Regimentes durch die Gassen tönen hörte, als ich mir sagte: vielleicht siehst du ihn nie mehr wieder, erst da brach die Rinde der stummen Verlegenheit, die mich bis dahin umgeben; ein Strom von Zähren machte sich Luft [...]» Holtei stürzte den Truppen nach, bis er seinen Karl erreichte und ihm noch einmal die Hand drücken konnte. Dann setzte er sich am Wegrand nieder und «weinte ganz erbärmlich». Er konnte sich gar nicht mehr beruhigen. Solange Karl bei den Holteis gewohnt und die beiden einander täglich und stündlich gesehen hatten, war Holtei nicht bewußt geworden, «wie lieb ich ihn hatte». Jetzt, wo Karl fort war, wollte er «vergehen vor Sehnsucht nach ihm».

Aus dem sicheren Abstand dreier Jahrzehnte war Holtei bereit, sich diese Liebe aus Jünglingstagen in Erinnerung zu rufen und geradezu anatomisch zu zergliedern. «Das», so betont er, «war nicht mehr das Gefühl der Freundschaft», wie er es «für andere Knaben meines Alters und meiner Umgebung» empfunden hatte. Die Wehmut bei der Trennung von Karl habe ihn vielmehr an die «Neigung» erinnert, die er, «für Albertinen hegend, Liebe genannt» hatte. Holtei konnte also, genau wie

Albert Dodd, ohne Scham und ohne Furcht vor gesellschaftlicher Ächtung seine Liebe zu einem jungen Mann gleichsetzen mit der Liebe zu einer jungen Frau. Er beruft sich auf Bulwer Lytton, der gesagt habe: «Es giebt ein gewisses Alter, ehe die Geschlechtsliebe erwacht, wo das Gefühl der Freundschaft beinah Leidenschaft ist.» Man sehe diese Art einer stürmischen Zuneigung oft an den Knaben und Mädchen in der Schule: «Es ist das erste unbestimmte Verlangen des Herzens nach der Hauptnahrung des menschlichen Lebens – der Liebe.» Es hatte unverkennbare Vorteile, die Existenz der kindlichen Sexualität zu leugnen und das Erwachen der Geschlechtsliebe in die Pubertät zu verlegen. Doch Holtei, immer um Selbstanalyse bemüht, fragt sich, ob er für jene Art der Liebesbeziehung, in der die Grenzen zwischen Freundschaft und Liebe verschwimmen, übertrieben empfänglich gewesen sei: «Mein Gefühl für Karl war von dieser Art [...]» Er läßt die Frage unbeantwortet. Aber er bemerkt trocken, daß er, selbst einem Regiment beigetreten, bald «neue Bekanntschaften machte und mich über die Trennung von meinem Freunde nur zu bald beruhigte».[14] Mochten die Propagandisten der «griechischen» als der höchsten Form der Liebe sagen, was sie wollten: Im wirklichen Leben war homosexuelle Zuneigung – bei vielen anderen Menschen ebenso wie bei Holtei – nicht dauerhafter als ihr konventionelleres Pendant.

Die Vorstellung, daß jugendliche «Flammen» und Verliebtheiten die sexuelle Erfüllung weder erstrebten noch jemals erreichten, daß diese Küsse, Umarmungen und Liebkosungen keine gefährlichen Schritte auf dem Wege zum Laster, sondern ein rührender *rite de passage* waren – diese Vorstellung diente nur der Selbstbeschwichtigung. Leidenschaftliche Freundschaften, die in der Adoleszenz begonnen hatten, überlebten häufig den Gang der Jahre, die Belastung durch physische Trennung, ja sogar das Trauma der Verehelichung des Partners. Doch waren diese dauerhaften Bindungen in der Regel diskret; zudem bewies das 19. Jahrhundert einzigartiges Verständnis für die herzinnige Sprache zwischen Freunden. Der Kult der Freundschaft, aus der zweiten Hälfte des 18. Jahrhunderts stammend, gedieh noch bis weit ins 19. Jahrhundert hinein. Er erlaubte die ungestrafte Liebeserklärung von Männern an Männer bzw. von Frauen an Frauen. Im allgemeinen waren die Umarmungen und Küsse von Freund zu Freund freilich bloßer brieflicher Erguß. Und so blieb die dem Selbstschutz dienende Ideologie, die die Unschuld selbst der hitzigsten Freundschaft hochhielt, im wesentlichen noch jahrzehntelang in Kraft.

Gewiß gab es auch solche Menschen, die ihre heimlichen Bindungen als Verhängnis empfanden. Verängstigt von religiösen Verboten, erfüllt von der Sehnsucht nach gesellschaftlicher Konformität oder verunsichert von ihren konkurrierenden, warmen Empfindungen für das entgegengesetzte Geschlecht, durchlitten sie Kämpfe, verleugneten ihre Vorlieben und bauten angestrengt Verteidigungswälle auf. Einer dieser bedauernswerten Besucher im Reich Sodom war Nikolai Gogol. Er hatte verzweifelte Angst davor, Sexualität auszudrücken, und fühlte sich in weiblicher Gesellschaft nur wohl, wenn sie aus frommen, sichtlich ungefährlichen Frauen bestand. Die Liebe seines Lebens war der kluge, junge, lungenkranke Aristokrat Jossif Wielhorskij; er hüllte sie in den Mantel einer erhabenen Freundschaft. Wielhorskij starb in jungen Jahren im Mai 1839. Wenig später erinnert sich Gogol – trauernd, bestürzt, aber vorsichtig bis zuletzt: «Wir waren einander schon lange zugetan gewesen, hatten einander seit langem geachtet, aber unverbrüchlich und brüderlich wurde unsere Verbindung leider erst während seiner Krankheit.» Zu dieser brüderlichen Verbindung zweier junger Männer gehörten, wie Stellen in Gogols Tagebuch verraten, auch ausgedehnte Wachen an Wielhorskijs Bett und explizite körperliche Intimität: «‹Mein Erlöser!› sagte er zu mir. Sie klingen mir noch in den Ohren, diese Worte. – ‹Mein Engel! Hast du mich vermißt?› – ‹Ach, wie ich dich vermißt habe›, erwiderte er. Ich küßte ihn auf die Schulter. Er bot mir die Wange. Wir küßten uns; noch immer drückte er meine Hand.»[15]

Doch bevor die achtbare Gesellschaft zu den Mitteln des Klatsches oder der Denunziation griff, wenn sich herausstellte, daß ein Mensch von anständigem Auftreten und in verantwortlicher Stellung gegen die Spielregeln verstoßen hatte, mobilisierte sie lieber ihr reiches Verleugnungspotential. Es galt, die Sünder zu bestrafen, doch den Skandal in Grenzen zu halten. Dr. H. C. Vaughan, von 1844 bis 1859 der reformfreudige, tüchtige Direktor der Knabenschule von Harrow, war eine geachtete Persönlichkeit der englischen Pädagogik und ein verheirateter Mann. Anfang 1858 wurde er bei einer Liebesaffäre mit einem seiner Schüler ertappt. Man wird sagen dürfen, daß der große Pädagoge Dr. [Thomas] Arnold, als dessen Schüler Vaughan sich gern bezeichnete, entsetzt gewesen wäre. Der andere Harrow-Schüler, der von dieser finsteren Sache Wind bekam, war ausgerechnet der junge John Addington Symonds; er machte sich später einen Namen als gebildeter Reiseschriftsteller, Biograph und Kulturhistoriker. Zur Zeit dieses Vorfalls war er mit seiner eigenen Homosexualität noch nicht ins reine gekommen. Ohne sich etwas dabei zu denken, vertraute er die sensationelle Neuigkeit seinem Vater an, dem hervorragenden Arzt Dr. Symonds. Dieser gründete sozusagen auf der Stelle einen Ein-Mann-Sittlichkeitsverein: Er nötigte Vaughan, als Direktor von Harrow zurückzutreten, erlaubte ihm aber, in ehrenvollen Ämtern der Church of England Zuflucht zu suchen. Kurz darauf bot ihm Lord Palmerston das Bistum Rochester an, und Vaughan, zutiefst geschmeichelt, nahm an. Ein drohendes Telegramm von Dr. Symonds ließ ihn zu einem anderen Entschluß kommen: Wie es das *Dictionary of National Biography* später, sei es aus Unwissenheit, sei es aus Diskretion, formuliert, lehnte Vaughan das Angebot Palmerstons «wahrscheinlich nach hartem Ringen mit seinen Ambitionen» ab. Einige Leute waren zuerst befremdet, daß er von einem Posten zurückgetreten war, auf dem er so verdienstvoll gewirkt hatte, und dann bestürzt, daß er ein Kirchenamt ausschlug, an dem ihm offensichtlich so viel gelegen hatte. Man begann, die wahren Hintergründe zu ahnen. Doch bis zu seinem Tod im Jahre 1897 bewahrten sowohl jene Ahnungsvollen als auch Vaughan selbst absolutes Stillschweigen, und er behielt seinen Platz in der Kirche. Lange nach Dr. Symonds Tod hatte Königin Victoria ihm die Deanery of Westminster [Stellung eines Dekans von Westminster Abbey] angeboten, aber er lehnte wiederum ab. Für das breite Publikum blieb er der große Schulmann, der fruchtbare Autor, der verdiente Kirchenmann. Er machte kein Hehl aus seiner Zuneigung zu den Knaben, die er unterrichtete, und wurde dafür in Gedenkfeiern und freundlichen Erinnerungen geehrt.[16]

Mit seiner jäh umschlagenden, peinvollen Berufslaufbahn hatte Vaughan den Kompromiß durchlebt und durchlitten, den das bürgerliche Jahrhundert seinen sexuellen Ketzern aufzwang. Vaughan wurde an die Kandare genommen, aber nicht bloßgestellt; die schlimmste Strafe für ihn war, daß er sich in seinen kühnsten Ambitionen beschnitten sah. Er konnte sogar seinen sexuellen Vorlieben frönen, solange er die Objekte seiner Libido mit Umsicht aussuchte und die Regeln der Diskretion beachtete. Als dann gegen Ende des 19. Jahrhunderts das Thema Homosexualität, vor allem der männlichen Homosexualität, mehr und mehr öffentlich diskutiert wurde, wurde das Los der Devianten schwerer. Die zögernd gewährte neue Freiheit erleichterte nicht etwa ihr Leben, sondern erschwerte es. Die neue Beachtung des Themas Homosexualität erzeugte Feindseligkeit, nährte Skandale, lud zu Erpressungen ein, ruinierte Karrieren, trieb so manchen in den Selbstmord. Das ist die Ironie: Die Abwendung von jener Delikatheit, welche die Diskussionen und sogar das Denken über erotische Abirrungen vor 1880 gekennzeichnet hatte, förderte nur die öffentliche Zensur, nicht die öffentliche Billigung. Die Abwehrstrategie der Verdrängung hatte ihre Vorzüge. Was das 19. Jahrhundert gerne bezeichnet hatte als «Laster, das keinen Namen hat», wurde jetzt, mit der rührenden Formulierung des Lords Alfred Douglas, «Liebe, die ihren Namen nicht nennen darf».[17] Viele Menschen, Heterosexuelle wie Homosexuelle, hielten das nicht für einen Fortschritt.

2. Die Rückkehr des Verdrängten

Es war symptomatisch für die allgemeine Unsicherheit über die Natur sexueller Devianz und die angemessene Rolle des Staates bei der Regelung von Intimbeziehungen, daß die einschlägige Gesetzgebung im 19. Jahrhundert in gegensätzliche Richtungen ging und widersprüchliche Signale aussandte. Frankreich, wie immer unter dem Eindruck der Französischen Revolution, rückte niemals von der Entscheidung der Verfassunggebenden Versammlung von 1791 ab, den homosexuellen Verkehr zwischen willigen Erwachsenen vom Stigma des Verbrecherischen zu befreien. Der Code Napoléon hatte dieser Gesetzgebung Nachdruck und Dauer verliehen. Die Niederlande folgten 1886 dem französischen Vorbild, desgleichen Italien 1889: Alle Strafbestimmungen gegen Akte männlicher Homosexualität wurden abgeschafft, sofern diese nicht die öffentliche Sittlichkeit beleidigten, mit Gewaltanwendung verbunden waren oder an Kindern vorgenommen wurden. Die deutschen Staaten hatten diese Dinge sehr unterschiedlich gehandhabt, bevor die Reichseinigung von 1871 Einheitlichkeit erzwang. In der jeweiligen Haltung eines Landes hatte sich dabei eher sein besonderes politisches Schicksal widergespiegelt als irgendeine «typisch germanische» Einstellung: Bayern und Hannover waren nur zwei von mehreren Staaten, in denen homosexuelle Akte zwischen Männern nicht die Aufmerksamkeit der Strafverfolgungsbehörden erregten und wohin sich vom Gesetz bedrängte Homosexuelle schutzsuchend wenden konnten. Dagegen stellte das preußische Strafgesetzbuch von 1851 mit seinem umstrittenen Paragraphen 143 die Homosexualität unter schwere Strafen, die bis zu vier Jahren Haft reichten. Das war allerdings schon ein Fortschritt in einem Staat, der noch 1794 seine Homosexuellen als Schwerverbrecher auf dem Scheiterhaufen verbrannt hatte. Gegen die erheblichen Bedenken von Juristen, Ärzten und (keineswegs uneigennützigen) Sexualreformern orientierte sich der Norddeutsche Bund 1869 an dieser preußischen Regelung, nicht an der Hannoverschen Toleranz. Zwei Jahre später folgte das Deutsche Reich mit dem ominösen Paragraphen 175. Dieser Paragraph wurde zum Schlachtruf für alle, die die Aufhebung der Strafbarkeit der Homosexualität befürworteten. Strafgesetze dieses Schlages waren ohnehin oft genug kontraproduktiv – es war schwer, sie durchzusetzen. In Deutschland wurden vor 1900 im Durchschnitt 500 Personen jährlich nach Paragraph 175 abgeurteilt. Und das war zweifellos nur ein verschwindend geringer Bruchteil der im Reich vorfallenden homosexuellen Handlungen. Ja, eine Milderung der Strafbestimmungen gegen widernatürliche Unzucht und verwandte Delikte bewirkte häufig nur vermehrten Eifer der Behörden bei der Verfolgung, der Gerichte bei der Aburteilung dieser Sünder. Genau dies geschah beispielsweise in Dänemark, wo 1866 die Todesstrafe für Sexualverbrechen abgeschafft wurde.[18]

Diese Eiertänze von sozialen Ängsten und unbeabsichtigten Konsequenzen hatten ihren spektakulären Höhepunkt 1895 in England, nämlich mit den Prozessen gegen Oscar Wilde. So mancher englische Zeitungsleser entwickelte sich jetzt zum Experten für die ganze Skala der Sexualverbrechen, auf deren Unterscheidung das Gesetz bestand. Die auf widernatürliche Unzucht stehende Todesstrafe blieb bis 1861 in den Gesetzbüchern; allerdings war schon seit dreißig Jahren niemand mehr wegen eines derartigen Verbrechens hingerichtet worden. Doch dann kam 1885 eine Verschärfung des geltenden Strafrechts [«Labouchere Amendment of the Criminal Law Amendment Act»], die tief in das Privatleben jedes männlichen Homosexuellen eingriff. Ursprünglich hatte das Gesetz das Ziel, Minderjährige vor der Verschleppung in Bordelle und dem weißen Sklavenhandel zu schützen. Nun erklärte es ausdrücklich «krasse Unsittlichkeit» zum Verbrechen. John Addington Symonds, der ein starkes persönliches Interesse an diesem Gesetz hatte, faßte dessen Bestimmungen folgendermaßen zusammen: «1. Widernatürliche Unzucht [sodomy] ist ein Verbrechen, das als das fleischliche Erkennen (per anum) eines Mannes oder einer Frau durch einen Mann definiert ist. Es wird mit einer Zuchthausstrafe bis zu lebenslänglicher Dauer geahndet. 2. Der Versuch der widernatürlichen Unzucht wird mit einer Zuchthausstrafe bis zu zehn Jahren geahndet. 3. Die öffentliche oder private Vornahme einer ‹kraß unsittlichen Handlung› zwischen zwei Personen männlichen Geschlechts wird mit zwei Jahren Gefängnis und Zwangsarbeit geahndet.»[19] Freud untersucht an einer Stelle die Unfähigkeit von Abwehrmechanismen, das Bewußtwerden unangenehmer Gefühle und Erinnerungen auf Dauer zu verhindern; wenn das Verdrängte endlich wieder bewußt wird, geschieht es allerdings in einer verzerrten Weise, die einen Kompromiß zwischen dem Bedürfnis nach Wissen und dem Bedürfnis nach Fortdauer der Unwissenheit erzwingt. Die Sexualgesetzgebung des späten 19. Jahrhunderts und ihre wechselhafte Anwendung demonstriert diese Rückkehr des Verdrängten in die Kultur.

Dieses Versagen der Abwehrmechanismen ließ eine sehr entschiedene, für viele Leser aber auch sehr verwirrende Literatur entstehen. Allein in Deutschland erschienen zwischen 1898 und 1908 an die tausend Streitschriften über Homosexualität und Recht. Es gab eine neue Zeitschrift, *Archiv für Kriminal-Anthropologie und Kriminalistik*; von Professor Hanns Groß herausgegeben, wandte sie sich in erster Linie an Ärzte, Psychiater und Juristen. Nüchtern wurden hier Theorien über Homosexualität sowie Kriminalfälle mit vermutlich sexuellem Hintergrund erörtert. Zwei Titel aus dieser immer stärker werdenden Sturzflut von Bekenntnissen, Lobpreisungen und medizinischen und juristischen Untersuchungen machten Furore. Das eine war Oscar Wildes *Picture of Dorian Gray*, zuerst 1890 in Fortsetzungen und im Jahr darauf, erheblich erweitert, als Buch erschienen. Das andere war Richard von Krafft-Ebings *Psychopathia Sexualis* von 1886. *Dorian Gray* war nur unterschwellig eine Geschichte über Homosexualität. Aber mit der üppigen Farbgebung, den theatralischen Männerfreundschaften und der Polemik gegen die gesellschaftliche Repression bot der Roman ein Beispiel für die zunehmende Offenheit in bezug auf deviante Liebe und führte niemanden hinters Licht. Ein Rezensent meinte unumwunden, für «Stumpfsinn und Unzulänglichkeit» des Buches entschädigten auch nicht «die ständigen Andeutungen greulicher Sünden und abscheulicher Verbrechen». Ein anderer Kritiker, weniger unumwunden, fand den Roman «unleugbar amüsant», jedoch erfüllt von «Stumpfsinn und Schmutz». Ein dritter lobte die geschickte, geistvolle Machart des *Dorian Gray*, bedauerte jedoch, daß der Verfasser vor allem für «verfemte Adlige und perverse Telegraphenjungen» zu schreiben scheine. John Addington Symonds erklärte mißbilligend einem Bekannten, er finde das Buch «dreist» und «verderblich im Ton». Wenn die britische Öffentlichkeit das vertrage, vertrage sie alles. Nur zu bald machte diese Öffentlichkeit die Grenzen ihrer Toleranz deutlich.[20]

Wildes *Picture of Dorian Gray* bewirkte keine Revolution des Bewußtseins. Eine Abwendung vom Totschweigen der Homoerotik in der Literatur hatte schon, angekündigt durch ein paar Romane, seit einiger Zeit in der Luft gelegen. Es sei noch einmal wiederholt, daß diese Vorboten oft widersprüchliche Gefühle darstellten und erregten. Gautiers *Mademoiselle de Maupin* lieferte der Avantgarde Munition für ihren Guerrillakampf gegen den verängstigten Philister, der nach Sicherheit in der Liebe suchte. Balzacs *La fille aux yeux d'or* war zwar nicht weniger erotisch, sprach aber für die andere Seite in dieser moralischen Debatte. Dieser Roman war im selben Jahr wie *Mademoiselle de Maupin* erschienen. Balzac hatte ihn nicht geschrieben, um die Zimperlichen zu schokkieren, sondern um vor der herrschenden sexuellen Verderbtheit zu warnen. Die Protagonistin ist die hemmungslose, amoralische Marquise de St. Réal. Zunächst kauft sie einer Frau deren schöne Tochter Paquita ab, um an ihr ihre unersättliche Lust zu stillen. Dann, in einem Anfall wahnwitziger Eifersucht, ermordet sie ihre Sklavin. Doch nicht genug mit solchen gegensätzlichen Werken: Auch die Leser selbst reagierten widersprüchlich auf Geschichten wie Sheridan Le Fanus *Carmilla*, eine Geistergeschichte über ein im 19. Jahrhundert sehr beliebtes Thema. In *Carmilla* werden homoerotische Gefühle zu der grausigen Geschichte eines Vampirs sublimiert. In Gestalt einer reizenden jungen Frau erschleicht er sich die Zuneigung einer anderen reizenden jungen Frau, um ihr das Blut auszusaugen. Damals lasen nur wenige diese Erzählung als lesbische Liebesgeschichte; aber auf irgendeiner Ebene des Bewußtseins muß das Verlangen einer weiblichen Schönheit nach einer anderen weiblichen Schönheit doch als Andeutung verbotener Leidenschaft registriert worden sein.

Da waren Baudelaires denkwürdige Gedichte über sapphische Liebe viel leichter einzuordnen, oder Courbets Bild mit den beiden üppigen nackten Frauen, die einander im Schlaf umschlingen. Baudelaire war schließlich ein Außenseiter, eine Skandalfigur, ein Gotteslästerer. Besser, als es einem anständigen Dichter ziemte, war er mit der Nachtseite des Pariser Lebens, mit Drogen und Prostituierten bekannt. Courbet war auf seine Weise ebenfalls eine Skandalfigur, ein Radikaler in Kunst und Politik. Außerdem hatte er diese hingebungsvolle lesbische Szene im Auftrag Khalil Beys gemalt, eines reichen türkischen Diplomaten, der solche Bilder gern betrachtete. Andere Künstler verwendeten homoerotische Momente mehr beiläufig. Ich habe schon Theophile Gautiers bisexuelle Mademoiselle de Maupin erwähnt, Thomas Hardys mütterlichliebevolle Miss Aldclyffe, Henry James' Olive Chancellor. Ich hätte noch andere Romangestalten nennen können: in George Moores *A Drama in Muslin*, in J. P. Jacobsens *Niels Lyhne*, in Eça de Queiros' *Os Maias*. In einigen dieser Geschichten wird das Thema Homoerotik im Zusammenhang mit den Jugendjahren des Helden nur kurz gestreift, um dann fallengelassen zu werden. So ist es beispielsweise in *A Relíquia*, einem Roman Eça de Queiros' über einen ungeheuren religiösen Heuchler, seine Intrigen und seinen endlichen Sturz. Der Protagonist Theodorico schließt in der Schule enge Freundschaft mit Chrispim, einem engelhaft schönen Knaben, der es liebt, Theodorico leidenschaftlich zu küssen. In *Dom Casmurro* von Machado de Assis bewundert der Protagonist – zugleich der Erzähler – das mathematische Genie seines besten Schulfreundes so sehr, daß er ihn umarmt – sehr zum Mißfallen des Padre, der die beiden in einem zärtlichen Augenblick überrascht.[21] Bombardiert mit solchen Bildern, mochten sie Beiwerk oder Thema, Spiegel oder Zerrspiegel der Wirklichkeit sein, hatte das bürgerliche Publikum allmählich

Übung darin, Pointen wie in Wildes *Picture of Dorian Gray* zu begreifen – wenn auch nicht unbedingt zu goutieren.

Wie Wilde markierte auch Krafft-Ebing nicht einen Ausgangs-, sondern einen Kulminationspunkt. Seine *Psychopathia Sexualis* bescherte ihm Ruhm, Widerspruch und den Wunsch nach überarbeiteten Neuauflagen. Neu an dem Buch waren aber vor allem die ruhige Art der Darstellung und der gründliche, systematische, dabei geradezu elegante Umgang mit sexuellen Abnormitäten. Schon die Aufklärer des 18. Jahrhunderts – Montesquieu, Diderot, Hemsterhuys – hatten recht beiläufig das berührt, was Voltaire «*l'amour socratique*» nannte. Goethe hatte von der Knabenliebe ohne erkennbare Ängste gesprochen; sie «sei so alt wie die Menschheit, und man könne daher sagen, sie liege in der Natur, ob sie gleich gegen die Natur sei». Anfang des 19. Jahrhunderts griffen ein paar Publizisten, Gelehrte und begeisterte Amateure das Thema auf. 1829 drosch Heinrich Heine in *Die Bäder von Lucca* auf den Grafen von Platen-Hallermünde ein. Platen war der Autor anspruchsvoller Verse, die sich durch ihre beeindruckende technische Leichtigkeit auszeichneten, aber allzu aufdringlich von seinen homosexuellen Sehnsüchten zeugten. Heine stürzte sich auf einige der Zeilen, die Platen am meisten schaden mußten, und zitierte ausgiebig – angeblich im Interesse seiner Polemik – aus den peinlich bekenntnishaften poetischen Hervorbringungen des Grafen. Und Heine wurde dafür nicht zensiert; freilich kritisierten alle, Freunde wie Feinde, die Geschmacklosigkeit, Taktlosigkeit und Maßlosigkeit seiner Polemik. Seine Art, Meinungsverschiedenheiten auszutragen, fand allgemein wenig Anklang, auch wenn sich bei dieser Gelegenheit zeigte, daß man das heikle Thema Homosexualität ausschlachten konnte, ohne Repressalien befürchten zu müssen. Dann ließ 1836 und 1838 der Schweizer Autodidakt Heinrich Hoessli eine zweibändige Studie namens *Eros* erscheinen. In ihr untersuchte er die Männerliebe im alten Griechenland, unter besonderer Berücksichtigung der «platonischen Liebe». Havelock Ellis, der alles las, hielt dieses Buch für ein «ziemlich langatmiges und langweiliges Werk». Aber sein Leitthema sollte zu einem Gemeinplatz in der Literatur werden. Wissenschaftlich besser ausgewiesen, versuchte der hervorragende deutsche Gerichtspsychiater Johann Ludwig Casper 1852, verschiedene Typen männlicher Liebe zu unterscheiden. Das Treffen von Unterscheidungen ist in der Wissenschaft ja oft ein Zeichen des Fortschritts. Aber der Fortschritt war langsam; denn die ihn bewirkten, zögerten sichtlich, sich dabei die Hände schmutzig zu machen. 1857 gestand der französische Arzt Auguste Tardieu, daß das Thema Perversion Widerwillen in ihm errege. Gleichwohl überwand er sich und schrieb eine «medizinisch-rechtliche

Studie über Sittlichkeitsverbrechen». Darin stellte er eine Vielzahl von einfallsreichen Perversionen zusammen, die ihm in der Praxis und in der Literatur begegnet waren.[22]

Erst im folgenden Jahrzehnt fand das Thema endlich das ihm entsprechende Vokabular und seine maßgebende Interpretation. Der ungarische Arzt Dr. Karoly Maria Benkert erfand 1869 den sprachlichen Zwitter «Homosexualität» – halb griechisch, halb lateinisch – und tat damit einen weiteren, recht unsicheren Schritt auf dem Weg zu einer Wissenschaft von den sexuellen Verirrungen. Und im selben Jahr führte Dr. Carl Friedrich Otto Westphal, eine anerkannte Autorität, einen erklärenden Terminus ein, der sich in der Fachdiskussion über Homosexualität rasch durchsetzte: die «conträre Sexualempfindung». 1882 veröffentlichten der berühmte französische Neurologe Jean-Martin Charcot und ein weiterer Fachmann, Valentin Magnan, eine Studie über die «Inversion des Geschlechtssinnes». Ein Jahrzehnt später brachte der auf Perversionen spezialisierte deutsche Arzt Dr. Albert Moll ein Buch unter eben jenem Titel heraus, den Westphal seinem bahnbrechenden Werk von 1869 gegeben hatte. Als fünf Jahre danach Dr. Hans Kurella einen Text von Havelock Ellis übersetzte, aus dem später der erste Band von dessen monumentalen *Studies in the Psychology of Sex* wurde, wählte er als deutschen Titel *Das konträre Geschlechtsgefühl*. Als Ellis selbst sein Buch endlich auf englisch herausbringen konnte, nannte er es *Sexual Inversion*. Das Epitheton «konträr» (bzw. «invertiert») unterstellt unmißverständlich, daß homosexuelle Empfindungen (wie schon Goethe gesagt hatte) zugleich natürlich und unnatürlich seien. Das Wort blieb bis ins 20. Jahrhundert hinein lebendig und fand sogar Eingang in die psychoanalytische Literatur: Noch 1908 und 1909 schrieb Dr. Isidor Sadger, ein auf Perversionen spezialisierter Analytiker, Zeitschriftenbeiträge über «conträre Sexualempfindung». Gemäß dem therapeutischen Ideal des Psychoanalytikers warf er die Frage auf, ob dieser Zustand heilbar sei. Selbst Homosexuellen erschien die Bezeichnung wohl als unvermeidlich, und sie behaupteten, sie «neutral» zu finden. John Addington Symonds bemerkt in seinem posthumen *Problem in Modern Ethics*, daß nur eine einzige moderne wissenschaftliche Bezeichnung für die «Perversion des sexuellen Verlangens» zumindest frei von Herabwürdigung sei, nämlich «‹inverted sexual instinct›» [invertierter Sexualtrieb].[23] Diese Haltung war bezeichnend für jene, die auf eine Revision der herrschenden Einschätzung sexueller Verirrungen brannten. Halb aus Trotz, halb aus Konformismus übernahmen homosexuelle Publizisten die Sprachregelung ihrer Kultur und nannten ihr eigenes Geschlechtsverlangen «pervers». Manche von ihnen identifizierten sich mit dem Aggressor, während sie gleichzeitig danach trachteten, ihn zu entwaffnen. Sie gingen so weit, mit höhnischer Verachtung von ihrer Liebe zu sprechen: Ein Gedicht von Lord Alfred Douglas trug den Titel «Lob der Schande».

Immerhin konnte man, wie Proust entdeckte, den Begriff «Inversion» auch in einer den Homosexuellen erwünschten Weise auffassen: in dem Sinne nämlich, daß die Liebe des Mannes zum Mann, die der Frau zur Frau keine Sache freiwilliger Entscheidung war. An diesem Punkt erwiesen sich Schriften von Carl Heinrich Ulrichs als bahnbrechend. Ulrichs, Gerichtsbeamter in Hannover, war kein wissenschaftlicher Erforscher der Inversion, sondern ein enthusiastischer Laie, der zwischen 1863 und 1875 ein Dutzend Bücher in die Welt entließ. In ihnen verfocht er den Standpunkt, daß der «Uranismus» ein angeborener Defekt sei: die Seele einer Frau, gefangen im Körper eines Mannes. Das bedeutete aber, daß die von Ulrichs etwas unbeholfen so benannte «mannmännliche Geschlechtsliebe» eine Laune der Natur war und daß infolgedessen diejenigen, die mit ihr geschlagen waren, keinerlei moralische Schuld traf. Zwei Jahrzehnte später wirkten Ulrichs' Ideen bereits simpel, auch wenn seine Kampagne epochemachend gewesen war. Von Marc-André Raffalovich, einem in seinen Kreisen wohlbekannten Verfasser gefälliger und ziemlich unverblümter homoerotischer Verse, erschien 1896 eine Studie über «Uranismus», in der es heißt, «das gesamte Schrifttum» seit der Entdeckung, «daß viele Männer invertiert geboren sind», stehe in der Schuld des «berühmten Invertierten Ulrichs. Er bekannte sich zu seiner Inversion und forderte Gerechtigkeit und Freiheit für seine Brüder.» Doch wendete Raffalovich ein: «Ulrichs argumentierte mit zu viel Enthusiasmus und zu wenig Sachkenntnis.»[24] In Wirklichkeit decke der Begriff Homosexualität eine enorme Vielfalt von Praktiken ab. So sind, wie Raffalovich zutreffend betont, nicht alle Homosexuellen effeminiert. Die Wissenschaft ebenso wie die homosexuellen Leser konnten dem nur beipflichten. Doch die zentrale und oft wiederholte Idee Ulrichs', daß die Liebe zum eigenen Geschlecht nicht Verbrechen, sondern Schicksal sei, fand ein wohlwollendes Echo bei Autoren, die keine Schuldgefühle bezüglich ihrer eigenen sexuellen Gewohnheiten hatten.

Mitte der neunziger Jahre war es nicht mehr schwierig, an Literatur über homoerotische Sexualität heranzukommen. Gedankenlyriker wie Edward Carpenter besangen die Whitmansche Freundesliebe. Verseschmiede wie Lord Alfred Douglas fanden oder gründeten kleine Zeitschriften, die ihre Preislieder auf die griechische Liebe abdruckten. Ein unerschrockener Arzt, Dr. «Laupts», ein Bekannter Zolas, schrieb die Lebensgeschichte eines «inverti-né» [eines als Invertierter geborenen Mannes], komplett mit Kommentar. 1907 erzählte ein «Max Kaufmann» wieder einmal die bekannte Geschichte von Heines skurriler Polemik gegen den Grafen Platen-Hallermünde und stellte mit Befriedigung fest: «Dank der wissenschaftlichen Forschung der letzten Jahre auf dem Gebiete des Sexuallebens haben wir es endlich erreicht, ‹das Kind beim Namen nennen zu können›, ohne unverstanden zu bleiben oder mißverstanden zu werden – wenigstens bei der Majorität der geistigen Elite.» Freud hatte schon 1895 unverblümt über lesbische Beziehungen geschrieben. Nach und nach konnte das gebildete Publikum, die «geistige Elite», sich auf eine immer offenere Erörterung von Perversionen einlassen – sei es um der Erkenntnis oder um des Kitzels willen.[25]

Zweifellos hatten sowohl Krafft-Ebings enormes Ansehen als auch Wildes geschmeidiges Erzähltalent andere ermutigt, ungescheut zu schreiben und zu lesen. Oscar Wildes Fall aus dem Stand der Gnade hatte eine lebhafte internationale Debatte ausgelöst. Sie war um so lebhafter, als der Verlauf der Fronten nicht immer den jeweiligen sexuellen Vorlieben entsprach. Raffalovich war nur der wortgewandteste und mitleidloseste der Gegner, die Wilde im Lager der Homosexuellen hatte. Zu Dr. Laupts sagte Raffalovich, Wilde sei «von der englischen Gesellschaft ermutigt und toleriert worden. Man nannte ihn eine Institution.» Kein Wunder, daß seine Eitelkeit alle Grenzen sprengte und er sich einbildete, Immunität vor dem Gesetz zu genießen. «Er ist ein Opfer seiner selbst, der Gesellschaft und seiner Freunde.»[26] Aber die neue Offenheit hatte doch noch weitere und andere Gründe: Es war nicht nur diese eine gewichtige medizinische Abhandlung, dieser eine epochale Sexualskandal. Die Säkularisierung der Wissenschaft, zumal Darwins elementare und umstrittene Thesen, hatte die Sexualität in den Bereich des Diskutierbaren geholt. Normales und abnormales Sexualverhalten waren gleichermaßen Bestandteil des evolutionären Kampfes, durch welchen die Natur das Tüchtige auswählt und das Untüchtige abstößt. Das neue Fach der Soziologie, wo man emotionslose Definitionen von Konformität und Nonkonformität suchte, leistete ebenfalls seinen Beitrag. Die Sexualität – auch die Homosexualität – war einer der möglichen Gegenstände leidenschaftslosen Forschens. Ungewollt trugen auch die Reinheitsfanatiker in den USA und in Europa zur Abschaffung der sexuellen Geheimniskrämerei bei. Mit ihrer Bevormundung der privaten Meinung und des privaten Geschmacks stachelten sie liberale Geister zu ungewohnter Freimut an und lenkten gerade durch ihr verbissenes Wirken die Aufmerksamkeit auf bisher verbotene Themen. Mehr noch, die Medizin, die alles Abweichende als ihre angestammte Domäne betrachtete, gewann in den letzten Jahren des 19. Jahrhunderts stark an Prestige und Macht. Daß sie nun auch das Gebiet der Sexualität für sich in Besitz nahm, hatte zur

Folge, daß sie mit der Zeit alle Formen der Homosexualität als krankhaft ansah. Man sagt kaum zu viel, wenn man behauptet, daß die siebziger, achtziger und neunziger Jahre des vorigen Jahrhunderts die Homosexualität erfunden haben. Gewiß stützt die neue Offenheit über das Geschlechtsleben die unter Historikern gängige Vorstellung, daß die Zurückhaltung des bürgerlichen Zeitalters in sexuellen Dingen schon gegen Ende des 19. Jahrhunderts zu schwinden begann. Weit vor 1900, so schien es, waren homosexuelle Gefühle und Handlungen diskussionswürdig, gehörten sie zur Wissenschaft, waren sie aus dem Bereich des Moralisierens zu entfernen.

Aber die Diskussion blieb befangen, die Wissenschaft war sich ihrer Sache nicht sicher, das Moralisieren ging eifrig weiter. Das ist auch nicht erstaunlich. Schließlich war die Homosexualität jahrzehntelang nicht so sehr ernsthaft erforscht als vielmehr vorsichtig abgewehrt oder naserümpfend verurteilt worden. Auch die moderne Frauenbewegung hatte sich ja von Anfang an Beleidigungen gefallen lassen müssen, wobei sexuelle Unterstellungen sich als besonders wirksam erwiesen. Das war notabene auch schon *vor* jenem entscheidenden Kongreß in Seneca Falls 1848 so, auf dem das erste umfassende Manifest über die Notwendigkeit von Reformen in den Beziehungen zwischen Mann und Frau verabschiedet wurde. In Leitartikeln und Predigten wurden Feministinnen massiv verunglimpft: als verunglückte Frauen, halbe Männer, krähen-wollende Hühner. Die sexuelle Rhetorik der Antifeministen hielt nicht einfach Schritt mit der Frauenbewegung, die mit Petitionen und öffentlichen Aufrufen ihren langsamen und hindernisreichen Weg ging. Vielmehr war sie praktisch von Anfang an von einer geradezu hysterischen Schrillheit. Schon die Proteste der frühen fünfziger Jahre schlagen einen Ton des Entsetzens an, als stehe die sexuelle Katastrophe unmittelbar bevor. Witzblätter und frauenfeindliche Parlamentarier beschwören das ekle Bild des abstoßenden Blaustrumpfs, der das Unterhaus oder die Deputiertenkammer mit seinen Tiraden nervt. Schnurrbärtige Frauen beleidigen den öffentlichen Anstand, indem sie in Hosen umherlaufen und phallische Zigarren schwenken. Mißgeburten der Natur brechen in die geheiligtsten Bezirke des Mannes ein – die Clubs, den Sport, die akademischen Berufe. Männer, die diese Bewegung unterstützten, bekamen ebenfalls ihr Fett ab. Weinerliche Muttersöhnchen waren das ja wohl, weiche Ästheten mit ebenmäßigen Zügen und zarten Handgelenken, die unter dem Pantoffel standen und sich nicht zu schade waren, den Säugling zu wickeln oder einkaufen zu gehen.[27] Viele Menschen reagierten auf die Aussicht einer noch so bescheidenen Umverteilung der Geschlechtsrollen mit Sarkasmus und Brutalität – will sagen: mit nicht bemeisterten Ängsten. Dieser Vorgang gewöhnte sie in gewisser Weise an den Gedanken der sexuellen Inversion. Aber er förderte nicht das Verständnis für sie, geschweige denn ihre wissenschaftliche Untersuchung.

Der kleinen, weit weniger aggressiven Homosexuellen-Bewegung erging es kaum besser als der Frauenbewegung. Dr. Benkert, jener ungarische Arzt, der die Bezeichnung geprägt hatte, schrieb an den preußischen Justizminister einen offenen Brief, in dem er die Homosexualität verteidigte. Er führte die meisten der Argumente ins Treffen, deren sich die Verfechter der sexuellen Permissivität damals und später immer wieder bedienten: Die meisten Staaten haben die Homosexualität legalisiert, ohne daß das Gefüge ihrer Gesellschaft erkennbaren Schaden gelitten hat; »normale« Menschen, immer die überwiegende Mehrheit, haben von Invertierten nichts zu befürchten; große Fürsten, Staatsmänner, Dichter, Dramatiker, Maler und Gelehrte waren (und sind) homosexuell, und sie ins Gefängnis zu stecken – wie es das preußische ¦Strafgesetzbuch bekanntlich vorsah – wäre absurd, grausam und kulturfeindlich; und schließlich ist das Sexualverhalten Privatangelegenheit. Solche speziellen Plädoyers, so vernünftig sie auch waren, hatten kaum Auswirkungen auf die öffentliche Meinung; vielleicht, daß sie das Problembewußtsein ein ganz klein wenig schärften. Der einigermaßen pathetischen Propaganda Ulrichs' für die Schönheiten der «Uranismus»-Liebe erging es nicht viel besser. Erst als 1897 einige deutsche Publizisten, Staatsbeamte und Ärzte, unter ihnen Dr. Magnus Hirschfeld, das Komitee für Wissenschaftlichen Humanismus gründeten, wurde eine Kampagne für die Rechte der Homosexuellen gestartet. Geschickterweise war sie mit der wissenschaftlichen Erforschung sexueller Varianten verbunden. Das Komitee erhielt unerwartete Unterstützung von führenden deutschen Sozialdemokraten: August Bebel in Berlin und Eduard Bernstein in London sahen in homosexuellen Skandalen einen (geradezu freudig begrüßten) Reflex der dekadenten bourgeoisen Gesellschaft.[28]

Aber das waren Minderheiten-Meinungen. Sie ermutigten die Homosexuellen nicht dazu, ihre Diskretion aufzugeben. Die vielzitierte Korrespondenz zwischen John Addington Symonds und Walt Whitman läßt erkennen, wie nervös selbst die entschiedensten Befürworter der Männerfreundschaft sogar noch *vor* der Demütigung Oscar Wildes waren: Es schien ihnen ratsam, dem Papier nur einen Bruchteil der unverfälschten Wahrheit anzuvertrauen. Symonds, einer der glühendsten Verehrer Whitmans, hatte seit 1871 in gelegentlichem, auf gegenseitigem Schulterklopfen basierendem Briefwechsel mit dem Propheten der «adhesiveness» [Anhänglichkeit, Verhaftetsein; auch Klebrigkeit] gestanden. Vorsichtig hatte er versucht, Whitman auf die genaue Bedeutung bestimmter leidenschaftlicher Zeilen festzulegen, zumal in den «Calamus»-Gedichten aus *Leaves of Grass*. Es war, als ob Symonds zur Wahrung seines Seelenfriedens Whitmans offizielle Stellungnahme brauche. Am 3. August 1890 verzichtete er fast ganz auf die gewohnten Umschweife und wollte von Whitman wissen: «Denken Sie bei Ihrer Konzeption der Kameradschaft auch an die Möglichkeit jener halb-sexuellen Empfindungen und Handlungen, wie sie ohne Zweifel zwischen Männern vorfallen?» Symonds fand, «die Begeisterung» der Calamus-Gedichte sei «darauf berechnet, glühende und *physische* Intimitäten zu ermutigen». Der Köder, mit dem er den alternden Whitman zu fangen hoffte, war die Aussicht auf eine Studie über ihn: Wenn er Whitmans Auffassungen nicht klar und deutlich vor Augen habe, könne er diese Arbeit nicht schreiben. Whitman entwarf mit großer Sorgfalt sein Antwortschreiben und stritt alles mit kunstvoll erkünstelter Empörung ab. Er versicherte Symonds, er habe sechs Kinder; «zwei von ihnen sind tot», sagte er, um seine Lüge durch Genauigkeit zu kaschieren [Whitman war unverheiratet und kinderlos; A. d. Ü.]. Sein ganzes langes Leben sei «toll» [jolly] gewesen. Was Symonds über die umstrittenen Stellen in *Leaves of Grass* andeute, sei schlechterdings schockierend. «Ihre Fragen wg. d. Calamus-Stücke &c.: ich bin wie vor d. Kopf geschlagen. L. of G. kann man nur mit u. aus ihrer Atmosphäre u. ihrem wesentl. Charakter richtig verstehen.» Und nachdrücklich fügte er hinzu: «Daß d. Calamus-Teil eine Auffassg. wie d. erwähnte auch nur denkbar gemacht hat, ist schrecklich.» Enttäuscht war Symonds geneigt, Whitman Glauben zu schenken und ihn abzuschreiben. Die Gefühle, die der Dichter gegen sexuelle Inversion hege, seien «so ablehnend, wie es sich jeder brave langweilige Angelsachse nur wünschen kann».[29]

Das war, angesichts der vorherrschenden Stimmung, eine Gefühllosigkeit. Schließlich verwies Krafft-Ebings *Psychopathia Sexualis* mit ihrer Abfolge unerquicklicher Fallgeschichten und ihrem sprechenden Titel die sexuellen Ketzereien in den Bereich der geistigen Pathologie. Wertende Adjektive wie «abstoßend» tauchen vereinzelt sogar in den Frühschriften Freuds auf. Sie belegen, wie stark die medizinischen Experten darauf erpicht waren, eine gewisse verächtliche Distanz zu ihren interessanten Patienten zu halten. Wenn sie überhaupt über diese Dinge schrieben, pflegten sie im allgemeinen mit einem abwehrend-defensiven Vorwort zu beginnen, sich auf die anerkannte Autorität Krafft-Ebings zu berufen oder einander zu zitieren, um sich Mut zu machen. Dr. Hermann Rohleder schließt seine umfangreiche, ganz ungehemmte Reihe von Vorlesungen über normale und abnorme Sexualität mit dem Bekenntnis: «Mag der *Arzt* bisweilen auch schaudernd zurückgeschreckt sein vor all dem Scheusslichen, *aber es gehört zu seinem ärztlichen Beruf, will er sein Objekt, den lebenden Menschen, seinen Patienten, wahrhaft gerecht beurteilen können.*» Aber wenn diese Ärzte sich auch nicht scheuten, alles zu katalogisieren und aufs penibelste zu beschreiben, was ein Mensch in sexueller Hinsicht an einem anderen Menschen (von Tieren gar nicht zu reden) vornehmen kann: Wenn es darum ging, Unbefugte von diesem Sündenpfuhl fernzuhalten, verfielen sie, bis auf wenige rühmliche Ausnahmen wie etwa Freud, doch ins Lateinische.[30]

Gesunder Verstand und Menschlichkeit sind diesen Texten gewiß nicht abzusprechen. Dennoch blieben homosexuelle Vorlieben ein unbehagliches Thema. Das galt sogar für Autoren, die sich auf diese Vorlieben spezialisierten und aus ihrer Arbeit, ihnen selbst ganz unbewußt, eine gewisse heimliche Lust zogen. Je mehr ein Patient vom konventionellen heterosexuellen Geschlechtsverkehr à la «Augen zu und drauf» abwich, desto oberlehrerhafter wurde die Prosa der Ärzte. Wohl behaupteten diese Nervenspezialisten, ihre Patienten seien krank. Dennoch zögerten sie, diesen Leidenden Mitleid und Sympathie in vollem Umfang zuteil werden zu lassen. Sie sprachen in ihren Fallgeschichten gerne von Rehabilitation. Die Details abweichenden Sexualverhaltens aber empfanden sie als widerwärtig und selbst im Halbdunkel einer Gelehrtensprache kaum aussprechbar. Zu seinem *«roman d'un inverti-né»* bemerkt Dr. Laupts: «Ich habe mich verpflichtet gefühlt, gewisse Stellen lateinisch wiederzugeben.» Er habe dies getan mit Rücksicht auf «jene Menschen, die medizinische Untersuchungen nicht gewöhnt sind und denen dieses Dokument in die Hände fallen mag». Im Vorwort zur ersten Auflage seines berühmtesten Buches bezeichnet es Krafft-Ebing als das traurige Vorrecht des Arztes, die Schattenseiten des Lebens, das Schwache und Elende zu erblicken. Um zu verhindern, daß sein Buch Außenseitern als Lektüre diene, habe er einen Titel gewählt, den nur der Gebildete verstehen könne. Außerdem habe er soweit als möglich mit «terminis technicis» gearbeitet. Das führte zu kuriosen sprachlichen Zebras, zu leicht durchschaubaren Mischsätzen, zumal bei den Fallgeschichten. In Fall Nr. 124 erzählt ein dreißigjähriger Arzt und praktizierender Homosexueller seine Geschichte; Krafft-Ebing gibt sie auszugsweise wie folgt wieder: «Eines Abends saß neben mir im Opernhaus ein älterer Herr. Er machte mir die Cour. Ich lachte herzlich über den närrischen alten Mann und ging auf seine Späße ein. Exinopinato genitalis mea prehendit, quo facto statim penis meus se erexit. [Auf einmal griff er mir an das Genitale, wodurch sich sogleich mein Glied versteifte. – A. d. Ü.] Erschrocken stellte ich ihn zur Rede, was er wolle. Er erklärte mir, er sei in mich verliebt. Da ich in der Klinik von Zwittern gehört hatte, glaubte ich einen solchen vor mir zu haben, curiosus factus genitalia eius videre volui [und neugierig geworden, wollte ich seine Geschlechtsteile sehen]. Der Alte willigte erfreut ein, ging mit mir in den Abort. Sicut penem maximum eius erectum adspexi, perterritus effugi. [Als ich seinen riesigen erigierten Penis erblickte, entfloh ich erschrokken.]»[31]

In der Galerie der Sexualspezialisten war Havelock Ellis ein Sonderfall: Er hatte sichtlich Spaß an dem, was er tat. Seine Freude an der Sexualität und der geradezu zwanghafte Eifer, mit dem er die verschiedensten Varianten sexueller Erfüllung sammelte, verschafften Ellis praktisch das Monopol auf die popularisierende Beackerung dieses um 1900 noch immer etwas anrüchigen Feldes. Ellis hatte sich sein Wissen schwer erkämpft. Selbst von erotischen Absonderlichkeiten geprägt, fand er Stoff für sein Lebenswerk in den eigenen Vorlieben und im eigenen Haus. Der erregendste Anblick war für ihn eine Frau, die urinierte. Seine Ehefrau erwies sich als Lesbierin. Mehr noch: Einige spätere Erinnerungen von Zeitgenossen an ihn geben vorsichtig zu verstehen, daß das Schreiben über Sexualität für ihn orgastische Qualität hatte. Aber er publizierte Mitte der neunziger Jahre, knapp nach den Prozessen gegen Wilde. Und er hatte es in England mit einem Publikum zu tun, das kaum bereit war, feinsinnige Unterscheidungen zwischen Wissenschaftlern und Apologeten zu treffen. Für seine *Sexual Inversion* konnte er keinen seriösen englischen Verleger finden. Statt dessen ging er einem Schwindler und Projektemacher auf den Leim. 1898 wurde einer seiner getreuen Bewunderer, George Bedborough, vor Gericht gestellt, weil er ein Exemplar von *Sexual Inversion* verkauft hatte. Die Anklageschrift denunzierte das Buch als «ein gewisses schamloses, verdorbenes, zotiges, skandalöses und obszönes Machwerk».[32] Es dauerte seine Zeit, bis die Gemüter sich beruhigten und ausländische Gelehrte die Nüchternheit und den Ernst der *Sexual Inversion* vorbehaltlos anerkannten. Erst dann fand Ellis allmählich auch in England Beachtung und Anerkennung.

Havelock Ellis war kein Homosexueller. Anfang der achtziger Jahre konnte er mit John Addington Symonds zusammenarbeiten, ohne bezüglich seiner eigenen Neigungen besondere Nervosität zu empfinden. Er war ein streitbarer Fürsprecher der Sexualität, aber um höherer Ziele willen. Ellis wollte, daß das Leben des Menschen von Wissen geleitet und von Liebe beherrscht werde. Seine ergiebige Buchproduktion aus mehreren Jahrzehnten zeugt für seine Zielstrebigkeit: Ellis hatte eine Mission, die er früh erkannte und niemals verriet. Er berichtet im Vorwort von *Sexual Inversion*, daß er als junger Mann seinen Entschluß gefaßt habe, einen wesentlichen Teil seiner Schaffenskraft den Problemen der Sexuali-

tät zu widmen. Er gab zu, nicht ohne «moralischen Eifer» zu schreiben,
doch definierte er diesen Eifer als etwas sozusagen Objektives: Sexualität
sei nun einmal «das zentrale Problem des Lebens». Er glaubte begeistert
an den Fortschritt. Aber zugleich unternahm er mutige Ausflüge in die
Wissenschaft und die entschiedensten Ansätze zu einer interesselosen
Forschung. Mit jener gewinnenden Treuherzigkeit, die ihn zeit seines
Lebens auszeichnete, bekannte er: »Schließlich ist das Problem der
Religion praktisch gelöst», während «das Problem der Arbeit zumindest
auf eine praktikable Grundlage gestellt worden ist». Damit bleibe «die
Frage der Sexualität» das Hauptthema künftiger Generationen. «Die
Sexualität rührt an die Wurzeln des Lebens, und wir werden keine
Ehrfurcht vor dem Leben lernen, solange wir die Sexualität nicht verste-
hen.» Sogleich fügt er bescheiden hinzu, wie um den Eindruck des
Sentenziösen zu vermeiden: «Jedenfalls ist das meine persönliche Mei-
nung.» Doch schloß für Ellis moralischer Eifer keineswegs Nüchternheit
und Präzision aus, sondern verlangte im Gegenteil gebieterisch nach
beidem. Er suchte «jenes kalte, trockene Licht, in dem allein die Ziele der
Erkenntnis zu sehen sind».[33]

Havelock Ellis' Werk ist ein einziger enormer Tribut an seine edle, ein
wenig sentimentale Vision. Er machte sich zu einem Kenner medizini-
scher Abhandlungen, polemischer Traktate und persönlicher Mitteilun-
gen. Es ist etwas Rührendes um diesen bärtigen ewigen Studenten mit
den durchdringenden Augen, der unermüdlichen Neugier, mit seiner
Nüchternheit und seinem Optimismus. *Sexual Inversion* gilt vielen als
sein explosivstes Buch. Es faßt die gelehrte Literatur des 19. Jahrhunderts
zum Thema Sexualität zusammen – Hoessli, Westphal, Krafft-Ebing und
wie sie alle hießen – und bietet allerhand Miniaturen oder Fallgeschichten. Ellis entnahm sie wahllos Bekenntnissen, die er gesammelt, Briefen,
die er empfangen, obskuren Monographien, die er ausgegraben hatte.
Raffalovich, Symonds und ihre sich untereinander zitierenden Kollegen
hatten im wesentlichen dasselbe getan. Selbst die Vorschläge, die Ellis zur
Verbesserung der Situation der Devianten zu machen hat, ähneln den
Reformen, die von homosexuellen Publizisten mit kaum verhohlenem
Ingrimm gefordert wurden. Aber es gab einen feinen Unterschied zwischen Ellis' organisierter Neugierde und dem Wunschdenken der anderen. Ellis war der geborene Weltverbesserer, der für alles Sympathie
empfand und gewillt war, nichts Menschliches fremd zu finden. Aber er
hatte seine empiristischen Leidenschaften, seinen sublimierten Voyeurismus immer in der Gewalt. Er kam zu dem Schluß: «Pathologie ist nichts
als Physiologie unter neuen Bedingungen. Auch in den abknickenden
Kanal der sexuellen Inversion ergießt sich noch der Strom der Natur und

fließt dort nach dem Gesetz.» Für Ellis blieb die Natur immer ein oberstes, anbetungswürdiges Prinzip. Und darum hielt er seine «mühselige Exkursion» ins Reich der Inversion auch nicht für Zeitverschwendung. «Mit dem hier gewonnenen Wissen sind wir besser gerüstet, in die Untersuchung der größeren Fragen der Sexualität einzutreten.» Das war mehr als nur eine mechanische Schlußfloskel. Der Satz zeigt vielmehr, daß Ellis seine humane Studie dieser «pervertierten Neigung» weniger um einer sozialen Erneuerung willen unternahm als im Interesse der Kulturwissenschaft.[34] Aber für diesen Aufklärer der letzten Tage, diesen Voltaire der Sexualität, war Wissen schließlich auch die unentbehrliche Grundlage jeder Verbesserung.

Was das Buch von Havelock Ellis über sexuelle Inversion so erfrischend und für einige Jahrzehnte so einflußlos machte, waren weit weniger seine Schlußfolgerungen als vielmehr seine Haltung, seine nur allzu sichtbare Sympathie mit oft unerquicklichem Material und die Geduld, mit der der Autor auch entlegenste Informationen sammelte. Ellis schloß sich anderen Forschern wie Dr. Albert Moll insofern an, als er die sexuelle Inversion im wesentlichen für angeboren und erworbene Homosexualität für selten hielt. Ererbte Dispositionen kamen seiner Ansicht nach im Laufe der Reifung zum Zuge, durch Zufälle wie Verführung, lange Haft oder «Enttäuschung in der Liebe». In dem Kapitel über lesbische Liebe übernahm er das Verdikt anerkannter Autoritäten, die Homosexualität sei «bei Frauen wahrscheinlich kaum weniger weit verbreitet als bei Männern». Allerdings habe die Sexualforschung bisher «vergleichsweise wenig über die Inversion bei der Frau» in Erfahrung gebracht. Das Fallmaterial war dürftig. Bei Ärzten oder Psychologen waren für die Sexualwissenschaft weniger zuverlässige Informationen zu bekommen als bei Schriftstellern und Dichtern – bei Diderot und Balzac, Gautier und Zola, Maupassant und Bourget, Swinburne und Verlaine. Trotzdem waren die Frauen für Ellis, wie auch für andere Erforscher dieser Dinge, ein Rätsel. Nachdem er betont hatte, daß die Homosexualität bei Frauen wahrscheinlich genauso stark verbreitet sei wie bei Männern, konnte er wenige Seiten später behaupten, «viele zu einem Urteil befähigte Beobachter» hätten festgestellt, daß in den USA, in Frankreich, Deutschland und England die «Homosexualität bei Frauen im Vormarsch» sei. Als Psychologe war Ellis der Auffassung verhaftet, daß die homosexuelle Orientierung eines Menschen fast immer angeboren sei. Dennoch gestand er bemerkenswert bereitwillig den Einflüssen der Umwelt verführende Kraft zu. Zu diesen Einflüssen zählte er auch den Kampf um die Emanzipation der Frau, «diese heilsame und unausweichliche Bewegung».[35] Ellis' Seiten über lesbische Liebe beweisen, wie

wenig die Sexualforscher damals noch wußten, wie viel sie noch zu lernen
hatten.

Aber soviel wußte Havelock Ellis, der Fanatiker der Vernünftigkeit,
doch: Die konkreten Bekundungen der Inversion sowie die Gefühle, die
in ihnen zum Ausdruck kommen, sind von eindrucksvoller Vielfalt. Er
präsentiert rund dreißig Fälle. Sie zeigen, daß zwar manche Männer
«pædicatio oder *immissio penis in anum»* praktizierten, daß es aber auch
viele gab, die die Erfüllung im «Schmusen», in Umarmungen und
gegenseitiger Masturbation suchten. Manche männliche Homosexuelle
sind effeminiert, andere maskulin; manche produzieren sich, andere
verstecken sich; manche beklagen in rührender Weise ihr Geschick,
andere finden an ihrem sexuellen Geschmack nichts auszusetzen. Das
alles war nicht besonders neu. Aber Ellis betont etwas, was andere wie
etwa Krafft-Ebing nur angedeutet hatten: Die Schlüsse, zu denen der
Betrachter der sexuellen Inversion gelangt, variieren notgedrungen mit
seinem jeweiligen Standpunkt. «Es ist nur natürlich, daß der Polizeibeamte findet, bei seinen Fällen handele es sich im wesentlichen um
ekelhafte Laster und Verbrechen. Es ist nur natürlich, daß der Anstalts-
leiter findet, im wesentlichen hätten wir es mit einer Form von Geisteskrankheit zu tun.» Gelassen setzt Ellis hinzu: «Genauso natürlich ist es,
daß der sexuell Invertierte findet, er und seine Freunde seien im Grunde
nicht viel anders als normale Menschen.»[36]

Was also, so fragt Ellis, ist Inversion? Ein verwerfliches Laster, das
Gefängnis verdient? Ein krankhafter Zustand, der ins Irrenhaus gehört?
Eine Monstrosität der Natur, die nach Korrektur verlangt? Oder vielleicht, «wie einige geltend machen», eine wohltätige Variante menschlichen Empfindens, die es verdient, «toleriert oder sogar gefördert» zu
werden? Klug und ohne sich festzulegen meint Ellis: «Wahrscheinlich
steckt in mehr als einem dieser Standpunkte ein Körnchen Wahrheit.»
Sein eigener wohlerwogener Standpunkt war weniger schwankend, weniger zaghaft: Homosexualität ist beim Mann wie bei der Frau etwas
Unnormales, vergleichbar der Farbenblindheit. Ellis räumt ein, daß man
von der Gesellschaft vernünftigerweise nicht erwarten kann, «denjenigen
Invertierten zu tolerieren», der mit seiner Veranlagung großtut und den
Anspruch erhebt, «aus feinerem Stoff zu sein als die vulgäre Menge»,
bloß weil er «seiner Lust mit einem Soldaten oder einem Schutzmann
frönt». Zugleich – und das war natürlich Ellis' Hauptanliegen – «könnte
die Gesellschaft wohl davon Abstand nehmen, aus urteilsloser Unwissenheit unter einer Bürde der Schmach das Subjekt einer Abnormalität zu
erdrücken, die, wie wir gesehen haben, zu mancherlei Schönem nicht
unfähig ist». Die Gesellschaft ist «verpflichtet, die hilflosen Glieder der

Gesellschaft vor den Invertierten zu schützen». Aber genauso muß sie den unglücklichen Invertierten vor der Gesellschaft schützen.[37] Heutzutage, hundert Jahre danach, mag sich das wie der angestrebte Versuch lesen, möglichst keinen Anstoß zu erregen. In den Jahren vor 1900 war es, zumal für den Durchschnittsbürger, ein subversiver, ja obszöner Standpunkt.

Trotzdem waren Ellis' Freimut und Gewissenhaftigkeit geradezu die Prüderie in Reinkultur, verglichen mit den Gedichten und Kurzgeschichten, die mutiger gewordene homosexuelle Autoren Anfang der neunziger Jahre zu drucken wagten. Der normale Bürger bekam diese Hervorbringungen kaum zu sehen: Es bedurfte schon eines gewieften Verlegers oder eines Skandalprozesses, um ihnen eine gewisse Verbreitung zu sichern. Im Dezember 1894 brachte ein junger Oxforder Student, John Francis Bloxam, die erste und, wie sich herausstellen sollte, letzte Nummer einer neuen Zeitschrift namens *Chameleon* heraus. Sie enthielt neben anderen schlüpfrigen Dingen zwei Gedichte von Lord Alfred Douglas. Eines von ihnen, «Two Loves», sollte im Jahr darauf in den Prozessen gegen Wilde eine maßgebliche Rolle spielen. Der Herausgeber selbst steuerte anonym zwei Stücke bei, die womöglich noch deutlicher waren als die schmachtenden Verse des Lords: eine Geschichte um eine homosexuelle Liebe, «Der Priester und der Akolyt», und ein Gedicht über einen erotischen Traum. In ihm tritt «der süße königliche Knabe» auf, «der küßt der Nacht die Tränen fort»; der Träumende spürt «den Tau von warmen feuchten Lippen / auf meinen Lippen». Für den Humoristen, Essayisten und Stückeschreiber Jerome K. Jerome war das zuviel. Er schrieb in seinem eigenen Blatt *To-Day* einen Leitartikel über *Chameleon* und häufte erkleckliche Epitheta auf den jungen Bloxam und seine gereimte und ungereimte Produktion. Jerome stellte zunächst fest, er wolle nicht einer verdrucksten Prüderie das Wort reden. Er räumte ein, daß «junge Männer», besonders wenn sie gerade von der Schule kommen, «hie und da mit diesen unnatürlichen Trieben geschlagen sind». Doch sei es ihre Aufgabe, «den Teufel in sich niederzuringen», anstatt sich mit ihm zu brüsten. Ein Dutzend Jahre später war es Marcel Proust, der sich das gesagt sein ließ. *Chameleon* war in Jeromes Augen wahrscheinlich «ein Fall für die Polizei». Es sei eine «Beleidigung der lebendigen Schöpfung» und ein «Verbrechen gegen die Literatur». Schlimmer noch, es war eine Abscheulichkeit: «Kehricht und Abfall.» Jerome schloß sich den Diagnosen der Ärzte an und sprach vom «Schwelgen in den Gelüsten einer widernatürlichen Krankheit». Das war das Verbrechen: Die Zeitschrift verführte die Jugend.[38]

Die meisten Leser von heute würden Bloxams *Chameleon* und ähnliche untergeordnete Produkte weder abstoßend noch gefährlich finden. Die Texte wechselten natürlich mit dem sexuellen Geschmack des Autors; aber in ihrem besonderen Genre waren sie überaus eintönig. Männer, die Knaben liebten, besangen den Reiz von nackten Jünglingsleibern am Strande. Frauen, die Frauen liebten, bedichteten Sappho. Männer, die, um sexuell erregt zu werden, einen Geliebten aus den niedrigen Volksschichten brauchten, bejubelten die Muskelkraft eines Matrosen oder die Stärke eines Sportlers. Edward Cracroft Lefroy war ein invalider Oxfordstudent, dessen Leben nur kurz war und dessen Homosexualität reine Theorie blieb; er starb 1891, und nach seinem Tode setzte sich John Addington Symonds für seine Verse ein. Lefroy nun, dieser verhinderte Homosexuelle, richtete seine poetischen Episteln an einen Kricketspieler und an einen Fußballstar – in fehlerlosen Sonetten. Es ist aufschlußreich, daß diese Literatur (wiederum mit Ausnahme des unverstellten Genies Walt Whitman) streng diszipliniert und außerordentlich formell war. Die Gefühle aber waren so gut wie nackt: Diese Texte spielen die Erfüllung von Wunschphantasien durch, oder sie beschwören die strahlende Erinnerung an eine selige Umarmung. Reichlich defensiv beteuern sie die Reinheit solcher Liebe und ihre moralische Überlegenheit über die lüsterne und zweckgebundene Sinnlichkeit der gewöhnlichen heterosexuellen Sterblichen.

All diese Hervorbringungen sind von einer sozusagen erlesenen Versnobtheit. Richten sie sich doch an einen exklusiven Kreis von Eingeweihten, an einen sich überlegen dünkenden, geheimen Clan. Sie sind durchtränkt mit Naturbeschwörungen und strotzen oft von frommen Anspielungen. Jenes brüderliche Nebeneinander von Religion und Sexualität, das das Werk vieler heterosexueller Literaten bestimmte, kennzeichnet auch diese wissenden, subversiven Gedichte und Geschichten. Nicht umsonst waren viele homosexuelle Lyriker Geistliche. Besonders die anglo-katholische Glaubensrichtung mit ihrer verführerischen Mischung aus theologischem Konservatismus, vielgestaltigem Ritual, gefühlsbetonter Frömmigkeit und Ermahnung zur Enthaltsamkeit sprach Männer an wie Hurrell Froude: dazu verdammt, gegen Gedanken ankämpfen zu müssen, «die mir manchmal in den Sinn kommen» und die zu «schockierend» waren, als daß man sie auch nur beim Namen nennen konnte. John Henry Newmans Zuneigung zu Froude sowie die leidenschaftlichen Männerfreundschaften im Leben eines Edward Pusey oder John Keble hatten wenig unverhohlen Sinnliches an sich. Doch ein erotisches Moment, halb spielerisch, halb verzweifelt, ist unverkennbar.[39] Den unversöhnlichen Verleumdern dieser Männer war es nur allzu unverkennbar. 1898 berichtet John Kensit, der Gründer der antikatholischen «Protestant Truth Society», vor einer Versammlung in London von einem «ritualistischen» Karfreitagsgottesdienst. Zelebriert habe ihn ein «Priester im Unterrock», und beigewohnt hätten ihm «reichlich armselige Exemplare von Männern... eine eigentümliche Art von Menschen, wirklich sehr eigentümlich». Nun, Kensit war ein Demagoge, seine Gesellschaft eine Bande von Raufbolden, die nichts' Schöneres kannten als einen anglo-katholischen Gottesdienst zu sprengen. Seine Gefolgschaft «durchschaute» natürlich, und verabscheute mit theatralischer Gebärde, das «weibische Getue» aller Anglo-Katholiken und deren verderbtes Kokettieren mit Rom. Kensits Treiben war der hysterische Höhepunkt des mit Unterbrechungen immer wieder aufflammenden Feldzugs protestantischer Extremisten gegen die «Papisterei». Man war dabei in der Wahl der Mittel ebensowenig zimperlich, wie man in der Rhetorik maßvoll war. Die Unterstellungen, die man bereits an aktiven Feministen ausprobiert hatte, wurden jetzt auf jene übertragen, deren religiöse Observanzen einen verdächtigen Mangel an Männlichkeit aufzuweisen schienen.

Die durchsichtig sexuellen Beleidigungen, die Kensit und Leute seines Schlages skrupellos in die Welt hinausschrien, waren oft genug bloße Verleumdung. Sie verrieten fieberhafte Angst vor der Bedrohung, die der sexuelle Häretiker in Gedanken und Tat herzustellen schien. Richtig ist jedoch, daß die Spiritualität der Opfer, auch wenn sie normalerweise aufrichtig, ja glühend ist, doch nicht frei ist von einer Beimischung apologetischen Ausweichens. Es wird unbewußt ein Schleier über das physische Begehren gebreitet. Aber ein inbrünstiges Christentum war nicht die einzige Zuflucht der Mühseligen und Beladenen im 19. Jahrhundert. In dieser kultivierten Welt bot sich auch das klassische Griechenland als verführerisches Idealbild an.

3. Das Vorbild der Antike

Die Vorzüge und Reize der klassischen Welt für schreibende und lesende Homosexuelle liegen so klar auf der Hand, daß sie keiner gründlicheren Untersuchung bedürfen. Natürlich gab es in vielen Ländern Homosexuelle, die ihren Neigungen nachgaben, ohne sie zu einer Nachahmung griechisch-antiker Ideale emporstilisieren zu wollen. Eine solche verfeinerte Apologie der Homosexualität blieb jenen Gebildeten vorbehalten, die Gedichte schrieben oder die Klassiker übersetzten. Aber selbst diejenigen, die sich nicht schmeichelten, moderne Griechen zu sein, profitierten von dieser erlauchten Ahnenschaft. Antike Mythen und

Gedichte, Worte und Ideen waren in das kulturelle Geflecht des 19. Jahrhunderts verwoben.

Für die frömmsten unter den gebildeten Christen wie für die skeptischsten unter den modernen Heiden war die griechische Kultur über jegliche Kritik erhaben. Die Lebensfreude der Griechen, ihre seelische Ausgeglichenheit, die ungenierte Zurschaustellung des Körpers beim Sport und in der Plastik konnten als Korrektiv für die asketische Strenge des christlichen Glaubens dienen. Vor den dunkleren Seiten der antiken Realität verschlossen die Griechenlandgläubigen des 19. Jahrhunderts geflissentlich die Augen. Die klassische Kultur lag fern genug, um zum Spezialgebiet jener zu werden, die schwierige tote Sprachen beherrschten. Aber sie war nahe genug, um Freude zu bereiten und Vorbilder zu liefern. Und ohne Zweifel hatten die Alten ja die Päderastie geduldet, und zwar um so großzügiger, als sie sie mit einem ausgeklügelten Regelwerk umgeben hatten. Die antiken Götter, allen voran Zeus, waren Wüstlinge, die bei der Wahl ihrer Liebesobjekte oft bisexuell waren. Ganymed, der liebliche Schalenträger des Zeus, wurde zum hochgeschätzten Totem für Männer, die die rein männliche Liebe priesen – hochgeschätzt und konventionell, genau wie Hadrians schöner Lustknabe Antinous. Achilles hatte Patroklos mehr geliebt als alle Frauen. Sappho hatte die Schönheiten besungen, welche sie berückt hatten. Und Platon, wie jeder Gebildete wußte, hatte das glühende Gefühl des Mannes für den Mann in seinen Dialogen gestaltet.

Was manche dieser antiken Beispiele so verlockend machte, war, daß man auf ihre Spiritualität pochen konnte. Es gibt kein offen homosexuelles Verhalten im Homer, und Platons Skala des Eros führt von der körperlichen Erfüllung empor zum nachdenkenden Betrachten der idealen Schönheit. Die Sache der neuzeitlichen Homosexualität in die Nähe des erhabenen klassischen Erbes zu rücken, bedeutete, etwas von dessen Würde zu borgen, eine Art von historischem Recht geltend zu machen. Der Trick war durchsichtig, aber gleichwohl beliebt. Viele durchschauten ihn, und einige zögerten nicht, das auch öffentlich zu sagen. Anfang 1882 rezensierte der bedeutende Bostoner Schriftsteller und liberale Reformer Thomas Wentworth Higginson die frühen Gedichte Oscar Wildes. Ausdrücklich äußerte er Zweifel an seiner Männlichkeit: «Mr. Wilde mag Griechenland im Munde führen, aber es ist nichts Griechisches an seinen Gedichten. Seine Nuditäten gemahnen nicht an die heilige Weiße einer antiken Statue, sondern eher an die gewaltsame Entschleierung einer beleidigten Unschuld.»[40] In diesen Beobachtungen erscheint der junge Wilde als literarischer – und wahrscheinlich homosexueller – Schänder.

Die meisten Gelehrten waren nervöser als Higginson: Sie taten ihr

Bestes, sich den eindeutigen Implikationen ihrer Texte zu entziehen, seien es antike oder moderne. In der ersten Hälfte des 19. Jahrhunderts stritten deutsche und englische Altphilologen mit einer Inbrunst, die einer besseren Sache würdig gewesen wäre, um folgende Frage: War Sapphos leidenschaftlicher «Verkehr mit ihren Freundinnen» unschuldig, oder was sonst? Die Mehrheit stimmte für «jungfräuliche Reinheit». Benjamin Jowett legte vielgerühmte und fleißig benutzte Übersetzungen der platonischen Dialoge vor. Er räumte ein, daß diese Gespräche die erotische Bindung zwischen Männern zu besingen schienen. Aber er schlug vor, der moderne Leser solle das, was Platon über die Liebe lehrt, «auf die Liebe zu Frauen übertragen, bevor wir darangehen, den Worten Platons irgendeine tiefere Bedeutung zu geben». Seine Verlegenheit verhinderte den unbefangenen Blick auf das Offensichtliche; er gab sich überzeugt: «Hätte Platon in unserer Zeit gelebt, so hätte er selbst diese Übertragung vorgenommen.»[41] Die klassischen Philologen blieben bei ihren Textanalysen von windelweicher Ungenauigkeit. Eine Verherrlichung der Homosexualität lasen sie als Ironie. Drastische Ausdrücke wurden gemildert, das Geschlecht von Pronomen verändert, sinnenfrohe Gelage zu unschuldigen Gesellschaften uminterpretiert.

Lord Alfred Douglas, John Addington Symonds und andere ihres Schlages, sei es in England oder anderswo, verachteten natürlich solche defensiven Techniken, aber sie bedienten sich ihrer oft. Wenn sie, über antike Schönheit oder antike Freiheit schreibend, ausgesuchte Euphemismen benutzten, so nicht aus Prüderie, sondern aus Vorsicht. Was Symonds betraf, so hatte erst die Lektüre von Platons *Phaidros* seine latenten homosexuellen Neigungen ans Licht gebracht und sanktioniert; dennoch war er in bezug auf die Klassiker ambivalent. Er warnte seinen Freund Oscar Browning, einen homosexuellen Schulmann von der Art eines C. J. Vaughan, vor den schädlichen Wirkungen, welche die homoerotische Literatur auf junge Menschen ausüben konnte. Diese Warnung war entweder ein neckischer Scherz oder Ausdruck von Geständniszwang, auf jeden Fall aber höchst ungewöhnlich.[42] Andere fanden die antike Kultur nur allzu brauchbar; sie erlaubte es ihnen, bei ihren Obsessionen zu verweilen und dabei nur von jenen verstanden zu werden, die gerüstet waren, sie zu verstehen.

Ein Meister dieser Praxis war der Essayist Walter Pater, ein einflußreicher Oxforder *don*. Als diskreter Ästhet liebte er es, sich mit gutaussehenden jungen Männern zu umgeben, ohne sich doch jemals zu kompromittieren. Deutlicher, wenngleich noch immer gewunden, erklärte er sich in seinen anspielungsreichen Schriften. Sie atmen den klassischen Geist, wie er damals an den englischen public schools und den alten

Universitäten herrschte. Pater war es, der beeindruckbaren jungen Menschen das Vokabular und das Alibi lieferte, ihre Empfindungen zu kultivieren, das christliche Asketentum zu verwerfen, für den Augenblick zu leben und mit fester, juwelengleicher Flamme zu brennen.

Die folgenreichste Aussage Paters zu seiner Verbundenheit mit dem griechischen Ideal dürfte sein berühmter Essay über den Begründer der Kunstgeschichte, Johann Joachim Winckelmann, gewesen sein. Er erschien 1867 in der *Westminster Review* und ging sechs Jahre später in Paters *Studies in the History of the Renaissance* ein. Der Text ist ein Meisterwerk der Umschweife; daß diese zum großen Teil unbewußt sind, macht sie nicht weniger bemerkenswert. Paters «Winckelmann: Et Ego in Arcadia Fui» beginnt mit einem teilnahmsvollen Abriß von Winckelmanns Leben. Armer Leute Kind und erfüllt von Sehnsucht nach der Sonne des Südens, durchlief er in Deutschland einen mühsamen Bildungsweg und konvertierte zynisch zum Katholizismus, um Gönner zur Unterstützung seiner Lebensaufgabe zu finden. Winckelmann war das, was Freud später einen Sonderfall nannte: Arm und mittellos, fühlte er sich berechtigt, der Welt jeden Vorteil abzujagen, den sie für ihn bereithalten mochte. Den Anblick Roms, schrieb Winckelmann 1763, sei Gott ihm schuldig gewesen; zuviel habe er in seiner Jugend erdulden müssen. Das Ziel, das er in leuchtender Klarheit vor Augen sah und fanatisch verfolgte, war die Schönheit. Und diese Schönheit war, wie Pater nicht bestreiten konnte, der männliche Körper. Kunst ist gefrorenes Leben. Sie ist vorzugsweise des Studiums wert, weil sie die atmende menschliche Gestalt widerspiegelt und für den empfänglichen Betrachter enthüllt. Pater nennt Winckelmann «durch und durch griechisch»: Habe er doch das, was er suchte, in der «beständigen Erregung und Bewegung eines gefälligen menschlichen Lebens» gefunden. Der Satz enthält einige ziemlich offensichtliche Code-Wörter.[43]

In seiner erste Phase in Deutschland habe Winckelmann anfänglich «nur die Worte der griechischen Dichtung gehandhabt, in der Tat bewegt und erregt von ihnen, aber doch hinter den Worten ein unausgedrücktes Pulsieren sinnenhaften Lebens erahnend». In Dresden sieht Winckelmann zum ersten Male antike Skulpturen (nicht im Original, sondern in Gipsabgüssen): «Plötzlich ist er in Fühlung mit jenem Leben, das auch in den Überresten plastischer Kunst noch glüht.» Pater hat seine Worte, wie immer, um ihres evokativen Wertes willen gewählt. Sie erlauben eine harmlose Lesart, laden aber zu sexueller Deutung ein. Winckelmann hatte die Worte nur «gehandhabt» und war von ihnen «erregt» und «bewegt» worden. Als er dazu kommt, antike Kunst zu handhaben, ringt «das unausgedrückte Pulsieren sinnenhaften Lebens» nach Ausdruck.

Und endlich kommt er buchstäblich in «Fühlung» mit dieser Sinnenhaftigkeit. Winckelmann ist von Anfang an zielstrebig. Das «lange währende Sehnen» seiner Wanderjahre ist nicht «vage, romantisch», sondern sehr präzise: «In ihren strengen Grenzen», schreibt Pater, wiederum mit einer bedeutsamen Metapher, «glüht seine Begeisterung wie Lava.»[44]

Pater sagt zwar nicht direkt, daß Winckelmann voller Begeisterung seinen Liebhabern entgegenglüht. Aber es ist nicht ungewöhnlich für seine Zeit, daß er es ungestraft *fast* sagen konnte: «Daß seine Affinität zum Griechentum keine rein geistige war, daß die feineren Fäden des Temperaments in sie verwoben waren, beweisen seine romantisch-inbrünstigen Jünglingsfreundschaften. Er habe, erzählt er, so manchen jungen Mann gekannt, der schöner war als Guidos Erzengel.» Wenn Winckelmanns künstlerische Ambitionen nicht romantisch waren, wie Pater behauptet, so war es jedenfalls sein Verlangen nach schönen jungen Männern. Pater zitiert eine «charakteristische» Stelle, wo Winckelmann den Gedanken ausspricht, daß Menschen, die die Schönheit ausschließlich am Weibe sähen und von männlicher Schönheit kaum oder nicht bewegt würden, meistens einen lebendigen, angeborenen Sinn für die Schönheit in der Kunst vermissen ließen. Paters einziger Kommentar zu dieser überdeutlichen Aussage ist eine mitleidige biographische Randbemerkung: Winckelmanns Suche nach männlicher Schönheit habe ihm oft Qualen bereitet. Dann geht Pater daran, die Kultur des alten Griechenlands, ihre Heiterkeit und ihre Ganzheit, der eigenen spießbürgerlichen und nervösen Zeit plakativ entgegenzustellen: «Was die moderne Kunst im Dienste der Kultur zu leisten hat, ist, die Einzelteile des modernen Lebens so neu anzuordnen, dieses Leben so zu spiegeln, daß es die Seele befriedigt. Und was braucht die Seele angesichts des modernen Lebens? Das Gefühl der Freiheit.»[45] Das ist zwar kein ausgewachsenes Programm zur Veränderung der gesellschaftlichen Einstellung gegenüber homosexuellen Belangen. Doch bleibt Paters Essay eine ausgezeichnete Leistung in der heimlichen Inszenierung homoerotischer Propaganda, die in solchen Texten betrieben wurde und aufnahmewillige Leser fand. Es war jene Art von Inszenierungsleistung, mit der die bürgerliche Kultur des 19. Jahrhunderts allmählich zu leben lernte.

Die erste Auflage von Paters Essays über die Renaissance erschien 1873. Im selben Jahr schrieb John Addington Symonds *A Problem in Greek Ethics*, ohne den Text jedoch zu veröffentlichen. Es war eine geschickte Apologie der Homosexualität, ein Plädoyer im Gewand der wissenschaftlichen Untersuchung, gemäßigt im Ton und besonnen argumentierend. Der Titel und der einleitende Satz übernehmen Westphals Terminologie: Homosexuelle Liebe wird als «sexuelle Inversion» bezeichnet.[46] Und Symonds verwischt seine Spuren noch weiter, indem er die «Knabenliebe» scheinbar ganz ernsthaft ein «Laster» nennt. Dabei kann kein Zweifel daran sein: Er hatte diese Strategien und den ganzen Text darauf angelegt, bei seinen Lesern um Wohlwollen für «Invertierte» und ihr «Laster» zu werben. Daß er sich zunächst entschloß, auf Leser zu verzichten, und später seine Abhandlung nur wenigen zugänglich machte, war ein Symptom seiner Konflikte und seiner Furcht. «Sehen Sie», schrieb er 1889 an einen Freund, «ich habe mich nie ‹frei bekannt›.» Der Leser, den er am meisten beruhigen wollte, während er mit seinem «seltsam beschaffenen» Charakter rang, war er selbst.[47]

Aber an wen sich der Text auch richten mochte, *A Problem in Greek Ethics* ist eine ausführliche Darstellung von lobenswerter Gelehrsamkeit. Die Einrichtung der «paiderasteia oder Knabenliebe» sei «ein Phänomen aus einer der glanzvollsten Epochen der menschlichen Kultur» gewesen. Das war laut Symonds sicherlich kein Zufall; allerdings unterläßt er es, den naheliegenden Schluß aus dieser Bemerkung zu ziehen. Überhaupt war sein Buch von der Art, an der ein «Sodomit» wenig Freude haben konnte. Symonds vertritt mit Nachdruck den Standpunkt, daß im Altertum Männerfreundschaften eine Form von «männlicher Liebe» waren, «eine starke und maskuline Empfindung, in der für Effeminiertheit kein Platz war und die keineswegs die normalen geschlechtlichen Gefühle ausschloß». Er macht wieder einmal darauf aufmerksam, daß Achilles und Patroklos einander liebten, aber keine Päderasten waren. Das war eine sichere Position, auf die sich viele Verfechter inbrünstiger Männerfreundschaft gerne zurückzogen. Ja, mit einem Anschein von Mißbilligung meint Symonds, die Legende vom Raub des Ganymed sei, nach einer Stelle bei Platon zu schließen, «von den Kretern in der ausdrücklichen Absicht erfunden worden, ihren Freuden einen Anschein von Frömmigkeit zu geben». Ebenso mißbilligend fällt er das Urteil, die Homosexualität in Rom sei von viel geringerem Rang gewesen als die griechische Päderastie. Rom, heruntergekommen und verdorben, habe «den wahren hellenischen Geist niemals begriffen». Fast wie Heine ein halbes Jahrhundert zuvor argumentierte Symonds, daß das Christentum eine notwendige Reaktion auf die römische Sinnlichkeit gewesen sei; es habe «logischerweise» «im Kloster und in der Einsiedelei» geendet. Doch zum Glück habe die christliche Kultur sich mit dieser «Trennung von der Natur» nicht abgefunden; statt dessen habe sie eine «edlere Synthese» entwickelt, und zwar mit der Marienverehrung, den Regeln der Ritterlichkeit, kurzum, mit der Aufwertung der Frau.[48] Wie viele andere Homosexuelle bekundete auch Symonds aufrichtigen Respekt vor dem weiblichen Exemplar der Spezies Mensch.

Manches an Symonds' Untersuchung ist Selbstschutz, anderes Selbstgefälligkeit. Die Beschäftigung mit der Geschichte der Homosexualität gab ihm reichlich Gelegenheit, in erhabener Sprache bei der größeren Schönheit des männlichen Körpers gegenüber dem weiblichen zu verweilen und ausgiebig aus homoerotischen Gedichten zu zitieren. Doch später, zumal in seinen italienischen Jahren, begann Symonds, seine Vorlieben nicht so sehr «frei zu bekennen» als vielmehr frei auszuleben – mit einer gewissen aggressiven Bedenkenlosigkeit. Es war, als müsse er immer wieder aufs neue die Leidenschaft eingestehen, die sein Leben geprägt hatte. Ohne große Scham und anscheinend ohne Angst führte er seinen wichtigsten venezianischen Geliebten vor, den attraktiven jungen Gondoliere Angelo Fusato. 1890, drei Jahre vor seinem Tod, lud er sich selbst und Angelo bei einem Freund ein, der ein Haus besaß; bei dieser Gelegenheit beschrieb er Angelo als «alten Bauern», der ihn seit zehn Jahren begleite und «ein braver Bursche» sei. Nun, ein braver Bursche mochte Angelo, auf seine geschäftstüchtige Art, gewesen sein; aber wie Symonds' Freunde bald herausfanden, war er weder alt noch ein Bauer. 1892 kehrte Symonds für kurze Zeit nach England zurück und bestand darauf, Angelo mitzubringen.[49] Seine englischen Bekannten waren zwar kaum typische Durchschnittsbürger. Aber daß sie Symonds' Komödie gleichmütig hinnahmen, wirft ein unerwartetes Licht auf die Langmut und Flexibilität zumindest bei einem Teil des Bürgertums gegen Ende des Jahrhunderts.

Symonds, dieser heidnische Verehrer männlicher Schönheit, war eine vielschichtige und uneinheitliche Erscheinung. Nach seinem Tod bezeichnete Swinburne ihn boshaft als «platonischen Liebhaber von blaubehosten Gondolieri». (Freilich hatte gerade Swinburne wenig Grund, auf die Anhänger ungewöhnlicher Praktiken hochmütig herabzusehen.) Symonds war zwar als Gatte kein Tugendmuster, aber er war ein liebevoller Vater, der sich in einer fortschrittlichen häuslichen Pädagogik gefiel. Ende der achtziger Jahre schrieb er an seine Tochter Madge: «Ich freue mich über Deine Entdeckung, daß unsere Familie in ihrem Herzen liberaler ist als die meisten Leute. Ich glaube, wir sind es wirklich.» Denn: «Hier gibt es nichts Mittelschichtsmäßiges oder *Bürgerliches*.» Symonds trachtete sein Leben lang danach, kein Bürger zu sein, und schimpfte mächtig auf seine Landsleute: «Bürgerliches angelsächsisches Jesuitenpack!»[50] Wenn es ihm gelungen wäre, sein eigenes bürgerliches Gewissen abzulegen, wäre sein Innenleben allerdings noch heiterer gewesen, als es war.

Solche Heiterkeit, zumindest nach außen hin, war manchem Homosexuellen auch im 19. Jahrhundert erreichbar. Es war eben diese Eigenschaft, die Edward Carpenter auszeichnete und die seine glühende Bewunderin Edith Ellis, die Frau von Havelock Ellis, am meisten an ihm zu loben fand. 1910 schrieb sie: «In diesen Tagen des Sturms und Drangs – nicht allein in der Politik, sondern auch in der Moral und im persönlichen Glauben – ist es erfrischend, die Werke eines Mannes zu studieren, der mit sich selbst in Frieden lebt.» Eindrucksvoll war Carpenter jedoch nur durch seine Bekanntschaften, wirksam nur durch seinen Einfluß; er scheint sich einen Sport daraus gemacht zu haben, jeden Menschen am Rande der respektablen bürgerlichen Gesellschaft zu kennen, mochte er homosexuell oder was immer sonst sein: Walt Whitman, John Addington Symonds, Havelock Ellis, Olive Schreiner, George Bernard Shaw. Er war ein unermüdlicher Skribent, der sich mit gutgemeinten, aber matten freidenkerischen Essays und mit Versen in Whitmanscher Manier, aber ohne das Whitmansche Feuer hervortat. Er war Vegetarier, Abstinenzler, Sandalenträger und Prophet des einfachen Lebens, Sozialist, demokratischer Mystiker und so etwas wie ein Antisemit. Carpenter kam 1844 zur Welt und trat zunächst in den geistlichen Stand. Auf einer Italienreise 1873 begegnete er jedoch seiner wahren, heidnischen Mission (so unschuldig formuliert es das *Dictionary of National Biography*). In Italien entdeckte er «eine neue Begeisterung für die griechische Skulptur».[51] Sogar die Art seines Eintritts in die homosexuelle Welt war konventionell.

Alles andere als konventionell war aber seine Lebensweise, und er wußte es. Es war ein demonstrativ einfaches Dasein auf dem Lande, in ausgewählter Gesellschaft und unterbrochen von Reisen ins Ausland und von literarischer Arbeit. In seinem frühen Prosagedicht *Towards Democracy* («Der Demokratie entgegen») heißt es: «Ich sehe die Himmel lachen. Ich erkenne die halb verborgenen Gesichter der Götter, wo immer ich gehe. Ich sehe den durchsichtig-opaken Schleier, hinter dem sie sich verbergen. Aber ich wage nicht zu sagen, was ich sehe, um nicht eingesperrt zu werden!» Er sagte zwar nicht, was er sah, und riß den durchsichtig-opaken Schleier nicht fort. Aber er verbrachte Jahre damit, noch einmal den Boden zu beackern, der von Sexualforschern wie Ulrichs und Westphal bereits gut erschlossen worden war. Er schrieb Bücher mit so entzückenden Titeln wie *Love's Coming of Age* («Die Liebe wird mündig») oder, mehr auf das Thema bezogen, *Intermediate Types Among Primitive Folk* («Zwischentypen bei den Urvölkern») oder *The Intermediate Sex* («Das Zwischengeschlecht»). Die homosexuellen Gewohnheiten der Griechen kamen dem eifrigen Bücherschreiber Carpenter ebenso zupaß, wie sie anderen zupaß gekommen waren. In Kapiteln über die «dorische Lösung» skizziert er das Entstehen der antiken

«Knaben- oder Kameradenliebe» als eine «positive Einrichtung». Sie sei «völlig natürlich aus dem Temperament des Volkes» erwachsen. Natürlich war auch er ein Sexualhistoriker mit einer bestimmten Absicht. «In allen Klassen der modernen Gesellschaft» sehe man jetzt dieses dorische Temperament «spontan, wenngleich im verborgenen hervorbrechen.»[52] Carpenter war über diese Entwicklung sichtlich erfreut.

Die Erforscher und Sänger der homoerotischen Liebe finden sich, wie wir sahen, zu einem beträchtlichen Teil im Kreise englischer Kleriker und ehemaliger public-school-Zöglinge, aber natürlich genossen sie nicht allein dieses Monopol. Manche Engländer exportierten ihre Liebe auf den Kontinent. So mag Oscar Wilde den jungen André Gide in die Homosexualität eingeweiht haben.[53] Aber wenn es nicht diese verführerische englische Sirene getan hätte, dann hätte es wohl eine andere getan – eine französische vielleicht, oder eine arabische. Gewiß, Marcel Proust und sein erlauchter Kreis, samt dem Komponisten Reynaldo Hahn, bedurften keiner Anregungen aus Großbritannien. Sie experimentierten liebestrunken miteinander oder mit ihren Chauffeuren. Männerbordelle wie jenes, das Baron de Charlus gegen Ende von *A la recherche du temps perdu* besucht, gab es in allen Kapitalen Europas, und in den kleineren Städten auch. Wie John Addington Symonds etwas melodramatisch formulierte: Jene Leidenschaft, welche die ihr Verfallenen zu Parias machte, war überall: «Ihren schlagenden Puls fühlt man in London, Paris, Berlin und Wien nicht weniger als in Konstantinopel, Neapel, Teheran und Moskau.»[54]

Auch Deutsche zogen manch köstliche Belehrung aus ihrem Umgang mit den Klassikern. Einer der interessantesten Fälle war Johann Baptist von Schweitzer, jener radikale Anwalt und Romancier, der in der jungen Sozialdemokratie der sechziger und frühen siebziger Jahre als Agitator, Redakteur und Parteiführer zu Macht und Ansehen gelangte. Schon 1858 hatte er in der beschwingten Komödie *Alkibiades oder Bilder aus Althellas* einen bedenkenlosen und ehrgeizigen antiken Päderasten zum Helden gemacht. Vier Jahre später wurde er für schuldig befunden, in einem Park einen Halbwüchsigen angesprochen zu haben. Schweitzer bestritt den Vorwurf energisch, aber sein Ruf war kompromittiert. Seine schockierten Genossen aus der Arbeiterklasse versuchten, ihn von ihren Kongressen auszuschließen. Allerdings lehnte Ferdinand Lassalle dieses Ansinnen als philisterhaft ab; der damalige unumstrittene Diktator der werdenden deutschen Arbeiterpartei war ja selber ein skandalumwitterter Liebhaber, freilich von Frauen. Säuberlich trennte er Schweitzers politisches Wirken von seinen persönlichen Schrullen. Auch erinnerte er die Genossen daran, daß schließlich schon die alten Griechen, selbst Staatsmänner und

Dichter, der Knabenliebe gefrönt hätten. Dieser seltene Aufruf zu einer Toleranz, die erst ein halbes Jahrhundert später üblich werden sollte, entschied den Tag.[55] Selbstverständlich mußte Schweitzer nicht die griechischen Klassiker lesen, um homosexuelle Bedürfnisse zu verspüren; ebensowenig mußte Lassalle sich zur Verteidigung Schweitzers auf sie berufen. Aber es zeugt von ihrer Autorität, daß sie noch zweitausend Jahre nach ihrer Entstehung mit Erfolg ins Treffen geführt werden konnten.

Bei aller Umstrittenheit war Schweitzer keineswegs ein Proselytenmacher, was die Wiederbelebung antiker Sitten betraf. Seine erotischen Aktivitäten waren, wie Lassalle dekretiert hatte, einzig und allein seine Privatangelegenheit. Hingegen war jener exklusive deutsche Zirkel von Dichtern und Übersetzern, der vor dem Ersten Weltkrieg als George-Kreis bekannt war, ein echtes nationales Phänomen. Bei Stefan George und seinen attraktiven Jüngern verbanden sich antiquarische Gelehrsamkeit, literarischer Ästhetizismus, eigenwillige Rechtschreibung, Kulturkritik und homoerotische Bindung zu einem erlesenen und für viele unwiderstehlichen Gemisch. Frauen waren nicht zugelassen in diesem imaginierten neuen Reich, das George in seinen Dichtungen und Schriften entwarf. Die Veröffentlichungen Georges und seiner produktivsten Jünger wirkten im Wilhelminischen Deutschland als heilsames Gegengift gegen die akademische Verzopftheit. George selbst jedoch mit seinem markanten Profil, den priesterlichen Versen und der anspruchsvollen Art vermied kaum die blasphemische Identifikation mit geheiligten Figuren der Vergangenheit. Er kanonisierte Vergil und Dante, gab öffentliche Lesungen und veranstaltete feierliche, gelegentlich absurde Feste, bei denen klassische Gewänder getragen werden mußten. So hielt er Hof im Kreise der begabten jungen Männer, die alle dem Meister dienten und ihm in allen Dingen gehorchten. Sie blieben (die meiste Zeit jedenfalls) sogar auf seinen Wunsch unverheiratet. Man brauchte kein Homosexueller zu sein oder homoerotische Neigungen zu haben, um in den exklusiven George-Kreis aufgenommen zu werden, aber es half.

Der George-Kreis war gebildeten jungen deutschen Bürgern behilflich, der von ihnen verabscheuten Langeweile, der Trivialität, dem Materialismus der Mittelschichtswelt zu entfliehen; seine Götter suchte er sich mit schamlosem Eklektizismus in der christlichen und der antiken Kultur. Mit ihrer Vision eines neuen Reiches waren George und sein Kreis moderne Heiden. In anderen Ländern suchten sexuelle Außenseiter ihre Zuflucht allein beim klassischen Vorbild. In dieser Form erscheint es wie ein bedrückendes Leitmotiv in Michail Alexejewitsch Kusmins erregender Novelle *Schwingen*. Sie erschien 1906 in einer symbolistischen Zeitschrift Moskaus und bewies, daß auch Rußland seine modernen Griechen hatte. Kusmin war ein origineller, aber entschieden zweitrangiger Schriftsteller, den die traditionsverhafteten russischen Dichter und auch die russischen Symbolisten nicht mehr befriedigten. Er war für Klarheit und Ökonomie und suchte die russische Lyrik wieder zur genauen Wiedergabe der weltlichen Erfahrung zu bringen. In *Schwingen* gab er laut und deutlich zu verstehen, daß hierzu für ihn unbedingt auch homosexuelle Erfahrungen gehörten.

Die Novelle ist keineswegs esoterisch, aber sie arbeitet eher verstohlen als direkt; sie ist ein Mosaik aus Gedanken, Andeutungen und fragmentarischen Gesprächen, dessen Gesamtmuster sich erst allmählich offenbart. In einer Reihe impressionistischer, oft statischer Episoden verfolgt *Schwingen* das sexuelle Erwachen des jungen Protagonisten Wanja. In der Schule, die er in St. Petersburg besucht, wird Wanja auf Stroop aufmerksam. Das ist ein reicher, gebildeter, etwas exzentrischer Mensch, bezeichnenderweise halb englischer Abstammung, der auf Männer wie auf Frauen ungemein anziehend wirkt. Wanjas Interesse für Stroop ist aufrichtig, aber lange Zeit schwankend. Dabei hat ein Onkel Wanjas, ein habgieriger und erfahrener Weltmann, seinem Neffen nicht undeutlich zu verstehen gegeben, daß Stroops Absichten unrein sind. Und eine seiner eifersüchtigen Cousinen sagt zu ihm mit boshaftem Scherz, er solle doch hingehen und «seinen Schatz Stroop» küssen. Von solchen erotischen Anspielungen wimmelt die Novelle. Als Wanja meint, daß Stroop vielleicht in ein bestimmtes Mädchen verliebt sei, findet eine andere Cousine das unwahrscheinlich: «Der ist ein Gaul von anderer Farbe» – ohne anzugeben oder vielleicht auch nur zu wissen, welche Farbe das sein könnte.[56] Die Textur der homosexuellen Verführung in *Schwingen* setzt sich aus solchen quälend unvollständigen Bruchstücken zusammen.

Der einzige dramatische Vorfall in Kusmins Novelle ist der impulsive Selbstmord eines Mädchens, das in Stroop verliebt ist. Sie erschießt sich in seiner Wohnung, als ihr klar wird, daß er eine sexuelle Beziehung mit dem attraktiven jungen Bauern Fjodor hat. Kurz bevor sie den Revolver an die Schläfe setzt, überzieht sein Gesicht «eine hektische Röte, so als komme er von der Flasche oder vom Schminktopf; seine Bluse war ungegürtet, das Haar sorgfältig gekämmt und, wie es schien, leicht gelockt, und er roch stark nach Stroops Kölnischwasser». Die Katastrophe zerreißt die dünnen Fäden, die Wanja an Stroop binden, und die Wege der beiden trennen sich. Sie begegnen einander wieder in Italien, dem Land der sexuellen Befreiung für gehemmte Nordländer. Es stellt sich heraus, daß es nicht der Selbstmord des Mädchens war, was Wanja seinem Freund entfremdet hat, sondern dessen homosexuelle Liebesbeziehung. Jetzt stellt Stroop seinen einstigen Freund vor die Wahl, entweder weiter uninteressiert zu bleiben oder sich mit ihm zu verbünden. Auch dieser Wortwechsel ist ein hauchzartes Gewebe von Andeutungen. »Soll ich es für dich aussprechen?« fragt Stroop, und Wanja, der in seinem Leben inzwischen viel gelernt hat, erwidert: «Nein, laß nur. Ich versteh' schon.»[57] In dieser Nacht beschließt er, sich Stroop anzuschließen und mit ihm die homosexuelle Vereinigung zu vollziehen.

Die Handlung in *Schwingen*, sofern man von Handlung überhaupt sprechen kann, findet zum großen Teil hinter der Bühne statt. Losgelöste Gesprächsfetzen würzen die durchgängige Stimmung mit erotischem Salz. Marja Dmitrijewna, eine junge Witwe, die sich für Wanja interessiert, schildert ihm die Wonnen des ehelichen Geschlechtsverkehrs – «Fleisch drängt sich in Fleisch» – und sinniert dann mit pikanter Nonchalance über die Homosexualität: «Nun, Männer lieben natürlich Frauen, und Frauen lieben Männer. Aber manchmal soll es auch vorkommen, daß eine Frau eine Frau liebt, und ein Mann einen Mann.» Das mag sogar ein Geschenk von Gott sein: «Es ist schwer, Wanja, das Sehnen im Herzen zu verleugnen – und vielleicht ist es sogar Sünde.» Als Wanja im Sommer einmal schwimmen geht und sich dazu auszieht, ruft sein Freund Sascha aus: «Wie gut du gebaut bist, Wanjetschka!» Wanja selbst wird sich, wie er freimütig gesteht, bewußt, daß er schön ist.[58]

Griechenland spielt in dieser homoerotischen Tragikomödie eine verführerische Rolle. Zu Beginn der Novelle kommt Stroop hinzu, wie Wanja auf einer Parkbank sitzt und seinen Homer studiert. Wanja schimpft über seine Aufgabe: «Griechisch ist doch das Schlimmste!» Aber Stroop verteidigt geradezu voller Bedauern das Studium der alten Sprachen. «Was für ein Kind du bist, Wanja. Eine ganze Welt, ganze Welten liegen hinter deinem Gesichtskreis! Auch eine Welt der Schönheit.» Ein Mensch, der diese Welt nicht kennt und liebt, setzt er ein wenig sentenziös hinzu, «kann sich nicht gebildet nennen». Als Wanja einwendet, man könne die Klassiker ja immer noch in Übersetzung lesen, wird Stroop geradezu verächtlich. Er tönt wie Pater über Winckelmann und erklärt Wanja, die Übersetzung sei «eine seelenlose Puppe». Das Original aber ist «ein Wesen aus Fleisch und Blut, das lacht und weint, ein Wesen, das du lieben und küssen und hassen kannst, ein Wesen, in dessen Adern Blut rollt und das erstrahlt von der natürlichen Anmut des nackten Leibes».[59]

Diese Metaphern an sich scheinen harmlos genug. Aber einzelne Stimmen in Kusmins Novelle, diejenige Stroops und anderer, unterstreichen die sexuelle Bedeutung des Satzes, daß Literatur ein fühlendes Wesen sei, das man küssen und dessen Nacktheit man bewundern könne.

1. Eliza Wilson Bagehot – auf dieser Zeichnung ihrer jüngsten Schwester Emilie ein wenig poetisch verklärt, doch zweifellos eine Schönheit.

2. Walter Bagehot – Bankier, Volkswirtschaftler, Essayist und Theoretiker – war ein geistreicher Kopf und ein rührender Liebhaber.

3

4

5. Emile-H. Meyer, unbetitelte Radierung; Frontispiz zu Adolphe Retté, *Paradoxe sur l'amour*, 1893. Ein schönes Beispiel für die im 19. Jahrhundert weit verbreitete weiche Pornographie mit religiösem Einschlag.

3. Dr. Otto Beneke verbrachte sein ganzes Leben im Stadtarchiv Hamburg und so manche Stunde bei seinen Aufzeichnungen über «Mariettinola» Banks und seine Liebe zu ihr.
4. Moritz Retzsch, *Schachspieler*, Radierung. Retzsch (1779–1857), einst ein berühmter deutscher Historien- und Porträtmaler, war auch ein eifriger Buchillustrator. Goethe war angetan von seinen Illustrationen zum *Faust*; Heine nannte ihn einen Meister.

6. Charles Kingsley, Verfasser von Romanen und Kinderbüchern, war ein strammer Verfechter des «Muskel-Christentums» und wetterte gegen den römischen Katholizismus ebenso wie gegen einen «verweichlichten» Anglikanismus.

7. Fanny Grenfell Kingsley (hier in reiferen Jahren) dokumentierte in ihrem Tagebuch und dem nach dem Tode ihres Mannes veröffentlichten «Kingsley-Gedenkbuch» unfreiwillig auf welch vielfältige Weise im bürgerlichen Jahrhundert Erotik in Religion transformiert werden konnte.

8

8, 9, 10. Zeichnungen von Charles Kingsley. Fanny Grenfell mag einigermaßen verstört gewesen sein über diese Zeichnungen des Mannes, den sie liebte: Sie erscheint auf ihnen als schlampig gekleidete, reuige Magdalena oder als ein vom Koitus ermatteter Nackedei. Trotzdem bewahrte sie die Blätter auf.

11. Mabel Barrows, knapp sechzehn Jahre alt.

12. *Das große soziale Übel*, eine oft reproduzierte Karikatur aus dem vorigen Jahrhundert. Sie spielt mit dem Kontrast zwischen den bedauernswerten Straßenmädchen, die, «kaum hundert Meilen» vom Londoner Theaterviertel, im Regen auf ihre Freier warten, und der gefeierten, verhätschelten, wiewohl tuberkulösen Kurtisane in Verdis *Traviata*.

13. *Die schlanke Linie, Punch*, 1879. Die Karikatur bezeugt, daß das 19. Jahrhundert es sich bei aller Wohlanständigkeit und Selbstzensur leisten konnte, sich den Spiegel vorzuhalten: Die verweichlichten Ästheten blieben für *Punch* jahrzehntelang bevorzugte Zielscheibe des Spottes: «Sportler: ‹Fahren Sie denn nicht Rad?› Ästhet: ‹Äh – nein. Entwickelt die Waden so stark, wissen Sie! Läßt sie richtiggehend anschwellen! So unfein! Absolut entstellend!›»

14. H. Lüder, *Vor der Polizei-Wache*. Eine Berliner Prostituierte wird – um 1880 – in eine Grüne Minna verfrachtet.

15. Dante Gabriel Rossetti, *Gefunden*. Der Jüngling vom Lande und sein verlo-
renes Lieb – Inbegriff des Pathos...

16. Abraham Solomon, *Der verliebte Löwe*. Eine von zahlreichen Versionen dieses ergiebigen Themas.

17. Guillaume Geefs, *Der verliebte Löwe*. Geefs (1805–1883) war zu Lebzeiten ein berühmter, hochgeachteter belgischer Bildhauer. Schon um die Jahrhundertwende ging sein Ansehen enorm zurück.

18. John Bell, *Una und der Löwe*, Elfenbeinporzellan, nach einem 1847 geschaffenen Modell; eine Version zeigte Bell 1851 im Glaspalast.

19. Guillaume Geefs, *Genoveva von Brabant*,
ausgestellt 1851 im Glaspalast.

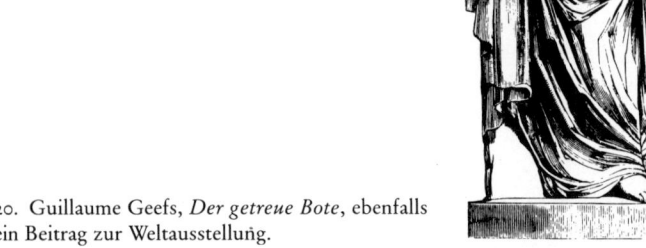

20. Guillaume Geefs, *Der getreue Bote*, ebenfalls
ein Beitrag zur Weltausstellung.

«Wir sind Hellenen», läßt sich jemand in Stroops Wohnung vernehmen. «Wer die Idee der Schönheit an die Schönheit des Weibes binden will, gesehen durch das Auge des Mannes – der verrät nur seine vulgäre Lust. Der ist von der wahren Idee der Schönheit am weitesten entfernt. Wir sind Hellenen, Liebhaber des Schönen, Bacchanten des kommenden Tags!» Später, in Italien, erzählt ein Schriftsteller Wanja den Plan zu einem Drama, kühn und originell, in dem einige griechische Mythen nacherzählt werden, einschließlich Ganymed und Visionen sexueller Ekstase: «Durch einen reizvollen rosigen Dunst hindurch erblicken wir die achtundvierzig Positionen menschlicher Paarung aus den indischen *manuels érotiques.*» Nach seinem verstörenden Gespräch mit Stroop über das Studium des Griechischen sucht Wanja seinen Griechischlehrer in dessen Wohnung auf. Vor der unvermeidlichen Büste des Antinous bringt der Lehrer das Gespräch auf die Freundschaft zwischen Achilles und Patroklos, zwischen Orest und Pylades. Die Italiener der Renaissance hätten in diesen Beziehungen kaum etwas Besseres als «die Liebe Sodoms» gesehen. Er persönlich sei jedoch überzeugt: «Worauf es ankommt, ist, daß die Liebe, welcher Art sie auch sein mag, nur in den Augen eines Zynikers jemals verdorben sein kann.» Am Ende dieser ergebnislosen, beunruhigenden, leise anzüglichen Unterredung entdeckt Wanja, daß sein Lehrer mit Stroop sehr gut bekannt ist. Da wird dem Leser unbehaglich ein Netzwerk von Gefühlen und Beziehungen bewußt, das Wanja unmerklich und langsam einfangen und in die Arme Stroops ziehen muß.[60]

Mit seiner Bejahung der griechischen Liebe ging Kusmin viel weiter als Symonds. Auch Symonds hatte Zuflucht bei den Schriften Platons gesucht. Aber er hatte sich, wie wir wissen, seiner sexuellen Bedürfnisse geschämt und gemeint, sie mit dem Hinweis auf ein schicksalhaftes Erbe entschuldigen zu müssen. Kusmin hingegen betont, wie schon andere vor ihm, daß die Liebe des Mannes zum Mann der heterosexuellen Lust überlegen ist und daß auf jeden Fall die modernen Hellenen nur im Einklang mit der Natur handeln. In dieser unapologetischen Ideologie ist kein Platz mehr für die alten Vorwürfe gegen die Homosexualität. Eine derartige inständige Fürsprache befreite zwar die aufgestauten Gefühle von Homosexuellen, denen es um Selbstachtung und öffentliche Anerkennung zu tun war. Aber sie verschärfte nur das Problem, das die Heterosexualität für das 19. Jahrhundert darstellte. Sie lenkte die Aufmerksamkeit auf eine Misere, der die meisten Bürger auszuweichen suchten oder von der sie nur in der verharmlosenden, distanzierenden Form von Klatschgeschichten über dekadente Aristokraten oder bedenkenlose Bohemiens hören wollten. Sobald die Sache jedoch öffentliche

Aufmerksamkeit zu beanspruchen begann, war nicht mehr zu leugnen, daß die Homosexualität kein Laster war, von dem das Bürgertum unberührt blieb. Frühe Schätzungen über ihr zahlenmäßiges Vorkommen waren außerordentlich bescheiden. Ulrichs hatte – unverkennbar zum Zwecke des Selbstschutzes – die Zahl von 0,002 % der deutschen Gesamtbevölkerung genannt. Benkert hatte die homosexuelle Bevölkerung Berlins auf bis zu 1,4 % veranschlagt, was insgesamt 10000 männliche und weibliche Homosexuelle in dieser Weltstadt ergeben hätte.[61] Andere schraubten diese Schätzungen auf vier bis fünf Prozent hoch. Noch höhere Zahlen waren im bürgerlichen Jahrhundert auf die intime Korrespondenz von Eingeweihten oder auf einen zwanghaften Prahler nach Art des Proustschen Barons de Charlus beschränkt. Aber wie es sich mit den Zahlen auch verhalten mochte: Selbst vorsichtige Offenbarungen schienen keinen Frieden zu bringen, sondern nur neues Elend.

Der würdigste und vielleicht einzig mögliche Ausweg aus diesem Dilemma wäre eine unverkrampfte öffentliche Darlegung sexueller Abweichung in Trieb und Tat gewesen: weder eine Apologie der Abweichungen von der Mittelschichtsnorm noch eine Unterdrückung angstmachender erotischer Ideen oder Praktiken. Aber zu einem derartigen Entschluß konnte die bürgerliche Kultur sich nie ganz aufraffen. Zu stark verankert waren Verbote und die Furcht vor sexuellen Unregelmäßigkeiten. Das Schicksal der ersten Bücher von Havelock Ellis beweist das Scheitern dieser Strategie zur Genüge: Ellis war der sprichwörtliche Prophet, der im eigenen Lande nichts galt, sondern hauptsächlich im Ausland geehrt wurde. Und der Weg des wohlwollenden Ellis-Lesers Sigmund Freud vor dem Ersten Weltkrieg verleiht jenem Beweis zusätzliches Gewicht. Freud war gerührt, daß Ellis seine Studien über den Zusammenhang zwischen Hysterie und Geschlechtsleben rühmend erwähnte. Drei Jahrzehnte später bekennt er in einem Brief an Ellis, bei der Lektüre einer Ellis-Biographie «konnte ich doch nicht unterlassen, nach Ähnlichkeiten zu suchen»; mit Freuden habe er eine solche schon im ersten Kapitel gefunden.[62] Aber genauso wesentlich und noch interessanter waren die Unterschiede zwischen den beiden Sexualforschern. Freud war wie Ellis ein Anhänger der Offenheit. Wie Ellis schrieb er dem Geschlechtstrieb eine kritische Bedeutung für die Ökonomie des Seelenlebens zu. Und wie Ellis studierte er aufmerksam die einschlägige Literatur, immer bereit, Vorläufern die ihnen gebührende Anerkennung zu zollen.[63] Aber Ellis war mehr ein Sammler und Liebhaber; die Begabung des Wissenschaftlers zur Synthese, mit der Freud brillierte, fehlte ihm.

Freud hat heroische Anstrengungen unternommen, die unterschiedlichsten psychologischen Phänomene in eine umfassende Theorie der Seele zu integrieren. Das unterscheidet seine Beiträge zum Verständnis der sexuellen Heterodoxie kategorisch von denen seiner Vorgänger. Freud war nicht die eine einsame Stimme in der Wüste der Verleugnung, wie er selbst als erster zugab; er zitierte Krafft-Ebing und Ellis mit Hochachtung. Aber etwas Einzigartiges zeichnet seine Ansichten zur Homosexualität aus: Er bezog die Homosexualität auf die allgemeine Entwicklung des Menschen und auf die wesentlichen Lehren seiner eigenen Theorie – das Unbewußte, die Verschiebung der erogenen Zonen, die infantile Sexualität, die bisexuelle Veranlagung aller Menschen. Das alles stellte überkommene Interpretationen des menschlichen Sexualerlebens in Frage. Wenn ein großer – und zwar der mächtigere – Teil der Seelentätigkeit unbewußt ist, können die sexuellen Impulse, wie die Menschen sie erleben, niemals ihren ganzen Fundus an erotischen Gefühlen und Konflikten erschöpfen. Nicht derjenige Mensch gewinnt an Interesse, der einige der gewöhnlich mit dem anderen Geschlecht verbundenen Merkmale zeigt, sondern eben gerade der Mensch, der keines dieser Merkmale aufweist. «Im Sinne der Psychoanalyse ist also auch das ausschließliche sexuelle Interesse des Mannes für das Weib ein der Aufklärung bedürftiges Problem und keine Selbstverständlichkeit», schrieb Freud 1915. Der Don Juan und die männermordende Schöne: beide mögen insgeheim homosexuell sein, ohne selbst zu ahnen, wie problematisch ihre erotischen Orientierungen in Wirklichkeit sind. Kulturelle Ideale, wie sie sich in scheinbar so klaren Begriffen wie «Männlichkeit» und «Weiblichkeit» ausdrücken, stecken, wie Freud zeigt, voller unerwarteter Mehrdeutigkeit. Dies traf um so mehr zu, als das Unbewußte uneingestandene Beimischungen von Bisexualität verbirgt. «Unser aller Libido schwankt normalerweise lebenslang zwischen dem männlichen und dem weiblichen Objekt; der Junggeselle gibt seine Freundschaften auf, wenn er heiratet, und kehrt zum Stammtisch zurück, wenn seine Ehe schal geworden ist.»[64] Freud schätzte Moebius' Aphorismus, daß wir alle bis zu einem gewissen Grad hysterisch sind; sein Werk läßt wenig Zweifel daran, daß wir alle bis zu einem gewissen Grad homosexuell sind.

Das Vorwalten dieser Homosexualität variiert natürlich von Lebensstufe zu Lebensstufe. Kinder sind, wie Freud es unattraktiv, aber instruktiv formuliert, polymorph-pervers. Ihre Phantasien vom Schwängern eines Elternteils oder des Geschwängertwerdens von ihm ähneln den blumigen Vorstellungen, die den Leser bizarrer Pornographie befallen. In der an die Latenzperiode sich anschließenden Adoleszenz kommt es erneut zum Kampf mit homoerotischen Wünschen. In diese Wünsche mengt sich, konkurrierend und komplizierend, der Beginn der Geschlechtsreife. Die Heranwachsenden haben inzwischen vielfältige Bedürfnisse und Aversionen angesammelt, unter denen sie ihre bevorzugten sexuellen Lüste auswählen. Dieses Lebensalter ist für die sexuelle Biographie eines Menschen entscheidend. Aber Freud ging noch weiter. Die Sexualität des Erwachsenen wirft ihre polymorphe Vergangenheit nie ganz ab. Das Vorspiel, das noch den konventionellsten Liebesakt einleitet, das Sehen, Kneifen, Lecken, Beißen erinnert an den undifferenzierten erotischen Geschmack des Kindes, der unterdrückt und in den Dienst eines wohlanständigen Geschlechtsverkehrs gestellt wird. Für Freud war die heterosexuelle genitale Liebe keine Selbstverständlichkeit, sondern eine Leistung, der Gipfelpunkt einer langen, nie ganz schmerzlosen und nie ganz abgeschlossenen Entwicklung.

Freuds ureigene Vorstellung von der sexuellen Entfaltung behielt jene normative Hierarchie bei, die die christlichen Jahrhunderte nahezu unangefochten überstanden hatte. Doch machte er sich anheischig, das Odium des Unethischen, das der Idee der Perversion so lange angehaftet hatte, zu mildern oder ganz zu beseitigen. Darüber hinaus ermutigte er seine Leser, darüber nachzudenken, ob (latente oder manifeste) Homosexualität überhaupt eine Perversion sei. Vom Freudschen Standpunkt aus war es jedenfalls logischer, den Homosexuellen, ob männlich oder weiblich, als Beispiel einer lokalisierten Entwicklungshemmung zu betrachten. Eine Hemmung war es, weil der Homosexuelle auf erotische Stufen fixiert blieb, die glücklichere Menschen mehr oder weniger überwunden oder erfolgreich integriert hatten. Lokalisiert war sie, weil die Psychoanalyse keinen Grund zu der Annahme sah, daß diese Fixierung für den Homosexuellen eine Behinderung in moralischer, geistiger, politischer oder künstlerischer Hinsicht sei.

Dieser Standpunkt hatte wesentliche Konsequenzen, denen Freud auch nicht auswich. Zunächst einmal ist «Homosexualität» eine zu simple Bezeichnung für ein kompliziertes Phänomen. Manche Homosexuelle sind es zeitweilig, andere dauernd; einige bevorzugen ausschließlich das eigene Geschlecht, andere experimentieren gelegentlich oder häufig mit heterosexuellem Verkehr; manche homosexuellen Männer können Frauen nicht ausstehen, andere vergöttern sie; manche imitieren das andere Geschlecht in Gang und Redeweise, andere sind von ihren konventionellen Geschlechtsgenossen nicht zu unterscheiden. In diesen Punkten stimmte Freud mit Anwälten der Homosexualität wie Raffalovich überein. Daneben war die Ätiologie der verschiedenen Arten von Homosexualität nicht weniger vielfältig als ihre Ausdrucksformen. Was seine Erklärungen betraf, war Freud Pluralist – nicht aus wissenschaftstheoretischem Agnostizismus, sondern aufgrund seiner klinischen Erfahrung. Wenig Geduld hatte er mit der herrschenden Theorie, die in homosexuellen Wünschen eine erbliche Form der Entartung sah. Dennoch integrierte er auch biologische Dispositionen in das Amalgam möglicher Ursachen. Die psychologischen Hypothesen Freuds waren auch in keiner Weise reduktiv. Die berühmteste und umstrittenste von ihnen postulierte eine familiäre Konstellation, in der eine verführende Mutter neben einem schwachen oder abwesenden Vater stand. Aber das war nur eine von mehreren Hypothesen. Die Unfähigkeit, bisexueller Tendenzen Herr zu werden; die Einstellung auf eine günstige Situation wie etwa eine vorzeitige Verführung, eine ausgedehnte Seereise oder eine lange Gefängnishaft; die hartnäckige narzißtische Befassung mit dem eigenen Körper; in manchen Fällen sogar ein liebender Vater und eine kalte Mutter; oder – und normalerweise – Kombinationen aller dieser Faktoren mochten Gründe für die homoerotische Wahl des Erwachsenen sein.

Diese komplexen Ursprünge der Homosexualität ließen von einer psychoanalytischen Therapie Homosexueller relativ wenig erhoffen – ganz zu schweigen vom Widerstand der Analysanden selbst gegen den Verzicht auf eine Betätigung, die ihnen Lust bereitete. Ganz im Einklang mit seiner Redlichkeit und seinen Theorien erklärte Freud, was die Psychoanalyse am ehesten bewirken könne, sei nicht, aus einem homosexuellen Patienten einen Heterosexuellen zu machen, sondern ihm zu erlauben, sich selbst zu akzeptieren, ihm Lust zu seiner Lust zu machen. Eine andere Prognose hätte der mitunter recht düstere therapeutische Pessimismus Freuds nicht zugelassen. Ein solches Resultat wäre für diese Analysanden mit ihren starken Widerständen ja auch höchst befriedigend gewesen. Schließlich rührte der Leidensdruck der Homosexuellen zu Freuds Zeiten weniger von ihren Vorlieben her als von ihrer Scham und der Furcht vor gesellschaftlicher Ächtung. Freud erwartete von der Psychoanlayse, daß sie die Scham abbauen und die Furcht allmählich mindern könne.

Denn wenn es um die sexuellen Sitten und Gebräuche ging, übersah Freud nicht die kulturellen Konsequenzen seiner Theorien. Das war das eine Gebiet, auf dem er sich gerne als radikalen Reformer betrachtete. Er hielt es für dumm und brutal, in einer eigentümlichen Weise für defensiv, Homosexuelle als Verbrecher oder Irrsinnige zu behandeln. In den *Drei Abhandlungen zur Sexualtheorie*, die erstmals 1905 erschienen und danach mehrfach überarbeitet wurden, analysiert er die «sexuellen Abirrungen» mit ruhiger Sympathie und zählt ihre Abarten mit klinischer Offenheit auf. In einer 1915 hinzugefügten Fußnote zu den *Abhandlungen* macht er seinen Standpunkt unmißverständlich klar: «Die psycho-

analytische Forschung widersetzt sich mit aller Entschiedenheit dem
Versuche, die Homosexuellen als eine besonders geartete Gruppe von
den anderen Menschen abzutrennen. Indem sie auch andere als die
manifest kundgegebenen Sexualerregungen studiert, erfährt sie, daß alle
Menschen der gleichgeschlechtlichen Objektwahl fähig sind und dieselbe
auch im Unbewußten vollzogen haben.» Es gab Freud auch zu denken,
daß einige der Männer, die er am meisten bewunderte, darunter Leonardo da Vinci und Michelangelo, Männer und nicht Frauen geliebt hatten.[65]

Zugleich radikal und traditionalistisch, machte Freud es keinem recht:
weder den polemischen Homosexuellen noch moralisierenden Heterosexuellen, die an den alten Stigmatisierungen und Verfolgungen festzuhalten wünschten. Der Vater jener «schönen und klugen» jungen Lesbierin,
deren Fall Freud 1920 veröffentlichte, mag hier als der typische Bürger
figurieren, der mit einer Abnormalität konfrontiert ist, die er nicht zu
bewältigen weiß. Der Vater, erbittert über die homosexuellen Neigungen
seiner Tochter, war entschlossen, sie mit allen ihm zu Gebote stehenden
Mitteln zu bekämpfen, selbst mit der verabscheuten Psychoanalyse; er
mag, wie Freud seine Leser wissen läßt, geschwankt haben, ob er in
seiner Tochter «ein lasterhaftes, ein entartetes oder ein geisteskrankes
Wesen» sehen sollte.[66] Für Freud, wie für Havelock Ellis, war ein kluges,
zärtliches Mädchen, das für eine ältere Frau schwärmte, nichts dergleichen.

Mit seinen Anschauungen über Homosexualität – und über andere
sensible Fragen – verstieß Freud gegen zu viele liebgewordene Vorstellungen, attackierte er zu viele erprobte kulturelle Abwehrmechanismen, als
daß er sich rasch Gehör verschafft hätte. Zweifellos gehörte es zu seinen
skandalösesten Vorschlägen, homoerotische Wünsche in das allgemeine
Schema menschlicher Reifung einzuordnen: Homosexuelle Erfahrungen
steigern sich vielleicht zu einer dauerhaften Bindung, die dasselbe leistet,
was heterosexuelle Liebe ebenfalls leistet: die Verschmelzung der zärtlichen und der sinnlichen Strömung der Libido. Das psychoanalytische
System öffnete eine Perspektive, der sich anfangs nur passionierte, stark
engagierte Parteigänger Freuds anzuschließen wagten: Sie bot den Homosexuellen jene Geltung, die man ihnen so angestrengt verwehrt hatte,
und damit Zutritt in das hochgeschätzte Reich der Liebe.

VI. Strategien der Sinnlichkeit

Das Repertoire der Liebe ist von sprichwörtlicher Unfestigkeit und Schmiegsamkeit. Jedes leidenschaftlich durchgehaltene Begehren kann sich richten auf Kinder und auf Tiere, auf Gegenstände oder Kunstwerke, auf Heiliges und Profanes. Niemand wird Joseph Conrad widersprechen, der 1904 in *Nostromo* sagt, das Gefühl der Liebe könne inbrünstig in entlegensten Wendungen leben. Diderot hatte es, wie wir wissen, weniger elegant gesagt. Für ihn beziehen alle Arten der Liebe, auch die erhabensten, ihre Stärke letztlich aus physischen, fleischlichen Regungen.[1] Die erotischen Energien sind dem ständigen Angriff der Angst- und Schuldgefühle ausgesetzt und unterliegen dem strengen, regelnden Druck der Kultur. Unersättlich und findig, wie sie sind, bedienen sie sich darum aller Strategien, die menschlicher Geist im Dienste ihres Überlebens und ihrer Befriedigung ersinnen kann. Die Liebe des Menschen zur Musik, die Liebe zur Natur, die Liebe zu Gott speisen sich aus vielen und verborgenen Quellen. Eine derartige geistig-spirituelle Bindung kann feste und intelligent verteidigte Überzeugung sein; sie kann sich im mechanischen Vertreten eines modischen Standpunktes erschöpfen; oder sie ist etwas, was nach vielen Jahren des Forschens zum wertvollen Besitz geworden ist. Sie kann dazu dienen, den versnobten Ästheten von der gewöhnlichen Herde abzusondern, oder aber dazu, den einzelnen an seine Gruppe zu binden. Sie kann all dies und manches andere bedeuten. Für unsere Zwecke am wichtigsten ist, daß solche Bindungen meistens die Verschiebung eines erotischen Verlangens darstellen, für das es eine konventionelle Ausdrucksform nicht gibt.

Die Menschheit hat sich solcher Strategien beharrlich bedient und sich ebenso beharrlich an ihnen gestoßen. Sie hat die Phantasie einer fessel- und zügellosen Liebe gehegt; dieser Tagtraum ist denn auch bei den bürgerfeindlichen utopischen Reformern des 19. Jahrhunderts wieder aufgetaucht. In ihm überlebt die Omnipotenzphantasie, die praktisch alle Kinder hegen, die meisten Erwachsenen jedoch aufgeben. Im wirklichen Leben verwandeln sich Triebansprüche durch den Mechanismus der Reaktionsbildung in ihr Gegenteil: Lust kehrt als Prüderie wieder, Analerotik als Ekel, sexuelle Neugierde als zielgerichtetes wissenschaftliches Forschen. Oder diese Ansprüche werden, unter Beibehaltung ihres Gewichts, auf neue Objekte verschoben: auf Gedichte oder Symphonien

oder theologische Abhandlungen. Das nennt man, allzu vereinfacht
gesagt, Sublimierung. Die Sexualtriebe, hochentwickelt und höchst beweglich, können der Kultur «außerordentlich große Kraftmengen» zur
Verfügung stellen, und zwar dadurch, daß sie «das ursprünglich sexuelle
Ziel» gegen ein anderes, «nicht mehr sexuelles, aber psychisch mit ihm
verwandtes» vertauschen, «ohne wesentlich an Intensität abzunehmen».[2]
Solche Umformungen sind für die menschliche Erfahrung wesentlich und
im günstigsten Falle kulturell anpassungsfähig. Dem Wirken dieser Umformungen ist das Entstehen respektabler und achtbarer Liebe zu verdan-
ken.

Übungen in notwendiger, aber unwillkommener Selbstbezähmung
sind oft zum Scheitern verurteilt. Im 19. Jahrhundert erwiesen sich, wie
in früheren Zeiten, Beschneidungen der Sexualität nicht als Hilfe, sondern als Hindernis bei der Anpassung. Die klassischen neurotischen
Störungen der Zeit waren Formen einer gescheiterten Kontrolle des
Emotionalen. Jene Zeremonien und Verbote von Zwangsneurotikern und
jene quälenden Konversionssymptome von Hysterikern waren laut
Freud Karikaturen des Normalen; es waren zugespitzte, zum Teil bizarr
entstellte Kompromisse zwischen den allgegenwärtigen Trieben oder
Affekten und ihrer Abwehr. Was Kritiker des 19. Jahrhunderts gern als
dessen typische Heuchelei und emotionale Selbstauszehrung brandmark-
ten, waren keine einzigartigen Charakterschwächen. Vielmehr waren es
zeit- und kulturspezifische Methoden der Bewältigung allgemeinmensch-
licher Situationen. Es ist nur poetische Gerechtigkeit, daß das bürgerliche
Jahrhundert das einzige war, das seine Neurosen identifizierte und am
auffälligsten erlitt. Neurosen waren die Schattenseite des Erfolgs, den die
bürgerlichen Strategien zur Eindämmung der Sexualität hatten; die unerwünschten Kommentare zu den Mängeln dieser Strategien.

Freud war der erste, der die Sublimierung, dieses unentbehrliche Stück
psychologischer Arbeit, in den Wissenschaften von der Seele heimisch
machte. Freilich ergründete er sie nicht in ihrer ganzen Verwickeltheit.
Sublimierung ist Entsexualisierung, der Abzug erotischer Kräfte zu
anderen Zwecken, ihre Verwendung in anderer Form. Aber sie geht
häufig mit Projektionen einher, jenem unbewußten Akt, durch den ein
äußeres Objekt – ein Kunstwerk, die Natur, alles – mit sexuellen
Qualitäten begabt wird, die es in Wirklichkeit nicht besitzt. Ein inniges
Gedicht auf eine Landschaft zu schreiben ist Sublimierung; diese Landschaft mit der Fähigkeit auszustatten, Liebe zu empfangen, zu geben
oder zu verweigern, ist Projektion. Wichtiger ist aber, daß beide Vorgänge einander überschneiden und durchdringen können. Um die Sache
noch komplizierter zu machen, ist Sublimierung Demonstration und

zugleich Gegenteil dessen, was die Psychoanalyse einen «ökonomischen» Prozeß nennt, bei dem der Verlust an Sexualität als Gewinn an Kultur wiederkehrt. So kann ein «junger Gelehrter», indem er sich der sexuellen Selbstverleugnung befleißigt, «Kräfte für sein Studium gewinnen». Aber daraus folgt weder in der Theorie noch in der Praxis, daß der Ertrag für die Kultur um so größer sein wird, je strenger die sexuelle Enthaltsamkeit geübt wird. Wie Freud in eben jener Arbeit, die auch die Idee der Sublimierung einführt, zeigen wollte, führt übertriebene Selbstzucht nur zu neurotischem Leiden. Völlige sexuelle Abstinenz, meint Freud, bilde «brave Schwächlinge» heran, aber nicht «energische, selbständige Männer der Tat oder originelle Denker, kühne Befreier und Reformer». «Ein abstinenter Künstler» sei «kaum recht möglich»; viel wahrscheinlicher werde «seine künstlerische Leistung durch sein sexuelles Erleben mächtig angeregt». Freud, der stets ebensosehr bereit war, psychologische Phänomene zu differenzieren, wie sie zu vereinheitlichen, meint zusammenfassend: «Das Verhältnis zwischen möglicher Sublimierung und notwendiger sexueller Betätigung schwankt natürlich sehr für die einzelnen Individuen und sogar für die verschiedenen Berufsarten.»[3]

Das Schweifen der erotischen Wünsche war also nicht immer einfach eine Übertragung von Energie. Das Unbewußte, das sich seiner Abwehr bedient, ähnelt entweder dem Reisenden, der fremde Währungen kauft, um bequeme Zahlungsmittel für unterwegs zu haben, oder dem Händler, der in allen diesen Währungen spekuliert, um in allen einen Gewinn zu erzielen. Es gab viele Menschen im bürgerlichen Jahrhundert – namentlich die notorische alte Jungfer mit dem Bestreben, ihre ungewollte Keuschheit allen aufzuzwingen –, die den Reisenden imitierten: Sie tauschten die ihnen allzu bedrohlich scheinende Sinnlichkeit ein für eine Nörgeligkeit, mit der umzugehen ihnen möglich schien. Aber viele andere profitierten von ihren Manövern in spektakulärer Weise. Anstatt lediglich Schmerz und Unlust abzuwehren und sich dadurch etwas Lust zu verschaffen, erweiterten sie das Spektrum und verbesserten den Ertrag ihrer sinnlichen Befriedigungen.

Es gab Leute im 19. Jahrhundert, die, oberflächlicher und leichtgläubiger als Freud, einer schlichten, quantitativen Auffassung von Sublimierung huldigten. Sie hingen dem Aberglauben an, daß der Künstler in Zeiten erhöhter Schaffenskraft sexuell enthaltsam leben solle. Zola stützt diese Vorstellung in seinem Roman *L'Œuvre*. Darin geht es um einen begabten, neurotisch-geplagten Maler, der eine verzweifelte Zeit lang seine schöne und sinnliche Frau nicht anrührt, um in sich den schwindenden Enthusiasmus für das ihn zwanghaft quälende Meisterwerk wieder zu entfachen. Es gibt auch eine Geschichte über Balzac, die zwar vermutlich apokryph ist, aber doch erkennen läßt, daß der Mythos von der Förderlichkeit der Abstinenz recht verbreitet war. Darauf bedacht, mit seinen Kräften hauszuhalten, praktizierte Balzac – so will es die Anekdote – mit seiner Geliebten meist nur den coitus reservatus. Einmal aber, von seiner stürmischen Partnerin mitgerissen, ließ er sich doch zum Orgasmus kommen, nur um hinterher reuig zu klagen: «Schade, wieder ein Buch futsch!»

Das ist zwar kaum ein überzeugender Beweis. Aber es verrät doch eine Unterströmung im 19. Jahrhundert, das künstlerische Werke gern auf sexuelle Energien gründete. Wir wissen nicht, ob Balzac diese Bemerkung gemacht hat. Was er auf jeden Fall – unliebenswürdig – gesagt hat, ist dies: Frauen, die unausgefüllt und unattraktiv sind, werden ihre ganze enttäuschte Sehnsucht nach Liebe in «Andacht, Katzen und kleine Hunde» verströmen. Ein halbes Jahrhundert später, in den achtziger Jahren des 19. Jahrhunderts, hatte eine derartige Bemerkung den Status einer wissenschaftlichen Binsenwahrheit und mußte zu allen möglichen Zwekken herhalten. Der einflußreiche und exzentrische italienische Kriminologe Cesare Lombroso vertrat den Standpunkt, jedes Verbrechen weise eine Beimengung von Sinnlichkeit auf. Und so sorgte im selben Jahrzehnt Dr. Benjamin Ball, Professor der Medizin an der Universität Paris, nicht für Aufsehen bei Forschern oder informierten Laien, wenn er feststellte, Jungfrauen seien häufig von der Idee der Sexualität wie besessen und viele von ihnen seien eingefleischte Erotomaninnen. Freud konnte sich also auf einen immer breiter werdenden Konsens stützen, wenn er 1894, bei der Ausarbeitung seiner psychoanalytischen Ideen, die «Angst bei absichtlich abstinenten Personen, Prüden», aus der Abwehr des Sexuellen ableitete.[4]

Mehr und mehr fanden sich die Forscher in der Überzeugung zusammen, daß Sexualität das mächtigste Ingrediens in der Ausstattung des Menschen ist, mächtiger als Stolz, Habgier und Furcht. Mehr als ein halbes Jahrhundert nach seinen ersten Entdeckungen fand Schopenhauer auch bei jenen Gehör, die seiner übrigen Philosophie nicht zu folgen vermochten. Dr. Ball schrieb: «Unter den regulären, normalen Instinkten, mit denen die Natur uns ausgestattet hat, übt gewiß keiner einen größeren Einfluß auf unsere Gefühle und unseren Charakter aus als der genitale.» Etwa um dieselbe Zeit geriet der schwedische Arzt Seved Ribbing ins Schwärmen, wenn er an die Allgegenwart dieses Triebes, dieses herrlichen Drangs zur Fortpflanzung dachte: «Ein Blick auf die Natur wird uns sofort zeigen, wie unendlich weit Bedeutung und Wirkungen des Geschlechtslebens hinausreichen. Nur deshalb und dadurch blühen die Lilien auf dem Felde und duften die Rosen im Hain, nur deshalb singen Amsel und Nachtigall, nur deshalb kleidet sich Pflanzen--

und Tierwelt in schöne Farben und Formen; [...]» Zweifellos ist
menschliches Leben undenkbar ohne Sexualität. Und «deshalb auch»,
betont Ribbing mit majestätischer Wiederholung, «deshalb auch entwikkeln sich Mann und Weib zu körperlicher und geistiger Vollkommenheit
[...]» Wenn es kein menschliches Geschlechtsleben mehr gäbe, «so
würde das Leben zur trostlosen Wüste werden; Künste und Wissenschaften, Staatsleben und Kultur, ja sogar ein beträchtlicher Teil der Religion
könnte dann nicht ferner existieren». Ribbings schwedischer Landsmann
August Strindberg konnte dem nur beipflichten. «Und was ich nicht alles
aus meiner Hose hervorgeschüttelt habe!» rief er mit seiner typischen
fleischlichen Direktheit aus: «Romane und Gedichte, Theaterstücke,
gute und schlechte, schwedische und chinesische Historietten, vier Kinder, das fünfte ist unterwegs, und zwei Frauen.»[5] Die Liebe, Joseph
Conrad hatte schon recht, kann in den entferntesten Wendungen leben –
und zwar mit Glut.

1. Töne der Liebe

Kurz nach 1900 entdeckte der Münchner Sexualforscher Dr. Friedrich
Siebert das Mitschwingen erotischer Empfindungen in Phantasien von
Grausamkeit und «Kraftbewußtsein» und beim musikalischen Genuß
von Opern. «Ich bin auch sicher, daß manche junge Dame, die sich an
Offenbachs Musik zur ‹Schönen Helena› erfreute, sehr entrüstet darüber
wäre, wenn ich ihr nun psychologisch nachweisen wollte, daß sie sich
neben dem ästhetischen auch ein kleines sexuelles Vergnügen gemacht
hat.» Aber selbst wenn sie abstreiten sollte, es gehabt zu haben, er selbst
gab zu: «...ich persönlich habe dabei Gefühle, die ich sehr in die Nähe
der geschlechtlichen Gefühle stellen möchte.» Und Siebert fügte hinzu,
«...ebenso verhält es sich mit den Schwärmereien, die lebenden und
toten Größen entgegengebracht werden, seien es nun Litteratur- oder
Religionslehrer oder Sterne vom lyrischen Himmel...» – laut Siebert
waren auch sie erotischer Natur. Er war sogar aufrichtig und hellsichtig
genug, in seinem eigenen politischen Chauvinismus sexuelle Regungen
zu entdecken: «Ich persönlich gestehe gerne zu, daß mich manches an
den Gefühlen, die ich beim Gedanken an die alldeutschen Ideale und ihre
Verwirklichung habe, wie sexuelles Kraftgefühl anmutet.»[6]
  Sieberts gönnerhafte Anspielung auf junge Damen, die sich Offenbach
hingeben, verweist auf eines der Lieblingsrefugien der Sinnlichkeit im
bürgerlichen Jahrhundert. Die Erkenntnis, daß Musik, mit ihren pulsie-
renden Rhythmen und den Wogen von Klang, ihrem quälenden Stocken,

der aufwühlenden Klimax und den sanft ermatteten Decrescendi in den elementarsten erotischen Trieben des Menschen wurzelt – diese Erkenntnis ist so alt wie Platons *Gastmahl* und so modern wie Thomas Mann. In Manns erstem Meisterwerk *Buddenbrooks* sind die einzigen offen orgastischen Augenblicke jene, in denen Hanno Buddenbrook am Klavier sitzt. Hanno ist ein in sich gekehrter, versonnener Knabe; auf seine scheue Weise ist er aber den sexuellen Quellen der Kunst näher als sein gehemmter, in Geschäften sich verzehrender Vater. Es ist Hannos achter Geburtstag. Thomas Mann hat den Jungen mit sehr begrenzten pianistischen Fähigkeiten ausgestattet. Hanno läßt es an Übungsfleiß fehlen, und seine Fortschritte sind mühsam. Er liebt es, auf Effekte zu spielen oder verträumt zu improvisieren. Eines seiner eigenen kleinen Stücke, mit einem höchst unorthodoxen Schluß, will er um keinen Preis ändern – er hat seine eigenen, leidenschaftlichen Gründe dafür. Gefährlich blaß, spielt er dieses sein Lieblingsstück der Familie vor. «Und nun kam der Schluß, Hanno's geliebter Schluß, der an primitiver Gehobenheit dem Ganzen die Krone aufsetzte. Leise und glockenrein umperlt und umflossen von den Läufen der Violine», auf der die Mutter Hanno begleitet. Der e-moll-Akkord «wuchs, er nahm zu, er schwoll langsam, langsam an, im forte zog Hanno das dissonierende leitende cis herzu, und während die Stradivari wogend und klingend auch dieses cis umrauschte, steigerte er die Dissonanz mit aller seiner Kraft bis zum fortissimo.» Aber Hanno war noch nicht bereit für das Denouement; noch nicht ganz. «Er verweigerte sich die Auflösung, er enthielt sie sich und den Hörern vor. Was würde sie sein, diese Auflösung, dieses entzückende und befreite Hineinsinken in H-Dur? Ein Glück ohnegleichen, eine Genugtuung von überschwenglicher Süßigkeit. Der Friede! Die Seligkeit! Das Himmelreich! ... Noch nicht ... noch nicht! Noch einen Augenblick des Aufschubs, der Verzögerung, der Spannung, die unerträglich werden mußte, damit die Befriedigung desto köstlicher sei ... Noch ein letztes, allerletztes Auskosten dieser drängenden und treibenden Sehnsucht, dieser Begierde des ganzen Wesens, dieser äußersten und krampfhaften Anspannung des Willens, der sich dennoch die Erfüllung und Erlösung noch verweigerte, weil er wußte: Das Glück ist nur ein Augenblick ...» Dann erlaubt sich der frühzeitig wissend Gewordene die Erfüllung. «Hanno's Oberkörper reckte sich langsam empor, seine Augen wurden ganz groß, seine geschlossenen Lippen zitterten, mit einem stoßweisen Beben zog er die Luft durch die Nase ein ... und dann war die Wonne nicht mehr zurückzuhalten. Sie kam, kam über ihn; und er wehrte ihr nicht länger. Seine Muskeln spannten sich ab, ermattet und überwältigt sank sein Kopf auf die Schultern nieder, seine Augen schlossen sich, und ein wehmütiges, fast schmerzliches Lächeln unaussprechlicher Beseligung umspielte seinen Mund», während die Mutter ihn auf der Stradivari bis zum Höhepunkt begleitet und es, glücklich und ausgelaugt, genießt, privilegierte Reiche der Intimität zu betreten, die sie ihrem Gatten verweigert.[7]

Schon Jahrhunderte bevor Thomas Mann die libidinöse Basis der Musik so unverhüllt zeigte, hatten Philosophen, Schriftsteller und Musiker ähnliche Überzeugungen geäußert. Musik war das tönende Hilfsmittel der Poeten, um Liebesverstrickungen in hörbare Metaphern zu kleiden. Musik, pflegten sie zu sagen, kann alle Leidenschaften erregen und nähren. Auch Komponisten machten energisch Anspruch auf die expressive Kraft ihrer Schöpfungen. Tschaikowskij schrieb an seine Gönnerin Nadjeschda von Meck: «Wenn Sie sagen, Musik *vermöge nicht den allumfassenden Charakter des Liebesgefühls zu vermitteln*, so bin ich ganz und gar nicht dieser Meinung. Ich bin im Gegenteil überzeugt, daß *allein die Musik* dies vermag.» Heftig bestritt er, daß in der Liebe «*Worte* notwendig sind. O nein! Gerade hier sind Worte nicht notwendig – und wo Worte nicht mehr zureichen, zeigt sich die beredtere Sprache, d. h. die Musik, in ihrer ganzen Macht.» Doch konnte die Musik für Komponisten wie für Dichter auch mehr sein als nur die Speise der Liebe. Der späte Tolstoj, von Ekel vor der Sexualität geschüttelt, brachte in seiner *Kreutzer-Sonate*, dieser schreckenerregenden Geschichte von Musizieren, Eifersucht und Mord, die der Liebe innewohnende Gefahr ans Licht; die Erzählung ist ein einziger umständlicher Beweis, daß die Musik zu lüsternem Schweigen, zu Koketterie und Ehebruch aufreizt. In ihren unschuldigsten Augenblicken macht die liebenswürdige, mehrdeutige Beredsamkeit ihrer Sprache Musik zum bevorzugten Boten des Eros. Samuel Johnson hatte längst ihren Wert als Verschiebung durchschaut, wenn er sie «das einzige sinnliche Vergnügen ohne Laster» nennt.[8] Das war, in einem Satz, ihr Geheimnis.

Im 19. Jahrhundert wurde die erotische Wirkung der Musik sozusagen demokratisiert. Spöttische zeitgenössische Beobachter machten sich denn auch einen Jux daraus, Musik und Liebe auf krasseste Weise zu paaren. Sie entlarvten die Musik als tödlich wirksames Element im sozialen Mechanismus der Verführung: Junge Damen fingen sich den künftigen Gatten mit ihrem Gesang und ihrem Klavierspiel ein. Das war im wesentlichen eine boshafte Karikatur. Aber ohne Zweifel war das 19. Jahrhundert eine Zeit, in der fachkundige Aufführungen und eine oft hochkarätige musikalische Bildung in vielen bürgerlichen Haushalten selbstverständlich wurden. Es war auch eine Zeit, in der Orchester, Konservatorien, Kammermusikgruppen gegründet wurden – selbstbewußte bürgerliche Einrichtungen. Das Hören von Musik stieg selbst in den Rang einer Kunst auf. Es wurde zu einer sorgfältig kultivierten Haltung, zum Erlebnis von etwas Heiligem. Die Teilnahme an dem, was begabte Amateure oder Berufsmusiker in Salons und Konzertsälen zu Gehör brachten, war nicht nur rein passives Hinnehmen. Der Musikgenuß wurde zu einem Akt der Andacht. Henri-Frédéric Amiel, für gute Musik ebenso empfänglich wie für gefühlvolle Freundschaft, war nur einer von unzähligen kultivierten Bürgern, die der Musik mit geschlossenen Augen lauschten, wie um weltliche Ablenkungen auszuschließen, sich «wahrhaft bewegen zu lassen» und die Seele mit «wunderbaren Empfindungen» zu erfüllen.[9] Der Kult der Virtuosen – Paganini, Liszt, Jenny Lind – ließ die erotische Qualität dieser wundervollen Empfindungen fast mit Händen greifen.

Amiel wagte es nicht, die wonnevollen Gefühle zu analysieren oder gar zu beschreiben, die das Musikhören in ihm erregte. Andere versuchten beides – häufig ebenso wortreich wie vergeblich. Gegen Ende des 19. Jahrhunderts, als darwinistische Ideen in vielen Köpfen spukten, brachte die Wissenschaft die musikalische Betätigung – Komponieren, Musizieren, Hören, Singen, Tanzen – gerne mit sexueller Erregung in Zusammenhang. Man war sich sicher, daß Musik die Geschlechtswahl der Tiere beeinflusse, auch des so veranwortungsbewußten Lebewesens Mensch. In Ermangelung präziser Informationen und eines verläßlichen Vokabulars entlehnten Biologen und Anthropologen ihre Terminologie fast ausnahmslos der Religion. Trotzdem mußte man nach der Sinnlichkeit nie lange suchen. Als er zum ersten Male die IX. Symphonie von Beethoven hörte, fühlte sich Havelock Ellis erhoben, besonders durch das «Lied an die Freude», und seine Augen glänzten. «Ich habe die Neunte Symphonie seither öfter gehört, aber die Wonne jenes Augenblicks habe ich nie wieder erlebt.»[10] Es war gewiß kein Zufall, daß er diese denkwürdige Aufführung frischvermählt in Gesellschaft seiner Frau erlebte.

Havelock Ellis war ein musikalischer Laie, der für Millionen von Laien sprach und das zugleich lebendige und abgegriffene Vokabular seiner Kultur benutzte. Walt Whitman, der es liebte, in alle Welt hinauszuposaunen, was andere nur dachten, beanspruchte offen für die Musik orgastische Kräfte. Das Anhören des «geschulten Soprans», schreibt er in *Leaves of Grass*, «durchzuckt mich wie die Klimax meiner Liebesumklammerung». Der Pianist und Dirigent Carl Halle (noch nicht der Sir Charles Hallé späterer Zeiten) wähnte sich in himmlische Regionen entrückt, als er Chopin spielen hörte. Das sei kein Mensch, schrieb er an seine Eltern, sondern ein Engel, ein Gott. Das Dirigieren von Opern konnte Halle zu

Tränen rühren. Auch Ingres, der natürlich mit dem Pinsel sehr viel versierter umzugehen wußte als mit der Geige, pflegte haltlos zu schluchzen, wenn er, von Halle am Klavier begleitet, Mozartsonaten spielte.[11]

Das Anhören großer Musik, zumal wenn sie angemessen aufgeführt wurde, war für viele Bürger im 19. Jahrhundert wie das Kommunizieren mit der Gottheit. 1850 schrieb der deutsche Chirurg Theodor Billroth, selbst ungemein musikalisch, an seine Mutter einen Brief, in dem er den «himmlischen» Gesang der Jenny Lind rühmte: Mehr träumend als wachend sei er, nachdem er sie gehört habe, nach Hause getaumelt. Auch Billroth fand, wie Amiel, seine Sprache unzureichend: «[...] ich muß gestehen, daß ich keine Worte finden kann, um auszudrücken, was ich an diesem Morgen in mir fühlte.» Hilflos schließt er seinen Brief: «Für mein ganzes Leben sind mir diese Tage unvergeßlich. O! könnte ich Dir, liebe Mama, sagen, wie erhaben man sich in dieser allgemeinen Begeisterung fühlte. Worte sind zu schwach und zu todt, um dies lebendige Gefühl auszudrücken. Ich vermag nichts mehr zu sagen! Denn *Sie* ist nicht zu beschreiben.»[12] Seine Schwärmerei war jenseits aller Lüsternheit – und aller Worte.

Die Gefühle, für die manche Beobachter keine Worte fanden, blieben nicht immer so verborgen. 1826 saß die englische Schriftstellerin Mrs. Anna Jameson in der Mailänder Scala und beobachtete eine schöne junge Engländerin. «Sie war wohl noch keine fünfzehn, mit lachenden Lippen und Grübchen in den Wangen – die Verkörperung des blühenden, unschuldigen *englischen* Liebreizes.» Die Kleine folgte gebannt dem sinnlichen Gebärdenspiel in Viganos Ballett *Didone Abbandonata*. «Ich beobachtete sie während der ganzen Szene. Ich bemerkte ihre zunehmende Erregung: die Wangen röteten sich, die Augen schimmerten, der Busen wogte auf und ab, als ob sie – für mich unhörbar – seufze; endlich, von ihren Gefühlen überwältigt, wandte sie den Kopf und bedeckte die Augen mit der Hand.» Was das Mädchen miterlebte und miterlitt, war «die berühmte Höhlenszene» nach dem vierten Buch der *Aeneis* von Vergil. Mrs. Jameson fand das Original «fast zu gut kopiert», auch wenn es «unnachahmlich» sei. Der *pas de deux* hatte in der jungfräulichen Maid eine Ahnung von sexueller Erfüllung geweckt und ihre sexuellen Bedürfnisse erregt. Die Frau aber, die sie dabei beobachtete, rief ihren Leserinnen zu: «Mütter! Englische Mütter! die ihr eure Töchter ins Ausland schickt, auf daß sie dort ihren Bildungsgang beenden – tut ihr gut daran, sie solchen Szenen auszusetzen und die junge Knospe erster Empfindung *mit Gewalt* in ein so famoses Treibhaus zu sperren?»[13] Die Frage war durchaus konventionell; aber sie sprach aus, was die braven Bürger überall im Lande ängstigte: Daß der Unschuld das fleischliche Wissen förmlich aufgezwungen werde, und sei es im Gewand einer bezaubernden Darbietung. Natürlich war das Ballett, zumal das italienische, besonders suggestiv. Es stellte die erotischen Momente der Musik ungeniert zur Schau. Häufiger jedoch versteckte sich solche Erotik im 19. Jahrhundert hinter der Maske höherer Weihen: je sinnlicher das Werk, desto erhabener die dazugehörige Rhetorik. So wurde die Musik Richard Wagners von Wagnerianern, zumal den fanatischen Eiferern unter ihnen, als Offenbarung behandelt, als Höhepunkt deutscher Kultur, als beispiellose politische und religiöse Botschaft. Wagner selbst wurde zum Gegenstand blasphemischer Verehrung. Pierre Louÿs berichtete Debussy einmal von einem Gespräch über das Thema Wagner: «Ich stellte lediglich fest, daß Wagner der größte Mensch sei, der je gelebt habe. Weiter ging ich nicht. Ich habe nicht gesagt, daß er Gott sei, obwohl ich wahrhaftig etwas derartiges gedacht haben mag.»[14] Debussy muß über dieses Bekenntnis entsetzt gewesen sein. Es gab aber viele Musikliebhaber, sogar in Frankreich, die Louÿs' Einstellung für die schlichte Wahrheit in dieser Sache hielten. Das fashionable Publikum, das seit 1876 die Bayreuther Festspiele besuchte, war sich feierlich bewußt, einer heiligen Handlung beizuwohnen.

Richard Wagner persönlich tat wenig, um diese Dinge zu fördern; aber er unternahm auch nichts dagegen. Es war kein Zufall, daß er für seine reifen Kompositionen die Bezeichnung «Oper» ablehnte. Der leiseste Hinweis darauf, daß seine Schöpfungen dieselbe vulgäre Welt bewohnten wie jene Form der musikalischen Unterhaltung, war ihm peinlich. Ebenso wie seine Verehrer verhielt sich Wagner ambivalent zu der Erkenntnis, daß seine Musikdramen sexuelle Sehnsüchte und Erfüllungen auf die Bühne brachten, die normale Sterbliche für sich behalten, wenn sie sie denn überhaupt erleben. Er räumte ein, daß einige seiner Kompositionen Gedichte über die Liebe seien – der *Tristan* sei ein Monument der Liebe.[15] Und seine *Walküre* verherrlicht, wie jedermann weiß, den Inzest zwischen Bruder und Schwester. Man kann die Meinung vertreten (und hat sie vertreten), daß *Tristan und Isolde* weit mehr ist als eine Liebesgeschichte. Aber Wagners freigebiger Gönner, König Ludwig II. von Bayern, fiel beim *Tristan* buchstäblich in Ohnmacht. Und der Eindruck, den das Werk auf das Publikum macht, ist der einer ausgedehnten und mehrfach wiederholten Darstellung des Geschlechtsaktes. Die Musik untermalt die Liebesgeschichte nach Kräften und evoziert das prickelnde Erreichen dessen, was die Franzosen den «kleinen Tod» nennen: das Siegel auf einen glücklich vollzogenen Geschlechtsverkehr. In solchen Darstellungen ist der regressive Drang zu primitiven Gefühlen fast unwiderstehlich, die Sublimierung keineswegs vollkommen. Die erotischen Quellen der Komposition sind unverkennbar und werden zielstrebig ausgebeutet.

Aber dieselbe «Doktrin der Distanz», die es dem akademischen Maler oder Bildhauer des 19. Jahrhunderts erlaubte, ein- (und aus-)ladende Körper und suggestive Szenen auszustellen, solange sie nur in ein exotisches, religiöses oder mythologisches Gewand gehüllt waren – dieselbe Doktrin erlaubte es den Wagnerianern, die Exkurse des Meisters in die Gefilde der Sinnlichkeit, in die Sphäre des Erhabenen zu heben.[16] Gewiß, Thomas Mann porträtiert in «Wälsungenblut» ein junges, reiches und dekadentes Geschwisterpaar, das von einer Aufführung der *Walküre* nach Hause kommt und, in einer halb respektvollen, halb zynischen Parodie der Oper, Siegmund und Sieglinde spielt. Aber das war Literatur, und zwar boshafte. Im großen und ganzen scheint das Wagnerpublikum in Bayreuth und anderswo seine sinnliche Erregung bezähmt und sich ganz dem Genuß dessen hingegeben zu haben, was ihm als geistiges Erlebnis galt – ein Erlebnis, an dessen Ende weder der Inzest noch der Liebestod wartete, sondern das Nachtessen.

Gleichwohl war die überhitzte Erotik, die Wagners Werke durchzieht wie ein schweres Parfum, für jedermann mit Händen zu greifen, auch außerhalb Bayreuths. Der englische Musikkritiker H. Heathcote Statham – kein Wagnerianer – berichtet von seinem ersten Hören der *Tannhäuser*-Ouvertüre vor einem dichtgedrängten Publikum. Die Zuhörer waren so hingerissen, daß sie den letzten Teil des Stückes mit immer lauter werdendem Händeklatschen begleiteten. Bedeutsamer als diese unwiderstehliche rhythmische Mimesis des Mitklatschens war der machtvolle Eindruck, den der deutsche Musikwissenschaftler Ferdinand Pfohl nach dem ersten Aufzug der «Tristantragödie» registrierte. «Man sah [...] auf allen Mienen den Ausdruck der höchsten Ergriffenheit.» Viele Leute weinten heftig, und zwar nicht etwa nur «nervöse Damen, empfindungsselige ‹schöne Seelen›»; auch «ernsten Männern standen die Thränen in den Augen; ein junger Amerikaner zitterte convulsivisch und mußte an die Luft gesetzt werden». Pfohl war über solche Wirkung erstaunt und sah «ein pathologisches Symptom» durchschimmern. Doch wenn auch die Musik des *Tristan* «durchaus pathologisch» sei und für Menschen gefährlich werden könne, «welche nicht die nötige Widerstandsfähigkeit dem Wagnerischen Musikbacillus entgegen stemmen» könnten, so ändere dies doch nichts an der Größe dieser Musik. Freilich war Wagners *Tristan* für alle Hörer, ob sensibel oder nicht, überwältigend und bedurfte gewisser Verteidigungsmechanismen. Dieser «fortwährende Ansturm der Leidenschaft, dieser fortgesetzte Dithyrambus der höchsten Lust und des tiefsten Schmerzes» war «nur halb, wie im Traum» zu verarbeiten. Der bekannte Theater- und Musikkritiker Theodor Goering, jahrzehntelang im Münchner Kulturleben tätig, hatte sich etwas widerstrebend zu Wagner bekehrt. Die Musik des *Tristan* fand er teilweise hinreißend, teilweise geradezu unerträglich langweilig und jedenfalls nicht gerade «arg gesund». Nach einem anschaulichen Vergleich suchend, meinte er, man befinde sich bei dieser Musik «wie in einem Opiumrausch»: «So ähnlich stelle ich mir die Wirkung des Haschisch vor.»[17]

Das war das einigermaßen gemischte Urteil der Bewunderer. Die Verächter Wagners nahmen hingegen kein Blatt vor den Mund und kritisierten seine verderbte und verführerische Fleischlichkeit. Statham sah in Wagners Musik wenig mehr als den «Appell an die nervöse Reizbarkeit des Publikums», der «die Gefühle des Zuhörers zur Klimax aufpeitschen soll». Streng stellt er fest: «Darauf läuft ein gut Teil der Wagnerschen Musik hinaus: Sie wendet sich nicht an den Intellekt, sondern an das Nervensystem.» Das gelte leider auch für Stellen, «wo wir aus der poetischen Situation heraus das Recht haben, etwas Höheres zu erwarten». Statham bedauerte, daß Wagner die beiden Strömungen der Liebe voneinander trennte und die eine auf Kosten der anderen kultivierte. Als Beweis führte er, natürlich, den zweiten Aufzug des *Tristan* mit dem langen Duett der beiden Liebenden an. Zwar gebe es hier ohne Zweifel «ein gewisses wildes Pathos», aber die Musik erinnerte ihn doch mehr an das Geräusch, das Katzen machen, wenn sie rollig sind. Man mochte Wagner zugute halten, daß seine Musik eine Liebesleidenschaft ausdrückte, «die unversehens durch einen unheiligen Zauber entfacht worden ist». Aber keine Entschuldigung gab es für den ersten Aufzug der *Walküre*, in dem Siegmund Sieglinde «ekstatisch als Braut und Schwester» begrüßt. Eine derartige Beziehung, fand Statham, «mag in einem mythologischen Lexikon am Platze sein»; einem kultivierten Publikum dürfe man sie nicht zumuten, zumal sie, in Verbindung mit der Orchesterbegleitung, schlicht und einfach die Erregung der Geschlechtsleidenschaft wiedergebe. Schlimmer ist für Statham, der zusehends indignierter wird, daß Wagner den sexuellen Hintergrund dieser inzestuösen Begegnung durch seine Regieanweisungen auch noch unterstreicht – «Er zieht sie mit wütender Glut an sich. – Der Vorhang fällt schnell» –; wozu Statham trocken bemerkt: «Das Publikum hat entschieden den Eindruck, daß es auch höchste Zeit dazu wurde.» In dem ganzen Arrangement stecke «nicht die Spur von Adel und Ritterlichkeit der Liebe». In Liebesdingen «scheint Wagner sich nicht über die Idee der tierischen Leidenschaft zu erheben; jedenfalls deutet seine Musik auf nichts Höheres».[18]

Musikliebhaber, die sich gegen Wagner und für Brahms entschieden hatten, gegen die Zukunftsmusik und für eine Musik aus der Tradition, empfanden die Bayreuther Anlässe als obszön und schwülstig. Sie bestätigten das berühmte Verdikt Nietzsches über Wagner: ein Symptom, eine Krankheit, eine Neurose. Eine gute Freundin von Brahms, Elisabeth von Herzogenberg, selber eine talentierte Musikerin, schrieb 1889 einen langen Brief an Adolf von Hildebrand, den bekanntesten deutschen Bildhauer, und seine Frau. Darin schildert sie die Bayreuther Festspiele von 1889. Es ist ein glänzender Brief: Analyse durch Schmähung. Sie und ihr Mann seien froh gewesen, Bayreuth besucht zu haben. «Es hat uns wunderbar gestärkt und befestigt [...]» Sie beide hätten «nie deutlicher gefühlt, weshalb wir dieser Kunst widerstreben». Ihr gemeinsamer Freund war Hermann Levi, der hervorragende Dirigent, der ein leidenschaftlicher und unterwürfiger Wagnerianer war. Obwohl Jude, hatte er die Uraufführung des *Parsifal* dirigiert. Levi nun «erhoffte immer eine Wiedergeburt für uns wenn wir das Heil einmal an der Quelle genössen aber Gottlob sind wir doch zu alt um uns so fangen zu lassen und ich bedaure innerlich daß er äußerlichem Beiwerk solche Verführungskraft zutraute, – das *Wesen* der Sache bleibt sich doch gleich ob man's in Bayreuth oder München erlebt».

Mit feinem Gespür benutzt die Schreiberin dieses ungeduldigen, aber aufschlußreichen Berichts den sexuellen Begriff «Verführung» in enger Nähe mit dem religiösen Begriff «Heil». Sie fand die erotischen Elemente in Wagners Werk, zumal wie sie am Ort seines Heiligtums zelebriert wurden, viel zu aufdringlich und abstoßend. Aber auch hier war Elisabeth von Herzogenberg froh, in Bayreuth gewesen zu sein: «[W]ir haben jetzt gesehen, wie der Meister es im Sinne hat, nichts blieb uns verhüllt, und erst recht wenden wir uns ab und erklären feierlich daß dieser Tisch für uns nicht gedeckt ist.» Diese kulinarische Metapher ist nicht weniger treffend als die vorangegangene sexuelle. Die Regressionen, welche Musik auslösen kann, können bis in die früheste, orale Phase der Entwicklung zurückführen. Sarkastisch charakterisiert sie drei wütende Wagnerianer: den brillanten Kunstkritiker Conrad Fiedler, seine imposante Frau Mary und ihren Intimus Hermann Levi. Einige Sätze lang bleibt sie noch bei ihrer oralen Metaphorik: «Sollen sich diejenigen dran setzen und schwelgen, die sich selbst belügen wie Fiedler, oder denen es eben zu einem ‹Heilthum› geworden ist, wie Mary und Levi, und die längst unfähig geworden sind, Schwelgerei und künstlerisches Genießen zu unterscheiden.» Solche widerwärtigen Wagnerianer «gehen in den Parsifal wie die Katholiken am Charfreitag zu den heiligen Gräbern, es ist ihnen ein Gottesdienst geworden, und ich möchte nicht in den Mantsch von Gefühlen hineinblicken mit denen die Mary in ihrer Fürstenloge sitzt, à 40 M. die Person, jeden Abend!» Was Levi betraf, so ging es ihm, wie Elisabeth von Herzogenberg erbarmungslos spottet, «über Erwarten gut; eine Art Schwäche die ihn bei einer Probe wieder überkam hatte ihren Ursprung nicht in seinem nervösen Zustande sondern in der namenlosen Ergriffenheit die ihn Angesichts der heiligen Aufgabe übermannte.» Levi war der klassische «Neurastheniker», der an unregelmäßig wiederkehrenden Nervenzusammenbrüchen litt. In seinem andächtigen und überdrehten Zustand war er nur allzu repräsentativ für alle Wagnerianer. «Die ganze Bande ist in einem unnatürlich gesteigerten, hysterisch verzückten Zustande, wie Ribera'sche Heilige mit aufblickenden Augen an denen man nur noch das Weiße sieht [...]» Trotzdem war sie nicht beeindruckt, und bestimmt ließ sie sich nicht hinters Licht führen: «[...] heimlich unterm Hemd hat jeder irgend eine sorgsam gepflegte stigmatisirte Stelle.» Von Minute zu Minute redete sie sich mehr in Rage, und sie suchte nach immer ausdrucksvolleren, physischeren Metaphern: «O ich sage Euch, die ganze Geschichte riecht ordentlich schlecht wie die Kirche die nie gelüftet worden, oder wie eine Fleischbank im Sommer; eine Blutrünstigkeit und Weihrauchmuffelei, eine schwüle Sinnlichkeit mit heilig ernsthaften Geberden, eine Schwere und Schwülstigkeit, wie sie sonst in aller Kunst unerhört ist, brütet und lastet da und benimmt einem den Athem.»

Die einzige Entschuldigung, die sie für die Wagnerbegeisterung eines geschulten Musikers wie Hermann Levi finden konnte, war die krankhafte Luft, in der sich alles abspielte. Wie allerdings ein kritischer und nüchterner Kunstrichter wie Conrad Fiedler die Gralsszene des *Parsifal* unwiderstehlich finden konnte, war ihr ein Rätsel. Gewisse Freuden der Wagnerianer waren offenkundig genug: «Mary thront als Hohepriesterin in Bayreuth, und genießt sichtlich ihre hervorragende Stellung als Eingeweihte, Freundin, auch zu dem Rath der Götter Zugelassene, denn das neue Wams des Parsifal war auf ihre Angabe bestellt worden und siehe es war gut.» Fiedler war blaß gewesen, «Prinz Consorter denn je», aber Mary war deutlich unmutig «über die unerbeten auftauchende[n] Ketzer». Aber eine Ketzerin blieb Elisabeth von Herzogenberg dennoch, unbekehrt und unversöhnlich. Was den «geistlichen Hocuspocus» des *Parsifal* betraf, so sei das «garnichts weiter [...] wie sinnlich weichlichste Gefühlsschwelgerei und ungesunde Wundenmal-Verzückung; für einen an Bachsche Kost gewöhnten Magen fast ein Brechmittel».[19] Jetzt endlich hatte der Sturm sich gelegt, und sie ließ die Feder sinken.

Ein außerordentliches Dokument! Es beweist, daß es doch einige Menschen in bürgerlichen Jahrhundert gab – nicht unbedingt nur Bürger –, die unbefangen genug waren, eine sinnliche Orgie zu erkennen, wenn sie eine sahen, und sich auch nicht scheuten, sie beim Namen zu nennen. Die Psychoanalyse hat uns gelehrt, der Vehemenz von Elisabeth von Herzogenbergs Zergliederung des Wagnerianertums zu mißtrauen; sie läßt auf den verdrängten Wunsch schließen, an jener Erotik zu partizipieren, die sie so hellsichtig registrierte und so erbittert verurteilte. Gewiß steht außer Frage, daß die Wagnersche Musik Macht auch über ihre Verächter hatte. Diese Macht rührt von ihrer Fähigkeit her, Gefühle zu mobilisieren, die selbst ein Brahmsianer teilen mußte, weil er auch nur ein Mensch war. Aber Elisabeth von Herzogenbergs Empörung war so unzweideutig, wie eine solche Empfindung nur sein kann, mag sie auch, wie alles Menschliche, dem Gesetz der Ambivalenz unterliegen. Aber das Brechreizerregende am Wagnerkult war für sie nicht etwa seine Glorifi-zierung der Liebe; es waren vielmehr gerade die perversen – in ihren Augen unaufrichtigen und gespielten – Bekundungen der Liebe. Sie war nicht prüde. Was sie an Wagners Werk und seinen Einflüssen am «böse-sten» fand, hatte sie Brahms ein Jahr vor ihrem Bayreuth-Besuch anver-traut: «[...] daß er die liebe, frische naive Sinnlichkeit aus der Welt geschaffen hat und eine schwüle, lastende, schwermütige, fatale an deren Stelle gesetzt hat, die immer nach Todessehnsucht riecht und bei der der Zuschauer immer eine Art schlechten Gewissens hat, als beginge er eine Indiskretion, daß er dabei ist!»[20] Die Wagnersche Erotik war in ihren Augen eine heruntergekommene Romantik, die Speise nicht des wahren Musikliebhabers, sondern des Philisters.[21] Und ob man nun Elisabeth von Herzogenbergs Urteil über Wagner akzeptiert oder nicht, es bleibt als Ergebnis ihrer parteilichen Anatomie des Grünen Hügels und der Wagner-Zelebranten festzuhalten: Wagners Kompositionen waren eine machtvolle, oft unverhüllt aggressive Batterie von ästhetischen Kunst-griffen, die es dem tugendhaften und gebildeten Bürger erlaubten, in seinen erotischen Träumen zu schwelgen und sich in dem tröstlichen Glauben zu wiegen, dabei etwas Erhabenes zu tun.

2. «Nur für Natur...»

Nach der Wagnerrezeption zu urteilen, war die sexuelle Komponente in der Musik den Eingeweihten des bürgerlichen Jahrhunderts kein Ge-heimnis. Der Widerhall des Erotischen in anderen menschlichen Betäti-gungen, zumal jenen, die mit dem Körper zusammenhängen, war eher noch offensichtlicher. Die intime Verbindung des Liebesaktes mit dem Akt des Essens war auch der unschuldigsten Seele seit langem klar. Seit Jahrhunderten hatten festliche Gelage als Auftakt und Einstimmung zu sexueller Schwelgerei gedient; die erotischen Dimensionen der von Platon beschriebenen philosophischen Arbeitsessen oder, krasser, des von Petronius geschilderten Gastmahls des Trimalchio waren unverkennbar. Im 19. Jahrhundert ließen der Gesellschaftsroman und das Operettenlibretto den Verführer sein williges und wissendes Opfer gern in gewisse Restaurants einladen, in reservierte *chambres séparées*, bevor die Nacht der fleischlichen Genüsse anbrach. Noch mehr als die Musik ist Speise die Speise der Liebe.

Dieser Einklang von oraler und genitaler Befriedigung ist schon lange vor dem 19. Jahrhundert in den allgemeinen Sprachschatz eingegangen. Kulinarische Metaphern für den geliebten Menschen, wie «honey», «zum Anbeißen» oder «Zuckerpüppchen», bestätigen diese Verbindung von Essen und Liebe. Das Ansinnen des Liebenden, den Partner aufzufressen («ich hab dich zum Fressen gern»), verweist zur Genüge auf die nostalgischen Elemente sexueller Lust. Wird eine solche Absicht im Scherz geäußert oder spielerisch verwirklicht, so verquickt sich das erotische Ausprobieren zwischen liebenden Erwachsenen mit der demonstrativen Liebe der Eltern zum Kind. Sich den Partner «einzuverleiben», und sei es nur in der Phantasie, ist ein regressiver Rückgriff auf jene infantile Stufe, da die libidinösen und die aggressiven Triebe noch nicht hinreichend voneinander geschieden waren. Der Liebesbiß, bekanntlich ein vertrautes Emblem für den noch nicht zu träger Routine gewordenen Geschlechtsverkehr, zeigt am sichtbarsten, welchen Platz Erinnerungen – größtenteils unbewußte – in der sexuellen Liebe Erwachsener einnehmen.

Der psychologische Aspekt des Essens ist ohne Zweifel überdeterminiert. Gefräßigkeit ist wahrscheinlich eher ein Symptom für das Fehlen von Liebe als für ihr Vorhandensein. Darüber hinaus war das zeremonielle bürgerliche Essen im 19. Jahrhundert – das große Bankett mit endloser Speisenfolge in enormen Quantitäten – nicht so sehr ein Anreiz zur sexuellen Betätigung als deren Ersatz. Alles, was man nach einer solchen Mahlzeit konnte, war schlafen, und zwar allein. Doch ob Sublimierung von Liebesgelüsten oder deren Anreiz: die erotischen Wurzeln guten Essens waren immer stark ausgeprägt und meist ziemlich offensichtlich.

Aber die Sinnlichkeit entwickelte auch Strategien, die Meisterwerke der Mittelbarkeit waren. Diese Strategien waren Ausdruck von Gefühlen, die mit sexueller Liebe scheinbar überhaupt nichts zu tun hatten. Die wohl erfolgreichste derartige Strategie war die enthusiastische Liebe zur Natur. Sie erfreute sich im 19. Jahrhundert unvergleichlicher Beliebtheit, vor allem bei jungen und wohlerzogenen Menschen. Wie andere Lieben hatte auch diese eine lange Geschichte. Es begann mit der Personifizierung von Naturgewalten und der primitiven Projektion menschlicher

Empfindungen auf die Natur in der Antike. Vereinzelte Naturbeschreibungen finden sich dann im Mittelalter und in der Renaissance. Es folgt die Zeit der Aufklärung mit ihrer Reiseschriftstellerei, ihren Versen und der Philosophie des Gartenbaus: Naturobjekte wie Berge, Wiesen und Bäume werden nun unmittelbar und reflektierend bewertet. Im bürgerlichen Jahrhundert jedoch wurde die Liebe zur Natur eine auffällige Taktik. Man entging damit den Konsequenzen der Sinnlichkeit und steigerte zugleich deren Wonnen. Seit einiger Zeit habe eine veritable Liebesinbrunst Männer der Kunst und der Wissenschaften an die Natur gebunden, meinte 1866 die *Revue de deux Mondes*. Im 19. Jahrhundert verehrten die Menschen die Berge nicht mehr wie Gottheiten; «diejenigen, die sie bereist haben, lieben sie vielmehr mit tiefer Liebe». Diese Bindung an die Natur, stark und säkular zugleich, trete seit mehreren Jahrzehnten hervor. Als Gustave Flauberts enger Freund Alfred Le Poittevin dem Meister einmal erzählte, er verliebe sich mehr und mehr in die Natur, entgegnete Flaubert, sein eigenes Naturgefühl nähere sich geradezu der Verrücktheit. Die Natur löse Empfindungen in ihm aus, die «fast wollüstig» seien. Manche Menschen fanden diese Empfindungen nicht fast, sondern wirklich wollüstig. Amiel registriert in seinem Tagebuch einen «bewunderungswürdigen» Novembertag. Er rühmte seine «Helle und Milde», seinen «süßen, einschmeichelnden Reiz», seine «friedliche, zärtliche Schönheit». Die Natur kam ihm vor wie *«une amante»*, eine Geliebte, in der Stunde des Abschieds: «All ihre magnetischen Kräfte scheint sie in ihr letztes Lächeln, ihren letzten Blick zu legen.» Was ihn betraf, so konnte er über diese Reichtümer nur nachsinnen und sich daran freuen.[22]

So ist es kein Zufall, daß Ralph Waldo Emerson, der Philosoph der Natur, auch ihr Sänger ist. Er begabte die Natur mit Sprache, mit Gefühlen, mit tiefem Sinn, mit weiblicher Macht. Sie ist die vielgeliebte Frau, die zurückgewonnene Mutter. Einmal sei er, schreibt Emerson in seinem ersten Essay über die Natur, unter wolkenschwerem Himmel im Dämmerlicht über ein verschneites Feld gestapft: Da habe er in sich wahre Heiterkeit gefunden. Auch im Wald werfe der Mensch die Last der Jahre von sich wie eine Schlange ihre Haut. «In den Wäldern ist ewige Jugend.» Die Natur, schreibt er im zweiten Essay, ist unsere erste und unvergeßliche Heimstatt. «Was das Wasser für den Durst ist, das sind Gestein und Erdreich für unsere Augen und Hände und Füße.» Natur in allen ihren Formen verkörpert das Geliebte. Viele andere Bürger hätten von demselben sinnlichen Umgang mit der Natur berichtet, wenn sie es ebenso wie diese Autoren vermocht hätten, ihre Gefühle zu registrieren.[23]

Die Gebildeten erwarben diese erotische Wahrnehmungsweise ganz natürlich: Sie wurde ihnen anerzogen. Als kleine Kinder bekamen sie sentimental-anthropomorphe Gedichte über Lämmer und Gärten zu hören und später zu lesen. Auch die sexuelle Aufklärung, die ihnen die Eltern oder die Kinderfrau zuteil werden ließ, zog ausgiebige Vergleiche zwischen dem Geschlechtsleben von Bienen oder Blumen und ihrem eigenen. Die Anthropologen, die Ende des 19. Jahrhunderts ihre Feldstudien trieben, entdeckten bei exotischen Völkern den Animismus, die auf Projektion beruhende Vorstellung, daß die Natur Pflanzen und Steine mit menschlichen Gefühlen und Kräften begabt. Ein solcher Animismus, entsprechend kultiviert, war die normale Regung junger Menschen im 19. Jahrhundert. 1894 – einige Jahre, bevor Freud seine faszinierenden Vergleiche zwischen Kindern, Neurotikern und «Wilden» anstellte – spekulierte der amerikanische Pädagoge William A. Hoyt über «Naturliebe als didaktischer Ansatzpunkt im naturwissenschaftlichen Unterricht». Bezeichnenderweise lobte Hoyt die kindliche Identifikation mit der belebten und unbelebten Natur; sie sei ein wertvolles Überbleibsel von weniger hochentwickelten Formen der Weltsicht. Der Aberglaube der Primitiven verkörpere «die ursprüngliche Naturnähe des Menschen», und zum Glück beginne auch das kindliche Leben mit solchem Aberglauben. Unter dem Druck des späteren, verstädterten Lebens gehe diese gesunde Beziehung zur freien Natur bedauerlicherweise verloren. Die norwegische Schriftstellerin Sigrid Undset bestätigt in ihrer einfühlsamen Autobiographie diese Ur-Erotik als früheste Kindheitserinnerung: Klein-Ingvild, im grünen Grase sitzend, genießt die linde Luft und den warmen Wind. Lustvoll überschüttet sie ihre weißen Strümpfe und sich selbst mit sonnenwarmer Gartenerde, wobei sie «eine Art von orgiastischer Freude» empfindet. Diese Orgie war unschuldig genug: Der junge Zola befand sich in guter Gesellschaft, wenn er an seinen Schulfreund Paul Cézanne schrieb, er ziehe «die jungfräuliche Natur» der «gepeinigten und hergerichteten Natur» bei weitem vor.[24]

Auch der Erwachsene konnte im 19. Jahrhundert dieser Art von Primitivismus nicht ohne weiteres entgehen. Viele Autoren, die über Sexualität schrieben, nutzten Beispiele aus dem Tier- und Pflanzenreich als kunstreiche Einführung in eine Darstellung der Fortpflanzungsorgane und -prozesse beim Menschen. Der gefeierte Dr. John Harvey Kellogg – der mit den Gesundheitsflocken – kam in seinen unglaublich erfolgreichen *Plain Facts for Old and Young* vom Geschlechtsleben der Pflanzen auf das Geschlechtsleben der Tiere und von dort auf das Geschlechtsleben des Menschen. Sittig ergötzte er seine Leser mit «pflanzlichen Ehegatten» und «polygamen Blumen». Nachdem er auf diese Weise die

Natur vermenschlicht hatte, kehrte er anschließend den Vorgang um: Die Knaben von heute, die zu schnell wachsen und modische Untugenden annehmen, kommen ihm vor wie «menschliche Pilze». Im Zusammenhang mit dem heiklen Thema der Fortpflanzung fand er für den Fötus das Bild der «menschlichen Knospe». Für die meisten gebildeten Menschen drückte diese Sprache eine angemessene Geisteshaltung aus; eine Ausnahme mochten Naturwissenschaftler bilden, die sich vom Gegenstand ihrer Forschungen zu distanzieren wünschten. Ungezählte junge Bürger gingen dieserart bei der Natur in die Lehre. Die Natur sprach zu ihnen, wie es die amerikanische Temperenzlerin Frances Willard formulierte, mit «steter, allgegenwärtiger Stimme». Diese Stimme bewirkte – wie Willard in ihrer Autobiographie erzählt –, daß die kleine Frances sich in engstem Einklang mit ihrem angebeteten Vater fühlte. «Er hatte ein Herz, das näher am Busen der Natur pochte als selbst das meiner Mutter.» Das war zu erwarten. Frances Willards Mutter hatte «an Vögeln und Wäldern und Himmel das Sittliche empfunden». Ihr Vater aber «liebte sie einfach um ihrer selbst willen». Als leidenschaftlicher Gärtner hatte er seine Kinder die «süßen, scheuen Geheimnisse» der freien Natur gelehrt.[25] Natur konnte so zum legitimen Depot für die widersetzlichsten sinnlichen Ansprüche werden. Daß die Natur daneben den Effekt hatte, ein Mädchen eng an der Seite des vergötterten Vaters zu halten, war ein Gewinn, der gerne eingestrichen und unbefangen erwähnt wurde. –

Die konventionellen theologischen Argumente erfreuten sich, obwohl im 19. Jahrhundert bereits uralt, noch immer hohen Ansehens. Sie dienten nur dazu, die geschilderten Denk- und Empfindungsweisen zu bekräftigen. Man nahm die unablässigen Wunder der Natur als weiteren und überzeugenden Beweis für die Existenz und die Güte Gottes und leitete daraus das Recht zu überschwenglichster Blumigkeit der Rede ab. Wer über vernünftigen Gartenbau schrieb – und Bücher zu diesem Thema konnten es im Laufe des Jahrhunderts auf eine beachtliche Auflagenzahl bringen –, würzte seine Ausführungen mit rhapsodischen Ergüssen über das Gefühlsleben der Blumen und die menschlichen Empfindungen von Pflanzen. In Familienzeitschriften waren kleine, erbauliche Geschichten über die Gefühle von Rosen keine Seltenheit. Die Beschäftigung mit der Sprache der Blumen wurde als harmlos hingestellt. Nebenbei war die Sprache der Blumen eine Verkaufshilfe für Blumenhändler. Aber diese Dinge wirkten in dieselbe Richtung wie die Dichter und die Pfarrer: Es erleichterte die erotische Verschiebung, weg von unerlaubten menschlichen Zielen.

Daß der Bürger des 19. Jahrhunderts in seiner Naturliebe sinnlich schwelgte, ist nicht bloß eine theoretische Vermutung. Es verrät sich an konkreten Metaphern, Vergleichen, Versen. Robert Browning war ein Dichter, der unbedenklicher als viele andere Sexualität in die Entstehung seiner Gedichte einfließen ließ. Eine Wolke sah er als Busen («western cloud / All billowy bosomed»), Blumen als nackte urtümliche Gestalten («primal naked forms of flowers»).[26] Die Lyrik des 19. Jahrhunderts strotzt von solchen Provokationen. Ebenso die Prosa. Die Naturwissenschaft der Zeit feierte geistige Triumphe, und die alten anthropomorphen Sehnsüchte nach der Natur als der nährenden, umarmenden Mutter verloren an Dringlichkeit. Physiker, Chemiker, Astronomen, Biologen nahmen Abstand von solch verführerischer Rhetorik. Statt dessen konzentrierten sie sich darauf, Naturphänomene zu beschreiben und nach ihren Gesetzmäßigkeiten zu forschen. Trotzdem sah das Jahrhundert weiterhin alte und neue Huldigungen an die Natur. Es gab jenen herrlichen, Goethe zugeschriebenen Hymnus an die Natur, von dem Freud sagt, er habe ihn bewogen, Medizin zu studieren; es gab Emersons vielzitierte Essays über die Natur, in denen er «eine ursprüngliche Beziehung zum Kosmos» suchte.[27] Selbst Carlyle, der sich gern als unerbittliche Geißel der Empfindungstümelei verstand, ließ das Auf und Ab der Liebe im Theater der Natur spielen. Sein Herr Teufelsdröckh erlebt «Blumine» – welch sprechender Mädchenname! – als Naturgewalt. Sie, die Blume, ist eine «Rosen-Göttin», eine «Königin des Herzens». Wie Herr Teufelsdröckh entdeckt, ist die Liebe zu ihr nicht einfach eine Erektion: Sie ist wie das Anhören von Musik, wie das Wandern auf den lichten Höhen der Bergesspitzen. Blumines Worte «kamen über ihn wie Thau auf durstiges Gras». Diese «Liebes-Manie» kann natürlich nicht von Dauer sein: Blumine schickt ihn fort. Aber bis zum orgastischen Schluß hilft die Sprache der Natur Carlyle, das Unaussprechliche auszusprechen: «‹Sie legte ihre Hand in die seine, sie sah ihm ins Antlitz, und Thränen begannen, ihr Aug' zu füllen; da drückt' er sie in wildem Muthe an den Busen; ihre Lippen fanden sich; ihrer beider Seelen, wie zwei Tropfen Thau, stürzten ineinander – zum ersten Male – und zum letzten!› So ward Teufelsdröckh unsterblich gemacht durch einen Kuß. Und dann? Nun, dann – ‹rauschten dichte Vorhänge der Nacht über seine Seele, und es erhob sich unermeßlich das Jüngste Gericht; und durch die Ruinen eines vernichteten Weltalls stürzte er hinab, hinab in das Bodenlose.›» Der bekümmerte Herr Teufelsdröckh sucht symbolischen Trost bei der mütterlichen Natur: «In die Wildheit der Natur» zieht es ihn, «als ob er an ihrem Mutterbusen nach Heilung trachte».[28] Das war so deutlich, wie die Autoren des 19. Jahrhunderts nur werden konnten.

Solche und ähnliche Texte zeugen von dem unerschöpflichen, unbewußten Bedürfnis, die Liebe in einer ozeanischen regressiven Wiedervereinigung mit dem ersten aller Liebesobjekte zu finden, aber auch von dem Bedürfnis, erotische Wünsche hinter einem wohlanständigen, zurückhaltenden Vokabular zu verstecken. Zahllose Liebende in der Literatur des 19. Jahrhunderts lehnten den Kopf an den Busen der Natur, lauschten, wie der Sänger der «Schönen Müllerin», dem Sirenengesang des Baches oder lasen ihre Liebesnot in den tiefziehenden Gewitterwolken. Und darum fühlten auch die Verfasser von Gartenbüchern sich berechtigt, hin und wieder den praktisch-sachlichen Ton fallenzulassen und sachte mit erotischen Metaphern zu spielen. «Der Blumengarten», schreibt Louisa Johnson Ende der dreißiger Jahre des 19. Jahrhunderts in ihrem Ratgeber *Every Lady Her Own Flower Gardener*, «ist zur beherrschenden Leidenschaft englischer Damen geworden.» Er zwingt zu Vernunft und Urteil; er ist ernstem Nachdenken ebenso förderlich wie dem harmlosen, eleganten Spiel der Laune. «Herz und Neigungen der Jungen und Alleinstehenden meines Geschlechts werden von einem Blumengarten ebenso angesprochen, wie ein Kinderzimmer die Gefühle der reifen Frau anspricht.» Ein Garten, so hatte Louisa Johnson einleitend versichert, «bietet das reinste aller menschlichen Vergnügen».[29] Daß er starkes Vergnügen bereitet, ist gut belegt; wirkt er doch auf die «Laune» und reizt die «Neigungen». Daß das Vergnügen das reinste war, ist hingegen nicht so sicher.

Gartenarbeit war in jenen Jahren gutsituierten, behüteten jungen Damen vorbehalten. Nach Meinung der meisten Männer hatten sie es nötiger, ihre Phantasie zu betätigen, als die welterfahrenen Männer selbst. Das ist jedenfalls die Botschaft von Thomas Bridgemans *Florist's Guide*. Die Gartenarbeit, so Bridgeman, bereite «nachhaltiges geistiges Vergnügen» und halte die Menschen vom Laster ab. Aber der allgemeine Tenor des Buches, das sich «an das sanftere Geschlecht» wendet, ist weniger viril. Das Buch schließt mit einer kunstvollen Allegorie, «Der Ehe-Garten», einem Schwelgen in sinnlichen Metaphern. Die Ehe ist etwas «Abgeschlossenes», ein «verborgener Wohnsitz», genau wie ein Garten. Dieser «köstlichen Einfriedung» muß man sich «umsichtig und vorsichtig» nähern. Die weiblichen Geschlechtsorgane, dieser verborgene Wohnsitz, scheinen hier von einem randvoll mit Metaphern gefüllten Graben umgeben zu sein: Sie liegen verborgen hinter der Idee der Ehe, die Bridgeman wiederum als umfriedeten Garten sieht. Für gewöhnlich betritt man diesen Garten fröhlich und ausgelassen. «Blumen von jeder Farbe und jedem Duft sind ausgestreut, um das Auge zu bezaubern und den Geschmack zu erfreuen.» Dennoch: Einige Pflanzen sind schädlich und müssen ausgerottet werden. Dauerhaftes Glück in diesem Garten mag nur ein Traum sein; aber, wie Bridgeman der Leserin rät: «Wenn du darauf begierig bist, daß dieser Garten allen Segen trägt, den er tragen kann, dann mußt du jene wundervolle Blume FROHSINN mitnehmen, die von allen Blumen der Natur die köstlichste und zarteste ist.» Diese Blume fallenzulassen oder zu verlieren wäre ein Unglück; sie ist ein «Schatz, den nichts ersetzen kann». Impotenz oder Kastration sind irreparabel. Viele Wege in diesem eingefriedeten Garten, etwa die an den «Pfad des Honigmonds» angrenzenden, sollten besser gemieden werden; viele Sträucher sind giftig. Da gibt es zum Beispiel diese «zähe, wetterharte Pflanze namens STARRSINN»; sie ist unverdaulich und, in größeren Mengen genossen, tödlich. Gleich gegenüber aber findet sich «jener liebreizende, blühende Busch namens WILLIGKEIT; zwar behagt er dem Gaumen nicht immer, doch ist er sehr heilkräftig.» Er hinterläßt «einen süßen Geschmack im Munde» und bringt endlich «die köstlichste Frucht. Trag' immer einen kräftigen Zweig davon in der Hand!»[30] Und so weiter, durch manche anderen Büsche hindurch, bis zum Ende dieser hausgemachten Philosophie.

Es mag hart und übertrieben erscheinen, dieses mehr oder weniger belanglose Nachwort zu einem ansonsten brauchbaren Gartenratgeber als konsequente Metapher auf Geschlechtsverkehr oder sexuelle Panik zu lesen. Sicher war es nicht Bridgemans Absicht, gehobene Pornographie für junge Damen zu schreiben. Aber gerade weil «Der Ehe-Garten» so harmlos ist, verweist er auf die von respektablen Bürgerinnen durch «feine» Gartenarbeit getätigte Investition von Erotik. Die Gartenarbeit war ihnen ein Ersatz für weniger akzeptable Unternehmungen; sie gab ihnen die Möglichkeit, ihren Ängsten im Zusammenhang mit den drängenden Forderungen der Liebe den Stachel zu nehmen.

Die Liebe zur Natur barg also für den Sinnlichen die profitabelsten Möglichkeiten. Sie konnte Sexualität köstlicher machen, indem sie erotische Erinnerungen wiederbelebte und in Ehren gehaltenen Jahrestagen besonderes Gewicht gab. In einer normalen Lebensgeschichte war zu erwarten, daß die Sinnlichkeit des Heranwachsenden die Natur zum Gegenstand grenzenloser und gefährlicher Sehnsüchte machte. Einmal glücklich verheiratet, mochte dem Erwachsenen dann die Natur dazu dienen, seinen Liebeserfüllungen ein besonderes Aroma zu verleihen. Diese Scheidung war aber keineswegs absolut. Charles Kingsley war ein frühreifer Knabe und von frühestem Alter an ungeheuer an der Liebe interessiert. Als er gerade sechzehn war, hatte er die eben skizzierte Dialektik bereits erfaßt. Einem Freund, der ihn offenbar um Rat gefragt hatte, schrieb er: «Lehre sie, Gott zu lieben; lehre sie, die Natur zu lieben. Gott ist die Liebe; je mehr wir Ihn lieben, desto mehr lieben wir alle Menschen, die um uns sind.»[31] Kingsley wußte, wovon er sprach.

Seine tiefempfundenen, stimmungsvollen Naturschilderungen, von Kritikern als das Beste an seinen Romanen beurteilt, verraten seine Erregung in Gegenwart der Natur. Rückblickend auf seine Cambridger Zeit schrieb er: «Nachdem einmal die Liebe zur Natur mein ganzes Glück ausmachte, fand ich in den ‹schattigen Erinnerungen› und vagen Empfindungen, die die unbeseelte Schöpfung in mir aufrief, eine Ader geheimnisvollsten Reichtums, in der ich schwelgte, ohne ihren Wert zu ermessen. Das Ungeheure und das Erhabene, oder die Erregung heftiger Bewegung, erschütterte mich fast bis zum Wahnsinn; seltsame Tränen hab' ich, ich weiß nicht warum, vergossen beim Anblick der üppigsten und sonnigsten Szenerien.» Vor allem die Adjektive Kingsleys – geheimnisvoll, üppig, köstlich – offenbaren die explosive erotische Geladenheit der Natur. So kann er «das köstliche Erzittern dieser Espenblätter» notieren, und in einem Brief an das Mädchen, das er liebt, heißt es: «Diese köstlichen selbstgepflanzten Koniferen! Bei jedem Schritt höre ich, wie sie mir zuflüstern von Dir, und das köstliche Gestern verschmilzt mit dem noch köstlicheren Morgen.»[32]

Kingsley war sich völlig darüber im klaren, daß seine Liebe zur Natur erotischen Ursprungs war. Nicht lange, nachdem er der jungen Frau begegnet war, die er einmal heiraten sollte, versprach er ihr, eines Tages zu erzählen «von den Traumtagen der Knabenzeit, da ich nichts als das Gegenständliche kannte und verehrte». In jenen Tagen habe ihn einzig gefreut «das halb sinnliche Entzücken des Ohrs und des Auges, die Sonne und die Sterne, Wald und Welle, das *schöne Unbeseelte* in jeder Gestalt». Kingsley hatte auch nicht das Gefühl, diese seine Verfassung entschuldigen zu müssen. Im selben Jahr schrieb er an seine Freundin: «Wenn ich also von Erregung rede, dann nicht, weil ich die Erregbarkeit abschaffen will, sondern weil ich sie auf das rechte Geleise lenken und unter Kontrolle bringen will.» Er hatte nicht das Gefühl, sich entschuldigen zu müssen, weil er sein sinnliches Umfangen der Natur mit religiösen Qualitäten ausstatten konnte. Fern von Fanny Grenfell, unsicher, ob er sie je würde heiraten können, tröstete er sich – und sie – mit einer Kette von Metaphern aus dem Bereich der zeugungskräftigen Natur. Im August 1842 schreibt er an sie: «Mögen jetzt auch Wolken zwischen uns stehen, so sind sie doch harmlos und trocken, künden nicht Sturm oder Regen – unser jetziges Getrenntsein ist ruhiges, bedecktes Wetter, bei dem alles Zarte in der warmen, feuchten Luft sprießt und knospt, um beim nächsten Hervorbrechen der Sonne Blüte und Frucht zu treiben. Laß uns zärtliche Gedanken pflanzen und hegen, in der sicheren Gewißheit, daß in Freuden erntet, wer mit Tränen sät.» Diese Begeisterung hörte mit der Heirat nicht auf. Je mehr Kingsley seine Frau liebte, desto mehr liebte er die Natur. 1849 schickte er ihr von einer einsamen Wanderung ein Gedicht, in dem er die «grünen Blätter», die «rosigen Felsen» und «braunen Bäche» befragt, was sie ihm sagen wollen. Ihre Botschaft, so bringt er heraus, ist die bräutliche, fruchtgesegnete Liebe. «Unter vielen frohen Tränen» habe er das Gedicht geschrieben, ließ er seine Frau wissen.[33] Die Natur war für Kingsley ein Schutz vor erotischer Lust, viel mehr aber noch deren sprudelnde Quelle.

Stärker als Wald und Flur riß das Wasser Kingsley zu rhapsodischen Ausbrüchen hin. Er spricht vom «purpurnen Schleier des Wassers», ganz zu schweigen von der *feurigen See*. Für andere, wie Amiel oder Whitman, war Baden, oder auch nur das Sichräkeln im nassen Element, ein intensives sinnliches Erlebnis – erfrischend und erregend zugleich. Amiel nannte in seinem privaten Tagebuch Venus Anadyomene, die meerentstiegene Göttin der Liebe, in einem Atemzug mit einem kalten Bad. Flaubert läßt seine Emma Bovary, diese dem Untergang Geweihte, «träge die Glieder räkeln», während sie in dem verliebten, hoffnungslos banalen Wortschwall ihres Verehrers Rodolphe badet.[34] Seit den vierziger Jahren des 19. Jahrhunderts gab es in den USA hydropathische Etablissements, die diese Wasser-Erotik institutionalisierten. Die Frauen, die dort verkehrten, wie beispielsweise Catherine Beecher, fanden dort die Möglichkeit, ungeniert über ihren Körper zu sprechen und ihn mehr oder weniger kunstlos zu genießen. 1846 beschreibt das *Water Cure Journal* die hydropathische Prozedur: «Ein großes Tuch aus grobem Stoff wird auf eine Matratze gebreitet. Der Patient legt sich, in ein nasses Laken gehüllt, darauf nieder und wird mit weiteren Tüchern von Kopf bis Fuß fest eingepackt.» Nachdem er ordentlich geschwitzt hat, «wird der Patient ausgepackt und steigt in ein flaches Bad, vorzugsweise ein Vollbad». Dieser Übergang «von ausgiebiger Transpiration zu kaltem Wasser ist nicht nur völlig ungefährlich, sondern sogar höchst wohltätig. Als Ergebnis stellen sich eine starke Reaktion des Körpers und ein hohes Maß an Kräftigung und Wohlbefinden ein.»[35] Das glaubt man gerne. Diese Art von Behandlung bot manche Freuden des Geschlechtsverkehrs und war doch viel sicherer als dieser.

Besucherinnen wie eben Catherine Beecher verbürgten jedoch die Respektabilität sowohl der hydropathischen Institute als auch der dort verabfolgten taktilen Reize. Demgegenüber erinnert sich Natalie Barney, eine erklärte heterodoxe Sensualistin, in ihrer Autobiographie, wie ihr als etwa zwölfjährigem Kind ein Wasserstrahl als ausgefallenes Masturbationsinstrument diente: «Das Wasser, das ich aus dem Schnabel eines Spielzeugschwans zwischen meinen Schenkeln empordrückte, bereitete mir intensivste Empfindungen.» Es war, als ob sie nun zur Herbeiführung sexueller Lust keines anderen Menschen mehr bedürfe: «Ich war meine eigene Geliebte geworden.»[36] Die meisten anderen Liebhaber des nassen Elements waren nicht ganz so experimentierfreudig. Sie erlebten die Wonnen des Wassers in diskreterer Form.

Mabel Loomis Todd, diese mitteilsame und ungenierte Autobiographin, hatte einen ausgeprägten, erotisierten Geruchssinn; außerdem besaß sie eine vibrierende Empfindlichkeit gegen Berührung, zumal gegen das Gefühl von Feuchtigkeit auf der Haut. «Um die Music Hall hängt ein feiner Geruch», schreibt sie nach einem Besuch in Boston. «Gerüche haben immer diese Macht über mich gehabt. Wie nichts anderes wecken sie in mir Gefühle und Erinnerungen.» Das stimmte allerdings nicht ganz. Mindestens genauso sinnlich ist Mabel Todd, wenn sie beschreibt, was sie gesehen, gehört und betastet hat. «Wieder einmal an einem der schönsten Flecken der Erde!» schrieb sie, kaum zwanzigjährig, im Sommer 1877 aus Hampton (New Hampshire). «Es ist eine Freude, die an Verzückung grenzt, an dem weißen Strand zu stehen, wo die Brecher in langen Reihen schäumend heranrollen, die Sonne draußen auf den kleinen Wellen spielt und der liebe Ostwind einem die Gesundheit ins Gesicht bläst! Eine Verzückung, die ich noch bei keiner anderen Gelegenheit erlebt habe und die ich nur schwach erahne, wenn ich weißen Rauch aus einer Pfeife oder einem Kamin aufsteigen sehe.» Das alles wirkt zusammen, «daß das Blut heiter durch meine Venen tanzt».[37] Für manche vorgestanzten Formeln muß man Mabel Todd ihre Jugend zugute halten – wie viele herrliche Flecken auf Erden kannte sie? Was wußte sie von Verzückung? – ihren späteren Mann David Peck Todd kannte sie noch nicht. Aber die Genauigkeit, mit der sie das Prickeln des gischthaltigen Windes im Gesicht registriert, und die unbewußten phallischen Phantasien beim Anblick von Pfeifen und Kaminen deuten darauf hin, daß der Anschluß an die Welt der Natur (und der Symbole) sie mit sexueller Spannung auflud.

An einer nachdenklichen Stelle wurde Mabel Loomis, wie sie damals noch hieß, der Verschmelzung der Gefühle in ihrer empfänglichen Seele gerecht; sie zeugt auch von der Leichtigkeit, mit der sie Gefühle von *einem* Objekt ihres leidenschaftlichen Interesses auf ein anderes verschob. «Ich schreibe jetzt in der Hängematte; die Sonne ist eben untergegangen. Die Ruhe des Abends nach einem vollkommenen Tag zieht herauf. Die Vögel singen und tirilieren in den Apfelbäumen, u. im Westen ist der Himmel voller lauterem Gold.» Sie war froh, fast ihr ganzes Leben lang Tagebuch geführt zu haben. «Es ist angenehm, zurückzublicken und zu sehen, wo ich meinen Spaß gehabt habe, wem ich begegnet bin, und auch zu sehen, wie ich in verschiedener Hinsicht weitergekommen bin, weil ich immer aufschreibe, was mich gerade am meisten interessiert. Erst war es die Schule, kleine Parties, dann Kirche und Theologie und Jungens, und danach Musik und Schreiben, Romantik, – dann Natur und Malen, das Meer, vieles davon gleichzeitig, bis jetzt – was soll ich von mir sagen?» Hier waren sie alle versammelt, die Vehikel ihrer Sinnlichkeit. «Musik immer und ewig, Romantik? Ja, Romantik in gewisser Weise immer, Heldenverehrung, leidenschaftliche Liebe zum Meer und zu aller Natur, der Wunsch, einen vollkommenen Charakter zu haben, was ich manchmal zu erreichen versuche u. manchmal vergesse, eine große Liebe zu Büchern und Bildern, Plastiken und allem Schönen, und eine heftige Liebe zu Behaglichkeit und Genuß. ‹Gewiß ist Genuß das Ziel des Lebens›, oder etwas in der Art, hat ein Philosoph gesagt.»[38] Wie immer klingt ihre Prosa etwas verdächtig: Der vollkommene Tag, das Tirilieren der Vögel, das lautere Gold des Abendhimmels wirken ein wenig mechanisch; sie wecken die Vorstellung einer befangenen jungen Dame, die sich beim Tagebuchschreiben selbst über die Schulter schaut. Aber wie meistens löst sich Mabel Todd auch hier von Routine und Ritual und dringt zu tieferen Quellen ihres Fühlens vor. Ihre Ausführungen sind erfrischend frei von erheuchelten Phrasen über höhere Pflichten und moralische Obliegenheiten – selbst die Bestrebungen zur Vervollkommnung ihres Charakters bleiben in gelegentlichen Anläufen stecken; sie entwirft einen Fahrplan der Vergnügungen, die sie, eine sinnliche junge Frau, genossen hat und wieder zu genießen hofft.

Das war im Sommer 1877. Im Herbst desselben Jahres trug sie eine amüsante kleine Privatfehde mit einem jungen Mann aus ihrer Bekanntschaft aus. «Unkultiviert in den feineren Dingen des Lebens und der Gesellschaft», wollte er das von ihr so geliebte Adjektiv «delicious» (köstlich) nur auf «Eßbares und Trinkbares» angewendet sehen. Mit einem Anflug von Versnobtheit, der in seltsamem Gegensatz zu ihrem erklärten Radikalismus steht, behauptet sie, «erstklassige Autoren» hätten dieses Wort in *Atlantic* großzügiger gebraucht. Sie hätte auch Charles Kingsley anführen können. Wie wir wissen, fand er Koniferen und zitternde Espen «köstlich» – Vorboten einer köstlichen Zukunft. Der Grund für ihren Ausbruch war, daß sie ihr geliebtes «köstlich» auf die herbstliche Färbung der Ahornbäume anwenden wollte. «Ich bin so froh, daß ich solches tiefe Glück bei solch einfachen Dingen empfinde wie einem Spaziergang mit Vater und Mutter unter einem wunderschön wolkenverhangenen, grauen Himmel, wo ich stehen bleibe und alle die lieben Dinge betrachte, die da am Wegrand wachsen.» Es gehörte zu ihrem etwas übersteigerten Bild von sich selbst, natürliche Einfachheit mit Kultiviertheit zu verbinden.[39]

Nachdem sie verheiratet war und ihre Sexualität genoß, stellte sie viel offener die Verbindung zwischen Natur und Erotik her. Nicht lange nach der Geburt ihrer Tochter erinnerte sie sich an eine Urlaubsreise, die sie mit ihrem Mann während der ersten Monate ihrer Schwangerschaft unternommen hatte. An einem Julitag in Watkins (New York) «erkundeten mein Liebling u. ich den Glen – und nie werde ich daran denken können, ohne an die heilige Liebe zu denken, die jeden Felsen u. jeden Wasserfall, jeden Farn u. jede Glockenblume verklärte; sie zeigte sich in zärtlichen Worten u. noch zärtlicherer Rücksichtnahme auf mich beim Klettern u. in den süßesten Liebkosungen in jedem versteckten Winkel.» In ihrem Tagebuch überläßt sie sich willig dem Strom ihrer Assoziationen. Sie erwähnt «all diese zarten Zeichen, die den Tod des Sommers künden und die ich so leidenschaftlich liebte, ja die ich brauche, um wahrhaft glücklich zu sein», und «meinen Ozean – für mich der Herr aller Natur —», um endlich, ohne Pause, ihren «lieben kostbaren Gatten» zu erwähnen, «ohne den ich wahrlich Durst leide».[40] Die Ehe hatte ihrer Naturliebe ein neues Element hinzugefügt: die Erinnerung.

Diese Form einer erotischen Assimilierung der Natur bewahrte Mabel Todd auch in der Zeit ihrer Reife. Ihre Naturliebe explodierte förmlich im Verlauf der langen Affäre mit Austin Dickinson. Als Mabel Todd eine Liste von Dickinsons unvergleichlichen Vorzügen anlegt, vergißt sie als einen seiner schönsten Charakterzüge nicht seine Naturliebe. Im Laufe der Jahre, während des Fortgangs ihrer traurig-ekstatischen Liebe, füllte sich die Natur mehr und mehr mit Erinnerungen und Assoziationen. Anfang Herbst 1885 notiert sie sich eine Fahrt von Northampton ins Tagebuch, auf der ihr das Bild Dickinsons «so lebendig zur Seite war». «Die Wolken waren so leicht und so luftig – die Schatten glitten an Holyoke hernieder – der Duft von Klee und frischem Heu hing in der Luft. Die Wegesränder waren gesäumt mit großen Gänseblumen, deren Augen wie Purpur leuchteten, und wilden Rosen» – und alles, alles sprach ihr von Austin Dickinson. Während die beiden mit dem Gedanken spielten, sich von ihrem jeweiligen Partner scheiden zu lassen, und sogar Todeswünsche gegen die lebendigen Hinderungsgründe ihrer Verehelichung hegten, verliehen sie gemeinsam erlebten Klängen und Schauplätzen ihre geheime, lustvolle Bedeutung. Das Rebhuhn, das im Frühlingswald schlug, die heißen Augusttage, die sie sich für ihre Ausflüge ausgesucht hatten, das zirpende Heimchen: alles wurde zum Sinnbild erinnerter Wonne und betrogener Hoffnung.[41]

Über mehrere liebliche Augusttage des Jahres 1895 hinweg schrieb Mabel Todd einen angstvollen Brief – einen einzigen Schmerzenslaut, unterbrochen von illusorischem Optimismus. Er war an Austin Dickinson gerichtet, der, ihr unerreichbar, in seiner Wohnung im Sterben lag. Und wieder zirpten die Heimchen: «Hörst Du die Heimchen, mein Geliebter, *unsere* Heimchen, in der Dämmerung? Und wenn Du sie hörst, denkst Du an mich?» In trauervoller Auflehnung beschwor sie noch einmal den August, ihren August. «In all diesen schönen Augusttagen kann ich kaum atmen ohne Dich. *Unser* Monat, und Du so krank, daß sie Dich vor mir verschließen – aber nur eine Weile, Lieber. Du wirst wiederkommen, und dann will ich Dir sagen, wie einsam die Lichter und die Schatten waren auf den fernen, dunklen Bergen, und wie der blaue Duft mir die Kehle abschnürte und mein Auge blendete, und wie ich an dem reichen Geruch von Tabak und Mais erstickte vor Wehmut und Erwartung.» Sie kam nie mehr dazu, ihm von den Bergen und dem Duft und dem Geruch von Mais zu erzählen: Noch in der nämlichen Woche starb Dickinson. Am 18. August, dem Tag vor seinem Begräbnis, machte sie eine unglückliche kleine Eintragung: «Stiller, unsagbar schöner Augusttag, am Abend zirpen Insekten, und Heimchen, unsere Heimchen.»[42] Katastrophen sind bedrohlich, aber sie mobilisieren auch Abwehrkräfte. Sie bereichern das Repertoire der Reaktionen auf unwiderruflichen Verlust um das Ungeschehenmachen; was geschieht, kann nicht geschehen. So sucht der Leidende aus dem Scheitern der Hoffnung die traurigen Reste erinnerter Erfüllungen zu retten. Inmitten von Verzweiflung und Niederlage beharrt die Sinnlichkeit auf ihren Strategien.

3. «Drüsen»-Christentum

Von den Schleichwegen, die eine verhinderte Sexualität auf der Suche nach Erfüllung im bürgerlichen Jahrhundert nehmen konnte, war jener am interessantesten, der auf das Gebiet der Religion ausgriff. Schließlich war es für die Mittelschichten das Zeitalter eines angefochtenen Glaubens: Der Glaube war zwar normalerweise ererbt, aber oft genug nachdenklich und irritiert zugleich. Es gab Gläubige, zumal gegen Ende des Jahrhunderts, denen gewisse Formen der Liebe zu Gott reichlich suspekt vorkamen. Die Wissenschaft hatte mittlerweile den religiösen Fanatismus heranwachsender Jünglinge und ältlicher Jungfrauen als eine aus unbefriedigter Erotik entspringende Krankheit erkannt. Clara Barrus, die Bewunderin und Biographin des Dichters und Naturforschers John Burroughs, sprach es 1895 offen aus: Frauen, die sich einbilden, sie seien «die Jungfrau Maria, die Braut Christi, die Kirche, ‹das Weib Gottes›, zeigen mit Sicherheit früher oder später Symptome, die erkennen lassen, daß sie in der einen oder anderen Weise sexuell zu kurz gekommen sind».

Der Ton mochte unmöglich sein; die Botschaft war es nicht. Schon 1817 hatte Stendhal in Bologna die Stunde des abendlichen Ave Maria als die Stunde der Zärtlichkeit, der Freuden der Seele und der Melancholie empfunden – gesteigert durch den Klang der Glocken. Anfang der vierziger Jahre hatte Amiel dem «furchterregenden» Romancier Balzac das Kompliment gemacht, er verstehe alles, auch «die Wonnen des Glaubens» und die «Mysterien der Ekstase». 1850 bekannte Amiel mit der ihm eigenen Mischung aus Freimut und Hellsichtigkeit, daß geistliche Musik wie Rossinis *Stabat Mater* oder ein Terzett aus Haydns *Schöpfung* ihn tief bewegt habe: «Weckte in mir all die köstlichen Empfindungen früherer Tage.»[43]

1901 und 1902 hielt William James seine klassisch gewordenen Gifford-Vorträge über *The Varieties of Religious Experience* («Die Verschiedenheit des religiösen Erlebens»). In ihnen warnte er vor der modischen Gewohnheit, Religion umstandslos auf Sexualität zu reduzieren. Er sah darin eine nur allzu beliebte Methode, Geisteshaltungen zu diskreditieren, gegen die man Antipathie empfindet.[44] Die Mobilisierung der Psychologie im Dienste polemischer Aggression störte ihn, und nicht ohne Grund. Seine Kritik macht aber deutlich, wie verbreitet jener Reduktionismus war. Immerhin muß man sagen, daß es auch zu James' Zeiten möglich war, die sinnlichen Beimengungen der Religion nüchtern und ohne jede Herablassung festzustellen. So heißt es in George Eliots *Adam Bede* über Seth Bedes erste Liebe: «Sie war kaum von religiösem Gefühl zu unterscheiden. Jede tiefe und wertvolle Liebe ist so, ob zum Weibe oder zum Kind, zur Kunst oder zur Musik.» Gewiß waren es besonders die Ungläubigen, denen es Vergnügen bereitete, den engen Beziehungen zwischen religiösen Empfindungen und sinnlichen Bedürfnissen nachzuspüren – dem hartnäckigen Fortbestand dessen, was Freud einmal die «religiös-libidinöse Wolke» im Zeitalter der Naturwissenschaft nennt. Es bereitete ein erlesenes Vergnügen, den eigenen, emsig gepflegten Antiklerikalismus wissenschaftlich untermauert zu sehen.[45] Dennoch war die Entdeckung dieser Beziehung nicht das Vorrecht antiklerikaler Polemiker, die wieder einmal die alten, bösen Witze über liebestolle Priester, geile Beichtväter und nur allzu willige Büßerinnen aufwärmten. Die oben zitierten Äußerungen Eliots, Stendhals und Amiels beweisen, daß man der Religion wohlwollend gegenüberstehen und trotzdem ihre Affinität zu erotischen Trieben anerkennen konnte.

So konnte Krafft-Ebing Ende der achtziger Jahre in seiner *Psychopathia Sexualis* gelassen betonen: «Jene anfangs dunklen, unverständlichen Dränge», die in der Adoleszenz als Sexualität ausbrechen, «gehen mit einer mächtigen Erregung des Gefühlslebens einher», die sich auch in

Religion und Dichtung bewährt. Havelock Ellis konnte 1900 in seinem
Essay über den «autoerotischen Faktor in der Religion», ohne Wider-
sprüche fürchten zu müssen, sagen: «Der enge Zusammenhang zwischen
erotischen und religiösen Gefühlen ist jedermann bekannt, der regelmäßig in engen Kontakt mit den Erscheinungen des religiösen Lebens tritt.»
Er zitierte eine Reihe neuerer Untersuchungen, die zum Teil recht
theatralisch einen dynamischen Einfluß der Sexualpathologie auf die
religiöse Inbrunst zu erkennen meinten. Ellis führte das Leben christlicher Heiliger und Märtyrer und ihren Opfermut zumindest teilweise auf
eine «Verzückung» zurück, die sie «offen aus dem Geschlechtstrieb
ableiteten». Damit legte Ellis zu Recht die Vermutung nahe, daß der
Mechanismus der Verschiebung weit älter war als das bürgerliche Jahrhundert. Und jedenfalls erinnert die fast peinlich unverhohlene Mischung
aus heiliger und orgastischer Ekstase, die Bernini seiner berühmten
Plastik der hl. Theresa in Rom mitteilt, an die Tatsache, daß Religiosität
schon lange vor Havelock Ellis ihre sinnliche Seite hatte.[46]

Was macht das Phänomen der Verschiebung nun im Zusammenhang
mit der Mittelschicht des 19. Jahrhunderts so besonders interessant? Es
ist die Verallgemeinerung dieses Phänomens von den Heiligen auf alle
normalen Sterblichen sowie der Umstand, daß nun befangene und selbstkritische Bürger begannen, es zu erforschen. Diese hervorragende Bedeutung der Religion als Zuflucht und Vorwand der Sinnlichkeit ist ein
weiteres, höchst überzeugendes Beispiel für den Druck der Realität: Da
die Religion für Geist und Seele der Mittelschicht im 19. Jahrhundert eine
so zentrale Rolle spielte, erwies sie sich als unerschöpfliche Quelle für
jene, die für ihre erotischen Bedürfnisse indirekte, zulässige Formen des
Ausdrucks suchten.

Für Ellis und seine Gewährsleute war die Dynamik der Verschiebung
kein Geheimnis: «Die Unterdrückung der sexuellen Gefühle erzeugt
häufig ein starkes Kraftreservoir für religiöse Gefühle.» Nur allzuoft
«durchbrechen die unterdrückten sexuellen Gefühle jedes Hindernis».
Andere Autoritäten sahen in gewohnheitsmäßiger «Selbstbefleckung» die
Quelle der Hysterie, die ihrerseits das Trugbild einer unermeßlichen
Gottesliebe zeitigte. Religiöser Überschwang und übergroße geschlechtliche Erregbarkeit gingen für den katholischen Gelehrten Carl Capellmann oft Hand in Hand, besonders bei unverbesserlichen Masturban-
ten.[47] Diese klinische, distanzierte Betrachtungsweise war wie eine kalte
Dusche auf die erhabene Vision der deutschen Romantiker, denen Liebe
und Religion Zwillingsgottheiten waren.

Nach Havelock Ellis' Ansicht war es vor allem die Zeit der Adoleszenz, in der der Drang nach sexueller Erfüllung am gebieterischsten und

also am verstörendsten ist. Andere Fachleute nannten andere kritische Phasen. Der deutsche Arzt Dr. E. Heinrich Kisch sah 1874 das Klimakterium als denjenigen Zeitpunkt, wo die Sexualität der Frau Verschiebungen besonders zugänglich ist. Wenn die Frauen davon überzeugt sind, daß ihre körperlichen Reize dahinschwinden, werden sie zänkisch und egoistisch und zeigen jenen «Zug zur religiösen Schwärmerei, welcher oft krankhaft ausartet». Bezeichnenderweise teilte Dr. Kisch diese Beobachtungen in einem Buch über Frauen mit: Die Sexualforscher hielten Frauen für besonders anfällig gegen diese Art Schwärmerei, die nicht nur wissenschaftliche Würdigungen erfuhr, sondern respektlose Spötter und das Zerrbild des weinerlich-bigotten alten Weibes auf den Plan rief. Anfang der fünfziger Jahre hatten die Brüder Goncourt – zynisch und frauenfeindlich wie immer, aber im Einklang mit den Vorurteilen ihrer Zeit – die religiösen Gefühle des Mannes scharf abgegrenzt gegen die des Weibes. Die Religiosität der Frau galt ihnen als reiner Vorwand für hemmungslose Sinnlichkeit. «Für Frauen ist die Religion nicht jene Zucht, der der Mann sich unterwirft. Sie ist ihnen verliebtes Verströmen, eine Gelegenheit zu romantischer Andacht. Bei jungen Mädchen ist sie ein sanktioniertes Ventil, die Erlaubnis zur Verzückung, die Ermächtigung zu mystischen Abenteuern.» Erweist sich der Beichtvater als zu milde und zu menschlich, so werfen sich die Mädchen einem strengeren in die Arme, «der das bürgerliche Leben ersetzt durch ein Leben der unechten Gefühle, durch ein Martyrium, das die Märtyrer in ihren eigenen Augen interessant und übermenschlich macht».[48] Zumindest bei Frauen schien die religiöse Erregung auch eine nicht wegzudenkende masochistische Komponente zu haben.

Diese herablassende Ansicht entsprach voll und ganz der spöttischen Meinung, die die Männer von den Geistesgaben der Frauen hatten. Doch gab es Forscher, die zugaben, daß auch Männer von solchen Anfechtungen keineswegs verschont blieben. 1901 gestand zum Beispiel Dr. Siebert, daß er in seiner Jugend erotische Wünsche auf religiöse Gegenstände umgelenkt habe. Er habe an «einer schwärmerischen Religiosität» gelitten, wobei in seinen Empfindungen deutlich etwas Sexuelles mitschwang. Das allmähliche Abklingen seines milden religiösen Wahns sei mit einer Besserung seines Geschlechtslebens einhergegangen. Liberale Bürger nahmen bekanntlich das unermüdliche Interesse lästiger Sittenrichter an unzüchtigen Bildern und schlüpfrigen Schriften aufs Korn und warfen den Sauberkeitsaposteln eine unbewußte, aber ununterdrückbare Schmutzigkeit der Gesinnung vor. Ezra Heywood, der unerschrockene Widersacher Anthony Comstocks und seiner organisierten christlichen Verbündeten, kanzelte Comstock als «Religions-Maniak» ab, hinter dem «der laszive Fanatismus des Christlichen Vereins junger Männer) stehe. Wie der englische Publizist W. R. Greg 1860 den Sachverhalt formulierte: «Askese ist die Religion der Sinnlichen»; und es gab viele Menschen in seiner Zeit, deren Verhalten diesen Aphorismus als zutreffend erscheinen ließ.[49]

Was diese Kritiker attackierten, war nicht so sehr die Gottesliebe als vielmehr deren emotionale Pervertierung; Freuds Gleichsetzung von Religion und Neurose lag noch in der Zukunft und setzte sich auch nicht gleich auf Anhieb durch. Die «Heiligkeit der Ehe» war ein derart glorioser Gemeinplatz, daß es keine andere Möglichkeit zu geben schien, diese bestetablierte aller Einrichtungen zu beschreiben. Im Schlußabschnitt von *Les Misérables* konnte Victor Hugo in seiner Freude über die Ehe, die er zwischen Marius und Cosette als Happy-End gestiftet hatte, nur auf eben dieses Klischee zurückgreifen: In der Hochzeitsnacht öffnet sich der Himmel; ein Engel verwehrt den Zutritt zum Brautgemach der beiden; und in dieser Nacht wird das Haus, in dem sie schlafen, zum Tempel. Mrs. Eliza B. Duffey hielt sich also an einen praktisch ungebrochenen rhetorischen Konsens, wenn sie in *What Women Should Know* sagte: «Eine reine Ehe, in welcher Zuneigung die beherrschende Macht ist und die Leidenschaft bezähmt und gezügelt wird – in welcher der Gedanke an das Ich sekundär ist –, eine solche Ehe ist ein wahres Sakrament, das beiden Teilen zum Segen gereicht. Eine Ehe, in welcher Leidenschaft, ungeleitet von Vernunft, zu Sinnenlust entartet, ist ein entweihtes Sakrament, ein Segen, der sich zum Fluch verkehrt hat.» Selbst für eine so «absolute Radikale» wie Mabel Loomis Todd, die weit eher als Mrs. Duffey geneigt war, sexueller Erfüllung religiöse Bedeutung zuzuschreiben, war die Ehe etwas Erhabeneres als ein bloßes irdisches Arrangement. Ihr Gott, eine sorgende, wohlwollende, himmlische Ausfertigung ihres Vaters, warf ein verklärendes Licht auf die intimen Beziehungen zwischen Mann und Frau.[50]

Es bedurfte einer echten Außenseiterin wie Annie Besant, um das Illusorische in solchen Empfindungen herauszustellen. Auf ihre unglückliche Ehe zurückblickend, begann sie 1893 das, was sie ihre «Selbstanalyse» nannte. Diese Selbstanalyse war natürlich nicht so epochal wie jene, die Freud wenig später beginnen sollte; aber sie beeindruckt durch ihre Sensibilität und ihren aufrichtigen und mutigen Ernst. Als junges Mädchen hatte Annie Besant «Tagträume mystischer Art, die sich um die Gestalt Christi drehten». Die Andachtsbücher, die sie verschlang, waren «von außerordentlich glühender Sprache»; insbesondere erinnerte sie sich, daß die «aufkeimenden Gefühle meines Weibtums» ihnen unbewußt «leidenschaftliche Inbrunst» verliehen. Sie hörte allein auf ihre Christus-

verehrung und gestattete Männern nur, sich als Freund, nicht als Liebhaber zu nahen. Nach einem würdigen Opfer suchend, das sie bringen
könne, erklärte sie sich bereit, den Rev. Frank Besant zu heiraten. Das
war eine logische Wahl. Ein «unglückliches Resultat» ihrer Religiosität
sei die «Idealisierung des Geistlichen» gewesen; diese habe auf den Part
der Priester-Ehefrau «einen Abglanz gebreitet». So nahm ihre erotische
Lebensbahn eine doppelte Wende: Erst wandte sie sich von ihrer jungmädchenhaften Sinnlichkeit ab und Jesus zu; dann führte sie zu Seinem
Stellvertreter auf Erden, dem reizbaren, herrschsüchtigen Kleriker, der
ihr bald zeigte, wer der Herr im Hause war.[51] Die Lehre, die Annie
Besant daraus zog, war freilich nicht die, die er gemeint hatte; sie
durchschaute endlich die Verschiebung als das, was sie war.

Die Verschiebung geht unbewußt vor sich und ist daher für moralische
Zensuren unerreichbar. Aber sie ist letztlich ein eigennütziger Mechanismus, der zwangsläufig den Vorwurf der Heuchelei auf sich zieht. Gewiß
hinderte solche Verschiebung viele Menschen daran, sich mit den Forderungen ihrer Sinnlichkeit auseinanderzusetzen, und entstellte ihr erotisches Erleben, indem sie ihre erotischen Möglichkeiten beschnitt. Aber
sie bewirkte auch die Sanktionierung verbotener Sehnsüchte, indem sie
irdischen Leidenschaften die Würde des Religiösen verlieh. Verschiebung
ist ein zweifelhaftes Glück. Es ist ein Versuch, Repressionen zu entfliehen, der bei manchem Neurotiker damit endet, daß die Repression ihn
noch eiserner im Griff hat. Doch ist die Verschiebung im allgemeinen ein
wirksamer Abwehrmechanismus. Sie leistet das, was Abwehrmechanismen am besten leisten: Sie reduziert Angst, während sie zugleich eine
gewisse Befriedigung stürmisch fordernder Triebe erlaubt. In einer Zeit,
in welcher die respektablen Menschen aller Glaubensrichtungen, und
auch einige Ungläubige, die Lust unter Beschuß nahmen, diente die
Verschiebung dem Lustprinzip – zumindest für eine gewisse Zeit.

Havelock Ellis wie auch andere Sexualforscher im ausgehenden
19. Jahrhundert definierte Verschiebung als eine Verlagerung mentaler
Qualitäten, wobei sich Triebspannungen auf indirekten, gesellschaftlich
akzeptablen Wegen entluden. Der «auto-erotische Impuls» verlagert
seine unverbrauchte Energie oft in das religiöse Gefühl, um dort die ihm
bisher versagte Entfaltung zu finden. «Aus der Menschenliebe wird
Gottesliebe.» Freud hatte den «Mechanismus der psychischen *Verschiebung*» zuerst «bei der Traumbildung aufgefunden»; auch der Religionsbildung schien ihm, wie er unverblümt betonte, «die Unterdrückung, der
Verzicht auf gewisse Triebregungen zugrunde zu liegen».[52] Es wurde
offenkundig, daß die Religion, die inmitten subversiver wissenschaftlicher Entdeckungen immer neue Renaissancen erlebte, ein höchst zweck

mäßiger Kompromiß für die unbewußte Seele auf der Flucht vor der rohen Sinnlichkeit war.

Die Schriften des einstmals berühmten viktorianischen Dichters Coventry Patmore und die Ehe des einstmals berühmten viktorianischen Paares Charles und Fanny Kingsley dokumentieren, auf welch vielfältige Weise im bürgerlichen Jahrhundert Erotik in Religion transformiert werden konnte. Coventry Patmore erfreut sich eines eigentümlichen, keineswegs schmeichelhaften Nachruhms. Der Titel seines bekanntesten langen Gedichtes, *The Angel in the House* (Der Engel im Hause), ist zur – meist spöttisch gebrauchten – stehenden Bezeichnung der bürgerlichen Hausfrau verkommen. Das Gedicht selbst hat man als Musterbeispiel bürgerlicher Sexualmythen und ihrer Wurzeln mitleidslos auseinandergenommen: die Überlegenheit des Mannes im Schatten männlicher Unsicherheit. Vom ersten Teil des Gedichts, *The Betrothal* (Die Verlobung), wurden zwischen 1854, als es erschien, bis zum Ende des Jahrhunderts eine Viertelmillion Exemplare verkauft. Als Verdichtung ungezählter Mittelschicht-Phantasien darf sie die Aufmerksamkeit des Historikers beanspruchen. Das Poem wirkt auf den ersten Blick als einfallslose Blütenlese vertrauter Vorurteile. In einer schier nicht enden wollenden Reihe von Strophen verbreitet *The Angel in the House* die zu erwartenden Klischees über männliche Herrschaft und weibliche Unterwerfung. Die Herrschaft ist milde und die Unterwerfung langsam. In gehobener Diktion, die weniger die gehobenen Gedanken widerspiegelt als das verzweifelte Bemühen um Reime und die korrekte Zahl von Hebungen und Senkungen, fängt Patmore Jugendjahre, Liebe und Ehe eines ritterlichen Mannes und einer vollkommenen Frau ein.

Für das Gefühl des 20. Jahrhunderts leidet Patmore als Poet an erheblichen Schwächen: Auf sein Ohr und noch mehr auf seinen Geschmack ist keinerlei Verlaß. Sein Philosophieren wirkt heute seicht und neckisch. Es leidet an geistiger Konfusion und an der geradezu zwanghaften Konzentration auf ein Thema: der Fleischlichkeit Gottes. Das Publikum aber entdeckte in diesen Versen die eigenen Wünsche wieder, empfand die Botschaft als kraftspendend und hielt große Stücke auf Patmore. Jeannie Elliott, die Verlobte William Graham Sumners, äußerte 1870 ihr Vergnügen an Patmores Poem. «Es ist sehr hübsch geschrieben.» Das war damals die herrschende Meinung. Edmund Gosse, der den Dichter gut kannte, schrieb 1905: «*The Angel in the House* gefiel allen Frauen und vielen Männern.»[53] Immerhin war das noch die Zeit, in der engelsgleiche Heroinen in Romanen nicht Spott erregten, sondern Beifall.

Eben darum sind Patmores leidenschaftliche Überzeugungen um so aufschlußreicher: Sie waren Gemeingut. In seiner berühmtesten Arbeit erscheint der Mann als aktiv, das Weib als passiv. Doch kann seine Schilderung eine Spur männlichen Neides kaum verhehlen. Was der Mann erkämpfen muß, besitzt die Frau von Natur aus; was der Mann mühsam erlernt, weiß die Frau einfach. Weiblicher Gehorsam, die süße Bereitschaft, sich den Launen des Mannes anzupassen und ihm jeden Wunsch von den Augen abzulesen, ist nicht so sehr der Tribut, den der Schwache dem Starken zollt, als vielmehr das anmutige Geschenk, das ein höheres Wesen einem sich abrackernden Sterblichen zuteil werden läßt. Diese Ehrung der Frauen konnte die Feministen natürlich nicht beeindrucken. Vertrug sie sich doch nur allzugut mit der Vorenthaltung der rechtlichen Gleichstellung, des Stimmrechts oder der Verfügungsgewalt über den eigenen Besitz. Aber das Gedicht vermittelte doch die, wenngleich schwache Ahnung, daß es mehr gab als die überkommenen Binsenweisheiten vom Supremat des Mannes.

Hinter Patmores manifester Botschaft verbergen sich denn auch Überzeugungen, die weniger kraftlos und weniger abgeleitet sind. Er versah *The Angel in the House* mit einer Rahmengeschichte, die den Eindruck entkräften sollte, sein Opus sei gereimte Autobiographie. Trotzdem ist sein Gedicht, wenngleich nicht gänzlich ohne Erfindung, zum großen Teil Bericht. In einem frühen Brief an seine erste Frau, die sein Ideal und seine Muse war, heißt es: «In allem, was Du tust, bist Du wie ein Engel im Himmel.» Vorsichtig deutete er in seinen Briefen und durch sorgsam gewählte Euphemismen in seinen Gedichten an, daß er die sexuelle Erfüllung für den wesentlichsten Bestandteil einer glücklichen Ehe halte. Wie er es prägnant in Prosa sagte: «Alle Erkenntnis ist bräutliche Erkenntnis.»[54] Patmore zweifelte nicht daran, daß dauerhaftes legalisiertes Glück den schwindenden Freuden fleischlicher Lust überlegen sei. Aber sein Hymnus auf die Wonnen der Ehe deutet doch an, daß ohne diese durchaus erotischen Freuden die Ehe nur Stroh und Asche ist. Solange sie sich auf den geheiligten Bezirk beschränkt, den religiöse Lehre und weltliche Obrigkeit ihr angewiesen haben, ist sexuelle Betätigung etwas Heiliges. Oder wie Patmore bei einer Gelegenheit gesteht: Der Liebende schreibt seiner Erregung Heiligkeit zu, um seine sinnlichen Bedürfnisse ohne Schuldgefühle befriedigen zu können. Es ist tatsächlich unmöglich, in *The Angel in the House* das Heilige und das Profane voneinander zu trennen. Die Verquickung beider Sphären ist denn auch Patmores latente Botschaft in diesem Poem. In einer späten Sammlung von Aphorismen und Beobachtungen schreibt er: «Die ‹Versöhnung des Höchsten mit dem Niedrigsten› ist zwar ein grenzenloses Glück, aber auch ein grenzenloses Opfer. Daher das geheimnisvolle und scheinbar unvernünftige Pathos in den höchsten und vollkommensten Befriedigungen der Liebe. Die eigentliche und inwendigste Braut ist immer ‹Amoris Victima›.» Er verweilt bei diesem Bild: «Das eigentliche und innerste Opfer des Kreuzestodes war die Vollendung des Eingehens der Gottheit in das Fleisch und das Einswerden mit ihm; und der Seufzer, den alle Kreatur in diesem Augenblicke tat, hat sein Echo im Seufzer der sterblichen Liebe beim gleichen Eingehen in das Fleisch. Dieser Seufzer ist das inwendige Herz der Musik.»[55]

In den Dichtungen und Prosawerken, die auf *The Angel in the House* folgten, fuhr Patmore fort, seine erotisierten religiösen Spekulationen auszubreiten. Sein Engel erweist sich als das fleischlichste aller Geschöpfe. Wir kennen die Engel der Bibel und der Kunst als geschlechtsneutrale Wesen; sie stehen jenseits von Lust und Begehren. Und in eben diesem Sinne faßten viele Leser den Engel in Patmores Hauptwerk auf, gleichgültig, ob sie das Gedicht mochten oder ablehnten. Wie den Kritikern nicht entgangen ist, tragen die beiden Personen, deren Hineinwachsen in das eheliche Glück *The Angel in the House* in so mitleidloser Umständlichkeit darstellt, sprechende Namen, durch die sich Glück und Ehre für immer vereinen: Er heißt Felix, sie heißt Honoria. Und doch ist selbst in diesem Frühwerk Patmores der Engel weit davon entfernt, engelsgleich zu sein. Er spricht in suggestiven Wendungen von dem «Pulsieren *eines* Herzens, / Erweiternd sich und sich verengend» und dergleichen mehr, und man mußte schon alle Kräfte der Verleugnung aufbieten – was vielen Lesern Patmores auch bestens gelang –, um die sexuelle Botschaft dieser Zeilen zu überhören.

Man ist versucht, Patmores späteres sinnliches Werk auf seine Konversion zum Katholizismus im Jahre 1864 zurückzuführen. Nun, er schrieb zwar seine suggestivsten Verse und Prosastücke in den siebziger Jahren; aber die Elemente seines erotischen Christentums waren doch schon lange zuvor vollständig vorhanden und als solche erkennbar. Immerhin hatte er den abschließenden Teil von *The Angel in the House*, der seine erotische Theologie entwirft, im Jahr vor seinem Eintritt in die römisch-katholische Kirche erscheinen lassen. Er konvertierte nicht zum Katholizismus, um seine Sinnlichkeit zu befreien. Vielmehr machte ihm seine drängende Sinnlichkeit die Konversion leichter. Der Katholizismus schenkte ihm neue erhabene Worte und heilige Bilder zur Feier dessen, was er schon immer verehrt hatte. Frommer Sinn hat Patmores beziehungsreiche katholische Mystik als Kommentar zu den Worten des hl. Johannes lesen wollen: «Gott ist die Liebe.»[56] Aber eher will sie wohl besagen, daß die Liebe Gott ist.

Das ist mehr als ein bloßes Spiel mit Worten. Ob Patmore klassische

Legenden nacherzählt oder über die Melancholie meditiert, immer wieder kommt er auf Momente der Penetration zurück. Die Liebe Gottes zum Menschen ist für Patmore eine prickelnde Angelegenheit. In einem Aphorismus faßt er die Sache zusammen: «In dem Augenblick, da die Seele sich ganz unterwirft und spricht: ‹Siehe, ich bin des Herrn Magd, mir geschehe, wie du gesagt hast›, vereinigt sie sich auf mystische Weise mit Gott und wird schwanger von Ihm.»[57] Der christliche Gott, den Patmore als das männliche Prinzip verehrt, wohnt in der menschlichen Seele, wie in anderen Gedichten des Meisters Jupiter in seiner irdischen Geliebten oder Eros in Psyche wohnt. Der heilige Bund zwischen dem Göttlichen und dem Menschlichen war für Patmore die Fortsetzung des körperlichen Geschlechtsverkehrs auf höherer Ebene. Patmore erweckte biblische und apokryphe Prophezeiungen zum Leben, wie sie christliche Mystiker aller Jahrhunderte gedeutet hatten, und griff auf das Bild von Christus dem Bräutigam zurück, der seine Geliebte, die Kirche, zu seiner Braut macht. Er nahm die Lehre von der Fleischwerdung ernst.

Der letzte Ausfluß von Patmores erotischem Christentum, ein Essay mit dem beziehungsreichen Titel *Sponsa Dei*, ist verloren. Der Dichter hat ihn verbrannt, und zwar, wie Edmund Gosse berichtet, auf Drängen Gerald Manley Hopkins'. Gosse, der das Opus mehr als einmal gelesen hatte, fand es «gewagt». Dieses «untergegangene Meisterwerk» sei, so erinnert er sich, «nicht mehr und nicht weniger gewesen als eine Deutung der Liebe zwischen Gott und der Seele in Analogie zu der Liebe zwischen Frau und Mann; es war ein transzendentaler Traktat über göttliche Lust, gesehen durch den Schleier menschlicher Lust.» Durch den Untergang dieses Meisterwerkes wird aber Patmore nicht unverständlich. Seine Ansichten sind aus den erhalten gebliebenen Kernsprüchen ganz eindeutig zu entnehmen. «Der den Willen Gottes tut, ist Christi ‹Mutter, Schwester, Bruder› und alle Verwandten, Sohn, Tochter, Braut und Bräutigam.» Oder: «Die Ihn wahrhaft kennen, besitzen die Wünschelrute.» So verband Patmore seinen Pansexualismus mit der Vermählung der höheren und der niederen Ebene. Seine Gottheit war der menschlichsten erotischen Sehnsüchte fähig. Er schrieb: «Gott ist verliebt in die Schönheit der Seele.» Die Leidenschaften sind daher auch nicht die Widersacher des Menschen, sondern seine zuverlässigsten Verbündeten. «Glücklich, wer seine Leidenschaften besiegt hat; weit glücklicher aber, wer sie zu Dienern und zu Freunden gemacht hat.» «In vulgären Seelen ist die Idee der Leidenschaft untrennbar verbunden mit der der Gesetzlosigkeit»; erhabene Geister aber wissen, daß die Dinge komplizierter sind: «Tugenden sind nichts anderes als geordnete Leidenschaften, Laster nichts anderes als ungeordnete Leidenschaften.» Und Patmore ließ nie den geringsten Zweifel daran, daß er dabei an Liebesleidenschaften dachte. Diese libidinöse Auffassung des Religiösen bewahrt Patmores Schriften davor, lediglich ein affirmativer Aufguß abgestandener familiärer Themen zu sein. Ohne Zweifel hatte diese Auffassung gewisse morbide Wurzeln in reuevollen Phantasien und deprimiert erinnerten erotischen Erlebnissen. Im Juni 1863, ein Jahr nach dem Tod seiner ersten Frau, schrieb Patmore an einen Freund: «Mein erstes eheliches Glück war eine armselige Sache, verglichen mit der unendlichen Befriedigung, die ich nun in der Gewißheit empfinden kann, daß meine Beziehung zu ihr ebenso ewig wie glücklich ist.»[58] Aber dieser melancholische Ton ist nicht typisch für ihn. Seine Lehre ist und bleibt, daß der Stand der Ehe den erhabenen Stand der Heiligkeit heischt. Patmores Sexualapologetik ist weder Sublimierung noch Verschiebung. Sie ist eine Methode, die irdische Welt zu genießen, indem man die Herrschaft der jenseitigen beschwört.

Jene Theologie der Sinne, die Coventry Patmore lebte und zum Nutzen der Nachwelt in Verse faßte, agierte Charles Kingsley in seinem Privatleben aus. Kingsleys intime Leidenschaften entgingen nicht der Aufmerksamkeit der Öffentlichkeit. Immerhin war er ein bekannter Autor von Büchern für Kinder und für Erwachsene und ein ebenso bekannter Politiker und religiöser Polemiker. Ein scharfsichtiger, boshafter Rezensent, dem Kingsleys Vorliebe für Sexuelles nicht entging, monierte an seinem ersten Roman *Yeast*, er predige das Schwelgen in Leidenschaften und «fordere zur Lasterhaftigkeit auf». Die *Saturday Review* nannte ihn 1858 den «großen Apostel des Fleisches». Der Publizist W. R. Greg wiederum, ein trefflicher, wenngleich starrsinniger Deuter der Zeichen der Zeit, klagte 1860, daß Kingsley «nicht selten unfein» sei. Kingsley seinerseits hatte Greg schon längst als Mitglied der herzlosen «Manchester-Schule» abgeschrieben.[59] Greg kritisiert an Kingsleys «Behandlung der Liebe und der Beziehungen zwischen den Geschlechtern», sie sei mitunter «unnötig gewagt und aufreizend». Er liebe es, «alles deutlich beim Namen zu nennen; eine Neigung, mit der wir, in Maßen, sympathisieren». Er glaube ferner, «bei der Behandlung der verschiedenen Fragen, die sich aus der Beziehung der Geschlechter ergeben, würden wir durch falsche Rücksichtnahme und übertriebene Delikatesse viel verlieren und viel riskieren; und auch hierin stimmen wir ihm zu». Kingsley betone «in unangenehmer Weise» die *«körperliche»* Seite der Liebe. «Er verkündet mit einem Mut, der, zumal bei einem Geistlichen, höchstes Lob verdient, die Rechte der Natur und die innere Reinheit der natürlichen Triebe.» Kingsley scheine «fast die große Kardinalwahrheit begriffen zu haben, daß die eigentliche Schuld nicht darin liegt, die Befriedigung der Leidenschaft mit der Empfindung der Liebe zu verquicken, sondern darin, die erstere auch nur für einen Augenblick aus der Wacht und dem Gesetz der letzteren zu entlassen». Die große Kardinalwahrheit, die Greg hier formuliert, wiederholt als das Ideal der Liebe die Vermählung von Zärtlichkeit und Sinnlichkeit. Greg glaubte, derselben Überzeugung zu sein wie Kingsley; auch er gehörte zu den Anhängern der Offenheit. Aber er sah in Kingsley «einen gefährlichen Verbündeten» für die Sache der Freimut in einem Zeitalter der Zurückhaltung und Hemmung.[60]

Gregs empörter Ausbruch über die Heuchelei seiner Zeit erinnert wieder einmal daran, daß es zwar eine Zeit der Vermeidung, der Umschweife, der Indirektheit war, daß es jedoch Indirektheiten waren, die so kraß zutage traten, daß sie schon wieder zur Direktheit wurden. Das Kingsley-Gedenkbuch, das seine ihn vergötternde Witwe 1876, im Jahr nach seinem Tod, veröffentlichte, krankt an umfangreichen Auslassungen und massiver Selbstzensur. Das war die Statue, die Fanny Kingsley schicklich genug für die Blicke der Welt fand: ein dezenter Torso. Das Buch versammelt im wesentlichen Exzerpte aus Charles Kingsleys Briefen und Schriften. Obgleich bruchstückhaft und schmeichelnd, war es gleichsam ein öffentliches Denkmal, das viel besucht und hoch geschätzt wurde. Die Erstausgabe der *Letters and Memories of His Life* war so beliebt, daß Fanny Kingsley sich bereits 1879 zu einer – zugleich gekürzten wie erweiterten – Neuausgabe bewegen ließ. Neun Jahre später kam bereits die 16. Auflage heraus.

Durch Fanny Kingsleys fanatische Feinheit gerät ihr Gedenkbuch unbeabsichtigt zu einer wertvollen Quelle, die Auskunft über respektable Denkweisen in der zweiten Hälfte des 19. Jahrhunderts gibt. Es erlaubt dem Historiker, die erotische Religion Charles Kingsleys aus dem zu rekonstruieren, was seine Witwe nicht tilgen zu müssen meinte. Kingsley war ein politischer Mensch, ein Radikaler und ein Patriot. Das Los der Armen rührte ihn zu Tränen. Genauso emotional reagierte er aber auf die «Drangsalierung» britischer Kolonialgouverneure durch die «Humanitätsduselei» in der Heimat. Kingsleys Muskel-Christentum gab seiner Politik eine sportliche Note, geradezu eine Boxermentalität, die ganz gut zu seinem energischen Protestantismus paßte. Kingsley selbst erboste sich mächtig über dieses Epitheton; «Muskel»-Christentum sei ein «impertinenter» Name. Aber er paßt zu ihm. Denn Kingsley – verärgert über das theologische Gezänk in seiner anglikanischen Kirche, besorgt über die verbreitete Abwanderung in die römische Kirche und gepeinigt von seinen eigenen theologischen und sexuellen Konflikten –, Kingsley lebte sein religiöses Leben als erbarmungslosen Kampf. Er betrachtete das ganze Dasein durch die Brille seines Protestantismus; was aber sein Nachdenken über Theologie am konsequentesten beschäftigte, war die Problematik des Fleisches. Sein religiöses Sinnen früh und spät ist eine Predigt über die Ehe, und zwar eine höchst fleischliche Ehe, in welcher die geschlechtliche Vereinigung mit geistiger Sympathie einhergeht und Sinnbild der himmlischen Liebe ist. Diese Predigt ist ein sexualisiertes Gebräu aus persönlichen Leidenschaften und traditionellen Themen. In ihr kommt die mystische Hochzeit Christi mit Seiner Kirche ebenso vor wie das bekannte apologetische Argument, das christliche, heidnische und deistische Denker schon seit Jahrhunderten benutzt hatten: Gott bekundet Sein Dasein nicht allein durch Sein Wort, sondern auch durch Sein Werk, durch die Natur – ihre Ordnung, ihre Schönheit, ihre erstaunliche Mannigfaltigkeit und ihren Reichtum. Das war ein Argument gegen die Atheisten, das Kingsley, der leidenschaftliche Spaziergänger und Naturbewunderer, sich nicht entgehen lassen mochte. Aber wie alt seine Argumentationsweise auch sein mochte: ihre Kraft bezog sie aus seiner Sinnlichkeit. Zur Natur gehörten für ihn unbedingt auch der menschliche Leib und dessen «erschauerndes Sichwinden».[61]

Kingsley betet den menschlichen Leib mit solch permanenter Erregtheit an, daß sein Glaube praktisch einem protestantisch gezähmten erotischen Pantheismus gleichkommt. Den bekenntnishaften Seiten seines frühen Romans *Yeast* ist zu entnehmen, daß er die Sexualgelüste seiner Jugend in einer Weise befriedigte, die er später verabscheuenswert fand. Doch kam er schließlich von seinen gelegentlichen Eskapaden ab und fand zu weniger kompromittierenden Befriedigungen. Im Sommer 1839 lernte er als junger Student am Magdalene College in Cambridge Fanny Grenfell kennen. Später erinnerte sie sich seines Gesichts mit dem «unbefriedigten, hungernden, mitunter trotzigen Ausdruck»; die zeitgenössischen Ärzte hätten diesen Gesichtsausdruck sofort und wohl zu Recht auf «Selbstmißbrauch» zurückgeführt. Seine ersten Briefe an Fanny Grenfell enthalten immer neue Geständnisse seiner «Unwürdigkeit». Fanny freilich war nicht die Ursache seines Unglücks: «Mein Herz war früher verdorben, oder es hätte mich nüchtern und ruhig machen müssen, Dich zu kennen – *ich* allein bin schuld.»[62]

Das klang verworfen genug, doch das Ideal der Ehe, der fleischlich-geistlichen Verbindung zweier Seelen, war schon damals fest in seinem Herzen verankert. Es waren die ersten Jahre des «Oxford Movement», das die anglikanische Kirche in zwei Lager spaltete, solange Kingsley lebte, und noch über seinen Tod hinaus; und schon damals, als junger Student, war er überzeugt, daß Newman, Pusey und ihre Gesinnungsgenossen Verführer zur Askese waren. Während einer langen, frustrierenden Verlobungszeit entdeckte er theologische Gründe für seinen Wunsch zu heiraten: «Jeder Schritt in der Liebe und hin zu Gott und zur Andacht vor Ihm ist Pflicht!» schrieb er 1842 an Fanny. Kingsley war gewillt, seine Pflicht zu tun; daß diese Pflicht zugleich höchste Lust sein würde, änderte nichts daran, daß sie göttliches Gebot war. Und Ende 1843 schrieb er Fanny in einem seiner langen Briefe, die sich wie private Abhandlungen lesen: «Jeder Mensch sollte als Ebenbild Gottes geehrt werden, so wie Novalis sagt, daß wir den Himmel berühren, wenn wir unsere Hand auf einen menschlichen Leib legen!...» Die Auslassungs-zeichen markieren wohl eine Stelle, an der Kingsley genauer bezeichnete, *welchen* Leib er zu berühren wünschte. Die Bibel selbst erlaubte ihm, wie gesagt, die eheliche Vereinigung als heilig zu betrachten. An Fanny schrieb er: «Es mag andere Bedeutungen in diesem Buch [der Bibel] neben der offensichtlichen geben. Aber dies will ich glauben: daß unge-achtet aller Mystik, die der Mystiker in ihr finden mag, der einfache Mensch, der seine Frau liebt, der Vater von Kindern ist, der Gottes Erde liebt, der über alle Dinge und den Menschen frohlockt – nicht um des willen, was sie sind, sondern um des willen, was sie sein sollen und einst sein werden –: daß dieser einfache Mensch in der Bibel das Geheimnis ergründet finden wird.» Dieses Frohlocken über die Dinge und den Menschen nannte Kingsley «gesunden Materialismus».[63]

Die Ehe gab Kingsley unbeschränkte Möglichkeiten, diesen gesunden Materialismus zu bewähren. Gewiß wurde sein Hunger nach der eheli-chen Wonne nicht mit deren regelmäßigem Genuß weniger. 1848 schreibt er in einem Brief: «Der Mensch ist ein Geschlechtswesen.» Freilich wollte er dies im denkbar würdigsten Sinne verstanden wissen. Im Gegensatz zu anderen Bibelauslegern vertrat er den Standpunkt, daß Adam und Eva nicht die Vertreibung aus dem Paradies abzuwarten hatten, um in den Stand der Ehe treten zu können. Vielmehr ist der Ehestand selbst eine paradiesische Erfahrung. Daher verdient die Ehe «eine höhere, geistige Auffassung» und nicht jene «vulgäre, fleischliche Konzeption», die ihren Sinn immer verfehlen muß. Kingsley deutete die einschlägigen Stellen der Schöpfungsgeschichte als biblische Rechtferti-gung seiner Bejahung der Sexualität und seiner Ablehnung der Askese. Theologisch befand er sich auf sicherem Boden, wenn er den Standpunkt vertrat, daß Mann und Frau einer Ergänzung, «eines Gehilfen», bedür-fen, um die in ihnen angelegten schönsten menschlichen Möglichkeiten zu verwirklichen. Wie andere Theologen, aber aus seinen eigenen Grün-den, zitierte Kingsley gerne den hl. Johannes: «Gott ist die Liebe»[64]; der Satz war nur ein weiterer Beweis dafür, daß menschliche, eheliche, sexuelle Liebe ihre göttliche Dimension hatte.

1851 schrieb Kingsley an einen Landpfarrer einen umfangreichen Brief, worin er jene Philosophie der Ehe entfaltete, die er als Student entwickelt hatte und als Gatte befolgte. Die ganze Problematik war ihm «eine anthropologische». Sie enthalte «die schreckliche Frage ‹Ehelosigkeit oder Ehe›», die ihn selbst in seinem früheren Leben umgetrieben habe. Es gab seiner Meinung nach «zwei große Auffassungen vom Menschen». Der ersten zufolge ist der Mensch «ein in Fleisch und Blut körperhaft gewordener Geist, der in gewisse Beziehungen (Vater, Kind, Ehegatte, Ehefrau, Bruder) als notwendigen Eigenschaften seines Daseins eingetreten ist». Die zweite Auffassung finde sich «vornehmlich bei den oberen Schichten sowohl der Christen als auch der Heiden». Sie sehe den Menschen «als Geistnatur, die zufällig mit einer Tiernatur verbunden und belastet ist». Kingsley bekannte sich natürlich zur ersteren Auffassung; die zweite erzeuge Asketen, die «durch Ehelosigkeit geschlechtslos geworden» seien. Mit anthropomorpher Sprache und einer Direktheit des Bildes, die auf glückliche sinnliche Erinnerungen schließen läßt, gibt Kingsley wieder einmal seine Lieblingsidee zum besten: Gott ist der Vater, Christus der Bräutigam, die Menschen sind Brüder und Schwestern in einer unabsehbar großen Familie. Die Beziehungen der Menschen untereinander sind «Symbole von Beziehungen zu Gott». Das Alte Testament verbürgt und das Neue Testament, richtig gelesen, bekräftigt «die absolute und ewige Menschlichkeit und damit Heiligkeit» dieser menschlichen Beziehungen, insbesondere derjenigen zwischen Eheleuten.[65]

Dies mag als durchsichtige pro-domo-Argumentation erscheinen, als bequemes Vorschützen geistlicher Gründe für fleischliches Treiben. Aber Kingsley verharmlost nicht die Rolle von Streit und Leiden in der geheiligten ehelichen Sinnlichkeit. Eheliches Glück will durch Enthaltsamkeit und Selbstkasteiung verdient sein. Bevor er sie heiratete, gestand er Fanny – und die Witwe trug keine Bedenken, das Geständnis zu drucken –, daß Mystik und die Verlockungen der Ehelosigkeit nicht schon immer seinen Abscheu erregt hatten; im Gegenteil waren sie die Versuchungen seiner Jugend gewesen, deren er nur durch fleißige Studien und in Seelenqualen Herr wurde. Wir würden von Reaktionsbildung sprechen. Liebe bedarf auch einer «heilsamen Furcht». Mehr noch, Liebe bringt Schmerz; es gab Zeiten, da Kingsley nach einem hl. Franziskus rief, auf daß er die Menschen mit der Geißel zur Vollkommenheit treibe – und Fanny Kingsley gab die Botschaft weiter. Selbst Männlichkeit war für Kingsley weniger ein Charakterzug als ein immer wieder neu zu bewältigender Konflikt. Hinter dem Schutzschirm seines betont maskulinen Gebarens erkennen wir schmerzliche Episoden homosexueller Panik. Kingsleys Schüler und Freund John Martineau entdeckte an ihm «bei aller männlichen Stärke» einen tief weiblichen Zug, «eine nervöse Sensibilität und Intensität des Mitfühlens», ganz zu schweigen von der «zarten, weichen, tröstlichen Berührung seiner Hand».[66] Charles Kingsleys Muskel-Christentum war Korrektiv und Deckmantel in einem.

Doch so freimütig seine Theologie der Sinne sein mochte, wie er sie in den veröffentlichten Schriften und Dokumenten darlegte: in seinem nicht-öffentlichen Leben kamen seine (und Coventry Patmores) erotischen Visionen erst so richtig zur Entfaltung. Kingsley zelebrierte seine sexuelle Leidenschaft mit einer unvergleichlichen Energie. Seine privaten Ergüsse enthalten im Prinzip nichts Neues, sind aber voller Intensität. Noch intensiver freilich – und nichts in dem veröffentlichten Gedenkbuch hat uns hierauf vorbereitet – sind Fanny Kingsleys eigene sexuelle Gelüste. Kingsleys Sehnsucht nach dem Körper seiner Braut ertrank auch nach der Heirat nicht in Routine und war ihm schier unerträglich. Das Verlangen seiner Frau nach ihm war zumindest in den Anfangsjahren geradezu rasend. In der gespannten Zeit vor der Ehe geißelte er sich selbst, um seine sinnliche Glut zu ersticken, gestand dies Fanny auch und forderte sie auf, sich gleich ihm asketisch zu ertöten. Diese Übungen sollten die erotischen Gedanken vertreiben; aber sie waren selbst erotischer Natur.[67] «Wie ich die Spuren dieser unnatürlichen Striemen wegküssen will», ruft Fanny in ihrem Tagebuch aus, nachdem sie über seinen frommen Masochismus nachgegrübelt hat. Doch war ihre Lust, die Beweise dieses Masochismus wegzuküssen, nicht so sehr eine trunkene Teilnahme an Kingsleys Selbstquälereien als vielmehr ein Protest gegen sie. Den Leib *ertöten*, notiert sie sich, «ist des Teufels». Vertraute religiöse Wendungen wie «das Fleisch kreuzigen», «den Leib ertöten» oder. noch fleischlicher, «täglich sterben» hatten für Fanny Kingsley lange Zeit eine «unbeschreibliche Schönheit» besessen. Aber jetzt, mit der Realität der Peitsche konfrontiert, ließ sie ihre gesünderen Instinkte siegen: «Ist nicht dieses Fleisch das Werk Gottes? Und dieser Leib Sein Werk?» Die Erinnerung an ihren strengen Religionsunterricht verwirrte sie; aber sie hatte sich dazu durchgerungen, aller Selbsterniedrigung und Selbstbestrafung zu mißtrauen. «Liebster! Liebster! Deine Geißelungen! Welch *schrecklicher* Gedanke!» Sie hielt ihm vor: «Wenn Adam im Paradies seinen Leib gegeißelt hätte, so hätte er Gott beleidigt!» Sie hoffte inbrünstig, daß die Ehe – falls es je dazu kam – Charles Kingsley bewegen werde, seine Selbstverstümmelung für immer aufzugeben. «Gebe Gott, daß es kein Geißeln mehr braucht, wenn wir Ein Leib sind!» War es nicht «*Satan*», der Tränen und Tod, Krankheiten und Sorge über die Welt gebracht, der «das Weib mit dem Geist der Schwäche» und Hiob mit «eklem Aussatz» geschlagen hatte? Und war es nicht Christus, der unseren Leib zum «Tempel des Heiligen Geistes» gemacht hatte?

Fanny Grenfell stellte sich diese skeptischen Fragen in einem bemerkenswerten Tagebuch, das sie 1842 und 1843 führte. In dieser Zeit weilte sie zu einem längeren Aufenthalt, den ihre Familie ihr aufgezwungen hatte, auf dem Kontinent. Drei Jahre zuvor hatte sie Charles Kingsley kennengelernt und sich bald in ihn verliebt. Er wiederum reagierte leidenschaftlich auf ihre üppige Schönheit, ihren Ernst und ihre nimmermüde Bereitschaft, seine gequälten Geständnisse und religiösen Zweifel mit ruhiger, gelassener Frömmigkeit anzuhören. Aber die Verbindung war keineswegs passend: Kingsley war arm und hatte keine konkreten Zukunftsaussichten; Fanny Grenfell war reich und bewegte sich in der guten Gesellschaft. Dazu kam, daß Fanny, schon als Kind verwaist, in der Obhut gluckenhafter älterer Schwestern aufgewachsen war, die ihr geliebtes Nesthäkchen ungern einem hungrigen jungen Kleriker auslieferten, mochte er auch noch so vielversprechend sein. 1842 kamen die beiden überein, einander ein Jahr lang nicht zu sehen und zu schreiben. Um Fanny Grenfell von ihrer Melancholie zu heilen und ihren ominösen Gewichtsverlust zu stoppen, schickte man sie ins Ausland, nach Frankreich und Italien.

Das gab ihr Gelegenheit zu einsamen Grübeleien. Mit dem ersten Satz in ihrem Tagebuch schlug sie den Ton an: «‹O Liebe! selig-weiser Wahnsinn!›» Vieles von dem, was folgte – im wesentlichen ein einziger langer Brief an den Mann, den sie liebte –, handelte von diesem seligen Wahnsinn. Am 27. Oktober 1842 beginnt sie: «Mein Liebster! Mein Gatte! muß ich es gestehen! daß 8 Wochen vergangen sind, seit unsere Lippen sich voneinander lösten, und ich nicht die Kraft hatte, dieses Buch zu beginnen.» Die meiste Zeit grübelte sie über ihr zugleich fleischliches und geistiges Verlangen nach dem fernen Geliebten sowie über die Gottlosigkeit ihres mächtigen Verlangens. Am 3. März 1843 schreibt sie in Genua: «Sobald ich wieder bei Dir bin, will ich alle unechte Würde und falsche Schamhaftigkeit abtun u. will Dich beschwören, den Tag unserer Hochzeit zu beschleunigen, damit wir nicht in der Zwischenzeit sterben – Liebling!» Ihre Frustration nahm zu und wurde schier unerträglich. «O daß Gott sich meiner erbarmte, gefoltert wie ich bin von dieser Flamme!» Ihre Sprache war übersteigert, ihr Gefühl echt. Ebenso echt wie ihre Reue: «Bete für mich! Wie kann *ich* beten, wenn jeder Gedanke meines Herzens, jedes Sehnen meiner Seele mich zur Götzendienerin u. *Dich* zu meinem Gott macht!» Das waren starke Worte aus dem Mund einer normalen und wohlerzogenen Anglikanerin.

Ihre Qual war so stark, daß sie sichtbare körperliche Auswirkungen hatte. Zwei Tage nach dem idolatorischen Eintrag heißt es: «Mir ist ganz elend, wenn ich sehe, wie ich immer weniger werde. Es ist nicht meine Schuld. Es ist so traurig zu denken, daß Du, falls wir überhaupt jemals heiraten können, ein Skelett zur Frau bekommst! Das ist bitter! Meine Zofe sagte mir heute nach dem Ankleiden, das einzige Fleisch auf meinen Knochen sei das im Gesicht – u. auch das wird immer weniger! Bitter, bitter!» Sie war zwar Sünderin, aber sie erflehte Gottes Erbarmen: «Ich habe heute wirklich um Geduld gebetet, und für Dich habe ich auch gebetet, Lieber; ach wie sehr!» Im Juni berichtet sie, von Befürchtungen geplagt zu werden: «Meine Vorstellung von *völliger Seligkeit, völligem Frieden* ist, *in Deinen Armen zu schlafen* – kann ich mich vor Dir *fürchten?*» Zu dieser Befürchtung gesellte sich eine weitere: «Wirst Du meine Liebe nicht für *unvollkommen* halten? Das bereitet mir solchen Kummer!» Da sie ihre Bibel kannte, wußte sie, daß die vollkommene Liebe die Furcht überwindet. War ihre Liebe also unvollkommen? Die Pein entriß ihr Mitte Juni das Geständnis: «Liebster, Liebster! *Ich liebe Dich vollkommen* – aber ich bin ein Weib, und ich weiß noch nicht, was Liebe ist!» Ihr Mangel an erotischer Erfahrung, die Einwilligung in die Rolle der unterwürfigen Frau, verbunden mit dem Unvermögen, den Ort der Sinnlichkeit in ihrer Liebe zu bestimmen und ihr Recht auf die eigenen Leidenschaften zu behaupten – das alles machte Fanny Grenfell sehr unglücklich.

Doch ganz allmählich – nicht immer konsequent und unter ständiger Rückversicherung bei der Bibel – rang sie sich zu einer positiven Bewertung ihrer sexuellen Leidenschaft durch. Nicht lange, nachdem sie sich über die mögliche Unvollkommenheit ihrer Liebe gegrämt hatte, schrieb sie zur eigenen Erbauung eine Art Besinnungsaufsatz mit dem Titel «Die Offenbarung des göttlichen Willens zum Thema Ehe». Sie zitierte reichlich aus dem Alten und Neuen Testament und nahm zufrieden zur Kenntnis, daß der Mann des Weibes Herr und das Weib des Mannes Gehilfin sein soll. Zum Glück gibt es aber auch Gleichheit zwischen beiden, zumal wenn einmal die eheliche Intimität hergestellt ist; «nach der Heirat sind Mann u. Weib *ein Fleisch* (bewunderungswürdiges Geheimnis!).» Das Nachdenken über dieses bewunderungswürdige Geheimnis erlaubte ihr, sich endlich in eine fromme Feier der Sinnlichkeit hineinzuvernünfteln. Sie dachte an Eva im Paradies und wandte sich wieder einmal an ihren Charles: «Geliebter! Wenn *sie* nicht zurückschrak, warum sollte ich es tun? Wenn das Heilige Eden der Schauplatz von Ehe u. ehelicher Liebe war, warum sollte ich mich dann davor fürchten, in Deine Arme zu eilen, um eine der Glückseligkeiten Edens zu erfahren oder eine Freude zu kosten, die rein sein *muß*, wenn sie *dort*

gekostet wurde! Ich will Vertrauen haben u. mich nicht fürchten!!» Sie
fürchtete sich also; aber sie war entschlossen, ihre Furcht zu überwinden.
Ihre unschuldigen Sophismen gaben ihr die Möglichkeit, die Glückseligkeiten der sexuellen Leidenschaften gelten zu lassen; so löste sie auf ihre
eigene, christliche Weise das alte Problem, wie die beiden Ströme der
Liebe zu vereinigen seien.

In demselben Aufsatz erflehte die einsame, junge Sophistin göttliche
Mitwirkung bei ihrer Entjungferung. «Geliebter! Laß uns an einem
Sonnabend heiraten, damit wie bei Adam u. Eva der erste Morgen, der
uns nach der Heirat dämmert, der Sabbat ist! Laß uns so viel wie möglich
die Szene im Garten Eden nachvollziehen! Das wäre ein so heiliger
Anfang!» Die Jungvermählten würden dann den jungen Tag begrüßen,
der ihnen um so köstlicher wäre, «als es nicht nur unser, sondern auch
der Tag des Herrn ist! u. weil dieser Tag in wenigen Stunden unsere
Lippen u. Seelen mit dem großen Segen des Heiligen Abendmahls
beglücken würde!» Nicht Sinnlichkeit sei es, wie sie versichert, sondern
«jene heilige Quelle, *das Wort Gottes*», was ihr die Erkenntnis beschert
habe: «Dem Reinen ist alles rein!» Und sie setzt hinzu: «Ach, wie rein
muß eine Einrichtung sein, die Er Selbst jenem Menschen schenkte, den
Er gerade nach *Seinem Bilde* geschaffen hatte! Ich danke GOTT u. fasse
Mut!»[68]

Fanny Grenfells Versicherungen beweisen, daß sie des Muts bedurfte
und ihn nicht schon besaß. Trotzdem gelang es ihr, allein mit Hilfe der
Einflüsterungen ihrer eigenen Bedürfnisse und ein paar passenden Bibelstellen Schritt für Schritt den Weg zum sinnlichen Genuß der Ehe ohne
Schuldgefühle freizumachen. Bei aller programmatischen Furchtsamkeit
und Fügsamkeit hatte sie, was die prinzipielle Unschuld körperlicher
Lust, ja die faktische Verpflichtung zu ihr betraf, letzten Endes doch
weniger Bedenken und Konflikte als der Mann, den sie anbetete. Sie war
kein so bewanderter Theologe wie Charles Kingsley. Aber sie übertraf
ihn in der Findigkeit, brauchbare Stellen in der Bibel zu entdecken.

Nachdem die beiden den Widerstand der Familie Grenfell gebrochen
und sich 1843 verlobt hatten, erlaubten sie sich größere Freiheiten
miteinander. Die Erinnerung an die wenigen, einst getauschten Küsse
war sowohl für seine als auch für ihre Selbstbeherrschung fast zuviel.
Nach einem langen Kuß notiert sie: «Mein Blut kocht und wallt, wenn
ich nur daran denke.» Für diese beiden, wie für andere Paare der
Mittelschicht, war die Verlobung die inoffizielle Erlaubnis, einander
ausgiebig zu erkunden – unter Aussparung des Geschlechtsaktes. Kingsley erinnerte sich später: «Wir haben alles getan, was wir konnten, *bevor*
wir eins wurden!» Seine Erinnerung geriet zur Rhapsodie: «An meinen

Händen haftet noch der Duft ihrer köstlichen Glieder, und ich kann ihn nicht abwaschen; und alle Augenblicke kommt mir wieder der Gedanke an jene geheimnisvollen, verborgenen Winkel der Schönheit, wo ich meine Hände wandern ließ, und mein Herz sinkt nieder in süßer Ohnmacht» – und so weiter, in fieberndem Gedenken.[69]

Aber Kingsley und Fanny Grenfell waren nicht nur ekstatische Liebende, sondern auch gewissenhafte, fromme, schuldbewußte Protestanten, und ihr körperliches Glück – das gegenwärtige wie das kommende – machte ihnen zu schaffen. Und so schlug er seiner Braut einige Monate vor dem großen Ereignis vor, die Ehe für eine gewisse Probezeit nicht zu vollziehen. Sein Brief war einschüchternd-prahlerisch: «Ich hätte Dir vor unserer Trennung verbieten sollen, Tagebuch zu führen, *ich verbiete es ab jetzt!*» Aber er war auch bittend: «Liebling, einen Entschluß habe ich in meinem Gram gefaßt, dessen Erfüllung ich von Dir als Gunst erbitte. – Ich möchte Dir u. meinem Gott beweisen, daß ich Reinheit u. Selbstbeherrschung erlangt habe – daß ich Deinen Körper, so heftig ich ihn liebe, doch nur als Ausdruck u. Abbild Deiner Seele liebe –; und wenn wir nun vermählt sind, willst Du bereit sein, den ersten Monat nur als *jungfräuliche* Braut, als Schwester in meinen Armen zu liegen?» Er gab zu, daß das alles andere als leicht sein werde. «Wenn Du die Beschaffenheit des Mannes kenntest, so wüßtest Du dieses ungeheure Opfer zu schätzen; aber wir werden nur an Glück gewinnen, wenn wir *allmählich*, ohne Schock oder Erschütterung, unserer völligen Seligkeit entgegenwachsen!» Hier vermischt er seine angespannte Frömmigkeit mit der Angst vorm Versagen: Kingsley gestand seiner Braut, er fürchte, vor der «Pracht Deiner nackten Schönheit» impotent zu werden.[70]

Es wurde dann doch nichts aus dem herben Programm der Selbstverleugnung. «Ach! wieder bei Dir zu sein – wieder nackt in Deinen Armen zu liegen», schreibt Kingsley während des ersten Ehejahres an seine Frau. Er stellt sich vor, «daß Du wieder mit höchster Wonne Deine holden Glieder entkleidest u. wieder als eine Braut zu mir kommst!» Dann fragt er sie provozierend: «Sollen wir in der ersten Nacht unseres Wiedersehens unsere Hochzeitsnacht nachspielen?» Dennoch planten sie allen Ernstes, in der ersten Nacht sexuelle Enthaltsamkeit zu üben. Fanny hatte es sich schon ausgemalt: sie beide endlich allein, beobachtet nur von einem voyeuristischen Gott und eng umschlungen daliegend. Beide hatten freilich den Verdacht, daß ihre Leidenschaften mit ihnen durchgehen und ihre Selbstbeherrschung zuschanden machen würden. Sie schrieb: «Ich fürchte, Du wirst dich so sehr nach *voller* Gemeinsamkeit sehnen, daß Du nicht so glücklich sein wirst wie ich. Und auch ich werde mich vielleicht danach sehnen, furchtsam wie ich bin!»[71]

Die Sehnsucht überwand die Angst und lieferte Kingsley neuen Stoff für neue Predigten. Als Christ verkündete er wieder seine Lehre vom «gesunden Materialismus». «Die Materie ist heilig», schrieb er Fanny während ihrer Verlobungszeit, «die scheußliche herrliche Materie.» Und unmißverständlich setzte er hinzu: «Unsere animalischen Freuden müssen religiöse Feiern werden.» Die Absicht war, die Phantasie seiner Braut zu reinigen; zumindest unbewußt aber verdarb er sie. Er forderte sie auf, mit ihm ein gleichzeitiges «Erntedankfest» zu feiern. Sie solle die Kleider ablegen und ein Gebet sprechen. «Dann leg Dich nieder, kuschle Dich an mich, schling' Deine Arme und Gliedmaßen um mich, u. sprich laut mit mir das *Te Deum*, denn Du bist ganz mein um 11:15 – Und dann küß mich und schlaf' ein!»[72]

Schon 1843 hatte Kingsley die junge Frau, die noch nicht ganz die seine war, mit einer «lüsternen» Phantasie gequält, die nur die Wirkung haben konnte, sie aufzureizen: «Heute morgen erwachte ich um 5, u. während ich so dalag, schimmerten weiße Gliedmaßen vor mir, u. ich spürte sanften Druck, u. eine lüsterne Zunge – dabei keusch und heilig! –, die sich zwischen meine Lippen stahl. Was tatest Du?! – Du hast mich heimlich geküßt an diesem Mittwochmorgen!» Doch während er diese laszive Szene malte, vergaß er nicht die theologische Begründung: «Was ist Sinnlichkeit! Nicht der *Genuß* der *heiligen gloriosen Materie*, sondern Blindheit für ihre spirituelle Bedeutung!» Er schloß, wie so oft, mit einer Anrufung ihrer gemeinsamen Gottheit: «Wieviel köstlicher, wenn Fleisch u. Geist, einander umarmend, zum selben Ziel hinstreben und einander ihre Wonnen steigern! Gott sei gelobt, Gott sei gelobt!» Schon sein Vorschlag, den Geschlechtsverkehr nach der Heirat hinauszuschieben, konnte nur den Effekt haben, Fannys Sinne mit der Aussicht auf ewige Orgasmen zu erwecken: «Werden uns diese Gedanken nicht vollkommenere Wonnen spenden, wenn wir uns nackt in den Armen liegen, aneinandergeschmiegt mit unseren Gliedmaßen spielen, vergraben in unsere Leiber, ringend, keuchend, einen Augenblick lang sterbend? Werden wir nicht sogar dann spüren, daß uns noch mehr bereitet ist; daß dieses erschauernde Sichwinden nur der blasse Abglanz einer Vereinigung ist, die vollkommen sein wird?» Es war eine auf Bibelstellen gestützte, berauschende Vision, die er ganz wörtlich nahm. Von Anfang an hatte er betont, daß er ihr nur nahe sein wolle, eng an sie geschmiegt, für immer im Himmel. Ihre eheliche Freude, erklärte er fromm, «wird befestigter stehen, wenn wir eins u. im Himmel sind, unsere Liebe wird ohne Schwanken sein, selbst zu derselben gloriosen Hochflut des Entzückens». Das war einigermaßen unklar, aber er machte klar, was er meinte, so wie Ende 1843: «Erwarte ich, einen *Engel* zu heiraten, leidenschaftslos, gefühllos? – Nein! Mein Gattin muß ein Weib sein – unterworfen den gleichen Leidenschaften wie ich!» Und diese Leidenschaften würden in der Ewigkeit beispiellose Höhen erreichen. «Was wäre das Leben ohne Dich?» fragte er rhetorisch und vielleicht etwas taktlos nach vier Ehejahren. «Was es auch mit Dir ist – nur ein kurzer Schmerz, um uns nach der immerwährenden Seligkeit sehnen zu machen – *dort* werden wir einander für immer in den Armen liegen – ohne Seufzer und ohne Kreuz.» Er konnte ihr gemeinsames Ehebett einen Altar nennen, ohne den Vergleich unpassend zu finden.[73]

Charles Kingsley gab dieser eigentümlichen, geradezu naiven Verschmelzung des Erotischen mit dem Theologischen graphischen Ausdruck in den Zeichnungen, die er den Briefen an seine Frau mitunter beilegte (vgl. Abbildungen 8–10). Eine zeigt den jungen Kingsley, wie er der knienden Büßerin Fanny die Absolution von ihren Sünden erteilt; diese Zeichnung ist nur insofern untypisch, als die Gestalten bekleidet sind. Auf anderen Skizzen zeigen sie sich schlank, attraktiv und nackt: auf einer ist das Paar in sexueller Umarmung auf ein schwimmendes Kreuz gefesselt, das sanft auf einer sonnenbeschienenen See dahintreibt. Auf einer anderen hat Kingsley sich selbst mit Adlerschwingen, Fanny mit Schmetterlingsflügeln ausstaffiert; sie befinden sich beim Geschlechtsverkehr – haben vielleicht, ihrer Gelöstheit nach zu urteilen, den Orgasmus gerade hinter sich –; sie schweben wieder über einer sonnenbeschienenen See empor zu den Wolken in den Himmel hinein, wo sich ein Schriftband mit der frommen Mahnung befindet: «Er ist nicht tot; er schläft nur!»

So ungewöhnlich diese exhibitionistisch-blasphemischen Bildwerke sein mochten: einzigartig waren sie keineswegs. Sie tauchen auch, und zwar nicht nur flüchtig, in der lästerlichen, satanischen oder halbpornographischen Kunst und Literatur der Zeit auf. Nach der Jahrhundertmitte schuf der einst berühmte belgische Décadent Félicien Rops einige provokante Variationen über das Thema der erotischen Kreuzigung. Illustratoren wie Emile-H. Meyer parodierten diesen klimaktischen Höhepunkt der christlichen Mythologie. Und in *A Relíquia* entspann Eça de Queiros eine verstörende erotische Phantasie um das Kreuz und seine heilige Last: Der Protagonist dieses vergnüglichen Scherzes von einem Roman legt ostentative Frömmigkeit an den Tag, um das Vermögen seiner engherzigen, fanatisch gläubigen Tante zu erben. Während einer seiner nächtlichen Andachtsübungen starrt er auf ein Holzkreuz, an dem ein vergoldeter Christus hängt. «Langsam verschwamm das schimmernde Edelmetall vor meinem Blick und nahm die Farbe des Fleisches an, warm und weich; die mageren Knochen des traurigen Messias ordneten sich zu himmlisch runden und reizenden Formen;

unter Seiner Dornenkrone lugten laszive schwarze Ringellöckchen hervor; und auf Seiner Brust, über den beiden Wundmalen, wölbten sich zwei prächtige stramme Brüste mit rosigen Spitzen – und da war sie, meine Adelia, am Kreuze hangend, nackt, herrlich, lächelnd, triumphierend, den Altar entweihend, während sie die Arme nach mir reckte!» Queiros läßt seinen «Helden» sagen: «Ich sah darin keine Versuchung durch den Teufel, sondern eine Gnade des Herrn.»[74] Die angenehme, leidenschaftliche Vermählung des «Höchsten» und «Niedrigsten» im Menschen, im Denken Patmores und Kingsleys so bestimmend, schien überhaupt im 19. Jahrhundert knapp unterhalb der Oberfläche des Bewußtseins zu liegen. 1891, im selben Jahr, in dem die zweite Auflage von *A Relíquia* erschien, zergliederte Joris-Karl Huysmans diese Art von angestrengter Verruchtheit in *Là-Bas* und nutzte sie dabei weidlich aus.

Rops war natürlich ein notorischer Grenzgänger auf dem Gebiet obszöner Kunst, Meyer besetzte ungeniert das Reich des Unrespektablen, Queiros war ein geistreicher Spötter. Und selbst Huysmans, schon vor 1891 auf dem Weg von auftrumpfender Gottlosigkeit zu Gott, hatte weiterhin seinen Spaß am Sensationellen und Unkonventionellen. Im Gegensatz dazu war Kingsley ein sittenstrenger Kleriker und streitbarer Polemiker. Und doch war seine erotische Vision – den Zeichnungen nach zu urteilen – nicht minder fleischlich und drängend wie bei Queiros und Huysmans. Jene Zeichnungen liefern sogar unerfreuliche Anhaltspunkte für einen gewissen Sadismus: das Mädchen im groben Büßergewand, den Strick um den Hals; das fest ans Kreuz gefesselte Paar. Kingsley liebte es, nackte Frauen zu zeichnen, denen von Menschen oder von der Natur Gewalt angetan wurde: Die unveröffentlichten Illustrationen zu seinem Jugenddrama über die hl. Elisabeth von Ungarn konzentrieren sich auf Folterszenen; seine Darstellung der Ermordung von Königin Gertrude, der Mutter der Heiligen, würde sogar in jede pornographische Publikation passen: Sie zeigt, wie der – natürlich nackten – Königin die Eingeweide herausgerissen und ihre Geschlechtsteile mit einer langen, bösen, phallischen Fackel verbrannt werden. Es geht nicht darum, ob die Ehe der Kingsleys ein sadomasochistischer Bund war; es geht darum, daß Kingsley, der reformfreudige Geistliche und Kinderbuchautor, es für richtig hielt, seiner Fanny solche Skizzen zu schicken, und für möglich, daß sie sich daran ergötzte. In ihrem Erinnerungsbuch spricht sie, vornehm und unaufrichtig, von «vorzüglichen Federzeichnungen»; sie teilte nicht ganz seine Lust an der Selbstentblößung. Im Mai 1850 schrieb er an sie: «Diese sanften schwülen Tage erfüllen mich mit sehnender Liebe; Dein Bild verfolgt mich Tag und Nacht, wie in der Zeit, bevor wir verheiratet waren, und der Gedanke an jenes köstliche Heiligtum» – aber an dieser Stelle setzte seine Frau die Feder an und kratzte die nächsten, kompromittierenden Worte weg.[75] Sie ging nicht so weit wie ihr Mann; aber sie ging weit genug. Sie war eine liebevolle Gattin, eine besitzergreifende Mutter, eine fürsorgliche Witwe und eine glühende Christin; ein Engel war sie nicht.

Charles Kingsley und Coventry Patmore demonstrieren die Vielgesichtigkeit der Verschiebung im bürgerlichen Jahrhundert. Oberflächlich betrachtet, hätten kaum zwei Menschen verschiedener sein können; dennoch gab es verborgene Affinitäten. Patmore war ein gefügiger, etwas defensiv eingestellter römisch-katholischer Konvertit; Kingsley ein eigenwilliger, streitbarer, aber niemals ketzerischer Anhänger der Church of England. Patmore erwies sich bei seinen gelegentlichen Ausflügen in die Politik als hoffnungsloser Reaktionär; Kingsley war ein durch und durch politisch denkender Mensch, ein christlicher Sozialist, der auch nach dem Nachlassen seines einstigen Radikalismus aufrichtiges Mitleid mit den Opfern der Industriellen Revolution hatte. Patmore konnte in seinen poetischen Phantasien mit Leichtigkeit in die Rolle der Frau schlüpfen; Kingsley, mit der ganzen betonten Männlichkeit des zarten Kindes und verletzlichen Erwachsenen, predigte und praktizierte das virile Leben in der feindlichen Natur. Beide bekannten sich zu gewissen mystischen Neigungen. Doch während Patmore sich einem ozeanisch flutenden, allumarmenden Mystizismus ergab, bekannte sich Kingsley nur vor seiner Frau zu seinen Neigungen und bekämpfte sie mit einem unsentimentalen Empirismus, der ihn Interesse an den Naturwissenschaften finden und mit Beifall Darwin lesen ließ. Und doch gaben die beiden einander nichts nach, was die Ausbeutung der Religion im Interesse der eigenen Sinnlichkeit betraf. Selbst ihre theologischen Beweisführungen weisen frappierende Ähnlichkeiten auf.

Patmore wie Kingsley hatten eine anhängliche Leserschaft und sprachen schon aus diesem Grunde nicht allein für sich selbst. Außerdem fanden sie ein Echo bei den weniger frommen Zeitgenossen. Die «Ehrerbietung» vor dem Leib mit allen ihren erotischen Begleiterscheinungen brauchte sich nicht in ein geistliches Gewand zu hüllen. Der englische Sexualreformer und Vorkämpfer der Geburtenkontrolle George Drysdale schrieb 1854: «Wir müssen lernen, die sinnlichen wie die geistigen Genüsse mit gleicher Freude und gleicher Verehrung hinzunehmen und in allen Dingen ein unparteiliches und wohlausgewogenes Gefühl für die Größe des materiellen wie des moralischen Universums zu entwikkeln.»[76] Die Strategien der Sinnlichkeit waren nicht auf einen einzelnen persönlichen Stil, eine glaubensmäßige Bindung beschränkt. Aber die Art

und Weise, wie diese Strategien – in einem Jahrhundert und einer
Gesellschaftsschicht, für welche die Religion noch ihre Bedeutung hatte –
auf eben diese Religion zurückgriffen, um zu überleben, ist ein ein-
drucksvoller Beweis für ihre Flexibilität. W. R. Greg hatte gemeint, die
Religion der Sinnlichen sei die Askese. Das traf für manche auch zu.
Aber für Patmore, Kingsley und ihresgleichen war die Religion der
Sinnlichen die Sinnlichkeit. Indem sie danach trachteten, die Erotik zu
spiritualisieren, erotisierten sie die Spiritualität.

4. Die Sexualisierung der Moderne

Zu allen Zeiten hat die Religion Möglichkeiten eröffnet, Erotik in sie zu
investieren. Insofern waren die Theologien der Sinnlichkeit im 19. Jahrhundert lediglich die überarbeitete Neuauflage uralter Texte. Doch entwickelte das bürgerliche Jahrhundert auch Objekte für die Liebe, die
unverkennbar modern waren – Objekte, die frühere Jahrhunderte nicht
gekannt, ja nicht einmal sich vorgestellt hatten. Schriftsteller und Künstler zogen aus weltlichen Neuerungen einen libidinösen Nutzen, von dem
sich die Erfinder nichts hätten träumen lassen – ein weiterer Beweis
dafür, wie die Welt die Seele durchdringt, wie konkrete, zeittypische
äußere Kräfte universellen psychologischen Mechanismen ihren Stempel
aufdrücken. Emile Zola machte in seiner zwanzigbändigen Rundreise
durch die französische Gesellschaft um die Mitte des 19. Jahrhunderts
sowohl aus dem Kaufhaus als auch aus der Eisenbahn ein unwahrscheinliches, aber unwiderstehliches Objekt erotischen Begehrens. Und seine
Leser fanden die unkonventionellen Heldinnen und Helden alles andere
als absurd oder an den Haaren herbeigezogen. Aspekte der Modernität,
mochten sie noch so rational sein, ließen sich bereitwillig sexualisieren.

Für Zola, diesen leidenschaftlichen Parteigänger des Fortschritts, war
das Warenhaus der poetische Ausdruck moderner Tätigkeit.[77] Sein 1883
erschienener Roman *Au Bonheur des dames* gehört zu den weniger
bekannten Bänden des Rougon-Macquart-Zyklus; von Lesern und Kritikern gleichermaßen freundlich aufgenommen, bleibt er ein instruktiver,
wenngleich nicht völlig zuverlässiger Zeuge für die weitreichenden Veränderungen in der bürgerlichen Kultur des 19. Jahrhunderts. *Au Bonheur
des dames* ist genau dieser poetische Ausdruck moderner Betätigung, zu
der ausdrücklich auch die sexuelle gehört. Alles ist da: der eifrige, oft
rührende Kampf des Kleinbürgertums; das ängstliche Statusstreben der
wohlhabenden Bürger; die fieberhaften Vergnügungen und der gesellschaftliche Dünkel der Parvenüs und der Patrizier. Zolas imaginäres

Warenhaus «Au Bonheur des dames» ist ein wahrer Mikrokosmos. Es ist ein Paradies für seine Kundinnen, ob sie nun reich oder knapp bei Kasse sind; aber es ist alles andere als ein Paradies für die, die dort arbeiten. Die quasi-militärische Organisation jeder Abteilung, der wütende Darwinsche Konkurrenzkampf des Verkaufspersonals, die minuziöse Buchführung über die Leistungen der Arbeitskräfte, die ihre Begehrlichkeit weckt und ihre Angst schürt – das alles macht das Warenhaus zu einer Art Inferno. Die neue Mittelschicht der Angestellten gewinnt in diesem rationalen Tollhaus zunehmend an Bedeutung.

Der Hohepriester in diesem pünklichst funktionierenden Tempel des Konsums ist Octave Mouret, der Haupteigentümer und unbestrittene Herrscher. Ein Hobbessscher Souverän, hat er diesem wimmelnden Miniatur-Universum seine bürgerliche Ordnung gegeben – durch Manipulation, Schmeichelei und, wenn notwendig, fristlose Entlassung. Das größere Umfeld des Bürgertums mit allen seinen Spannungen wirkt von Zeit zu Zeit herein. Da ist die umsichtige Käuferin, die als *bourgeoise sage et pratique* auf der Suche nach günstigen Gelegenheiten die Basare der Stadt durchstreift und erhebliche Summen einspart. Da ist Mourets alter Schulfreund, der es schließlich zum kleinen Beamten mit 3000 Francs im Jahr gebracht hat: Ein anständiges Gehalt, wie Mouret ihn aufklärt; aber soviel verdienen seine einfachsten Angestellten auch, während erfahrenere und aufgewecktere bis zu 12 000 Francs im Jahr mit nach Hause nehmen. Mouret erklärt lächelnd, Geschäfte wie das seine seien dazu da, das Wohlergehen des «mittleren Bürgertums» zu fördern. Er erntet einen vernichtenden Blick eines Vertreters dieser Spezies, dessen Frau einen unersättlichen Hunger nach Anschaffungen hat, die sie nicht braucht und sich nicht leisten kann. Es gibt Andeutungen sozialer Mobilität: Die Unterkünfte für die Verkäuferinnen sind im Neubau des Kaufhauses viel großzügiger als im alten Haus; einhergehend mit ansehnlichen Lohnsteigerungen, machen sie den Mädchen Lust auf gute Seife und teure Unterwäsche.[78]

Mourets Welt ist eine Welt in Bewegung, Mouret selbst das strahlende Beispiel für die Karriere des Talentierten. Ein Provinz-Nobody mit wacher Intelligenz und sehr wenig Skrupeln, war Octave Mouret in Paris gelandet, hatte sich von Bett zu Bett emporgeschlafen, eine vermögende Frau geheiratet und nach deren Tod sein Erbe, eben die Leitung des «Au Bonheur des dames», in ein unersättliches Imperium verwandelt. Mouret mit seiner enormen Tatkraft, seinem Glück bei den Frauen, seinen ungewöhnlichen Ideen und seinem Mut zum Risiko ist ein bürgerlicher Conquistador. Der dekadente Pessimismus einiger seiner Partner reizt ihn nur zu spöttischem Gelächter. Er ist der «neue Mensch», der

moderne Held, den Baudelaire gesucht und Manet gemalt hatte. Gutmütig belehrt er den alten Schulfreund, der in seiner Trägheit und Passivität
nur halb zu leben scheint. Mouret besteht mit Nachdruck darauf, «in
seine Zeit zu gehören». Man müsse mißgestaltet und von der Natur
benachteiligt sein, wenn man sich «der vor einem liegenden Arbeit
verweigern wollte», wo doch noch so viel Arbeit zu tun ist; denn «das
ganze Land stürzt sich in seine Zukunft». Mouret sieht sich selbst als
«Herrn der eroberten Stadt», des modernen Paris.[79]

Zola macht kein Hehl daraus, daß er an seinem Geschöpf einen Narren
gefressen hat. Octave Mourets Rücksichtslosigkeit wird aufgewogen von
seiner virilen Freude an sich selbst, seinem ungenierten Narzißmus. Er
steckt mit seiner Begeisterung für moderne Kaufmannsmethoden einen
älteren, skeptischen Financier an: Sein Traum ist ein riesiges Warenhaus
für Tausende von Kunden täglich. Die Idee ist simpel: «billig verkaufen,
um viel zu verkaufen; viel zu verkaufen, um billig zu verkaufen.» Der
Financier hat noch Zweifel: «Die Idee ist bestechend. Aber es ist die Idee
eines Dichters...» Schon 1868, als Zola erstmals mit dem Gedanken
eines Romanzyklus spielte, sah er um sich herum überall den Kampf der
Ambitionen und fand das Schauspiel erfrischend. 1872 faßte er den Plan
zu einem Roman über eine der Ausdrucksformen dieses modernen
Ehrgeizes, *le haut commerce (nouveauté)*». An zeitweiligen Depressionen leidend, entrann Zola nicht dem Spott über «die Fehlgeburten der
Existenz», namentlich in ihrer Mittelschichts-Verkleidung. Im großen
und ganzen ist seine Welt harsch und grimmig: ein militärischer Lagebericht, kein Schäfergedicht. 1882 war er jedoch bereit, wie er es mit
neuem, vielleicht etwas forciertem Optimismus formulierte, «mit dem
Jahrhundert zu gehen, das Jahrhundert auszudrücken», ein Jahrhundert
«der Tat und der Eroberungen». Er war gewillt, «Tatendrang und Daseinslust» zu beschreiben und zu zergliedern. Sein Instrument dazu war
Mouret. Er formulierte Zolas Phantasien mehr als einmal: «Die Tat
enthält ihren Lohn in sich. Handeln, schaffen, gegen die Fakten kämpfen, sie besiegen oder von ihnen besiegt werden, darin liegt alles Glück
und alle Gesundheit des Menschen!»[80]

Zolas Erotik enthält ein gut Teil Aggression. Tatsächlich stellte diese
freudige, kriegerische Vision von Kampf und Eroberung in der bürgerlichen Welt eine so starke Versuchung für Zola dar, daß er wenig Sympathie für die Opfer aufbrachte. Zola informierte sich so, wie er es immer
zu tun pflegte. Er wanderte durch einige der florierenden Pariser Läden
und machte sich eine Unmenge Aufzeichnungen. Er befragte Geschäftsführer, Architekten, Juristen über die verschiedensten, oft stupenden
Aspekte der modernen Handelsmethoden. Er erfuhr, daß die meisten

Verkäuferinnen sich einen Liebhaber halten mußten, um ihre Rechnungen bezahlen zu können, und daß einige der alten, interessanten Geschäfte an die Wand gedrückt wurden. Er sah all dies und beschrieb es mit gewohnter Verve. Aber wie er es einmal recht gefühllos ausdrückt: «Ich werde dem keine Träne nachweinen, im Gegenteil; denn ich möchte den Triumph der modernen Tätigkeit zeigen.» Um die kleinen Geschäfte sei es «zu schade»; sie würden «vom Koloß erdrückt».[81] Und damit basta – wie in *Au Bonheur des dames*.

Die Konflikte, die Zolas Warenhausroman mit dem nötigen Quantum an Spannung versorgen, sind dick aufgetragen und etwas durchsichtig, wie in all seinen Romanen. Wieder einmal ist es die Liebe, die die Handlung ihrer unerwarteten Auflösung entgegentreibt. Nur nimmt sie hier eine für Zola untypische Gestalt an. Normalerweise ist bei ihm die Liebesleidenschaft die Quelle des Problems; in *Au Bonheur des dames* liefert sie den Schlüssel zur Lösung. Die Heldin, Denise Baudu, ist eine mittellose Provinzlerin, die nach dem Tode ihrer Eltern mit ihren beiden Brüdern nach Paris kommt, um bei ihrem Onkel zu leben, dem Inhaber eines kleinen, düsteren, schlecht sortierten und vom Ruin bedrohten Wäschegeschäfts. Denise findet ironischerweise Arbeit in dem großen, neuen Warenhaus «Au Bonheur des dames» auf der anderen Straßenseite. Dort wird die junge, schlanke, aber robuste und energische Frau auch die Liebe finden. Nach harmlosen Anfängen verfällt sie nämlich immer mehr dem Zauber Octave Mourets. Der blendende Damenmann mit seiner gesellschaftlich hochstehenden Mätresse ist verrückt nach dem, was er nicht bekommen kann. Er findet Denise absolut unwiderstehlich; sie wird zur Quelle angsterfüllter, zorniger, schwärmerischer Phantasien.

Denise ist eine der weniger überzeugenden Heldinnen Zolas, aber mit ihrer Fröhlichkeit und intuitiven Intelligenz doch ein würdiger Sparringspartner für Mouret. In einer leichtlebigen Gesellschaft, in der praktisch jeder Mensch unerlaubte Affären hat, bewahrt sie, kämpferisch, aber unverkrampft, ihre Keuschheit. Von ihrem Arbeitgeber zum Abendessen – und das heißt: ins Bett – eingeladen, lehnt sie die hohe Ehre ab. Sie betet nicht, aber sie folgt einfach ihren moralischen Regungen: Hurerei ist nicht ihr Stil. Ihre resolut bewahrte Jungfräulichkeit erweist sich als die beste, ja die einzig mögliche Strategie, um ihren begehrten Schatz, den Großkaufmann Octave Mouret, sicher in die Ehe zu lotsen. Aber, wie sie empört zu einer Freundin sagt: zwar hat sie entdeckt, daß sie Mouret liebt, doch legt sie keinen Köder für ihn aus. Eine solche «Berechnung ist mir nie in den Sinn gekommen, und du weißt, wie sehr ich Lügen verabscheue!»[82] Nun, der psychoanalytisch versierte Historiker wird ihre vehemente Leugnung als heimliches Geständnis werten dürfen, doch war dies jedenfalls nicht die Absicht Zolas: Denises Gewissen, soweit sie wußte, war rein.

Die Sache geht schließlich so befriedigend aus, als ob Denise sich ihren Mann mit List und Tücke geangelt hätte. Auf der allerletzten Seite des Romans finden die beiden in einem leidenschaftlich-tränenreichen Auftritt zueinander, und zwar in Mourets Büro. Auf dem Schreibtisch liegt die beispiellose Tageseinnahme von über einer Million Francs. Sie symbolisiert Macht und Ohnmacht des Geldes vor der Liebe. Seine Macht; denn es zeugt von der Tatkraft und dem Einfallsreichtum Mourets, den Eigenschaften, die ihn für Denise Baudu so attraktiv machten. Und seine Ohnmacht; denn es vermochte die junge Frau nicht zu kaufen. Mouret, der sich schließlich der Zuneigung Denises sicher ist, verspricht, ihr nach der Heirat Vollmacht im Geschäft zu geben: *toute-puissante* ist das bedeutsame letzte Wort des Buches.

Die beiden miteinander verflochtenen Machtkämpfe in *Au Bonheur des dames* – zwischen Mann und Frau, zwischen den Großen und den Kleinen – rühren an beherrschende Realitäten des 19. Jahrhunderts; doch ist Zolas Analyse lyrisch verfärbt und verfremdet. Zolas Warenhaus bringt es in einem halben Dutzend Jahren so weit wie die realen Vorbilder (das «Bon Marché» oder das «Louvre») erst in vielen Jahrzehnten. Nicht alle kleinen Geschäfte wurden «vom Koloß erdrückt». Bestimmt gab es auch Kundinnen, die, ohne daß ihnen das Wasser im Munde zusammenlief, besonnene Einkäufe tätigten. Zolas Bedürfnis, mit breitem Pinsel und in Primärfarben zu malen, war kein rein literarisches. Er schrieb so, wie er schrieb – Lobgesänge auf Tatkraft, Kampfeswillen, ja brutale Rücksichtslosigkeit –, um seine eigenen schweren Ängste zu betäuben und romanhafte Verkörperungen für seine immer wieder frustrierten sinnlichen Bedürfnisse und Phantasien zu finden. Daß er jedoch so direkt seine eigenen Konflikte verarbeiten konnte, schärfte seine Beobachtungsgabe. Was er sah und registrierte, waren wichtige, aber relativ unzugängliche Aspekte der bürgerlichen Erfahrung: die diffuse, mächtige Sinnlichkeit des Bürgertums und seine Fähigkeit, aggressive Triebe in den Dienst der Bemeisterung zu stellen. *Au Bonheur des dames* ist durchtränkt mit Erotik und, nur in einem geringeren Ausmaß, mit Aggression. Schon der Name, den Zola für das Warenhaus erdachte, zeugt für die sexuelle Grundlage dessen, was vordergründig nur ein System rationaler Handelstransaktionen ist. Erst als Mouret dieses Prinzip seines Geschäfts aufdeckt, erkennt der zögernde Financier den ganzen Umfang von Mourets unsentimentaler und ausbeuterischer Vision: «Ich hab' das Weib», erklärt Mouret ihm unverblümt, «der Rest ist mir völlig egal!»[83] Der Rest, das wußte er, würde sich finden.

Zola erläutert diese Bemerkung etwas ausführlicher. Mourets einzige Leidenschaft ist «die Eroberung des Weibes». Und er gewinnt die Frau: Mit kaum verhohlener wollüstiger Erregung beschreibt Zola das Einkaufen im «Aux Bonheur des dames» als erotisches Erlebnis. Die Ware in den Schaufenstern atmet und bebt suggestiv. Im Laden selbst ist die Atmosphäre womöglich noch verführerischer. Die Kundinnen betreten einen kleinen Alkoven, in welchem Spitzen ausgestellt sind, mit bleichem Gesicht, schimmerndem Auge und trunkenem Zittern. Es ist wie eine eigens eingerichtete Folterkammer für Sünderinnen, «ein Winkel der Verdammnis, wo selbst die Stärksten erliegen».[84] Die trockenen Lippen, das Glitzern in den Augen, die kleinen Schweißperlen auf Nacken und Stirne – sie sind Andeutungen der Leidenschaften, gestaltet nach dem Vorbild der sexuellen Erregung. Es ist fast so wie bei Hanno Buddenbrooks Klavierspiel.

Die Metapher der Verführung geistert durch den Roman. Ideen sind verführerisch, aber mehr noch Preise, Anzeigen, Auslagen – Dinge, auf die Mouret sich meisterhaft versteht. Er ist anerkanntermaßen der erste Schaufensterdekorateur der Stadt; er hat in diese Wissenschaft «die Schule des Brutalen und Kolossalen eingeführt». Zola sagt es mehr als einmal ganz ausdrücklich: selbst Denise wird durch die Schaufenster des «Aux Bonheur des dames» zu dem unwiderstehlichen Wunsch «verführt», hier zu arbeiten. Zola ist bemüht, Sexualität auch in Beschäftigungen einfließen zu lassen, die ihr scheinbar ganz fern sind. Der Kassier Lhomme etwa liebt die Musik, wie ein Masturbant seine Phantasien liebt: «Er hatte nur dieses eine Laster, die Musik, ein heimliches Laster, das er ganz allein befriedigte.» Für die anderen freilich ähneln die Freuden dieses Hauses eher gemeinsam befriedigten Lastern. Als Mouret einigen konservativen Untergebenen erklärt, warum es zweckmäßig ist, einige attraktive Artikel unter Preis zu verkaufen, verfällt er wie von selbst in die Sprache der Sinnlichkeit: diese Preisschlager werden «alle Frauen anziehen», und «verführt, hingerissen von der Überfülle unseres Angebots, werden sie willig ihre Börse öffnen!» Madame Marty, jene Frau aus dem «mittleren Bürgertum», deren Kaufwut ihren nüchternen Ehemann zur Verzweiflung treibt, ist das exemplarische Opfer dieser berechnenderotischen Strategie. Während sie die Tische des «Au Bonheur des dames» mustert, erzieht sie unbewußt ihre sie oft begleitende Tochter Valentine zu einer würdigen Nachfolgerin; schon hat Valentine, «ein hochaufgeschossenes Kind von vierzehn Jahren, mager und frech, auf die Waren den schuldbewußten Blick des Weibes geworfen».[85] Mouret machte sich die Frauen oft früh gefügig.

Die Atmosphäre, die er für seine Kundinnen schafft, ist entspannend und verlockend zugleich. Die Frauen, die sich dieser warmen, exotischen Umgebung schwelgerischer Üppigkeit überlassen, sind blaß vor Verlangen. Manche – zu arm, um zu kaufen, zu gierig, um zu warten, oder zu ängstlich, es dem Gatten zu sagen – lassen sich sogar zum Diebstahl hinreißen. In Zolas Paradies für Frauen nimmt denn auch der Konsum selbst erotische Formen an. Das Wort *manger* [essen, verzehren, verschlingen] spielt in *Au Bonheur des dames* eine ebenso große, vielleicht sogar größere Rolle als *séduire* [verführen]. Konkurrenten «schlucken» einander durch ihren Preiskampf, die angestammten Verkäuferinnen «fressen» die jungen förmlich auf, Warenhäuser «fressen» die altmodischen Läden, Kundinnen «verschlingen» die Ware mit den Augen. Ambitionen sind immer und überall Gelüste. An diesem Punkt geht Sexualität in Aggression über. Wie immer, so sind auch hier die beiden Grundleidenschaften miteinander verwoben und schwer zu entwirren. Das Projekt, das Mouret seinem Financier entwickelt, ist, nach dem stummen Kommentar des letzteren, eine Vorrichtung «zum Verschlingen von Frauen». Der kämpferische Sozialdarwinismus, der Octave Mouret beseelt, ist ein Mittel, Hunger zu befriedigen. Die ihm vorschwebende Organisation seines Kaufhauses dient dazu, die Gelüste anderer auszubeuten zur Befriedigung der eigenen Gelüste. Selbst der Erfolg nimmt für Mouret eine sinnliche Form an; er denkt ihn sich als Bad – wie es auch Mabel Todd oder Emma Bovary getan haben könnten.[86] Auf Sieg und Kampf reagiert er alles andere als abstrakt; er reagiert körperlich, sexuell.

Zola hatte das moderne Warenhaus meisterhaft zu einem schwülen Heiligtum der Gelüste gemacht. Noch stärkere sexuelle Erregung projizierte er allerdings auf eine andere moderne Erfindung, nämlich die Eisenbahn. Hierin folgte er einer Mode. Praktisch seit dem ersten spektakulären Auftreten von Eisenbahnen Mitte der zwanziger Jahre des 19. Jahrhunderts hatten Lyriker und Romanciers die Eisenbahn als Symbol der Macht und der rächenden Gewalt benutzt. Besonders die Lokomotive, die sich in der traurigen Wirklichkeit oft genug als Tötungsmaschine erwies, erschien als taugliches Instrument der Vergeltung, als gesellschaftliches Über-Ich, das die Verbrechen gegen Menschen und Götter bestrafte. In seiner eigentümlichen Ballade «Die Brück am Tay» aus den frühen achtziger Jahren sah Theodor Fontane das verheerendste Eisenbahnunglück seines Jahrhunderts als dämonische Rache für die Überhebung des Menschen. Am 28. Dezember 1879 war die Eisenbahnbrücke über den Tay bei Dundee während eines Unwetters eingestürzt und hatte einen Passagierzug mit in die Tiefe gerissen. Fontane sieht die drei Hexen aus dem *Macbeth*, wie sie dem Lokführer auflauern, der in blindem Vertrauen auf menschlichen Erfindergeist den Zug durch den heulenden Sturm brausen läßt, darauf bauend, daß seine Maschine und die – schlecht gebaute – Brücke den widrigen Elementen trotzen werden. Aber die Hybris kommt buchstäblich zu Fall, und die Hexen verkünden die Moral:

> Tand, Tand
> Ist das Gebilde von Menschenhand.

Bei Fontane ist die Eisenbahn das Opfer, das neue Opfer fordert. In anderen literarischen Erzeugnissen dieses Jahrhunderts wird sie zu einem aktiven Instrument der Bestrafung. So entschloß sich Dickens, den Schurken aus *Dombey and Son*, John Carker, unter einem Eilzug enden zu lassen; mit erregten, abgehackten Sätzen imitiert er das unaufhaltsame Herannahen der todbringenden Maschine. Carker wird am Bahnhof von dem Mann ertappt, den er betrogen hat, und weicht einen Schritt zurück, auf die Gleise. «Er fühlte die Erde erzittern – ahnte den Aufprall, der kommen würde – tat einen Schrei – sah sich um – erblickte die roten Augen, trübe und bleich, im Licht des Tages, dicht über sich – wurde niedergestoßen, wieder erfaßt und fortgeschleudert auf ein scharfkantiges Mahlwerk, das ihn hin und her warf und ihm Glied und Glied abhackte und mit seiner Feuerhitze den Strom seines Lebens aufleckte und seine verstümmelten Reste emporwirbelte in die Luft.» Analog, aber mit gedämpfterer Rhetorik schildert Trollope den Selbstmord des Abenteurers Lopez in *The Prime Minister*, der sich vor einen Zug wirft. Und bekanntlich schafft Tolstoj auf dieselbe Weise die Ehebrecherin Anna Karenina aus der Welt, nachdem ein schweres Eisenbahnunglück zu Beginn des Romans Annas tragisches Schicksal vorausgedeutet hat: «Plötzlich fiel ihr wieder der Mann ein, der an dem Tag überfahren worden war, als sie Wronskij kennenlernte, und sie wußte, was sie zu tun hatte.» Ihr Geliebter wendet sich von ihr ab, ihr Ruf ist ruiniert, ihr Kind hat sie verloren; da erkennt sie, daß ihr nichts anderes bleibt, als sich vor einen Zug zu werfen: «‹Dort, mitten aufs Gleis, und ich werde ihn strafen und werde allen entrinnen, und auch mir selbst!›»[87]

Anna Kareninas Selbstmord, eine rührende Mischung aus Rache und Verzweiflung, aus Gehorsam gegen ein strafsüchtiges Über-Ich und Auflehnung gegen unerträgliche narzißtische Kränkungen, war der letzte Akt einer Grenzüberschreitung in das Reich des Eros. Ganz allgemein wurde die Eisenbahn für die Phantasie des Bürgers im 19. Jahrhundert ein Lieblingsakteur auf dem Theater der Libido. In manchen Romanen figuriert sie als Liebesobjekt; in anderen hatte sie nur eine instrumentelle Funktion: Der Zug beschleunigt die Reise des Liebenden zu der Geliebten. So dichtet ein reisender Verliebter in Theodor Vischers Roman *Auch Einer*:

> Jetzt schnaube nur, Dampf, und brause!
> Jetzt rolle nur, Rad, und sause!
> Es geht nach Hause, nach Hause!

Der Wagen kann nicht sagen, wie dem Reisenden die Pulse pochen. Weder Telegraphenstangen noch die dahinschwindenden Meilensteine können sagen, wie sehr er sich nach der Geliebten sehnt. Andere Passagiere schwatzen miteinander und gähnen, während er sich wünscht, es möchte immer schneller gehen:

> Hinweg aus dem plappernden Schwarme,
> O, hin an die Brust, an die warme
> in die offnen, die liebenden Arme!

Vischers suggestiv-mimetische Verse, die etwas vom Stampfen der Maschine und dem Rattern der Räder einfangen, reißen den Leser mit und lassen ihn etwas von der Erregung des Reisens spüren. Sie deuten ganz sachte das rhythmische, sich beschleunigende Treiben der Liebenden an, sobald der Reisende in jenen liebenden Armen gelandet sein wird. Auch in der Prosa war eine solche Mimesis des rhythmischen Stampfens der Bahn beliebt. Dickens schildert Mr. Dombey, der im Zug sitzt, gequält von Erinnerungen an den Tod seines jungen Sohnes; und unbarmherzig trägt der Zug ihn fort, weiter und immer weiter: «Fort, mit Gekreisch, und Gebrüll, und Gekrach, aus der Stadt, wühlt er sich in die Stätten der Menschen, läßt er die Straßen summen, fliegt für Momente hinaus ins Weite, bohrt sich durch die feuchte Erde hindurch, dröhnt voran durch Dunkel und stickige Luft, bricht hervor in den sonnigen Tag, so hell und weit; fort, mit Gekreisch, mit Gebrüll, und Gekrach, durch Felder, durch Wälder, durch Getreide, durch Heu, durch Kalk, durch Erde, durch Ton, durch Fels, vorbei an den Dingen, die fast greifbar nah' sind und doch immer den Reisenden fliehn, und eine täuschende Ferne zieht langsam immer mit ihm; wie auf der Spur des reulosen Monsters Tod!» – und so weiter, über mehrere Absätze.[88]

Mr. Dombeys Gedanken beschäftigen sich mit dem Tod, aber Dickens' mitreißend sich steigernde Prosa hat etwas Erotisches an sich; sie evoziert Macht, Geschwindigkeit und Beschleunigung. In solchen Schriften steht die Eisenbahnfahrt als Sinnbild für libidinöse Energie, deren Steigerung sie festhält. Die Nachahmung ist bewußt; die Erotik im wesentlichen unbewußt. 1844 schrieb Luise von Plönnies das Gedicht «Auf der Eisenbahn». Darin gibt sie dem gereimten Wunsche Ausdruck, es möch-

ten Schnelligkeit und Freiheit der Bahnfahrt zum Vorbild für die Ausbreitung der Redefreiheit werden. Doch unter der Oberfläche der politischen
Botschaft drängen sich sexuelle Gefühle zusammen:

> Rascher Blitz, der hin mich trägt,
> Pfeilschnell von der Gluth bewegt,
> Sausend durch des Tages Pracht,
> Brausend durch die dunkle Nacht,
> Donnernd über Stromesschäumen,
> Blitzend an des Abgrunds Säumen...

Auch die Franzosen brachten ihre eigene Eisenbahnlyrik hervor, nach-
dem sie sie von sprachlichen Importen wie *le railway, le tunnel, le ballast,
le tender* befreit hatten, von *express, trucks* und *wagons* ganz zu schwei-
gen. In diesen Gedichten schwelgten sie in der Sinnlichkeit der *vitesse*.
Diese Lyrik ist entschieden zweitrangig, aber erregend. Sie macht die
Maschine zum keuchenden Kentauren, der ungeduldig darauf wartet, die
Zügel abwerfen zu können, oder zu einem sich aufbäumenden Hengst.[89]
So wenig erfolgreich die Verseschmiede versucht haben mögen, einer
Erfindung des 19. Jahrhunderts denkwürdige Lyrik abzuringen: ihre
Gedichte trachten immerhin, die verborgenen sinnlichen Reflexe dieser
Erfindung zu vermitteln. Die Eisenbahnfahrt mit ihrem regelmäßigen,
hörbaren Puls, der beeindruckenden Fähigkeit zur Beschleunigung und
der unterschwelligen Gefahr für Leib und Leben weckte im Erwachsenen
die Erinnerung daran, wie er als Kind zum Spaß in die Luft geworfen
oder aber in Schlaf gewiegt wurde. Ein solches Reisen war einschläfernd
und zugleich erregend; es erzeugte eine lustvoll-ängstliche Gespanntheit.
Freud erwähnt in den *Drei Abhandlungen zur Sexualtheorie*, daß die
«Erschütterungen der Wagenfahrt und später der Eisenbahnfahrt» eine
faszinierende Wirkung auf ältere Kinder ausüben, so daß «wenigstens alle
Knaben irgend einmal im Leben Kondukteure und Kutscher werden
wollten». Er stand etwas ratlos vor dem Phänomen, war sich aber doch
sicher, daß die Eisenbahnfahrt von einer «exquisit sexuellen Symbolik»
erfüllt sei und daß es einen «Zwang zu solcher Verknüpfung des Eisen-
bahnfahrens mit der Sexualität» gebe, der «offenbar von dem Lustcharak-
ter der Bewegungsempfindungen» ausgehe.[90] Züge waren Ursachen der
Erotik und konnten erotische Objekte werden.
Natürlich waren nicht alle Umdeutungen der Dampfmaschine in ein
belebtes Wesen, nicht alle Imitationen des Räderrhythmus tief empfunden. Solche Stilmittel wurden bald allgemein beliebt und verkamen zur
abgedroschenen literarischen Konvention. Um 1850 war es bereits ein
Gemeinplatz, der Lokomotive menschliche oder wenigstens lebendige

Eigenschaften zuzuschreiben: Man sah sie als «Dampf-Roß», als Dämon, der die Passagiere in seinem Arm trägt, als Ungetüm, das seine schwarze Lunge aushustet, als Tier, das durch die Finsternis tappt, durch lächelnde Landschaften läuft und aufbrüllt vor Schmerz und Lust. Aber Walt Whitmans Hymne «Auf eine Lokomotive im Winter» ist mehr als mechanische dichterische Freiheit. Mit unverblümtem erotischen Anthropomorphismus preist Whitman das «gemessene doppelte Pochen» der Maschine, ihren «konvulsivischen Stoß», den «schwarzen zylindrischen Leib», ihr «schwellendes Keuchen und Röhren», den «großen vorwölbenden Scheinwerfer» und ihren «gefügten Bau». Die Lokomotive ist für Whitman

> Type of the modern – emblem of motion and power –
>   pulse of the continent

(Abbild der Moderne, Sinnbild von Bewegung und Kraft; Herzschlag des Kontinents). Er ist sich der prosaischen Natur der Lokomotive bewußt und fordert sie auf, «der Muse zu dienen und in Verse zu zerschmelzen»:

> Fierce-throated beauty!
> Roll through my chant with all thy lawless
>   music, thy swinging lamps at night,
> Thy madly-whistled laughter, echoing,
>   rumbling like
> an earthquake, rousing all –

(Schönheit mit feurig-wilder Kehle! Rolle durch meinen Gesang mit all deiner gesetzlosen Musik, den schwingenden Lampen bei Nacht, dem irren Gelächter der Pfeife, ein Echo, ein Grollen wie ein Erdbeben, das alle emporreißt): sie emporreißt durch ihre Virilität und Autonomie:

> Law of thyself complete, thine own track
>   firmly holding,
> (No sweet debonair of tearful harp or
>   glib piano thine.)

(Ganz dein eigen Gesetz, fest die eigene Bahn ziehend [die süßen Nettigkeiten der tränenden Harfe oder des säuselnden Klaviers sind nicht deine Sache].)

Whitmans erotische Wunschvorstellung – die Lokomotive als pochendes, schwellendes, konvulsivisch zuckendes Sinnbild für Bewegung und Kraft – ist ganz unapologetisch. Es gab noch andere Schriftsteller (oder von Schriftstellern für glaubwürdig gehaltene Gestalten), die in Lokomotiven verliebt waren. Einer von ihnen ist Martial Hébert, der Held des

Romans *Le train 17* von Jules Claretie. Hébert ist ein junger Arbeiter, der seinen Traumberuf als Heizer auf einer Dampflok findet. Lokomotiven sind für ihn etwas Menschliches: «Eisenbahnen, erklärte er, Maschinen, all diese Wesen aus Eisen und Gußeisen, die zu leben scheinen und die mit ihren Muskeln aus Kupfer und Stahl an die Stelle menschlicher Muskeln treten – da werde ich schwach.» In Gegenwart seiner Maschine hat Hébert «eine eigentümliche, magnetische Empfindung», während er der Pfeife lauscht, das inwendige Rütteln spürt, die Stöße von Dampf beobachtet. Wenn die Lokomotive vor der Abfahrt warmläuft, drückt er sich so nahe wie möglich an sie heran, um in ihrer Wärme zu baden und, ganz eingehüllt in Dampf, einen «feuchten Kuß» zu empfangen.[91] Am Ende des Romans begeht Hébert Selbstmord, indem er sich vor seine Lok wirft, doch soll dieser Ausgang nicht auf die dämonischen Mächte der Eisenbahn deuten. Vielmehr haben der Tod seines Kindes und die Untreue seiner Frau Hébert mutlos gemacht. Trotz seines technischen Beiwerks bleibt *Le train 17* im Grunde eine recht konventionelle Liebesgeschichte.

Demgegenüber ist Zolas *La bête humaine* eine bedrückende, erschreckende Geschichte von moderner Ambivalenz. Der Roman handelt von wütender Liebe und noch wütenderem Haß, ausagiert auf der Bahn und durch die Bahn. Das Buch bleibt die tragfähigste dichterische Erkundung der Eisenbahn im 19. Jahrhundert; dennoch ist es kein reiner Eisenbahnroman. Zola näherte sich dem Ende seines Rougon-Macquart-Zyklus und hatte sich in zwei Themen verbissen, die er nicht fallenlassen mochte: Verbrechen und Eisenbahn. So verfiel er auf den einfachsten Ausweg: Er schrieb einen Roman, der beide Themen verschmolz. Das bedeutet, daß die Szenerie in *La bête humaine* – Bahnhöfe, Loks, Abteile, Gleise, Bahnübergänge – mehr ist als ein passiver Hintergrund, vor dem die eigentliche Handlung sich abspielt. Sie schwängern die Atmosphäre, aber mehr noch: Züge und Lokomotiven sind Hauptakteure in Zolas Melodram. Sie sind lebendige Wesen, die geliebt und gefürchtet werden; schwärmerische Lokführer und selbst objektive Beobachter dichten ihnen menschliche Regungen wie Zuneigung, Anhänglichkeit und mörderische Wut an. In den Handlungen dieser eisernen Giganten, wie in denen der menschlichen Protagonisten, sind Liebe und Haß, Leben und Tod unentwirrbar verflochten: Die Lokomotiven veranschaulichen Zolas düstere Vision, daß im Herzen der erotischen Erfahrung der Schrecken wohnt. *La bête humaine* ist eine melancholische Meditation über eine in sich gespaltene Natur: die wilde, animalische Seele, die in jedem Lebewesen wohnt, und die Seelen, die in besonders bevorzugten Maschinen wie Lokomotiven wohnen. Eine der rührendsten Gestalten,

Phasie, hat viele Züge an ihrem Bahnwärterhäuschen vorüberbrausen sehen; sie koppelt diese beiden ungelenk-gefährlichen Kentauren in einer philosophischen Reflektion zusammen: «Ach!» sagt sie, von der Eisenbahn sprechend, «das ist eine gute Erfindung; das kann man gar nicht bestreiten. Die Leute reisen schneller, wissen mehr.» Aber, setzt sie hinzu, «wilde Tiere bleiben wilde Tiere, und man kann immer bessere Maschinen erfinden, es bleiben doch immer wilde Tiere».[92] *La bête humaine* führt diese Bestien vor: animalische Menschen und menschliche Maschinen, verurteilt, miteinander zu leben und miteinander zu sterben.

Auf der ersten Seite des Romans gibt es einen Augenblick trügerischer Ruhe, ja Heiterkeit, wenn Zola den Gare Saint-Lazare schildert, jenen Pariser Bahnhof, dem Monet Mitte der siebziger Jahre eine Reihe von Gemälden gewidmet hatte. Doch bald stören sexuelle Leidenschaften und ihre krankhaften Entartungen dieses moderne Idyll von ruhiger Geschäftigkeit und emsiger Erwartung. Roubaud, der Bahnhofsvorsteher aus der Provinz, aus dessen Blickwinkel Zola den Gare Saint-Lazare sichtbar gemacht hatte, entdeckt, daß seine Frau einst einen Geliebten gehabt hat. Er zwingt sie, gemeinsam mit ihm den alten Wüstling zu töten. Sie begehen die Tat eifersüchtiger Rache in einem hell erleuchteten Eisenbahnabteil und werden dabei von Jacques Lantier beobachtet. Dieser hat den Fluch der Rougon-Macquart geerbt: Immer wieder überfällt ihn der unerklärliche und übermächtige Drang, eine Frau im Augenblick der höchsten erotischen Erregung zu ermorden. Beinahe bringt er Flore um, ein junges Mädchen, das ihn seit langem liebt. Daß er ihre Leidenschaft nicht erwidert, treibt Flore später in den Wahnsinn, und sie begeht Selbstmord, indem sie sich vor einen Zug wirft. Jacques selbst wird am Ende des Romans durch die Eisenbahn ums Leben kommen, und zwar bei einem tödlichen Kampf mit dem Heizer Pecqueux, dessen Mädchen Jacques verführt hat. Pecqueux fällt über ihn her, während die beiden ihren Zug durch die Nacht steuern. Mit der ihm eigenen wollüstigen Direktheit schildert Zola das Ringen: «Mit einem letzten Ruck stieß Pecqueux ihn hinaus; und Jacques, verzweifelt die Leere hinter sich spürend, umklammerte krampfhaft seinen Hals, so fest, daß er ihn mit sich riß. Es gab zwei furchtbare Schreie, die sich vermengten und dann erstarben. Die beiden Männer stürzten gemeinsam hinaus, vom Sog der Geschwindigkeit unter die Räder gerissen, und wurden in Stücke zerfetzt, zerhackt, noch immer umschlungen in dieser grausigen Umarmung – sie, die so lange wie Brüder gelebt hatten. Man fand sie ohne Kopf und ohne Füße, zwei blutige Rümpfe, die sich noch immer umklammerten, wie um einander zu erdrücken.»[93] Die Umarmung, diese Geste der Liebe, ist zur Gestalt des Todes geworden.

Die herzlose Maschine, die Jacques und seinen Rivalen zermalmt und dann «wie ein vom Wahnsinn befallenes Tier» brüllend durch die Nacht jagt, war nicht jene Maschine, die Jacques geliebt hatte. Sie war neu und hatte nicht einmal einen Namen, sondern nur eine Nummer: 608. Mit der alten Maschine, der Lison, konnte sie sich nicht vergleichen. Trotzdem war auch die 608 irgendwie menschlich: Jacques pflegte zu sagen, er habe ihr die Jungfernschaft geraubt; er fand sie «bockig und launenhaft, wie die jungen Fohlen, die man hernehmen muß, um sie zu brechen und an das Geschirr zu gewöhnen». Selbst Pecqueux, der Heizer, pflegte auf diese Lokomotive zu fluchen, als sei sie ein störrisches, aufreizendes Weib, ein schamloses Flittchen. Die andere, die Lison, war so gelehrig gewesen! Jacques konnte ihm nur beipflichten; bei den Launen der Nr. 608 vermißte er Lison nur um so schmerzlicher. Aber Lison war tot. Früher, als Jacques noch auf der Lison gefahren war, hatte Flore ihn wegen seiner Vernarrtheit geneckt; sie bemerkte, daß er mit Mädchen anscheinend nichts anfangen könne, und fragte ihn: «Bist du denn nur in deine Lokomotive verliebt? Die Leute machen schon Witze über dich, weißt du. Sie sagen, daß du sie immer schniegelst und striegelst, als ob du nur sie zum Streicheln hättest.»[94]

Die Leuten hatten recht. Solange Jacques auf seiner geliebten Lison fuhr – mehr als vier Jahre –, hatte er nie den perversen Drang zum Töten verspürt. Diese Lok, so fügsam und verläßlich, hatte für ihn «die seltenen Eigenschaften einer guten Frau». Und so hielt er sie blitzblank und in tadellosem Zustand. Doch dann wurde sie in einem verheerenden Schneesturm «verletzt» und büßte etwas von ihrer Geschmeidigkeit und gewohnten Robustheit ein. Jacques empfand Trauer, ja geradezu Verzweiflung, als ihm bewußt wurde, daß sie von tödlicher Krankheit gezeichnet war. Dann starb sie, und zwar bei einem Unglück, das fast auch Jacques das Leben gekostet hätte. Die sanfte, liebenswürdige Lison hauchte ihren Atem aus, und der schwerverletzte Jacques sah sie weinend sterben und wäre am liebsten mitgestorben. Keine Frau in Jacques' Leben hatte jemals eine so reine Leidenschaft in ihm erweckt.

Jules Lemaître, einer der hellsichtigsten Rezensenten Zolas, wies darauf hin, daß der Roman eine Studie über die «erschreckendsten und geheimnisvollsten» Ur-Instinkte des Menschen sei: «den Trieb zu Zerstörung und Mord und dessen dunkle Verbindung mit dem Liebestrieb.»[95] *La bête humaine* ist nicht die romantische Geschichte eines schwärmerischen Modernen, der Maschinen mit menschlichen Attributen mehr liebte als Menschen mit animalischen Neigungen. Zola war gewiß ein Parteigänger der Wissenschaft. Dennoch brachte er die lebende, stampfende Maschine, die das Sinnbild des 19. Jahrhunderts war, in eine «dunkle Verbindung» mit Liebe und Haß. Er erfand die Lison, aber er erfand auch die 608, die demonstrierte, daß eine Lokomotive ebenso sadistisch sein konnte wie ein Mensch, ebenso boshaft und – schlimmer noch – schwächend wie eine Frau.

La bête humaine ist ein mit literarischer Disziplin revidierter Alptraum. Die einigermaßen aufdringliche und berechenbare Symbolik – der von Station zu Station eilende Fortschritt, das außer Kontrolle geratene Frankreich, der im Kulturmenschen schlummernde Höhlenmensch – verhüllt kaum die zwanghaften, angstvollen Phantasien Zolas. Er selbst wurde von der Vorstellung gepeinigt, lebendig in einem Tunnel begraben zu werden. Das ist weit entfernt von Freuds kontrollierbarer Reiseangst, ebenso wie Jacques' Leidenschaft für Lison weit entfernt ist von der harmlosen Stimulierung, die der Durchschnittsreisende beim Bahnfahren empfindet. Zolas – oder auch Whitmans – ausdrucksstarke Gestaltungen sind alles andere als repräsentativ. Kaum ein Reisender, mochte er geschäftlich oder zum Vergnügen unterwegs sein, hätte im Zug einen Mord begangen oder einer Lokomotive seine Liebe geschworen. Allenfalls hätte er von dergleichen Dingen geträumt. Aber so, wie der neurotische Analysand dieselben Konflikte, nur in besonders frappierender Form und ungewöhnlicher Heftigkeit, zur Darstellung bringt, die auch in den weniger geplagten Zeitgenossen am Werk sind, so machen diese Extremisten der Feder, gerade weil sie so übertreiben, dieselben verborgenen Spannungen und Lüste erst sichtbar, die auch die normaleren Mittelschichts-Seelen des Maschinenzeitalters heimsuchten. Die meisten Menschen, auch wenn sie nicht Romane schrieben oder Bilder malten, fanden die ständig zunehmende Macht der Maschine zugleich erfreulich und beängstigend: Das konstruktive wie das destruktive Potential der Maschine, ihre Fähigkeit, Wohlstand zu schaffen, und ihre Fähigkeit, Vernichtung zu bewirken, schienen einander wohl die Waage zu halten – und jedenfalls in gleichem Maße unberechenbar zu sein.

Zu Anfang scheint die Einbildungskraft der Schriftsteller, und mit ihnen der Maler, vor der Erfahrung der Industrialisierung verzagt, ja versagt zu haben. Die Literarhistoriker sind der Ansicht, daß die kuriosen, mitunter gequälten Versuche, Dampfmaschinen oder Eisenbahnen in überkommene rhetorische Konventionen einzubauen, nur eine gewisse Hilflosigkeit verraten. So wie in der Frühzeit des Buchdrucks sorgfältig Buchstaben geschnitten wurden, die den Lettern in den Handschriften ähneln sollten, so bedienten sich beflissene Künstler des 19. Jahrhunderts abgegriffener Metaphern und Tropen und Versatzstücke, mit denen sie die Maschine eher umkleideten als zeigten. So konnte Robert Southey 1811 das Black Country [das englische Industriegebiet um Birmingham;

A.d.Ü.], diese «Hölle über der Erde» mit ihren Abraumhalden, der rauchgeschwängerten Luft, den «riesigen schwarzen Haufen aus Kaminen und Hochöfen» als schönes Beispiel für das *damnable picturesque* bezeichnen.[96] Vielleicht war Black Country etwas Verdammenswertes, aber jedenfalls war es malerisch – lediglich die Variation eines bekannten Genres, was immer eine beruhigende Sache ist. Andere zogen ästhetische Kategorien wie das Erhabene heran, um die imposanten, oft deprimierenden Industrie-Ungetüme und die landschaftsprägenden, massiven flinken Vehikel zu zähmen. Solche Anleihen waren eine Methode, das Unbehagen zu bändigen, diese Mischung aus Erregung und Furcht, womit die Mittelschicht anfänglich auf die Fabrik, die Maschine – und die Eisenbahn reagierte. Doch allmählich, vielleicht um die Jahrhundertmitte, jedenfalls aber seit den siebziger Jahren, begann eine gelassenere, weniger angsterfüllte Betrachtungsweise neben die eher fiebernden Phantasiegebilde früherer Jahrzehnte zu treten. In der Mittelschicht breitete sich ein gewisses Gefühl zuversichtlicher Meisterung aus, das Gefühl von Beherrschung und kontrollierbarer (oder ganz geschwundener) Angst. Phobien wurden entweder durch das herausgefordert, was der Psychoanalytiker Otto Fenichel die gegenphobische Einstellung genannt hat: durch ostentative Dreistigkeit und Nonchalance; oder sie wurden in einigen Fällen tatsächlich überwunden.

In der Kunst des Zeitalters – von Turners atmosphärischem, aussagestarkem Bild *Rain, Steam and Speed: The Great Western Railway* bis zu den ruhig-heiteren Wiedergaben des Gare Saint-Lazare bei Manet und Monet – wurde die Eisenbahn allmählich dem bürgerlichen Bewußtsein assimiliert. Das zerstörte nicht das Geheimnis und die beunruhigenden erotischen Implikationen der Bahn. Walt Whitmans Hymnus auf eine Lokomotive stammt immerhin von 1876. Zola erdachte seine liebenswürdige Lison sogar erst 1890. Die Eisenbahn wurde, wie die Liebe zur Musik, zur Natur oder zu Gott, ein expressives erotisches Instrument, mit welchem die Mittelschicht das Gelände der modernen sinnlichen Liebe erschloß und zugleich in Ordnung hielt. Insgesamt bereicherten diese Strategien das erotische Leben des Bürgertums und verliehen ihm eine gewisse Pikanterie. Auch trugen sie dazu bei, die Spannungen einzudämmen, mit denen zu leben ihre anspruchsvolle Kultur die Mittelschichten zwang. Freilich konnten diese Strategien, wie sich zeigen wird, die Spannungen weder abführen noch auflösen.

VII. Der Preis der Verdrängung

Um die Mitte des 19. Jahrhunderts machten Ärzte und Beobachter der Gesellschaft die Entdeckung, daß schon das einfache Dasein als Bürger eine enorme Belastung für den Menschen war. Bekannte, bedenkliche Symptome des privaten Lasters wie des gesellschaftlichen Niedergangs – «Selbstmißbrauch», Geburtenkontrolle und allgemeine Sittenlosigkeit – waren eingebettet in umfassendere, angsterregende Kümmernisse. Das unablässige Bedürfnis der Mittelschichten, den Bereich des Privaten neu zu definieren und zu verteidigen, mit den Emblemen der Respektabilität zu prunken, Erfolg zu erringen und zu verarbeiten und den Umgang mit tiefen, oft unbewußten Liebes- und Haß-Gefühlen zu regeln, schien einen exorbitant hohen seelischen Tribut zu fordern. Sichtbarer Ausdruck dessen waren zwei verschiedene Phänomene: Nervosität und Prostitution.

Es gab Augenblicke, in denen diese Kultursymptome eine lehrreiche Personalunion miteinander eingingen. In einer bezeichnenderweise nicht überzeugenden Geschichte mit dem Titel *«Ein nervöser Anfall»* läßt Anton Tschechow einen krankhaft sensiblen Jurastudenten namens Wassiljew auftreten, der nach einer mit zwei Kommilitonen getätigten bestürzenden Tour durch die Hurenhäuser Moskaus einen neurotischen Zusammenbruch erleidet. Übertrieben verletzlich und mit überentwickelter Einfühlungsgabe ausgestattet, faßt Wassiljew die rührenden und vulgären Szenen, die er miterlebt, als Aufruf zum Handeln auf. Er ist entsetzt über die Gefühlsroheit seiner Freunde und faßt den zwanghaften Gedanken, die ihm so unerwartet enthüllten Übelstände beheben zu müssen. Auf der Suche nach Rettungsmöglichkeiten für all die gefallenen Frauen und übermannt vom Ausmaß seiner Konfusion, erleidet er einen «nervösen Anfall» und muß sich in die Behandlung eines Psychiaters begeben, der sich als genauso unsensibel erweist wie Wassiljews Zechkumpane.

Tschechows Geschichte ist Fiktion, auch wenn sie auf Tatsachen aufbaut. Sie entstand zur Erinnerung an den Schriftsteller Garsin, der sich aktiv für die Resozialisierung von Prostituierten eingesetzt und aus seinen Erfahrungen tragische Geschichten gemacht hatte.[1] Auch das wirkliche Leben konnte, ohne Beimischung der Einbildungskraft, Nervosität und Prostitution zusammenbringen. In einem Traktat von 1912 behauptet Jane Addams, der «Widerwille und Jammer», den viele beim

Anblick von Prostituierten empfänden, führe «manchmal zum echten Nervenzusammenbruch». Sie zitiert einen «hervorragenden Engländer», vielleicht Gladstone, mit den Worten: Besonnene Menschen, die «‹das grausige Übel von Angesicht kennen, haben oft betont, daß sie bei keinem anderen Erlebnis in ihrem Leben so nahe daran gewesen seien, den Verstand zu verlieren›».[2] Die meisten Zeitgenossen Jane Addams', normale Bürger nicht weniger als Ärzte oder Satiriker, zögerten nicht, Nervosität und Prostitution als schlagenden Beweis für einen der Mittelschichtskultur grundsätzlich innewohnenden Fehler aufzufassen. Für sie war das der hohe Preis, den diese Kultur dafür zu zahlen hatte, daß sie bestimmte Formen des Liebens in beklagenswerter Weise verdrängte. Sie irrten sich.

1. Zeitkrankheit Nervosität

Nervosität ist eine moderne Krankheit – oder jedenfalls eine moderne Diagnose – mit uralten Wurzeln. Platons reizvolle Geschichte vom Ursprung der Liebe – die eine Hälfte eines bisexuell gemeinten Wesens strebt verzweifelt nach der von ihr getrennten anderen Hälfte – blieb bis ins 19. Jahrhundert eine Metapher für den einsamen, unvollständigen Menschen, der nach der heilenden Kraft der Liebe trachtet. Auch der hl. Augustin und nach ihm die mittelalterlichen Mystiker hatten in der Kultur eine Hauptursache seelischen Unglücks gesehen. Sie beklagten die Entfremdung der Menschen von Gott: Nachdem sie einmal Sein schützendes Paradies verlassen hatten, um in Städten zu leben und Sklaven ihrer Leidenschaften zu werden, verloren sie ihre Ur-Unschuld und damit den Kontakt zum ewigen Seinsgrund.

Diese philosophischen Phantasien oder theologischen Jeremiaden repräsentierten fast unverhüllte Regressionswünsche: von der Individualität des Erwachsenen zurück zum infantilen Einssein. Kulturkritiker und Sozialwissenschaftler des späten 18. und 19. Jahrhunderts übersetzten diese kollektiven Sehnsüchte in Fachterminologie oder in radikale Strategien, die darauf abzielten, die Isoliertheit des Menschen durch politisches Handeln, Sozialpolitik oder Sittenreform zu überwinden. Die tönenden Bezeichnungen, die sie erfanden oder populär machten – Entfremdung, Entsittlichung, Wurzellosigkeit, Anomie oder, mit Carlyles prägnanter Wendung, der «gewaltige Dämon Mechanismus» –, überschnitten sich, was ihre Bedeutung betraf, und wurden schließlich fast identisch gebraucht.[3] Alle diese Epitheta, so verschieden sie ursprünglich gemeint waren, bezogen sich unausgesprochen auf die Liebe beziehungsweise auf

deren beklagenswertes Fehlen. 1776 hatte Adam Smith in seinem epochemachenden *Wealth of Nations* hellsichtig vorausgesagt, welche widersprüchlichen, oft unheilvollen Folgen die Arbeitsteilung für die menschlichen Rädchen in der Industriemaschinerie haben mußte, die ihrer unentbehrlichen menschlichen Kontakte und Betätigungen beraubt wurden.
Dann hatte Schiller um 1790 in den *Briefen über die ästhetische Erziehung des Menschen* wegweisende Bemerkungen über die Spezialisierung
des modernen Menschen gemacht. Die Kultur selbst sei es gewesen, die
der Menschheit diese fast tödliche Wunde geschlagen habe. Sie habe sie
zu wurzellosen Wesen erniedrigt, die sich auf eine einzige Betätigung zu
Lasten aller anderen konzentrieren und damit ihre Vielseitigkeit und ihre
Fähigkeit zum Spiel verloren haben. Anfang des 19. Jahrhunderts führte
Hegel den Begriff der Entfremdung in den philosophischen Diskurs ein.
Marx trieb Hegels Beobachtungen weiter und unternahm eine subversive
Untersuchung des Klassenkonflikts und der persönlichen Deprivation.
Er stigmatisierte die Lage des Menschen in der modernen kapitalistischen
Gesellschaft: Der Mensch ist ein feindseliger Fremder sich selbst, seinen
Mitmenschen und seiner Arbeit gegenüber. Schließlich nahm Emile
Durkheim den Begriff «Anomie», das alte, vorwurfsvolle Synonym für
das Fehlen göttlicher Regelungen, und schuf ihm einen formidablen,
quantitativen soziologischen Unterbau. Er sah die moderne Gesellschaft
umstellt von Phänomenen der Desorientierung. Dazu gehörten das Gefühl der Ungewißheit und Unberechenbarkeit – Frucht einer hochnäsi-
gen, gesellschaftlich genährten Egozentrik.

Das waren starke Worte. Aber selbst Begriffe, die nicht kritisch
gemeint waren, wurden in den Dienst jenes großen Feldzugs gegen den
Bürger gestellt, den Gesellschaftskritiker der verschiedensten Couleur
führten. Der unkonventionelle und vielseitige deutsche Soziologe Ferdinand Tönnies hatte sein berühmtes Begriffspaar *Gemeinschaft/Gesell-
schaft* dazu benutzt, um den Übergang der modernen gesellschaftlichen
Entwicklung von jener zu dieser nachzuzeichnen. Es war keineswegs
seine Absicht gewesen, den Rückzug aus der brüchig gewordenen Gesellschaft seiner Zeit in irgendeine idealisierte Gemeinschaft früherer Tage zu
propagieren. Aber den meisten seiner Leser drängte sich der Schluß auf,
daß die mechanische, lieblose Gesellschaft die organischen, emotionalen
Bande der Gemeinschaft zerstört hatte.

Was solche gehässige Übersetzung von Fachbegriffen in Schimpfworte
betrifft, so ist die Geschichte der Bezeichnung «Nervosität» von besonderem Interesse. Mehr noch als «Entfremdung» oder «Anomie» ging
dieser Begriff in den allgemeinen Sprachgebrauch ein und prägte die
bürgerliche Selbstwahrnehmung seit der Mitte des 19. Jahrhunderts. Was

ihn noch interessanter machte, war, daß er, wie man immer klarer zu erkennen meinte, fast so wie der «religiöse Wahnsinn» mehr oder minder kraß mit dem Liebesleben zu tun hatte. «The modern malady of love is nerves [die Liebesnot der Zeit sind ihre Nerven]», intonierte Arthur Symons 1897 in einem Gedicht.[4] Die meisten Menschen sahen diesen Zusammenhang nicht – wollten ihn nicht sehen.

Bis 1800 und im aktiven Sprachgebrauch noch mindestens bis zum Ende des 19. Jahrhunderts bedeutete «nervös» (englisch «nervous», französisch «nerveux»): kraftvoll, geschmeidig, sehnig, frei von irgendwelcher Schwächlichkeit. Man sprach anerkennend von dem nervösen Strich eines Zeichners oder von einem nervösen Rennpferd. 1783 aber schrieb Samuel Johnson, hellhörig das Mitschwingen einer neuen Bedeutungsnuance registrierend, in einem Brief an seine Freundin Mrs. Thrale von einer «zarten, reizbaren und, *wie man nicht sehr passend sagt, nervösen Konstitution*». Die alte Bedeutung existierte sicherlich lange neben der neuen. Noch 1868 meinte Charles C. Eastlake in einer Kritik des italienischen Baustils, was England wolle, sei ein «weniger verfeinerter, ein nervöserer Ausdruck architektonischer Schönheit«, die für ihn »kühne und kräftige Züge« besaß.[5] Für Eastlake war «nervös» praktisch gleichbedeutend mit «viril». Doch wie es mit wirkungsvollen sprachlichen Neuerungen zu gehen pflegt: die neue Bedeutung vermochte die alte zu verdrängen und schließlich das Bedeutungsfeld zu monopolisieren. Wenn eine Gestalt bei Dickens nervös ist, dann ist sie ängstlich und aufgeregt, schwitzt oder beißt sich auf die Lippen. Nervöse Gestalten bei Fontane oder Zola sind in genau derselben freud- und mutlosen Verfassung.

Um die Mitte des Jahrhunderts hatte die neue Bedeutung des Begriffs «nervös» auf dem Kontinent wie in England festen Fuß gefaßt. Ein ständiger Kehrreim in den Briefen des Pianisten und Dirigenten Hans von Bülow waren die Klagen über Lärm, Langeweile, Störungen, Überarbeitung, die englische Sprache, Schlaflosigkeit; all das mache ihn «entsetzlich nervös».[6] Auch dem gewöhnlichen Deutschen waren solche Ausdrücke nicht fremd. Ein Soldat im Deutsch-Französischen Krieg führte die schauderhaften Kopfschmerzen, an denen daheim sein «Jeannettchen» litt, auf die sommerliche Hitze zurück, die ihre Nerven angegriffen habe. Und der Journalist und Redakteur Otto von Leixner kommt bezeichnenderweise von körperlichen auf seelische Ursachen zu sprechen, als er seinem Tagebuche anvertraut, wie sehr ihn die nervöse Erregung deprimiere, in der er die ganzen letzten Wochen gelebt habe. Als Ursachen hierfür nennt er Zweifel an seinen Freunden und die Erkrankung der Mutter, aber auch eine neue Liebe, die nur in Entsagung enden könne.[7] Diese Aufzählung und vor allem seine Assoziation der Gründe für seine Nervosität – Freunde, Mutter, Liebe – verweisen auf das aufkeimende Bewußtsein, daß sein Elend das somatische Äquivalent erotischer Konflikte ist. Texte aus anderen Ländern besagen dasselbe: Eine schwierige und gefährdete Liebe ging dem 19. Jahrhundert an die Nerven; eine versagende Stimme, eine zitternde Hand, ein zuckendes Gesicht verrieten den angsterfüllten, häufig sexuell bedingten Aufruhr in der Brust.

In den sechziger und siebziger Jahren war dann dank Ärzten und Journalisten aus der Nervosität ein allenthalben diskutiertes Phänomen geworden. Die Kulturkritiker begannen, sie in einen Zusammenhang mit jenen Belastungen zu bringen, die sie für typische Erscheinungen der zeitgenössischen Gesellschaft hielten. Zola nannte Hippolyte Taine einen «kranken und rastlosen Geist», erfüllt mit «leidenschaftlichem Streben nach Stärke und freiem Leben», ein Produkt «unseres Jahrhunderts der Nerven». Das war 1866. Gut zwei Jahrzehnte später prophezeite Vincent van Gogh, daß «vielleicht eines Tages jedermann neurotisch sein» werde. *Fast* jedermann war es damals wohl schon. 1887 klärte ein deutscher Journalist seine Leser etwas sentenziös darüber auf, daß die moderne Krankheit bei Stadtbewohnern rapide um sich greife: jeder sei nervös. Der Sinn dieser Beobachtungen war klar: Nervosität war weit verbreitet, im Zunehmen begriffen und typisch. Selbst Kinder entgingen ihr nicht. 1895 erschien im *New Haven Leader* eine zwei Spalten breite Anzeige für «Paine's Celery Compound» [Painesches Sellerie-Präparat]. Diese natürliche Medizin sollte solchen Kindern zur «Stärkung» dienen, die bereits die gefürchteten Symptome dieses Jahrhunderts der Nerven aufwiesen: «Die nervöse Erschöpfung bei Kindern bereitet heutzutage vielen Vätern und Müttern große Sorge.» Ursache hierfür sei «die Hektik des modernen Lebens», die «eine ständig zunehmende Belastung der Erwachsenen» mit sich bringe und «Nervosität» im Gefolge habe.[8]

In den neunziger Jahren wirkten die Argumente aus der Sellerie-Anzeige – wenn nicht schon der Sellerie selbst – unwiderstehlich. Wenn von der modernen Krankheit die Rede war, wurde zwar nicht immer ausdrücklich die Nervosität genannt; doch was beschrieben wurde, waren die Wirkungen der Nervosität. So etwa bei Matthew Arnold: In düsteren Worten schilderte er in seinem Gedicht *Scholar Gipsy* «this strange disease of modern life, / With its sick hurry, its divided aims» [dies fremde Leiden des modernen Lebens / mit seiner kranken Hast und den entzweiten Zielen]. In den sechziger Jahren betonten Psychiater wie Henry Maudsley völlig selbstsicher, daß die moderne Zivilisation «pathogen», krankmachend sei. Diese Diagnostiker in Vers und Prosa fanden in den folgenden Jahrzehnten eindrucksvolle Belege für ihre fachkundigen Vermutungen. Hingegen gab es wenig, was sie hätte bewegen können, diese Vermutungen zu modifizieren oder gar fallenzulassen. Das innige, unablässige Wechselspiel zwischen moderner Liebe und moderner Nervosität blieb denn auch nicht völlig verdrängt. Ich habe bereits die Zeile von Arthur Symons zitiert: «The modern malady of love is nerves [die Liebesnot der Zeit sind ihre Nerven].» Das Gedicht definiert diese Not als lähmende, nicht abzustellende erotische Selbstreflexion:

> Love, once a simple madness, now observes
> The stages of its passionate disease,
> And is twice sorrowful because he sees
> Inch by inch entering, the fatal knife.

[Die Liebe, einst ein einfacher Wahnsinn, beobachtet jetzt die Phasen ihrer kranken Leidenschaft und ist doppelt elend, weil sie sieht, wie Zoll für Zoll das tödliche Messer eindringt.] Die Folgen solcher vergifteten, kranken Liebe waren seelischer, ihre Ursprünge aber gesellschaftlicher Art.

Trotzdem war dies nicht zwangsläufig das Los eines jeden. Symons sagte es nicht ausdrücklich, aber seine Leser verstanden ihn auch so: Was er nicht ohne Genugtuung porträtierte, war der sensible Außenseiter, der sich im wackeren, treuherzigen, sportlichen England unwohl fühlte. Symons' nervöser Liebender war der Vertreter von Raffinement und Experiment in der Dichtung und den schönen Künsten. Er gehörte jenem erlauchten, etwas schlaffen Kreis «intensiver» Ästheten an, den der begabte Philister George du Maurier zwei Jahrzehnte lang im *Punch* böse verhöhnte. Nervosität war laut Symons das erhabene Manko der «happy few», der glücklichen wenigen, das hingebungsvoll gepflegte und stolz zur Schau getragene Stigma des Hochgebildeten. Andere Stimmen in den moralisierenden angelsächsischen Gesellschaften beklagten diese Art nervöser Selbstreflexion als unheilvolles Abfallen von kraftvoller Männlichkeit. In der vielzitierten Schmährede, die Henry James in den *Bostonians* seinem reaktionären Südstaatler Basil Ransom in den Mund legt, hängen nervöse Störungen und Impotenz auf erschreckende Weise miteinander zusammen. Ransom wettert gegen seine Zeit, diese «weibische, nervöse, hysterische, schwatzende, heuchelnde Zeit».[9] Mitfühlend oder entsetzt, waren die Kulturkritiker des 19. Jahrhunderts doch darin einig, daß Nervosität ein allgegenwärtiges Symptom war.

Einige wenige wie etwa Symons isolierten als nervösen Typus den Stutzer und den Gebildeten. Meist sah man jedoch in den Frauen das

wahrscheinlichste Opfer der Nervosität. Schon in den vierziger Jahren des
19. Jahrhunderts äußerten zwei amerikanische Autoren, Catherine Beecher
und Dr. William Alcott, die Vermutung, daß die Anfälligkeit der Frau für
nervöse Belastungen kein Zufall sei. Alcott begnügte sich im wesentlichen
damit, auf die «undefinierbaren und unbeschreibbaren Gefühle von
Langeweile und Leere zu verweisen», die den Frauen zusetzten und die «in
Ermangelung eines besseren Namens in ihren verschiedenen Erscheinungs-
formen ‹Nervosität› genannt werden». Einmal solchen Gefühlen zum
Opfer gefallen, suchten die leidenden Frauen sich durch exzessiven Genuß
von Süßigkeiten, Kaffee oder Tee Erleichterung zu verschaffen, oder sie
würden süchtig nach Ammonium, Kampfer und Kölnisch Wasser, ja sogar
in extremen Fällen nach Laudanum und Antimon. Catharine Beecher ist
ergiebiger; sie legt eine politische Diagnose vor. Die amerikanischen
Frauen, besonders die aus den «mittleren Ständen», seien nervös, weil sie
nichts zu tun hätten und daran gehindert würden, von ihren angeborenen
Begabungen Gebrauch zu machen.[10] So wirkte die allgemeine Beschäftigung mit der Nervosität auch auf die Anfänge der Frauenbewegung in der
Jahrhundertmitte ein. Antifeministen vertraten den Standpunkt, die Frauen
müßten zu Hause bleiben und sich ganz ihren Aufgaben als Hausfrau und
Mutter widmen, weil sie so zerbrechlich seien. Feministen argumentierten
aus demselben Tatsachenmaterial genau entgegengesetzt: Die Frauen
brauchten den ungehinderten Zugang zu höherer Schulbildung und zur
Berufstätigkeit sowie das Stimmrecht, weil das Dahinvegetieren in dump-
fer, verblödender Häuslichkeit sie nervös machte. Die Feministen sahen in
der Nervosität keine Ursache, sondern eine Wirkung. Die Zeit sollte lehren,
daß sie recht hatten.

Aber auch Männer waren nervös. Daher begann man nach Erklärungen zu suchen, die mehr als bloß die frappierende Anfälligkeit der Frau
für nervöse Attacken in Rechnung stellten. Die Anzeige für das Paine-
sche Sellerie-Präparat im *New Haven Leader* hatte die Schuld bei der
«Hektik des modernen Lebens» gesucht. Doch die Entdeckung, daß die
Ursache der modernen Nervosität die moderne Zivilisation war, klang
zwar gut, war aber nicht sehr informativ. Nach und nach kamen Erklärungen auf, die ein bißchen weniger vage, ein bißchen weniger rhetorisch
waren. Schon Anfang der fünfziger Jahre hatte Elizabeth Gaskell der
Heldin ihres Romans *North and South*, Margaret Hale, eine nachdenkli-
che Rede in den Mund gelegt, in der sie die industrielle Unrast auf die
nicht assimilierbaren Eindrücke aus der großstädtischen Reizüberflutung
zurückführt. «‹Es liegt am Stadtleben›, sagte sie. ‹Die Nerven werden
durch die Hetze und Hektik und Eile von allem rundherum aufgereizt.›»
Das Landleben schien ihr dagegen viel gesünder zu sein.[11]

Elizabeth Gaskell spricht hier von der industriellen Arbeiterklasse. Doch als die Diskussion um die Nervosität selbst immer nervöser wurde und immer breiteren Raum im öffentlichen Schrifttum einnahm, übertrug man ihre Auffassung mit noch mehr Recht auf die Mittelschichten. 1879 konnte der englische Positivist Frederic Harrison «dieses Gerassel und die Rastlosigkeit des Lebens» beklagen, «die zum industriellen Malstrom gehört, in dem wir uns alle bewegen». Der abscheulichste Schutt, den dieser Malstrom zurückließ, war nach Harrisons Ansicht die ungeheure, dreckige Masse von Gedrucktem – ein Dreck, der nach Harrisons geradezu hilflosem Vorschlag am besten gleich im Mülleimer verschwand.[12] Das war keine besonders durchdachte Reaktion. Vom nächsten Jahrzehnt an wurde diese Art aristokratischer Verzweiflung gründlich demokratisiert, indem sie jene wirksamen Transmissionsriemen erreichte, durch welche die Meinungen der Kundigen ihren Weg zum unkundigen Publikum fanden: die populären Wochenschriften. Noch vor 1900 wußten praktisch alle alles über die Nervosität.

Besonders die Deutschen nahmen sich der Nervosität an. Um 1900 sah der einst berühmte Kulturhistoriker Karl Lamprecht in ihr das bezeichnende Wesensmerkmal deutschen Geistes. Ein Jahrzehnt zuvor, im Jahre 1890, hatte auch die *Gartenlaube* – immer bestrebt, ihren Lesern neue Entwicklungen in Medizin und Hygiene nahezubringen – zwei Artikel zum Thema Nervosität gebracht. Der erste, über «Jugendspiel», war von C. Falkenhorst. Er befürwortete fleißige sportliche Betätigung im Freien als Ausgleich für die herrschende, ungesunde Überbewertung der geistigen Ertüchtigung und die damit einhergehenden deprimierenden Folgen. Die Jugend, fand Falkenhorst, sei blasiert geworden. Es mangele ihr die Fröhlichkeit früherer Geschlechter. Er sagte es nicht ausdrücklich, doch stand Falkenhorst im Lager jener angstgeplagten Eugeniker und Bevölkerungswissenschaftler, die lautstark den Mangel an kräftigen jungen Männern für den Kriegsdienst beklagten – kein Wunder bei Gymnasiasten, die Brillen trugen, schwach auf der Brust waren, ihre Gesundheit durch Onanie untergruben und ihr Schicksal endgültig besiegelten, indem sie sich Lustseuchen zuzogen. Die sexuellen Implikationen, wo nicht gar Wurzeln der Nervosität waren für Falkenhorst und, wie er fürchtete, für jedermann im Lande offen ersichtlich. Sein Beitrag beginnt mit einer Verallgemeinerung, die weder er noch seine Leser für beweisbedürftig hielten: Die Zeit leide an Nervenschwäche, dem Übel des 19. Jahrhunderts. Dies sei die Folge der mit dem Fortschritt der Kultur veränderten Lebensweise, die den Geist beanspruche und den Körper vernachlässige.[13]

Professor Dr. E. Heinrich Kisch, ein Modearzt und Facharzt für

Frauenleiden, handelte das beunruhigende Thema Nerven in der nächsten Nummer der *Gartenlaube* ab. In der Sache unterschied er sich nicht von Falkenhorst. Als beste Vorbeugung gegen nervöse Beschwerden empfahl er dem Leser, mit seinen nervlichen Energien hauszuhalten, übertriebene körperliche und geistige Anstrengung zu meiden, regelmäßig Leibesübungen zu treiben und einen vernünftigen Rythmus von Arbeit und Erholung zu beobachten. Abschließend riet er dazu, den Leib zu ertüchtigen und die seelische Widerstandskraft zu stählen sowie überhaupt alles zu tun, um nicht aus Empfindsamkeit in schwächliche Empfindelei, von Gefühlen in Gefühligkeit abzugleiten.[14] Die Diskussion der Fachgelehrten über dieses Thema war nie frei von sexuellen Anspielungen. Im Deutschland der achtziger und neunziger Jahre wie in dem von Deutschland vielbewunderten England erschien Nervosität als Versagen der Nerven, als bedrohliche Verweichlichung, die durch anstrengenden Sport, kalte Duschen und das energische Herauskehren männlicher Überlegenheit zu mildern oder sogar zu heilen war.

Daß ein Mann wie Professor Kisch in der *Gartenlaube* schrieb – die übrigens nicht zum erstenmal eine anerkannte Autorität zu ihren Lesern sprechen ließ –, macht deutlich, wie stark das Interesse der Fachwelt war und wie sehr das Publikum nach Informationen über die neuesten Forschungen in Sachen Nerven lechzte. In den ärztlichen Fachzeitschriften und in Vorträgen im Kollegenkreis wurde dieses moderne Unbehagen denn auch weiter ventiliert. 1893 veröffentlicht Dr. Wilhelm Erb, ein hervorragender Neurologe, mit umfangreicher Bibliographie zum Thema Syphilis eine Rede, die typisch ist für die Besorgnis der Zunft: «Über die wachsende Nervosität unserer Zeit». Er vertritt die These, daß «die politischen, sozialen und kulturellen Verhältnisse» einen «hervorragenden Einfluß auf das Nervensystem der Menschen» haben. Im vergangenen Jahrhundert war dieses Nervensystem den «furchtbaren Erschütterungen» der Französischen Revolution ausgesetzt, ferner der beständigen «Erregung» durch die großen Napoleonischen Kriege. Hinzu kamen die Entwicklung des Nationalitätsgedankens und die Revolutionen von 1848. Zu dieser eindrucksvollen Liste fügt Erb noch «das rapide Anwachsen der Großstädte mit allen seinen schlimmen Einwirkungen» wie etwa der «Schaffung mächtiger, von Proletariern erfüllter Zentren der Industrie [...]». Nicht alle diese Erschütterungen hatten negative Ursachen. Ähnlich wie Durkheim sieht Erb im Fortschritt selbst, in den Errungenschaften des Zeitalters, eine Hauptursache für nervöse Störungen. Und wiederum ähnlich wie Durkheim ist er der Ansicht, daß gesteigerter Luxus ungeahnte Möglichkeiten eröffnet, neue Bedürfnisse erregt und so die Unzufriedenheit geschürt hat. Das Zeitalter hat die geistige «Überbürdung» an Unversitäten wie im Berufsleben gefördert. Dazu kommen aufpeitschende Genußmittel wie Alkohol, Kaffee und Tee, durchwachte Nächte, aufwühlende Musik und anzügliche Theaterstücke. Die Zunahme des Verkehrs, die Erfindung des Telegraphen und des Telephons, die Verkehrung der Nacht zum Tag verschlimmern nur noch «Hast und Aufregung». Schon die Suche nach Erholung vermehrt die ohnehin kaum erträglichen Spannungen und zerrt bis zum Zerreißen an den Nerven. Die moderne Kultur wühlt die Sinnlichkeit auf und erhitzt die Vergnügungssucht. Kein Wunder also, wie Erb abschließend bemerkt, daß nervöse Erkrankungen, zumal Hysterie, Hypochondrie und vor allem «Neurasthenie», dramatisch zugenommen haben. Erb fand das alles sehr beunruhigend.[15]

Andere Deutsche fanden das auch. Einige Autoren, die keine eigenen Forschungen trieben, importierten sie. Nachdem der italienische Sexualforscher Paolo Mantegazza 1886 sein Buch *Il secolo nevrosico* herausgebracht hatte, kam prompt zwei Jahre später ein deutsches Pendant dazu unter dem Titel *Das nervöse Jahrhundert* heraus. Der große Krafft-Ebing ließ nicht lange auf sich warten. In einer Untersuchung von 1895 konstatiert er eine fatale Zunahme der Nervosität. Die Schuld trügen nicht zuletzt hygienefeindliche Elemente wie die rapiden und abrupten Veränderungen in den merkantilen, industriellen, agrarischen, ganz zu schweigen von den politischen und sozialen Verhältnissen in den zivilisierten Ländern.[16] Damit sagte er nichts Neues. 1893 hatte ein zehnköpfiges Expertenteam aus den deutschsprachigen Ländern ein *Handbuch der Neurasthenie* veröffentlicht; es enthielt auch eine Bibliographie mit mehr als hundert Titeln, die allein in deutscher Sprache seit 1881 erschienen waren.[17] Der Sammelband kam zu einer Zeit, da gerade die Frage der «Überbürdung» von Gymnasiasten und Studenten hohe Wellen schlug. Kaiser Wilhelm II. hatte persönlich in seiner polternd-unüberlegten Art in die Diskussion eingegriffen, doch kamen die Experten zu keinem eindeutigen Schluß. Manche mitfühlenden Erzieher warnten vor einer übertriebenen geistigen Belastung als einem auslösenden Moment des Nervenzusammenbruchs, ja sogar und allzu oft des Selbstmords. Viele Sittenprediger hingegen fanden die moderne Jugend bloß verwöhnt und verzogen; zu ihrem Schaden erspare man ihr die Härten, die zur Charakterbildung unumgänglich notwendig seien. «Die moderne Erziehung ist neben der Raschlebigkeit unserer Zeit eine der Hauptursachen der immer allgemeiner werdenden Nervosität», meinte der minder bedeutende Philosoph Bartholomäus von Carneri.[18] Wenn die Herausgeber des *Handbuchs der Neurasthenie* nach 1893 eine zweite Auflage veranstaltet hätten, wäre das Werk noch viel umfangreicher ausgefallen.

Trotz dieser Flut von Literatur unterschieden sich die Beschreibungen
und Diagnosen der Nervosität, die in diesen Jahrzehnten vorgelegt
wurden, recht wenig voneinander. Man verlor sich in vagen Allgemein-
heiten, blumigen Klagen und billigen Schlagworten. Wie langsam das
klinische Verständnis der Nervosität sogar noch nach 1900 vorankam,
zeigt eines der hellsichtigsten und anziehendsten Beispiele der Literatur,
J. A. Hobsons *Psychology of Jingoism*. Das Buch entstand unter dem
Eindruck des kriegslüsternen englischen Chauvinismus während des
Burenkrieges. Obgleich ein aufmerksamer Beobachter von wild ent-
schlossener Selbständigkeit, spricht Hobson doch mit der Stimme der
ersten Entdecker. Ähnlich wie Elizabeth Gaskell ein halbes Jahrhundert
zuvor, stellte er fest: «Die üblen Verhältnisse des Stadtlebens in unseren
großen Industriezentren mindern die Vitalität der Bewohner herab und
wirken mit besonderer Macht auf deren nervöse Organisation ein.» Der
«Verschleiß an Nerven», den der ständige Kampf um den Lebensunter-
halt verursache, sei so «gravierend», daß er «in den Gesichtszügen der
Stadtbevölkerung sichtbare Spuren hinterläßt», die diese von der Landbevölkerung deutlich unterschieden. Und Hobson setzt hinzu und klingt
dabei wie der Frederic Harrison von 1879: «In jeder modernen, indu-
striell weit genug fortgeschrittenen Nation zeugt das Vorherrschen neu-
rotischer Erkrankungen von der allgemeinen nervösen Belastung der
Bevölkerung.»[19] Besonders neu war auch Hobsons Auffassung nicht, daß
die moderne Stadtkultur die Menschen mit hektischen Reizen überflute
und mit Eindrücken und Gefühlen überschütte, die sie weder absorbie-
ren noch einordnen, geschweige denn verarbeiten können. Seine Skizze
legt nicht nur die Fluß- und Strom-, sondern auch die Elektrizitätsmeta-
phern nahe, nach denen die Autoren des späten 19. Jahrhunderts geradezu süchtig waren: Der Geist der modernen Stadtbewohner ist wie ein
anfälliges, stark genutztes Kraftwerk, das durch Überbeanspruchung
immer wieder ausfällt.

Diese beliebte, unverkennbar moderne Metapher ordnete die Nervosität anderen seelischen Beschwerden zu, von denen man allgemein an-
nahm, daß sie somatische Symptome zeigten und somatischen Ursprungs
seien. Die Metapher zeugt von der verbreiteten Ambivalenz in bezug auf
den Ort des Seelischen im menschlichen Erleben. Durch das ganze
19. Jahrhundert zog sich die erbitterte Kontroverse der Neurologen, ob
Neurosen und Psychosen angeboren und physischer Natur oder aber
erworben und seelischer Natur seien. Die Theoretiker, die den seelischen
Ursprung dieser Erkrankungen vertraten, waren im großen und ganzen
in der Minderheit. Der berühmte englische Neurologe Henry Maudsley
sprach für eine solide Mehrheit, als er 1874 dekretierte: «Es ist nicht

unsere Aufgabe und liegt nicht in unserer Macht, Ursprung und Wesen [sc. der Geisteskrankheit] *psychologisch* zu erklären»; vielmehr werde die Erklärung, «wenn sie denn kommt, nicht von der Seite des Seelischen, sondern von der Seite des Physischen kommen.»[20] Vor allem aber würde sie, wie viele der zeitgenössischen Forscher glaubten, von der Seite des Genetischen kommen. Emile Zolas zum Untergang verurteilte Geisteskranke waren nur insofern erstaunlich, als sie ihrem verderblichen Erbe mit solcher Emphase verhaftet waren. Es gab fundierten und heftigen Widerspruch: Der große Philippe Pinel hatte um 1800 das eingeführt, was man die «medizinische Psychologie» nannte. Einige seiner radikalen Ideen hatten von Frankreich aus in andere Länder gewirkt. Fachärzte für Hysterie, namentlich um die Jahrhundertmitte Robert Brudenell Carter in England und ein oder zwei Jahrzehnte später Jean-Martin Charcot in Paris, lancierten eine mächtige Gegenströmung, die die Debatte in Gang hielt und wissenschaftlich ergiebig machte. Es ist ergreifend zu sehen, wie Freud seit etwa 1890 sich langsam zu seinen Entdeckungen vortastet, wobei er mannhaft mit der herrschenden physiologischen Denkweise ringt und mit immer größerer Sicherheit psychologische Erklärungen für seelische Leiden findet. Er mußte starken Widerstand brechen – auch seinen eigenen.

Die Psychoanalyse wies dem Studium der Nervosität neue Wege; bis dahin war die umfangreiche Literatur zu dem Thema sehr berechenbar und blieb lange Zeit unergiebig. Aber die bedrückenden Verallgemeinerungen, die diese Literatur beherrschten, blieben zumindest teilweise bereits vor Freud nicht unwidersprochen. Es gab Autoren, die sich weigerten, in der Nervosität lediglich ein Übel zu sehen. Der amerikanische Neurologe Dr. George Beard begründete sogar seinen Ruf damit, daß er zeigte, wie man auch der Not Vorteile abgewinnen konnte. Er stand nicht allein: Man denke an Arthur Symons' halb aufgeschreckte, halb beschwichtigende Anatomie der «Nerven» und an Dr. Wilhelm Erb, der den Fortschritt zur Ursache der Nervosität erklärt hatte – freilich nicht die Nervosität zur Ursache des Fortschritts. Schon vorher hatte Edmond de Goncourt nicht gezögert, den kulturellen Nutzen der Nerven zu unterstreichen. «Bedenke, daß unsere Arbeit auf nervösem Leiden beruht; das ist vielleicht ihre Originalität.» Der deutsche Dichter Richard Dehmel pflichtete bei. 1894 schreibt er: «Alle Sinne öffnen, das macht die Seele frei. Wir können uns garnicht genug erregen! [...] Ein wahrer Segen unsre Nervosität, die von den Thoren bewehklagt wird. Das ist gradezu ein instinktives Hilfsmittel der Natur, um endlich wieder etwas frischen Puls in unser verdumpftes Kulturblut zu bringen. Wie nervös war die Renaissance!»[21] Diese Behauptungen waren Variationen über das avantgardistische Thema des *poète maudit*, des inspirierten Irren, des erwählten Geistes, der die Traumata der Kultur in unvergängliche Schöpfungen umsetzt. Beard aber erweiterte dieses Paradoxon um Geschäftsleute und Hausfrauen, lauter gute Bürger, die auf ihre eigene weltliche Weise zeigten, daß Nervosität auch ihre Vorteile hatte: Sie schienen Beard die notwendige Kehrseite bemerkenswerter Errungenschaften zu sein.

Dr. George M. Beard war zu seiner Zeit, aber auch noch später eine Größe, mit der man rechnen mußte. Sein Ansehen war im Ausland fast noch größer als in den USA. Seine Bücher wurden ernsthaft diskutiert und bald übersetzt. In Europa zitierte man gläubig seine umstrittenen Ideen. Als die Leser der *Gartenlaube* 1885 mit dem großen Seelenarzt bekannt gemacht wurden, war er den deutschen Medizinern längst ein Begriff.[22] Thomas Alva Edison, mit dem zusammen er Mitte der siebziger Jahre einige elektrische Experimente vorgenommen hatte, bekundete immer wieder seinen Respekt vor diesem «logischen und zurückhaltenden» Mann der Wissenschaft. Der deutsche Sexualwissenschaftler Dr. Albert Moll schätzte sich im Jahre 1910, fast drei Jahrzehnte nach dem Tode Beards, glücklich, das Vorwort zu dessen ausgewählten Schriften beisteuern zu dürfen. Beard kam 1839 in Connecticut zur Welt; sein Vater war ein ziemlich armer und bemerkenswert frommer Geistlicher der Kongregationalisten. Beard besuchte in Andover ein Internat und schloß 1862 sein Studium an der Yale University ab. Er war entschlossen, Arzt zu werden, und zwar ein hervorragender. «Ein begeisterter Schüler des Hippokrates», so nannte er sich 1863 in einem Brief an seine Verlobte; sein Lebensweg, begleitet von Fehden und gekrönt von Triumphen, bestätigt es. Es war ein sehr konzentrierter, intensiver Weg, dem 1883 eine Lungenentzündung ein jähes Ende setzte. Beard war ein rastloser Experimentator, ein versierter Debattenredner, ein fleißiger Popularisator. Er suchte den Streit, und da er zur Introspektion neigte, wußte er es auch. «Verschiedene Kurse, die ich hier mache, haben mir Feinde geschaffen», schrieb er im dritten Studienjahr aus Yale. «Ich bin bereit. Ich liebe es, auf Opposition zu stoßen, wenn sie legitim ist. Ich sehne mich sogar danach.»[23] Eines der Dinge, die ihm die ersehnte Opposition eintrugen, war die Entlarvung von Scharlatanen, die sich mediumistischer Fähigkeiten rühmten.

Als wissenschaftlicher Experimentator, der sich gern in der Pose des Gladiators sah, begann Beard schon als Junge, mit der «Elektrotherapie» zu spielen – zum Gaudium der Familie und zum Verdruß seiner ärztlichen «Kollegen». Noch in Andover hatte er eine Dame kennengelernt, «die Krankheiten mit Elektrizität heilt», und hatte sich zu dieser Behandlungsmethode bekehrt. «Die Elektrizität hilft mir sehr viel», notierte er sich. In Yale kaufte er sich eine Batterie, die er zwecks weiterer Experimente in seinem Zimmer aufbewahrte.[24] Seine erste Veröffentlichung schrieb er 1866, ein Jahr, bevor er in Medizin graduierte; es war eine Arbeit mit dem Titel «Elektrizität als Tonikum [Stärkungsmittel]». Nach Beards Tod erinnerte sich ein Kommilitone, daß Beard gerade deshalb so leidenschaftlich gern mit Elektrizität experimentierte, weil man in medizinischen Kreisen so wenig davon hielt.[25] Er war, wie seinen Freunden nicht entging, ein Mann von ursprünglicher Kraft, der mit seiner Begabung nie zufrieden war. Sein Leben lang trug Beard mehr Kämpfe aus, als er wußte.

Wie die meisten seiner Zeitgenossen wurde auch Beard von Zeit zu Zeit von Krankheit geplagt. Seine Mutter war gestorben, als er drei war. Wie sein Briefwechsel bezeugt, litten die meisten Familienangehörigen unter diversen Störungen, die oft hartnäckig und mitunter bedrohlich waren. Seine Schwester Susan berichtet, neben anderen Beschwerden, von «Nervosität – Kopfschmerzen – Abgeschlagenheit». Beard selbst stand ehrlich zu seinen Obsessionen: Sein in der Jugend geführtes Tagebuch zeigt die eifrige Beschäftigung mit den minuziösesten Details der eigenen körperlichen und seelischen Verfassung. Ihn plagt ein Summen in den Ohren, er ist deprimiert, er muß zunehmen, er hat sich am Knie verletzt. Bald geriet auch, prophetisch genug, die Nervosität in dieses klinische Bild. Im März 1858 konsultierte er «einen Eklektizisten [d. h. einen mit Heilpflanzen arbeitenden Arzt; A. d. Ü.]», von dem er zu hören bekam, er «habe zu wenig Antrieb – sei sehr nervös – müsse geistige Betätigung meiden». Als er nach Yale kam, in die «Stadt der Rüster, umringt von Bequemlichkeit und Luxus», ging sein Gewicht in die Höhe, und sein Gesamtzustand verbesserte sich. Doch überwachte er seinen Körper weiterhin mit einer Art zwanghafter Zärtlichkeit, einem angsterfüllten Narzißmus, der seinem Gewicht, seiner Ausdauer, seinen dicken Backen galt.[26]

Beards auserwählter Widersacher war sein Gewicht. Die Notwendigkeit, seine Lust am Essen und an weltlichen Freuden zu zügeln, bringt sich in seinem Denken immer wieder ernüchternd in Erinnerung. In seiner Jugend war er, bevor er diskret die konventionellen Frömmigkeiten seiner Umgebung ablegte, ein rechter Tugendbold gewesen. Er begnügte sich nicht damit, regelmäßig in die Kirche zu gehen und die Sonntagsschule zu halten. Er ergriff auch häufig die Gelegenheit, das niedrige sittliche Niveau seiner Kommilitonen zu beklagen: «*Saufen, reiten, turnen, fluchen* – sieht so das aufgeklärte Neu-England aus? Ein gottesfürchtiger Jüngling ist da wie ein Schaf unter Wölfen.» Um die wölfischen Rachegelüste niederzuringen, die in seinem Busen lauerten, faßte er strenge Vorsätze: Er wollte noch mehr arbeiten, weniger essen, anderen helfen, bessere Gedanken denken. Seinen Charakter sucht‹ er zu festigen, indem er sich einen Käfig aus Sprichworten schuf, in welchem sich sicher hausen ließ. ««Ordnung ist des Himmels oberstes Gesetz»», schrieb er sich aus irgendeinem ungenannten Moralisten ab. «System ist unabdingbar zum Erfolg – etwas Festbestimmtes, Geregeltes, Hergerichtetes ist notwendig.» Diese jugendlichen Formulierungen mögen anmaßend klingen. Sie verweisen jedoch auf das Rüstzeug, das für den erfolgreichen Seelenarzt notwendig war. «Ich habe gelernt, die Menschen zu verstehen», schrieb er 1858, kurz bevor er die Universität bezog, «die großen Grundprinzipien der menschlichen Natur ausgelotet» und, was die Bedeutung solcher abstrakten Beschäftigungen für ihn selbst enthüllte, «die Gesetze meiner körperlichen Konstitution» studiert. «Ich habe meine Gesundheit wiedererlangt.» Wenige Tage später zitierte er das unvermeidliche «Erkenne dich selbst» auf griechisch und bemerkte dazu: «Wie wichtig!»[27]

Selbsterkenntnis war für George Beard hauptsächlich deshalb wichtig, weil sie ihm helfen sollte, sich dem Konflikt zwischen seinem Wunsch nach Konformität und seinem Drang nach Rebellion zu stellen. Sein hektisches Berufsleben bot einen gangbaren, etwas unsicheren Ausweg aus diesem Konflikt. 1856 hatte sein Vater ihn recht säuerlich vor den Übeln des Erfolges gewarnt – «unmäßig gehobenes Selbstvertrauen, Überschätzung unserer Kräfte, Leistungen und Güte» –, aber Beard konnte niemals der Versuchung widerstehen, berühmt, ja berüchtigt zu werden.[28] Im Laufe seiner nur siebzehn Jahre währenden ärztlichen Tätigkeit hielt er unzählige Vorträge, betrieb eine gutgehende Praxis, unternahm weite Reisen, veröffentlichte Dutzende von Artikeln sowie zehn Bücher, begründete die Untersuchung so rätselhafter, somatischseelisch bedingter Beschwerden wie der Seekrankheit und prägte den Begriff «Neurasthenie». Er war ein Arzt, der nicht müde wurde, die Menschen davor zu warnen, das Konto ihrer nervösen Energie zu überziehen; sein Leben ist die Widerlegung seiner Theorien.

Sein einflußreichstes Buch war zweifellos *A Practical Treatise on Nervous Exhaustion (Neurasthenia), Its Symptoms, Nature, Sequences, Treatment*, das 1880 erschien. Es wurde sehr bald ins Deutsche übersetzt. Der Folgeband, *American Nervousness, Its Causes and Consequences*, erschien im Jahr darauf und entfachte ebenfalls eine heftige internationale Diskussion. Die Reaktion in Deutschland war wohlwollende Zustimmung, gemischt mit einem Quentchen Schadenfreude: Es wurde als passend empfunden, daß ausgerechnet ein amerikanischer Arzt das Neurasthenie-Syndrom isoliert hatte. Wie der Schweizer Neurologe Otto

Ludwig Binswanger 1896 meinte, war Beards Annahme, die Neurasthenie sei auf amerikanischem Boden erwachsen, «natürlich» irrig. Trotzdem bewies die Nationalität des Entdeckers die «nahen Beziehungen» dieser Krankheit zum «moderne[n] Leben» mit seinem «ungezügelte[n] Hasten und Jagen nach Geld und Besitz» und den «ungeheuren Fortschritte[n] auf technischem Gebiete».[29] Schließlich waren die USA auf dem Wege, die fortgeschrittenste aller Industrienationen zu werden, und mußten daher auch die auffallendsten Symptome der Nervosität aufweisen.

Dr. Beard räumte bereitwillig, ja stolz ein, daß die USA in puncto Neurasthenie führend in der Welt waren; andere Länder, wie etwa Großbritannien, unternahmen eindrucksvolle Versuche, den Vorsprung aufzuholen, aber bislang vergeblich. In seinem eigenen Land war, wie Beard anhand zahlreicher, oft seltsamer Beispiele bewies, praktisch jeder neurasthenisch. Sogar die amerikanischen Schwarzen waren seit der Aufhebung der Sklaverei nervöser geworden. Die Nervosität war, wie Beard in Übereinstimmung mit allen Fachleuten hervorhob, in der ganzen kultivierten Welt im Vormarsch. Das war aber nicht rundherum eine schlechte Sache. Beards *American Nervousness* ist auf einen relativ optimistischen Ton gestimmt. Es ist sein gehaltvollstes und irgendwie sein innigstes Buch – fast ebensosehr eine Übung in Patriotismus wie ein Beitrag zur Klassifikation von Krankheiten.

Amerikas besonderer Platz unter den nervösen Nationen und die zunehmende Nervosität der Bevölkerung – der schwarzen wie der weißen – war Beard zufolge ganz natürlich: «Die moderne Nervosität ist der Schrei des Systems, das mit seiner Umgebung ringt.» Wie immer fordert die Zivilisation ihren Tribut. Beard behauptet, daß die nervösen Rassen und Klassen zivilisierter seien und daß die «Kopfarbeiter», die nervösesten von allen, am längsten leben. Trotzdem ist der Preis zugegebenermaßen hoch. Nervosität äußert sich in einem ganzen Arsenal unerfreulicher Symptome: «Schlaflosigkeit, Erröten, Benommenheit, Alpträume, zerebrale Überreizung, erweiterte Pupillen, Schmerzen, Druck und Schweregefühl im Kopf [...] Rauschen im Ohr [...] seelische Reizbarkeit, Empfindlichkeit der Zähne und des Gaumens [...] gerötete, feuchte Hände und Füße, Furcht vor Gewitter, oder Furcht vor Verantwortung, vor weiten Plätzen oder geschlossen Räumen, Furcht vor Menschen, Furcht vor Alleinsein, Furcht vor der Furcht, Furcht vor Ansteckung, Furcht vor allem [...]» – alles Anzeichen dafür, daß die seelischen Kraftreserven aufgebraucht sind.[30]

Bestimmte allgemeine Symptome der Nervosität sind am auffälligsten in «den höheren Rängen» Amerikas. Diese zeigen bei Genußmitteln und

Narkotika eine erhöhte Empfindlichkeit und Anfälligkeit. Amerikaner können «ihren Schnaps nicht halten», wie die saloppe Formulierung lautet und wie Europäer immer wieder staunend feststellen; viele trinken überhaupt nicht, und nur die wenigsten können das Rauchen vertragen. «Die Beobachtung, wieviel ein Engländer trinken kann, lohnt allein schon die Reise über den Ozean.» Und über die Deutschen: «Ihr Bier trinken sie literweise, Tag für Tag oder sogar an einem einzigen Abend – eine Flüssigkeitsmenge, die, rein als Wasser betrachtet, einem geistig arbeitenden Amerikaner mit sitzender Lebensweise eine ganze Woche oder einen Monat lang reichen würde.» Genauso bemerkenswert findet Beard, wie zurückhaltend die Amerikaner bei ärztlich verordneten Arzneimitteln geworden sind; sie verlangen kleinere Dosen, als sie in anderen Ländern gewünscht werden. Ihren labilen Gesundheitszustand verraten Verstopfung, Appetitmangel, die Zunahme der Kurzsichtigkeit, der frühe und rasche Verfall der Zähne: «Nach Schätzungen von Dr. J. N. Farrar aus New York werden den Amerikanern Jahr für Jahr 500 000 $ in reinem Gold in den Mund gesteckt.» Auch Haarausfall greift in den USA um sich, ebenso die Empfindlichkeit gegen Hitze und Kälte. Beunruhigenderweise sind die Amerikaner dazu übergegangen, sich selbst zu behandeln: «Amerika ist ein Volk von Medikamentenessern.»[31]

Wenn Beard von Symptomen auf Ursachen zu sprechen kommt, kennt er womöglich noch weniger den nagenden Zweifel. Er schließt zwar ausdrücklich Klima oder Rasse aus der Ätiologie der Nervosität nicht aus. Aber er insistiert darauf, daß die Hauptursache der «sehr raschen Zunahme der Nervosität» die *moderne Zivilisation* sei. Von der antiken Zivilisation unterscheide sie sich durch fünf charakteristische Merkmale: «Dampfkraft, regelmäßig erscheinende Zeitungen, Telegraph, Naturwissenschaften und die geistige Betätigung der Frau.» Zu diesem knappen Katalog kommen noch politische Apparate, «die religiösen Erregungen im Gefolge des Protestantismus», die Kompliziertheit des Bildungsweges und das «Übel» der «Spezialisierung». Beard weiß auch mit Einzelheiten aufzuwarten. Er erwähnt die Strenge moderner Zeiteinteilung, die Allgegenwart von mahnenden Uhren und erzwungener Pünktlichkeit, die schlimmen Folgen des Lärms, die zunehmende Reisewut, den beschleunigten Umlauf neuer Ideen, jene systematische und zugespitzte Form des Glücksspiels, die als «Börsenspekulation» bekannt ist, die Fähigkeit, Gefühle wie Sorge und Anteilnahme zu akkumulieren – siehe die Philanthropie – und die verbreitete «Verdrängung der Gefühle», die die Menschen davon abhält, ungeniert zu weinen oder zu lachen.[32]

Selbst Freiheit macht die Amerikaner nervös, besonders, wenn sie sie in die Politik lockt. An einer der erstaunlichsten Stellen seines erstaunlichen Buches erinnert sich Beard: «Vor den letzten Wahlen teilte mir einer meiner Patienten zu meiner Bestürzung mit, daß er sich für Politik zu interessieren beginne. Er war zwei Jahre zuvor sehr erfolgreich wegen seiner nervösen Beschwerden behandelt und wieder arbeitsfähig gemacht worden. Er konnte wieder hart arbeiten. Aber ich wußte, daß er, wie die meisten Menschen seiner Schicht, nur geringe Reserven an Nervenkraft hatte.» Offensichtlich konnte Beards Patient nicht dem verderblich funkelnden Köder des Einflusses auf die nationalen Angelegenheiten widerstehen. Er sagte, daß große Fragen anstünden; das Desinteresse der Intelligenz an der Politik sei der Ruin des Landes. Beard erhob energisch Einwände und sagte zu dem Mann: «‹Mein Freund, Präsidenten und Politiker sind Treibgut und Schaum auf der Oberfläche des Meeres; sie sind nicht das Meer; sie werden von den Gezeiten umhergeworfen und an den Strand gespült, aber sie sind nicht die Gezeiten; verschränken Sie die Arme und gehen Sie zu Bett; denn die meisten Übel dieser Welt werden sich von selbst geben, und von denen, die übrigbleiben, werden Sie oder ich wohl nur die wenigsten auf irgendeine Weise beeinflussen können.›» Erwartungsgemäß hörte der Patient nicht auf diesen Rat. «Ein oder zwei Tage vor der Wahl kam er in meine Praxis, völlig am Boden zerstört. Er gestand mir eine höchst interessante Tatsache – fünf Minuten Diskussion über Politik hatten ihn seine ganze Nervenkraft gekostet und ihn mehr ausgelaugt, als es monatelange stetige Arbeit vermocht hätte.»[33]

Aber Beard findet, wie gesagt, auch ausgleichende Vorteile der modernen, nervösen Zivilisation. Bei einem verweilt er mit unverkennbarer Lust; er ist auch von besonderer Bedeutung für den Chronisten der Liebe. Es handelt sich um «die phänomenale Schönheit des amerikanischen Mädchens» – ein reizvoller Anblick, der «von größtem Interesse sowohl für den Physiologen als auch für den Soziologen ist; denn dieses Phänomen ist, zumindest in der überlieferten Geschichte, ohne Beispiel». Er erklärt es zum Teil mit dem Klima, das die «Feinheit der Körperbildung» bewirke, zum Teil mit der Art, wie die amerikanischen Mädchen, und zwar «rapide», ins Leben gestoßen werden: erst in die Schule, dann in die Gesellschaft, und damit in Konversation und Vergnügen. Für Beard wie für andere Neurologen besteht zwischen Körperlichem und Seelischem eine ständige Wechselwirkung – in diesem Fall mit dem denkbar günstigsten Resultat für das amerikanische Mädchen. In dem Maße, wie ihre «seelischen Fähigkeiten» schnell entwickelt werden, wächst ihre zerebrale Schönheit und verbindet sich mit der Feinheit der Körperbildung, «durch Verbindung dieser beiden erreicht menschliche Schönheit ihren Gipfel.» Beard räumt ein: «Es gibt hübsche Frauen hie und da in Großbritannien, selten in Deutschland; häufiger in Frankreich und Österreich, in Italien und Spanien; und in allen diesen Ländern kann man einzelne Frauen finden, die sich dem höchsten Typus amerikanischer Schönheit nähern.» Aber sie können sich nicht mit ihm messen. «In Amerika ist es die Verbreitetheit dieser Schönheit, die so bemerkenswert, beispiellos und wissenschaftlich interessant ist. In keiner unserer großen Städte kann man in die Oper gehen, ohne nicht _mehr_ Vertreterinnen dieses höchsten Typus weiblicher Schönheit zu Gesicht zu bekommen als bei monatelangen Reisen durch Europa.» Und so führt Beard die «fast einheitliche Hausbackenheit des weiblichen Gesichts auf europäischen Kunstwerken» auf die Tatsache zurück, daß «die besten Meister nie eine hübsche Frau gesehen haben. Man kann sich kaum vorstellen, daß Rubens, wenn er in der heutigen Zeit in Amerika oder auch nur in England gelebt hätte, so matronenhafte und dominierende Typen weiblichen Gesichtsausdrucks vor uns hingestellt hätte. Wenn Raffael jeden Tag in Rom oder Neapel hätte sehen können, was man heute jeden Tag in New York, Baltimore oder Chicago zu Gesicht bekommt, so hätte er für seine Sixtinische Madonna wahrscheinlich ein Gesicht von wenigstens mäßiger Schönheit gewählt und nicht jenen neurasthenischen und anämischen Typus, der auf seinen Gemälden zu sehen ist.»[34]

Es paßt ins Bild, daß Beard das Buch, an dem er arbeitete, als der Tod ihm die Feder aus der Hand nahm, als Erweiterung seiner Entdeckung, der Neurasthenie, auf das Gebiet der sexuellen Funktionsstörungen verstand. Er sah die phänomenale Schönheit des amerikanischen Mädchens und die Empfänglichkeit des amerikanischen Mannes für sie als mehrdeutige Errungenschaften hoher Zivilisation. «Sexuelle Neurasthenie» war für Beard eine «besondere Variante» des allgemeinen Syndroms. Die Symptome waren die üblichen: Impotenz, Spermatorrhoe, Depression, «morbide Furcht vor morbiden Impulsen». Die Ursachen hingegen waren ziemlich komplex. Zu ihnen gehörten «üble Angewohnheiten», exzessiver Tabak- und Alkoholgenuß, sogar (schon wieder) das Klima. Doch dies alles war «sekundär gegenüber der einen disponierenden Ursache – der Zivilisation». Und so, wie die Amerikaner aus den bekannten Gründen das nervöseste Volk auf Erden waren, so war auch die sexuelle Neurasthenie «in Amerika verbreiteter als in irgendeinem anderen Lande». Das rauhe Klima und «die Möglichkeiten und Notwendigkeiten einer aufstrebenden Zivilisation auf einem neuen und unermeßlichen Kontinent» machten diese zweifelhafte Vorreiterrolle unausweichlich.[35]

Zugleich waren dies nur die dunkleren Schatten in einem nuancierten Bild. Beard merkt an: «Die Indianersquaw behält fast ihre ganze Nervenkraft in Reserve, weil sie», wie er es so hübsch formuliert, «weder Segen

noch Fluch der erschöpfenden Liebesempfindung kennt.» Demgegenüber sehe man «die sensible weiße Frau – vorzüglich die amerikanische
Frau mit ihrem kleinen ererbten Vorrat an Kraft, ihrem Leben in der
Stube, hin- und hergerissen von glücklicher oder unglücklicher Liebe; sie
zehrt von Romanen, Zeitschriften, Rezepten; zu allen Stunden lauert ihr
der grausamste Strauchdieb auf, Gram und Ehrgeiz». Sie kann niemals
«eine mächtige Kraftreserve bilden, sondern lebt zwangsläufig in einem
physischen Sinn von der Hand in den Mund; sie gibt so schnell aus, wie
sie einnimmt – häufig sogar viel schneller –, und sie bedarf vor und nach
jeder Unternehmung einer langen Periode der Ruhe». Und trotzdem lebt
sie «genauso lang wie ihre indianische Schwester – möglicherweise sogar
viel länger». Das Alter erträgt sie «viel besser», und die Neigungen und
Gefühle der Jugend rettet sie herüber in den Herbst des Lebens. Kurz
gesagt: die sensible Amerikanerin kennt, anders als die Indianersquaw,
Segen und Fluch der Liebe. Beard will das eigenartige Rätsel mit Hilfe
dessen lösen, was er «physische Analysen» nennt. Wie sich herausstellt,
sind das wieder die alten mechanistischen Wasser- und Elektrizitätsmeta-
phern: Die Seele ist einem Uhrwerk oder Hochofen oder Kraftwerk zu
vergleichen – zwar empfindlich gegen Stoß oder Überbeanspruchung,
aber bei richtiger Wartung und kontinuierlichem Nachschub von Energie
zuverlässig funktionierend.[36] Die hieraus zu ziehende Lehre liegt für
Beard auf der Hand: Die bürgerlich-industrielle Zivilisation ist anstrengend, überwältigend, eine Quelle von Belastungen. Die für sie bezeichnende Art der Liebesempfindung ist schlechterdings erschöpfend. Aber
nachdem Beard bis in die kleinsten Einzelheiten die Leiden der modernen
Stadtmenschen aufgezählt hat, bringt er es fertig zu behaupten, daß
dieser es nicht anders haben wolle.

Der unfreiwillige Humor von Dr. Beards Argumentation und Fallberich-
ten wie die heillose Ungenauigkeit anderer Erforscher der modernen
Nervosität erhöhen nur die Bedeutung dieser Quellen als Ausdruck ihrer
Kultur. Ohne auf vernehmbaren Widerspruch zu stoßen, über verläßli-
che Anhaltspunkte zu verfügen oder präzise Definitionen zu besitzen,
waren sich verantwortungsbewußte Ärzte und Philosophen darüber
einig, daß die Verbreitung der Nervosität gegen Ende des 19. Jahrhunderts wesentlich zugenommen habe. Es gab keine Möglichkeit, das
Auftreten der Nervosität zur damaligen Zeit zu messen, es gab keinen
rationalen Vergleich mit früheren Zeiten, es gab keinerlei Statistik. So
behalf man sich mit anekdotischen Fällen, beiläufigen Beobachtungen,
suggestiven Metaphern, literarischen Phantasiegebilden. Auch kam man
nicht auf den Gedanken, daß die neue Wachsamkeit in puncto Neur-

asthenie in der westlichen Zivilisation – diese Wachsamkeit wenigstens war nicht zu bezweifeln – einfach eine beispiellose Sensibilität für ein altes Leiden sein mochte, das früher unter anderem Namen bekannt war. Zudem waren die Symptome der zeitgenössischen Kultur, die gerne als Beweis der Nervosität angeführt wurden, zwar plausible Schurken, aber keine wirklich überführten Täter. Das moderne Stadtleben konnte man auch – wie es manche taten – als stimulierendes, anregendes Gebräu betrachten. Seine Anonymität bot willkommenen Schutz vor der Schnüffelei von Kleinstadt-Nachbarn. Seine Betriebsamkeit verhieß dem Unternehmungslustigen erregende Erlebnisse. Seine Vielfalt war eine zwanglose Schule der Weltläufigkeit. Immerhin hatte die moderne Stadt, wie Marx und Engels im *Kommunistischen Manifest* betonten, Millionen Menschen von der Idiotie des Landlebens befreit. Die strikten Behauptungen eines Erb oder Hobson waren nicht so sehr Tatsachenfeststellungen als vielmehr Ausdruck von Angst. In den Schriften Beards war diese Angst mit Hoffnung durchsetzt; in denen anderer Autoren wurde sie durch nichts gemildert. Die Diagnose «Nervosität» war in hohem Maße eine Form der Selbstvergiftung auf seiten des Diagnostikers.

Die Neigung gebildeter Männer am Ausgang des 19. Jahrhunderts, sich selbst und ihrem Publikum Angst einzujagen, ist eindrucksvoll. Sie fürchteten sich vor Gespenstern, die sie selbst an die Wand gemalt hatten. Für eine Zeit, die sich so viel auf ihre reine und angewandte Wissenschaft zugute tat, schluckten die Jahrzehnte seit den sechziger und siebziger Jahren mehr verderbliche Halbwahrheiten und blanken Unsinn als die vermutlich weniger kenntnisreichen Zeiten davor – Unsinn über Rassenmerkmale, die Macht ererbter Eigenschaften, den Verfall der Kultur, die Gefahren sexuellen Experimentierens. Wissenschaftler konnten ihre Angst immer hinter einem hochgestochenen Wortschwall und klangvollen Theorien verstecken, aber sie war da. Mit einem Wort: die Nervosität war ein beherrschendes Symptom weniger der bürgerlichen Gesellschaft als vielmehr jener, die sie entdeckten. Fehlanpassung an den drastischen sozialen Wandel war kein Vorrecht der Armen, Enterbten, Entwurzelten.

Die Entdeckung und Propagierung der Nervosität im 19. Jahrhundert entpuppt sich daher im wesentlichen als weiteres beredtes Zeugnis für die Angst, die das Neue erzeugt. Die Gebildeten und die Wortgewaltigen waren sensible Instrumente, die auf persönliche, berufliche und soziale Spannungen reagierten. Alle deuteten ihre eigene Temperatur als allgemeines Meinungsklima. Freud gab dieser Verteidigungsstrategie später den Namen «Projektion». Und es gab ein bestimmtes Moment in den das Jahrhundert kennzeichnenden angstregenden Veränderungen, das den Mythos der Neurasthenie stärker als alle anderen prägte: die veränderte

Rolle der Sexualität und die unklare Situation der Liebe. Jahrzehntelang blieb es gegen Mitte und Ende des 19. Jahrhunderts um die sexuellen Implikationen der nervösen Nervositäts-Panik relativ still; sie wurden ein Opfer der Verdrängung. Zutage traten sie erst mit Freuds brillanter Arbeit über «‹Kulturelle› Sexualmoral und die moderne Nervosität». Freilich hatten sie schon in älteren Texten mehr oder weniger gut sichtbare Spuren hinterlassen. Mr. Wilfer in Charles Dickens' Roman *Our Mutual Friend* wird in einer Art sexueller Panik nervös, als er sich vornimmt, seine formidable Frau zur Rede zu stellen. Elizabeth Gaskell beschreibt in einem Brief an ihre Schwägerin die Vorfreude der Braut auf den Ehestand, und damit auf die sexuelle Initiation, als nervöse Zeit. Otto von Leixner litt an nervösen Depressionen, wenn er an seine vielschichtige Liebesnot dachte. Arthur Symons setzte moderne Liebe ausdrücklich gleich mit modernen Nerven. Dr. Beard behandelte die sexuelle Neurasthenie als besonders anschauliches Beispiel für die allgemeine Nervosität. In seiner Schrift von 1908 arbeitete Freud diese erotische Komponente der Neurasthenie heraus und erhob sie zur Hauptursache des Phänomens. Statt, wie bisher üblich, Nervosität als Preis der Kultur zu verstehen, stellte er eine andere, viel irritierendere Diagnose: Nervosität ist der Preis der Verdrängung.

Freud beginnt konventionell genug. Er übt keine Kritik an der herkömmlichen Ansicht, daß die Nervosität auf dem Vormarsch sei, und zitiert ausführlich, und ohne Einwände zu erheben, verschiedene Kapazitäten, darunter Erb und Krafft-Ebing. Er verwahrt sich gegen deren Urteile nur, weil er sie für oberflächlich hält, nicht, weil er sie falsch fände. Das führt auf seinen eigenen analytischen Beitrag zur Diskussion: Für Freud «reduziert sich der schädigende Einfluß der Kultur im wesentlichen auf die schädliche Unterdrückung des Sexuallebens der Kulturvölker (oder Schichten) durch die bei ihnen herrschende ‹kulturelle› Sexualmoral». Ganz allgemein ist unsere Kultur «auf der Unterdrückung von Trieben aufgebaut».[37] Die These, daß eine gewisse Unterdrückung notwendig sei, ist ein tragendes Element der Freudschen Kulturtheorie. Aber die moderne Mittelschichts-Zivilisation erzwingt exzessive Entsagung. Sie treibt die Selbstverleugnung ins Extrem.

Die Kulturentwicklung kennt nach Freuds schematischer Skizze drei Stufen erlaubten Sexualverhaltens. Auf der ersten Stufe ist die Sexualbetätigung auch unabhängig vom Ziel der Fortpflanzung «frei». Auf der zweiten ist nur jene Sexualbetätigung erlaubt, die der Fortpflanzung dient. Auf der dritten Stufe wird diese Restriktion noch enger; es wird nur eine Sexualbetätigung im Dienste der «legitime[n] Fortpflanzung» zugelassen. Nun sind aber viele Menschen so beschaffen, daß sie schon den Anforderungen der zweiten Stufe, geschweige denn denen der dritten, nicht gerecht zu werden vermögen. Denn was diese Hochblüte der Kultur «von dem Einzelnen fordert, ist die Abstinenz bis zur Ehe für beide Geschlechter».[38] Nur eine Minderheit von Menschen kann sich durch erfolgreiche Sublimierung unbeschadet auf dieser Höhe halten. Die anderen werden neurotisch oder nehmen anderweitigen seelischen Schaden. Nachdem die Kultur die Jugend dazu erzogen hat, ihre drängendsten Triebe zu verleugnen, stürzt sie sie plötzlich in eine Situation, in der Sexualbefriedigung erlaubt ist – aber nur innerhalb unvernünftig repressiver Grenzen. Der zeitgenössische Zwang zur Beschränkung der Familiengröße macht Empfängnisverhütung zum Gebot, und alle diesbezüglichen, zu Freuds Zeiten bekannten Techniken waren seiner Ansicht nach geeignet, den sexuellen Genuß zu «verkümmern». Die Forderung nach lebenslanger Treue erzeugt in vielen erst recht unerträgliche Enttäuschungen. Die moderne Ehe – so könnte man Freuds trostlose Einschätzung zusammenfassen – ist nicht die Heilung des sexuellen Unbehagens, sondern dessen Fortsetzung mit anderen Mitteln. Freud sagt an mehr als einer Stelle, daß in seiner Welt das Verhalten der Männer in der Liebe im allgemeinen den Stempel der «psychischen Impotenz» trage. «Die zärtliche und die sinnliche Strömung sind bei den wenigsten unter den Gebildeten gehörig miteinander verschmolzen.»[39] Die Opfer, die die moderne «kulturelle» Sexualmoral fordert, müssen also viele Menschen nervös machen. Freuds Anführungszeichen um das Wort «kulturell» sind aggressiv ironisch gemeint. Die moderne Nervosität ist, um Freuds Schlußfolgerung noch präziser als zuvor zu fassen, der Preis der *bürgerlichen* Sexualverdrängung.

In seinen Diagnosen der zeitgenössischen Kultur kam Freud häufig auf diese bürgerliche Verdrängung zurück. Immerhin fanden es die Armen in Stadt und Land nicht möglich oder nicht nötig, sich an so unrealistischen sittlichen Maßstäben zu orientieren. In einem Brief an den einflußreichen amerikanischen Psychiater James J. Putnam meinte Freud 1915, die Sexualmoral, wie die Gesellschaft, zumal die amerikanische Gesellschaft, sie definiere, komme ihm sehr verächtlich vor. Er selbst sei für ein viel freieres Sexualleben – nicht im eigenen, sondern im Interesse der Mittelschichts-Gesellschaft.[40]

Wenn Freud die Nervosität mit gesellschaftlich verursachten Frustrationen in Zusammenhang brachte, so war dies das Gegenteil der überkommenen Ansicht, daß Nervosität die Frucht sexueller Ausschweifung sei. Es war der erste originelle Gedanke seit langem in einer unübersehbaren Literatur und ein eindrucksvolles Beispiel für Freuds Begabung, kulturelle Komponenten in der Individualpsychologie wahrzunehmen.

Doch so einfallsreich und innovativ sie war: auch Freuds Theorie war nicht frei von den eingewurzelten Vorurteilen seiner Zeit. Zweifellos nahm Freud die Genesis der «Nerven» akkurater wahr als irgend jemand vor ihm, indem er deren Ausdrucksformen zurückverfolgte auf irgendeine sexuelle Not. Doch übernahm er kritiklos zeitgenössische Schätzungen über das vermehrte Auftreten nervöser Störungen und begab sich so, zusammen mit Psychiatern und Journalisten, auf ziemlich trügerisches und für ihn ungewohntes Gelände. Immerhin war Freud ein Berufs-Skeptiker, der selten etwas prima facie akzeptierte. Seine grimmige Einschätzung des bürgerlichen Sexuallebens unterschätzt die Fähigkeit leidender junger Männer und Frauen, in ihrem Erwachsenenleben jene Heimlichkeiten, Umwege und Verbote zu überwinden, mit denen sie aufgewachsen waren. Freud unterschätzt das erotische Wissen, das ehrsame Bürger in ihrer zurückhaltenden, vorsichtigen, oft zimperlichen Umwelt erwerben konnten. Und er unterschätzt die Offenheit und Direktheit vieler Bürger bei der Auseinandersetzung mit ihren erotischen Bedürfnissen und deren Erfüllung in erlaubter Liebe. Wie andere Kulturkritiker auch, mißdeutete Freud die Anhaltspunkte für die Prüderie der bürgerlichen Kultur und deren verhängnisvolle Folgen. In vielen Jahren einer betriebsamen Praxis sammelte Freud vielfältiges und überzeugend wirkendes Material, das ihn in seiner Annahme bestärkte, daß diejenigen, die die Gesellschaft zu jahrelanger sexueller Enthaltsamkeit, ungenügender sexueller Aufklärung und lebenslanger sexueller Treue verurteilt hat, oft vernichtende seelische Fehlanpassungen entwickelten. Aber die Patienten, die Freud in seinem Behandlungszimmer sah, waren ja auch die *Opfer* ihrer Kultur, und seine Gewohnheit, auf sie sozialpsychologische Verallgemeinerungen zu stützen, verstrickte ihn in einige recht dubiose Urteile. Im allgemeinen wirkten Freuds psychoanalytische Praxis und seine psychoanalytischen Theorien befruchtend aufeinander. Seine überragende Begabung, zwischen den verschiedensten seelischen Phänomenen wesentliche Ähnlichkeiten zu entdecken, und seine Annahme, daß Neurotiker weitgehend so sind wie andere Leute auch, leisteten ihm im allgemeinen gute Dienste. Aber beim Thema der modernen Nervosität – das für Freud nur ein Sonderaspekt des größeren Themas Liebe war – ließ sich der Kulturdiagnostiker Freud durch seine klinischen Erfahrungen vom rechten Kurs abbringen. Seine Analyse der unzuträglichen Auswirkungen, die sexuelle Frustration für das seelische Wohlergehen hat, fügte sich zu seiner Entdeckung der verborgenen Macht des Unbewußten und des Phänomens der Übertragung und warf das dringend benötigte Licht auf die moderne, nervöse Mittelschichts-Liebe. Aber diese Analyse verstellt teilweise auch einige wichtige Realitäten über die Mittelschichts-

Kultur seiner Zeit. Die Opfer, die er behandelte, waren nicht ganz
typisch bürgerlich – zumindest nicht in ihrem Liebesleben. Freuds
ziemlich mechanischer Antiamerikanismus in den Bemerkungen zu Putnam hätte uns stutzig machen müssen: Er erhob sich nicht immer über
seine Zeit und seine Schicht. Auf eine Weise, die weder Freud noch seine
Kritiker sich hätten träumen lassen, war Freud ebensosehr ein Vertreter
seiner Zeit, wie er ihr Kritiker war.[41] Daß Nervosität der Preis der
Verdrängung sei, bleibt also eine unbewiesene Behauptung, bestenfalls
eine einseitige Entdeckung.

2. Von Hysterie und Reue

Nervosität war ein Phantasiegebilde, das einen winzigen Kern von
Realität umschloß; Prostitution war eine Realität, um welche sich dichte
Nebelschwaden der Phantasie brauten. Im ganzen 19. Jahrhundert war
die käufliche Liebe zweifellos von auffälliger und ärgerlicher Präsenz.
Man konnte ihr auf der Straße oder in gewissen Cafés, in der Nähe von
Bahnhöfen oder Theatern begegnen. Die Prostitution hielt ein blühendes
lokales und internationales Gewerbe in Schwung. Dieses Gewerbe beschäftigte Frauen, die ihren mageren Lohn durch gelegentliches Auf-den-
Strich-Gehen aufbesserten oder die das «gay life» zu ihrem Lebensunter-
halt machten. Es nährte Zuhälter und weiße Sklavenhändler. Kellnern
und Hotelbesitzern, Ärzten, Erpressern und bestechlichen Beamten
verschaffte es zusätzliche Einkünfte. Das ebenso verworfene wie einträgliche Geschäft mit der Prostitution forderte zahllose Opfer und verur-
sachte unermeßliches Leid: Erniedrigung, Elend, Alkoholismus, Geschlechtskrankheiten, wiederholte Gefängnisstrafen und häufig den frühen Tod. Die blendenden Karrieren jener *grandes horizontales*, welche
mit Millionären und Prinzen schliefen und angeblich das Geld, das sie
mit ihrem Körper verdient hatten, an der Börse investierten – diese
Karrieren waren untypisch, in mehr als einer Hinsicht Legendenstoff.
Die spektakulären Berichte über ihren Lebenswandel dienten bloß dazu,
das schlimme Los ihrer weniger glücklichen, aber viel zahlreicheren
Zunftgenossinnen vergessen zu machen. Das Ambiente, in dem diese
Liebesdienerinnen arbeiteten, war so unterschiedlich wie die ganze Welt:
mitleiderregende, ungesunde Baracken, wo die Kunden Schlange standen
nach einem schnellen Rutsch; ein paar abstoßende, gemietete Zimmer in
irgendeiner Seitenstraße der überfüllten Elendsviertel; solide Mittel-
schichts-Häuser, die man fast ebensosehr wegen der Musik und der
entspannten Atmosphäre im Salon wie um des gekauften Orgasmus ein

Stockwerk höher willen besuchte; luxuriöse Etablissements, wo es erlesene Speisen, ausgiebige, ungehetzte erotische Begegnungen und ein phan-
tasievolles Angebot an Liebesdiensten gab. Alles in allem war die Prostitution im 19. Jahrhundert der Markt der Sexualität, der jeden erdenklichen Geschmack zu jedem erdenklichen Preis bediente.

Die Vielfalt, die in diesen Zentren der Lustbefriedigung geboten
wurde, spiegelte natürlich die der Kunden wider. Die Prostituierte, so
klagte der empörte amerikanische Arzt George H. Napheys im Jahre
1871, empfängt »den Spieler, den Dieb, den Polizeispitzel, den Schläger;
und mit ihnen den Studenten, den Bankangestellten, das Mitglied fashio-
nabler Clubs; ach, und auch den Vater einer Familie, den Gatten eines
reinen Weibes, den Leiter eines Betriebes, das Mitglied der Kirche; und
das Nacht für Nacht, in allen unseren großen Städten«. Wenn man die
Reformer hörte, war die moderne Stadt nichts anderes als ein einziges
wimmelndes Bordell. Ein anonymer englischer Pamphletist ruft 1858
aus: «Wir sind alle von Entsetzen gepackt über das Ausmaß, in welchem
Prostitution in allen Schichten der Gesellschaft getrieben wird.»[42]

Die Triebe, die den käuflichen Sex im 19. Jahrhundert finanzierten,
ergeben in ihrer Gesamtheit einen umfassenden Katalog der Bedürfnisse.
Hier waren sie alle beisammen: der ausgehungerte Seemann, den es auf
Landurlaub trieb; der Handlungsreisende, der für kurze Zeit von der
häuslichen Leine gelassen war; der zitternde Schuljunge, den sein großzügiger Vater oder ein schamloser Klassenkamerad zur sexuellen Initiation führten; der prahlerische Don Juan, der mit seiner unbewußten
homoerotischen Panik rang; ganz zu schweigen von dem raffinierten
Genießer auf der Suche nach einer neuen Erfahrung; dem Homosexuellen, der Angst davor hatte, in Badehäusern oder Bedürfnisanstalten
umherzuirren; oder dem unbefriedigten Ehemann, der hier ein erotisches
Vergnügen suchte, das er aus Ungeschicklichkeit von seiner Frau nicht
erlangte oder diese aus Prüderie nicht gewährte. Und natürlich waren
Bordelle nicht der einzige Weg, im 19. Jahrhundert Sexualität zu verkaufen. Daneben gab es polizeilich registrierte Prostituierte, die ihrem
Gewerbe in muffigen kleinen Hotels nachgingen; zerlumpte heimliche
Straßendirnen, die ihre Kunden für einen Hungerlohn in verlassenen
Läden oder an eine schmutzige Mauer gelehnt befriedigten; teure Kurtisanen, die in eigenen Wohnungen lebten und einem ausgewählten Kreis
von Liebhabern Vergnügungen boten; und ausgehaltene Frauen, mochten
es Gelegenheitsmätressen oder Ersatz-Ehefrauen sein.

Es war alles eine Frage des Einkommens, der Gelüste und der erotischen Gewohnheiten. Als der amerikanische Altphilologe Thomas Anthony Thacher Anfang der vierziger Jahre in Berlin Theologie studierte,

klärte man ihn auf, daß die meisten seiner deutschen Kommilitonen «die Nacht in übel beleumdeten Häusern in der Mauerstraße» verbrächten. Auch in öffentlichen Bädern trieben sie sich herum: «Dort kann man auch ein Mädchen haben.» Vier Jahrzehnte später fing Guy de Maupassant in seiner berühmten Erzählung über das Etablissement Tellier etwas von der gemütlich-familiären Atmosphäre ein, die ein Mittelschichts-Bordell bieten konnte. Sehr zum Verdruß der treuen Kundschaft schließt das Haus vorübergehend seine Pforten, als die Huren, einschließlich der Madame, einen Tag frei nehmen, um einer Erstkommunion beizuwohnen. 1888, sieben Jahre nach der Veröffentlichung dieser Geschichte, besuchte Joris-Karl Huysmans die berühmten Bordelle Hamburgs und hatte dabei die Geschichte von Maupassant sehr deutlich vor Augen. Er erzählt von den «Bordellen für Matrosen, die den Maisons Tellier des Quartier Latin unendlich überlegen» seien, und von denen für «Bankiers, wo die Mädchen junge Ungarinnen von 15 bis 16 Jahren sind und in den Zimmern Orchideen en masse stehen».[43] In Frankreich verloren solche Häuser nach der Jahrhundertmitte viel Kundschaft an heimliche Prostituierte und an scheinseriöse Unternehmen, die angeblich Handschuhe oder Tabak verkauften. Viele etablierte Plätze blieben nur dadurch im Geschäft, daß sie ihr Angebot diversifizierten und sich darauf einstellten, Sonderwünsche zu befriedigen: Geboten wurden Voyeurismus, Homosexualität, Sadismus, Masochismus, oraler oder analer Geschlechtsverkehr, Gruppensex und erotische Tableaux, die jede erdenkliche Variante erotischer Lust aufboten, bis hin zur Sodomie mit dänischen Doggen.[44]

Manche Sammler erotischer Erfahrungen glaubten, gewisse nationale Stile im käuflichen Sex ausmachen zu können. Huysmans berichtete einem Freund – wohl doch etwas zu verliebt in die eigene Geschichte –, die Prostituierten, mit denen er es in Hamburg zu tun hatte, seien so patriotisch gewesen, «daß sie vor dem Vollzug der sinnlichen Riten darauf bestanden, vor dem über jedem Bett hängenden Bild des Kaisers zu salutieren». Diese ziemlich unwahrscheinliche teutonische Übung fand ihre Entsprechung in einem plausibleren Götzendienst der katholischen Länder. Die Goncourts geben eine Anekdote wieder, die ihnen ein junger Mann aus dem Außenministerium, wahrscheinlich aufgrund eigener Erfahrung, erzählt hatte. In Spanien stand offenbar in jedem Bordell eine Statue des hl. Antonius. Wenn das Geschäft gut ging, pflegten die Dirnen vor ihrem Heiligen niederzuknien und ein Gebet zu verrichten. War das Geschäft dagegen schlecht, pflegten sie ihm einen Finger oder auch wohl einen Arm abzubrechen. Wenn die Flaute anhielt, warfen sie die Figur in den Brunnen und kauften eine neue. Und als Hippolyte Taine seinen Eindruck vom englischen Charakter zusammenfaßte, legte er besonderen Wert darauf, ihn gegen den französischen abzugrenzen, und zwar besonders, was die Einstellung zur unerlaubten Liebe betraf. «Ein Engländer, der im Begriffe steht, Ehebruch zu begehen, ist unglücklich; das Gewissen quält ihn im schönsten Augenblick.» Engländer, die ein Bordell oder eine billige Absteige besuchen, bewahren denn auch ihre typische Haltung und Würde. «Ob reifer Mann oder respektabler Jüngling, an dem bewußten Abend ist der Ausreißer offiziell auf Reisen oder im Club. Er verhält sich unauffällig und bietet der Frau nicht den Arm. Sein Abenteuer ist geheim und anonym. Es ist nichts weiter als der Ausbruch des wilden Tieres, das in jedem von uns schlummert.» Häufiger und weniger heimlich waren laut Taine dauerhafte Verhältnisse: «Die Krämersgattinnen wählen sich einen reichen Gentleman zum Geliebten, der Bürger und der Landadlige hält das Bauernmädchen aus, das er verführt hat.»[45] So verschieden sie sonst sein mochten, die anständigen bürgerlichen Franzosen und Engländer liebten – jedenfalls in Taines bissiger Gegenüberstellung – häusliche Bequemlichkeit und Stabilität selbst in ihren Eskapaden.

Wie diese Beobachtungen erkennen lassen, waren keineswegs alle Bürger Sittenreformer. Viele von ihnen reagierten, vor allem bis zu den dreißiger Jahren des 19. Jahrhunderts, aber auch noch später, mit Gleichmut und Resignation auf die Prostitution. Sie war eben Zuflucht der Perversen, Trost der Verstoßenen, Schule der Unerfahrenen. Die Ausrottung der Prostitution, so pflegten sie zu sagen, setze einen elementaren und daher praktisch undenkbaren Wandel der menschlichen Natur voraus. Für viele war sie ein Übel, das jedem Heilungsversuch trotzte; für andere eines, das man weiter schwären lassen sollte. Dr. William Acton schrieb ein gut lesbares, aber tendenziöses und unzuverlässiges Buch über die Prostitution, das nach 1857 die öffentliche Diskussion über dieses Thema ankurbelte. Er sprach für diese einflußreiche, hoffnungsarme Gruppe, wenn er die käufliche Liebe als «unvermeidliche Begleiterscheinung in einer zivilisierten und vor allem dicht gedrängten Bevölkerung» beschrieb. Es sei eine Erscheinung, die eben ein für allemal «unausrottbar» sei.[46] Unbekümmerte Memoiren und muntere Romane förderten nur noch diese Selbstzufriedenheit, die sich als Pessimismus gab. Von dieser Seite fand der Wille zur Besserung der Verhältnisse wenig Unterstützung.

Und wie die Tagebücher der Goncourts belegen, lieferte weltschmerzliche Illusionslosigkeit dem sittenreformerischen Impetus wenig Rückenwind: Niemand hat den faden Geschmack gekaufter Lust brutaler beschrieben als diese Brüder. Sie besuchten häufig die fashionablen Etablissements in Paris, sammelten saftige Geschichten für ihre Freunde und luden ausgewählte Berufsprostituierte ein, die Nacht mit ihnen zu verbringen. Die Lebensauffassung der Goncourts war eingestandenermaßen gallig. Beide fanden ein gewisses Vergnügen am Verfall und schwelgten in der Schäbigkeit ihrer Zeit, welche der Nachwelt zu überliefern sie zu ihrem traurig-faszinierenden Geschäft machten. Das Bild, das die Goncourts von der eintönigen Vulgarität auch der «besseren» Prostituierten zeichnen, von ihrem Mangel an stabiler Identität, ihrer unterschwelligen Verzweiflung und ihrer unbesieglichen Dummheit – dieses Bild ist grausam und unerträglich herablassend: «Diese Frauen sind niedliche kleine Tiere, die sich mitunter zu der Intelligenz eines Affen emporschwingen.» Die Goncourts machten sich nicht die Mühe, auch die Männer unter die Lupe zu nehmen, die, wie sie selbst, das Bedürfnis hatten, mit solchen niedlichen kleinen Tieren zu verkehren. Angeblich elegante Häuser machten ihnen keinen Eindruck; sie sahen die geschmacklose Billigkeit, welche die hungrigen Kunden, nur darauf begierig, ihre Lüste zu stillen, geflissentlich übersahen: «Dies ist also das kleine Paradies, das Attachés als Traum aus TAUSENDUNDEINER NACHT rühmen!» schrieben sie über ein solches Etablissement. «Der Salon ist der Salon eines Zahnarzts.» Die Möbel sind protzig, die Vorhänge verschlissen, die Kupferstiche an der Wand billig. Man kann wohl sagen, daß «Männer nicht sehr anspruchsvoll sind, wenn es um den Schauplatz ihrer Liebesfreuden geht».[47] Die Goncourts erkannten, daß Leidenschaft die Wahrnehmung trübt; sie wußten, daß Phantasie oft beisteuert, was die Wirklichkeit schuldig bleibt.

Die Goncourts beobachteten, machten Stichproben und wandten sich dann mit dem gelangweilten Achselzucken des Connaisseurs ab, der die Welt weniger verlockend findet, als er sie sich einst erträumt hatte. Die trübe Frage «Ist das alles?» steht über allem, was sie über die (von ihnen mitfinanzierte) Prostitution zu Papier brachten. Doch dieser Zynismus, ob affektierte Pose oder echte Empfindung, war eine Haltung, die die meisten Bürger glaubten sich nicht leisten zu können, angesichts eines «sozialen Übels», das die Städte zu überschwemmen und die Jugend zu vergiften schien. Die Tatsachen, die ihnen Angst machten, waren real genug. Aber die verbreitete Anspielung auf die drohende Katastrophe und die universelle Verderbnis sowie die blanke Wut vieler Sittenreformer beweisen, daß noch mehr im Spiel war als nur rationale Besorgnis über realistisch wahrgenommene, reale Übelstände. «Es ist ein eigenthümlicher Charakterzug unserer Zeit», meint der anonyme Verfasser einer Schrift über *Die Prostitution in Berlin* 1846, wohl ohne sich seiner sexuellen Metapher bewußt zu sein, *«einzudringen in die tiefsten und geheimnißvollsten Falten unserer socialen Verhältnisse.»* Während man früher das Wort «Bordell» kaum auszusprechen gewagt habe, bemühe man sich jetzt ernsthaft, die Prostituierten zu verstehen. Die Presse räume dem Thema Tag für Tag breiten Raum ein. Diesen Charakterzug der Zeit fand der Autor sehr erfreulich. Er sei hervorgegangen aus dem Drang, «auch dem elendesten unserer Mitgeschöpfe» menschliche Würde zuzuerkennen. Er sei ferner hervorgegangen aus der Wißbegier, aber endlich auch aus einer «mächtigen, unverkennbaren *Furcht*». Es war die Furcht vor den «Wellen des Proletariats, der Armuth und namentlich der Unmoralität», die «die Früchte unserer so hochgetriebenen Civilisation zu verschlingen drohen».[48] Das war verständnisvoll und einsichtig und sollte noch jahrzehntelang Gültigkeit behalten. Ähnlich wie die hochtrabende Literatur über Nervosität dienten die Kampagnen zum Schutz der Gesellschaft vor dem Schmutz der käuflichen Liebe (bzw. die düsteren Prognosen, daß solche Bemühungen vergeblich sein würden) ebensosehr der Selbstkontrolle als der sozialen Reinigung. Beides entbehrte nicht einer Spur von Hysterie.

Ein auffälliges Symptom dieser Hysterie waren die übertriebenen Schätzungen über die Zahl der Dirnen, die in den größeren Städten der westlichen Welt angeblich ihr Unwesen trieben. Samuel Bracebridge, der zusammen mit Henry Mayhew die Sammlung von Interviews und Momentaufnahmen *London Labour and the London Poor* veranstaltete, behauptete 1862, daß es in London mindestens 80 000 Prostituierte gäbe. Zehn Jahre später veranschlagte Maxime du Camp in seinem ausfernden Panorama von Paris die Zahl der dortigen Prostituierten auf 120 000. Das war kein neues Spiel. William Acton hatte 1857 mit Recht bemerkt, die Schätzungen variierten je nach den «Möglichkeiten, der Leichtgläubigkeit oder dem religiösen Eifer der Beobachter». Er zitierte Patrick Colquhoun vom «Thames Police Court», der um 1800 die Zahl der Prostituierten in London mit 50 000 angegeben hatte, während einige Jahrzehnte später der Bischof von Exeter, Henry Phillpotts, der Ansicht war, «sie näherten sich den 80 000». Diese Zahl wurde von James Beard Talbot, dem Sekretär einer «Gesellschaft zum Schutze junger Frauen», und anscheinend auch von Bracebridge ohne viel Federlesens akzeptiert. In demselben Jahr, in dem Actons Buch erschien, schätzte die angesehene englische medizinische Zeitschrift *Lancet*, daß eine von sechzehn Frauen in London eine Hure sei, was wieder die magische Zahl 80 000 ergab. Drei Jahrzehnte später behauptete James B. Wookey, der die Heilsarmee mit der strengeren «Gospel Purity Association» vertauscht hatte, daß es in England «nahezu 150 000 gefallene Mädchen» gebe, «die ihr täglich Brot damit verdienen, ein Leben in Sünde und Schande zu führen». In seinem umfangreichen Kompendium über die Prostitution in Berlin

macht sich Hans Ostwald darüber lustig, daß auch «in den alten Zeiten
[...] stets über die große Zahl der Prostituierten gejammert» worden sei.
«Behaupteten doch Kenner dieser Dinge in den vierziger Jahren, jede
achte Berlinerin sei eine Dirne» – eine Schätzung, die Ostwald offenbar
für absurd übertrieben hält.[49] Diese selbstsicher vorgetragenen, aber
unfundierten Spekulationen wurden denn auch weithin nur pro domo
vorgenommen; sie befriedigten das Skandalbedürfnis der Öffentlichkeit
und verliehen Kreuzzüglern gegen das Laster wie James Wookey eine
Bedeutung, die die wahren Zahlen – die immer noch schlimm genug
waren – niemals hätten unterbauen können. Eine Öffentlichkeit, die
diese Zahlen für bare Münze nahm und die Ärgernisse, die an den
Straßen standen, für eine veritable Heerschar der Finsternis hielt, gab
damit nur ihre eigenen Ängste zu Protokoll. Ihre Ängste, aber auch ihre
geheimen Wünsche. Es kann nämlich kaum ein Zweifel daran bestehen,
daß ein gut Teil der Faszination, den die Pest der Prostitution auf die
Tugendsamen ausübte, aus unbefriedigten erotischen Bedürfnissen
stammte. Die ganze Debatte läßt auf primitive Ambivalenzen, auf lähmende Selbstzweifel im Lager der Kritiker wie in dem der Kreuzzügler
schließen. Diese Beschäftigung mit der Invasion der liederlichen Frauen
war so intensiv, die Schätzungen über ihre Anzahl so unverkennbar das
Ergebnis von Emotionen, nicht von Erhebungen, daß wir ganz einfach
den Abwehrmechanismus der Reaktionsbildung am Werk sehen. Prostitution war nicht nur angsterregend, weil sie das Gespenst der Geschlechtskrankheiten und der aufkeimenden Sittenlosigkeit im Schoße
der empfänglichen Jugend beschwor. Sie war es auch und bedeutsamer-
weise darum, weil sie die tief verdrängte Lust auf jenes sinnliche Aben-
teurertum weckte, das die Ehrsamen zu verachten und zu zensieren
gelernt hatten.

Seit den dreißiger Jahren des 19. Jahrhunderts befrachteten die Erforscher der käuflichen Liebe ihre Abhandlungen mit sorgfältig vorgenom-
menen Klassifizierungen und säuberlichen Tabellen und Graphiken. Manche von ihnen, wie etwa der große Dr. Alexandre Parent-Duchâtelet, der
«Newton des Dirnentums», wie ihn eine englische Zeitung anmutig
nannte, betrieben ausgiebige Feldarbeit vor Ort, will sagen: in Paris.
Aber ihre Entdeckungen und Empfehlungen vermischten – genauso wie
die der Gelegenheitsbeobachter – in einem unklaren Verhältnis Wahrheit
und Dichtung, Vermutung und Wunsch miteinander. Was sie hinterlassen
haben, ist in der Hauptsache ein Hauch jener anhaltenden und angstpro-
vozierenden Faszination, die die Prostitution auf das Jahrhundert ausübte. Metaphern der Dunkelheit und des Entsetzens ziehen sich bis zum

Ende des bürgerlichen Zeitalters durch ihre Schriften. Dr. Acton beschwor etwas von dieser Atmosphäre, als er 1870, anläßlich der zweiten Auflage seiner *Prostitution*, auf die erste zurückblickte: «In der Zwischenzeit ist die Prostitution samt den mit ihr einhergehenden Übeln Gegenstand ängstlicher Forschung geworden.»[50]

Diese Angst, mittlerweile mehr oder weniger offen hervortretend, setzte sich aus verschiedenen Elementen zusammen. Unwissenheit war nur das hervorstechendste von ihnen – eine Unwissenheit, die nicht einmal durch einen gewissen Eigennutz gemildert wurde. Auf jeden Polizeikommissar, der bewußt die Zahl der Straßendirnen in seinem Revier zu niedrig ansetzte, müssen ein Dutzend Sittenreformer von der geschilderten Art gekommen sein, die, beunruhigt über die sich ausbreitende heimliche Prostitution, den eher unwahrscheinlichen Zahlen Glauben schenkten. Auch die überängstliche Art, wie Publizisten um dieses heikle Thema herumredeten – selbst dann noch, als es schon längst im Parlament und in Zeitschriften zur Sprache gekommen war –, war nicht dazu angetan, verbreitete, panikartige Vorstellungen zu korrigieren. Noch 1884 sagte Hermann Dalton, ein deutscher Kenner der Prostitution, in der Einleitung seines Vortrags vor einer evangelischen Missionsgesellschaft in St. Petersburg, er habe diese Arbeit nur «zaghaft» übernommen. Sie habe «bei jedem Schritte vorwärts ein immer neues Ueberwinden gefordert, auf daß der Muth nicht dahinsinke [...]» Der Grund sei «der unsagbare Widerwille» gewesen, «den die Kenntnißnahme dieser dunkelsten Nachtseite des Sündenlebens auf Schritt und Tritt weckt». Lebhaft beschwor er «das Grauen», das ihm aus diesen «unheimlichen Abgründen» aufgestiegen sei. Vor dem Betreten der Jammer- und Lasterhöhlen Londons, Kairos, Konstantinopels, St. Petersburgs sei er oft versucht gewesen, «nur eilenden Fußes, mit gehaltenem Athem, mit geschlossenen Augen» zu flüchten.[51]

Das war ein verbreitetes Gefühl. 1864 beschreibt ein anonymer deutscher Arzt die Prostitution als «*die fürchterlichste Fessel, unter der die Menschheit jemals geschmachtet hat, sie ist die furchtbarste Waffe der Hölle und immer drohender wird sie über unsern Häuptern geschwungen*». In den vorangegangenen Jahrzehnten sprachen manche besorgten Reformer in New York vom «Schauder des Entsetzens», den «jeder tugendsame Mensch, Mann oder Weib» bei dem Anblick der Prostitution empfinden müsse. Sie zogen sogar *Hamlet* heran, um ihrem Gram Ausdruck zu geben. «Würden nicht Rücksichtnahme und Zartgefühl uns verbieten, die abstoßenden Einzelheiten dessen zu schildern, was zu unserer Kenntnis gebracht worden ist, so könnten wir eine Kunde anheben, von der «dein junges Blut erstarrte und jedes einzle Haar

empor sich sträubte wie Nadeln an dem zorn'gen Stacheltier›.» [*Hamlet*,
I.5.13 ff.] 1886 bekannte der deutsche Pastor H. Stursberg vor der
«Rheinisch-Westfälischen Gefängniß-Gesellschaft»: «Manchmal hätte ich
die Feder lieber aus der Hand gelegt, weil sie sich sträubte, so dunkle
Bilder zu zeichnen, ob auch schon gar vieles ausgeschieden war.» War die
Prostitution doch ein «furchtbarer Feind, ein grausiger Zerstörer der
sittlichen und physischen Lebenskraft unseres Volkes», der – und hier
zieht Stursberg zwar nicht *Hamlet*, aber Luther heran – «sein Zerstö-
rungswerk zumeist in der Finsterniß mit großer Macht und vieler List,
hier gleißnerisch zurückhaltend dort mit unerhörter Frechheit treibt.»
Nicht einmal die Franzosen, die doch im Ausland berüchtigt waren ob
ihrer kühlen Toleranz gegenüber der Prostitution, waren gegen solche
Empfindungen und solche Rhetorik immun. Charles Virmaitre, der
emsige Chronist von Paris, erklärt seinen Lesern in der Einleitung seines
Büchleins *Trottoirs et lupanars*: «Denn, ach! ich habe nicht alles gesagt.
Die Flut der ‹Mädchen› und ihrer Zuhälter steigt unablässig. Wenn wir
weiter an unserer Politik des laissez faire festhalten, ist der Tag nicht
mehr fern, da der Gesetzgeber machtlos sein wird.»[52]

Trotzdem hinderte das allgegenwärtige und widerliche Gespenst des
Lasters nicht die Untersuchung der Prostitution und das Sinnen auf
Abhilfe. 1850, nach Abschluß des *David Copperfield*, worin gefallene
Frauen eine gewisse Bedeutung haben, sagte Charles Dickens der Philan-
thropin Angela Burdett-Coutts, das «traurige Thema» Prostitution sei
«schwer anzugehen». Das gelte besonders für ein Buch, «das sich an
Leser aller Schichten und Lebensalter richtet». Er habe aber keine
Bedenken, daß es ihm nicht gelungen sein könnte, die Leute vorsichtig
zum Nachdenken zu bewegen. Solche Umsicht erschöpfte sich bei vielen
Autoren, die über das traurige Thema schrieben, in der Konvention, zu
beteuern, daß man nichts Sicheres über die Prostitution sagen könne und
daß bisher wenig über sie gesagt worden sei, um es dann selber zu sagen.
Diese literarische Formel ermöglichte dem bürgerlichen Jahrhundert ein
bemerkenswertes Maß an Offenheit, wobei zugleich angedeutet wurde,
daß Offenheit unerreichbar war. Von Dr. William Sanger erschien 1858
eine umfangreiche Übersicht über die Prostitution in allen Ländern. Der
Autor sah sich selbst als tapferen, auf sich gestellten Entdecker, den eine
prüde und selbstzufriedene Gesellschaft vielleicht verachten werde, der
sich aber verpflichtet fühlte, seinen Weg fortzusetzen: «Ein unerkanntes
Übel, von dem nur die Folgen sichtbar sind, ist schlimmer als eines,
dessen Dimensionen offen erkennbar sind.» Im selben Jahr vertrat
Dr. Acton im *British Medical Journal*, nicht ohne sich schamlos aufzu-
plustern, die Ansicht, daß «noch bis vor wenigen Wochen» das Thema

Prostitution «keine Erörterung geduldet» hätte. Jetzt war das auf einmal möglich – wohl weil inzwischen sein Buch über dieses Thema erschienen war.[53]

Aber Acton rühmte sich über Verdienst. Die Heimlichtuerei war weniger extrem gewesen, als er unterstellte. Acht Jahre zuvor hatte W. R. Greg mit der Gebärde des Pioniers einen wichtigen, unsignierten Artikel über Prostitution in der *Westminster Review* veröffentlicht. Der Autor verrät Mitleid mit den Opfern des Lasters, vor allem aber staunt er gleichsam über den eigenen Mut, dieses heiße Eisen überhaupt anzupak-ken. Greg rezensierte in diesem Beitrag vier Veröffentlichungen über Prostitution und nutzte nach dem damaligen Brauch die Gelegenheit, aus ihnen ausgiebig zu zitieren. Greg hielt es für notwendig, erst einmal den Boden zu bereiten, bevor er aufräumen konnte mit «falschem und schädlichem Zartgefühl», mit «sträflicher moralischer Feigheit». Diese Einstellungen seien bisher vor dem «Nachdenken über das große soziale Laster der Prostitution» zurückgeschreckt. Auch mußte Greg sich selbst und seine Leser davon überzeugen, daß die Auseinandersetzung mit dieser «abscheulichen» Thematik den Zweck hatte, Gutes zu bewirken und Leiden zu mildern. Er sei sich bewußt, daß es «auf Bedenken stoße, das Thema so deutlich vor das Auge der Öffentlichkeit zu stellen». Es sei dies «eine Sache, über die offen zu sprechen nicht leicht ist». Aber das Bewußtsein der Menschen, in diesen Dingen nur lückenhafte Kenntnisse zu besitzen, ihre Furcht vor dem Spott der «Ungebildeten und Gedan-kenlosen» und eine falsche Vornehmheit hätten «schon zu lange ernste und wohlmeinende Menschen davon abgehalten, einem der ärgerlichsten Übel ins Auge zu sehen, welches die englische Sonne bescheint». So brachte Greg erst einmal eine massive Verteidigungslinie in Stellung und traf eine sorgfältige Unterscheidung zwischen «Hurerei» (die «unnatürli-che» Befriedigung der Geschlechtslust mit bezahlten Opfern) und «sexu-eller Zügellosigkeit» (die zwar tragisch, aber wenigstens natürlich war). Dann endlich, nach allen diesen Vorkehrungen, fühlte er sich gerüstet, jene «schmerzliche und verwirrende Frage» zu behandeln, der «Staats-männer, Moralisten und Philanthropen» bisher ausgewichen seien.[54]

Autoren wie Greg hatten ihre Pendants auf dem Kontinent. Auch dort sprach man, wenn man über Prostitution schrieb, über das Unaussprech-liche mit leichtem Tremolo in der Stimme und dem Flair des kühnen Entdeckers. 1848 bemerkte Dr. Heinrich Lippert in der Einleitung zu seiner Studie über die Prostitution in Hamburg, daß dieses Problem erst seit sehr kurzer Zeit als Spezialthema auf dem literarischen Markt vertre-ten sei. Bahnbrechende Arbeit bei der wissenschaftlichen Durchdringung dieser Frage hätten Autoren in Paris und London geleistet – eben jene

Autoren, deren Bücher Greg 1850 rezensierte –. Auch aus Berlin, so
stellte er erfreut fest, lag nun ein kundiges Werk zum Thema Prostitution
vor. So sei es an der Zeit, dem Vorbild des ausgezeichneten Parent-
Duchâtelet zu folgen, jenes französischen Forschers, dessen umfassende
Darstellung der Prostitution in Paris sogleich nach ihrem Erscheinen
1836 zum Klassiker geworden war. Lippert versichert: «Es ist mir
keineswegs unbekannt, daß das größere Publikum derartige Arbeiten mit
einer gewissen scheuen Zurückhaltung entgegennimmt [...]» Doch
«nicht das Thema ist [...] entscheidend, sondern allein die Art und Weise
seiner Besprechung». So könne, wie Lippert sich sicher war, «der oben
citirte Parent Duchatelet [sic] dem schärfsten Moralisten, dem strengsten
Asceten gegenüber frank und frei den Blick erheben [...]» Er erinnerte
an das, was er 1846 in der Vorrede zu seinem Werk über venerische
Krankheiten gesagt hatte: daß es nämlich lächerlich sei, sich in unserer
aufgeklärten Zeit ob der Unanständigkeit eines Themas zu entschuldigen.
Und er setzt sehr richtig hinzu: «Der Arzt ist nicht für eine ideelle Welt
geschaffen: er soll den rellen Uebelständen der Erde abhelfen, und sich
dem Studium derselben um so gründlicher widmen, je verbreiteter sie
sind.»[55] Erst nach dieser konventionellen Entschuldigung für seine Un-
konventionalität macht sich Lippert an die Untersuchung der Prostitution in Hamburg. Seine Umschweife spiegeln eine verbreitete Heimlichtuerei bei diesem sensiblen Thema wider, eine Heimlichtuerei, die vor
allem in anständigen Romanen und Familienzeitschriften geübt wurde.
Erst ganz allmählich fühlten sich Ärzte, und danach auch eine ehrsame
Öffentlichkeit, imstande, ja sogar genötigt, über Prostitution zu sprechen.

Aber während sie darüber sprachen, konnten sie doch kaum ihre Angst
unterdrücken. Diese Angst wurde auch durch ein irritierendes Paradoxon nicht gemildert, das die Zunft der Experten über käuflichen Sex, und
nach ihnen die Allgemeinheit, sehr bald und gerne aufgriff. Mehr als
hundert Jahre zuvor hatte der brillante Zyniker Bernard Mandeville den
boshaften Aphorismus geprägt: Private Laster bringen öffentlichen Nutzen. Nun schien sich sein berühmt-berüchtigter Ausspruch an der Prostitution zu bewahrheiten. In den dreißiger Jahren des 19. Jahrhunderts
machten die Saint-Simonisten den braven Bürgern zum Vorwurf, sie
würden die Jungfräulichkeit ihrer Töchter dadurch sichern, «daß sie
einen Tribut von jenen Töchtern der Armen fordern, die auf die Straße
gehen». Saint-Simon und seine Jünger waren – in Kritik und Prophetie –
gewiß engagierte Erforscher der modernen kommerziellen Gesellschaft
und ebenso engagierte Verfechter der Gleichberechtigung der Frau. Es
war daher zu erwarten, daß man ihre Anklagen als tendenziös abtat.

Doch Parent-Duchâtelet bezog denselben Standpunkt: Prostituierte halten den liebeshungrigen Mann davon ab, «deine Töchter und deine Dienstboten zu verderben», und tragen so «zur Aufrechterhaltung von Ruhe und Ordnung in der Gesellschaft bei».[56]

Dr. Parent-Duchâtelet konnte eine beeindruckende Autorität zur Untermauerung seiner Ansichten aufbieten, und seine Überlegung, daß Prostitution das Sicherheitsventil der Ehrbarkeit sei, gewann den Tag. Das also war der Preis, den die bürgerliche Gesellschaft für ihre Verdrängungen zu zahlen bereit war! Seine bewundernden Gefolgsleute beteten Parent-Duchâtelet alles ohne Einwände und Zusätze nach, und andere taten anderswo desgleichen. Anfang der sechziger Jahre vertrat auch W. E. H. Lecky in seiner vielgelesenen *History of European Morals* die These, die Dirne sei «letzlich der wirksamste Tugendwächter. Ohne sie wäre die unangefochtene Reinheit der zahllosen glücklichen Familien befleckt, und nicht wenige, die nun mit dem Stolz ihrer unangetasteten Keuschheit empört erschauernd auf die Dirne herabsehen, hätten die Seelenqual von Reue und Verzweiflung zu spüren bekommen.» 1866 formulierte Fjodor Dostojewskij seine Kritik der Mittelschichts-Frömmigkeit in seinem Roman *Schuld und Sühne (Raskolnikov)*. Im Hinblick auf die jungen Frauen, die als Prostituierte enden, meint er: «Es muß so sein, heißt es. Ein gewisser Prozentsatz, heißt es, muß jedes Jahr draufgehen... irgendwohin... wahrscheinlich zum Teufel, um die anderen aufzufrischen und nicht zu behindern.» Natürlich paßte dieser Vorwurf besonders gut denen ins Konzept, die die bürgerliche Heuchelei geißelten. In seinem 1883 erschienenen, ungeheuer beliebten und oft übersetzten Buch *Die Frau und der Sozialismus* widmete August Bebel das ganz zwölfte Kapitel dem Nachweis, daß die Prostitution «eine notwendige soziale Institution der kapitalistischen Welt» sei. 1890 erhob der Naturwissenschaftler, Satiriker und feministische Reformer Grant Allen den Vorwurf aufs neue: «Unser bestehendes System ist wirklich ein Verbundsystem aus Ehe und Prostitution, in welchem das zweite Element notwendiges Korollar und Schutz des ersten ist.»[57] Es war ein unangenehmes Paradoxon, das Gegenstück zum Paradoxon der modernen Nervosität: Der Bürger, der sich mitten in seinen sozialen, wirtschaftlichen und politischen Triumphen ängstlich die Lippen biß, war auch der Bürger, der die Keuschheit seiner Frau dadurch bewahrte, daß er die Keuschheit anderer korrumpierte.

Zu der Zeit, als Grant Allen daran ging, Mandeville zu aktualisieren, gab es andere, die geneigt waren, in diesem Paradoxon nicht eine Ironie der bürgerlichen Kultur zu sehen, sondern einen Vorwand, Reformen zu verhindern. 1882 erfand Yves Guyot, der für die Abschaffung aller

Bordelle in Frankreich plädierte, ein kleines Zwiegespräch zwischen sich selbst und «Josef Prudhomme», der Symbolfigur des französischen Bürgers. Prudhomme gibt die bewußten Klischees von sich – «Prostitution ist ein notwendiges Übel» und «Prostitution ist der Schutz der Familie» –, nur um sie sich von Guyot schonungslos zerpflücken lassen zu müssen. Schon vor Guyot hatte Flaubert dieses Paradoxon in seinem maliziösen Wörterbuch jener Gemeinplätze verewigt, die seiner Ansicht nach die Kultur beherrschten und entstellten: «Die Kurtisane ist ein notwendiges Übel. – Schutz unserer Töchter und unserer Schwestern (solange es Junggesellen gibt).»[58] Flaubert verbürgte sich natürlich nicht für die Richtigkeit dieser Behauptung. Im Gegenteil: Wenn der Bürger das sagte, war es wahrscheinlich Unsinn.

Dieses geistvolle Geplänkel sollte nicht über die Seriosität und das Verantwortungsbewußtsein der jahrzehntelangen und bedauerlich unergiebigen Kontroverse zwischen den Befürwortern offiziell genehmigter Bordelle und den Verfechtern ihrer völligen Abschaffung hinwegtäuschen. Die Parteigänger der einen Position vermochten zwar die Vorteile der Gegenposition nicht einzusehen, aber beide waren angetreten, um dieselben Ideale hochzuhalten: die persönliche Reinheit und die öffentliche Gesundheit. Was zu der ganzen Kontroverse führte, war die Frage der Mittel, nicht der Zwecke. Denn in diesen Mitteln spiegelten sich widersprüchliche religiöse Überzeugungen, praktische Erwägungen, ja sogar nationale Stile. Der amerikanische Gelehrte Charles K. Needham sammelte und übersetzte europäische Bücher über Tugend und Laster. Er diskutiert diese Konflikte in seinem Kommentar zu der Polemik eines Dr. Louis Martineau gegen heimliche Prostitution. «In welchem Umfang soll der Staat in betreff der Prostitution eingreifen? Soll er sie unterdrücken, dulden oder genehmigen?» Das war natürlich die entscheidende Frage. Martineau war für Genehmigungen, und Needham findet lobende Worte für seine «ausgezeichnete Arbeit» und die «Weitherzigkeit» des Autors, «der viel Erfahrung in der Betreuung und Behandlung geschlechtskranker Frauen hat». Trotzdem war Needham nicht überzeugt. Martineau «kann sich nicht vom Paternalismus lösen, der jedem französischen Reformer so lieb und teuer ist und durch den der Staat den Menschen helfen oder sie zwingen kann, besser zu sein, als sie sein wollen». Bezeichnenderweise schrieb er den Pessimismus Martineaus und seine Bereitschaft, der Syphilis den Kampf anzusagen, seiner Nationalität zu. Martineau, der seine Landsleute kannte, mochte einfach nicht glauben, daß sie für das Ideal einer Gesellschaft ohne «Hurerei und Ehebruch» zu haben waren. Und Needham brachte eine feministische Überlegung ins Spiel, indem er darauf hinwies, daß es weit eher die

Kunden von Prostituierten sind, die infizierte Kinder zeugen, als ihre Dirnen, die praktisch unfruchtbar sind. Pointiert stellt Needham die Frage: «Wenn schon restriktive Maßnahmen notwendig sind, warum dann nicht bei den Männern ansetzen statt bei den Frauen, da sie, was die Schädigung der Nachkommen angeht, die größere Schuld trifft?»[59] Sieht man einmal von seiner etwas gereizten nationalistischen Selbstgefälligkeit ab, so bietet Needham in seinen Kommentaren, gemeinsam mit dem Buch, dem sie gelten, einen nützlichen Überblick über eine Diskussion, die so viele brave Bürger während des ganzen Jahrhunderts und in allen Ländern entzweite.

Die Koalitionen, die aus diesen Kontroversen hervorgingen, waren merkwürdig genug zusammengesetzt. Für legale, staatlich inspizierte Häuser der gewerbsmäßigen Unzucht waren sowohl Roués, die in ihnen prächtige Anstalten mit einzigartigen Möglichkeiten zur Schulung der Jungen und Ergötzung der Gelangweilten sahen, als auch Gesundheitsfanatiker, denen es darauf ankam, die Träger von Geschlechtskrankheiten unter Quarantäne zu stellen. Auf der anderen Seite, beim Widerstand gegen eine Legalisierung der Prostitution, war es ähnlich: Hier gab es Feministen, die empört waren über die Doppelmoral, die einerseits vermeintlich «liederliche Frauen» einer demütigenden ärztlichen Untersuchung und dem Arrest aussetzte, während sie andererseits die männlichen Kunden der Prostituierten ungeschoren ließ. Und es gab soziale Konservative, die mit dem Feminismus nichts anfangen konnten, aber die Idee eines offiziell gebilligten Lasters als Widerspruch in sich selbst und, schlimmer noch, als Schande für eine zivilisierte Gesellschaft empfanden. Aber unterschiedliche Vorstellungen über staatliche Strategien führen in der Regel zu solchen inkohärenten Koalitionen. Die allgemeine Beunruhigung über die Prostitution als solche wurde dadurch nicht geringer und geriet dadurch auch nicht zwangsläufig in Mißkredit. Die Untersuchungen des 19. Jahrhunderts über die gewerbsmäßige Unzucht reichten von den sensationslüsternen, impressionistischen Darstellungen eines Henry Mayhew und seinesgleichen bis zu den nüchternen, quantitativen Erhebungen zahlloser lokaler Behörden überall in Europa und den USA. Und sie deckten beschämende Muster der Ausbeutung und bestürzende Verflechtungen zwischen Unzucht, Kriminalität und staatlichen Organen auf. In der englischen Stadt York war einer von sechs Kunden der örtlichen Prostituierten ein Polizist.[60]

Offenbar war es leichter, das Laster zu beklagen, als ein wirksames Mittel dagegen zu finden. Aber die Klagen waren ein notwendiger Ausgangspunkt. Sie vermittelten zumindest einige Informationen, gewöhnten die Öffentlichkeit an eine gewisse Offenheit und bereiteten eine

Veränderung der Einstellungen vor – weg von der Selbstzufriedenheit. Aus diesen Gründen war Gregs Beitrag in der *Westminster Review* eine Art historisches Dokument. Nach seiner langatmigen, etwas irreführenden Einleitung beschreibt Greg das Profil der unglücklichen Prostituierten, die Verlockungen, die sie auf den Weg des Lasters bringen, die Zahl der Prostituierten in England, die Möglichkeiten, «diese garstige Fäulnis der englischen Gesellschaft» zu vermindern und die gefallenen Mädchen wieder auf die rechte Bahn zu bringen. Greg ist mitunter leichtgläubig und kritiklos, aber Besonnenheit und Mitgefühl halten seine moralische Empörung im Zaun. Die berühmten Schätzungen Patrick Colquhouns über die Zahl der Dirnen tut er als «ungeheure Übertreibung» ab. Als Hauptmotiv einer jungen Frau, das Leben einer Prostituierten zu «wählen», nennt er die extreme Armut in den unteren Rängen der englischen Arbeiterschichten. Diese Frauen und Mädchen hausen in verpesteten Löchern, schlafen nachts zu mehreren in einem einzigen, elenden Zimmer, was zur Sittenverderbnis einlädt, und verdienen – meist als Näherinnen – viel zu wenig und viel zu unregelmäßig, um keusch bleiben und ihr Leben fristen zu können.[61] Gregs Adjektive sind flammend, seine Substantive hitzig, aber sein Zorn dient dem angekündigten praktischen Zweck: die rationale Diskussion des Problems zu fördern und auf vernünftige Abhilfe zu sinnen.

Den breit angelegten Essay Gregs – er hat die Länge einer Broschüre – zeichnen verschiedene Vorzüge aus: seine menschliche und wissenschaftliche Einstellung, sein Dringen auf präzise Information, seine klare Gedankenführung und seine rhetorischen Strategien. Trotz aller Schwächen bereicherte der Essay das fleischliche Wissen des gebildeten Bürgertums. Dennoch hatte Gregs Unternehmen Vorläufer. Eines der vier von Greg rezensierten Werke, Parent-Duchâtelets *De la prostitution dans la ville de Paris*, war schon vierzehn Jahre zuvor erschienen. Ein anderes, die «Briefe» Henry Mayhews an den *Morning Chronicle*, aus denen Greg über Seiten hinweg «herzzerreißende Aussagen»[62] zitierte, war dem lesenden Publikum ebenfalls zugänglich und bediente sich der unfehlbaren Methode des rührend-anekdotischen Gesprächs. Die anderen beiden waren James Beard Talbots *Miseries of Prostitution* und Dr. Michael Ryans *Prostitution in London*. Diese Werke, sechs bzw. elf Jahre alt, waren stark im Anklagen, aber schwach in den Tatsachen. Beide Bücher waren geräuschvolle Beispiele für die Schule der Panikmacher. Greg hätte noch andere Werke heranziehen können. Dr. William Taits *Magdalenism, an Inquiry into the Extent, Causes and Consequences of Prostitution in Edinburgh* von 1840 oder Ralph Wardlaws viel unterhaltsamere *Lectures on Female Prostitution* von 1842 mit ihren vielen reizvollen

Skizzen über ehrbare Bordelle vor allem in Edinburgh, in denen die örtlichen Honoratioren verkehrten. Auch in anderen Ländern hatte man schon vor Greg quantitative Untersuchungen über die gewerbsmäßige Unzucht angestellt. Parent-Duchâtelet hatte eine kleine Flut nachahmender Literatur ausgelöst. Zu nennen ist F. F. Bérauds gewichtiges Buch *Les filles publiques de Paris, et la police qui les régit* von 1839. Dazu kamen mehrere Monographien, die Parent-Duchâtelets positivistischen Genauigkeitsfanatismus in die französischen Provinzen trugen.[63] Auch in den deutschen Staaten erreichten Mitte und Ende der vierziger Jahre Erhebungen über die rechtlichen und moralischen Aspekte der Prostitution und das Privatleben von Prostituierten eine gewisse Blüte. Die Blüte wäre noch üppiger gewesen, wenn nicht der Zensor ihr Wachstum teilweise beschnitten hätte. Wenn die Prostitution in Europa vor 1848 ein Geheimnis war, dann war sie ein offenes Geheimnis. Wie Dr. Sanger ein Jahrzehnt später am Schluß seines großen historischen Überblicks feststellt: Die Prostitution sei «ein Problem, dessen Lösung die Philanthropen und Staatsmänner vieler Länder seit Jahrhunderten beschäftigt».[64]

Von der beträchtlichen Literatur zu unserem Thema, die seit den vierziger Jahren in Frankreich, Schweden und überall auf den Markt kam, sind von besonderem Interesse die umstrittenen Broschüren, die in Norddeutschland erschienen. Sie offenbaren die ehrlichen Zweifel der Reformer und die Ambivalenz der Behörden, die sie zu beeinflussen suchten. Zum größten Teil sind diese Arbeiten wohltuend nüchtern: Sie schildern die Vorgeschichte des Problems, zitieren aus den örtlichen Gesetzen, bieten Tabellen über Alter, Herkunft und Preis der Prostituierten, eine Beschreibung ausgewählter Bordelle und den Versuch einer Typisierung von Dirnen und ihren Kunden. Einige Autoren, wie Dr. Heinrich Lippert, bringen immerhin – durch eine moralisierende Sentenz hier, eine physische Beschreibung dort – einige Farbtupfer in die öde Litanei. Lipperts Prostituierte sind Liebesdienerinnen und Straßennymphen – Euphemismen, die nicht so sehr der vornehmen Verhüllung dienen als vielmehr Lipperts Bedürfnis nach eleganten Varianten.

Doch die Energie, die hinter diesen deutschen Texten stand, war weniger literarischer oder erotischer als politischer Natur. Die widersprüchlichen Möglichkeiten, das soziale Übel unter Kontrolle zu bringen, führten zu plötzlichen Sprüngen und Kehrtwendungen in der Argumentation, aber auch in der Politik. König Friedrich Wilhelm IV. hatte durch königlichen Erlaß alle preußischen Bordelle zum 31. Dezember 1845 schließen lassen, nachdem zuvor schon versucht worden war, ihre Zahl einzuschränken. Er wich damit von der lange geübten Praxis seines Landes ab, eine kontrollierte Prostitution zu dulden. Der Kleinstadtarzt Dr. Adolf Patze hatte denn auch noch 1845, in Vorahnung des Erlasses, die Bordelle beredt verteidigt und sie als einzig zuverlässige Methode bezeichnet, dem Schrecken der Syphilis zu steuern.[65] Die gegenteilige Ansicht vertrat ein Jahr später ein anonymer Autor, der behauptete, Zugang zu Polizeiunterlagen gehabt zu haben. Scharfsinnig befürwortete er die Schließung der Bordelle in Berlin. Er begründete seinen Standpunkt mit dem obligatorischen, unendlich differenzierten Überblick über die Rechtsgeschichte der Berliner Prostitution. Es folgten kurze, aber aufschlußreiche Kapitel, in denen er verschiedene Klassen von Prostituierten unterschied, ihren Körper beschrieb, ihre Herkunft untersuchte und über ihr bejammernswertes Los spekulierte. Sein Buch provozierte im folgenden Jahre Dr. Carl Röhrmann zu einer Entgegnung. Röhrmann war, ebenso wie sein unbekannter Gegner, nicht Arzt, sondern Jurist. Er warf seinem anonymen Widersacher vor, auf Geheiß, wahrscheinlich sogar im Sold der Polizei geschrieben zu haben, um das neue preußische Edikt zu rechtfertigen. Röhrmann behauptete, gegen die Prostitution zu sein, hielt das Verbot von Bordellen jedoch für einen Fehler: «Die Ideen, von denen die preußische Verwaltung ausgegangen ist, als sie das Institut der geduldeten Prostitution aufhob, sind ihrer Natur nach löblich, und dem Princip der Sittlichkeit entsprechend. Ob dieselben aber den gehofften *praktischen Erfolg* haben werden und haben können, bezweifele ich [...]»[66] Die «Winkelhurenwirthschaft» habe merklich zugenommen, und damit sei auch die Gefahr einer Infektion mit Syphilis gewachsen.

Die öffentliche Meinung, soweit sie sich zu Worte meldete, war größtenteils auf seiten Dr. Röhrmanns. Eine Artikelserie in der *Vossischen Zeitung* zog nach zwei Jahren Erfahrungen mit der neuen Politik Bilanz. Diese Politik, so hieß es, sei das Ergebnis der wohlmeinenden, aber völlig irrigen Vorstellung, daß ein hochzivilisiertes und aufgeklärtes Land auf Dirnenhäuser verzichten könne. Das soziale Übel habe sich, statt zu verschwinden, einfach über die ganze Stadt verteilt. 1850 verfaßte Dr. Franz Josef Behrend auf Ersuchen der Regierung ein Memorandum, das zu demselben Ergebnis kam: Prostitution als Ausgangspunkt der Syphilis muß von der Polizei sorgfältig überwacht werden; diese Aufgabe leisten am besten geduldete Bordelle, wo dreimal wöchentlich ordnungsgemäße amtsärztliche Untersuchungen vorgenommen werden können.[67] Die Regierung war denn auch im wesentlichen überzeugt, schwankte aber immer noch und kehrte eine Zeitlang zur alten Regelung zurück. 1851 wurden die Bordelle in Berlin wieder geöffnet. Dann erfolgte eine neuerliche Kehrtwendung, und die Bordelle wurden fünf Jahre später erneut geschlossen. Diese ständigen Kurswechsel zeigen eindringlich, daß keine Verfahrensweise ohne Nachteile war. In gewisser Weise schienen die preußischen Behörden sagen zu wollen, daß Sinnlichkeit sich immer der Kontrolle entzieht. Die Sozialreformer, die jedes Jahrzehnt aggressiver, aber nicht weniger nervös wurden, sollten einen weit weniger fatalistischen Kurs einschlagen.

In dem Maße, wie das freimütige Interesse an der Prostitution und den Prostituierten seit der Jahrhundertmitte spürbar zunahm, verloren diejenigen, die geduldete Bordelle befürworteten – sei es, weil sie ob des «unausrottbaren Übels» Panik erfaßte, sei es, weil sie sich zum Kampf dagegen rüsten wollten –, mehr und mehr an Boden. Die Abkehr von Zynismus oder Hysterie war nicht eindeutig und niemals vollständig, aber sie war unverkennbar. Wie so oft, kann man die Romanliteratur der Zeit als suggestives, wenn auch keineswegs zuverlässiges Barometer der öffentlichen Einstellungen lesen, räumlich und zeitlich variierend nach Maßgabe dessen, was anständige Leser hören wollten oder tolerieren konnten.

Französische Romane hatten, wie zu erwarten, schon lange eine ziemlich entspannte Einstellung zu Bordellen und «feilen Weibern»; sie benutzten beides, um unterhaltsame Handlungen zu geben oder rührende Gestalten zu schildern. Das sentimentale Pathos der launischen und mittellosen Bohemiens bei Murger und noch mehr in Dumas fils' *Dame aux camélias* verklärte die *lorettes* und *cocottes* bis zur Unkenntlichkeit. Viel, so hören wir, wird Dumas' Marguerite Gautier vergeben; denn sie hat viel geliebt.[68] Gegen Ende des II. Reiches erwuchs eine ganze Subliteratur um diese modernen Magdalenen, diese «reizenden Sünderinnen» und «kleinen Fräulein vom Theater». Nicht zuletzt solche Romane (die in ihrer Art grob entstellte Reportage waren) etablierten den Mythos von der Kurtisane mit dem goldenen Herzen, unbefleckt von ihrem schändlichen Gewerbe.[69] Sie lassen erkennen, wie hartnäckig die «verruchte», besser gesagt: die sexuell freizügige Frau die Phantasie konventioneller und gehemmter Bürger beschäftigte. Darum war auch die *Dame aux camélias* eine so meisterliche Leistung: Die schwindsüchtige, ausgehaltene Frau, verführerisch und doch zum Tode verurteilt, verdichtete drängende und unschickliche Wünsche in einer einzigen theatralischen Gestalt, wobei sogar für ihre Erlösung durch Leiden und ein herzzerreißendes Ende gesorgt war. Auf der anderen, leichteren Seite, aber zum selben Verströmen eines unpolitischen Mitleids auffordernd, schrieb Maupassant seine rührende Geschichte einer patriotischen Prostituierten, *Boule de suif,* und auch, wie erinnerlich, die Geschichte der gutartigen, frommen Dirnen in der Maison Tellier. Selbst der mißtrauischste Leser konnte diese vergnüglichen Sachen nicht als Kritik der bürgerlichen Heuchelei oder als Aufruf zum Handeln auffassen.

Auch Zolas sensationslüsterne und düstere *Nana* war nicht darauf berechnet, das falsche Gleißen von der kranken Grimasse des käuflichen Sex zu reißen. Zola läßt seine junge, wollüstige Heldin einen gräßlichen, entstellenden Tod sterben. Aber ihre unwiderstehliche erotische Ausstrahlung, die alle Arten von Männern (und einige Frauen) anlockte, von ihrer unwahrscheinlichen Sexualprotzerei ganz zu schweigen, verlieh der Kurtisane eine Vitalität und einen naiven, sinnenhaften Charme, den sie im wirklichen Leben selten besaß. Jedenfalls war es Zola in diesem Roman nicht um eine realistische, kritische Untersuchung der Prostitution als solcher zu tun. Trotz aller peinlich genauen Erkundigungen und seiner üblichen dokumentarischen Art beabsichtigte er einen moralischen Traktat als bitteren Tribut an die rohe, überwältigende, zerstörerische Macht des Sexuellen. In der einleitenden Skizze seines Romans sagt er, wie immer mit dem Knüppel philosophierend: «Das philosophische Thema ist: eine ganze Gesellschaft, die sich auf das Loch stürzt. Eine ganze Meute von Kötern auf der Spur einer Hündin, die nicht läufig ist und die Hunde narrt. *Die Poesie des männlichen Begehrens*, der große Hebel, der die Welt bewegt. Es gibt nur Loch und Religion.»[70] Das ist beileibe nicht bloß ein ungefälliges Porträt der Halbwelt, sondern ein Generalangriff auf die hemmungslose, alles verschlingende Lust, die alle Freuden in pockennarbigen Verfall verwandelt. Doch so ernst es Zola mit seinem Anliegen auch sein mochte: dies war nicht der Ton, den die Sozialreformer wünschten oder gebrauchen konnten. Sie sahen am männlichen Begehren nichts Poetisches.

Doch hatte *Nana*, 1880 erschienen, einige interessante und brauchbare Konkurrenten. Seit einiger Zeit hatten die Romanciers in Frankreich eine weniger schrille, weniger komisch-heroische Geschichte erzählt. Joris-Karl Huysmans' *Marthe* von 1876 und Edmond de Goncourts im Jahr darauf erschienene *La fille Eliza* sind klinisch-genaue, fast dokumentarische Novellen. Sie gingen mit schonungslosem Realismus an einen prickelnden und trotz allem immer noch recht geheimnisvollen Beruf heran. 1881 führte der große spanische Romanautor Benito Pérez Galdós die Lehren und Techniken dieser französischen Realisten in das schockierte Spanien ein: *La desheredada* ist eine glücklose und glanzlose Heldin, die als Prostituierte endet.

Anderswo war die Haltung unsentimentaler Resignation oder gefälliger Amüsiertheit längst unter Beschuß geraten. Russische Schriftsteller, von Gogol bis Dostojewskij, von Tschernischewskij bis Tschechow, stellten die Prostituierte als Menschen dar. Mitunter waren sie sentimental, häufiger jedoch realistisch. Ihre Helden, ob unschuldige Einfaltspinsel oder arglose Heilige, arbeiteten sich ab, um die gefallene Frau zu retten – und nicht immer vergeblich. Auch in England fanden die wenigen Schriftsteller, die «das Thema» berührten, Sentimentalität und Beschwingtheit fehl am Platze. Elizabeth Gaskell vermied in *Mary Barton*, ihrem ersten Roman, alles falsche Pathos, jede bürgerliche Selbstgefälligkeit. Sie schildert Esther, die Straßendirne, ihr voraussagbares Elend und ihr Ende im Alkohol mit einfühlendem Ernst und der Wachsamkeit der Reporterin auf soziale Realitäten. Fünf Jahre später, 1853, ließ Elizabeth Gaskell *Ruth* folgen, einen etwas schematischeren Roman um ein gefallenes Mädchen, das im ganzen Buch seine jungfräuliche Unschuld bewahrt. Das Buch wurde heftig kritisiert, aber auch in höchsten Tönen gelobt. Welches Schicksal *Ruth* beim Publikum auch gehabt haben mag, das Buch war ein neuer Beweis dafür, daß die alten Einstellungen zur Prostitution in Bedrängnis gerieten.[71]

Die auffälligsten Spuren hinterließ diese Erosion der Selbstzufriedenheit in den Romanen Charles Dickens'. Manche seiner einsichtigen Leser hatten sich mit Recht beklagt, daß Dickens als Autor bei der Behandlung von Dirnen viel süßlicher war und sich einer viel stärkeren Selbstzensur unterwarf als Dickens, der Sozialreformer. Im Vorwort zur ersten Auflage von *Oliver Twist* nannte er Nancy unverblümt eine «Prostituierte»; diese Bezeichnung ließ er später fallen. Aber selbst in dieser Auflage beließ er ihren Lebenswandel hinter einem züchtigen Schleier und widmete ihrem Hinscheiden ein Pathos, das einer weniger kompromittierten Heldin würdig gewesen wäre. Die Zeilen, die Dickens seiner Martha Endell, der Prostituierten in *David Copperfield*, in den Mund legt, sind von einer Reinheit der Diktion und einem Reichtum der Metaphorik, wie sie eher einem zweitrangigen Melodram auf einer Londoner Bühne angestanden hätten als einer armseligen Dirne aus den Londoner Elendsvierteln.[72] Aber gerade der Umstand, daß Dickens nicht bereit war, in seinen Romanen jene vernünftige Haltung gegenüber «gefallenen Frauen» zu bewahren, die seine praktischen Bemühungen um ihre Rettung auszeichneten, macht *Oliver Twist* und *David Copperfield* repräsentativ für die Konflikte, die die damalige öffentliche Meinung Englands überschatteten. Außerdem verleiten diese Romane den Leser sanft zu einem neuen Mitleiden, das den philanthropischen Bestrebungen zugute kam. David Copperfields Freunde fallen zunächst mit pharisäerhaften Reden über die Sünderin Martha her. Schließlich aber sehen sie ein, daß auch Martha im Grunde ein Mensch ist und ein Recht auf Erbarmen hat, und setzen die Rettung ins Werk – zu guter Letzt findet Martha einen Gatten im australischen Busch.

Diese Haltung war es, die Dickens' Freund Wilkie Collins ermutigte, in *The New Magdalen* die herzzerreißenden Kämpfe einer gebesserten Prostituierten zu schildern, die in der ehrsamen Gesellschaft wieder Fuß fassen will. Seine im großen und ganzen objektive Behandlung des Themas unterstrich die selbstgefällige Behauptung Dr. Actons und anderer, wenn sie nur wollten, könnten Dirnen ohne große Mühe ein neues Leben beginnen.

So lernten die Bürger allmählich, ihre Verleugnung der Prostitution und die diesbezügliche Hysterie zu überwinden und zu einem gewissen Maß an Verständnis und zu Lösungsversuchen zu finden. Freilich ging es dabei nicht ohne Konfusion und Rückschläge ab; in diesen Augenblicken tauchten heftig empfundene und lang unterdrückte Ängste in bezug auf unerlaubte Liebe wieder auf.

Oberflächlich betrachtet schien die Veränderung in der Hauptsache eine quantitative zu sein und nur die Menge der einschlägigen Publikationen zu betreffen. Inhaltlich waren die Berichte und Polemiken, die seit 1900 erschienen, ihren ausgezeichneten Vorgängern, der umfassenden Abhandlung Parent-Duchâtelets oder den pointierten Pamphleten seiner Nachfolger im wesentlichen ähnlich. Aber die spätere Literatur vermied generell die Fallstricke der Naivität und Mythenbildung, über die viele frühere Schriften über Sexualität (züchtige wie unzüchtige) gestrauchelt waren. Der Ton wurde ein wenig kühler, der statistische Anhang ein wenig ausführlicher, der offizielle Status der Autoren etwas weniger aufdringlich, der ängstliche Ton zwar nicht weniger dringend, aber ein wenig gedämpfter. Was aber die Arbeiten von 1900 gegenüber jenen von 1840 auszeichnete, war ihre Tendenz, für die Geißel der Prostitution die Gesellschaft verantwortlich zu machen, und damit einhergehend die Forderung nach Reform, zumal nach Rehabilitation der Prostituierten. Die vorherrschenden Themen der in amtlichem Auftrag angefertigten Berichte zeigen bürgerliche Reue am Werk.

Die amtliche Untersuchung des «sozialen Übels» geht bis in die sechziger Jahre des 19. Jahrhunderts zurück. Nach 1900 überschlugen sich Städte wie Newark, Toronto oder Stuttgart geradezu, Bürgerausschüsse oder Sozialwissenschaftler damit zu befassen, in dieser Frage Dichtung und Wahrheit zu trennen, die unangenehmen Wahrheiten über Ansteckung und Sittenverderbnis aufzudecken und gesetzgeberische Schritte zu empfehlen. Jene bemerkenswerten Erhebungen, die ein so bezeichnendes Merkmal der progressiven Ära in Amerika waren, fanden würdige Pendants in England und auf dem Kontinent. Die Familienähnlichkeit dieser Berichte ist frappierend; sie reicht bis in die Art der

Argumentation, ja den Rhythmus der Prosa hinein. An der Spitze stehen gewöhnlich die Namen der (zwölf, oder fünfzehn) Mitglieder, aus denen sich der Ausschuß (die Kommission, das Komitee) zusammensetzte. Das war ein Siegel auf Problem- und Verantwortungsbewußtsein des Gremiums. Die Honoratioren, die aufgeboten werden, ihre Mitbürger aufzuklären und zu beraten, entstammen fast immer denselben Bevölkerungskreisen: Da findet sich ein Geistlicher, ein Priester und ein Rabbiner, gelegentlich ein Gewerkschaftsführer, es gibt Ärzte, Juristen, Philanthropen, Schulmänner, Sozialarbeiter; einige von ihnen sind immer Frauen. Der Bericht selbst beschreibt die örtlichen Gegebenheiten, Straße um Straße, oft Haus um Haus, schätzt die sozialen Kosten des Übels, deckt den Zusammenhang zwischen Prostitution und Verbrechen auf, untersucht, warum junge Frauen diesen Weg einschlagen, registriert das Vorkommen von Geschlechtskrankheiten und spricht schließlich konkrete Empfehlungen aus, wobei sowohl der Erziehungs- und Bildungssektor als auch das Gesetz gefordert sind. Tatsächlich äußern sich fast alle Berichte genauso ausführlich – oder ausführlicher – über die Vorteile der sexuellen Aufklärung und die Notwendigkeit, das wirtschaftliche Los jener Bevölkerungskreise zu verbessern, aus denen sich die Prostituierten zum größten Teil rekrutieren, wie über die vorgeschlagenen gesetzlichen Maßnahmen. Greg ist, dank seiner Sammelrezension von 1850, der Pate aller dieser Berichte, mit seiner Mischung aus wissenschaftlicher Gründlichkeit, sittlicher Empörung und Sozialtechnologie; nur war Greg weniger präzise, weniger offiziell und weniger von Gewissensbissen geplagt.

Die Bezeichnung «soziales Übel» ist als vornehmer Euphemismus belächelt worden, doch nehmen diese Berichte – frei von Drückebergerei und falscher Schamhaftigkeit – kein Blatt vor den Mund. Der Begriff ist denn auch zutreffend und erhellend, weil er die Kampagnen gegen die Prostitution in einen größeren kulturellen Rahmen rückt. Diese Flut von kommunalen Erhebungen – in den USA setzten allein im Jahre 1911 mindestens sechs Städte derartige Untersuchungskommissionen ein – verrät eine weit umfassendere Sorge: Sie bildeten eine Division in der Armee, die die Unmoral bekämpfte. Sie überschneiden sich – zumal in der Forderung nach sexueller Aufklärung in der Familie und in den Schulen – mit den Ergebnissen, zu denen in denselben Jahren regionale und internationale Kongresse über soziale Hygiene kamen. Der Sittlichkeit drohte tödliche Gefahr, desgleichen der öffentlichen Gesundheit, und zwar aus denselben verseuchten Quellen: Armut und Unwissenheit. Die Zielsetzung dieser Ausschüsse und Kongresse war in einem strengen Sinne konservativ. Die Implikationen ihrer Vorschläge freilich waren oft radikal subversiv. Diese Stützen der bürgerlichen Gesellschaft waren

einhellig derselben Meinung: Wenn man die Armut abschaffen und die
«facts of life» [d. h. die sexuelle Aufklärung; A. d. Ü.] verbreiten könnte,
würden Laster und Elend für immer von dieser Erde verschwinden.

Unterdessen gab es noch die Opfer, in erster Linie natürlich die
Prostituierte selbst. Sie begann, Sympathien zu wecken, die ihrem «Be-
schützer» niemals zuteil wurden. «Der ‹Lude›», entrüstete sich Olive
Christian Malvery, Leiter des Mackirdy House in London, «ist ohne jede
Ausnahme ein Lump. Das einzige, was ihm imponiert, ist die Reitpeit-
sche.» Dennoch blieben manche offizielle Stellen stur und hartherzig.
Die leidenschaftlichsten Befürworter legalisierter und überwachter Bor-
delle waren die Stadtväter von Seehäfen und die Kommandanten militäri-
scher Standorte; das Opfer, das ihnen am Herzen lag, war der Soldat, der
Matrose, der Zufallsbesucher. Selbsternannte Realisten brachten es sogar
fertig, Sozialreformer sentimental, ja nachgerade komisch zu finden.
Dr. A. Corlieu schreibt 1887 in seinem Buch über die Prostitution in
Paris: «Sollen die Romanschreiber die ‹gefallene Frau› dramatisieren.
Sollen sie, wenn sie wollen, ein Argument konstruieren gegen die Gesellschaft, wie sie ist; sollen sie sich als Menschenfreunde gerieren und einem
flüchtigen Ruhm nachjagen – wir haben mit alledem nichts zu schaffen.
Bewegt von löblichen Gefühlen, würden sie ihn gerne, wo nicht aus-
trocknen, so doch aufhalten, diesen Strom, der Jahr für Jahr steigt,
gleichgültig was man tut, was man schreibt.» Viele Kommunalbeamte
und zumindest einige Ärzte zeigten sich unbeeindruckt von den allgemeinen humanitären Bestrebungen und blieben dabei, daß es das Beste sei,
die Prostituierten wirksam abzusondern und streng zu bestrafen. Aber
Sozialwissenschaftler, Sittenreformer, Beamte und Mediziner sahen zunehmend im Los der Prostituierten selbst eine bedeutende und ungelöste
moralische Aufgabe. Beim bürgerlichen Publikum fanden sie williges
Gehör. Es ereignete sich ein zunächst zaghafter, aber zuletzt doch
ziemlich beeindruckender Ausbruch von Menschlichkeit gegenüber der
gefallenen Frau. Es dämmerte das Bewußtsein, daß die Prostituierte im
gleichen Maße Leidende wie Ursache von Leiden war. Jane Addams fand
1912, in ihrer Abhandlung *A New Conscience and an Ancient Evil*, diese
Entwicklung ebenso bemerkenswert wie ihr zögerndes Tempo. Der
Prostitution sei «weniger philanthropisches Bemühen zugewendet worden als irgendeiner anderen bekannten Gefahr für die Gemeinschaft; hat
doch die persönliche Bekanntschaft mit ihren Opfern etwas besonders
Abstoßendes und Quälendes». Diese Unausgewogenheit hatte ihre Wurzeln in den gefühlsmäßigen Widerständen der bürgerlichen Kultur. Sie
wurde aber (was Jane Addams aus Bescheidenheit nicht erwähnt) zuletzt
doch korrigiert, und zwar zum Teil dank des Wirkens so unermüdlicher

Publizisten und Publizistinnen wie eben Jane Addams. Die «Philanthropie» war allmählich genötigt worden, «die Prostitution im Hinblick auf Wohlergehen und geordnete Existenz der Gesellschaft selbst zu berücksichtigen».[73] Die Dirne hatte sich auf die Tagesordnung des bürgerlichen Über-Ichs geschmuggelt.

Für manche war sie schon immer dort gewesen. Sozialreformer am Ausgang des 19. Jahrhunderts sahen ein willkommenes Vorbild ihrer Tätigkeit in den Bemühungen von Orden, staatlichen Beamten oder privaten Philanthropen vergangener Zeiten. Schon zu Beginn des 19. Jahrhunderts waren in den meisten großen Städten, und auch in manchen kleinen, «Besserungsanstalten» und Heime für «Magdalenen» entstanden. Sie führten im 19. Jahrhundert auf philanthropische Art das Erbe jener geschlossenen Hospitäler für die Isolierung von Geschlechtskrankheiten fort, die im 18. Jahrhundert in London und anderswo errichtet worden waren. Urania Cottage, das «Heim für gefallene Frauen», das die schwerreiche englische Erbin Angela Burdett-Coutts 1864 unter menschlicher Anteilnahme und mit tatkräftiger Hilfe Charles Dickens' errichtete, war eine recht typische Übung in wohltätiger Phantasie. 1856 hatte es sechzig Magdalenenheime in England gegeben; ein halbes Jahrhundert später war die Zahl auf das Fünffache, auf 308, gestiegen. Bis zu diesem Zeitpunkt hatten sie 12 500 Prostituierte betreut. Diese Zufluchtsstätten waren oft beklagenswert unzulänglich; es gab viel ernsthaften guten Willen, aber wenig Geld. Dennoch taten sie ihr Bestes, unwissenden und mittellosen Mädchen vom Lande, die nur zu leicht den Verlockungen der Straße erlagen, oder heruntergekommen-schamerfüllten jungen Prostituierten vorübergehend ein Zuhause zu bieten.

Andere Reformer in anderen Ländern waren nicht untätig. Die New Yorker Magdalen Society wurde 1830 gegründet. Sie verstand sich als *«Asyl für Frauen, die, vom Pfad der Tugend abgekommen, den Wunsch haben, vermittels religiöser Unterweisung und der Ausbildung sittlicher und häuslicher Gewohnheiten wieder einem ehrsamen Stand in der Gesellschaft zurückgegeben zu werden».* In Berlin unterhielt eine Gesellschaft zur Hebung der öffentlichen Moral ein «Mägdehaus», wohin sich junge Frauen, die neu in der Hauptstadt waren, zum Schutz vor «Verbrechen und Schande» zurückziehen konnten. Ebenfalls in Berlin stand das größte Magdalenenstift Deutschlands: 1885/86 wurden dort 120 Zöglinge aufgenommen. Andere Magdalenenstifte waren in den deutschen Staaten seit Jahren in Betrieb. Das älteste, 1833 eröffnet, stand in der kleinen rheinischen Stadt Kaiserswerth und hatte in dem halben Jahrhundert seit seiner Gründung 880 junge Frauen aufgenommen. Dieses Haus, wie auch die anderen, bot Unterkunft, Verpflegung, religiöse Unterweisung, Unterricht in den Anfangsgründen häuslicher Fertigkeiten und Beratung beim Einreichen von Klagen – alles mit begrenzten Mitteln und gegen geringe Erfolgsaussichten.[74]

Sie waren in der Tat gering. Die meisten der Frauen, die in solchen Heimen Zuflucht suchten, waren sehr jung, hoffnungslos unwissend und hatten nichts Verwertbares vorzuweisen als ihren Körper. Meistens kamen sie aus (oder flohen vor) gewalttätigen, gleichgültigen oder zerrissenen Familien. Sie hatten zwar mit der Prostitution Schluß gemacht, aber dafür waren sie verroht, aufsässig und oft furchtbar krank. Viele Mädchen verließen diese Heime nicht mehr lebend. «Es ist ein dornenreiches Arbeitsfeld», seufzte der deutsche Pastor H. Stursberg, nur um sich gleich wieder zu trösten: «Um so herrlicher sind die errungenen Siege, wenn es der Liebe, die alles glaubt und alles hofft, die Niemanden aufgeben kann, gelingt, aus solchen Tiefen zu erretten.» Stursberg untersuchte Mitte der achtziger Jahre das Wirken der Magdalenenstifte im Rheinland und veranschlagte den Prozentsatz der «wirklich Geretteten» auf rund ein Drittel jener mitleiderregenden, ständig wechselnden Schar, der zu helfen diese Heime angetreten waren.

Niemand, auch nicht die Selbstverblendetsten, glaubte jemals, durch die Magdalenenstifte mehr als die Hälfte der Zöglinge retten zu können. 1831 suchte die Geschäftsführung der jungen New Yorker Magdalen Society Zuspruch in der Auswertung von Erfolgsstatistiken anderer Heime. Die Besserungsanstalt Bristol, so stellte man fest, habe das «Glück eines zeichenhaften Erfolges» gehabt; in den letzten dreißig Jahren seien dort «*zwei Fünftel* der Heimbewohnerinnen nachweislich der Tugend und der Gesellschaft zurückgegeben» worden. Die Magdalen Society in Liverpool berichte nach dreizehn Jahren, «daß von 213 Zugängen *ein Drittel* ihrem Kreis wiedergegeben oder nach radikaler Besserung als Dienstboten vermittelt werden konnten». Anderswo, etwa in Bath oder in Philadelphia, waren die Zahlen weniger ermutigend oder weniger eindeutig. Dennoch zeigten sich die Leiter der New Yorker Magdalen Society selbst über diese keineswegs berauschenden Erfolge erfreut. Freilich waren selbst diese Zahlen noch übertrieben optimistisch. Sie verbuchten hartnäckig Lebenswege als «Erfolge», die bei genauerer Betrachtung eher trostlos wirkten. Die Verfasser solcher Erfolgsbilanzen waren darauf aus, im Hinblick auf etwaige Geldgeber ein möglichst freundliches Bild zu malen. Es waren Männer und Frauen guten Willens, die nicht glauben mochten, daß das widerständige Material in ihren frommen Händen sich nicht kneten lassen wollte; so waren sie geneigt, sich selbst zu ermutigen, indem sie in ihren Jahresberichten andere ermutigten.[75]

Die von ihnen geführten barmherzigen Häuser waren oft streng, straf- und rachsüchtig und erzwangen mit eiserner Faust den rigidesten Normen und der Frömmigkeit der Mittelschicht Geltung. Olive Christian Malvery erinnerte sich an den Besuch in einem solchen «Magdalen's Home». «Frauen mit kurzgeschorenem Haar standen in einem verliesartigen Raum über Waschtröge gebeugt.» Sie trugen «abscheuliche Kappen» und «steife, gerade Gewänder aus einem sehr häßlichen Stoff. Sie waren praktisch gebrandmarkt.»[76] Angela Burdett-Coutts' «Urania Cottage» befand sich, obwohl auf seine Weise auch kritisch und streng, eher am annehmbaren Ende der Skala. Das Haus beherbergte dreizehn junge Prostituierte, die sich bessern lassen wollten. Der Tag war mit rigorosem Wohlwollen eingeteilt und brachte die Mädchen mit Zwang ihrem Ziele näher, sich zu ändern und auszuwandern. Es blieb ein höchst problematisches Unterfangen, auch wenn Charles Dickens in seinen nachdenklichen, sehr eingehenden Briefen an seine reiche philanthropische Freundin und durch sein direktes Eingreifen in die Führung des Cottages guten Mut und guten Willen zeigte – hartnäckig und ohne jede Bigotterie. Einer Prostituierten, die ins Urania Cottage komme, müsse gesagt werden: «Sie ist zu *nützlicher* Reue und Besserung gekommen und weil ihr früheres Leben fürchterlich *für sie selbst* war, voller Anfechtung, Elend und Verzweiflung.» Dickens sah in diesen jungen Frauen Opfer: «Man rede nicht von der Gesellschaft, solange das Mädchen in dieser Lage ist. Die Gesellschaft hat ihm übel mitgespielt und sich von ihm abgewandt, und man kann von ihm nicht erwarten, daß es sich groß um deren Richtig und Falsch kümmert.» Auch fand er graue Öde in dem Cottage unangebracht: «Diese Menschen wollen immer Farben um sich, und Farben (die etwas mit Phantasie zu tun haben) würde ich ihnen immer geben.»[77] Das war die Stimme des Pioniers: nicht selbstzufrieden-mitleidig, sondern von echter Einfühlung in die Bedürfnisse dieser Mädchen erfüllt. In einem anonymen Artikel für seine Zeitschrift *Household Works* zog Dickens nicht ohne Stolz Zwischenbilanz. Bis 1853 hatte Urania Cottage 57 Mädchen vorübergehend Zuflucht geboten. Sieben von ihnen waren aus eigenem Entschluß fortgegangen, sieben waren ausgerissen, zehn Unverbesserliche mußten entlassen werden, drei – in gewisser Weise die Bedauernswertesten – waren während der langen Überfahrt nach Australien «rückfällig» geworden. Aber immerhin dreißig hatten in den Kolonien ein neues Leben begonnen, sieben von diesen sogar einen Mann gefunden.[78] Das Bild der gebesserten Dirne im Roman, die dem Laster reuig den Rücken kehrt und ihre eigene, ehrbare Familie gründet, beruhte zumindest in einem gewissen Umfang auf Tatsachen.

Die gutgemeinten Projekte, die Prostituierte ihres bisherigen Lebens zu entwöhnen, wirkten häufig herablassend und ungeschickt. Auch wenn diese Projekte in sensiblen und tüchtigen Händen lagen: die Versuchungen der Straße, die Art des Genießens, die Verwüstungen der Krankheit, der pure Unterschied des Vokabulars und der Werte machte die Rehabilitation zu einem peinvollen, mitunter leicht komischen Geschäft. Im günstigsten Falle war das Niemandsland zwischen dem Nächstenliebe übenden Bürger und der verderbten Proletarierin gespickt mit den Tretminen des gegenseitigen Nichtverstehens und kaum verholenen Argwohns. Im schlimmsten Fall war das Schuldgefühl der Mittelschicht für die halb widerstrebenden Adressatinnen solcher philanthropischen Zuwendung kaum mehr als ein Schwelgen in Selbstgefälligkeit. Aber wie die Motive auch beschaffen sein mochten, wie groß die Wahrscheinlichkeit des Scheiterns auch war: die Schriften über das soziale Übel verfehlten selten, auf die Rehabilitation der Prostituierten einzugehen. Entweder schlug man gesundheitsförderliche Beschäftigung oder fromme Aufseher als Leiter solcher Heime vor; oder man berichtete über das, was bisher schon getan worden war, in der Absicht, es noch besser zu machen. 1902 gab der Volkswirtschaftler E. R. A. Seligman als Sekretär des New Yorker «Committee of Fifteen» zu bedenken: «Für den Durchschnittsmenschen liegt gewiß etwas Abstoßendes in dem Gedanken, einer anständigen Gesellschaft Frauen zurückzugeben, die ein lasterhaftes Leben geführt haben.» Doch erinnerte er seine Leser mit Nachdruck daran: «Auch diese Frauen sind Glieder der Gesellschaft, und die Regierung kann ihnen schwerlich das Recht auf Besserung verwehren.»[79]

Hätte Seligman nur einige Jahre später geschrieben, so hätte er weit weniger pessimistisch über den «Durchschnittsmenschen» zu denken brauchen. Es gab, auf individueller wie institutioneller, auf religiöser wie weltlicher Ebene Nächstenliebe genug, die sich mit ziemlichem Ehrgeiz dem bereits blühenden Geschäft widmete, Prostituierte zu bessern. Seit 1903 gab es in einer Reihe europäischer Städte – Breslau, Leipzig, Zürich, Wien, Stockholm – weibliche Polizeibeamte, die besserungswillige Prostituierte aufspürten und ansprachen. Diese Städte, und andere, richteten Asyle ein, in denen gefallene Frauen umerzogen wurden. Hier fanden sie körperliche Heilung, lernten bestimmte Fertigkeiten und bekamen Arbeit vermittelt. Mittlerweile konnten die Kommunen auf die gesammelten Erfahrungen von Institutionen zurückgreifen, die ein halbes Jahrhundert oder länger tätig waren. Im Bericht eines Gremiums in Minneapolis heißt es 1911: «Personen, die von der Tugend abgefallen sind, sich jedoch noch nicht völlig einem sündigen Lebenswandel ergeben haben», fänden Unterkunft u. a. im «Norweger-Heim» und im «Haus des Guten Hirten». Mit unverhohlener Genugtuung heißt es in dem Bericht für den

Bürgermeister weiter: «Hat Euer Ehren Kommission nun auch in vielen dieser Empfehlungen den Nachdruck auf Prävention gelegt, so verkennt oder unterschätzt sie mitnichten die hochherzigen Einrichtungen, die das Strandgut auflesen und wiederherzustellen und zu bessern trachten. In dieser Hinsicht wird von hingebungsvollen und heldenmütigen Seelen ein großes Werk getan, und die Gemeinde sollte anerkennen, was sie zu bewirken suchen.» Das Gremium in Philadelphia gab sich etwas später, 1913, nicht ganz so zuversichtlich: «Es muß daran erinnert werden, daß Rettungsheime und verwandte Institute in der Hauptsache nur für jene gedacht sind, die den *Wunsch* haben, sich zu bessern. Ihre Zahl ist bedauerlicherweise nicht groß.» Trotzdem riet das Gremium nicht dazu, das gute Werk völlig aufzugeben. Es empfahl die Einrichtung besonderer Zentren für geistesschwache Prostituierte – deren Zahl offenbar groß war – sowie die Errichtung eines ständigen «Night Court». Ferner drang man auf wirksamere Überwachung von «Vergnügungsstätten, insbesondere Tanzhallen, in denen Minderjährige verkehren», durch weibliche Polizeibeamte, die leichter als Männer an gewisse Informationen herankämen und «Kontrolle ausüben» könnten.[80] Diese trotzige Hoffnung bei geringen Chancen ist recht bezeichnend. Die Mühsal, den Sündenpfuhl des Lasters trockenzulegen, wirkte als Herkules- und zugleich Sisyphusarbeit. Der Zustrom schien niemals zu versiegen, und die gerissenen, skrupellosen Nutznießer des Bösen schienen niemals um einen Einfall verlegen, wenn es darum ging, neue gesetzliche Restriktionen oder eine verbesserte polizeiliche Überwachung zu umgehen. Trotzdem war diese Mühsal notwendig und trug zuzeiten auch sichtbare Früchte. Manche Autoren erwecken sogar den Anschein, als ob sie mit Absicht schwarz sehen, um desto stolzer dazustehen. Doch waren sich alle einig, daß, mochten die Aussichten sein, wie sie wollten, dieses Werk vorzüglich zu jenen sozialen Pflichten gehörte, die wachsame Bürger auf sich zu nehmen gelernt hatten. Es ist dieser prinzipienfeste, unerschrockene Ehrgeiz, die Rehabilitation gefallener Frauen zu bewirken, und weit weniger das vielverlachte Schmachten des Bürgers nach erniedrigten Liebesobjekten, was dem weltweiten Feldzug gegen die Prostitution und für die Prostituierten seinen sicheren Platz in der erotischen Ökonomie der Mittelschichten des späten 19. Jahrhunderts verschafft.

Für diesen Feldzug gab es unterschiedliche Motive: Sorge um die öffentliche Gesundheit, sittliche Empörung über sexuelle Ausbeutung und politische Korruption, ein (religiös oder weltlich motiviertes) Gefühl der Verpflichtung gegenüber den Unglücklichen. Vieles in dieser Debatte rührte an das Reich der Phantasie. Wie wir gesehen haben, war die Prostitution gerade exotisch, erregend und beunruhigend genug, um unkontrollierte Übertreibungen und erfindungsreiche Verallgemeinerungen hervorzurufen – Geschichten über Syphilisepidemien in der Welt der Ehrsamen oder über eine ungeheure Mafia von weißen Sklavenhändlern, die unschuldige Jungfrauen zur gewerblichen Unzucht schleifen. Trotzdem entbehrten diese angsterfüllten Vorhersagen und dringenden Forderungen nach Abhilfe nicht eines reellen Kerns: Man mußte kein verbissener Evangelikaler sein, um den weißen Sklavenhandel abzulehnen, oder an Syphilidophobie leiden, um echte Sorge über die Gefahren einer Ansteckung zu empfinden. Der weiße Sklavenhändler war kein bloßer Kinderschreck. Auch dürfen wir nicht vergesen, daß es fast während des ganzen 19. Jahrhunderts keine zuverlässige Behandlung der Syphilis gab und übrigens auch eine große diagnostische Verwirrung bei Geschlechtskrankheiten herrschte. Aber die unablässige Produktion von Literatur, die enormen Anstrengungen der Komitees, die unschlüssige Haltung des Gesetzgebers verraten, daß die Behandlung der Prostitution im 19. Jahrhundert eine nichtrationale, teilweise verdrängte Dimension hatte: kollektive Rettungs- und Besserungsphantasien.

Solche Phantasien sind grundsätzlich durch ihre spektakulären Derivate erreichbar. Sie ermöglichen es, den Druck von Sexualität und Aggression auszuhalten und vor allem die unerträglichen Schuldgefühle vorwegzunehmen, die diese Gefühle verursachen können. Die Phantasien können in der Realität oder in der Vorstellung ausagiert werden. Der pflichtbewußte Philanthrop, der die sozialen Flurschäden beseitigt, für die er sich irgendwie verantwortlich fühlt, tut ersteres; der jugendliche Liebende, der sich vorstellt, wie er die Geliebte aus den Klauen mörderischer Feinde oder einem brennenden Gebäude rettet, tut letzteres. Charles Dickens lebte, wie wir wissen, seine Phantasien aus, indem er sich als Angela Burdett-Coutts' Berater betätigte. Und er brachte sie zu Papier, indem er seinen Lieblingshelden David Copperfield jünglingshaft-unreife Augenblicke eines erträumten Heldenmutes erleben läßt. David liebt Miss Larkins, ohne erhört zu werden, und wünscht sich, «daß ein Feuer ausbräche; daß die versammelte Menge entsetzt davor stünde; daß ich mir mit einer Leiter einen Weg bahnte, sie gegen *ihr* Fenster lehnte, sie in meinen Armen rettete, umkehrte, um etwas von ihr Vergessenes zu holen, und in den Flammen umkäme».[81] In einer fordernden Kultur wie dem Bürgertum des 19. Jahrhunderts mit seinen anspruchsvollen religiösen Überzeugungen und ausgesuchten ethischen Maßstäben werden beide Arten der Phantasiebewältigung ihre Verwirklichung finden. Ist das Objekt der Rettung und Reue gar eine gefallene Frau, so werden diese Phantasien geschärft, weil sie entscheidende Kindheitserlebnisse in ihren Umkreis einbeziehen und frühkindliche Erinnerungen wecken.

Wenn Kinder die Tatsachen des Geschlechtsverkehrs lernen, müssen sie die Erkenntnis verdauen, daß auch ihre Eltern «so etwas» machen und daß sie selbst dadurch entstanden sind. Knaben wie Mädchen müssen diese Enttäuschung erleben und werden darauf mit den unterschiedlichsten Abwehrtaktiken reagieren. Sie werden die sexuellen Informationen verdrängen, vehement bestreiten – oder spielerisch zu einer großartigen Erniedrigungs- und Rettungsphantasie aufbereiten, in der die Eltern die Rolle des Missetäters spielen und das Kind der wackere hl. Georg ist. Die Psychoanalytiker haben herausgefunden, daß diese Phantasie vor allem beim Knaben besondere Bedeutung hat.[82] In hilfloser Wut und enttäuschtem Verlangen, so heißt es, wird er die Mutter zu einem Abbild des feilen Weibes erniedrigen. Dieses Szenario macht einen weiteren Akt unentbehrlich: jenen Akt, in dem er die Mutter rettet, in welcher Gestalt er ihr im späteren Leben auch begegnen mag. So entwirklicht er die fleischliche Realität und stellt die erste Liebe seines Lebens in ihrer Unberührtheit wieder her: Das Resultat ist der Engel im Hause. Bezeichnenderweise war die Öffentlichkeit überwiegend der Meinung, daß man rehabilitierten Dirnen erlauben sollte zu heiraten. Erotische Freuden sollten ihnen auf Dauer nicht vorenthalten, aber sorgfältig überwacht werden. Die voll entwickelte und gesellschaftlich angepaßte Rettungsphantasie suchte, im Verein mit anderen Motiven, einen ethisch und emotional annehmbaren Platz für die Sinnlichkeit selbst, samt Happy-End. Der große bürgerliche Kreuzzug des 19. Jahrhunderts zur Rettung der Prostituierten war nicht die heuchlerische Suche nach Ferien von der Moral, gehüllt in das fromme Gewand beschwerlicher Pflichterfüllung. Seine Kraft bezog er aus verwandten Kreuzzügen, wie dem zur Rehabilitierung Krimineller und zur Umerziehung gesellschaftlich Unangepaßter. Sie alle gingen zurück auf die uneigennützige Sozialtechnologie der Aufklärung. Professor Alfred Fournier von der Französischen Akademie der Medizin faßte 1904 in einem Bericht für die Commission Extraparlamentaire du Régime des Mœurs ein Jahrhundert menschenfreundlicher Bestrebungen zusammen: Welche ärztliche Behandlung, bis hin zur Hospitalisierung, die Prostituierte im Interesse ihrer eigenen und der Gesundheit der Gesellschaft benötige, die Behandlung müsse «humanitär», wenn möglich «moralisierend», und «tolerant, aufgeklärt, mildtätig» sein.[83]

Es liegt auf der Hand, daß die Rettungsphantasie, die hinter diesen Kampagnen stand, nur der Sonderfall einer weniger faßbaren, aber zweifellos noch weiter verbreiteten verdrängten Phantasie war: der Wiedergutmachungsphantasie. Beide waren Gegengift gegen die Ambivalenz. Nun muß der Mensch fast vom ersten Tag seines Lebens an mit

Ambivalenz umgehen lernen; denn Kinder erleben weder Liebe noch
Haß in Reinkultur. Diese Ambivalenz ist nicht einmal besonders stabil.
Mütter, Väter, Geschwister, Kinderfrauen, alle geliebten Personen in
ihrem jungen Leben wecken Wut, ziehen potentiell zerstörerische Impulse auf sich, die erschreckend zu erleben und anscheinend schwierig zu
meistern sind. Sie bedrohen das Kind weit mehr, als sie realistischerweise
den Erwachsenen bedrohen können, der sich den Unmut seines Spröß-
lings zugezogen hat. Ungeschickt und unbeholfen, aber mit verzweifel-
tem Ernst arbeiten die Kinder an sich, um ihren unerwünschten Zorn zu
bezähmen; später, während sich ihr Über-Ich bildet, suchen sie diese
machtvoll aufragenden Gestalten zu besänftigen, ihre Vergeltung zu
antizipieren und damit abzuwenden. Das Angebot der freiwilligen,
unaufgeforderten Wiedergutmachung der schweren Verfehlung, böse
Gedanken gegen gute Menschen gehegt zu haben, erscheint als der
aussichtsreichste Weg, die eigenen Schuldgefühle zu beschwichtigen. «Ihr
müßt uns vergeben», rief Arnold Toynbee 1883 vor Arbeitern aus, «denn
wir haben euch Unrecht getan.»[84] Das war das Gewissen, mit dem die
Bürger des 19. Jahrhunderts ringen zu müssen glaubten, während sie das
soziale Strandgut rundherum erblickten, untersuchten und wiederherzustellen trachteten. Was konnte besänftigender für ihr forderndes Über-
Ich sein, was ein reinerer, auffälligerer Beweis von Wiedergutmachung,
als verhärtete Prostituierte wieder dem Kreis des sittlichen Lebens zuzu-
führen?

Aber dieser Fluchtweg aus der Schuld stand jedem offen. Die Rettungsphantasie war kein Monopol des Mannes. In der Tat spielten Frauen
im 19. Jahrhundert eine immer wichtiger werdende Rolle bei der Besserung von Prostituierten. 1890 vergoß Mabel Todd Tränen des Mitgefühls,
als sie Mrs. Chants Haus für «Irrende Frauen» in Chicago besuchte, und
brachte es nicht über sich, diese gefallenen Mädchen zu verurteilen,
mochten sie nun aus Liebe oder aus Lust gesündigt haben.[85] Und Angela
Burdett-Coutts beschränkte ihre Mildtätigkeit nicht darauf, diskrete
Schecks für einen guten Zweck auszustellen. Sie wachte sehr genau über
Urania Cottage und dessen Schülerinnen, selbst noch, als diese längst in
ferne Kolonien ausgewandert waren. Überhaupt gab es nirgends jemanden wie sie: Niemand unter den Philanthropen hatte ihr Geld, niemand
ihren Stil. Doch brachten andere Frauen ungewöhnliche Energie und
Intelligenz mit, um ihre Rettungs- und Wiedergutmachungsphantasien in
die Realität umzusetzen. Sie wirkten maßgeblich in freiwilligen Organisationen oder beim Kampf für eine adäquate Gesetzgebung für die
Geretteten mit.

Jeder kannte die Namen Josephine Butler und Jane Addams. Die erste war die verbissenste Lobbyistin gegen die Doppelmoral, die das 19. Jahrhundert erlebte. Die andere war die berühmte Begründerin von Hull House in Chicago. Die beiden waren die weiblichen Generäle in der Zwillingsarmee der Rehabilitation. Aber es gab überall buchstäblich Tausende von Frauen, im wesentlichen wohlhabende und gebildete Bürgerinnen, die in diesen Heeren in niedrigeren, aber immer noch sehr sichtbaren Chargen wirkten. Wie gesagt, gab es praktisch in jeder lokalen Kommission zur Untersuchung des sozialen Übels weibliche Mitglieder: nicht als Anhängsel oder Dekoration, sondern als Mitarbeiterinnen bei einem schwierigen und keineswegs dankbaren Unternehmen. Diese Frauen erwiesen sich als unentbehrlich, wenn es galt, Geld lockerzumachen, Behausungen zu finden, die öffentliche Meinung zu mobilisieren, Politiker zu bearbeiten oder sich unverzagt ins Feld zu wagen, unter beträchtlicher Gefahr für ihren Schicklichkeitssinn und ihre körperliche Unversehrtheit. Mit einer Tapferkeit, die selbstgefällige Männer glaubten für sich gepachtet zu haben, hielten die Aktivistinnen abendliche Versammlungen in finsteren Stadtvierteln ab, sprachen Scharen von Straßendirnen an und drangen auf der Suche nach läuterungswilligen Seelen sogar in Bordelle ein.

Diese Begegnungen hatten gewiß ihre lächerlichen Momente, etwa wenn behütet aufgewachsene, redegewandte Retterinnen sich fromm damit abquälten, die patzigen, grell geschminkten Frauen auf der Straße zur Änderung ihres Lebens zu bewegen. Aber der Mut dieser Philanthropinnen bleibt beeindruckend; denn das, was sie taten, war gefährlich. Sie hatten Beschimpfungen, Obszönitäten, mitunter auch einen Schauer verfaulter Tomaten oder gar böse tätliche Angriffe zu gewärtigen.[86] Trotzdem zweifelten sie niemals auch nur eine Sekunde lang an der Notwendigkeit ihrer Arbeit und am Wert ihres Opfers. Sie waren nämlich keineswegs überzeugt von den so plausiblen soziologischen Spekulationen eines Lecky und seiner Anhänger. Sie sahen in der Prostitution kein Sicherheitsventil, sondern ein zutiefst betrübliches und möglicherweise heilbares Übel. Sie waren bewegt von der elenden Lage des gefallenen Mädchens und trösteten sich nicht mit dessen angeblicher sozialer Nützlichkeit. Außerdem war das Werk der Rettung gewiß von unschätzbarer psychologischer Bedeutung für die Retterinnen. «Ich habe junge Mädchen im ersten Jahr nach dem Schulabgang leiden und spürbar an Schwung verlieren sehen», sagte Jane Addams 1892 in einem berühmten Vortrag. «Tagein tagaus verfolgt sie die Sehnsucht nach Betätigung, der Wunsch, Übelstände zu beseitigen und Leiden zu lindern.» Sie meinte: «Wir haben in Amerika eine rasch wachsende Zahl gebildeter junger Menschen, die noch kein Ventil für ihre aktiven Fähigkeiten entdeckt haben.» Sie hören von sozialem Elend; die Gesellschaft zeigt ihnen die Schokoladenseite, bereitet sie aber nicht auf die Tat vor. Jane Addams berief sich auf Huxley: «Das Gefühl der Nutzlosigkeit ist der schwerste Schock, den das menschliche System erleiden kann. Wenn es ihn fortgesetzt erleidet, ist das Resultat eine funktionelle Atrophie.»[87] Wenn die gebildete Frau des späten 19. Jahrhunderts danach lechzte, ihr Buchwissen und ihren sozialen guten Willen in der wirklichen Welt anzubringen, dann bot die Kampagne zur Rehabilitation der Prostituierten eine langersehnte, befriedigende – und erlaubte – Möglichkeit dazu.

Denn die bürgerliche Gesellschaft, trotz aller lahmen und grausamen Witze über diese aufdringlichen Betriebsnudeln, tolerierte dankbar solche Art weiblicher Betätigung. Mit ihrer langen und ehrwürdigen Geschichte paßte sie vollkommen in das Bild von der erhabenen Mission der Frau in der Welt. «Wenn dem Manne die körperliche Stärke und die geistige Überlegenheit mitgegeben wurden», schrieb die fromme englische Autorin und Aktivistin Ellice Hopkins 1877, «so ist es das Weib, welches das Gewissen der Welt ist.» Sie hielt das für eine «allzu lange vergessene» Wahrheit; in Wirklichkeit widersprach der Satz nicht den üblichen männlichen Vorstellungen vom weiblichen Geschlecht und seiner Bestimmung.[88] Nur Ellice Hopkins' Wertschätzung des Handelns mochte ein wenig stören. Der konventionelle Mann des 19. Jahrhunderts sah die Frau eher als Lehrerin oder Krankenschwester denn als Juristin oder Architektin. Genauso konnte er, ohne seine Phantasie über Gebühr strapazieren zu müssen, der Frau ein anteilnehmendes Interesse an der schmutzigen Welt der Prostitution zugestehen. Schließlich waren die Frauen ja (wie es die defensive Binsenwahrheit wollte) reiner, rücksichtsvoller, zärtlicher und liebevoller als Männer – und weniger beschäftigt. Katholiken verehrten die Jungfrau Maria als Verkörperung der Nächstenliebe, und wer einem anderen Glauben anhing, hatte ein anderes, ebenso weibliches Ich-Ideal bei der Hand. Die Legende, die sich um Florence Nightingale zu ranken begann, jene «Lady with the Lamp», die zahllosen Briten auf der Krim das Leben gerettet oder die letzte Stunde erleichtert hatte, war nur das berühmteste Beispiel hierfür. Normalerweise legten die Frauen alle diese liebenswürdigen Eigenschaften natürlich zu Hause an den Tag. Aber die größere Welt wurde eben als Erweiterung des häuslichen Wirkungskreises aufgefaßt. Viele gebildete Frauen übernahmen denn auch diese herablassende männliche Auffassung, um ihre sozialen Bestrebungen mit Billigung der Allgemeinheit fortsetzen zu können. Schon 1839 lieferte eine anonyme Schriftstellerin das Stichwort, das von anderen aufgegriffen wurde: In dem Gefühl der Frau, Gutes in der Gesellschaft wirken zu sollen, ergieße sich einfach «der Strom der mütterlichen Liebe».[89] Nur ungehobelte und reaktionäre Satiriker versuchten, den Strom zu verbauen, anstatt ihn nutzbar zu machen.

Die Philanthropen konzentrierten ihre Aufmerksamkeit in beispielloser Weise auf die gefallene Frau und ihre mögliche Rehabilitation. Das ist ein dramatisches Beispiel dafür, wie bestimmte soziale Umstände allgemeinmenschliche Züge formen, wie Welt auf die Seele einwirkt. Die Mittelschichten fanden im 19. Jahrhundert eine einzigartige Konstellation wirtschaftlicher, politischer und kultureller Realitäten vor, die bewirkten, daß man durch rastlose Tätigkeit mit Sexualität und Schuldgefühl fertig zu werden versuchte. Man kultivierte, ob fromm oder ungläubig, sein Gewissen mit einer eigentümlichen Heftigkeit. An diesem Bild ändern auch nichts die Momente von Amnesie oder willkommener Widersprüchlichkeit, die die Kritiker der Mittelschichten angeblich so charakteristisch für deren moralischen Stil fanden. Die Verbreitung des Wohlstands erbrachte reichen Überschuß an Geld, das nicht nur an der Börse, sondern auch in gute Taten investiert wurde. Die zunehmende Geltung des Bürgers im politischen Bereich eröffnete die Aussicht auf Befreiung von der Bevormundung durch den Adel und fand für bürgerliche Tatkraft und Entschlußfreudigkeit lohnende Ziele in der Sozialforschung und dem sozialen Rettungswerk. Die Aussperrung der meisten Mittelschichts-Frauen von der Wirtschaftstätigkeit trieb sie, tatendurstig wie sie waren, zur Philanthropie. Natürlich hatte es schon früher Magdalenen gegeben; Nächstenliebe war eine Idee des Altertums; selbst die Rehabilitation bußfertiger Sünder war keine Erfindung des bürgerlichen Jahrhunderts. Aber die Mischung aus seelischem Druck, wirtschaftlichen Möglichkeiten und politischem Bewegungsspielraum war der Aktivierung reuiger Phantasien und deren Umsetzung in die Realität nie so günstig gewesen wie seit den vierziger und fünfziger Jahren des 19. Jahrhunderts.

Die wichtigsten Ziele dieser Phantasien sowie die mit ihnen verbundenen inneren Belastungen und unsicheren Belohnungen treten am auffälligsten in den gewissenhaften Tagebüchern William Ewart Gladstones zutage. Seit Anfang der vierziger Jahre entwickelte Gladstone, damals bereits ein prominenter Politiker, ein starkes Interesse an der Bekehrung von Prostituierten. Seine Zeitgenossen wußten davon: Bei aller Zurückhaltung machte er kein Hehl aus seinen missionarischen Aktivitäten und wies Erpressungsversuche mit einem gelassenen Mut ab, der nicht etwa sein ruhiges Gewissen bezeugt – Gladstones Gewissen war niemals ruhig –, sondern die Redlichkeit seiner bewußten Absichten. Auch seiner geliebten Frau Catherine verschwieg er nicht seine Exkursionen. Am 2. August 1850, einen Tag, nachdem er eine Prostituierte überredet hatte, in ein Rehabilitationsheim zu gehen, erzählte er es seiner liebsten «C.» Wie er in seinem Tagebuch vermerkt, billigte sie sein Vorgehen, und zwar «mit großem Interesse». Mitunter pflegte er sogar seine anrüchigen Bekanntschaften mit nach Hause zu bringen. War Catherine Gladstone schon nicht mit den latenten Wünschen ihres Gatten vertraut, so war sie jedenfalls bestens im Bilde über seine manifesten Taten.[90]

Gladstones Umsetzung seiner Phantasien in philanthropische Missionsarbeit hatte als eher routinemäßige Übung begonnen und wuchs sich bald zu einer Obsession aus. Im Februar 1845 hatte er sich einer geheimen Laienbruderschaft angeschlossen, die von ihren Mitgliedern Akte der Nächstenliebe erwartete. Allmählich hatte er sich auf Prostituierte spezialisiert. Am 19. August 1845, dem Tag, an dem sein viertes Kind getauft wurde, fand er Zeit, eine seiner neuen Schutzbefohlenen zu besuchen. Erst im Mai 1849 begann er, im Anschluß an die Sitzungen des Unterhauses, durch Londons nächtliche Straßen zu streifen, um gefallene Frauen anzusprechen und sie zu überreden, sich der Zucht eines «House of Mercy» zu unterwerfen. Gladstone, der einfach alles las, hatte im Frühsommer 1845 Parent-Duchâtelet gelesen und natürlich fünf Jahre später auch W. R. Gregs Artikel über Prostitution in der *Westminster Review*.[91] Aber diese Lektüre brauchte er nur wegen der Statistik. Christliche Nächstenliebe war für ihn eine Sache des Werks, nicht des Worts.

Es war ein bitteres, wenig lohnendes Werk. Am 20. Januar 1854, nachdem er es mehr als ein Jahrzehnt lang betrieben hatte, zog er Bilanz. Sie fiel weit weniger zufriedenstellend aus als jene, die Charles Dickens ein Jahr zuvor veröffentlicht hatte. Er schrieb: «Bis vier Uhr wachgelegen u. über eine betrübliche u. irritierende Sache nachgedacht. Vergegenwärtigte mir d. Anzahl der mir erinnerlichen unglücklichen Wesen, mit denen ich in all diesen Jahren Gespräche geführt habe, auf der Straße u. in Häusern. Ich schätzte 80 bis 90. Unter diesen ist nur eine einzige, von der ich weiß, daß sie d. elende Leben aufgegeben hat, *und* bei der ich billigerweise diese Tatsache mit meinem Einfluß in Verbindung bringen darf.» Es war ein niederschmetterndes Ergebnis. «Doch das wäre mehr als genug für die Mühe u. Zeit, wenn es nur mit reinen Gedanken von meiner Seite geschehen wäre.» Er jedoch hatte – und das war der eigentliche Grund seiner Not – die Zeit in Unreinheit verbracht. «Der Fall liegt ganz anders: u. obwohl ich wahrscheinlich in keinem dieser Fälle nicht gute Worte gesprochen habe, bin ich doch so verwirrt gewesen, daß das die Hauptbeschwernis meiner Seele bildet.»[92] Die

Beschwernis war, daß ihm seine Arbeit zu viel Vergnügen bereitete: Die Mädchen von der Straße erregten ihn sexuell.

Erotische Phantasien hatten diesen großen Selbstzergliederer schon seit einigen Jahren gequält. Wie er seinem Tagebuch unter herzzerreißenden Gewissensbissen anvertraut, konnte er gelegentlich der Versuchung nicht widerstehen, das zu lesen, was er Pornographie nannte. So sehr schämte er sich seiner Lust an diesen sündigen und verbrecherischen Schmutzereien – das sind seine Worte –, daß er sie nur auf italienisch niederschreiben konnte.[93] Seine geliebte Catherine war oft nicht verfügbar, mit ihrem eintönigen Rhythmus der Schwangerschaft und den häufigen ausgedehnten Besuchen bei Freunden und Verwandten. Die wiederholten Frustrationen, gepaart mit dem unablässigen Druck seiner politischen Karriere und den familiären Verpflichtungen, scheinen in ihm manchmal den Wunsch nach einer Belohnung geweckt zu haben, nach ungehinderter Befriedigung seiner erotischen Bedürfnisse. Diese Bedürfnisse waren fordernd, will sagen: normal. Eros störte seine Ruhe in den erhabensten Augenblicken, wenn er sich's am wenigsten versah. Einmal notiert Gladstone, unbewußt eine verräterische Metapher gebrauchend: «Die Seele, die ins Gebet versenkt ist, sollte sein wie der Bogen in dem Augenblick, bevor der Pfeil die Sehne verläßt: Sie sollte sich entladen, ihre ganze Kraft in jeden einzelnen Wunsch legen – was für eine harte Aufgabe!»[94] Obwohl er seine Frau treu liebte, liegt in seinen Überlegungen und Aktivitäten doch ein gewisser Drang, sich an ihr für ihre wiederholte Nichtverfügbarkeit zu rächen – eine Nichtverfügbarkeit, die ihn um so mehr geärgert haben muß, als sie zum großen Teil sein eigenes Werk war. Auf jeden Fall konzentrierten Gladstones Rettungs- und Wiederherstellungsphantasien auf unbehagliche Weise seine erotische Erregbarkeit auf einige gefährliche Geschöpfe, auf junge, attraktive Prostituierte, die er an provozierenden Orten und unter provozierenden Umständen sah. Seine Bemühungen um sie, das sah er selber ein, waren Prüfung und Versuchung in einem. Und die Prüfungen waren um so ehrenvoller, als er die Versuchungen praktisch unwiderstehlich fand.

In seinem späteren Leben schloß er Freundschaft mit Catherine Walters, genannt «Skittles», einer der anziehendsten und intelligentesten unter den hochbezahlten Kurtisanen Englands. Auch das trug ihm Verleumdungen ein. «Er weiß seine missionarische Emsigkeit mit seiner glühenden Wertschätzung eines hübschen Gesichts zu verbinden», spottete Henry Labouchere, der Gladstones Nachfolger im Unterhaus und ein boshaft-witziger Kopf war. «Man hat noch nie gehört, daß er auch nur eine einzige Dirne vom East End gerettet hätte. Übrigens ist es auch schwer, sich vorzustellen, daß er häßliche Frauen rette. Ich bin mir sicher, daß sein Begriff der Magdalena ein unvergleichliches Muster an körperlicher Schönheit mit süperber Figur und Haltung ist.» Angesichts solcher zeitgenössischen Verdikte brauchten spätere Autoren, die gegen die (von ihnen so genannte) «viktorianische Heuchelei» zu Felde zogen, nur noch abzuschreiben. Und was die heimliche sexuelle Erregung Gladstones betraf, so hatte Labouchere ja recht. Er verkennt jedoch völlig dessen Seelenqualen. Der unglückliche Gladstone zweifelte sogar an der Reinheit seiner Absichten, wenn er seine horrenden Verfehlungen dem Tagebuch anvertraute. «Ich weiß nicht einmal, wenn ich diese Aufzeichnungen mache, ob es zum Guten oder Bösen ist. Aber ich mache sie mit Schmerz, u. das ist meine Hoffnung. Aber ach! nicht Schmerz genug, ein schwacher unwirksamer Schmerz, und es sollte doch einer sein, der durch die Seele bohrt. Ach, daß ich solchen Schmerz erlangte!»[95] Es gab Zeiten, in denen er ihn wirklich erlangte. Sein moralischer Masochismus war stark und fein.

Eine Lösung, die Gladstone für seine erotischen Konflikte fand, war buchstäblich die Selbstgeißelung. Wenn er sinnlicher Literatur nicht zu widerstehen vermochte oder seine potentiellen Schutzbefohlenen ihn allzusehr erregten, pflegte er sich auszupeitschen. Es war eine problematische Lösung für diesen selbstkritischsten aller bürgerlichen Tagebuchschreiber: Er argwöhnte nämlich, daß ihm die selbstverabreichten Streiche Lust bereiteten.[96] Schließlich verfehlt eine Strafe, die auch nur eine Spur von Befriedigung enthält, ihren Zweck. Gladstone fand seine Abwehrtechniken ebenso irritierend wie seine Triebe und kaum weniger beschämend.

Wie ernst er seine sündigen Gelüste nahm, zeigt eine Erörterung, die er Ende 1845 anstellte. In ihr zählte er die zur «Unreinheit» führenden «Kanäle», «Anreize» und «wirklichen Hauptgefahren» sowie seine «Abhilfen» dagegen auf. Zu den Kanälen gehörten außer dem Gespräch, dem Sehen und Hören bezeichnenderweise auch das Berühren und Denken: Im Augenblick größter Öffentlichkeit wie größter Zurückgezogenheit machte seine sinnliche Natur ihm zu schaffen. Diese Anreize zur Unreinheit zeigen sein Bedürfnis nach Struktur, nach Regelmäßigkeit der Gewohnheit. Gefährdet sah er sich nicht allein durch Müßiggang und Ermüdung, sondern auch durch «Abwesenheit vom normalen Ort», «Unterbrechung gewöhnlicher Gepflogenheiten» und die «Neugier der Sympathie». Zu den Abhilfen gehören das Gebet, «die Vorstellung der Gegenwart des Gekreuzigten u. Erhöhten Herrn», sowie bestimmte ganz konkrete Verbote: «Enthaltsamkeit», «nicht bummeln», «im Buchladen nur bekannte Bücher aufschlagen», «desgl. beim Ansehen von Drucken im Schaufenster». Es war, als wolle er aus seinen sexuellen Sehnsüchten ganz bewußt Phobien machen. Beigefügt war eine Liste, die er bis 1849 führte und in die er eintrug, wann er Pornographie gelesen und wann er sich gegeißelt hatte.[97] Und neben all dem gab er seinen Kindern Unterricht, ging mit seiner Frau spazieren, verschwendete mühselige Stunden auf verwickelte Familienangelegenheiten, nahm seinen Sitz im Unterhaus wahr, schrieb umfangreiche Berichte und studierte theologische und politische Literatur in einem Tempo und mit einer Konzentration, die selbst bei einem Menschen phantastisch gewesen wären, der nichts getan hätte als lesen. Seine familiären Belange und seine öffentliche Karriere absorbierten nicht etwa, sondern stimulierten seine sexuellen Energien. Er versuchte mannhaft, gefallene Frauen zu seinem Niveau emporzuziehen, sah sich aber ständig in Gefahr, auf ihres hinabzusinken.

Es ist immer gewagt, eine so überlebensgroße Gestalt wie Gladstone als stellvertretend für viel gewöhnlichere Sterbliche zu nehmen. Doch was ihn von diesen unterschied, war nicht das gequälte Gewissen, sondern die Sensibilität für dessen strafende Vorwürfe. Sein Erleben paßt voll und ganz zu dem sonstigen auf diesen Seiten vorgelegten Anschauungsmaterial. Gewiß gab es Junggesellen, die zur Beschwichtigung ihrer aufgewühlten Sinne Zuflucht bei Prostituierten suchten. Rieben sie sich doch an der langen Verlobungszeit, die die ehrsame Gesellschaft Männern aufzwang, die noch nicht fest genug im Leben standen, um heiraten zu können, und Enthaltsamkeit bis zur Hochzeitsnacht nicht ertrugen. Und ebenso gewiß gab es eine Minderheit unruhiger, unbefriedigter Ehemänner, die ihren Durst nach sexuellem Abenteuer stillten, indem sie anderswo kauften, was sie daheim nicht bekamen. Insofern hat Mandevilles berühmt-berüchtigtes Paradoxon – private Laster, öffentlicher Nutzen – einen gewissen reellen Kern. Aber ein jämmerlicher Aufschrei Thackerays macht deutlich, wie solche Gefühle funktionierten. Als seine fruchtlose, enttäuschende Liebe zu Mrs. Brookfield zu Ende ging, bemerkte er sarkastisch zu seiner Mutter: «Sehr wahrscheinlich will ich lieber überhaupt *eine* Frau als eine ganz bestimmte, und eines Tages werde ich vielleicht einem Flittchen von der Straße mein Herz, dieses unvergleichliche Juwel, zu Füßen legen.» Wenigstens zu dieser Zeit liefen die Ströme der Sinnlichkeit und der Zärtlichkeit für Thackeray in unterschiedliche Richtungen. Es war aber gerade die Absicht des allgemeinen Kreuzzugs gegen die Prostitution, sie zusammenzuführen, ihre Spaltung aufzuheben in einer Liebe, die körperlich und geistig zugleich war. «Gesetzt, ich bekäme meinen Willen», fährt Thackeray fort, «müßte ich eine Frau verachten; der Tag des Opfers sähe auch das Ende der Bindung.»[98] Das war genau jene Art von verzweifelter Fleischlichkeit, der die Prostitution Vorschub leistete.

Die Verlockung der Prostitution verbreiterte also nur jene Kluft zwischen den beiden Strömungen der Liebe, die Freud als Symptom eines ungelösten neurotischen Vorgangs ansah und die seine Kultur als Herabwürdigung ihres erotischen Ideals empfand. Die Sozialreformer hatten in dieser zentralen Frage recht. Die Behauptung, Nervosität sei das typische Leiden des bürgerlichen Jahrhunderts gewesen, hat sich als höchst zweifelhaft erwiesen. Noch weniger für sich hat die Versicherung, daß Prostitution ein willkommener Schutz der Mittelschichts-Familie, das notwendige Nebenprodukt der von ihr erzwungenen Verdrängungen gewesen sei. Prostitution war weit weniger der Preis der Verdrängung als vielmehr das Zeichen ihres Scheiterns.

Zum Glück ist es nicht nötig – und auch nicht möglich –, die Weisen des Liebens in der Mittelschicht auf eine Formel zu bringen. Verliebte Bürger konnten sich stark voneinander unterscheiden. Und ihre Schicksale entbehrten nicht des Paradoxen. Es gab ungezählte Fälle, in denen Liebe nicht auf Romantik, sondern auf rationale Abmachungen folgte. Französische Bürger – und zumal Bürgerinnen –, in einem kulturellen Klima lebend, das Ausländer gerne als offen lasziv beschreiben, hegten relativ bescheidene Erwartungen, was dauerhafte Liebesfreuden betraf. Außerdem hatten die Bürger des 19. Jahrhunderts, wie sich zeigte, viel Ähnlichkeit mit Menschen anderer Schichten und anderer Zeiten. Eigentümlichkeiten der Intimgeschichte und der unterschiedliche Druck, den religiöse Bindungen, soziale Differenzen und nationale Gewohnheiten ausübten, müssen jede Beschreibung eines charakteristischen Stils der Mittelschicht in Liebe und Sexualität höchst vielfarbig, jede Definition außerordentlich flexibel und wandelbar machen. Aus diesem Grund habe ich wiederholt betont, daß die Mittelschichten, die in den Jahrzehnten Victorias, Kaiser Wilhelms und Freuds lebten, weder ihre Liebesideale noch ihre vorherrschenden Einstellungen zur Sexualität erfunden haben. Lust, Angst, Abwehrmechanismen sind schließlich keine lokale oder vorübergehende Angelegenheit. Sie machten die Bürger des 19. Jahrhunderts zu Brüdern der alten Griechen und der zeitgenössischen Arbeiter.

Gleichwohl setzten die Bürger in ihrem Jahrhundert gewisse unverkennbare emotionale Akzente. Sie liebten und haßten auf eine Weise, die weitgehend nur ihnen eigen war. Ich erinnere an die Sucht nach Privatheit, die leidenschaftliche Rehabilitation von Prostituierten, die daraus folgende Wiederentdeckung der sexuellen Perversionen, die einfallsreichen Verkleidungen der Sinnlichkeit, die krassen Verleumdungen der Frau, die sich auf verquere Weise verbanden mit einer neuen Hochachtung vor ihren Fähigkeiten. Selbst die allgemeinsten Einstellungen, mit denen man die Mittelschichts-Kultur kennzeichnet – ihre Reaktion auf drastische Veränderungen der politischen, wirtschaftlichen und medizinischen Verhältnisse und ihre programmatische Zuversicht, überschattet von kaum abzuschüttelnden Ängsten – waren diesem bürgerlichen Stil des Liebens entlehnt und sagen umgekehrt viel über ihn aus. In den Händen der Mittelschicht nahm die Definition der Liebe als der glücklichen Verbindung von Sinnlichkeit und Zärtlichkeit, obgleich ganz unoriginell, definitive Gestalt an. Die Dimensionen der Geschichte, die vertikalen wie die horizontalen, sind Schauplatz für die Koexistenz des Momentanen, des Vorübergehenden und des Bleibenden; des Individuellen, des Schichtspezifischen und des Allgemeinmenschlichen. Triebe und Abwehrhaltungen mögen bleiben, aber sie sind formbar, plastisch, beeindruckend beweglich. Ich habe in der Einleitung zur *Erziehung der Sinne* gesagt, daß die Mittelschichts-Kultur des 19. Jahrhunderts nicht die Fähigkeit eingebüßt hat, uns erstaunen zu machen. Doch ist letzten Endes nichts so Erstaunliches an der Feststellung, daß in jener Zeit das Bürgertum als seinen Götzen einen Eros im schwarzen Rock aufstellte, ihn verehrte und ihm meistens auch gehorchte.

VIII. Epilog: Eros im schwarzen Rock

1. Zwischen Herablassung und Neid

Die Menschen, die im bürgerlichen Jahrhundert lebten, waren überzeugt, daß es auch eine bürgerliche Weise des Liebens gebe. «Es gibt eine Psychologie des gemeinen Mannes, die von der unserigen ziemlich unterschieden ist», schrieb Freud 1883 an seine Braut. Schreibende Arbeiter hatten seit langem dieselbe Ansicht vertreten. Der Autodidakt und radikale Gewerkschafter James Dawson Burn meint 1855: «Ich habe gefunden, daß fast jede Klasse von Menschen im Königreich ihren eigenen Sittenkodex hat und jede Gruppe von Menschen ihre eigenen Maßstäbe der Vollkommenheit.»[1]

Vor allem im Bereich des erotischen Fühlens und Verhaltens machten sich diese Unterschiede bemerkbar. Die Psychologie des Aristokraten schien bürgerlichen Moralisten und Satirikern nicht weniger verschieden von ihrer eigenen zu sein wie die der unteren Gesellschaftsschichten. Aber sie war viel unzweideutiger. Wenn Mittelschichts-Autoren über das erotische Gebaren des Adels schrieben, standen sensationslüsterne Schilderungen zügellosen Treibens im Vordergrund. Diese Texte behandelten den Aristokraten gern als raffinierten Lüstling, als hemmungslosen oder blasierten Kenner des Lasters, als Urheber abstoßender – und das hieß: unterhaltsamer – Skandale. «Wir wissen, in welch' heillosem Sumpf weite Kreise der obern und obersten 10000 waten», entrüstete sich um 1890 ein deutscher Kritiker. Ein anderer, die moderne Sittenlosigkeit untersuchend, pflichtete ihm bei. Einigermaßen hitzig schrieb Dr. Theodor Kornig: «Nicht die Standesaristokratie und noch viel weniger die sogenannte Geldaristokratie [...] können den Anspruch erheben, ein sittliches Vorbild zu geben. Die Berichte über das sittenlose Treiben mancher Offizierskreise sind nicht bloße Fabeln [...]» Im Gegenteil: «Noch mehr wird die Unsittlichkeit gefördert durch die Sprößlinge des reichen Parvenuthums der Großstädte, deren Heldenthaten auf diesem Gebiete einem oft die Schamröthe ins Gesicht jagen.»[2] Auch die Romanliteratur des Jahrhunderts schildert den Adligen als verweichlichten oder skrupellosen Liebhaber, als herzlosen Verführer, der sich unstandesgemäß die Hörner abstößt.

In Feuilletons, volkstümlichen Geschichten und privaten Tagebüchern

war der Aristokrat die bequeme Zielscheibe der Satire. Freilich war die
Satire nicht frei von Nachahmungsdrang. Jene reichen, nach oben drängenden Bürger, die den Adel prinzipiell nachäfften, taten das in ihrem
sexuellen Verhalten nicht weniger als mit ihren Möbeln oder Vergnügungen. Die Tagebücher der Brüder Goncourt sind voll von aufschlußreichen, boshaften Beispielen für eine derartige soziale Mimikry. So berichten sie eine Geschichte von Emile de Girardin, dem einflußreichen
Begründer der französischen Massenpresse. Verheiratet war er mit einer
munteren Dramatikerin und Romanschriftstellerin. Eines Tages «bat ihn
ein Freund: ‹Stellen Sie mich doch Ihrer Gemahlin vor.› – ‹Gerne.› – Er
geht mit ihm zum Zimmer seiner Frau, öffnet die Tür, macht sie gleich
wieder zu und sagt zu ihm: ‹Unmöglich. Sie liegt mit Monsieur M. im
Bett, und der ist so entsetzlich eifersüchtig!›»[3] Solche Anekdoten ver-
niedlichten hoffnungslos die oberen Schichten und den Adel in puncto
Liebe, doch entsprachen sie allgemeiner, frivoler Überzeugung.

Demgegenüber war die bürgerliche Einschätzung des Liebeslebens der
unteren Schichten ernsthaft und emotional befrachtet. Viele Bürger
gestanden indirekt, daß sie das Liebesleben des Arbeiters oder Bauern
erregend fanden. Der englische Modeanwalt A. J. Munby schwärmte zeit
seines Lebens für dralle Proletarierinnen und ging schließlich mit einer
von ihnen heimlich die Ehe ein. Sein seltsames, verstohlenes Treiben war
aber nur der bizarrste Ausdruck einer allgemeineren unterirdischen
Empfänglichkeit der Mittelschicht. Angesichts dieses Interesses ist es
auch nicht verwunderlich, daß die Urteile des Bürgertums über dieses
Thema schlicht widersprüchlich waren – sowohl was die zu ziehenden
Lehren als auch, was die vermerkenswerten Fakten selber betraf. Einig
war man sich lediglich darüber, daß der Unterschied zwischen der
Psychologie der Mittel- und der der unteren Schichten fundamental war.
Zynisch wie immer, hatten die Brüder Goncourt eine ökonomische
Erklärung für diesen Unterschied, der am ausgeprägtesten in bezug auf
das Liebesleben der unteren Schichten sei: «Es gibt sehr wenige natürli-
che Tugenden. Viele Tugenden sind dem gemeinen Volk unmöglich.
Unter zweitausend *livres* Jahreseinkommen existiert ein gewisses sittliches Empfinden nicht. Man braucht Muße, um seine Kinder zu lieben.
Es gibt nur sehr wenige Mütter in der Arbeiterklasse. Tausend Empfindungen sind aus zweiter Hand.» Bezeichnenderweise erwähnen die
Goncourts als erste unter diesen den Armen verschlossenen Empfindungen die «platonische Liebe».[4] Schon viel früher hatten romantische
Kritiker des Industrialismus wie William Wordsworth darüber geklagt,
daß Armut und Elend die Arbeiter zur kriminellen Liebe trieben.

Dies war und blieb die vorherrschende Auffassung. Doch übertönte sie nicht die Stimmen einiger weniger, die darauf bestanden, daß die unteren Schichten im Gegenteil sittsam und keusch seien. Freilich durften sich nicht alle Armen in diesem neuen Revisionismus sonnen. Es waren die Frauen, von denen man vermutete, daß sie als Hüterinnen der Keuschheit walteten, und es war die Landbevölkerung, von der man glaubte, daß sie in ihren sexuellen Sitten weit zuchtvoller sei als die Bewohner schmutziger, übervölkerter Großstadtslums. Diese wohlmeinende Minderheit pflegte sich auf merkwürdige bäuerliche Bräuche zu berufen, die die Jugend beiderlei Geschlechts ohne sittliche Gefahr zusammenkommen ließen. Der Dramatiker, Literarhistoriker und vielzitierte Volkskundler Abel Hugo unternahm Anfang der dreißiger Jahre des 19. Jahrhunderts eine Reise in das Département Loire Inférieure [an der Loire-Mündung; A.d.Ü.]. Mit Verblüffung beobachtete er, daß auf den behäbigen Bauernhöfen der Gegend die jungen Burschen und Mädchen in ein und demselben großen Schlafsaal schliefen. Dieses Beieinander der Geschlechter, so erklärte man ihm, «erzeuge keines der in unseren eigenen Städten so verbreiteten Laster. Die jungen Mädchen schlafen ruhig und sicher, von den Burschen nur durch eine leichte Decke getrennt, und es gibt niemals Ursache, eine strengere Vorkehrung als diese zu treffen. Zur Schlafenszeit besteigt jeder sein Bett, zieht die Vorhänge zu und schließt sich so wie in einem Zimmer ein. Diese abendliche Gewohnheit wird niemals durch irgendwelche Neckereien gestört. Die Sitten in der Umgebung von Châteaubriant sind so rein, daß, wenn ein Mädchen das Unglück gehabt hat zu fallen (was in dieser Gegend sehr selten vorkommt), die Erinnerung an ihren Fehltritt von Generation zu Generation weitergereicht wird.»[5] Dieser reizende, naive Bericht war gedacht (und wurde verstanden) als Vorwurf an die Adresse jener entarteten Bürger, die die aristokratischen Ausschweifungen imitierten.

Die Volkskundler des 20. Jahrhunderts sind weniger leichtgläubig, besser informiert und vorsichtiger als ihre Vorläufer im 19. Jahrhundert. Sie haben denn auch markante regionale, ja sogar lokale Unterschiede in der ländlichen Moral entdeckt. In ihren Augen sind es divergierende überkommene Bräuche und utilitaristische Motive, die in dem einen Dorf Keuschheit gebieten und im anderen Promiskuität. Im bürgerlichen Jahrhundert übersah man beim Studium des exotischen Wesens «Bauer» bzw. «Arbeiter» gern diese feineren Abschattungen und fällte kategorische Urteile. Vielleicht der ehrenwerteste unter den Fürsprechern der unteren Schichten war, nicht überraschend, Charles Dickens. In *David Copperfield* spielt Davis vergötterter Jugendfreund Steerforth auf Davids Kindermädchen Peggotty und deren Matrosenfamilie an und behauptet, «diese Art Leute» gehörten ganz anderen Existenzebenen an als sie selbst.

«‹Man kann nicht erwarten, daß sie so feinfühlig sind wie wir. Ihr Zartsinn ist nicht leicht zu erschüttern oder zu verletzen. Ich möchte wetten, sie sind von wunderbarer Tugendhaftigkeit.›» Er fährt noch eine Weile in seiner glattzüngigen, höhnischen kleinen Rede fort, aber «‹sie haben keine sehr feine Natur›».[6] Dickens war sich natürlich der enormen Kluft bewußt, die zu seiner Zeit die Schichten voneinander trennte. Er legt Steerforth, dem charismatischen Snob, solche großartigen Ansichten nur in den Mund, um zum Widerspruch gegen sie zu reizen. Anstand, Menschlichkeit und gerade auch die feine, sensible Natur der ehrlichen Armen standen für ihn außer Zweifel. Bei ihrer späteren schicksalhaften Begegnung wird es der verwöhnte Steerforth sein, der der kleinen Em'ly die Tugend raubt und die Fähigkeit der Familie, «dieser Art Leute», zu Verletzlichkeit und Zartgefühl kennenlernt. In seinem letzten großen Roman, *Our Mutual Friend*, bestätigt Dickens noch einmal diesen kritischen Standpunkt. Er verheiratet den eleganten jungen Juristen Eugene Wrayburn mit Lizzie Hexam, der Tochter eines verrufenen armen Müllmannes. Die Ehe wird in der «Society» zum Skandal. Dickens läßt keinen Zweifel daran, daß er das Paar bewunderungswürdig und die Gesellschaft verächtlich findet.

Ursache dieser widersprüchlichen Interpretationen waren unter anderem die ungleichen Realitäten, auf die sie sich bezogen. Aus der Ferne des Reichtums und Standes mochten die Armen einförmig wirken. Doch waren sie nicht weniger fein differenziert wie ihre glücklicheren Zeitgenossen. Vagabunden, Wanderarbeiter, die Ungelernten und vom Pech Verfolgten waren in ihrem sexuellen Verhalten und auch sonst weit entfernt von biederen Handwerkern und Bauern. Die «verdienstvollen Armen», ob ernsthafte Kirchgänger oder nicht weniger ernsthafte Sozialisten, sahen ebenso auf ihre Respektabilität wie der wohlanständigste Bürger.

Informierte Kenner der unteren Gesellschaftsschichten verstanden das genau. Ein anonymer Tübinger Pastor beklagte in den neunziger Jahren die «Herrschaft des Fleisches» bei der Jugend und führte dann aus: «Am reinsten stehen in dieser Beziehung noch die Töchter (schwerlich die Söhne) des städtischen Mittelstandes, wohlhabende Handwerkertöchter, in manchen Gegenden auch die reicheren Bauerntöchter da.»[7] Das war ein notwendiger Versuch der Präzision, der anderen keineswegs unbekannt war. Sozialforscher wie Le Play in Frankreich, Booth in England, Riehl in Deutschland machten derlei Unterscheidungen zu einer Selbstverständlichkeit. Selbst Dickens, der es mehr als die meisten anderen liebte, die wonnige Blume Keuschheit in den finstersten Winkeln von Slum-Land erblühen zu sehen, konnte nicht die Augen verschließen vor den verderblichen Folgen der Mittellosigkeit und Übervölkerung. Doch unter Mißachtung dieser Feinheiten ging das vage Bewußtsein von den Sitten und Gebräuchen der unteren Schichten als unentbehrlicher Bestandteil in die erotische Selbstdefinition des Bürgers ein. Die Beschäftigung mit diesen Sitten und Gebräuchen gewann gegen Ende des Zeitalters erhöhte Bedeutung, als der Bürger dazu überging, seine innersten Gefühle mit neuer, unbehaglicher Selbstreflexion zu erforschen.[8] Am Ende des Jahrhunderts summierten sich anthropologische, soziologische und psychologische Untersuchungen von Bauern und Arbeitern zu einem stolzen wissenschaftlichen Corpus. Es gab aber auch unbeabsichtigte Übungen in autobiographischer Kulturgeschichte. Diese Berichte, zwischen Herablassung und Neid schwankend, haben häufig Ähnlichkeit mit Antworten auf Projektionstests. Sie zeigen Bürger, die mit ihren sexuellen Leistungen zufrieden sind – oder Angst darüber empfinden.

Für die Mehrheit der Mittelschicht barg das sexuelle Verhalten von Bauern und Arbeitern Überreste einer freieren, ja wilderen Weise, erotische Gelüste zu befriedigen. Freud hielt es für bezeichnend, daß Männer auf höherer sozialer Stufe aufhören, Zoten zu erzählen, wenn ein weibliches Wesen hereinkommt. Hingegen: «Beim Landvolk oder im Wirtshaus des kleinen Mannes kann man beobachten, daß erst das Hinzutreten der Kellnerin oder der Wirtin die Zote zum Vorschein bringt.» Und Meredith in seinem desillusionierten Sonettenzyklus über die moderne bürgerliche Liebe wandte sich gönnerhaft ans Landvolk:

> You burly lovers on the village green,
> Yours is a lower, and a happier star!

[Ihr bäurischen Liebenden auf dem Dorfanger, euer Stern steht niedriger, aber er ist glücklicher.] Die Armen in Stadt und Land wirkten auf diesem kollektiven Gemälde wie ein Bild von Brueghel mit Korrekturen von Bosch: ungezähmt, vor animalischer Triebkraft überschäumend, jede Freude pflückend, wo sich eine fand.[9]

Viel zu häufig fanden sie, wie besorgte Beobachter fürchteten, diese Freude zu Hause, sahen in der heiligen Inzestschranke ein bloß formales Hindernis, das man nach Gutdünken durchbrechen konnte. Das war kein Geheimnis, das man sich hinter vorgehaltener Hand zuflüsterte. Schon vor der Jahrhundertmitte schilderten ärztliche Beobachter, Regierungsberichte und vornehme Zeitschriften mit einiger Freiheit das, was sie für unerhörte Verstöße gegen die Mittelschichts-Moral und ein allgemeines religiöses Prinzip hielten. 1835 gab die Académie des Sciences Morales et Politiques Dr. Louis Villermé den Auftrag, die «physischen und sittlichen Verhältnisse der arbeitenden Klassen» zu untersuchen. Was er fand, entsetzte ihn: grauenhafte Armut, bedenkenlose Mischung der Geschlechter am Arbeitsplatz und in elenden Behausungen sowie «unreine Betten», verseucht mit Promiskuität und Inzest. Anderthalb Jahrzehnte später, im Jahre 1850, warnte der große englische Reformer John Simon in einem Bericht für die Stadt London über die dortigen katastrophalen sanitären Verhältnisse: «Seite an Seite mit der Pestilenz schreitet eine tödlichere Erscheinung und verdirbt wie ein Mehltau das sittliche Dasein einer wachsenden Bevölkerung; sie macht ihr Herz hoffnungslos, ihre Handlungen roh und inzestuös.» Die *Saturday Review* schlug bald in dieselbe Kerbe. «Überfüllte und unzulängliche Quartiere in zu vielen – ja wie wir fürchten, in der großen Mehrheit – der Arbeiter- und Handwerker-Häuschen in unseren ländlichen Bezirken und unsren Städten» müßten zwangsläufig «das große soziale Übel» der sexuellen Unmoral hervorbringen. Das sentimentale Geschwätz von den «strohgedeckten Dächern mit dem Gold des Mauerpfeffers oder dem Grün ihres samtenen Mooses» als der «Heimat von Gesundheit und Unschuld, von urwüchsiger Art, von [angel-]sächsischer Reinheit» waren nach Ansicht der Zeitschrift ein höchst gefährlicher Selbstbetrug. Die Tochter des Arbeiters, «zu alt für die Schule (falls sie eine besucht hat) und zu jung, um arbeiten zu gehen», treibt sich im Kreise untätiger junger Männer herum, die wie sie selbst «an Körpergröße schneller gewachsen sind als an Verstand». In ihrem rohen sinnlichen Treiben erwerben sie nicht jene «edleren Hemmungen aus Prinzip», die den konventionellen Männern und Frauen zur zweiten Natur geworden sind. Schon das Vokabular der sexuellen Selbstbeherrschung ist ihnen fremd. Mochten auch Prediger gegen den «Inzest» wettern, die jungen Leute würden das Wort nicht kennen und (wie die *Saturday Review* dunkel andeutet) kaum etwas dabei finden, Inzest zu praktizieren. Die Predigt, die *sie* kannten und ohne Mühe verstanden, war «des Teufels Predigt, die ihnen Abend für Abend eingebleut wird in der engen, niedrigen, stinkenden, stockdunklen Kammer, in der sie, Burschen wie Mädchen, die liebe lange Nacht zusammengepfercht und eingesperrt sind [...]»[10] Die notorische erotische Freiheit der unteren Schichten erwies sich, genauer betrachtet, als eine Art von Sklaverei.

Und nicht einmal eine Sklaverei, die durch Lust gemildert wurde. Manche Erforscher der zeitgenössischen Liebe vermuteten, daß den Armen ihre überbordenden, ungehemmten Lüste selten eine namhafte sexuelle Befriedigung brachten. Der französische Arzt Auguste Debay meinte in seinem Standardwerk über Hygiene und Physiologie der Ehe: «In Dörfern und auf dem Lande, wo Männer und Frauen körperliche Arbeit verrichten und wo die Phantasie wenig oder gar nicht entwickelt ist, sind Wünsche nicht so häufig, und die Lust erreicht nicht denselben Grad» wie in den Städten, bei den Wohlhabenden und Müßigen. «Die Männer verkehren mit ihrer Frau brutal, um ein Bedürfnis zu befriedigen – die Frauen empfinden im allgemeinen nur eine je nach Temperament mehr oder weniger lebhafte Friktion. Die meisten bleiben gleichgültig oder zeigen überhaupt keine Empfindung.»[11] Diese (für die Wahrnehmung der Mittelschicht) Naturwesen kopulierten also hastig wie zwei brünstige Tiere, oder sie vollzogen eine institutionalisierte Vergewaltigung. Zolas verrohtes Landvolk und Proletariat, wie er es in *La Terre* oder *L'Assommoir* zeichnet, ungeschlacht, unfreundlich, vor ungezügelter Leidenschaft bebend, schien nur allzusehr der Wirklichkeit zu entsprechen. Aus diesem Grund wirkte es so anstößig – oder so erfrischend. Viele verspotteten diesen tierisch-wilden Liebesakt als primitiven Drang, den die feineren Leute auf glückliche Art veredelt hatten. Aber viele trauerten ihm auch nach, als einem Ideal, das das Bürgertum feige verraten hatte. Jene erotische Freizügigkeit, die viele Bürger als niedrig und tierisch beklagten, wurde von anderen ob ihrer Naturverbundenheit gefeiert. Ob nun die niederen Schichten sinnlich und glücklich, sinnlich und unglücklich oder keusch und glücklich waren – um nur diese drei führenden Auffassungen zu nennen –: ihre Einstellungen konnten den Mittelschichten als Kommentar, vielleicht sogar als Korrektiv dienen.

Diese Konfusionen trugen nicht dazu bei, dem guten Bürger Durchblick zu verschaffen, der sich hindurchlavierte durch das moralische Labyrinth aus traditioneller Ethik, strengen kulturellen Anforderungen an seine Selbstdisziplin und berauschenden und beunruhigenden biologischen Theorien. Dazu kamen die neuen Möglichkeiten der technischen Zivilisation des 19. Jahrhunderts. Zu diesen gehörten auch beispiellos sichere und bequeme Mittel der Empfängnisverhütung. Seit Menschen in komplexen Zivilisationen leben, und wahrscheinlich schon vorher, war die Libido eine schwierige Sache. Der sexuelle Drang, blind und sorglos, hat noch immer kulturelle Verbote der einen oder anderen Art aus dem Felde geschlagen. Was der einen Kultur ihr unaussprechliches Laster, ist der anderen vielleicht liebgewordene Pflicht. Doch haben alle Kulturen bestimmte sexuelle Verhaltensweisen als inakzeptabel und bestimmte sexuelle Wünsche als nicht legitim erfüllbar ausgegrenzt. Die Spannung ist immer da. Im 19. Jahrhundert aber hatten viele Bürger das dunkle Gefühl, und einige unzufriedene Geister sprachen es offen anklagend aus, daß das Niveau der Spannung zu hoch war, zumal in den eigenen Reihen. Die strenge Re-Aktion wortgewaltiger Kreise der ehrsamen Gesellschaft schien in keinem Verhältnis zur Aktion des Geschlechtstriebes zu stehen. Um 1890 begannen bekanntlich Psychologen und Sexualwissenschaftler das Argument zu vertreten, daß die Kraft der Verdrängung weit hinausgehe über die unsittlichen Neigungen, die einem bereits gründlich unterdrückten Trieb innewohnten. Wenn, wie sie übereinstimmend behaupteten, der sexuelle Drang geweckt oder gezügelt, an Lust wie an Askese gewöhnt werden konnte, schien die bürgerliche Gesellschaft des 19. Jahrhunderts durchaus im Lager der Selbstverleugnung zu stehen, im Lager dessen, was Bertrand Russell «schwarzberockte Ehrbarkeit» nennen sollte, die «der lebendige Gott ist».[12]

Zwei kleine Fabeln, die eine vom Beginn des bürgerlichen Zeitalters datierend, die andere von dessen Ende, zeigen Grenzen und selbstreferentielle Rolle dieser bürgerlichen Ausblicke in die Sexualität der unteren Schichten. 1846 erschien von Jules Michelet, diesem leidenschaftlichsten und unapologetischsten Prediger unter den französischen Historikern seines Jahrhunderts, ein Hymnus auf sein Volk, Preislied und Klage in einem: *Le peuple*. Es gab in seiner Zeit vieles, was ihn empörte. Doch auf die höchsten Höhen seiner Beredsamkeit trieb ihn das, was ihn der Sittenverfall im Bürgertum dünkte. Vor allem die obere Mittelschicht war in seinen Augen dabei, das heilige Institut der Ehe zu einer berechnenden finanziellen Transaktion zu entwerten. Der junge Mann, der seinen Weg mache, sei gut beraten, eine Frau aus dem Volk zu nehmen, auch wenn es nicht leicht sein mochte, sie auf sein eigenes kulturelles Niveau zu heben. Sie wird für ihn arbeiten, ihn anbeten, ihm Liebe schenken – mit einem Wort, das wahre Glück bescheren. Der junge Bürger sollte den werktätigen Männern nacheifern, die normalerweise solche Frauen haben. Wahrscheinlich hat er diese Art Liebe sogar schon kennengelernt. Aber er wird sie wahrscheinlich um einer vermeintlich «glänzenden» Verbindung willen aufgeben: «Trauriges Opfer der Habgier, du hättest es haben können, dieses Glück! Aber du hast es geopfert. Das schlichte Mädchen, das du geliebt und das dich geliebt, doch das du verlassen – wohl kann es dir um sie leidtun!» Wenn das Bürgertum sich von seiner «vorzeitigen Erschöpfung erholen» und wieder den Weg zu «Kraft und Schönheit und in eine helle Zukunft» einschlagen will, dann muß es seine Jünglinge mit Frauen aus den unteren Schichten vermählen. In Wirklichkeit, *hélas*, taten die ehrgeizigen Bürger der vierziger Jahre genau das Gegenteil. Sie «heiraten spät, bereits ausgelaugt, und nehmen im allgemeinen eine kränkliche junge Dame». Die verheerenden Folgen sind, laut Michelet, in der sozialen Landschaft Frankreichs zu besichtigen: Unfähig zu großen Bestrebungen, verkümmerte der Geist des Bürgertums; die Kinder sind kränklich, falls sie die Geburt überhaupt überleben; die «herrschenden Klassen» müssen sich daher «früher oder später in eitlen Worten und leerer Betriebsamkeit verzehren».[13] Michelets Bürger, ob sparsamer

Rentner oder leichtsinniger Spekulant, steckt sein ganzes Leben ins Geschäft. Michelets aufwühlende Rhetorik deutet auf das mitleiderregende Geschlechtsleben der herrschenden Klassen: Augenblicke der Lust, die scheitern an der Impotenz des Mannes, der Frigidität der Frau und der gähnenden Gleichgültigkeit beider.

1917 erfand Freud für seine Hörer an der Universität Wien eine Fallgeschichte, die psychologisch weit subtiler ist als diejenige Michelets und weit weniger zu selbstverliebter Lehrhaftigkeit neigt. Sie schildert das Mädchen der Unterschicht völlig anders als Michelet in seiner lyrischen Beschwörung ihrer unschuldigen und vertrauenden Natur. Doch genau wie Michelet erfand Freud seine Geschichte aus Sorge um die zeitgenössische bürgerliche Sexualität. Er denkt sich zwei kleine Mädchen, die im selben Hause wohnen. Das eine ist die Tochter des Hausbesorgers, das andere die des Hausherrn. Bürgerstochter und Proletarierkind spielen ungehindert miteinander, und bald nimmt ihr Spiel sexuellen Charakter an. Bei diesen Spielen übernimmt die Tochter des Hausbesorgers, die trotz ihrer fünf oder sechs Jahre schon viel vom Sexualverhalten der Erwachsenen mitbekommen hat, in der Regel die Führung. Die erotische Erregung der beiden bei ihren verfänglichen Spielen wird schließlich dazu führen, daß beide masturbieren. Doch von nun an gehen ihre sexuellen Wege auseinander. Die kleine Proletarierin wird weiter ohne Schuldgefühle masturbieren. Ob sie später zur Bühne geht und einen Aristokraten heiratet oder eine weniger glänzende Karriere macht, «jedenfalls wird sie ungeschädigt durch die vorzeitige Betätigung ihrer Sexualität, frei von Neurose, ihr Leben erfüllen». Dagegen wird ihre Freundin, das Töchterchen des Hausherrn, bei der Masturbation mit Schuldgefühlen kämpfen. Später wird sie sich von sexueller Information mit «unerklärtem» Abscheu abwenden und endlich als junge Frau eine Neurose als Folge der Verdrängung ihrer Seuxalregungen bekommen. Abschließend meint Freud: «Der Tochter des Hausbesorgers ist die Sexualbetätigung später ebenso natürlich und unbedenklich erschienen wie in der Kindheit. Die Tochter des Hausherrn hat die Einwirkung der Erziehung erfahren und deren Ansprüche angenommen.»[14] Die Moral von Freuds Geschichte ist genauso durchsichtig wie die von Michelets Sermon, auch wenn die Akzente etwas anders gesetzt sind. Freud ist mit Michelet der Ansicht, daß die bürgerliche Lebensweise sexuelle Störungen hervorbringt, ist jedoch nicht der Ansicht, daß hieraus Sittenverderbnis folgen müsse. Das Opfer, das die moderne bürgerliche Zivilisation als Sühne für ihren Zartsinn und ihre Hemmungen bringt, ist vielmehr die Neurose.

Denn es war nicht allenthalben nur Verlust zu verbuchen, nicht einmal in Freuds pessimistischer Beurteilung der Mittelschichts-Liebe. Geduld, Selbstaufopferung, Nüchternheit hatten ihren Lohn in sich. In einem Brief an seine Braut umriß Freud im Sommer 1883 die Kosten und Belohnungen der bürgerlichen Selbstkontrolle. Anscheinend hatte seine Braut ihm einigermaßen angewidert von der geräuschvollen Gewöhnlichkeit eines Marktes berichtet. Und er gab ihr recht: «Es ist nicht schön und erhebend anzuschauen, wie sich das Volk vergnügt [...]» Das brachte ihn auf Überlegungen, die sich ihm bei einer Aufführung der *Carmen* aufgedrängt hatten: «Das Gesindel lebt sich aus und wir entbehren.» Warum? «Wir entbehren, um unsere Integrität zu erhalten [...]» Der gebildete Bürger spart mit seiner Gesundheit, seiner Genußfähigkeit, seinen Erregungen, «wir heben uns für etwas auf, wissen selbst nicht für was – und diese Gewohnheit der beständigen Unterdrückung der Triebe gibt uns den Charakter der Verfeinerung». Die Gebildeten «empfinden auch tiefer» als das gemeine Volk, die Armen, die «nicht bestehen [können] ohne ihre dicke Haut und ihren leichten Sinn». Es ist für sie sinnlos, Vergnügungen aufzuschieben oder durchzugestalten. Sie sind «zu ohnmächtig, zu exponiert, um es uns gleichzutun».[15]

Freud wußte sehr wenig über das Privatleben der unteren Schichten. Seine Formulierungen sind weniger das Porträt von Arbeitern und Bauern als vielmehr das Selbstporträt eines jungen, gebildeten Bürgers im Zustand der Verliebtheit, mit all seinem Stolz, seiner Bitterkeit und seiner Frustration. Aus ebendiesem Grunde aber verkörpern die Armen das Paradoxe an der Idee vom schwarzberockten Eros. Durch das Aufschieben seiner sexuellen Erfüllung riskiert der Bürger neurotisches Leiden und damit eheliches Unglück. Da er jedoch zu größerer Sensibilität als die ungeschliffene Masse der Bevölkerung erzogen ist, müßte seine Bereitschaft zur erotischen Variation, seine Fähigkeit zum sexuellen Spiel ebenfalls hochentwickelt sein. Die Kultivierung der Nerven bei den Gebildeten kann zur Quelle von Lust wie von Unlust werden. Sie kann Erkünsteltheit und lähmende Distanz von den natürlichen Regungen bewirken. Sie kann aber auch jene Art von Verfeinerung entstehen lassen, die laut Freud die bürgerliche Kultur kennzeichnet (einschließlich der erotischen Kultur, wie ich hinzufügen möchte). Sexualität verlangt, wie wir gesehen haben, eine Art von Wissen. Und zweifellos wurde vielen Armen dieses Wissen geradezu aufgezwungen, in stinkenden Behausungen oder durch die liederlichen Reden von Arbeitskollegen. Trotzdem wußten im 19. Jahrhundert die jungen Leute der Mittelschichten, auch die Mädchen, viel mehr, als ihre Eltern, sie selbst – und übrigens auch der spätere Historiker – vermuteten. Ja, jene Art von erotisch stimulierendem Wissen, das ihnen durch Bücher, Bilder oder ausländische Sehens-

würdigkeiten zugänglich war, blieb den Armen verschlossen. So schien
sexuelle Erfüllung den Mittelschichten zugleich leichter und schwerer
erreichbar als den unteren Schichten. So gesehen spiegeln die widersprüchlichen Berichte über die Geschlechtsliebe bei den unteren Schichten die Komplikationen der bürgerlichen wider.

Fast während des ganzen 19. Jahrhunderts speisten sich die Vorurteile der
Mittelschicht über die erotischen Gepflogenheiten der unteren Schicht
aus der eben erwähnten Unwissenheit. 1838 hatte William Makepeace
Thackeray sehr zu recht eingeräumt: «Ein englischer Gentleman weiß
heutzutage ungefähr genausoviel über das Volk von Lappland oder
Kalifornien» – wohlgemerkt: damals wußte man sehr wenig über Kalifor-
nien – «wie über die Ureinwohner der Seven Dials oder die Eingeborenen
von Wapping [zwei übel beleumdete Londoner Viertel; A. d. Ü.].»[16] In
jenen Jahren war man im wesentlichen angewiesen auf sentimentale
Romane von George Sand oder die naiven Verallgemeinerungen Abel
Hugos, der seine an sich zuverlässigen Statistiken über alle französischen
Départements mit kritiklosen Kommentaren zu den örtlichen Sitten und
Gebräuchen würzte. Die unteren Schichten selbst waren wißbegierigen
Forschern kaum eine Hilfe. Arbeiter und Bauern standen zwar im Ruf,
mit ihren Körperfunktionen, einschließlich aller Arten von Liebe, unbe-
fangen und offen umzugehen. Tatsächlich zeigten sie jedoch häufig eine
ingrimmige Verschwiegenheit über ihr Intimleben. Ihr Mißtrauen gegen
Auskunftheischende mit langen Fragebögen entsprach voll und ganz der
Leidenschaft des Bürgers für sein Privatleben.

Zu den zweifelhaften, oft knochentrockenen Informationsquellen über
die Liebe der unteren Schichten zählten auch Autobiographien von
Arbeitern. Allerdings spielten diese eine höchst uneindeutige Rolle. Sie
waren ziemlich selten, und sie waren selten spontan. Im Gegensatz zur
Mittelschicht hatten nur wenige Bauern oder Werktätige – beziehungsweise deren Frauen – die Gelegenheit – oder kultivierten die Gewohnheit
– einer systematischen Selbsterforschung. Eine Handvoll von ihnen
führte Tagebuch – für die Mittelschicht das unentbehrliche Sammelbek-
ken vergangener Erfahrung. Manche Arbeiter-Autobiographien, namentlich in England, waren die moderne, weltliche Version der puritanischen Selbsterforschung oder standen in der mündlichen Tradition des
Geschichtenerzählens. Die meisten von ihnen mußten mit der Geschichte
eines so exemplarischen Lebens irgend etwas Hochwichtiges beweisen:
die grenzenlose Gnade Gottes, die noch dem letzten Sünder zuteil wird;
den Wert von Sparsamkeit und harter Arbeit; oder die brutalen Unge-
rechtigkeiten der kapitalistischen Klassengesellschaft.[17] Diesen Schriften

haftet der Geruch von Traktaten an. Manchmal war es die erzwungene Muße im Exil, die den Arbeiter dazu trieb, seine Erinnerungen zu Papier zu bringen. Oft war es ein alerter Schulmann oder Redakteur, oder ein mit regem sozialem Gewissen begabter Pastor, der einen betagten oder invaliden Arbeiter veranlaßte, seine Erinnerungen für die Nachwelt festzuhalten. Der wohl bekannteste dieser Anreger war der deutsche Pastor und spätere SPD-Abgeordnete Paul Göhre. Während seines Theologiestudiums hatte er drei Monate lang in einer Werkzeugfabrik als Lehrling gearbeitet. Sein 1891 erschienener, anschaulicher Bericht hierüber hatte für eine kleine Sensation gesorgt. Göhre wanderte auf dem politischen Spektrum immer weiter nach links, bis hin zum Sozialismus und Antiklerikalismus. Nach 1900, auf dem Hintergrund seiner Erlebnisse im Arbeitsleben und mit christlichen Politikern, veranlaßte und betreute er die Autobiographien von fünf Arbeitern. Wie wir noch sehen werden, bieten zwei von ihnen, die Bücher von Moritz Bromme und Wenzel Holek, ungewöhnlich brauchbare Informationen über die erotischen Gepflogenheiten der unteren Schichten. Kunstlos und ungeglättet, wurden diese schmerzlichen Selbstporträts zum Vorbild für andere, oft weniger aufschlußreiche Memoiren.

Die Autobiographien französischer Arbeiter waren, besonders wenn man sie mit den Enthüllungen Brommes und Holeks vergleicht, in intimen Fragen außerordentlich zurückhaltend. Sie zierten sich noch mehr als die englischen. Manche von ihnen, wie etwa Agricol Perdiguiers *Mémoires d'un compagnon*, sind zu unentbehrlichen Quellen für Historiker geworden, die authentische Informationen über die durchritualisierten Organisationen von Handwerkern benötigen. Doch die meisten waren – das beste Beispiel ist Martin Nadauds *Léonard, maçon de la Creuse* – politische Testamente. Sie führten den Leser durch die Revolution von 1848, das Auftreten radikaler Ideologen im Zweiten Reich, die Pariser Kommune von 1871. Bezeichnenderweise entstand ein gut Teil dieser Autobiographien im politischen Exil. So schrieb Perdiguier die seine 1852/53 in Antwerpen und der Schweiz. Andere schrieben in London, in Lausanne, ja in Paraguay. Diese Schriften sind alles andere als unpersönliche Darstellungen. Sie vibrieren vielmehr vor persönlicher Anteilnahme. Aber ihre Leidenschaften sind die des militanten Kämpfers, der von Siegen oder Niederlagen im Versammlungssaal, auf den Barrikaden, in der Gesetzgebung spricht. Wohl mag im Vorübergehen vom Elend der werktätigen Frauen oder von den Kindheits- und Jugendjahren des Autors die Rede sein. Aber das geschieht hauptsächlich, um eine moralische (oder besser gesagt: eine politische) Lehre zu unterstreichen. Um so erhellender sind die Augenblicke, da sie doch einmal auf die

Liebe zu sprechen kommen. Nadaud erinnert sich, wie er ein hübsches Mädchen kennenlernte, «so sittsam, so anmutig, so strahlend vor Jugend und Schönheit», daß er sie höchst begehrenswert fand und auf seine linkische Weise um sie warb. Schließlich heiratete sie ihn auch, aber erst nach langwierigen, zähen Verhandlungen und Formalitäten, die in Frankreich auf dem Lande damals vorgeschrieben waren. Perdiguier unterbricht seine Ausführungen gerade lange genug, um seine Empfindungen bei manchen ländlichen Festen zu beschreiben: «Ich verspürte Glück, solch großes Glück! übergroßes Glück!... und doch unvollständig... Mein Herz sehnte sich nach mehr... Aber ich konnte mich nicht abgeben mit verlorenen Frauen, die ich nicht liebte», oder «ein junges, hoffnungsvolles Mädchen durch endlose Treueschwüre verführen, sie zur Mutter machen und dann sitzen lassen, Not und Verzweiflung über ihre Familie bringen, ihr das Herz brechen, sie töten». Das war nicht «im Einklang mit meinen Grundsätzen, mit meinem Charakter. Ich liebte, ich brannte, ich litt, ich war erschüttert, Gewissen und Leidenschaft zerrten mich in entgegengesetzte Richtungen; jene wollte es, das Gewissen aber sprach: ‹Halt, das ist verrucht.›»[18] An diesen steifen, allzu literarischen Stellen spüren wir den ernsten Liebenden, der darauf brennt, den Druck seines emotionalen Lebens mit jemandem zu teilen, so unbehaglich ihm auch beim verbalen Umgang mit seiner Leidenschaft zumute sein mag.

An sich bieten diese Zeugnisse nur fragmentarische, ja zufällige Einblicke in das Liebesleben der unteren Schichten. Sie bedürfen der Ergänzung durch nüchterne, handfeste und zähe Untersuchungen. Im Laufe der Jahrzehnte nahm das ohnehin schon starke Interesse an sozialer Information weiter zu. Es schwoll zu einer Lawine von Erhebungen an – über die Finanzmittel der Bauern, über öffentliche Gesundheit, über Prostitution –, die nichts tun konnten, als das Privatleben der Armen an das Licht soziologischer Begutachtung zu zerren. Schon früher hatte sich Francis Place, der Londoner Autodidakt, der es zum großen Schneidermeister und politischen Organisator brachte, darüber beklagt, daß die «Sitten des Volkes selten von Autoren mit einigem Ruf beachtet» worden seien – und wenn, dann nur, um sie in Verruf zu bringen. «Was über sie bekannt ist, kann man nur einigen wenigen Nebenumständen entnehmen.»[19] In den achtziger und neunziger Jahren traf das nicht mehr zu. Wer immer sich für das Thema interessierte, mußte sich nicht mehr mit Projektionen oder sentimentalen Vermutungen begnügen. Das Bild von der Liebe bei den Armen war realistischer und differenzierter geworden. Diese Erhebungen gaben vor allem der philanthropischen Einbildungskraft Nahrung oder dienten dem Gesetzgeber bei der Suche nach einer

Konzeption. Daneben gaben sie aber auch willkommenes Material für den Leser aus der Mittelschicht ab, dem es um moralische und erotische Selbstdefinition zu tun war.

1898 konnte sich ein solcher Leser sogar ein psychoanalytisches Profil des sexuellen Elends bei den Wiener Werktätigen zu Gemüte führen. Es ist eine interessante Studie: Sie schlägt die Brücke zwischen den Theorien, die der Erzbürger Sigmund Freud damals ausarbeitete, und den neurotischen Symptomen jener Schicht, die nach seiner Überzeugung eine von der seinen so abweichende Psychologie hatte. Im Frühjahr 1897 kam Dr. Felix Gattel nach Paris, offenbar, um Freuds Patient und Schüler zu werden. Während seines Aufenthalts studierte er hundert Neurastheniker und Angstneurotiker aus der Patientenschaft des psychiatrischen Ambulatoriums von Dr. Krafft-Ebing. Seine Fallberichte und Schlußfolgerungen sind recht ungelenk formuliert; sie bestätigten aber aufs schönste Freuds zuversichtlich-verstörende Behauptung von der sexuellen Ätiologie aller Neurosen. Gattels Fallgeschichten erbrachten auch den überzeugenden Beweis für etwas, was viele Bürger seiner Zeit gerne bezweifelten: daß diese Leute (wie Gattel bedachtsam formulierte) «doch vielleicht etwas weniger Wert auf Selbstbeobachtung legen, als wie nur geistig thätige Menschen».[20] Aber sie litten an Angstanfällen, sahen sich in ihrem Verhalten durch Phobien behindert, zeigten körperliche Symptome – Schmerzen, Beschwerden, Zittern, Schwitzen –, die unverkennbar seelischen Ursprungs waren. Sie masturbierten, wobei sie sich einer Vielzahl von Phantasien überließen. Ihre Sexualgeschichte deckte das ganze Spektrum ab: Manche nahmen Rücksicht auf ihren Partner, andere nicht; einige gaben sich als Sexualprotz, andere gestanden, impotent zu sein; einige fanden stets Erfüllung beim Geschlechtsverkehr, andere hatten nie einen Orgasmus gehabt. Nicht einmal die Hysterie, die doch von vielen Beobachtern für das Vorrecht der Mittelschicht gehalten wurde, fehlte in dem klinischen Bild. Die Armen Wiens waren, mit einem Wort, weniger dumm und roh, weniger kalkulierbar und dafür menschlicher, als viele der sozial Höherstehenden glaubten. Fast konnte man sagen: Sie waren wie die Bürger auch.

Alles in allem hätte gegen Jahrhundertende die zu Vergleichszwecken verfügbare sexuelle Information dem Unvoreingenommenen und Kundigen wenig Überraschungen bieten sollen. Mochte der Snob auch weiterhin die Nase rümpfen: Das erotische Leben der Bauern- und Arbeiterschichten des 19. Jahrhunderts war ebenso reich an Umfang und Fülle, wenn auch vielleicht nicht an raffinierten Manövern, wie das ihrer Arbeitgeber und Ausbeuter. Gewiß gab es viele Bauern, die in der Liebe einen unzuverlässigen Führer zur ehelichen Verbindung sahen, und viele

Werktätige, Männer wie Frauen, deren Leben arm war an Küssen und Zärtlichkeiten. Aber dafür gab es viele andere, die liebten und verloren, liebten und gewannen – ganz in der Manier der Mittelschicht. Es kam eben immer darauf an. Was man lange vermutet hatte, erwies sich als richtig: Genau wie die Liebeserfahrung des Bürgertums entwickelte sich die der unteren Schichten nicht isoliert von deren sozialer, ökonomischer und religiöser Umwelt. Die *Saturday Review* hatte es ein halbes Jahrhundert zuvor klar ausgesprochen, und der gesunde Menschenverstand hatte es immer gewußt: Vom Einkommensniveau und von der Stetigkeit der Beschäftigung hing es ab, welche Chancen auf häusliche Privatheit und welche Art von Arbeitskollegen man hatte. Das elterliche Schlafzimmer, die Fabrikhalle, die Sozialistenversammlung, die religiöse Feier, der Vergnügungspark oder der Tanzsaal, sie alle trugen zur erotischen Information bei und prägten das erotische Verhalten. Sie waren Aufforderung zur Selbstachtung, Gelegenheit zur Instruktion, Verführung zur Promiskuität. Je ärmer die Armen, desto weniger waren sie sicher vor sexuellen Attacken oder zumindest vor verfrühtem sexuellem Wissen. Dafür gibt es verschiedentlich Anhaltspunkte. Gleichzeitig gab es strenge Eltern, religiöse Hemmungen oder lokale Traditionen, die das Bild komplizierten. Und so markant der Unterschied zwischen der Mentalität der unteren und der der mittleren Schichten sein mag: beide Schichten waren mit denselben Trieben und Abwehrstrategien ausgestattet, wenn sie sie auch auf je eigene Weise einsetzten. Wie die junge Bürgerin, konnte auch das junge Mädchen aus der Schicht der Werktätigen intime Anblicke und Geräusche verdrängen. Die Art von gelehrter Unwissenheit, das systematische Vergessen, das bei jener vorherrschte, konnte auch dieser helfen, die Grenzen ihrer sexuellen Bewußtheit zu ziehen. Gespräche mit Arbeiterinnen und Bäuerinnen wurden zum täglichen Brot der Sozialforscher: Es zeigte sich, daß die Anzahl der Mädchen, die völlig unwissend über die Tatsachen der Physiologie und über die Vorgänge bei der Schwangerschaft in die Ehe gingen, die der sexuell Aufgeklärten bei weitem überwog.

Doch zwangsläufig wußten die Armen mehr und verdrängten weniger als ihre Zeitgenossen aus der Mittelschicht. Mit Recht sprach die *Saturday Review* es 1858 aus: «Das beste und unschuldigste Mädchen der arbeitenden Klasse weiß mit fünfzehn weit mehr als das hochgeborene Fräulein mit fünfundzwanzig.» Es gab sexuelle Instruktionen für die arbeitenden Schichten, die keine noch so heftige Verleugnung aus dem Bewußtsein drängen konnte. Frühe traumatische Erfahrungen – der Vater, der seine Tochter, oder der Bruder, der seine Schwester initiierte – verfielen oft der Verdrängung. Aber spätere Vorkommnisse mit Kostgängern oder Arbeitskollegen gruben sich ins Gedächtnis ein. Der Töpfer Charles Shaw erinnerte sich an die Arbeitsplätze seiner Jugend: «Dort, wo ich arbeitete, bekam ich Trunkenheit und Geilheit in abstoßendster Form zu Gesicht.» Der Betrieb und die Mittagspause erlebten die derbsten Späße und die freizügigsten sexuellen Neckereien. Arbeiter pflegten Arbeiterinnen verbal und tätlich anzugreifen, zotig formulierte Aufforderungen an sie zu richten oder sich auf ein Mädchen zu stürzen und unter dem johlenden Beifall der Umstehenden den Geschlechtsverkehr zu imitieren. In der moralischen Hierarchie dieser schwachen Wesen stand jenes Mädchen hoch, das mit gleicher Münze heimzahlte. 1877 arbeitete der Deutsch-Tscheche Wenzel Holek im Abraum einer Ziegelei. Er war erst dreizehn, hatte aber schon viel gesehen und gehört. So erstaunte ihn die Sprache kaum, die er jetzt zu hören bekam, doch war manches zuviel für ihn. Besonders in geschlechtlichen Dingen flogen die wüstesten Ausdrücke hin und her. Je derber und abstoßender es zuging, desto besser. Eine etwa vierzigjährige Arbeiterin namens Rosa war besonders beliebt, weil sie sich nichts gefallen ließ. Eines Tages sah sie einen Arbeiter mit zerrissenem Hemd, den massigen Leib unter einer groben, aus einem Sack zurechtgeschnittenen Schürze versteckend. Rosa sprang auf ihn zu und rief, es sei Zeit fürs Mittagsläuten. Dann griff sie unter die Schürze des Mannes, packte sein Glied und sang dazu: «Bim, baum, bim, baum, bim, baum!» Alle bogen sich vor Lachen.[21] Holek erwähnt diesen Zwischenfall nicht, weil er so selten gewesen wäre, sondern weil er ihn für typisch hielt.

Moritz Bromme kann Holeks Vorrat an abstoßenden Anekdoten noch um einige erweitern. Als er vierzehn war, arbeitete er in einer Knopffabrik. Die Frauen in seiner Abteilung brachten ihn in Verlegenheit, indem sie sich vor seinen Augen auszogen, das Korsett ablegten und in ihre Arbeitskleidung schlüpften. Dabei führten sie «unsittliche Gespräche». Eine sichtlich schwangere Arbeiterin versuchte wiederholt, ihn zu verführen, «hob den Rock und machte sich das Strumpfband fest». Bromme reagierte mit Furcht und Abscheu. Frauen litten unter solcher Barbarei eher noch mehr. Ottilie Baader, die spätere führende Sozialdemokratin, arbeitete mit dreizehn als Näherin. Ihre Meisterin warf ihr unwillkommenes, oft unverständliches sexuelles Wissen an den Kopf. «Ich habe nie wieder in so schamloser Weise von den intimsten Vorgängen reden hören wie von dieser Frau.» Unwissend und unschuldig, wie sie war, brauchte Ottilie Baader so manches Jahr, bis sie verstand, was das hieß: «Die Näherinnen gehen ja doch alle auf den Strich!» Aber die ominöse sexuelle Bedeutung all der Anzüglichkeiten und Zoten blieb ihr doch nicht verborgen.[22] Was diesen und vielen anderen Erinnerungen gemeinsam ist, das ist die schiere Freudlosigkeit dieser praktischen Sexualaufklärung. Die bürgerlichen Heranwachsenden hatten im allgemeinen das Glück, dieser Schule zu entgehen.

Auf diese Weise also führten die Armen – oder doch die große, unglückliche Masse unter ihnen – einander in die Freuden des Eros ein. Aber sie mußten sich auch auf eine andere Art der Erziehung gefaßt machen, durch Angehörige der Mittelschichten nämlich, durch jene Menschen, die ich ihre «Arbeitgeber und Ausbeuter» genannt habe. Bei den Wohlhabenden wurde mancherlei gemunkelt, die Dienstboten könnten ihre Kinder verführen. An dieser Befürchtung mochte etwas Wahres sein. Viel wahrscheinlicher war es aber, daß der Herr oder die Söhne des Hauses die Hausangestellte verführten und daß der Arbeitgeber sich die ökonomische Abhängigkeit der bei ihm beschäftigten Frauen zunutze machte, um sich etwas sexuelle Abwechslung zu verschaffen. 1883 arbeitete Harriet A. Kidd aus Staffordshire in einer Seidenspinnerei für «einen Gentleman in guter Position und von hohem Ansehen im Ort». Sie war siebzehn. Eines Abends bestellte ihr Arbeitgeber sie in sein Haus, «vorgeblich, um einen Packen Bücher zu holen, in Wahrheit aber zu einem ganz anderen Zweck. Als ich kam, war die ganze Familie außer Hauses, und bevor er mich gehen ließ, zwang er mich, ihm zu Willen zu sein. Mit achtzehn war ich Mutter.» Zu Tode beschämt und verängstigt, behielt sie ihr Geheimnis jahrelang für sich, und damit auch ihren Arbeitsplatz. Wenzel Holek wurde als Knabe ungewollt Zeuge einer ähnlichen Demonstration von Macht. Er überraschte einen Adjunkten in einer sehr verfänglichen Situation im Magazin der Zuckerfabrik, in der er arbeitete. Die «schöne Marie», die wegen ihrer sittsamen Redeweise zu seinen wenigen Lieblingen unter den Arbeiterinnen gehörte, lag «auf dem Haufen leerer Säcke» und war «halb entblößt». Vor Wut ganz rot im Gesicht, brüllte der Adjunkt den jungen Holek an, der so unverschuldet sein Vergnügen störte. Später erzählte Holek den Vorfall unter dem Siegel der strengsten Verschwiegenheit einem Freund. Der erwiderte, zynischer und erfahrener als Holek: «Ach, so etwas ist nichts Neues. Und weißt du, warum das so eine macht? Sie kann dann in der Fabrik machen, was sie will, wird von den Herren nicht sekkiert, beschimpft, bestraft und steht sich gut.» Solche Mädchen bekämen mehr Lohn als die anderen, die dieses Spiel nicht mitspielten. «Woher hätte denn so manche ihre schönen Kleider?» Doch seither schlug die schöne Marie – keineswegs schamlos und eher ein Opfer als eine Intrigantin – vor Holek den Blick nieder, wenn sie ihm begegnete, oder ging ihm aus dem Weg. «Sie schämte sich», erinnerte sich Holek mitleidig. «Mir aber tat sie leid.»[23]

Ein paar Jahre später, als er in einer anderen Fabrik arbeitete, lernte

Holek Luise kennen, die Tochter seiner Hauswirtin. Sie hatte solche Zudringlichkeiten zurückgewiesen und mußte den Preis dafür zahlen. Eines Abends hatte ein Adjunkt der Fabrik sie in seine unweit der Fabrik gelegene Wohnung geschickt, um sein Bett aufzubetten. «Und die Luis», erzählt Holek etwas naiv, «nichts ahnend in ihrer jungfräulichen Reinheit und Ehrenhaftigkeit, gehorchte seinem Befehl und ging.» Der Adjunkt war ihr gefolgt. «Er verschloß hinter sich die Zimmertüre und versuchte nun sofort, sie sich zu Willen zu machen. Anfangs noch mit rosigen Worten und übersüßen Versprechungen, dann mit Gewalt. Schließlich war ein regelrechter Ringkampf zwischen den beiden entsponnen, ganz lautlos.» Endlich drohte das Mädchen, um Hilfe zu schreien. Der Adjunkt ließ sie gehen, weil die Sache auch für ihn hätte verhängnisvoll werden können. Aber von da an wurde Luise bei der Arbeit so schikaniert, daß ihr nichts übrig blieb, als die Stadt zu verlassen. Und Moritz Bromme sinniert in seiner Autobiographie: «Es ist bekannt, daß unter den Fabrikanten, die weibliche Arbeitskräfte beschäftigen, Leute vorhanden sind, die nicht nur deren Arbeitskraft, sondern auch den Leib für sich in Anspruch nehmen möchten und die neidisch auf die früheren Vorrechte der feudalen Besitzer blicken, welche sich ein *jus primae noctis* leisten konnten.» In vielen Fällen bedürfe es freilich einer solchen Erlaubnis gar nicht, weil diese Herren «kraft ihrer Autorität nicht auf Widerstand stoßen»; doch komme es auch sehr häufig vor, daß «manche Proletarierin» ein derartiges Ansinnen «ganz entschieden zurückweist». Diese mußte dann dafür büßen.[24] Bromme war aktiv in der Sozialdemokratischen Partei tätig, aber er machte diese Beobachtungen nicht, weil er Sozialist war. Vielmehr war er, oder blieb jedenfalls, Sozialist, weil er solche Beobachtungen machte.

Derartige Geschichten gehörten zum Kernbestand radikaler Folklore. Man mußte aber kein Radikaler sein, um ihnen Glauben zu schenken und sie bedauerlich zu finden. Schon 1859 sprach Dr. William Acton anteilnehmend von «der jungen Hausangestellten, dem hübschen Stubenmädchen in derselben Straße, in der die kränkelnde Dame ein kränkelndes Kind zur Welt gebracht hat, für welches gesunde Milch Leben und alles andere Tod ist. In Scham und Schrecken trägt das Mädchen das Kind des Metzgers, des Polizisten oder des Sohns des Hauses.» Die Beweise brauchte er nicht lange zu suchen: Sie wurden in den Memoiren von Arbeitern ebenso festgehalten wie in den Statistiken über uneheliche Geburten. Moritz Bromme berichtet, daß die Frau, die er heiratete, «schon vorher ein Kind gehabt» hatte, und zwar von einem Buchhalter in dem Geschäft, in dem seine Emma als Dienstmädchen diente. Der amerikanische Soziologe Lester Frank Ward war einem seiner Untermie-

ter auf die Schliche gekommen: Der Theologiestudent hatte eine schwar-
ze Hausangestellte verführt. Und in England verdingte sich 1863 Lucy
Luck bald nach dem Tod ihrer Mutter als Dienstmädchen. Sie war froh
über ihre freundliche Herrin, doch angst und bange wurde ihr vor dem
Herrn, offenbar einem gewalttätigen und lüsternen Menschen: «Dieser
Mann, der eine Frau hatte und Vater von drei kleinen Kindern war, tat
immer wieder alles, was er konnte, um mich zu verderben – ein armes
Waisenkind, erst fünfzehn Jahre alt. Er prahlte vor mir mit den anderen
Mädchen, mit denen er es getrieben hatte, und nannte sie bei Namen.
Gott allein bewahrte mich davor, ein Opfer dieses schlechten Mannes zu
werden; denn ich selbst hätte mich nicht bewahren können.» Das Tremo-
lo stammte aus dem Melodrama, aber der Schrecken war echt und die
Erfahrung nur allzu verbreitet.[25] 1904 veröffentlichte der Soziologe
Othmar Spann eine akribische statistische Untersuchung über die unehe-
lichen Geburten bei deutschen und österreichischen Arbeiterinnen.
Spann konnte unwiderlegbar zeigen, daß Dienstboten in Privathaushal-
ten am gefährdetsten waren, viel gefährdeter als Fabrikarbeiterinnen. In
Berlin wurde mehr als ein Drittel aller unehelichen Kinder von Dienstboten zur Welt gebracht. Für Wien galt dieselbe Zahl. In Frankfurt lag der
Satz bei fast fünfzig Prozent. Natürlich waren nicht alle diese unehi-
chen Kinder der sichtbare Beweis für eine Verführung im neuen Haus des
Dienstboten. Doch der Anteil, den der Herr oder der Sohn des Hauses
hatte, scheint beträchtlich gewesen zu sein. Die verbreitete Behauptung,
daß skrupellose bürgerliche Verführer daran schuld seien, wenn Tausende
junger Frauen der Prostitution verfielen, war übertrieben. Trotzdem
herrschte kein Mangel an jenen, die ihre Chance witterten und Dienstboten, nach dem krassen Wort einer englischen Hausangestellten, als «Freiwild» betrachteten.[26]

Doch wie es auch um die Art ihrer sexuellen Aufklärung bestellt sein
mochte, ihre amourösen Erinnerungen hüllen die Autobiographen der
unteren Schicht in Melancholie. Gewiß gab es solche, die die Engländer
«rough» [grob, wild, ungestüm] nennen und die hitzig und schamlos der
sexuellen Befriedigung nachjagten. Bromme war beileibe nicht der einzige, der in knapp skizzierten Momentaufnahmen von jungen Mädchen
berichtet, die schamlos ihren Körper darboten, wenn es galt, den schüch-
ternen jungen Mann einzufangen, der es ihnen angetan hatte. Daneben
muß es ungezählte Augenblicke ekstatischer sexueller Erfüllung gegeben
haben, sei es in flüchtigen Augenblicksbegegnungen, in längerdauernden
Beziehungen oder natürlich auch in der Ehe. Aber immer wieder scheint
das Lieben der unteren Schicht eher bedrückend als beglückend gewesen
zu sein. Das ist auch ganz begreiflich. Das Ambiente des erotischen

Vergnügens, das der Bürger für selbstverständlich nahm – Privatheit, Sauberkeit, Gesundheit –, blieb für die meisten Armen nur ein wehmütiger Traum. Was bei ihnen, trotz aller hie und da aufblitzenden Leidenschaftlichkeit, fast ganz zu fehlen scheint, ist das schwelgerische Aufgehen in der Sexualität, das die Erotik eines Charles Kingsley, eines Jules Michelet oder Tausender weniger literarisch beflissener Bürger färbte. Die private Sexualgeschichte von Armen im 19. Jahrhundert ist nur zu oft eine Studie in Schrecken und Entsetzen – das hilflose Ausgeliefertsein an Regungen, die sich nicht verleugnen ließen, aber nur selten einfach genossen werden konnten.[27]

Ich habe nicht die Absicht, auf die Tränendrüse zu drücken, wenn ich das Ergreifende in der erotischen Situation der Armen schildere. «Jede Gruppe von Menschen hat ihre eigenen Maßstäbe der Vollkommenheit», wie der schottische Arbeiter und Autobiograph James Burn so treffend bemerkt hatte. Viele ländliche Gegenden Europas sahen nichts Schändliches an vorehelicher Schwangerschaft, geschweige denn an vorehelichem Beischlaf. Mitunter wurde dergleichen sogar ausdrücklich begrüßt, als notwendige Einübung in die Ehe und unwiderlegbarer Beweis für die Eignung der jungen Frau zur Mutterschaft. Und ungebundene Wandergesellen, die auf der Suche nach Arbeit von Ort zu Ort zogen, hatten nur eine höchst ungefähre Vorstellung von der Ehe und trafen entsprechende kurzfristige Arrangements auf der Walz. Zeugnisse für diese Art Moral gibt es für die Zeit vor 1900 in reicher Zahl. Mitte der neunziger Jahre mobilisierte der deutsche Pastor Carl Wagner Dutzende seiner Amtsbrüder im ganzen Lande und bat sie um Mithilfe an seiner ungeschminkten, umfassenden und daher umstrittenen Erhebung über die «geschlechtlichsittlichen» Verhältnisse der protestantischen Landbevölkerung im Deutschen Reich. Die Antworten, in zwei umfangreichen Bänden gesammelt, waren bei aller zu erwartenden regionalen Verschiedenheit von geradezu monotoner Gleichmäßigkeit. Mit Ausnahme der einflußreichen, aber zahlenmäßig kleinen Minderheit der reichen Bauern wurde auf dem Lande das geduldet, was, von jedem ehrsamen Standpunkt aus, unanständig intime Verhältnisse waren. Die Kinder konnten unzüchtige Reden hören und oft Zeuge des Geschlechtsverkehrs werden, und zwar nicht nur bei Tieren. Noch schlimmer war es um die heranwachsende Jugend beiderlei Geschlechts bestellt. Es fehlte ihnen das elementarste Gefühl für Selbstbeherrschung. Nach Tanzveranstaltungen und ähnlichen verführerischen Vergnügungen schlugen sie sich paarweise in die Büsche. Sie lasen billige Liebes- oder Abenteuerromane und reizten ihre erotische Phantasie damit auf. Voreheliche Schwangerschaften waren an der Tagesordnung, und ein hoher Prozentsatz ehelicher Verbindungen –

in manchen Gegenden bis zu drei Viertel – wurde erst kirchlich gesegnet, nachdem auch die Braut schon sichtlich gesegnet war. Promiskuität, die Verführung junger Mädchen, sogar Inzest waren keineswegs unbekannt. Wagner und seine helfenden Amtsbrüder waren entsetzt, aber nicht besonders erstaunt. Armut hieß eben nicht nur Übervölkerung und Krankheit, sondern zwangsläufig auch die Freisetzung von Triebregungen, das Fehlen jeglichen hemmenden Einflusses – kurzum, die krasseste Mißachtung christlichen Anstandes und christlicher Sitte. Doch hinterläßt Wagners Erhebung den Eindruck, daß die deutsche Landbevölkerung sich an ihrer sexuellen Situation kaum störte.[28] Freud hatte recht: Verfeinerung und Kultur erforderten aufwendige Opfer. Romantik war ein Luxus für jene, die ihn sich leisten konnten.

Waren nun auch die Bemerkungen der Armen über die Liebe normalerweise linkisch und stereotyp, mochte es den Armen an Zeit und Kraft fehlen, die Liebe voll und ganz auszukosten: sie konnten sie doch auch ebenso intensiv und schmerzlich erleben wie jeder etablierte Bürger. Anfang der sechziger Jahre des 19. Jahrhunderts diktierte ein namentlich nicht bekannter Straßenarbeiter einem Journalisten seine Erinnerungen. Er entsann sich, als junger Mann mit einem stämmigen, hart arbeitenden, häuslichen Mädchen zusammengelebt zu haben, das er zärtlich seine «kleine Maus» nannte. Aber sie war gestorben – hatte sich zu Tode geschuftet, wie er glaubte. «Danach war mir sehr betrübt zu Mute, und ich kam zwei Jahre lang nicht recht darüber hinweg.» In Wirklichkeit dauerte seine Trauerarbeit noch länger. Mehrere Jahre lang hatte er «keine getroffen, die mich gekümmert hätte». Schließlich begegnete er Anne, in der er sogleich seine künftige Frau erträumte. Die beiden gingen ein paar Wochen miteinander und heirateten dann. «Manche Leute sagen: Heirate, und du machst dich unglücklich», kommentiert der Straßenarbeiter. «Aber ich kann nur sagen, es war das glücklichste Tagewerk, das ich in meinem Leben getan habe.» Es war Liebe auf den ersten Blick. Seine Anne brachte Stetigkeit in sein Leben und kurierte ihn von seiner Trunksucht: Es waren die beiden Gründe, die viele Arbeiter für den Wunsch nach Verehelichung angaben. Doch als sie einmal schwer erkrankte und ein Jahr lang nicht arbeiten konnte, pflegte er sie aufopferungsvoll und verrichtete sogar «unmännliche» Arbeiten: Er kochte, besorgte den Hausputz und bereitete Annes Haferschleim zu.[29] «Diese Art Leute», wie Steerforth sie nannte, waren ersichtlich fähig zu Zärtlichkeit und dauerhafter Zuneigung. Das Wort «Liebe» nahm sich seltsam aus, wenn es aus ihrer Feder floß und sie ihre «neuen Liebesleidenschaften» ansprachen, «Glück u. Segen des Liebens» oder den Zustand, wie sie sich «Hals über Kopf verlieben». Ein Arbeiter aber fand den Ausdruck *«I was fond of my wife Has a Cat is of New Milk* [ich mochte meine Frau gern, wie die Katze die frische Milch]» – eine rechte Perle des treffenden Ausdrucks unter vielem literarischem Flitter.[30] Daß auch Arbeiter tiefe Bindungen eingehen konnten, steht außer Frage.

Die Liebe der Unterschicht, wie immer sie sich ausdrücken mochte, unterlag dem Druck liebloser Umstände. Oft wurde sie von diesen Umständen schier überwältigt. Bezeichnenderweise greift der Straßenarbeiter, der seine Ehe rühmt, zur Metapher des Tagewerks – das glücklichste Tagewerk, das er in seinem Leben getan habe. Der Chartist John Bezer, ein hochgemuter Autor, überschrieb ein Kapitel seiner Autobiographie mit «Liebe, Ehe, Bettelei». Es war ein Zusammenspannen von Gegebenheiten, das im Leben der Arbeiter nur allzu häufig war. Die Ehe bot die magersten Möglichkeiten und die knappsten Mittel für ein gelassenes Sich-Lieben. Gefürchtete Perioden der Arbeitslosigkeit, noch mehr gefürchtete Zeiten der Krankheit, Arbeitsunfälle, die wiederholte und kumulative Last der Mutterschaft, ganz zu schweigen von den jämmerlichen Löhnen, über die hinauszukommen nur die tüchtigsten Arbeiter hoffen durften – dies alles machte die Gründung einer Familie zu einem riskanten, oft ausgesprochen gewagten Unterfangen. Die Unkenntnis von Methoden der Empfängnisverhütung oder die Ungeschicklichkeit bei deren Anwendung stellten so manches junge Paar vor eine vollendete Tatsache, an der sie keine Freude hatten. Oft war der junge Liebende so gefühllos, von seiner schwangeren Braut eine Abtreibung zu verlangen. Andere, wie Moritz Bromme, heirateten sie. Aber dem Kind einen Namen zu geben, war *eine* Sache; inmitten all der Entbehrung das Glück zu finden eine ganz andere. Brommes Autobiographie enthält ein Kapitel, in dem er eingehend sein Eheleben schildert. Frohe Empfindungen wurden durchsetzt von nagendem Elend. Eine gewisse Unvereinbarkeit des Geschmacks und der Interessen führte immer wieder zu Verstimmungen zwischen Mann und Frau. Wie Bromme großmütig zugesteht, war seine Frau im Grunde eine herzensgute Natur; doch der Umstand, daß es an all und jedem fehlte, sowie die nervenaufreibende Ungewißheit machten sie von Zeit zu Zeit rasend. Die meisten Streitigkeiten hätten sich leicht beilegen oder sogar vermeiden lassen, wenn mehr Geld im Haus gewesen wäre.[31]

Das Verhältnis mit Luise, in das Holek getrieben wurde, ist ein weiteres bewegendes Zeugnis jener Traurigkeit, von der ich sprach. Luise, die tugendsame Jungfrau, die so erhaben war über ihre schäbige kleine Welt, und Holek, der sie bewunderte, weil sie frei war von der sexuellen Aggressivität der anderen Arbeiterinnen, waren höchst zaghafte Liebende. Holek schwor sich, die Unschuld des Mädchens zu achten.

Doch im Laufe der Monate wurde seine Verliebtheit immer größer, und auch Luise begann, auf seine unverkennbare Erregung zu reagieren. Die beiden wurden immer unersättlicher, immer freier und kühner. Sie suchten die Einsamkeit für ihre Umarmungen. Manchmal, wenn beide einander lange genug ihre Treue versichert hatten, verfielen sie in tiefes Schweigen: Die Triebe regten sich mit Macht und wollten sich nicht bändigen lassen. Schließlich zeigten Holek und Luise, daß auch sie nur Menschen waren. Holek brach seinen Eid, und Luise vergaß ihre Unschuld. Das Paar lebte danach sieben Jahre in (wie es im Deutschen so malerisch heißt) «wilder Ehe», bis sie ihren Bund endlich auch «vor Gott» schlossen.[32]

Diese Art von Verhalten stieß auf viel ehrsame Empörung. Man beklagte die rücksichtslose Promiskuität der unteren Schichten, ihr unsittliches Gebaren bei Tanzveranstaltungen, die beunruhigende Zahl unehelicher Kinder, die sie in die Welt setzten. Diese Kritik hatte einen reellen Kern, aber es schwingt in ihr auch die Angst über das sexuelle Abschneiden des Bürgertums mit. Sie nimmt sich mitunter wie der pure Neid aus, der ja schließlich auch eine Form von Angst ist. Doch enthält solches Moralisieren auch ein Gefühl des Stolzes. Natürlich wäre es in jener Zeit nur den wenigsten Mittelschichts-Paaren eingefallen, eine unerlaubte Verbindung einzugehen, auch wenn es die allzu Ungeduldigen gab, die ihre Beziehung schon in der Verlobungszeit vollzogen. Was aber die Liebe von Wenzel und Luise Holek grundsätzlich von jener zwischen Charles und Fanny Kingsley unterscheidet, ist der wesentliche Grundton ihrer amourösen Erfahrung. Die Bindungen der unteren Klasse waren von einem dumpfen Dulden und Harren, einem starken Gefühl der Resignation geprägt, was die sexuelle Betätigung nur zu einer weiteren unwiderstehlichen Lebensmacht werden ließ. Auch die Liebenden der Mittelschicht hatten ihren Streit, ihre Rückschläge, ihre Frustrationen. Trotzdem blieb es im wesentlichen dem biederen Bürger vorbehalten, seine sinnlichen Erfahrungen in glühende Metaphern zu kleiden und sie «köstlich» zu nennen, den kleinen Himmel nach dem Abendessen zu erinnern, gemeinsam in das Paradies einzutreten, vor Liebesfreude über das Sofa zu hüpfen.

2. Abschließende Gedanken: Der verliebte Löwe

Unter den Skulpturen, die 1851 die Weltausstellung im Londoner Glaspalast schmückten, befand sich auch eine Gruppe des belgischen Bildhauers Guillaume Geefs: *Der verliebte Löwe* (vgl. Abb. 17). Wie andere

Kunstwerke in diesem peinlich genau organisierten Dschungel aus Maschinen, Möbeln und sonstigen Hervorbringungen des menschlichen
Geistes, diente auch diese Plastik als Mahnmal für das Streben des
19. Jahrhunderts nach Höherem, als Inbegriff moderner Kultivierung.
Der verliebte Löwe zeigt eine dralle, unbekleidete Frau, die auf dem
Rücken eines Löwen sitzt. Das Tier schmachtet sie mit seinem Blick an,
während sie ihm die Klauen beschneidet. Geefs war in jenen Jahren
immerhin so bekannt, daß ihn die Zeitschrift *Art-Journal* in ihrer ver-
schwenderisch illustrierten Sondernummer zur Weltausstellung als «her-
vorragend» ansprechen konnte. Im inoffiziellen Katalog bildet die Zeitschrift noch zwei andere Stücke ab, die Geefs ausgestellt hatte. *Der
getreue Bote* stellte «ein von seinem Liebsten getrenntes griechisches
Mädchen dar, das die Brieftaube füttert, die gerade vom Überbringen
einer Liebesbotschaft heimgekehrt ist». Die Geschichte, befand das *Art-
Journal*, sei «mit anmutiger Schlichtheit erzählt». Was das andere Expo-
nat betreffe, so habe Geefs das Thema «der schönen alten Volkslegende
um Genoveva von Brabant entnommen; fälschlich der Untreue geziehen,
wird Genoveva samt dem Säugling von ihrem Herrn zu den wilden
Tieren des Waldes gejagt, wo ihr ein Reh beisteht, bis ihre Unschuld
erwiesen ist». Auch hier betont der Kommentar das erzählerische Moment: «Die Geschichte ist einfach und rührend erzählt, die Gruppe von
dem erfahrenen Künstler gut komponiert.»[33]

Nach diesen drei Beispielen seines Schaffens zu urteilen, bevorzugte
Geefs sinnträchtige Frauen, vor allem als aktiven Teil einer intimen
Paarbeziehung – Frau und Löwe, Frau und Taube, Frau und Kind –,
wobei die Frau, spärlich bekleidet, die Komposition beherrscht. Sein
beachtlicher Ruhm bei den Zeitgenossen beruhte jedoch nicht auf Allegorien, sondern auf Denkmälern und Porträtbüsten, immer in anständiger
Gewandung. 1805 in Antwerpen geboren, lernte Geefs sein Handwerk
auf die traditionelle Art, in den Ateliers von Meistern in Antwerpen und
Paris. In den zwanziger Jahren begann der beeindruckend mühelos
arbeitende und sofort beliebte Künstler, aus der Kunst des öffentlichen
und privaten Porträts ein einträgliches Gewerbe zu machen. Als er auf
dem Höhepunkt seiner Karriere stand und sich vor Aufträgen nicht
retten konnte, mußten seine fünf Brüder, ebenfalls Bildhauer, ihm in der
Werkstatt helfen. Ein ausgezeichneter Kenner der belgischen Kunstgeschichte, Paul Fierens, hat ihn als *den* Künstler schlechthin eines bürgerlichen Zeitalters bezeichnet. Ein durch und durch anständiger Kerl, war
er «guter Staatsbürger, selbst ein Bürger, reich und angesehen (der Sohn
eines Bäckers aus Borgerhout), trefflicher Gatte, großer Reisender, Bildhauer von Königen, Königinnen, Ministern, Generälen, Akademiemit-

gliedern, Großindustriellen und schönen Damen der Gesellschaft».
Geefs' Technik war makellos. Er konnte Stoffe – Uniformen, Dekoratio-
nen, Stiefel – so gut wie nur irgendeiner wiedergeben. Nach einiger Zeit
jedoch, bedauert Fierens, sei Geefs in «die Mittelmäßigkeit, die Plattitü-
de» abgesunken. Und er nennt den *Verliebten Löwen* als deprimierendes,
«unerträgliches» Beispiel für die sentimentale Ader Geefs'.[34] Das mag
wohl sein. Aber Geefs' Gipsgruppe reicht tiefer hinab in die Welt seiner
Phantasien als das geschickte, vielgerühmte Standbild eines zeitgenössischen belgischen Staatsmanns, des Generals Belliard. Als Kunstwerk
vielleicht etwas peinlich, eröffnet *Der verliebte Löwe* verlockende Ausblicke auf seine Kultur. Naiv spielt es auf der Klaviatur eines unverbilde-
ten Empfindens.

Der Zeugniswert von Geefs' allegorischer Komposition wird durch
ihre weite Verbreitung nur unterstrichen. Das Thema verselbständigte
sich. Der liebenswürdige, aber durchaus zweitrangige Maler Abraham
Solomon zeigte 1858 in der Royal Academy einen scherzhaft gemeinten
Verliebten Löwen (Abb. 16). Ein ernster, viriler Mann, umgarnt von
einem verschmitzt-schamhaften, still frohlockenden weiblichen Wesen,
dem er die Wolle hält: an diesem Thema hatte das Zeitalter seine Freude.
John Tenniel hatte 1848 die Fabeln Äsops illustriert; der Band enthielt
auch eine reizende Darstellung des *Verliebten Löwen*. Dasselbe Thema
benutzte Tenniel als Vorwurf für eine Karikatur, die Napoleon III. in der
Gewalt seiner Frau Eugénie zeigte. Auf derselben Weltausstellung, auf
der Geefs seine Allegorie der Domestizierung gezeigt hatte, stellte der
englische Bildhauer John Bell *Una mit dem Löwen* vor (Abb. 18). Den
Text entnahm er der *Faerie Queene*. Dort verkörpert Una die Wahrheit;
auf ihren Wanderungen folgt ihr ein Löwe, den sie durch ihre sanfte
Unschuld gezähmt hat. Zum Nutzen jener, die Spensers Meisterwerk
nicht kannten oder sich nicht mehr daran erinnerten, hatte Bell seiner
Skulptur den Titel *Purity* (Die Reinheit) gegeben. Das *Art-Journal* pries
diese Darstellung als «hochpoetisches Werk».[35] Um die Botschaft jung-
fräulicher Unantastbarkeit zu unterstreichen, schmückte Bell seinen Löwen mit einer unwahrscheinlichen Girlande und einem Täubchen, während Una eine Lilie in der Hand hält. Offenbar fanden Geefs' Zeitgenossen etwas Unwiderstehliches am Sieg milder weiblicher Stärke über rohe
männliche Kraft.

Für Betrachter im 19. Jahrhundert waren solche Gruppen freundliche
Szenen; sie dokumentierten eher heitere Gelassenheit als Konflikt. Die
Zeitschrift *Punch* mit ihrer schwerfälligen Spaßhaftigkeit illustrierte ein
Spottgedicht gegen Verächter der Weltausstellung mit einer fröhlichen
Parodie der Geefsschen Skulptur. Und wenigstens *ein* Besucher der

Ausstellung, dessen Eindruck überliefert ist, fand den *Verliebten Löwen* höchst erbaulich. «Der König des Waldes, unfähig, dem verführerischen Liebreiz einer nackten Frau zu widerstehen, die auf seinem Rücken sitzt und ihn mit ihrem Blick fasziniert, läßt es sich ruhig gefallen, daß ihm die Klauen gestutzt werden.» Es sei eine Szene, die «allegorisch die Macht der Schönheit über die wilde Natur darstellt».[36] Die manifeste Darstellung, was immer ihre verborgene Bedeutung sein mag, stützt diese Einschätzung: Der König des Waldes läßt sich ohne mit der Wimper zu zucken und mit einem gleichsam scheuen, schwärmerischen Lächeln die Nägel schneiden.

Diese Freundlichkeit ist um so bemerkenswerter, wenn man an die Fabel Äsops denkt, von der Geefs' Skulptur sich ja letztlich herleitet. Dort verliebt sich ein Löwe besinnungslos in die Tochter eines Wäldlers. Dieser fürchtet sich davor, dem verliebten Tier seinen Wunsch abzuschlagen, will ihm aber auch nicht seine Tochter geben. So willigt er in die Verbindung unter der Bedingung ein, daß der Löwe sich vorher die Klauen ausreißen und die Zähne ziehen läßt, auf daß er die zarte Maid nicht verletze oder erschrecke. Von seiner irrationalen Leidenschaft getrieben, willigt der Löwe törichterweise ein. Kaum ist er aber zahnlos und klauenlos, als der Wäldler ihn mit einer Keule erschlägt – oder ihn, in der matteren, von Tenniel illustrierten Version, davonjagt. Die modernen Ausgaben Äsops, die es für unerläßlich halten, den Fabeln eine Moral anzuhängen, warnen vor blinder Liebesschwärmerei, die die jungen Leute in unüberlegte Ehen treibt. Die meisten Menschen im 19. Jahrhundert dachten sich die Liebe jedoch eher als wohltätige Macht, die die Menschen eint, nicht sie entzweit. Für Besucher der Weltausstellung hatte der verliebte Löwe eine angenehme, kulturell brauchbare Nutzanwendung – ähnlich jenen Offizieren und Gentlemen auf Gemälden und Lithographien, die von wohlerzogenen Mädchen gezähmt wurden.

Es wäre eine verkürzte Deutung, wollte man sich mit dieser mäßig amüsanten, oberflächlichen Interpretation des *Verliebten Löwen* begnügen. Lohnender ist es, die Skulptur als Traum in Gips zu betrachten: Wie ein Traum verbirgt sie enorme Konflikte hinter einer malerischen Fassade und verdichtet ein ganzes Bündel von Bedeutungen zu einer einzigen, prägnanten Aussage. Sie stellt einen Wunsch als Faktum hin. Geefs' Gruppe, stark überdeterminiert, berührt eines der Hauptthemen dieses Bandes: das ständige Ringen der Mittelschichts-Kultur zwischen Offenheit und Heimlichtuerei; die Tendenz zum Moralisieren in allen Bereichen des Lebens einschließlich der Kunst; die Neigung, explosive erotische Themen dadurch zu entschärfen, daß man sie in eine akzeptable Form goß. *Der verliebte Löwe* sagt uns etwas über die Ambiguität, die

im Jahrhundert des Wandels das Verhältnis von Freiheit und Beherrschung im Bereich der Liebe kennzeichnete.

Um das Offensichtlichste vorwegzunehmen: Geefs' *Verliebter Löwe*
ist ein Kunstwerk, und als solches ist in ihm die «Doktrin der Distanz»
wirksam. Es ist ein aufschlußreiches Beispiel dafür, wie Künstler im
19. Jahrhundert sich gleichsam die Erlaubnis erpreßten, einen nackten
Körper in seiner ganzen verführerischen Schönheit zu zeigen. Dies war
bekanntlich eine besonders beliebte und wirksame Methode der bürgerlichen Kultur, jene Art von sinnlicher Information zu übermitteln, an die
im «richtigen» Leben schwer heranzukommen war. Indem sie die Reize
der menschlichen Gestalt in das schickliche Gewand der Mythologie, der
Geschichte oder der Allegorie hüllte, stellte die Kunst diese Reize
ungestraft zur Schau. Das bedeutete, daß sie erotisch expressiv sein
konnte, während sie zugleich ganz ernsthaft versicherte, erhabene Ziele
zu verfolgen.[37] Es ist ferner bemerkenswert, daß *Der verliebte Löwe*
fleischliches Wissen nicht nur dadurch vermittelt, daß ein attraktiver Akt
als reizendes oder rein dekoratives Objekt dargestellt wird. Die Gruppe
verkündet auch eine Lehre, die zwar kritischen Geistern banal erscheinen
mag, aber als ihrem Wesen nach moralisch galt.

Die Skulptur impliziert doch mehr als nur eine verschmitzte Art, feste
Brüste und runde Hüften vor gemischter Gesellschaft auszustellen. Es
scheint durchaus nicht abwegig, sich die Frage vorzulegen, ob die
Handlung wirklich so harmlos ist, wie behauptet wird. Was die Frau tut,
deutet, unbehaglich genug, auf eine verkappte Kastration. Falls dem so
ist, kann das nicht Geefs' angstserfüllte Reaktion auf die Frauenbewegung
gewesen sein: *Der verliebte Löwe* entstand um die Mitte des Jahrhunderts, als der Feminismus noch in den Kinderschuhen steckte und
jedenfalls noch nicht Belgien erreicht hatte. Gewiß, das verschlingende
Weib war ein durchgängiges Thema in Kunst und Literatur des 19. Jahrhunderts – man denke an die männermordende Sphinx Gustave Moreaus,
die mörderischen Madonnen Edvard Munchs, die vermännlichten Zank-
teufel der Witzblätter, die krähenden Hennen amerikanischer Leitartikler. Aber dieses Thema war nur beiläufig eine Reaktion auf die Kampagne
für die Rechte der Frau. Gewiß, jene Pastoren und Journalisten, Soziologen und Politiker, die 1848 über die in Seneca Falls versammelten
Feministinnen herzogen, sahen im Feminismus einen wohldefinierten
Angriff gegen die männliche Vormachtstellung in der Welt, im Salon und
zweifellos auch im Bett. Aber die berühmteren Darstellungen der Frau
als eines Ungeheuers hatten doch verzweigtere Wurzeln. In einem Zeitalter, da die Avantgarde in Malerei, Dichtung und Philosophie zunehmend
den Kontakt zu einem mit akademischen Idealen und traditionellen

Sujets großgewordenen bürgerlichen Publikum zu verlieren begann, war es meist nur noch Zufall, wenn sich talentierte Rebellen mit furchterfüllten Männern verbündeten. Das psychologische Universum, das Munch gemeinsam mit Geefs bewohnte, war weiträumig. Das soll nicht heißen, daß neue Künstler und Schriftsteller des Jahrhunderts nicht fähig gewesen wären, die Tiefen der menschlichen Seele und das, was sie beschäftigt, auszuloten. Doch was diese Künstler und Schriftsteller einfingen und darstellten, waren weit weniger die zeitgebundenen Probleme des zeitgenössischen Bürgertums als universelle, zeitlose, männliche Sorgen und Belange. Was das Zeitalter in dieser Hinsicht von anderen unterschied, war nicht, daß es die Männer lehrte, die Frauen zu fürchten, sondern daß es ihnen erlaubte, ihre sexuelle Misere in ihre Arbeit einfließen zu lassen und ihre Kunst in nie gekannter Weise als Ausdrucksmittel zu gebrauchen.

Die Mode der *femme fatale* im 19. Jahrhundert offenbart daher weniger die Drohung des Feminismus als die Konturen einer liberalen Kultur. Diese Mode und dieser Feminismus waren gleichermaßen die Folge von Konflikten jener Zeit, in der sie aufkamen. Es war eine Kultur, die starr traditionelle Positionen verteidigte. Der Bürger des 19. Jahrhunderts bestätigt das Diktum Freuds, daß niemand gern auf ein einmal genossenes Vergnügen verzichtet. Aber diese Kultur war auch flexibler als ihre Vorgängerinnen; die Aussicht auf neue Vergnügungen lud dazu ein, etwas zu wagen. Der wechselhafte Verlauf und schließliche Sieg der Frauenbewegung beweist die Fähigkeit vieler Bürger, ihre kulturellen Abwehrhaltungen zu überdenken und ihre sozialen Ideale zu revidieren. Einflußreiche Männer rangen sich zu der Erkenntnis durch, daß der Engel im Hause erstens kein Engel war und zweitens nicht im Hause bleiben mußte. Zugleich zeugt die Unmenge von Gedichten und Gemälden über den Beutejäger Weib von der Fähigkeit einer liberalen Kultur, delikate und schwierige Probleme zu sondieren, die mit einem ziemlich großen Maß an Freizügigkeit an einige der bestgehüteten Geheimnisse männlicher Sexualität rührten. Nur die wenigsten von jenen, die in der Öffentlichkeit ihre Seelenqual angesichts der gefährlichen Frau bekundeten, wurden dafür zensiert oder gar zensuriert, daß sie ihre Narben oder Wunden zeigten. Die liberale Kultur des 19. Jahrhunderts war erfüllt von Angst. Aber sie war reif und zugleich beunruhigt genug, um ihre Ängste zu öffentlichem Bewußtsein kommen zu lassen.[38]

Mit einem Wort, die Bürger waren gezwungen, sich mit der obersten und vertrauten Realität des 19. Jahrhunderts auseinanderzusetzen: den Anforderungen des Neuen. Alle meine Kronzeugen, von John Stuart Mill bis zu Walter Bagehot, von Alexis de Tocqueville bis zu Emile Zola, von Jacob Burckhardt bis zu Hans von Bülow, stimmten darin überein, daß sie in einer nervenaufreibenden Zeit des Übergangs lebten, einer Zeit, in der der Antrieb zur Veränderung und die Notwendigkeit einer Kontrolle nicht zu übersehen waren. Und je drängender jener Antrieb, desto gebieterischer diese Notwendigkeit. Es ist ein Gemeinplatz, wenn man sagt, die Geschichte sei das Register des Wandels, aber er war niemals so wahr wie im 19. Jahrhundert. An allen Fronten des Fühlens und Handelns machte sich der Druck des Übergangs bemerkbar; auch in der Liebe. Wer vor der Eisenbahn gelebt habe, meinte Thackeray einmal, habe vor der Sintflut gelebt. Und man könnte hinzufügen: Vor der modernen Empfängnisverhütung oder der modernen Hygiene gelebt zu haben, muß genauso vorsintflutlich gewesen sein. Die vielbesungene Solidität des bürgerlichen Lebens war daher ebensosehr hastig errichtete Abwehr wie glücklich erreichtes Ziel. Jene erwartbare Durchschnittsumwelt, von der der Psychoanalytiker Heinz Hartmann gesprochen hat, war, was das 19. Jahrhundert betrifft, auf den Treibsand der Innovation gebaut.

Keineswegs alle Innovationen waren unwillkommen. Aber es war doch eine der weitreichenden Entdeckungen des 19. Jahrhunderts, daß gute Nachrichten ebensosehr Angst auslösen können wie schlechte. Plötzlicher Wohlstand ist ebenso schwer zu verkraften wie drastischer wirtschaftlicher Niedergang. Psychologen und Soziologen haben es entdeckt: Zu allen Zeiten, auch zu den besten, darf die Menschheit ihre Freuden nur im Konflikt genießen, und unter strenger Beschneidung ihrer Wünsche. Der Preis des menschlichen Überlebens ist der geopferte Instinkt. So ist das menschliche Los ein paradoxes: Männer und Frauen können nicht ohne Zivilisation leben; aber das Leben in einer Zivilisation läßt sie immer auf schmerzliche Weise unbefriedigt. Deshalb sind die Zwänge, die die Kultur auferlegt, zugleich unentbehrlich und unbeliebt.

Diese Paradoxa galten für die bürgerliche Liebe nicht weniger als für andere Aspekte des bürgerlichen Daseins. Liebe ist, wie wir sahen, der sprichwörtliche Feind der Ordnung. Sie verachtet altüberkommene Hindernisse, tritt heilige Regeln mit Füßen. Doch birgt sie auch das Versprechen von Sicherheit und Dauer in sich. In ähnlicher Weise reibt sich das sexuelle Begehren an allen Kontrollen; es ist ungeduldig bei Aufschub, anmaßend gegen soziale Fesseln. Doch wie die Bürger sehr wohl wußten, wenn sie es auch nie so kraß aussprachen, ist solches Begehren der Liebe wesentlich. Liebe ohne dauerhafte Zuneigung ist blanke Lust; Liebe ohne erotisches Begehren «bloße» Freundschaft. Das Problem war, beide im richtigen Verhältnis und in anständiger Verkleidung zu haben. «WAS IST LIEBE?» fragte Dr. George Napheys Ende der sechziger Jahre des

19. Jahrhunderts. Und er sprach nicht für eine wagemutige Minderheit, sondern für die Mehrheit der respektablen öffentlichen Meinung, wenn er zur Antwort gab: «Sie ist von gespaltener Natur. So wie wir eine unsterbliche Seele besitzen, aber einen Körper aus Lehm», so hat «auch die Liebe eine physiologische und eine sittliche Seite.» Sie umfaßt die Empfindung, die dem Erwachsenen die Sehnsucht nach Ehe und Nachwuchs eingibt. Aber: «Die Natur, so wohltätig gegen jene, die ihren Vorschriften gehorchen, wie erbarmungslos gegen jene, die sie mißachten, hat dieser Empfindung der Liebe ein physisches Vergnügen bei seiner Erfüllung mitgegeben.» Die Menschheit ist einer Leidenschaft unterworfen, die «die Liebe des Körpers» ist. Und an einer emotionsgeladenen Stelle verteidigt Napheys diese Liebe: «WÜRDE UND SCHICKLICHKEIT DES GESCHLECHTSTRIEBES.» Doch gibt es auch und ebenso notwendig ein anderes Gefühl, das man als «erhöhte Freundschaft» bezeichnen könnte. Nur die in der Ehe vollzogene Verbindung von beidem ist nach Napheys' Überzeugung wahre Liebe. Keuschheit, bemerkt er streng, ist kein Synonym für Enthaltsamkeit. Vielmehr findet sie sich am häufigsten und glücklichsten unter dem «sanften Joch des Ehestandes».[39] Geefs' Skulptur veranschaulicht diese Definition der Liebe aufs vollkommenste. Der König der Wälder, die Verkörperung roher sexueller Kraft, unterwirft sich bereitwillig der Schönheit, die Anstand, Zartsinn und Zärtlichkeit von ihm fordert, um in Hinkunft glücklich zu leben, die gezähmte Katze der Leidenschaft – vermutlich unter dem sanften Joch des Ehestandes. So gesehen, steht der *Verliebte Löwe* für ein hochgeschätztes bürgerliches Ideal.

Ideale sind Wünsche. Sie sind geläutertes Begehren, anvisierte Ziele, Absichtserklärungen. Sie verdichten das kulturelle Über-Ich zu fordernden Vorschriften oder moralisierenden Kunstwerken. Das erotische Ideal des Bürgertums war, in zwei Worten, eheliche Liebe. Prostituierte besuchen, oder seine Potenz nur bei Sexualpartnern entdecken, die man nicht respektieren kann, oder in die Enthaltsamkeit fliehen, heißt, dieses Ideal verraten. Genau das meinte George Bernard Shaw, wenn er seinem Don Juan das respektlose Bonmot in den Mund legt, die Ehe sei die liederlichste aller Institutionen.

Das Ideal erwies sich auch als sehr anspruchsvoll. Ehrsame Liebende hatten nicht nur mit ihren eigenen Wünschen zu kämpfen, sondern auch mit der vorwurfsvollen Gegenwart hochgesinnter Sittenwächter. Und der Lärm, den die Tadelsüchtigen schlugen, hallte zugegebenermaßen laut genug wider. Er hat seinen Eindruck auf die Chronisten des 19. Jahrhunderts nicht verfehlt. Sie denken zwangsläufig (und sehr zum Schaden der Mittelschichten) an George Moores energisch-wütenden Protest mit dem bezeichnenden Titel *Literature at Nurse* (Literatur am Gängelband). Sie denken an prüde Lektoren und Leihbüchereien; an die wirksamen Späße auf Kosten des satt-selbstzufriedenen deutschen Spießers im *Simplizissimus*; an die Prozesse gegen Henry Vizetelly wegen seiner englischen Ausgabe von Zolas *La Terre*, die nicht sauber genug war; und an den wortgewaltigen Widerstand, an die zornigen bürgerfeindlichen Kreuzzügler und Heucheleijäger in vielen Ländern. Wer die bigotte Mittelschicht geißelte, von Lord Byron und Gustave Flaubert bis zu Henrik Ibsen, Friedrich Nietzsche und George Bernard Shaw, tat es nicht aus Geltungsbedürfnis. Es gab viel zu beklagen und zu verspotten: die Selbstgefälligkeit, die oft die liberale Aufgeschlossenheit trübte; die selbstsüchtige Verleugnung unangenehmer Wahrheiten; das Philistertum, das es zuließ, daß originelle Maler und Dichter von der Halbbildung drangsaliert wurden; und die tränenreiche Sentimentalität, die eine unvoreingenommene Erforschung gemischter Motive oder florierender Laster, zeitbedingter Mißstände oder der Sittenverderbnis des Reichtums abwürgte. Die Ausbreitung des Wohlstandes in den mittleren Schichten war nicht nur Glück, sondern auch Gefahr. Verleger, Zeitschriftenherausgeber und Regisseure mußten zu ihrem Nachteil feststellen, daß die Macht berufsmäßiger Saubermänner zum gestaltenden Eingreifen in ihre Kultur nicht zu unterschätzen war: Sie beeinträchtigten erfolgreich die Art und Weise, wie die Bürger des 19. Jahrhunderts über sinnliche Liebe schrieben, sprachen und dachten.[40]

Trotzdem stand der notorisch schlechte Ruf, den diese zornigen, selbsternannten Zensoren der Mittelschichts-Moral genossen, in keinem Verhältnis zu ihrer Zahl und ihrem Einfluß. Sie konnten Thackeray einschüchtern, Baudelaire vor Gericht stellen, Fontane erzürnen. Sie zwangen den volkstümlichen Zeitschriften einen gewissen saft- und kraftlosen Ton auf. Aber sie können ungehemmte Mittelschichts-Liebende wie die Roes oder die Kingsleys nicht zu heimlichen Perversen oder zu Bohemiens abstempeln, die sich, als fromme Christen verkleidet, irgendwie in die bürgerliche Kultur eingeschlichen hätten. Solche Paare waren ungewöhnlich, aber nicht ausgefallen. Der Schatz an Briefen und Tagebüchern, die durch Zufall oder die Unachtsamkeit der Erben auf uns gekommen sind, erlaubt wenig Zweifel daran, daß dieses Jahrhundert von Ausnahmen wimmelte. Man muß sich nur auf diese Paare berufen, um den Ruf der Zimperlichkeit und Prüderie, in dem das bürgerliche Jahrhundert stand, zu unterhöhlen.

Dies alles läuft einfach auf die Feststellung hinaus: Die Mittelschichts-Kultur des 19. Jahrhunderts war elektrisch geladen mit Spannungen und widersprüchlichen Impulsen. Der Eros im schwarzen Rock barst vor Vitalität; er war sich seiner sinnlichen Bedürfnisse genau bewußt, wurde aber zugleich häufig ein Opfer unertreulicher Hemmungen. Das Maß an Sinnlichkeit, über das die bürgerlichen Erforscher des kaum vermessenen Landes der Liebe geboten, definierte die Ausdrucksgrenzen der Skala, die den Ehrsamen in diesem Jahrhundert zu Gebote stand. In Gesellschaft anderer Sterblicher waren die Bürger des 19. Jahrhunderts eher geneigt, vor der Realität zu fliehen, als ihr ins Gesicht zu sehen. Sie waren, menschlich genug, anfällig für den falschen Tonfall der Idealisierung und suchten Trost in der Verdrängung. Aber die Realität ließ sich nicht abschütteln. Sie drängte sich schamlos in die am eifrigsten bewachten Bezirke bürgerlicher Liebe. Auch wenn man es wollte, konnte man nicht leicht die Augen verschließen vor Hunger und Elend und Verkrüppelung, vor der mutwilligen Aggression eines vorzeitigen Todes – durch Epidemien, gefährliche Krankheiten und kaum weniger gefährliche Ärzte – oder eben vor den Problemen und physischen Komplikationen der Empfängnisverhütung und den tödlichen Gefahren des Kindbetts für Mutter und Kind. Die tödliche Verknüpfung der Liebe mit dem Tod, um 1880 zur bequemen Metapher für den Orgasmus und zum abgedroschenen Opernsujet verkommen, war im Leben der Bürger dieses Jahrhunderts eine nur allzu aufdringliche, allzu ernüchternde Realität. So sah die Welt aus, in der ehrsame Liebende gezwungen waren, sich zu bewegen.

Ihr Jahrhundert war eine ernste Zeit, süchtig nach schuldbewußter Rekapitulation ihrer Versäumnisse wie nach gewissenhafter Bemühung um Reform. Aber sie hatte auch ein viel weniger feierliches Gesicht. Ihr ungestümes, rachsüchtiges Über-Ich herrschte keineswegs unangefochten. Selbsterforschung und Selbstbetrug hielten einander unsicher die Waage, im Bereich der Liebe ebenso wie überall sonst. Diese Fragwürdigkeit bestimmt im 19. Jahrhundert das Wirken von Malern und Romanautoren, Komponisten und Gelehrten, Ärzten und Hausfrauen. Aber die außergewöhnlich entschlossene bürgerliche Trennung zwischen Privatem und Öffentlichem macht unser Anschauungsmaterial nur um so interpretationsbedürftiger. Es gibt davon weit mehr – und weit mehr offen Erotisches –, als man uns hat glauben machen wollen. Trotzdem – und diese beiden Schlußfolgerungen gehören zusammen – verlangt das Anschauungsmaterial nach einer Interpretation, die nicht an der manifesten Oberfläche bleibt. Die Mittelschichten wehrten sich gegen das Eindringen der Außenwelt. Sie schrieben ihre Liebesbriefe an strategischen Stellen in einer Fremdsprache und zelebrierten lyrisch ihr Recht auf Geheimnisse. Solche gehemmten und dem Selbstschutz dienenden Akzente begegnen dem Chronisten des 19. Jahrhunderts weit häufiger als die sinnliche Freiheit der Roes und der Kingsleys. Die Männer und Frauen der Mittelschicht hatten im allgemeinen nicht so sehr Hemmungen vor ihren Liebesempfindungen als davor, ihnen Ausdruck zu geben.

So bauten die Bürger des 19. Jahrhunderts zur Abwehr aller Eindringlinge eine Festung um ihre Gefühle und bewachten sie streng. Das macht es dem Historiker schwer, in sie hineinzukommen und ihren Umriß zu zeichnen. Aber diese Verteidigungshaltung der Bürger war ein Tribut an die Leidenschaft; er verriet ingrimmigen Respekt vor ihren Kräften. Sie lädt zu der paradoxen Spekulation ein, daß das bürgerliche Jahrhundert im Innersten erotischer war als andere Zeiten, die unbefangener über ihre fleischlichen Gelüste und Beglückungen sprachen. Hier sei an Eliza Wilsons einigermaßen inständigen Optimismus in dem Brief an ihren Verlobten Walter Bagehot erinnert: «Glückliche Ehen sind nichts Ungewöhnliches.» Ihre Hoffnungen, so dürfen wir nun mit einiger Sicherheit sagen, waren wohl begründet. Bürgerliche Liebende hatten ihr Maß an Einfalt und Versagen. Aber trotz aller Traumata, die ihnen Sexualität und Elternschaft, neugierige Verwandte und das unterirdische Fortwirken einstiger Lieben beibrachten, genossen sie doch auch ihre stillen Triumphe. Die Ehe war nicht nur Quelle von Konflikten, sondern auch Mittel zu deren Lösung. Dem Bürgertum des 19. Jahrhunderts hatte sich Eros oft launisch und schwierig gezeigt. Dennoch war er sehr präsent und überaus begehrenswert. Das Lächeln des Geefsschen Löwen hat nichts Gezwungenes. Zwangsläufig zähmten die Bürger diesen Löwen auf ihre Art, in Weisen des Denkens und Verhaltens, die nicht mehr die unsrigen sind. Wir müssen daher wieder lernen, sie zu deuten, wenn wir uns diese eigentümliche Mischung aus Sinnlichkeit und scheuer Zurückhaltung und die subtilen, rührenden Kompromisse zwischen Trieb und Abwehr vergegenwärtigen wollen, womit sie ihre Liebe in der Phantasie und im Leben bewältigten.

Abkürzungsverzeichnis

BL	British Library
DPT	David-Peck-Todd-Papiere
FB	Familie Beneke
G. W.	Sigmund Freud, *Gesammelte Werke*, Hrsg. Anna Freud, E. Bibring, W. Hoffer, E. Kris, O. Isakower, in Zusammenarbeit mit Marie Bonaparte, 18 Bände, 1940–1968
Int. J. Psycho-Anal.	*International Journal of Psycho-Analysis*
J. Amer. Psychoanal. Assn.	*Journal of the American Psychoanalytic Association*
MLT	Mabel-Loomis-Todd-Papiere
PQ	*Psychoanalytic Quarterly*
PSC	*Psychoanalytic Study of the Child*
St. A.	Sigmund Freud, *Studienausgabe*, Hrsg. Alexander Mitscherlich, Angela Richards, James Strachey, 11 Bände, 1969–1975
Stabi	Staatsbibliothek
Y-MA	Yale University Library, Manuscripts and Archives

Anmerkungen

I. Kontrapunkt

1. Otto Beneke, 7. November 1841, Marietta-Tagebuch, F6, FB, St.-Ar. Hamburg. Am 20. Januar 1858 zitiert Walter Bagehot in einem Brief an seine Verlobte Eliza Wilson dieselbe, nur allzu bekannte Zeile aus dem *Sommernachtstraum: The Love-Letters of Walter Bagehot and Eliza Wilson Written from 10 November 1857 to 23 April 1858*. Hrsg. Mrs. Russell Barrington (1933). S. 126.

2. «Hartley Coleridge» (1852), *The Collected Works of Walter Bagehot*, Hrsg. Norman St. John-Stevas, bisher 9 Bände (1965-), I, S. 170.

3. *Love-Letters*, «Introduction», S. 14.

4. Siehe Otto Beneke, 6. Januar, 27. Februar 1842, Marietta-Tagebuch.

5. 12., 13. November 1841, ebd.

6. 12., 22. November 1841, ebd.; s. auch 19. Dezember 1841 u. 6. Februar 1842.

7. 10., 15. Dezember 1841, ebd.

8. 19. Dezember 1841, ebd.

9. 2. Januar, 6. Februar 1842, ebd.

10. 16. November, 15. Dezember 1841, 25. Februar 1842, ebd.

11. 27. Februar 1842, ebd.; 20. Dezember 1841, 20.–28. Februar 1842, Tagebuch 1840–1842, F6, FB; St.-Ar. Hamburg.

12. 20.–28. Februar, Tagebuch 1840–1842.

13. Sein handschriftlicher Kommentar trägt den Titel: «Schachspieler/gezeichnet und radiert/von/Moritz Retzsch/erläutert/(nach Karl Borromäus von Miltitz)/von/Otto Beneke/1842/für/Fräulein Marietta Banks.» F6, FB, St.-Ar. Hamburg.

14. Freud an Martha Bernays, 27. Juni 1882, 29. August 1883, *Briefe 1873–1939*, Hrsg. Ernst L. Freud (1960), S. 13, 49.

15. Siehe Peter Gay, *Erziehung der Sinne* (1986), S. 92 f.

16. Otto Beneke, 1.–24. Juni, 29. Juni, 16. Juli 1842, Marietta-Tagebuch.

17. Marietta Banks an Otto Beneke, 10. Oktober 1842, F6, FB, St.-Ar. Hamburg; Otto Beneke, 1. Januar 1843, Marietta-Tagebuch.

18. 22., 27. Dezember 1843, 6., 10. Januar 1844, ebd.

19. 27. Dezember 1843, ebd.

20. Hutton an Bagehot, 10. Dezember 1845, Mrs. Russel Barrington, *The Life of Walter Bagehot* (1914), S. 67 f.; siehe auch St. John-Stevas, «Walter Bagehot: A Short Biography», Bagehot, *Works*, I, S. 36; Bagehot an Eliza Wilson, 22. November 1857, *Love Letters*, S. 35.

21. Barrington, *Life*, S. 66; *Love-Letters*, S. 75.

22. «Mädchen»: Alastair Buchan, *The Spare Chancellor: The Life of Walter Bagehot* (1959), S. 93; «The highest spirits»: St. John-Stevas, «Short Biography», Bagehot, *Works*, I, S. 49 Anm.; «Strafe»: «Festus» (1847), ebd., S. 117 f.; «Mutter»: ebd., S. 82.

23. «The First Edinburgh Reviewers» (1855), ebd., I, S. 319, 340, 339, 330; «Hartley Coleridge», ebd., S. 154.

24. Prichard: *A Treatise on Insanity and Other Disorders Affecting the Mind* (1835), S. 157 f.; Esquirol: *Des Maladies mentales considerées sous les rapports médical, hygiénique et médico-légal*, 2 Bände (1838), I, S. 64; Bagehot: «Hartley Coleridge», *Works*, I, S. 154. In Esquirols eigener Anstalt litten 150 von 264 Patienten an erblichem Wahnsinn, und in der Salpêtrière war diese Krankheitsursache, mit 105 von 466 Patienten, die bei weitem häufigste.

25. «Hartley Coleridge», *Works*, I, S. 153; «Percy Bysshe Shelley» (1856), ebd., S. 435, 466; Bagehot an Hutton, 20. September 1847, Barrington, *Life*, S. 168.

26. Siehe Eliza Wilson, Tagebuch, 28. Dezember 1855, 16., 30. Januar, 14. Juni 1856. Im Besitz von Norman St. John-Stevas.

27. Mitunter hatte Eliza Wilson auch mit der entgegengesetzten Taktik Erfolg: Als ihre Mutter einmal am Tage einer großen Tischgesellschaft unpäßlich war, präsidierte sie an der Tafel.

28. Siehe ebd., 29., 30. November 1856, 3. Juni, 26. Oktober, 3., 4. November 1855.

29. *Love-Letters*, «Introduction», S. 16; Buchan, *Spare Chancellor*, S. 100 f.

30. «Papa»: Eliza Wilson, Tagebuch, 2. November 1857, ebd., S. 100; Freud, *Drei Abhandlungen zur Sexualtheorie*, St.-A., V, S. 126; «Über die allgemein-ste Erniedrigung des Liebeslebens», ebd., S. 201; «Das Tabu der Virginität», ebd., S. 223.

31. Otto Beneke, 7. April 1845, Marietta-Tagebuch; Marietta Beneke, Kommen-tar vom 12. April 1885, im Marietta-Tagebuch.

32. Marietta Beneke, Kommentar vom August 1900, im Marietta-Tagebuch.

33. Marietta Beneke, Kommentar vom 12. April 1885 und vom August 1900.

34. Siehe Renate Hauschild-Thiessen in der *Zeitschrift des Vereins für Hamburgi-sche Geschichte* LX (1974), S. 239; Otto Beneke, 28. Januar, 16. März 1849, Marietta-Tagebuch.

35. Otto Beneke, 25. Februar 1842, ebd.

36. Otto Beneke, 5. April 1842, ebd. Zur «Sprache der Blumen» vgl. auch Freuds *Traumdeutung*, St.-A., II.

37. Otto Beneke, 29. Februar, 12. März 1844, Marietta-Tagebuch. Die wiederhol-te Geste kann auch auf nächtliche masturbatorische Phantasien im Zusam-menhang mit Marietta Banks deuten – hinter allem steht sie!

38. Otto Beneke, 25. Juni 1844, ebd.

39. Otto Beneke, 30. Spetember, 26. Oktober 1844, ebd.

40. Freud, *Traumdeutung*, St.-A. II, S. 528.

41. Otto Beneke, 14. Mai 1844, Marietta-Journal.

42. Walter Bagehot an Eliza Wilson, 29. November 1857; Eliza Wilson an Walter Bagehot, 1. Dezember 1857; Walter Bagehot an Eliza Wilson, 31. Dezember 1857; Eliza Wilson an Walter Bagehot, 1. Januar 1858; Barrington, *Love-Letters*, S. 47, 49, 74, 76.

43. Walter Bagehot an Eliza Wilson, 10., 18. November 1857; Eliza Wilson an Walter Bagehot, 23., 20. November 1857, ebd., S. 23, 26, 38, 28.

44. Walter Bagehot an Eliza Wilson, 17. Januar 1858, 4. Dezember 1857; Eliza Wilson an Walter Bagehot, 4. Dezember 1857; Walter Bagehot an Eliza

Wilson, 1. Dezember, 29. November 1857; Eliza Wilson an X, 20. Januar, 3. Februar 1858; Walter Bagehot an Eliza Wilson, 31. Dezember 1857, ebd., S. 119, 58, 60, 55, 46, 121, 167, 73.

45. Walter Bagehot an Eliza Wilson, 25. November 1857; Eliza Wilson an Walter Bagehot, 7. Dezember 1857, 10. Januar 1858; Walter Bagehot an Eliza Wilson [11. Januar 1858], ebd., S. 42, 67, 93, 98.

46. Walter Bagehot an Eliza Wilson, 22. November 1857, ebd., S. 32–37. Den «Satz über das Sofa» dürfen wir ihm glauben, er neigte dazu, seinen Gefühlen körperlichen Ausdruck zu geben.

47. Eliza Bagehot an Edith Bagehot, 23. April 1858; Eliza Wilson an Walter Bagehot, 23. November 1857, ebd., S. 204, 41.

48. «Mr. Clough's Poems» (1862), Bagehot, *Works*, II, S. 250–256.

49. Otto Beneke, Tagebuch, 12. Oktober 1869, F8, FB, St.-Ar. Hamburg; A. Hagedorn, «Beneke, Otto Adalbert», *Allgemeine Deutsche Biographie* XXXXVI (1902), S. 357.

50. Siehe Otto Beneke, Tagebuch, 1., 30. September 1870; 22., 25., 30. Januar 1871; Renate Hauschild-Thiessen, «Hamburg im Kriege 1870/71», *Zeitschrift des Vereins für Hamburgische Geschichte* LVII (1971), S. 34.

51. Otto Beneke, Tagebuch, 15. August 1870; *Hamburger Nachrichten*, 13. Februar 1891, F6, FB, St.-Ar. Hamburg.

52. Otto Beneke, Tagebuch, 15. Juni 1888, F8, FB, St.-Ar. Hamburg. Schon früher, in seinem Buch über «unehrliche Leute», hatte er die relative Vorurteilslosigkeit der Hamburger gegenüber den gesellschaftlich Geächteten früherer Zeiten hervorgehoben: *Von unehrlichen Leuten. Cultur-historische Studien und Geschichten aus vergangenen Tagen deutscher Gewerbe und Dienste, mit besonderer Rücksicht auf Hamburg* (1863), besonders S. 80.

53. 7. Nobember 1844, 7. November 1849, 19. Oktober 1869, 19. Oktober 1890. Marietta-Tagebuch.

54. «The First Edinburgh Reviewers», Bagehot, *Works*, I, S. 313.

55. Wenn ich ihn recht lese, verließ ihn dieser Ton nur einmal, als ihn begreifliche Wut auf Thomas Carlyle übermannte: Carlyle hatte sich hinter den unmenschlichen Gouverneur von Jamaica, Edward Eyre, gestellt, der, nachdem er einen Aufstand der Eingeborenen blutig niedergeschlagen hatte, einen schwarzen Vertreter der Legislative hinrichten ließ und einen blutigen Rachefeldzug begann, der 600 Menschen das Leben kostete. Siehe «Mr. Carlyle on Mr. Eyre» (1866), ebd., III, S. 563 ff.

56. *Physics and Politics* (1872; Ausgabe von 1873), S. 1, siehe *Erziehung der Sinne*, S. 64; «The First Edinburgh Reviewers», Bagehot, *Works*, I, S. 321, 317.

57. Ebd., S. 326; *Physics and Politics*, S. 163.

58. «Erfahrungsunfähig»: «Shakespeare – The Man» (1853), Bagehot, *Works*, I, S. 174; «Klärt auf»: St. John-Stevas, «Short Biography», ebd., S. 71; «Politik»: «Letters on the French *Coup d'Etat*» (1852), Brief III, ebd., IV, S. 48.

59. «Shakespeare – The Man», ebd., I, S. 189; «Letters on the French *Coup d'Etat*», Brief II, ebd., IV, S. 36; «Festus», ebd., I, S. 132.

60. «The Practical Operation of the American Constitution at the Present Extreme Crisis» (1861), ebd., IV, S. 289; «Shakespeare – The Man», ebd., I, S. 174;

«Percy Bysshe Shelley» (1856), ebd., S. 476; «Adam Smith as a Person» (1876), ebd., III, S. 85.

61. «Schreib nicht»: Walter Bagehot an Eliza Wilson, 28. November [1857], Byrnmore Jones Library, Hull University; William Makepeace Thackeray, *The History of Pendennis: His Fortunes and Misfortunes, His Friends and His Greatest Enemy* (1849–1850), the Centenary Biographical Edition of the Works of William Makepeace Thackeray, Hrsg. Lady Ritchie, 26 Bände (1910–1911), III, S. 279f. [Band II, Kap. 21]; «glückliche Ehen»:Eliza Wilson an Walter Bagehot, 10. Januar 1858, *Love-Letters*, S. 91.

II. Zwei Strömungen der Liebe

1. Ich beabsichtige, diesem kulturellen Bürgerkrieg einen eigenen Band zu widmen.

2. «Über die allgemeinste Erniedrigung des Liebeslebens» (1910), *St. A.* V, S. 200, 202.

3. *Plutarch's Morals*, Hrsg. William Godwin (1874), IV, S. 274, in Gay Wilson Allen, *Waldo Emerson* (1981), S. 121; Frances Mary Steele und Elizabeth Livingston Steele Adams, *Beauty of Form and Grace of Vesture* (1892), S. 49, 53. Ich verdanke diesen Hinweis Valerie Steele. F. E. Worland, *Love: Sacred and Profane* (1908), S. 110. In Jane Austens *Emma* (1816; Hrsg. Roland Blythe 1966) sagt die Heldin, Emma Woodhouse, über ihre Freundin Harriet Smith, sie sei «genau das, was jeden Mann entzückt – was seine Sinne bezaubert und zugleich sein Urteil befriedigt» [Kap. 8], S. 90.

4. *Drei Abhandlungen zur Sexualtheorie* (1905), *St. A.* V, S. 46.

5. Pascal: Sully Prudhomme, «Examen du Discours sur les passions de l'amour», *Revue des Deux Mondes* (1890), S. 318–336. Byron [an Lady Hardy, 10. Oktober 1822]. *Byron's Letters and Journals*, Hrsg. Leslie A. Marchand, 10 Bände (1973–1980), X, S. 50.

6. Diderot an Sophie Volland (29. August 1762), *Correspondance*, Hrsg. Georges Roth (Hrsg.), 16 Bände (1955–1970), IV, S. 120. Einen Monat zuvor hatte er über den Geschlechtsverkehr gesagt: «der wollüstige Abgang von ein Paar Tropfen Flüssigkeit», ebd. S. 84.

7. *Culture and Anarchy* (1869; 2. Aufl. 1875), Kap. IV. Diese Formulierungen lehnen sich an Lionel Trilling, *Matthew Arnold* (1939; 2. Aufl. 1949) an. Auf die parteilich-verfälschende Verwendung des Begriffs «Hellenismus» zur Verteidigung der Homosexualität werde ich weiter unten noch ausführlich eingehen, siehe Kap. V, 3.

8. Heinrich Heine, *Sämtliche Werke in zwölf Bänden*, Hrsg. Klaus Briegleb (1976), V [*Die Romantische Schule*], S. 362f.

9. Andreas Capellanus: *The Art of Courtly Love*, Übs. und Hrsg. John Jay Parry (1941), S. 33; C. S. Lewis: *The Allegory of Love: A Study in Medieval Tradition* (1936), S. 15; Augustinus: *Vom Gottesstaat*, Buch XIV, Kap. 18–24. Siehe Peter Gay, *The Enlightenment*, II, *The Science of Freedom* (1969), S. 196 Anm.

10. Taylor: «Commonplace Book»; Cotton: *A Meet Help* (1699), S. 16, Edmund S. Morgan: «The Puritans and Sex», *The New England Quarterly* XV, 4

(1942), S. 592; Pfister an Freud: 18. Februar 1909, *Sigmund Freud – Oskar Pfister, Briefe, 1909–1939*, Hrsg. Ernst L. Freud und Heinrich Meng (1963), S. 14.

11. «Of Commerce», *The Philosophical Works of David Hume*, Hrsg. T. H. Green und T. H. Grose, 4 Bände (Ausg. von 1882), III, S. 293; Diderot an Damilaville (3. November 1760), *Correspondance*, III, S. 216. Diderot beanspruchte diesen Gedanken nicht als sein Eigentum. Er zitierte Madame d'Aine, die Schwiegermutter Holbachs, mit dem Ausspruch: «Es ist unmöglich, die zartesten Gefühle zu untersuchen, ohne dabei auf ein Stück Schmutz zu stoßen.» An Sophie Volland [2. bis 6. oder 8. November 1760], ebd., S. 236. In fortgeschrittenen Kreisen des 18. Jahrhunderts war dies ein vertrauter Gedanke. So schrieb der Marquis de Vauvenargues, ein Aphoristiker und minder bedeutender Denker, den Voltaire unter seine Fittiche nahm: «Große Gedanken entspringen im Herzen» und «Die Vernunft täuscht uns öfter als die Natur», in *Die französischen Moralisten*, Übs. und Hrsg. Fritz Schalk (1962; Augs. v. 1973), I, S. 116.

12. *Le neveu de Rameau*, Hrsg. Jean Fabre (1963), S. 95. Freud fand des öfteren Gelegenheit, diese Beobachtung zu zitieren, so in den *Vorlesungen zur Einführung in die Psychoanalyse* (1917), St. A. I, S. 331 f., im «Fakultätsgutachten im Prozeß Halsmann» (1931), *G. W.* 14, S. 541, und im postumen *Abriß der Psychoanalyse* (1940), *G. W.* 17, S. 119.

13. «Über die allgemeinste Erniedrigung des Liebeslebens», St. A. V, S. 207.

14. *The Passions of the French Romantics* (1910), S. 2 f. – In einem Essay, der im wesentlichen dem Nachweis diente, welchen verderblichen Einfluß Frauen auf die Politik hätten, begeisterte sich Ralph Nevill, ein englischer Vielschreiber, der Bücher über Mode, Reisen und Kunst verfaßte, im Jahr 1912: «Von allen Leidenschaften, die die Menschheit beherrscht und ewig ihr Interesse erregt haben, behauptet allein die Liebe ihre Vormachtstellung, die sie errang, als der erste Mann die erste Frau in seine glühende Umarmung schloß. Weltreiche sind versunken, ganze Rassen verschwunden; aber die ursprüngliche, herzliche Neigung unserer ersten Eltern, von der Natur vor allen anderen Leidenschaften mit Würde bekleidet, bleibt fest bestehen in einer Welt des unablässigen Wandels.» Der Titel des Buches, das so beginnt, lautet passenderweise *The Romantic Past* [Die romantische Vergangenheit] (1912), S. 1.

15. René Wellek, «The Concept of Romanticism in Literary History» (1949), in *Concepts of Criticism*, Hrsg. Stephen G. Nichols, Jr. (1963), S. 180 f.

16. Ricarda Huch, *Die Romantik: Blütezeit, Ausbreitung und Verfall* (2 Bände, 1908, 1911; Augs. von 1951), S. 227, 234.

17. ebd., S. 244 f.

18. Byron: *Don Juan*, Gesang I, 194; Michelet: *L'Amour* (1858; 4. Aufl. 1859), S. 65.

19. Viktor Eremita [= Søren Kierkegaard], *Entweder-Oder. Ein Lebensfragment*. Übs. O. Gleiß (1909), S. 388.

20. William Wordsworth an Mary Wordsworth, 3.–4. Juni 1812, *The Love Letters of William and Mary Wordsworth*, Hrsg. Beth Darlington (1981), S. 229; Coleridge an Henry Crabb Robinson, 12. März 1811, *Collected*

Letters of Samuel Taylor Coleridge, Hrsg. Earl Leslie Griggs, 6 Bände (1956–1971), III, S. 305.

21. Fragment 268. Friedrich Schlegel, *Seine prosaischen Jugendschriften*, Hrsg. J. Minor, 2 Bände (1882), II, S. 247; Fragment 34, ebd., S. 208; *Lucinde* (1799; Ausg. o. J.), Nachwort Jürgen Sang, S. 51.

22. ebd., S. 83 f., 20; Ernst Behler, *Friedrich Schlegel in Selbstzeugnissen und Bilddokumenten* (1966), S. 16.

23. Shelley: aus seinem Essay über freie Liebe, Anhang zu Anm. 9 seiner *Queen Mab*, in *Shelley on Love, An Anthology*, Hrsg. Richard Holmes (1980), S. 45; Byron: 19. Januar 1819, *Byron's Letters and Journals*, VI, S. 92.

24. Stendhal, *Œuvres intimes*, Hrsg. Henri Martineau (1955), S. 60. Der Psychoanalytiker Edmund Bergler hat mit Bezug auf diese berühmte Stelle mit Recht die Frage aufgeworfen, warum Stendhal diese frühe Leidenschaft nicht verdrängt habe. Das wäre ja normalerweise das Schicksal ödipaler Wünsche. Bergler spekuliert, daß dieses Insistieren auf der ödipalen Liebe auf komplizierte Weise Stendhals starke, unbewußte homosexuelle Gefühle verdeckt. Jedenfalls hatte Stendhal gelegentlich aufblitzende homosexuelle Neigungen – die er freimütig niederschrieb. Bergler, *Talleyrand, Napoleon, Stendhal, Grabbe: Psychoanalytisch-Biographische Essays* (1935), S. 78–87.

25. *Über die Liebe*, Übs. Friedrich von Oppeln-Bronikowski, Hrsg. Carsten Peter Thiede (1982), S. 34, 70.

26. ebd., S. 47, 34 ff.

27. ebd., S. 64, 199. Er sagt auch: «Die jungen Amerikanerinnen aus den Vereinigten Staaten sind von vernünftigen Ideen derart durchdrungen und durch sie gestählt, daß die Liebe, diese Blume des Lebens, ihrer Jugend fernbleibt. In Boston kann man ein junges Mädchen mit einem schönen Fremden seelenruhig allein lassen und sicher sein, daß sie nur an die Mitgift des Zukünftigen denkt.» S. 303.

28. ebd., S. 220.

29. ebd., S. 253, 258.

30. ebd., S. 51 f., 55, 105, 229.

31. ebd., S. 267, 91.

32. ebd., S. 54. Auch Jean Stewart und B. C. J. Knight zitieren diese Zeilen aus dem *Sommernachtstraum* (V, 1:8): «Introduction», Stendhal, *Love* (1975), S. 19.

33. *Über die Liebe*, S. 54, 74, 57.

34. ebd., S. 74, 73.

35. [August 1804]. *Correspondance de Stendhal*, Hrsg. Henri Martineau und V. del Lillo, 3 Bände (1962–1968), I, S. 143 f.; *Über die Liebe*, S. 165, 131.

36. Übersetzung von Bernhard Saint-Denis. Die zweite deutsche Übersetzung, aus dem Jahre 1903, war von Arthur Schuring und trug den Titel *Ueber die Liebe*. Weitere französische Physiologen waren Catulle Mendès, *L'Art d'aimer* (1894) [siehe unten, S. 84], und Rémy de Gourmont, *Physique de l'amour* (1903). Vgl. auch des italienischen Vielschreibers Paolo Mantegazza ungeheuer beliebtes Buch *Fisiologia dell' Amore* aus den siebziger Jahren des 19. Jahrhunderts.

37. Siehe Herbert J. Hunt, *Honoré de Balzac, A Biography* (1957), S. 15; «Préfa-

ce» von Maurice Regard zu Balzac, *Physiologie du mariage* (1892; Ausg. von 1968), S. 14.

38. Paul Bourget, *Physiologie de l'amour moderne* (1891), S. III.

39. Honoré de Balzac, *Die menschliche Komödie*, Hrsg. Ernst Sander (1972), XII: *Physiologie der Ehe*, Übs. Heinrich Conrad, S. 794.

40. ebd., S. 790, 797, 795.

41. ebd., S. 798, 805, 822–824. «Seine vielen Liebesaffären pflegte er stets mit den Worten einzuleiten: ‹Ich habe keine Mutter gehabt. Ich habe niemals Mutterliebe gekannt.›» V. S. Pritchett, *Balzac* (1973), S. 25. Die unveröffentlicht gebliebene Version von 1826 wurde 1940 von Maurice Bardèche unter dem Titel *La Physiologie du mariage pré-originale* herausgegeben. Es ist ein wichtiger Text, der die rasche Entwicklung von Balzacs Gedanken belegt.

42. ebd., S. 764, 774, 822, 825.

43. ebd., S. 825–827, 860, 850, 967.

44. ebd., S. 825, 975, 856, 834.

45. ebd., S. 859 ff.

46. ebd., S. 929, 978.

47. Michel Mansuy, *Un Moderne. Paul Bourget de l'enfance au ‹Disciple›* (1960; 2. Aufl. 1968), S. 15.

48. Bourget kennzeichnete dieses Periodikum ironisch als «diese anbetungswürdige Zeitschrift voll Beobachtung und Witz». «Préface», *Physiologie de l'amour moderne* (1891), S. I.

49. ebd., S. 379.

50. ebd., S. 165.

51. ebd., S. 3, 9.

52. ebd., S. 17, 392, 156 f., 98.

53. ebd., S. 148, 187, 305, 169.

54. «Qu'est-ce que la Femme?» *Saturday Review* V (26. Juni 1858), S. 662 f.; V. S. Pritchett, *The Gentle Barbarian: The Life and Work of Turgenev* (1977), S. 107; Hans Herzfeld, «Berlin als Kaiserstadt und Reichshauptstadt, 1871–1945» (1952), *Ausgewählte Aufsätze* (1962), S. 311.

55. Vorwort zu *L'ami des femmes*, in Klaus Heitmann, *Der Immoralismus-Prozeß gegen die französische Literatur im 19. Jahrhundert* (1970), S. 42.

56. *L'Art d'aimer*, S. 10, 236.

57. Wie es der Psychologe Julius Möbius formulierte: Schopenhauer war nicht geschaffen für jene Art der abendländischen Ehe, bei der ein Mann sich an eine Frau ausliefert. «Eine für ihn normale Ehe hätte er nur im Orient schließen können, also blieb ihm nichts übrig, als gelegentlich ein sog. illegitimes Verhältnis einzugehen.» *Über Schopenhauer* (1899), S. 38, 71. In diesem Absatz stütze ich mich stark auf Patrick Gardiner, *Schopenhauer* (1967) S. 16 f.

58. Moebius, *Ueber Schopenhauer*, S. 20.

59. «Über die Weiber», *Parerga und Paralipomena*, Kap. 27. *Arthur Schopenhauer, Sämtliche Werke*, Hrsg. Wolfgang Freiherr von Löhneysen, 5 Bände (1960–1965), V, S. 730, 719 f.

60. «Metaphysik der Geschlechtsliebe», *Die Welt als Wille und Vorstellung, Sämtliche Werke*, II, S. 680 f.

61. ebd., II, S. 682.

62. «Von der Bejahung des Willens zum Leben», ebd., II, S. 730. Ganz ähnlich hatte Byron die Sache gesehen. In dem oben (S. 50) erwähnten Brief an Lady Hardy, in dem er die Liebe als feindselige Transaktion bezeichnet, heißt es weiter: feindselig, aber «sehr notwendig, um Verbindungen zu stiften – oder zu lösen – und das Weltgetriebe in Gang zu halten – aber mitnichten eine Sinekure für die beteiligten Parteien.» 10. Dezember 1822. *Byron's Letters and Journals*, X, S. 50. Und genauso sah später Strindberg die Sache.

63. Julius Reiner, *Friedrich Nietzsche für gebildete Laien* (1901), S. 64 f.

64. 9. November 1910. *Protokolle der Wiener Psychoanalytischen Vereinigung*, Hrsg. Hermann Nunberg und Ernst Federn, 4 Bände (1976–1981), III, S. 57.

65. *Jenseits von Gut und Böse*, Nr. 239, Friedrich Nietzsche, *Werke*, 5 Bände, Hrsg. Karl Schlechta (1972), III, S. 148.

66. *Also sprach Zarathustra*, «Von alten und jungen Weiblein», *Werke* II, S. 602; *Jenseits von Gut und Böse*, Nr. 239, ebd. III, S. 149; *Also sprach Zarathustra*, «Von alten und jungen Weiblein», ebd. II, S. 604.

67. «Aus dem Nachlaß der achtziger Jahre», ebd. IV, S. 300; *Götzen-Dämmerung*, «Wie die ‹Wahre Welt› endlich zur Fabel wurde», ebd. III, S. 409; «Aus dem Nachlaß», ebd. IV, S. 299 f.

68. *Götzen-Dämmerung*, «Moral als Widernatur», ebd. III, S. 411 f.

69. ebd., S. 412; «Aus dem Nachlaß», ebd. IV, S. 505.

70. ebd., S. 433, 344, 365, 316.

71. ebd., S. 162, 514.

72. «Selbstdarstellung» (1925), *G. W.* XIV, S. 86; 28. Oktober 1908, *Protokolle* II, S. 28; siehe auch Freud, «Zur Geschichte der psychoanalytischen Bewegung» (1914), *G. W.* X, S. 53 f. Ich werde weiter unten (S. 350 ff.) auf Freuds Ideen über die Liebe zurückkommen, wenn ich ausführlicher über seine Ansichten hinsichtlich des Ursprungs und des Wesens der modernen Nervosität spreche.

73. Nietzsche, *Jenseits von Gut und Böse*, Nr. 68, *Werke* III, S. 71; von Freud zitiert in der «Psychopathologie des Alltagslebens», *G. W.* IV, S. 163, und in den «Bemerkungen über einen Fall von Zwangsneurose», *St. A.* VII, S. 407.

74. «Angst und Triebleben», *Neue Folge der Vorlesungen zur Einführung in die Psychoanalyse*, *St. A.* I, S. 540. Im ersten Kapitel der *Traumdeutung* gibt Freud einen gründlichen und durchaus anerkennenden Überblick über frühere Schriften zu diesem Thema. Und in dem Buch über den Witz erweist er schon auf der ersten Seite (*St. A.* IV, S. 13) dem Dichter Jean Paul und den Philosophen Theodor Vischer, Kuno Fischer und vor allem Theodor Lipps seinen Tribut. Ohne Lipps, sagt Freud, hätte er sein Buch überhaupt nicht schreiben können.

75. «Zur Geschichte der psychoanalytischen Bewegung» (1914), *G. W.* X, S. 51. Am 1. April 1908 erklärte Freud vor der Mittwochsgesellschaft, er habe ein eigentümliches Verhältnis zur Philosophie, und ihr abstrakter Charakter sei ihm so wesensfremd, daß er darauf verzichtet habe, sie zu studieren. Daher hätten ihn auch Nietzsches Ideen nicht beeinflußt. Als Beispiel für die komplexe Entstehungsgeschichte von Ideen verwies er darauf, daß er den sexuellen Ursprung der Neurosen ursprünglich abgelehnt habe, bis er drei

hervorragende Ärzte davon habe sprechen hören, nämlich Breuer, Charcot und Chrobak. *Protokolle* I, S. 338.

76. «Erniedrigung des Liebeslebens», *St. A.* V, S. 200–202. Freuds Beitrag zu einer Theorie der Kultur untersucht auch das erste Kapitel meiner *Erziehung der Sinne* (1986).

77. «Jenseits des Lustprinzips», *St. A.* III, S. 229.

78. «Erniedrigung des Liebeslebens», *St. A.* V, S. 208.

79. «Zur Einführung des Narzißmus» (1914), *St. A.* III, S. 55.

80. 10. Februar 1848. Mary Lutyens, *The Ruskins and the Grays* (1972), S. 88.

III. Erfahrung – die beste Lehrmeisterin

1. «L'Agitation pour l'émancipation des femmes», *Revue des deux mondes* (1872), Band 5, S. 651. Seit den fünfziger Jahren brachten wohlmeinende Zeitschriften wie die *Revue des deux mondes* in Frankreich sowie entsprechende Blätter anderer Länder eine wahre Flut von klugen, oft besorgten Beiträgen über Bildung, Status und Bestrebungen der Frau. Fast immer wurde dabei in diesen Artikeln darauf verwiesen, daß zur Zeit alles im Fluß und die Stabilität der Sitten und Manieren in den bürgerlichen Jahrzehnten gefährdet sei.

2. Eliza Wilson an Walter Bagehot, 27. Januar 1858. *The Love-Letters of Walter Bagehot and Eliza Wilson*, Hrsg. Mrs. Russel Barrington (1933), S. 148. Mark Twain schrieb 1890, daß «die persönliche Erfahrung das wertvollste Kapital oder Gut beim Bau von Romanen» sei. Offensichtlich gilt dieses Diktum erst recht für die Liebe. Walter Blair und Hamlin Hill, *America's Humor: From Poor Richard to Doonesbury* (1978), S. 303.

3. Stendhal (22. Pluviôse XIII = 11. Februar 1805), *Journal, Œuvres intimes*, III (1955), S. 624.

4. Count Agénor de Gasparin, *The Family. Duties, Joys and Sorrows* (1865; engl. Übs. 1867), S. 16f. Die sechste Auflage dieses sehr bezeichnenden Buches erschien 1869.

5. «Gleichheit»: M. B., «L'éducation ailleurs que chez nous», *Journal des demoiselles*, IIL (1880), S. 119; «Rechte»: Baudrillart, «L'Agitation pour l'émancipation des femmes», S. 677.

6. «Mon Dieu! Welche Unentschlossenheit! Welche Verwirrung! Was soll ich tun?» schrieb die damals 21-jährige Stephanie Jullien an ihren Bruder Auguste, als sie schwankte, welchen ihrer Freier sie erhören sollte. «Ich wünschte fast, daß ich nicht diese Freiheit hätte, daß man mich zwingen würde, mir Befehle erteilte; dann wäre ich wenigstens nicht selber schuld an meinem künftigen Glück oder Unglück.» Familienpapiere Jullien, 39 AP 4, Nationalarchiv Paris. Auf diese Stelle machte mich dankenswerterweise Barbara Corrado Pope, University of Oregon, aufmerksam. Weitere interessante Passagen aus den Jullien-Briefen finden sich bei Erna Olafson Hellerstein, Leslie Parker Hume und Karen M. Offen (Hrsg.), *Women's Lives in Nineteenth-Century England, France, and the United States* (1981), S. 144–149.

7. Marion A. Kaplan, «For Love or Money: The Marriage Strategies of Jews in

Imperial Germany», Leo Baeck Institute, *Year Book XXVIII* (1983), S. 263–300; das Zitat steht auf S. 281.

8. Richard Stites, *The Women's Liberation Movement in Russia: Feminism, Nihilism, and Bolshevism 1860–1930* (1978), S. 6 f.

9. Mann, *Buddenbrooks* (1900), Teil III, Kap. 2; Teil III, Kap. 14.

10. Pomeroy, *The Ethics of Marriage* (1888), S. 46.

11. Siehe Kaplan, «For Love or Money», S. 266 f., 276.

12. St. Clair, *Marriage and Home Life* (1880), S. 10.

13. Isidor Hirschfeld (1868–1937), undatiertes Tagebuch im Leo-Baeck-Institut; in Monika Richarz (Hrsg.), *Jüdisches Leben in Deutschland*, Band II, *Selbstzeugnisse zur Sozialgeschichte im Kaiserreich* (1979), S. 243–250, Zitat auf S. 248. Man beachte auch den Kommentar von Kaplan, «For Love or Money», S. 271.

14. Straus, *Wir lebten in Deutschland: Erinnerungen einer deutschen Jüdin 1880–1933*, Hrsg. Max Kreutzberger (1961), S. 19 f., 81 ff., 104–107. Die Vorstellung, nicht ein Individuum, sondern eine Familie zu heiraten, war keineswegs nur bei deutschen Juden verbreitet. Alexandre Dumas fils kam zu dem Schluß, die Ehe sei «nicht nur die Verbindung zweier Menschen, sondern das Bündnis zweier Familien». Theodor Zeldin, *France 1848–1915*, Band I, *Ambition, Love and Politics* (1973), S. 289.

15. Siehe die scharfsinnige Zusammenfassung in Kaplan, «For Love or Money», S. 266.

16. Pomeroy: *Ethics of Marriage*, S. 46; Acollas: in der Anthologie von John Grand-Carteret, *Marriage, Collage, Chiennerie. Les trois formes de l'union sexuelle à travers les âges* (o. J.), S. 214; Thackeray: *Works*, ed. Saintsbury, IX, S. 493.

17. *Delia. An Elegy* (1773), in *The Works of Anna Laetitia Barbauld*, hrsg. und mit einer Erinnerung von Lucy Aikine (1825), I, S. 92.

18. Freud, *Drei Abhandlungen zur Sexualtheorie* (1905), *St. A.* V, S. 67.

19. Brontë an Gaskell, 20. September 1851, Elizabeth Gaskell, *The Life of Charlotte Brontë* (1857; Ausg. 1919), S. 402 (Kap. 24).

20. Beatrice Webb, *My Apprenticeship* (1926; Ausg. 1971), S. 354. Das war 1889, kurz bevor sie Sidney Webb kennenlernte. Im selben Jahr tat sie «einen Schritt, der mir später als falsch erschien: Ich unterzeichnete jenes aufsehenerregende Manifest von Mrs. Humphry Ward und einigen anderen ausgezeichneten Damen gegen das Frauenwahlrecht» (ebd., S. 353). Aber Beatrice Webb analysierte ihre Entscheidung schnell und scharfsinnig, erkannte sie für mangelhaft und änderte ihre Meinung. Viele andere Frauen brachten es nie soweit.

21. Einige dieser Anwürfe und ihre psychologischen Hintergründe habe ich in Kap. II meiner *Erziehung der Sinne* untersucht.

22. Webb, *My Apprenticeship*, S. 35 f.

23. Ich bin überzeugt – auch wenn dies reine Spekulation bleiben muß, daß eine Ursache für die bedrückenden Schuldgefühle Beatrice Potters der frühe Tod ihres einzigen Bruders war: Er starb im Alter von zwei Jahren. «Dicky» war der einzige Sohn der Potters; Mrs. Potter hing an keinem ihrer zehn Kinder mit größerer Leidenschaft. Mit einem solchen gewinnenden Rivalen an der

Seite wäre es nur menschlich gewesen, wenn die damals vierjährige Beatrice ihm zumindest manchmal eine Krankheit an den Hals gewünscht hätte; in seinem frühen Tod, der Erfüllung ihrer Wünsche, muß sie einen furchtbaren Beweis ihrer eigenen Schlechtigkeit gesehen haben. Wie sehr sie ihrer Mutter verpflichtet war, ahnte sie. Am 13. August 1882, nicht lange nach dem Tod der Mutter, notierte sie sich «Erst jetzt erkenne ich wieviel sie für mich getan hat, wieviele meiner besten Gewohnheiten ich von ihr angenommen habe, wie stark der Einfluß ihrer Persönlichkeit ist, nachdem der Druck fort ist.» *My Apprenticeship*, S. 41.

24. Taschenkalender, 13. März (1874), 11. Juli (1875). Norman und Jeanne Mac-Kenzie (Hrsg.), *The Diary of Beatrice Webb*, Band I, *1873–1892, Glitter Around and Darkness Within* (1982), S. 17, 21.

25. Tagebuch, 16. März (1884), 3., 27. Juni, 15. Juli (1883), ebd., S. 107 f., 88, 89, 91.

26. Taschenkalender, 5. November, 7. Dezember (1883), ebd., S. 95, 100.

27. Taschenkalender, 27. Dezember (1883), ebd.

28. Taschenkalender, 12. Januar (1884), ebd., S. 102 f.

29. Taschenkalender, am selben Tag, ebd., S. 104.

30. Taschenkalender, 29. Juli (1889), ebd. S. 288. Die Herausgeber weisen darauf hin, daß die folgenden acht Seiten herausgerissen waren; so werden wir niemals erfahren, wie Beatrice Webbs endgültiges Urteil über Chamberlain ausgefallen ist. Daß er ihre Phantasie so lange beschäftigen konnte, bleibt erstaunlich.

31. Taschenkalender, 18. November (1888), ebd., S. 266 f.

32. Taschenkalender, 7. März (1889), ebd., S. 275.

33. Siehe Jeanne MacKenzie, *A Victorian Courtship: The Story of Beatrice Potter and Sidney Webb* (1979), S. 31. Ihre Schwestern empfanden genauso.

34. Siehe Bemerkung der Herausgeber, *Beatrice Webb's Diary*, S. 317.

35. MacKenzie, *Victorian Courtship*, S. 76.

36. «Manchmal habe ich Angst und frage mich ganz untröstlich, ob ich von meinem eigenen Standpunkt aus klug gehandelt habe», schrieb sie, über ihre Verlobung nachsinnend. «Aber das Bedürfnis nach einer wärmeren und verantwortungsvolleren Beziehung zu einem anderen Menschen ließ es mir als das Beste erscheinen, auch für mich. Die Welt wird staunen. Oberflächlich betrachtet, scheint es das ungewöhnliche Ende der einst so brillanten Beatrice Potter zu sein..., ein häßliches Männlein ohne Rang und Stand in der Gesellschaft und mit noch weniger Geld zu heiraten, dessen einzige Empfehlung darin besteht, daß er etwas Mitreißendes hat. Und ‹verliebt› bin ich auch nicht, jedenfalls nicht so, wie ich es war. Aber ich sehe etwas anderes in ihm (die Welt würde sagen, das eben sei der Beweis für meine Liebe) – einen feinen Geist und eine Warmherzigkeit, eine Kraft der Selbstunterordnung und Selbsthingabe an das ‹gemeine Beste›. Und unsere Ehe wird sich gründen auf Gemeinschaftlichkeit, auf einen gemeinsamen Glauben und eine gemeinsame Arbeit. Sein Gefühl für mich ist die leidenschaftliche Liebe eines gefühlvollen Mannes, meines die wachsende Zärtlichkeit einer Mutter, mit einer Spur Abhängigkeit der Frau von der Hilfe einer starken Liebe, und im Hintergrund gibt es die herzliche *camaraderie*, den ‹Spaß› des unermüdlichen

Zusammenhelfens zweier junger Arbeiter an derselben Sache.» Taschenkalender, 20. Juni (1891), *Beatrice Webb's Diary*, S. 356f. Man könnte meinen, daß in diesem nachdenklichen Eintrag ein gut Stück Zweck-Optimismus stecke; doch da sich alles so bewahrheitete, wie Beatrice Potter es voraussah, muß man hinzusetzen, daß sie hier nicht nur auf ihre Wünsche, sondern auch auf ihre tiefsten Gefühle horchte.

37. Taschenkalender, 21., 10. Oktober (1891), S. 364, 363.

38. George Bernard Shaw an Ellen Terry, 28. Mai 1897, Christopher St. John (Hrsg.), *Ellen Terry and Bernard Shaw: A Correspondence* (1932), S. 154.

39. Beatrice Webb, *My Apprenticeship*, S. 191; Taschenkalender, 31. Mai (1891), *Beatrice Webb's Diary*, S. 356.

40. 1864 griff die *Saturday Review*, eine grimmige Hüterin der literarischen Qualität wie der britischen Sitten, «die attraktive und lukrative Unanständigkeit der *Times*» an. Die Zeitschrift forderte streng eine «Moralische Abwasser-Kommission. Die Themse ist schon etwas; die *Times* zu säubern wäre ein größerer Gewinn für die Gesellschaft.... Die abstoßenden Berichte von den Scheidungsprozessen, die eklen Einzelheiten der Hurerei und des Lasters, die schmutzigen Annalen des Bordells, die geilen Ergüsse von Ehebrechern und Ehebrecherinnen, das Spinnen von Intrigen, die Tagebücher und Meditationen verheirateter Sünder – das alles gehört heute zu unserem Lebensalltag.» Harold Perkin, «The Origin of the Popular Press» (1957), in *The Structured Crowd* (1981), S. 52.

41. Eine einzige, beißende Satire auf den Bürger als Liebhaber stehe hier als Beispiel für schier unzählige andere Fälle, die im 19. Jahrhundert erfunden (oder beobachtet) wurden. Es geht um den selbstzufrieden-blasierten Händler, die Hauptperson in dem Roman *Max Havelaar* des holländischen Essayisten und Romanciers Eduard Dowes Dekker (lange Zeit international berühmt als Multatuli). «Meine Maximen waren und werden immer sein: Wahrheit und gesunder Menschenverstand», verkündet dieser sinnreiche Held, «natürlich mit Ausnahme der Heiligen Schrift». Romane, Kindergeschichten und das Gerede über romantische Liebe: alles Lüge. «Die Liebe ist ein Segen; man fliegt mit irgend einem geliebten Wesen bis ans Ende der Welt. Die Welt hat ja gar kein Ende; so eine Liebe ist doch alles Unsinn! Niemand kann sagen, daß ich nicht auf gutem Fuße mit meiner Frau stehe – sie ist eine geborene Last & Co., Kaffeemakler – niemand kann unserer Ehe etwas am Zeug flicken. Ich bin Mitglied des vornehmen ‹Artis›-Clubs, und sie besitzt einen indischen Schal, [...] aber trotzdem haben wir doch nie so einer närrischen Liebe gehuldigt, die uns gezwungen hätte, an alle Ecken und Enden der Welt zu fliegen! Wir haben geheiratet, dann haben wir einen Ausflug zum Haag gemacht. Dort hat meine Frau etwas Flanell gekauft, und davon trage ich heute noch Hemden. Weiter hat uns die Liebe nie getrieben. Also ich sage: «alles Unsinn und Lüge!» Weiter konnte der anti-poetische, anti-romantische Affekt nicht gehen. *Max Havelaar* (1895), Anfang des Romans.

42. Meredith, *The Ordeal of Richard Feverel* (1859; revid. Ausg. 1869), S. 2.

43. Richard Holt Hutton, «Memoir» (1877), in Walter Bagehot, *Literary Studies (Miscellaneous Essays)*, ed. Hutton, 3 Bände (1895; Ausg. 1910), I, S. 1.

44. Beneke, «Eine Liebesgeschichte (1768–1772)», *Hamburgische Geschichten und Denkwürdigkeiten*, 2 Bände (1856; 2. und 3. Aufl. 1890), II, S. 378–408.

45. Duhring: *Amor in Society: A Study from Life* (1892), S. 13, 32; Browne: «To Marry or Not to Marry», *Forum* (Dezember 1888), S. 435.

46. Zola: *Au bonheur des dames*, Kap. 5 (1883; Ausg. 1971), S. 161; Lucka: *Die drei Stufen der Erotik* (1913; 12. bis 15. Aufl. 1920).

47. [Mai 1839?], *Lady de Rothschild and her Daughters, 1821–1931*, Hrsg. Lucy Cohen (1935), S. 9.

48. Sydney Smith an Robert Smith, 1798. Alan Bell, *Sydney Smith* (1980), S. 23.

49. Amiel: 24. Juni 1841, 2. Juni 1849, 7. April 1850, *Journal intime*, Hrsg. Bernard Gagnebin und Philippe M. Monnier, bisher 6 Bände (1976-), I, S. 196 f., 466, 690; Karl von Holtei: *Vierzig Jahre*, Band I (1843), S. 318 f.

50. *John Stuart Mill and Harriet Taylor*, Hrsg. F. A. Hayek (1951), S. 253 f.

51. Handschriftlicher Essay über Ehe und Scheidung, um 1832; John Stuart Mill an W. J. Fox, 5. oder 6. November 1833, *J. S. Mill and Harriet Taylor*, S. 74 und 291 Anm., S. 52.

52. Dickens, *David Copperfield*, Anfang von Kap. 44.

53. Michelet: 28. August 1828, *Journal, texte intégral*, Hrsg. Paul Viallaneix, 4 Bände (1959–1976), I, S. 705, 812; Güssfeldt: Notizbuch K I 1, Güssfeldt-Nachlaß, Stabi Berlin; Kingsley: an J. M. Ludlow, 17. August 1849. *Charles Kingsley: His letters and Memories of His Life*, hrsg. von seiner Frau (1876; Ausg. 1879), I, S. 172. Siehe unten, S. 303.

54. Siehe *Erziehung der Sinne*, S. 83–121, 142–159, 165.

55. Koch: 22. April 1838. Nachlaß Karl Heinrich Emil Koch, Karton 1; 17. Mai 1843, ebd., Karton 2, Bamberger: 4. Mai 1844. Nachlaß Bamberger. Beides Stabi Berlin.

56. Arthur Roe an Emma Wickham, 14. Juli, 31. März 1860. Roe Family Papers, Y-MA.

57. Arthur Roe an Emma Wickham, 2. August 1860.

58. Arthur Roe an Emma Roe, 22. Februar 1865.

59. Emma Roe an Arthur Roe, 14., 16. Oktober (1864).

60. Emma Roe an Arthur Roe, 5. Oktober, 28. September, 5. Oktober 1864. Dieser letzte Brief enthält ein merkwürdiges Verschreiben, das zumindest einen Hauch von Ambivalenz gegenüber Roes Vormachtstellung verrät. Sie schreibt: «*All mein Begehren* geht auf meinen *Gatten* – und ich kann mir nicht nicht denken [I can not not think of ...], wie es eine größere irdische Wonne für mich geben könnte, als daß er Glück über mich empfindet. Glück, und Herrschaft über mich ...» Indes erscheint das zweite «not» oben auf der nächsten Seite und hat daher wohl relativ wenig zu bedeuten.

61. Arthur Roe an Emma Roe, 22. Februar, 14. März 1865.

62. Arthur Roe an Emma Roe, 14. März 1865; Emma Roe an Arthur Roe, 28. September 1864.

63. Emma Roe an Arthur Roe, 28. September 1864.

64. Arthur Roe an Emma Roe, 25. Mai 1865.

IV. Das Werk der Dichtung

1. Ich sollte vielleicht darauf hinweisen, daß ich in diesem Kapitel weder Literaturkritik noch Literaturgeschichte treibe, daß ich weder Stil würdige noch Lorbeeren vergebe. Was mich hier interessiert, ist lediglich die Darstellung der Liebe in der erzählenden Literatur des 19. Jahrhunderts. Dabei entnehme ich meine Belege jedem mir tauglich erscheinenden Roman aus diesem Jahrhundert.

2. *Athenaeum*: März 1833, S. 163. Patricia Thomson: *George Sand and the Victorians* (1977), S. 12; Trollope: *An Autobiography* (1883; Ausg. 1953), S. 162.

3. Ebd., S. 123 f. In seinen von Bewunderung erfüllten Vorlesungen über Hardy meint David Cecil: «Alle seine Romane sind Liebesromane. Die Liebe ist das vorherrschende Motiv, das seine Charaktere antreibt. Ein- oder zweimal stellt er einen Helden vor uns hin, der von anderen Wünschen bewegt wird: Jude strebt nach Bildung; Swithins Geschichte wird schon bald zur Liebesgeschichte; und bevor wir nur ein Drittel von Judes Geschichte hinter uns haben, hat er seine geistigen Ambitionen vergessen und geht ganz in der Leidenschaft für Sue auf.» *Hardy the Novelist: An Essay in Criticism* (1943), S. 29 f.

4. James: «The Art of the Novel», *Henry James, The Future of the Novel: Essays on the Art of Fiction*, Hrsg. Leon Edel (1956), S. 14; Mazade: «Revue littéraire. Un roman d'une femme du monde», *Revue des deux mondes* LXVIII (1867), S. 526.

5. J. D. Rutherford und F. W. J. Hemmings, «Realism in Spain and Portugal», *The Age of Realism*, Hrsg. F. W. J. Hemmings (1974), S. 275.

6. Schopenhauer: *Die Welt als Wille und Vorstellung*, *Sämtliche Werke*, II, S. 678; Stendhal: *Über die Liebe*, S. 339; Duhring: *Amor in Society: A Study from Life* (1892), S. 232.

7. *Traumdeutung* (1900), *St. A.* II, S. 266 f. Siehe *Erziehung der Sinne*, S. 58 f.

8. «Der Dichter und das Phantasieren» (1908), *St. A.* X, S. 171 f.

9. Freud, ebd., S. 173, 173 f.; Lewes: Tagebuch, 9. Februar 1859, in Gordon S. Haight, *George Eliot: A Biography* (1968), S. 273.

10. «Gustav Freytag, *Die Ahnen*, Band I–III» (1875), Theodor Fontane, *Werke*, Hrsg. Kurt Schreinert, 3 Bände (1968), III, S. 861 f.

11. Jane Carlyle an John Forster, Dezember 1849, *Letters and Memorials of Jane Welsh Carlyle*, zum Druck vorbereitet von Thomas Carlyle, Hrsg. James Anthony Froude, 3 Bände (1883), II, S. 94; Dinah Maria Mulock, die nochmalige Mrs. Craik, schrieb einige Kinderbücher, die lange Zeit beliebt waren, und einen berühmten Roman: *John Halifax, Gentleman* (1856).

12. John Forster, *The Life of Charles Dickens* (1872–1874; Hrsg. Andrew Lang, 2 Bände, o. J.), II, S. 361.

13. Pontmartin: «Le roman et les romanciers de 1861», *Revue des deux mondes* (1861), S. 701 f.

14. Alex. Innes Shand: *Half a Century, Or Changes in Men and Manners* (1888), S. 241; Goncourt: August 1858, Edmond an Jules de Goncourt, *Journal: mémoires de la vie littéraire 1851–1896*, Hrsg. Robert Ricatte, 22

Bände (1956–1958), III, S. 41; Todd: Tagebuch I, 1871–1875, MLT, Box 45, Y-MA.

15. 25. Februar 1861; 11. März 1864, *Mary Chesnut's Civil War*, Hrsg. C. Vann Woodward (1981), S. 10, 581.

16. «Just a Nice Story, *The Dial* LIX, Nr. 706 (25. November 1915), S. 471.

17. William Lucas Collins schrieb eine Rezension des *Adam Bede* für *Blackwood's*, die Hauszeitschrift von George Eliots Verleger, und meinte hinterher zu Blackwood: «Ich glaube, ich habe *gut* daran getan, Donnithorne nicht zu erwähnen, wie er mit der Begnadigung angeprescht kommt!» Haight, *George Eliot*, S. 278.

18. Dickens: Vorwort zum *David Copperfield*, Ausgabe von 1869; Arnold: «The Incompatibles», *Nineteenth Century* IX (Juni 1881), S. 1035–1039 passim.

19. *The Personal History of David Copperfield* (1850; Hrsg. Trevor Blount, 1966), S. 716–733 [Kap. 43].

20. In seiner Rezension von *Middlemarch* rühmte Henry James vor allem den «ausgewogenen Gegensatz» zwischen der Geschichte Lydgates und der Geschichte Dorotheas. Beide erzählten von ehelicher Untreue, aber in so unterschiedlichen Verhältnissen und unter einander so entgegengesetzten Umständen, daß der Geist des Lesers zwischen beiden Geschichten mit jenem «äußersten Gefühl der ungeheuren Weite und Vielfalt des menschlichen Lebens unter scheinbar ähnlichen Aspekten» hin- und herwandere, «das hervorzubringen nur den größten Romanen vorbehalten» sei. «George Eliot's ‹Middlemarch›» (1873), *The Future of the Novel*, S. 86.

21. Thackeray: Gordon N. Ray, «*Vanity Fair*: One Version of the Novelist's Responsibility», *Essays by Divers Hands: Being the Transactions of the Royal Society of Literature of the United Kingdom*, n. s. XXV (1950), S. 90 f.; Trollope: *Autobiography*, S. 126.

22. 21. Januar 1864, 12. März 1865, 13. Februar 1862, *Mary Chesnut's Civil War*, S. 546, 762, 288.

23. In diesem Absatz stütze ich mich auf René Wellek, *A History of Modern Criticism 1750–1950*, bisher 4 Bände (1955-), III, S. 15–19; IV. S. 155–180.

24. «Eliot's ‹Middlemarch›» (1873), *The Future of the Novel*, S. 85. Über Thomas Hardy siehe *Erziehung der Sinne*, S. 408.

25. «John Delavoy» (1898), *The Complete Tales of Henry James*, Hrsg. Leon Edel, 12 Bände (1962–1964), IX 1892–11898, S. 419, 420, 424.

26. Boyesen: Henry Nash Smith, *Democracy and the Novel: Popular Resistance to Classic American Writers* (1978), S. 105, 186; Trollope: *Autobiography*, S. 157.

27. Das war die Formulierung eines der Haupteigentümer des Blattes, des gebildeten anglo-katholischen A. J. Beresford Hope. Merle Mowbray Bevington, *The Saturday Review, 1855–1868: Representative Educated Opinion in Victorian England* (1941), S. 16.

28. «The Rose of Ashurst», *Saturday Review* III (9. Mai 1857), S. 437.

29. Anonym: «English Novels», *Fraser's Magazine for Town and Country* XX (Juli–Dezember 1851), S. 375; Shand: *Half a Century*, S. 241 f.

30. «Light Literature in France», *Saturday Review* IV (5. September 1857), S. 219 f.

31. «Leaves of Grass», ebd., IX (15. März 1856), S. 393f.

32. «Wife-beating», ebd., III (16. Mai 1857), S. 447.

33. «Holywell-Street Revived», ebd., VI (21. August 1858), S. 180.

34. «Madame Bovary», ebd., IV (11. Juli 1857), S. 56f.

35. «Mr. Dickens as a Politician», *The Saturday Review* III (3. Januar 1857), S. 8.

36. Louis Proal, *Passion and Criminality in France: A Legal and Literary Study* (1900; Übs. A. R. Allison, 1901), S. V, 306f.

37. Ebd., S. 421, 423. Zu Lemoine siehe Mary S. Hartman, *Victorian Murderesses: A True History of Thirteen Respectable French and English Women Accused of Unspeakable Crimes* (1977), vor allem S. 63, 277. In den zwanziger Jahren unseres Jahrhunderts soll Jimmy Walker, der Bürgermeister von New York, geäußert haben, durch ein Buch sei noch nie ein Mädchen verführt worden. Es gibt denn auch nur wenige und verstreute Anhaltspunkte, die die Verführungskraft von Dichtung belegen. Ein Fall, der das Argument der Zensoren stützt, findet sich in den Tagebüchern Theodore Dreisers: Er berichtet, daß «Lill» zu Besuch kam; «lasse sie einen Blick in ein neues Lexikon der Liebesfreuden werfen, das gerade gekommen ist. Sie wird erregt, will kopulieren. Wir tun es im Hinterzimmer. Lill verabschiedet sich. 2:45 Uhr gehe ich zur Bank.» 6. Juni 1917. Theodore Dreiser, *American Diaries, 1902–1926,* Hrsg. Thomas P. Riggio (1982), S. 165. [Die klassische durch Literatur Verführte ist natürlich Francesca da Rimini: «Zum Kuppler ward das Buch und der's geschrieben. / An jenem Tage lasen wir nicht weiter.» Dante, *Komödie,* Inf. V, 137f. – A. d. Ü.]

38. Proal, *Passion and Criminality in France,* S. 425, 427f.

39. Ebd., S. 438ff., 446.

40. Ebd., S. 676.

41. Auf diese zunehmende «Psychologisierung» des Denkens beabsichtige ich im fünften Band des Gesamtwerks ausführlich einzugehen.

42. *Daniel Deronda* (1876; Hrsg. Barbara Hardy, 1967), S. 288 [Kap. 22].

43. Fromentin an George Sand, *Correspondance et fragments inédits,* Hrsg. Pierre Blanchon (Jacques-André Mérys) (1912), S. 139; *Dominique* (1863; Hrsg. Daniel Leuwers, 1972), S. 3 [Kap. 1].

44. (1880; Ausg. 1960), S. 116 [Kap. 4].

45. *Mademoiselle de Maupin* (1835–1836; Hrsg. Geneviève van den Bogaert, 1966), S. 26f. 45, 50 [Vorwort].

46. Ebd., S. 357 [Kap. 15].

47. Ebd., S. 368–372 [Kap. 16].

48. B. Z.: *Revue de Paris, Bulletin Littéraire* (Januar 1836); Mirecourt: *Contemporains,* VI, «Théophile Gautier», beides in René Jasinski, *Les Années romantiques de Théophile Gautier* (1929), S. 323f.

49. James, «Théophile Gautier», *French Poets and Novelists* (1878; 2. Aufl. 1884), S. 35.

50. *O Primo Bazílio, Episodio Domestico* (1878; 3. Aufl. 1887), S. 7.

51. Ebd., S. 280.

52. Ebd., S. 226.

53. Ebd., S. 303f.

54. Ebd., S. 347.

55. *L'Education sentimentale* (1869), Gustave Flaubert, *Œuvres*, Hrsg. Albert Thibaudet und René Dumesnil, 2 Bände (1951–1952), II, S. 448, 452, 453 [Teil III, Kap. 6].

56. *Shelley: The Critical Heritage*, Hrsg. James E. Barcus (1975), S. 163 f. Nur ein etwas anrüchiger Künstler wie William Etty, dem man seine begeisterte Vorliebe für die Schönheit des nackten Weibes weidlich verdachte, wagte es zu Beginn des 19. Jahrhunderts, Venus im vertrauten Umgang mit ihrem Sohn Cupido zu malen – wie ein Liebespaar am Rande der gegenseitigen Verführung.

57. Hardy, *Desperate Remedies: A Novel* (1871; Hrsg. C. J. P. Beatty, 1975), S. 109.

58. Helen Caldwell, *Machado de Assis, The Brazilian Master and his Novels* (1970), S. 16.

59. «Le divorce et la littérature», *Le Figaro*, 14. Februar 1881, Zola, *Œuvres complètes*, Hrsg. Henri Mitterrand, 15 Bände (1966–1968), XIV (1966), S. 543–547.

60. Siehe oben, S. 151.

61. Turgenjew, *Erste Liebe* (1860), Kap. 21.

62. V. S. Pritchett, *The Gentle Barbarian: The Life and Work of Turgenev* (1977), S. 134 f.

63. Edward Douglas Branch, *The Sentimental Years, 1836–1860* (1934), S. 106.

64. Brontë: John Sutherland, «Introduction», William Makepeace Thackeray, *The History of Henry Esmond, Esq.* (1852; Hrsg. John Sutherland and Michael Greenfield, 1970), S. 19; Eliot: an Mr. und Mrs. Charles Bray (13. November 1852), George Eliot, *Letters*, Hrsg. Gordon S. Haight, 9 Bände (1954–1978), II, S. 67.

65. Chesnut: *Mary Chesnut's Civil War*, S. 279; *Athenaeum*: Gordon N. Ray, *Thackeray: The Age of Wisdom, 1847–1863* (1958), S. 192; Lewes: *Thackeray: The Critical Heritage*, Hrsg. Geoffrey Tillotson und Donald Hawes (1968), S. 138; Forster: ebd., S. 145, 150; Oliphant: ebd., S. 209; Brimley: ebd., S. 142.

66. Thackeray: Gordon N. Ray, *The Buried Life: A Study of the Relation Between Thackeray's Fiction and His Personal History* (1952), S. 51; Saintsbury: Geoffrey Tillotson, *A View of Victorian Literature* (1978), S. 181.

67. Juan Valera, *Pepita Jiménez* (1874; Übs. Carmen Marin Gaite, 1977), S. 54.

68. Ebd., S. 69, 98, 150, 155, 165, 187.

69. *Fort comme la mort* (1889; Ausg. 1908, in *Œuvres commplètes* de Guy de Maupassant, 29 Bände [1908–1910]), XXII, S. 293.

70. Artine Artinian, *Maupassant Criticism in France, 1880–1940* (1941), S. 102.

71. Dickens: Kathleen Tillotson, *Novels of the Eighteen-Forties* (1955; Ausg. 1961), S. 67; Montépin: «A Forbidden Novel», *Saturday Review* I (5. April 1856), S. 461. Zu diesem, den beiden vorigen und den drei folgenden Absätzen vgl. *Erziehung der Sinne*, S. 359–368, vor allem 364.

72. *Dragon's Teeth: A Novel from the Portuguese* (1889), Vorwort der Übersetzerin.

73. 24. September 1906, *Journal littéraire de Paul Léautaud*, Band I, *1893–1906* (1954), S. 301.

74. Van Deyssel: Jacob de Graaf, *Le réveil littéraire en Hollande et le Naturalisme Français, 1880–1900* (1937), S. 72, 63 f.; Fontane: an seinen Sohn Theo, 9. Mai 1888, Charlotte Jolles, *Theodor Fontane* (1972), S. 77. Es sei hinzugefügt, daß Fontane nirgends reiner Satiriker ist und sowohl in diesem als auch in anderen Romanen einigermaßen liebevolle Porträts sozialer Aufsteiger im Bürgertum gibt.

V. Problematische Bindungen

1. *Du côté de chez Swann* (1913), *A la recherche du temps perdu*, Hrsg. Pierre Clarac und André Ferré, 3 Bände (1959–1966), I, S. 160–163.
2. Proust an Albufera (5. oder 6. Mai 1908), an Alfred Valletta (Mitte August 1909), *Correspondance de Marcel Proust*, Hrsg. Philip Koch, bisher 9 Bände (1970-), VIII, S. 112 f.; IX, S. 155.
3. Ernest-Charles, «La vie littéraire», *La Grande Revue* LXII (1910), S. 399.
4. Newman: «Oscar Wilde: A Literary Appreciation», *Oscar Wilde: The Critical Heritage*, Hrsg. Karl Beckson (1970), S. 204; *Manchester Guardian*, 24. Mai 1895, S. 8, 27. Mai, S. 8; *The Times*, London, 2. Maiff., vor allem 7. Mai 1895, S. 4; *Pall Mall Gazette*, vor allem 24. Mai 1895; *Westminster Gazette*, vor allem 24. Mai 1895; *Westminster Gazette*, «The End of the Wilde Case. Some Incidents and Morals», 27. Mai 1897, S. 1 f., siehe auch die Nummern vom 21., 22. und 25. Mai; *St. James's Gazette*, «Over-Tolerance», 27. Mai 1895, S. 3; Londoner *Telegraph*, Mai 1895, passim; *London Evening News*, Mai 1895, passim; *The Times*, 1. Dezember 1900; *Wilde: Critical Heritage*, S. 228.
5. Dickens: *Little Dorrit* (1857; Hrsg. John Holloway, 1967), S. 530 [Buch II, Kap. 5]; Lord Gillies: Lillian Faderman, *Surpassing the Love of Men: Romantic Friendship and Love Between Women from the Renaissance to the Present* (1981), S. 147 ff.
6. Alistair Elliot [in der Rezension von Pierre Petitfils, *Verlaine*], «Alcoolique, syphilitique, pédéraste, poète», *TLS* (10. April 1981), S. 395.
7. 29., 31. Juli 1836, 2. Februar 1837, Tagebuch; «Julia» April 1835, Gedichtheft; 4., 5., 7. Februar 1837, Tagebuch; «An Elizabeth», Juni 1838, «Ad Amicum», Dezember 1838, «Hebe und Ganymed», Dezember 1837, Gedichtheft; 2. Juni, 4. März, 19. Februar, 21., 24., 27. März, 10. Oktober, 26. Februar 1837, Tagebuch. Albert Dodd Papers, Y-MA.
8. Albert Dodd an seine Mutter, 30. November 1843; an seinen Bruder Edward, 13. März 1844, Albert Dodd Papers.
9. *Biographical Records of the Class of 1838, Yale College* (1879), S. 53.
10. 28. Juni 1839, 14. Oktober 1840, Amiel, *Journal intime*, Hrsg. Bernard Gagnebin und Philippe M. Monnier, bisher 6 Bände (1976-), I S. 117 f., 161.
11. Amiel: 4. September 1851, ebd., I, S. 1062; Hunt: Mary Lutyens, *Millais and the Ruskins* (1967), S. 131.
12. 25., 26. September, 13., 18., 21., 29. Oktober, 10. November, 29. Dezember, 14. November 1885, 26. Januar, 28. April, 11. Februar 1886, Mary I. Barrows, *Private Record*, 1885–1886, mit freundlicher Genehmigung von Susanna Barrows.

13. «English Boarding-Schools», *The Quarterly of Education*, unter Aufsicht der «Society for the Diffusion of Useful Knowledge» [Gesellschaft zur Verbreitung nützlicher Kenntnisse], VII (1834), S. 43.

14. Karl von Holtei, *Vierzig Jahre*, 8 Bände (1843–1850), I, S. 282 ff.

15. Aus Simon Karlinsky, *The Sexual Labyrinth of Nicolai Gogol* (1976), S. 195 f.

16. Phyllis Grosskurth, *John Addington Symonds: A Biography* (1964), S. 25–40; «Vaughan, C. J.», *Dictionary of National Biography*, Hrsg. Sir Leslie Stephen und Sir Sidney Lee, 21 Bände (1885–1900), XX, S. 160. Ähnlich gelagert ist der Fall des gefeierten Eton-Dozenten William Johnson Cory, Komponist des «Eton boat song» und geradezu bedenkenloser Knabenliebhaber. In seinem Gedichtzyklus *Ionica* besang er die Liebe zu einem seiner Zöglinge; das Werk erschien anonym 1858 und erfreute sich weiter Verbreitung, und zwar nicht nur im Untergrund. 1872 sah sich der Rektor von Eton gezwungen, diesen ungeheuer beliebten Dozenten zu entlassen – «ohne besonders triftigen Grund», wie es einer der damaligen Schüler reichlich naiv formulierte, «außer daß es für einen Lehrer gefährlich war, sich von seinen Gefühlen so hinreißen zu lassen, daß man sie mißverstehen konnte.» David Newsome, *Godliness and Good Learning: Four Studies on a Victorian Ideal* (1961), S. 87. Im Gegenteil, möchte man meinen: Es wurde gefährlich, sobald man sie *nicht* mißverstehen konnte!

17. «A Forbidden Novel», *Saturday Review* I (5. April 1856), S. 461; Lord Alfred Douglas, «Two Loves» (1892; erschienen 1896, dann vom Autor unterdrückt und erst in *Lyrics* [1935], S. 56–58, wieder veröffentlicht).

18. Ich stütze mich in diesem Absatz auf Vern L. Bullough, *Sexual Variance in Society and History* (1976), S. 565–586; James D. Steakley, *The Homosexual Emancipation Movement in Germany* (1975), Kap. 1; Jürgen Baumann, *Paragraph 175. Über die Möglichkeit, die einfache, nichtjugendgefährdende und nichtöffentliche Homosexualität unter Erwachsenen straffrei zu lassen* (1968); Grosskurth, *Symonds*, S. 283 f.; Jeffrey Weeks, *Coming Out: Homosexual Politics in Britain, From the Nineteenth Century to the Present* (1977), Kap. I und S. 248.

19. [Symonds], *A Problem in Modern Ethics. Being an Inquiry into the Phenomenon of Sexual Inversion Addressed Especially to Medical Psychologists and Jurists* (Privatdruck 1891; 1896), S. 135. Weibliche Homosexuelle überstiegen weithin die Vorstellungskraft des Gesetzgebers und entgingen seinem Zugriff – ein bezeichnender Widerspruch.

20. Baumann, *Paragraph 175*, S. 84; *Wilde Critical Heritage*, S. 68, 73, 75, 78.

21. Eça de Queiros: *A Relíquia* (1887; 2. Aufl. 1891), S. 14, 18 f.; Machado de Assis: *Dom Casmurro* (1899; Hrsg. Maximiniano de Carvalho e Silva, 1965, 3. Aufl. 1975), S. 171 f.

22. Goethe: Gespräch mit Friedrich von Müller, 7. April 1830, *Gedenkausgabe der Werke, Briefe und Gespräche*, Hrsg. Ernst Beutler, 24 Bände (1948–1953), XXIII, S. 686; Heine: Jeffrey L. Sammons, *Heinrich Heine: A Modern Biography* (1979), S. 140–147; Ellis: *Sexual Inversion, Studies in the Psychology of Sex*, Band I (1897; 2. Aufl. 1900), S. 26; Tardieu: *Etude médico-légale sur les attentats aux mœurs* (1857).

23. Symonds, *Problem in Modern Ethics*, S. 1 ff.

24. Raffalovich, *Uranisme et Unisexualité. Etude sur différentes manifestations de l'instinct sexuel* (1896), S. 26.

25. Dr. Laupts, Pseudonym für Saint-Paul: *Tares et poisons. Perversions et Perversité sexuelles* (1896), Vorwort von Emile Zola; Max Kaufmann, Pseudonym für Oskar Panizza (?), *Heinrich Heine contra Graf August von Platen und die Homoerotik* (1907), S. 7; Freud und Josef Breuer: *Studien über Hysterie* (1895), G. W. I, S. 276.

26. Laupts, *Tares et poisons*, S. 127; siehe auch Raffalovichs «Bericht», ebd., S. 125–160, sowie Raffalovich, *Uranisme et Unisexualité*, S. 24–81.

27. Siehe *Erziehung der Sinne*, Kap. III.

28. Siehe die Artikel, die Bernstein 1895 im theoretischen Organ der SPD veröffentlichte, vor allem «Aus Anlaß eines Sensationsprozesses», *Die Neue Zeit* XIII und XIV (1894–1896), S. 171–176.

29. Grosskurth, *Symonds*, S. 272 ff.; Justin Kaplan, *Walt Whitman: A Life* (1980), S. 46 ff.

30. Rohleder, *Vorlesungen über Geschlechtstrieb und gesamtes Geschlechtsleben des Menschen*, 2 Bände (1901; 2. Aufl. 1907), II, S. 543. Man beachte den interessanten Appell des holländischen Arztes S. A. M. von Römer in seiner statistischen Untersuchung *Die Uranische Familie. Untersuchungen über die Ascendenz der Uranier* (1906), der aus tiefstem Herzen «Unseren Vater» anruft, der die Taten seiner unwissenden Kinder nicht nach dem richten werde, *was* sie taten, sondern danach, ob sie es aus Liebe und mit Liebe taten (S. 106). Henry Gibbons (private Mitteilung, 15. Dezember 1983) hat den interessanten Gedanken geäußert, daß es für den Gebrauch der lateinischen Sprache nicht nur das Motiv gibt, schlüpfriges Material von Unbefugten fernzuhalten. «Ein weiteres, subtileres Motiv ist, daß das Lateinische es dem Forscher selber erlaubt, sich von seinem Material zu distanzieren – zu sagen, ohne zu sagen; denn, wie (in Thomas Manns *Zauberberg*) Hans Castorp zu Clawdia sagt: ‹parler français, c'est parler sans parler.›»

31. Dr. Laupts: *Tares et poisons*, S. 47; Krafft-Ebing: «Vorwort zur ersten Auflage», *Psychopathia Sexualis* (11. Auf. 1901), S. 218 f.

32. Grosskurth, *Ellis*, S. 194. 1885 veröffentlichte Sir Richard Burton einen «Abschließenden Essay» als Anhang zu seiner Übersetzung von *Tausendundeine Nacht* und behandelte in ihm auch wohlwollend und offen die «Päderastie». Er rechnete mit gerichtlichen Schritten, erntete aber nur den Beifall der Kritik und finanziellen Erfolg. Siehe Fawn M. Brodie, *The Devil Drives: A Life of Sir Richard Burton* (1967), S. 305–311.

33. Ellis, *Sexual Inversion*, S. IX f.

34. ebd., S. 158.

35. ebd., S. 139, 78, 79, 100.

36. ebd., S. 50 f., 128.

37. ebd., S. 128, 157.

38. Timothy d'Arch Smith (Hrsg.), *Love in Earnest: Notes on the Lives and Writings of English ‹Uranian› Poets from 1889 to 1930* (1970), S. 54–59.

39. «Nur ein Jahr vor seinem Tode, nach fast zwanzig Jahren der Mißverständnisse und der Entfremdung, erzählte W. G. Ward (römisch-katholischer

Konvertit und Polemiker) diesem Biographen (Wilfrid Ward) von einem Traum, den er gehabt hatte: Er sah sich an einer Tafel neben einer verschleierten Dame sitzen, die ihn, je länger sie miteinander plauderten, desto mehr bezauberte. Endlich rief er aus: ‹Seit ich mit John Henry Newman in Oxford gesprochen habe, habe ich kein so bezauberndes Gespräch mehr geführt!› ‹Ich bin John Henry Newman›, erwiderte die Dame und zeigte, den Schleier lüftend, das wohlbekannte Gesicht.» Geoffrey Faber, *Oxford Apostles: A Character Study of the Oxford Movement* (1933; revid. Ausg. 1954), S. 46. Wie immer es um die latenten Ideen hinter dieser schönen Vignette bestellt sein mag: Der manifeste Traum verrät viel über die starke Wirkung, die Newman auf seine Umgebung ausübte.

40. *Wilde, Critical Heritage*, S. 51.

41. Sappho: William Mure, «Sappho, and the Ideal Love of the Greeks», *Rheinisches Museum für Philologie*, Hrsg. F. W. Welcker und F. Ritschl (1857), S. 564, 568; Jowett: Frank M. Turner, *The Greek Heritage in Victorian Britain* (1981), S. 425.

42. Grosskurth, *Symonds*, S. 76, 268.

43. Pater, *Studies in the History of the Renaissance* (1873; 1877, Hrsg. Modern Library, o. J.), S. 148, 151.

44. Ebd., S. 152, 154.

45. Ebd., S. 159, 192. Paters enger Freund Richard Charles Jackson, ein anglokatholischer Laienbruder des Augustinerordens, schrieb für Pater ein Geburtstagsgedicht, das unter anderem dieses Quartett enthält: «Your darling soul I say is inflamed with love for me;/Your very eyes do move I cry with sympathy;/Your darling feet and hands are blessings ruled by love,/As forth was sent from out the Ark a turtle dove.» [Deine liebe Seele ist entflammt in Liebe zu mir; wenn Du die Augen bewegst, weine ich vor Empfindung; Deine lieben Hände und Füße sind von Liebe gelenkter Segen, wie aus der Arche Noah eine Taube entsandt ward.] David Hilliard, «Unenglish and Unmanly; Anglo-Catholicism and Homosexuality», *Victorian Studies* XXV (1982), S. 193. Pater mag sich über diese Huldigung gefreut haben, wäre aber zu selbstkritisch gewesen, solche peinlichen Zeilen von sich zu geben.

46. *A Problem in Greek Ethics, Being an Inquiry into the Phenomenon of Sexual Inversion Addressed to Medical Psychologists and Jurists*, S. 5. 1883 erschien dieser Text als Privatdruck in zehn Exemplaren. 1901 wurde er postum herausgegeben, aber auch dann nur in 100 Exemplaren [Vorwort].

47. Symonds an Henry Graham Dakyns, 27. März 1889, Grosskurth, *Symonds*, S. 277.

48. *Problem in Greek Ethics*, S. 1, 3, 5 f., 72, 73.

49. Grosskurth, *Symonds*, S. 271.

50. Swinburne: Richard Jenkins, *The Victorians and Ancient Greece* (1980), S. 283; «ich freue mich»: Symonds an seine Tochter Margaret, 6. Dezember 1889; «bürgerliches Pack»: Symonds an Edmund Gosse, 23. Dezember 1885, Grosskurth, *Symonds*, S. 299, 283.

51. Mrs. Havelock Ellis, *Three Modern Seers* (1910), S. 193; «Edward Carpenter», *Dictionary of National Biography, Supplement, 1922–1930*, Hrsg. J. R. H. Weaver (1937), S. 159.

52. Carpenter, *Towards Democracy* (1883; vollständige Ausg. 1905), S. 65; *Intermediate Types Among Primitive Folk: A Study in Social Evolution* (1911; 2. Aufl. 1919), S. 115. Einer der vielen Besucher und begeisterten Schüler des gastfreundlichen und überzeugenden Carpenter war E. M. Forster. Er besuchte den Propheten des ländlichen Lebens und der freien Liebe im Herbst 1913. Damals arbeitete Forster gerade in aller Heimlichkeit an einem leidenschaftlich empfundenen, stark autobiographischen Roman über Homosexualität, *Maurice*, der erst 1971, ein Jahr nach Forsters Tod, erschien. Siehe P. N. Furbank, *E. M. Forster: A Life*, 2 Bände (1977–1978), I, S. 256 ff.

53. George Painter, *André Gide* (1968), S. 25.

54. Symonds, *Problems in Modern Ethics*, S. 2

55. Gustav Mayer, *Johann Baptist von Schweitzer und die Sozialdemokratie. Ein Beitrag zur Geschichte der deutschen Arbeiterbewegung* (1909), S. 9–15, 71 f., 91 f., 432 f.; James D. Steakley, *The Homosexual Emancipation Movement in Germany* (1975), S. 1; August Bebel, *Aus meinem Leben*, 3 Bände (1911–1914), II, S. 9 f.

56. Kuzmin, *Wings: Prose and Poetry*, Übs. Neil Granoien und Michael Green (1972), S. 29, 21.

57. ebd., S. 4, 108, 110.

58. ebd., S. 48 f., 78.

59. ebd., S. 14.

60. ebd., S. 32 f., 109, 26.

61. Steakley, *The Homosexual Emancipation Movement in Germay*, S. 14; Judd Marmor, «Overview», in Marmor (Hrsg.), *Homosexual Behavior: A Modern Reappraisal* (1980), S. 7.

62. Freud an Fließ, 3. Januar 1899, *Aus den Anfängen der Psychoanalyse. Briefe an Wilhelm Fließ, Abhandlungen und Notizen aus den Jahren 1887–1902*, Hrsg. Ernst Kris et al. (1950), S. 290; Freud an Ellis, 12. September 1926, *Briefe 1873–1939*, Hrsg. Ernst L. Freud (1960), S. 367 f.

63. Siehe oben, S. 93 f.

64. *Drei Abhandlungen zur Sexualtheorie* (1905; Anmerkung 1915 ergänzt), *St. A.* V, S. 56 Anm.; «Über die Psychogenese eines Falles von weiblicher Homosexualität» (1920), *St. A.* VII, S. 267. Freud selbst verfuhr beim Gebrauch der Adjektive «männlich» und «weiblich» ziemlich inkonsequent; er schwankte zwischen der konventionellen Anwendung dieser Wörter und der Warnung, daß man mit ihnen alle interessanten Fragen präjudiziere.

65. *Drei Abhandlungen zur Sexualtheorie*, *St. A.* V, S. 56 Anm. Gegen Ende seines Lebens, am 9. April 1935, schrieb Freud (auf englisch) einen rührenden Brief an eine unbekannte Frau, die sich über ihren Sohn und die Wahl seiner Sexualobjekte grämte. Freud bekräftigte darin seinen Standpunkt mit seiner entschiedenen Menschlichkeit: «Ich entnehme Ihrem Brief, daß Ihr Sohn ein Homosexueller ist»; er setzte hinzu – immer wachsam auf die leisesten Anhaltspunkte lauernd –, daß seine Korrespondentin dieses Wort vermieden hatte. «Darf ich Sie fragen, warum Sie es vermeiden? Homosexualität ist gewiß kein Vorzug, aber es ist nicht etwas, dessen man sich schämen muß, kein Laster, keine Erniedrigung und kann nicht als Krankheit bezeichnet werden; wir betrachten sie als eine Abweichung der sexuellen Funktionen,

hervorgerufen durch eine gewisse Stockung der sexuellen Entwicklung.» Und er erinnerte sie daran: «Viele hochachtbare Personen in alten und neuern Zeiten sind Homosexuelle gewesen, unter ihnen viele der größten Männer»; es folgt die bekannte Namensliste, einschließlich Platon. Dann erklärt Freud: «Es ist eine große Ungerechtigkeit, Homosexualität als ein Verbrechen zu verfolgen, und auch eine Grausamkeit.» *Briefe*, S. 520 [deutsche Übersetzung].

66. «Psychogenese eines Falles von weiblicher Homosexualität», *St. A.* VII, S. 259.

VI. Strategien der Sinnlichkeit

1. Conrad: *Nostromo: A Tale of the Seaboard* (1904; Ausg. 1963), S. 62 [Kap. 6]; Diderot: siehe oben, S. 150.

2. Freud, «Die ‹kulturelle› Sexualmoral und die moderne Nervosität» (1908), *St. A.* IX, S. 18.

3. Ebd., S. 26.

4. Lombroso: *Delitti di libidine* (1882; 2. erweit. Aufl. 1886), S. 19; Freud, «Manuskript E» (?Juni 1894), siehe *Aus den Anfängen der Psychoanalyse*.

5. Ball: *La folie érotique* (1888); Ribbing: *Die sexuelle Hygiene und ihre ethischen Konsequenzen* (1888; Übs. Dr. Oscar Ryher, 2. Aufl. 1892), S. 7f.; Strindberg [Notiz von 26. Januar 1904], *Ein Lesebuch für die niederen Stände*, Hrsg. Jan Myrdal (1968; Übs. Paul Baudisch, 1970, Ausg. 1977), S. 7.

6. Friedrich Siebert, *Sexuelle Moral und sexuelle Hygiene* (1901), S. 30.

7. Mann, *Buddenbrooks. Der Verfall einer Familie* (1901), Teil VIII, Kap. 6.

8. Tschaikowskij: 21. Februar 1878, David Brown, *Tchaikovsky: The Crisis Years, 1874–1878* (1982), S. 231; Johnson: «Anecdotes by William Seward», in *Johnsonian Miscellanies*, Hrsg. G. B. Hill, Band II (1897), S. 301.

9. 28. März 1850, *Journale intime*, Hrsg. Bernard Gagnebin und Philippe M. Monnier, bisher 6 Bände (1976-), I, S. 680.

10. *My Life* (1940); S. 242; siehe Ellis, *Analysis of Sexual Impulse. Love and Pain. Analysis of the Sexual Impulse in Women* (1903; revid. Aufl. 1913), S. 29, 113–135.

11. Whitman: «Song of Myself», *Leaves of Grass* (in dieser expliziten Form nur in der ersten Auflage 1855), *Complete Poetry and Collected Prose*, Hrsg. Justin Kaplan (1982), S. 54; Hallé: Michael Kennedy, *The Hallé Tradition: A Century of Music* (1960), S. 8f.

12. Februar 1850. *Briefe von Theodor Billroth* (1895; 8. Aufl. 1910), S. 8, 9, 13.

13. Mrs. Jameson, *Diary of an Ennuyée* (1826; neue Ausg. 1885), S. 47f.

14. Bryan Magee, *Aspects of Wagner* (1968), S. 47.

15. Richard Wagner, *Das Braune Buch. Tagebuchaufzeichnungen 1865 bis 1882*, Hrsg. Joachim Bergfeld (1975), S. 166f.; Robert Gutman, *Richard Wagner: The Man, His Mind, and His Music* (1968), S. 163.

16. Zur «Doktrin der Distanz» siehe *Erziehung der Sinne*, S. 380–399.

17. Statham: *My Thoughts on Music and Musicians* (1892), S. 391 Anm.; Pfohl: «Bayreuther Fanfaren» (1891), in *Die Nibelungen in Bayreuth* (1897), S. 46;

Goering: *Der Messias von Bayreuth. Feuilletonistische Briefe an einen Freund in der Provinz* (1881), S. 46 Anm.

18. Statham: *My Thoughts on Music*, S. 409 f.

19. Elisabeth von Herzogenberg an Adolf und Irene Hildebrand, 7. August 1889, *Adolf von Hildebrand und seine Welt. Briefe und Erinnerungen*, Hrsg. Bernhard Sattler (1962), S. 326–329.

20. Elisabeth von Herzogenberg an Johannes Brahms, 16. Februar 1888, *Johannes Brahms im Briefwechsel mit Heinrich und Elisabeth von Herzogenberg*, Hrsg. Max Kalbeck, 2 Bände (1907), II, S. 178.

21. «Alle Philister jauchzen hier über Siegfried und Götterdämmerung [...]» Elisabeth von Herzogenberg an Johannes Brahms, 4. Oktober 1878. Ebd., I, S. 77.

22. Elisée Rechus: «Du Sentiment de la Nature dans les sociétés modernes», *Revue des deux mondes* LXIII (1866), S. 352, 354; Flaubert: 26. Mai (1845), *Correspondance*, Hrsg. Jean Bruneau, bisher 2 Bände (1973-), I, *1830–1851*, S. 233 f.; Amiel: 3. November 1850, *Journal intime*, I, S. 811.

23. Gay Wilson Allen, *Waldo Emerson* (1981), S. 104, 156; Emerson, «Nature» (1836), *The Selected Writings of Ralph Waldo Emerson*, Hrsg. Brooks Atkinson (1940), S. 6; «Nature» (1844), ebd., S. 411. Wie Keith Thomas in *Man and the Natural World: Changing Attitudes in England, 1500–1800* (1983) glänzend nachgewiesen hat, vollzog sich, zumindest in England, zwischen dem 16. und 18. Jahrhundert ein drastischer Wandel des Naturgefühls: An die Stelle der Ausbeutung trat die Erhaltung der Natur, der Mensch verstand sich nicht mehr als selbstherrlicher Verfüger über alles Vorfindliche, sondern als treuer Verwalter des väterlichen Erbes. Die Gründe hierfür waren in erster Linie kommerzieller, wissenschaftlicher, ästhetischer Art. Keineswegs alle Freunde von Bäumen und Flüssen waren Verliebte.

24. Hoyt: *Pedagogical Seminary*, III (1894), S. 61–86; Undset: *The Longest Years* (1934; Übs. Arthur G. Chaster, 1935), S. 3 f.; Zola: an Paul Cézanne, 14. Juni 1858, *Correspondance*, Hrsg. B. H. Bakker, bisher 4 Bände (1978-), I, S. 96.

25. Kellogg: *Plain Facts for Old and Young* (1881; Ausg. 1886), S. 53, 329, 400 f.; Willard: *Glimpses of Fifty Years. The Autobiography of an American Woman* (1889), S. 15 f.

26. Siehe unter anderem so provozierende Browning-Texte wie «The Last Ride Together» oder «Meeting at Night».

27. Wir wissen heute, daß diese Abhandlung, die Freud inspirierte und die er (wie alle Welt) Goethe zuschrieb, in Wirklichkeit von Christoph Tobler ist. Peter Gay, *Freud, Juden und andere Deutsche* (1978; Übs. Karl Berisch 1986), S. 72, Anm. 44.

28. *Sartor Resartus* (1834; Ausg. 1908), S. 109, 113, 114, 116.

29. Louisa Johnson, *Every Lady Her Own Flower Gardener*; der vollständige Titel lautet [in deutscher Übersetzung]: «Jede Frau ihre eigene Blumengärtnerin; mit einfachen und brauchbaren Anleitungen zur Hege von Pflanzen und Blumen in den nördlichen und südlichen Staaten; ferner Floras Offenbarungen, Hinweise zur Pflege von Blumen im Zimmer, mit kurzer botanischer Beschreibung von Pflanzen und Blumen; alles in klarer und einfacher Spra-

che, ausdrücklich berechnet für den allgemeinen Gebrauch» (1 .amerik. Aufl. 1844), S. 12, 2. Das Buch erschien ursprünglich in England (1839). Es erlebte, unter leicht abgewandelten Titeln, zahlreiche Auflagen.

30. Thomas Bridgeman, «Gardener, Seedsman, and Florist», *The Florist's Guide* (1844), S. IV f., 160–164. Dieser «Artikel» ist in voller Länge abgedruckt in Doris L. Swartout, *An Age of Flowers* (1975), S. 15–19.

31. Erinnerungen seines Freundes Richard Cowley Powles, *Charles Kingsley: His Letters and Memories of His Life,* hrsg. von seiner Frau, 2 Bände (1876; Ausg. von 1879), I, S. 16.

32. Ebd., I, S. 18 f., 27; Kingsley an Fanny Grenfell, 14. Juli 1842; ebd., S. 54.

33. Kingsley an Fanny Grenfell, Januar, Februar 1841; 16. Juli, August 1842; 4. September 1849, ebd., I, S. 31, 33, 56, 60, 173. Weiteres über dieses Paar unten, S. 300–314.

34. Charles Kingsley an Fanny Kingsley: Mitte August 1849, *Letters,* I, S. 169 f.; Amiel: 19. Juli 1851, *Journal intime,* I, S. 996; Whitman: Justin Kaplan, *Walt Whitman: A Life* (1980), S. 91; Flaubert: *Madame Bovary, Œuvres,* Hrsg. Albert Thibaudet und René Dumesnil, 2 Bände (1951–1952), I, S. 433 [Teil II, Kap. 9].

35. Kathryn Kish Sklar, *Catharine Beecher: A Study in American Domesticity* (1973), S. 206–209, 317. Badeorte und auch Wasserkuren gehen auf das 17., jedenfalls aber auf das 18. Jahrhundert zurück. Doch wurden sie erst im 19. zum Tummelplatz des Bürgertums.

36. Jean Chalon, *Portrait of a Seductrees: The World of Natalie Barney* (1976; Übs. Carol Barko, 1979), S. 9.

37. 27. Juli 1883, Tagebuch III, MLT, Box 46, 29. Juni 1877, Tagebuch, II, MLT, Box 45. Über ihre *«Anbetung»* des Wassers siehe 15. Juli, Merkkalender 1879, MLT, Box 39; und 3. Juni 1880, Tagebuch, III, Box 46. Y-MA.

38. 17. Juni 1877. Ebd.

39. 14. Oktober 1877. Ebd. Das Wort «köstlich» spielte, wie ich oben (siehe S. 37 f.) gezeigt habe, auch in den Liebesbriefen Walter Bagehots und Eliza Wilsons eine besondere Rolle.

40. «Millicent's Life», I [S. 7 f.], MLT, Box 46; 24. August 1879, Tagebuch II. Eine bemerkenswerte Verbindung ihres Naturempfindens zu dem Gefühl ihrer eigenen Stärke schlägt eine Stelle in «Millicent's Life», I [S. 15].

41. 3. August 1884, Tagebuch III; 27. September, 25. Mai 1885, Tagebuch IV, MLT, Box 46.

42. 10.–14. August 1895, MLT, Box 101; 18. August 1895, MLT, Box 41.

43. Barrus: Ronald Pearsall, *Public Purity, Private Shame: Victorian Sexual Hypocrisy Exposed* (1976), S. 32; Amiel: 21. August 1842, 28. März 1850, *Journal intime,* I, S. 201, 680.

44. *The Varieties of Religious Experience: A Study of Human Nature* (1902), S. 13 f. James beklagt die «heutzutage bei gewissen Autoren beliebte Mode», religiöse Gefühle mit dem Geschlechtsleben in Verbindung zu bringen und damit zu kritisieren. «Konversion ist eine Pubertäts- und Adoleszenzkrise. Die Kasteiungen der Heiligen, die Hingabe der Missionare sind Beispiele für den fehlgeleiteten elterlichen Trieb zur Selbstaufopferung. Für die hysterische Nonne, die nach dem natürlichen Leben schmachtet, ist Christus nichts als

der imaginäre Ersatz für ein irdischeres Objekt der Zuneigung. Und so weiter.» (S. 11f.) James' massive Kritik entbehrt nicht der Grundlage, verkennt aber einige wirksame psychologische Aufschlüsse.

45. Eliot: *Adam Bede* (1859; Vorwort F. R. Leavis, 1961), S. 47 [Kap. 3]; Freud: an Jung, 18. Februar 1912, *Sigmund Freud – C. G. Jung, Briefwechsel*, Hrsg. William McGuire und Wolfgang Sauerländer (1974), S. 537.

46. Krafft-Ebing: *Psychopathia Sexualis* (1886; 11. Aufl. 1901), S. 7; Ellis: *Studies in the Psychology of Sex*, Band II, *The Evolution of Modesty, The Phenomena of Sexual Periodicity, Auto-Eroticism* (1900), S. 267f., 281.

47. Ellis: ebd., S. 282; Capellmann: *Pastoral Medicine* (1866; Übs. Rev. William Dassel, 1879) S. 74.

48. Kisch: *Das klimakterische Alter der Frauen in physiologischer und pathologischer Beziehung*, (1874), S. 104; Goncourt: *Journal; mémoires de la vie littéraire 1851–1896*, von Edmond und Jules de Goncourt, Hrsg. Robert Ricatte, 22 Bände (1956–1958), I, S. 140. Im englischen *Journal of Education* (1. November 1881) schrieb jemand: «Es gibt – und hat immer gegeben – eine unbezweifelbare Koexistenz von Religiosität und Animalismus.» Brian Reade (Hrsg.), *Sexual Heretics: Male Homosexualität in English Literature from 1850 to 1900* (1970), S. 4.

49. Siebert: *Sexuelle Moral*, S. 30; Heywood Broun und Margaret Leech, *Anthony Comstock: Roundsman of the Lord* (1927), S. 172; Greg: «Kingsley and Carlyle», *Literary and Social Judgment* (1873), S. 144.

50. Hugo: *Les Misérables* (1862), Teil V, Buch 6; Duffey: *What Women Should Know: A Woman's Book About Women* (1873), S. 113; Todd: Mabel an David Todd, 12. März 1898, im Zusammenhang mit dem Wunsch ihrer Tochter, in einer Episkopalkirche konfirmiert zu werden. DPT, Box 12, Y-MA.

51. Besant, *Autobiography* (1893), S. 82, 65f., 68, 80f.

52. Ellis: *Studies in the Psychology of Sex*, II, S. 267; Freud: «Zwangshandlungen und Religionsübungen» (1907), *St. A.* VII, S. 19, 20. Freud hatte ja schon bedauernd bemerkt, daß der Dichter oft Erkenntnisse vorwegnimmt, die der nüchterne Forscher erst mühsam erwerben muß. Das galt nicht nur für den möglichen Zusammenhang zwischen sexueller Enthaltsamkeit und Kreativität, an den Balzac und Zola offenbar glaubten (siehe oben S. 264f.), sondern auch für das Gegenteil: daß Kreativität ein direkter und nicht immer glücklicher Ausfluß von Sexualität ist. So sprach Byron spöttisch von den Werken Keats' als einem «Onanismus der Poesie», einer «Art geistiger Masturbation». Und er fügte hinzu: «Ich meine nicht, daß er *unanständig* sei – aber er bringt auf verworfene Weise seine Ideen in einen Zustand, der weder Poesie noch sonst etwas ist, sondern eine Vision aus dem Tollhaus, erzeugt durch rohes Schweinefleisch und Opium.» Byron an John Murray, 4., 9. November 1820. *Byron's Letters and Journals*, Hrsg. Leslie A. Marchand, 12 Bände (1973–1982), VII, S. 217, 225.

53. Elliot: William Graham Sumner Papers, Serie I, Box 25, Y-MA; Grosse: *Coventry Patmore* (1905), S. 70.

54. Patmore an seine Frau: Derek Patmore, *The Life and Times of Coventry Patmore* (1949), S. 79; «bräutliche Erkenntnis»: J. C. Reid, *The Mind and Art of Coventry Patmore* (1957), S. 76.

55. «Magna Moralia, XLVIII», in *The Rod, The Root, And The Flower* (1895; 2. Aufl. 1914), S. 200.
56. Joachim V. Benson, in Terence L. Connolly (Hrsg.), *Coventry Patmore: Mystical Poems of Nuptial Love* (1938), S. XIV.
57. Connolly, ebd., S. 258.
58. «Untergegangenes Meisterwerk»: Gosse, *Patmore*, S. 143 f.; Sinnsprüche: «Magna Moralia» XXXV, XXV, XVII, II, *Rod, Root, and Flower*, S. 185, 175, 166, 146; «erste eheliche Freude»: Gosse, *Patmore*, S. 193. Um das «untergegangene Meisterwerk» ist es kaum schade. Kenner der christlichen Mystik oder auch der Liebessonette John Donnes werden leicht erkennen, daß Patmores bräutliche Metaphern in Wirklichkeit ziemlich unoriginell und relativ lau sind. (Siehe unten, Anm. 67).
59. «Lasterhaftigkeit»: Kingsley, *Letters*, I, S. 224; «Apostel»: «Kingsley's Andromeda and other Poems», *Saturday Review* V (5. Juni 1858), S. 594; «unfein»: Greg, *Literary and Social Judgments*, S. 142; «Manchester-Schule»: Kingsley, *Letters*, I, S. 253.
60. «Kingsley and Carlyle», *Literary and Social Judgments*, S. 145.
61. «Unverschämte Bezeichnung»: Kingsley an F. D. Maurice (1857), *Letters*, II, S. 47 f.; «erschauerndes Sichwinden»: Kingsley an Fanny Grenfell, 1843, Susan Chitty, *The Beast and the Monk: A Life of Charles Kingsley* (1974), S. 81. Siehe oben, S. 285 f.
62. Kingsley, *Letters*, I, S. 26 (seine spätere Frau führte sein Aussehen auf religiöse Zweifel zurück); Charles Kingsley an Fanny Grenfell, 27. Oktober, Februar [18]41, Kingsley Papers, BL, Add. Mss. 62552.
63. Kingsley an Fanny Grenfell, August 1842; 27. Oktober 1843, *Letters*, I S. 61, 76, 81, 83.
64. Kingsley an den Rev. R. C. Powles, 11. Dezember 1845; an J. M. Ludlow, 17. August 1849; an – (1848); an Fanny Grenfell, 26. Februar 1845, *Letters*, I, S. 104, 172, 149–152, 100.
65. 5. Februar 1851, ebd., I, S. 205–211.
66. Zu dieser Reaktionsbildung vgl. ebd., I, S. 45; «heilsame Furcht», eine Stelle von 1872, ebd., S. 154 f.; über die Notwendigkeit der «Geißel»: Kingsley an Powles, 11. Dezember 1845, ebd. S. 104; Martineaus Kommentar ebd., S. 240.
67. Es entbehrt nicht der Ironie, daß dieser prinzipienfeste Masochismus eine – noch dazu relativ matte – Kopie jener Selbstpeinigung ist, der katholische Mystiker des Spätmittelalters zuneigten – eben jene «Fanatiker», die Kingsley zeit seines Lebens bekämpfte. Seuse, Tauler und Mechtild von Magdeburg hätten Kingsleys Lehrmeister sein können, was Geißelung, das Liegen auf Nagelbetten, das Beobachten von Schweigegelübden und radikalem Fasten betraf. Diese Mystiker waren zu Kingsleys Zeiten auch keineswegs unbekannt: Seuses Autobiographie beispielsweise wurde 1865 ins Englische übersetzt, und zu *The Life an Sermons of Tauler* schrieb Kingsley ein Vorwort (ebd., II, S. 14 ff.).
68. Das Tagebuch ist ein einziger Band von rund 130 unpaginierten Seiten ohne Titelblatt. Bezeichnenderweise machte sich Fanny Grenfell die Mühe, ihre Privatheit zu schützen. Auf die erste Seite schrieb sie: *«Ungelesen* an Charles

Kingsley zu übergeben, falls ich sterbe, bevor wir vereint sind, was Gott in Seinem Erbarmen verhüten möge!» Diese Anweisung ist datiert «27. Oktober 1842/Paris». In das Tagebuch sind einige der erotischen Zeichnungen von Kingsley (siehe unten, S. 311) eingeklebt. Tagebuch im Besitz und zitiert mit Genehmigung von Mrs. Angela Covey-Crump, Ely Cambridgeshire.

69. Fanny Grenfell an Charles Kingsley (Juli 1843), Chitty, *Beast and Monk*, S. 66; Charles Kingsley an Fanny Kingsley (fehldatiert 1. April 1844), BL, Kingsley Papers, Add. Mss. 62553; Charles Kingsley an Fanny Kingsley, 24. Oktober 1843, Chitty, *Beast and Monk*, S. 66, 82. Ganz ähnlich klang Mabel Loomis nach ihrer Verlobung mit David Todd (siehe *Erziehung der Sinne*, S. 91).

70. Charles Kingsley an Fanny Grenfell [1. Oktober 1843], Kingsley Papers, BL, Add. Mss. 62552; Kingsley an Grenfell, 1843, Chitty, *Beast and Monk*, S. 86.

71. Charles Kingsley an Fanny Grenfell [1844], Kingsley Papers, BL, Add. Mss. 62552; Fanny Grenfell an Charles Kingsley, 9. Dezember 1843, Chitty, *Beast and Monk*, S. 88.

72. Charles Kingsley an Fanny Grenfell, 2., 4. Oktober 1843, ebd., S. 80; [5.] Oktober 1843, Kingsley Papers, BL, Add. Mss. 62552.

73. Charles Kingsley an Fanny Grenfell, 4. Oktober 1843; 1843, Chitty, *Beast and Monk*, S. 81; 15. Mai, 25. September 1843, 27. Oktober 1848, Kingsley Papers, BL, Add. Mss. 62553; Dezember 1843, Chitty, *Beast and Monk*, S. 91.

74. Queiros, *A Relíquia* (1887; 2. Aufl. 1891), S. 72 [Teil I]. Zu Emile H. Meyer siehe oben, S. 84.

75. *Letters*, I, S. 45; Charles Kingsley an Fanny Kingsley, 23. Mai 1850, ebd. S. 126. Einige seiner Zeichnungen veröffentlichte erstmals Chitty, *Beast and Monk*, nach S. 160.

76. Ein Doktor der Medizin [G. R. Drysdale], *The Elements of Social Science; or Physical, Sexual and Natural Religion. An Exposition of the True and Only Cure of the Three Primary Social Evils: Poverty, Prostitution and Celibacy* (1854; 20. Aufl. 1881), S. 50.

77. «Ebauche» zu *Au Bonheur des dames* (1883), in Zola, *Les Rougon-Macquart. Histoire naturelle et sociale d'une famille sous le second Empire*, Hrsg. Armand Lanoux und Henri Mitterrand, 5 Bände (1960–1967), III, S. 1679.

78. *Au Bonheur des dames*, S. 444–452, 646 [Kap. 3, 10].

79. Ebd., S. 451–455 [Kap. 3].

80. Ebd., S. 457 [Kap. 3]; Liste der Romane ebd., S. 1774; ebd., S. 451 [Kap. 3]; «ébauche» ebd., S. 1679.

81. Ebd., S. 505 [Kap. 5]; «ébauche» ebd., S. 1680.

82. Ebd., S. 732 [Kap. 12].

83. Ebd., S. 460 [Kap. 3].

84. Ebd., S. 612 [Kap. 8].

85. Ebd., S. 434, 391, 430, 425, 466, 486 [Kap. 2, 1, 2, 2, 3, 4].

86. Ebd., S. 461, 422, 492 [Kap. 3, 2, 4].

87. Fontane: «Die Brück am Tay (28. Dezember 1879)» (1880), *Theodor Fontane Jubiläumsausgabe*, Hrsg. Kurt Schreinert, 3 Bände (1968), III, S. 747–749; Dickens: *Dealings with the Firm of Dombey an Son, Wholesale, Retail, and*

for Exportation (1848; Hrsg. H. W. Garrod, 1950), S. 799; Trollope: *The Prime Minister* (1878; Ausg. in 32 Bänden, 1922), III, S. 85 f.; Tolstoj, *Anna Karenina* (1875–1877), Teil VII, Kap. 31.

88. Vischer: *Auch Einer: Eine Reisebekanntschaft* (1878; Ausg. o. J.), S. 357; Dickens, *Dombey and Son*, S. 280 f.

89. Plönnies: *Gesammelte Gedichte* (1844), S. 182; französische Eisenbahnlyrik: Jean-Pons Viennet, *Epitre à Despréaux* (1855), Paul Bourget, *Edel, un départ* (1878) und andere, in Marc Baroli, *Le train dans la littérature française* (1963), S. 117, 153 und passim.

90. *Drei Abhandlungen zur Sexualtheorie* (1905), *St. A.* V, S. 107.

91. Whitman: «To a Locomotive in Winter», *Leaves of Grass* (1891–1892), Walt Whitman, *Complete Poetry and Collected Prose*, Hrsg. Justin Kaplan (1982), S. 583; Claretie: *Le train 17* (1877; Ausg. c. 1905), S. 114 f.

92. *La bête humaine* (1890), in Zola, *Les Rougon-Macquart*, IV, S. 1032 [Kap. 2].

93. Ebd., S. 1330 f. [Kap. 12].

94. Ebd., S. 1330, 1301, 1040 [Kap. 12, 12, 2].

95. Ebd., S. 1128, 1266 f. [Kap. 5, 10]; Rezension ebd., S. 1747.

96. Mario Praz, *The Hero in Eclipse in Victorian Fiction* (1952; Übs. Angus Davidson, 1956), S. 180. Ich hätte noch andere Arten erotischer Verschiebung, wie etwa Sport und Wettkämpfe, anführen können. Da hier aber das aggressive Moment dominiert, hebe ich mir die Betrachtung dieser Aktivitäten für den nächsten Band auf, der den Arbeitstitel «The Cultivation of Hatred» [Die Kultivierung des Hasses] trägt.

VII. Der Preis der Verdrängung

1. George Siegel, «The Fallen Woman in Nineteenth Century Russian Literature», *Harvard Slavic Studies* V (1970), S. 102–106.

2. Addams, *A New Conscience and an Ancient Evil* (1912), S. 141–144.

3. Carlyle, «Chartism» (1839), *Selected Writings*, Hrsg. Alan Shelston (1971), S. 174 [Kap. 4].

4. Symons, «Nerves», *Poetry of the Nineties*, Hrsg. R. K. R. Thornton (1970), S. 137.

5. Johnson: an Mrs. Thrale, 24. November [17]83, *The Letters of Samuel Johnson*, Hrsg. R. W. Chapman, 3 Bände (1952), III, S. 106, Hervorhebung von P. G.; Eastlake: *Hints on Household Taste* (1868), S. 17. Die Beispiele im Text sollen nur die Bedeutungsverschiebung und -mannigfaltigkeit des Begriffs «Nervosität» und dessen diagnostischen Gebrauch veranschaulichen.

6. Bülow an Jessie Laussot, 4. Mai 1874, *Briefe und Schriften*, Hrsg. Marie von Bülow, 8 Bände (1895–1896; 2. Aufl. 1896–1908), V S. 178.

7. Heinrich Sahler an Jeannettchen: 12. Juli 1870, Köln, Historisches Archiv; Leixner: 9. Dezember 1874, Tagebuch VH, Stabi Berlin.

8. Zola: *Mes Haines, Œuvres*, Hrsg. Eugène Fasquelle, 50 Bände (1927–1929), XL, S. 158 f.; van Gogh: Meyer Schapiro, *Vincent van Gogh* (1952), S. 33; «jeder ist nervös»: *Der Sammler* [Augsburg], 10. Mai 1887, S. 6; *New Haven Leader*: 4. April 1895.

9. Arnold: *The Scholar Gipsy* (1852–1853), *The Poems of Matthew Arnold*,

Hrsg. Kenneth Allott (1965; 2. Aufl. Hrsg. Miriam Allott, 1979), S. 366; Maudsley: *The Physiology and Pathology of the Mind* (1867), Teil 2, Kap. 1; Symons: siehe oben, Anm. 4; James: *The Bostonians* (1886; Einltg. Lionel Trilling, 1952), S. 289 [Kap. 34].

10. William Alcott: *The Young Woman's Guide to Excellence* (1840; 13. Aufl. 1847), S. 295–299; Catharine Beecher: *Treatise on Domestic Economy* (1842), Kathryn Kish Sklar, *Catharine Beecher: A Study in American Domesticity* (1973), S. 306.

11. Gaskell, *North and South* (1855; Hrsg. Dorothy Collin, 1970), S. 376 [Kap. 37].

12. John Gross: *The Rise and Fall of the Man of Letters: A Study of the Idiosyncratic and the Humane in Modern Literature* (1969; Ausg. 1970), S. 115 f.

13. Falkenhorst, «Jugendspiel», *Gartenlaube* XXXVIII (1890), S. 219 f.

14. Kisch, «Nervenschmerzen», ebd., S. 236.

15. Erb, «Über die wachsende Nervosität unserer Zeit» (1893), *Gesammelte Abhandlungen*, 2 Bände (1910), II, S. 279–299 passim.

16. Krafft-Ebing, *Nervosität und neurasthenische Zustände* (1895).

17. *Handbuch der Neurasthenie* (1893). Andreas Steiner, *«Das nervöse Zeitalter.» Der Begriff der Nervosität bei Laien und Ärzten in Deutschland und Österreich um 1900* (1964), S. 36.

18. Carneri, *Der moderne Mensch*, S. 26.

19. Hobson, *The Psychology of Jingoism* (1901), S. 7 f.

20. Michael J. Clark, «The Rejection of Psychological Approaches to Mental Disorder in Late-Nineteenth-Century British Psychiatry», Andrew Scull (Hrsg.), *Madhouses, Mad-Doctors, and Madmen: The Social History of Psychiatry in the Victorian Era* (1981), S. 271.

21. Goncourt: Paul Bourget, *Essais de psychologie contemporaine*, 2 Bände (1883–1885), II, S. 162; Dehmel: an Hedwig Lachmann, 16. August 1894, *Ausgewählte Briefe aus den Jahren 1883 bis 1902*, Hrsg. Isi Dehmel (1922), S. 169.

22. A. Lammers, «Trinkgewohnheiten der Völker», *Gartenlaube* XXXII (1885), S. 60.

23. Beard: an Elizabeth Alden, 21. August 1863; Edison: an Grace Beard, 15. Oktober 1908; Moll: an dieselbe, 13. Januar 1910; 3. Februar 1861, «Journal of George Miller Beard» [Tagebuch], S. 157, Serie I und II, Box 1, George M. Beard Papers, Y-MA.

24. 8., 30. August 1858, Tagebuch, S. 107, 112 ebd.

25. *Class of 1862 Yale. Portraits and Sketches* (1899), S. 241, 246 f.

26. Oktober 1861 (?), März, 28. September (?) 1858, Tagebuch, S. 181, 73, 113, Beard Papers.

27. Ca. 11. Juni, März, August, 29. August 1858, S. 93, 75, 104, 108 ebd.

28. Spencer F. Beard an George M. Beard, 1. Dezember 1856, ebd.

29. Sigmund Freud, «Die ‹kulturelle› Sexualmoral und die moderne Nervosität» (1908), *St. A.* IX, S. 15 f.

30. Beard, *American Nervousness, Its Causes and Consequences. A Supplement to Nervous Exhaustion (Neurasthenia).* (1881), S. 138, 7.

31. Ebd., S. 34, 32, 48, 64.
32. Ebd., S. VI, 99,58.
33. Ebd., S. 124f.
34. Ebd., S. 65 ff.
35. Beard, *Sexual Neurasthenia (Nervous Exhaustion). Its Hygiene, Causes, Symptoms, and Treatment, With a Chapter on Diet for the Nervous* (Hrsg. A. D. Rockwell aus dem nachgelassenen Manuskript, 1884), S. 14ff.
36. Ebd., S. 60ff.
37. Sigmund Freud, «Die ‹kulturelle› Sexualmoral», *St. A.* IX, S. 16ff.
38. Ebd., S. 23.
39. «Über die allgemeinste Erniedrigung des Liebeslebens» (1912), *St. A.* V, S. 204.
40. Freud an James J. Putnam (8. Juli 1915), *Sigmund Freud, Briefe 1873–1939,* Hrsg. Ernst und Lucie Freud (1960; 2. erweit. Aufl. 1968), S. 321. Freud und die Psychologie der Armen: siehe unten, S. 394.
41. Diese Beckmessereien entwerten in keiner Weise die zentralen psychoanalytischen Aussagen Freuds. Sie werfen nur Fragen über seine Kulturkritik auf. Siehe auch *Erziehung der Sinne*, S. 277, 412f., 447f. Die vernünftigste Abweichung von der herrschenden Meinung habe ich bei Anton Tschechow gefunden. Er schreibt einmal an Jelena Schawrowa, die Idee eines «nervösen Jahrhunderts» könne er nicht akzeptieren: nervös seien die Menschen zu allen Zeiten gewesen.
42. Napheys: *The Transmission of Life. Counsels on the Nature and Hygiene of the Masculine Function* (1871; neue Ausg. 1889), S. 117; Anonymus: *Marriage and Prostitution* (1858) [5-seitige, in Oxford erschienene Broschüre], S. 3.
43. Thackeray: 10. Juni (1844), Merkkalender, Day Family Papers, Y-MA; Huysmans: Robert Baldick, *The Life of J.-K. Huysmans* (1955), S. 123.
44. Alain Corbin, *Les filles de noce. Misère sexuelle et prostitution aux 19e et 20e siècles* (1978), S. 182–189.
45. Huysmans: Baldick, *The Life of J.-K. Huysmans*, S. 123; Goncourt: Januar 1862, *Journal, Mémoires de la vie littéraire 1851–1896*, Hrsg. Robert Ricatte, 22 Bände (1956–1958), V, S. 49f.; Taine: *Notes sur l'Angleterre* (1872; 9. Aufl. 1890), S. 129, 132. Bezeichnender- (und das heißt: hilfloser-) weise belegt Taine diesen letzten Punkt unter Berufung auf die Literatur, nämlich George Eliots *Adam Bede*. Ebd., S. 130 Anm.
46. Acton, *Prostitution: Considered in its Moral, Social, and Sanitary Aspects, in London and Other Large Cities and Garrison Towns: With Proposals for the Control and Prevention of Its Attendant Evils* (1857; 2. Aufl. 1870), S. 3.
47. 10. März 1862; 13. Dezember 1857; 16. Februar 1862, *Journal*, V, S. 69; II, S. 188f., S. 55.
48. [W. Stieber], *Die Prostitution in Berlin und ihre Opfer* (1846), S. 1f.
49. Acton, *Prostitution*, S. 3–8; Michael Pearson, *The Age of Consent: Victorian Prostitution and its Enemies* (1972), S. 25, 113; Ostwald, *Das Berliner Dirnentum* (1907), 2 Bände in 6 getrennt paginierten Teilen, I, Teil 2, S. 71. Acton war zwar skeptisch gegenüber wilden Zahlenspekulationen, erging sich aber selbst in ihnen: Er meinte, daß viele Schätzungen zu niedrig seien und daß von 210000 unverheirateten Engländerinnen, eine von zwölfen, «vom Pfad der Tugend abgeirrt sind.» *Prostitution*, S. 7.

50. «Newton of Harlotry»: Brian Harrison, «Underneath the Victorians», *Victorian Studies* X (März 1967), S. 242; Acton: *Prostitution*, S. V.

51. Dalton, *Der soziale Aussatz. Ein Wort über Prostitution und Magdalenenasyle* (1884), S. 4f.

52. Anonymus [Stieber], *Prostitution in Berlin*, S. 210; «Horror»: *First Annual Report of the Executive Committee of the New York Magdalen Society* (1831), S. 8; Stursberg: *Die Prostitution in Deutschland und ihre Bekämpfung* (1886; 2. Aufl. 1887), S. 3; Virmaitre: *Trottoirs et lupanars* (1897), S. 5.

53. Dickens: an Burdett-Coutts, 4. Februar 1850, *Letters from Charles Dickens to Angela Burdett-Coutts 1841–1865*, Hrsg. Edgar Johnson (1953), S. 165; Sanger: Dr. William W. Sanger, *The History of Prostitution: Its Extent, Causes and Effects Throughout the World* (1858), S. 17f.; Acton, *Prostitution*, Hrsg. Peter Fryer (gekürzt, 1968), S. 7.

54. Greg, «Art. VII–I. De la Prostitution dans la Ville de Paris, Par Parent-Duchâtelet...», *Westminster Review* LIII (Juni 1850), S. 448f.

55. Dr. H[einrich] Lippert, *Die Prostitution in Hamburg in ihren eigenthümlichen Verhältnissen* (1848), S. IIf.

56. Frank E. Manuel, *The Prophets of Paris: Turgot, Condorcet, Saint-Simon, Fourier, Comte* (1962), S. 156; Parent-Duchâtelet, *De la Prostitution dans la Ville de Paris*, 2 Bände (1836), II, S. 512; Corbin, *Les filles de noce*, S. 15f.

57. Lecky: *History of European Morals*, in Glen Petrie, *A Singular Iniquity: The Campaigns of Josephine Butler* (1971), S. 85; Dostojewskij: *Raskolnikov – Schuld und Sühne*, Übs. Svetlana Geier (1964), S. 47 [Teil I, Kap. 4]; Bebel: *Die Frau und der Sozialismus* (1883); Allen: Susan B. Casteras, *The Substance or the Shadow: Images of Victorian Womanhood* (1982), S. 53.

58. Guyot: *La Prostitution* (1882), S. 460; Flaubert: «Le dictionnaire des idées reçues», *Œuvres*, Hrsg. Albert Thibaudet und René Dumesnil, 2 Bände (1951–1952), II, S. 1005.

59. Needhams (undatierter) Kommentar ist Martineaus *La prostitution clandestine* (1885; 2. Aufl. o. J.) beigebunden.

60. Frances Finnegan, *Poverty and Prostitution: A Study of Victorian Prostitution in York* (1979), S. 122.

61. Greg, «De la prostitution...», S. 449f., 474f. Man kann Greg nicht ganz von Leichtgläubigkeit freisprechen. Auf derselben Seite, auf der er Colquhouns Schätzungen als ungeheure Übertreibung zurückweist, verlangt er vom Leser, Ryan und Talbot zu vertrauen, die zwar maßvoller sind, aber im wesentlichen Colquhoun folgen.

62. Ebd., S. 467.

63. Alain Corbin spricht von Parent-Duchâtelets «Besessenheit vom Quantitativen». *Les filles de noce*, S. 34.

64. Sanger, *History of Prostitution*, S. 627. In der Vorrede zu seinem Büchlein über Bordelle erwähnt Dr. Adolf Patze, daß er Anfang des Jahres [1845] einen Aufsatz über Syphilis verfaßt habe; aber: «So willkommene Aufnahme mein Aufsatz auch bei der Redaction des Blattes fand, scheiterte derselbe doch an der Strenge des Censors.» *Ueber Bordelle und die Sittenverderbnis unserer Zeit* (1845), S. III.

65. Diese polemische Literatur kam dem modernen Wissensdrang in mehr als

einer Hinsicht zugute. Der eben zitierte Dr. Adolf Patze, ein Provinzarzt aus dem pommerschen Grabow, war eine Art Pionier der Sexualwissenschaft. Er bemerkte im Vorbeigehen und ohne jeden Entdeckerstolz – sozusagen als Psychoanalytiker, ohne es zu wissen –, daß die «Unterdrückung des Geschlechtstriebes» nicht selten zu «hypochondrischen Verstimmungen» führe, zumal bei «unverheiratheten Schullehrern» und «Candidaten der Theologie». Und in einer Fußnote macht er beiläufig die Beobachtung, daß, «leider», der Geschlechtstrieb sich «sehr frühzeitig bei kleinen sechs-, vier-, selbst dreijährigen Kindern» rege. Ebd., S. 58, 48 Anm.

66. [Stieber], *Die Prostitution in Berlin*, passim; Röhrmann, *Der sittliche Zustand von Berlin nach Aufhebung der geduldeten Prostitution des weiblichen Geschlechts. Ein Beitrag zur Geschichte der Gegenwart, unterstützt durch die vollständigen und freimüthigen Biographien der bekanntesten prostituierten Frauenzimmer in Berlin* (1847), S. 54 f.

67. *Vossische*: Dr. Philipp Loewe, *Die Prostitution aller Zeiten und Völker mit besonderer Berücksichtigung von Berlin. Ein Beitrag zu der obschwebenden Bordellfrage* (1852), S. 43; Dr. Behrend: *Die Prostitution in Berlin und die gegen sie und die Syphilis zu nehmenden Maßregeln* (1850), S. 291–294.

68. Dumas' Dramenfassung seines Romans *La dame aux camélias* (1852) endet denn auch mir diesem Ausruf.

69. Siehe Henri Mitterrand, «Etude», zu *Nana*, in Emile Zola, *Les Rougon-Macquart, histoire naturelle et sociale d'une famille sous le Second Empire*, Hrsg. Armand Lanoux und Henri Mitterrand, 5 Bände (1960–1967), II, S. 1655.

70. Siehe ebd., S. 1665.

71. Am 25. Juli 1853 schrieb Charles Kingsley an Mrs. Gaskell: «Ich habe zu meinem Befremden vernommen, daß man sich abfällig über ‹Ruth› geäußert hat; was man mir erzählt hat, hat mich mit Empörung und Abscheu erfüllt... Ich kann Ihnen nur versichern, daß ich in meinem großen Bekanntenkreis noch nichts Nachteiliges gehört habe und daß man... einhellig die Schönheit und Rechtschaffenheit des Buches rühmt.... Englische Leser haben im allgemeinen nur *einen* Eindruck von ‹Ruth›, und zwar den einer äußersten Befriedigtheit.» *Charles Kingsley: His Letters and Memories of His Life*, hrsg. von seiner Frau, 2 Bände (1876; 16. Aufl. 1888), I, S. 294 f.

72. Siehe Philip Collins, *Dickens and Crime* (1962; 2. Aufl. 1964), Kap. IV; K. J. Fielding, *Charles Dickens: A Critical Introduction* (1958), S. 104. Bekanntlich war die teilnahmsvolle Schilderung der gefallenen Frau ein beliebtes Thema in der Malerei; Dante Gabriel Rossettis «Gefunden» (siehe Abb. 15) ist nur das berühmteste dieser Bilder.

73. Mackirdy: Mrs. Archibald Mackirdy und W. N. Willis, *The White Slave Trade* (1909; 2. Aufl. 1912), S. 108; Corlieu: *La prostitution à Paris* (1887), S. 9; Addams: *New Conscience an Ancient Evil*, S. 141–144.

74. Magdalenenstifte: F. K. Prochaska, *Women and Philanthropy in Nineteenth-Century England* (1980), S. 188 f.; «Mägdehaus»: *Daheim* XXI (1885), S. 654 f. Schon viel früher hatte es sporadische Ansätze gegeben, die hoffnungsvollsten, am wenigsten «verhärteten» Prostituierten zu rehabilitieren. Um 1680 war eine ganze Abteilung der Pariser *Salpêtrière* für Prostituierte

vorgesehen, die vielleicht zu einem anständigen Lebenswandel zurückzuführen waren. Marc Micale, «A Critical Study of Jean Martin Charcot» (in Arbeit befindliche Yale-Dissertation), Kap. 2.

75. Stursberg: *Prostitution in Deutschland*, S. 84; New Yorker Magdalen Society: *First Annual Report*, S. 18 ff.

76. Mackirdy and Willis, *White Slave Trade*, S. 110.

77. Dickens an Burdett-Coutts, 26. Mai 1846, *The Letters of Charles Dickens*, Band IV, *1844–1846*, Hrsg. Kathleen Tillotson (1977), S. 533; *Letters to Burdett-Coutts*, S. 328 f.

78. *Household Words*, 23. April 1853.

79. *The Social Evil With Special Reference to Conditions Existings in the City of New York, A Report Prepared under the Direction of the Committee of Fifteen*, E. R. A. Seligman, Secretary (1902), S. 81.

80. *Report of the Vice Commission of Minneapolis to His Honor, James C. Haynes, Mayor* (1911), S. 117; *The Vice Commission of Philadelphia. A Report on Existing Conditions with Recommendations to the Honorable Rudolph Blankenburg, Mayor of Philadelphia* (1913), S. 36 f.

81. *David Copperfield* (1830; Hrsg. Nina Burgis, 1983), S. 221 [Kap. 18]. Und hier ist ein unwiderstehliches Beispiel aus dem wirklichen Leben: «Ich könnte fröhlich sterben, während ich etwas für Dich täte. (Stell Dir einen Kerl mit Brille und Kußmaul vor, der den Sir Lancelot spielt.) Ich kann Dich nicht vor einem Drachen retten oder von einem sinkenden Schiff tragen – einfach weil ich Angst vor Drachen habe, Dich nicht tragen könnte und nicht schwimmen kann –, und so muß ich mich an die Arbeit machen und genug Geld verdienen, um meine Schulden zu bezahlen, und Dich dann dazu kriegen, mich als das zu nehmen, was ich bin: ein ganz gewöhnlicher Alltagsmensch, der stinknormal sein will und immer recht haben muß.» Harry Truman an Bess Wallace, 19. November 1913, *Dear Bess: The Letters from Harry to Bess Truman, 1910–1959*, Hrsg. Robert H. Ferrell (1983), S. 145.

82. Die von Freud initiierte psychoanalytische Literatur über die Rettungsphantasie konzentriert sich auf das weitgehend unbewußte Drama, soweit es sich im Manne entfaltet. Dabei sind komplexe technische Fragen im Spiel. Ich übertrage hier diese Phantasie auch auf die Frauen – der kulturelle Befund verlangt danach.

83. Fournier: *Défense de la santé et de la morale publiques* (1904), S. 65, 71. «Am Anfang war die Aufklärung», wie Gordon Wright gesagt hat. «Rehabilitation [...] blieb bis ins 19. Jahrhundert ein nahezu unbekannter Begriff.» *Between Guillotine and Liberty: Two Centuries of the Crime Problem in France* (1983), S. 110.

84. Peter d'Alroy Jones, *The Christian Socialist Revival, 1877–1914: Religion, Class, and Social Conscience in Late-Victorian England* (1968), S. 85 Anm.; siehe *Erziehung der Sinne*, S. 54 f.

85. Siehe *Erziehung der Sinne*, S. 111.

86. Prochaska, *Women and Philanthropy in England*, S. 191–202.

87. Addams, «The Subjective Necessity for Social Settlements», in *Philanthropy and Social Progress*, sieben Essays von Jane Addams et al. (1893), S. 12–15.

88. Prochaska, *Women and Philanthropy in England*, S. 204.

89. Ebd., S. 7.

90. 2. August 1850, *The Gladstone Diaries*, Hrsg. M. R. D. Foot und H. C. G. Matthew, bisher 8 Bände (1968-), IV, S. 231. Am 26. Juli 1851 schrieb er seiner Frau: «Wenn Du sagst, ich kenne kaum die Hälfte alles Bösen in Deinem Leben, dann sagst Du etwas, was nach meiner Überzeugung in fast allen Fällen zwischen zwei Menschen gilt; aber es läßt mich darüber nachdenken, wie wenig Du das Böse in meinem Leben kennst, wovon ich Dir am letzten Tage einiges Absonderliche zu erzählen haben werde.» Zitiert von Matthew, «Introduction», ebd., III, S. XLVII.

91. Siehe 19. August, 9. Juli 1845; 8. Juli 1850; ebd., III, S. 477, 467; IV, S. 224. Eine «teilweise gerettete Prostituierte» schrieb ihm, nach einem zweitweiligen Aufenthalt in einem «House of Mercy»: «Bestimmt wollten Sie mir etwas Gutes tun, aber ich hab mir nicht träumen lassen, in einem solchen Loch eingesperrt zu sein, ich hätte mich umbringen können.» Zitiert von Matthew, ebd., III, S. XLV. Der Weg des Retters ist steinig.

92. Ebd., IV, S. 586.

93. Siehe z. B. 15., 18. Mai 1848, ebd., IV, S. 36 f.

94. 29. Februar 1844, ebd., III, S. 351.

95. Henry Blyth, *Skittles, The Last Victorian Courtesan. The Life and Times of Catherine Walters* (1970), S. 187; 19. Juli 1848, *Gladstone Diaries*, IV, S. 55.

96. «Hat man hinreichend beachtet, inwieweit Schmerz die Ursache von Lust werden kann? Inwieweit eine Befriedigung und sogar eine Tat, die sich im Schmerz gefällt, ein echtes experimentelles Phänomen der menschlichen Seele sein kann? 4. Januar 1843, ebd., III, S. 250; eine Stelle, auf die auch der immer wache Matthew aufmerksam macht, ebd., S. XLVII Anm.

97. Siehe 26. Oktober 1845, ebd., III, S. 492 f.

98. Humphrey House, «Thackeray's Letters», in *All in Due Time: Collected Essays and Broadcast Talks* (1955), S. 108.

VIII. Epilog: Eros im schwarzen Rock

1. «Psychologie des gemeinen Mannes»: Sigmund Freud an Martha Bernays, 29. August 1883, *Siegmund Freud, Briefe 1873–1939*, Hrsg. Ernst und Lucie Freud (1960; 2. Aufl. 1968), S. 57; Burn: *The Autobiography of a Beggar Boy*, in David Vincent, *Bread, Knowledge and Freedom: A Study of Nineteenth-Century Working Class Autobiography* (1981), S. 24.

2. Ein ungenannter protestantischer Pastor in einer Mitteilung an Carl Julius Immanuel Wagner: in Wagner (Hrsg.), *Die geschlechtlich-sittlichen Verhältnisse der evangelischen Landbewohner im deutschen Reiche*, 2 Bände (1895–1896), II, S. 28; «Standesaristokratie»: Dr. Theodor G. Kornig, *Die Hygiene der Keuschheit* (1890; 2. Aufl. 1891), S. 57.

3. Edmond und Jules de Goncourt, Januar 1852, *Journal, mémoires de la vie littéraire, 1851–1896*, Hrsg. Robert Ricatte, 22 Bände (1956–1958), I, S. 53.

4. 19. Februar 1857, II, S. 79.

5. Hugo, *La France pittoresque, ou Description pittoresque, topographique et statistique des départements et colonies de la France*, 3 Bände (1835), II, S. 154. Gerechterweise muß man anmerken, daß dieses Kompendium gele-

gentlich auch weniger erfreuliche Gebräuche der französischen Landbevölkerung verzeichnet.

6. Dickens, *David Copperfield* (1850; Hrsg. Trevor Blount, 1966), S. 352 [Kap. 20].

7. In Wagner, *Die geschlechtlich-sittlichen Verhältnisse*, II, S. 787.

8. Ich beabsichtige, diesem frappierenden Phänomen einen eigenen Band, den fünften des Gesamtwerks, zu widmen.

9. Freud: *Der Witz und seine Beziehung zum Unbewußten* (1905), *St. A.* IV, S. 94; Meredith: *Moderne Love*, XXII, *The Poems of George Meredith*, Hrsg. Phyllis Bartlett, 2 Bände (1978), I, S. 129.

10. Villermé: William H. Sewell, Jr., *Work and Revolution in France: The Language of Labor from the Old Regime to 1848* (1980), S. 223–232, 312f.; Simon: Geoffrey Best, *Mid-Victorian Britain 1851–1875* (1971), S. 60; «sexuelle Unmoral»: *Saturday Review*, «Another Great Social Evil», V (3. April 1858), S. 239. Um die Dringlichkeit des Problems hervorzuheben, gebrauchte die Zeitschrift im Titel und im Text dieses Beitrags bewußt den Ausdruck «soziales Übel», der sonst für gewöhnlich zur Kennzeichnung der Prostitution verwendet wurde.

11. Debay, *Hygiène et physiologie du mariage* (1848), S. 102.

12. Russel an Gilbert Murray, 12. Dezember 1902, *Autobiographie I, 1872–1914* (1977, Übs. Harry Kahn), S. 251.

13. Michelet, *The People* (1846; Übs. John P. McKay, 1973), S. 168.

14. Freud, *Vorlesungen zur Einführung in die Psychoanalyse* (1916–1917), *St. A.* I, S. 346.

15. Freud an Martha Bernays, 29. August 1883, *Briefe*, S. 56f.

16. *Fraser's Weekly*, März 1838, in Louis James, *Fiction for the Working Man 1830–1850* (1963), 1.

17. Vincent, *Bread, Knowledge and Freedom: A Study of Nineteenth-Century Working Class Autobiography*, Kap. 1 und 2.

18. Nadaud: *Léonard, maçon de la Creuse* (1895; Hrsg. Jean-Pierre Rioux, 1976), S. 136–147; *Mémoires d'un compagnon* (1854–1855; Vorw. Jean Bernard, 1964), S. 211f.; Auslassungen im Original.

19. Samuel Pyeatt Menefee, *Wives for Sale: An Ethnographic Study of British Popular Divorce* (1981), S. 4.

20. Felix Gattel, *Über die sexuellen Ursachen der Neurasthenie und Angstneurose* (1898), S. 12; Frank J. Sulloway *Freud, Biologist of the Mind: Beyond the Psychoanalytic Legend* (1979), S. 513ff.

21. *Saturday Review*, «Another Great Social Evil», V (3. April 1858), S. 239; Shaw: Vincent, *Bread, Knowledge and Freedom: A Study of Nineteenth-Century Working Class Autobiography*, S. 47 Anm.; Holek: *Lebensgang eines deutsch-tschechischen Handarbeiters* (1900), S. 117f. Über Verdrängung siehe *Erziehung der Sinne*, Kap. V.

22. Bromme: *Lebensgeschichte eines modernen Fabrikarbeiters* (1905), S. 110, 124; Baader: *Ein steiniger Weg, Lebenserinnerungen* (1921), S. 11.

23. Kidd: von der Herausgeberin zitierter Brief in *Life as We Have Known It*, Hrsg. Margaret Llewelyn Davies (1931), S. 76; Holek, *Lebensgang*, S. 81ff.

24. Holek, ebd. S. 171ff.; Bromme, *Lebensgeschichte*, S. 216.

25. Acton: «Unmarried Wet-Nurses», *Lancet* I (1859), S. 175; Bromme: *Lebens-geschichte*, S. 221; Ward: siehe *Erziehung der Sinne*, S. 411 f.; Luck: «A Little of My Life», *London Mercury* (November 1925–April 1926), in John Burnett (Hrsg.), *Useful Toil: Autobiographies of Working People from the 1820s to the 1920s* (1974), S. 72. Auch Burnett vermerkt (S. 68) die subliterarischen Anleihen in Lucy Lucks Stil.

26. Spann: «Die geschlechtlich-sittlichen Verhältnisse im Dienstboten- und Arbeiterinnenstande, gemessen an der Erscheinung der unehelichen Geburten», *Zeitschrift für Sozialwissenschaft* VII (1904), S. 287–303; «Freiwild»: Lilian Westall, «The Good Old Days», unveröffentlichte Autobiographie, auszugsweise abgedruckt in Burnett, *Useful Toil*, S. 217.

27. Die Beweise für diese Behauptung müssen impressionistischer Art bleiben. Sie scheint jedoch vor allem für Frauen richtig zu sein. Siehe die Aussagen von Dr. Debay, oben S. 399 f., und die auf guter Information beruhende Beobachtung von Standish Meacham über die englischen Arbeiterschichten noch um 1900: «Ein ‹angenehmer› Gatte konnte einer sein, der darüber hinaus [abgesehen von der vernünftigen Bewältigung von Krisensituationen gemeinsam mit seiner Frau] seiner Frau das Vergnügen der sexuellen Befriedigung verschaffen konnte. Wenn wir aber den allerdings spärlichen Zeugnissen glauben können, dann erlebten nur wenige Frauen diese Befriedigung oder betrachteten sie als wichtig für ihre Ehe. Häufiger bedeutete ‹angenehm›, daß der Gatte bereit war, seine Frau so weit wie möglich mit den Prüfungen eines Sexuallebens zu verschonen, das sie als Pflicht auffaßte, aber nicht genießen konnte.» *A Life Apart: The English Working Class, 1890–1914* (1977), S. 66.

28. Siehe Wagner, *Die geschlechtlich-sittlichen Verhältnisse*, passim.

29. «Autobiography of a Navvy», *Macmillan's Magazine* V (1861–1862), in Burnett, *Useful Toil*, S. 58, 61, 63.

30. Vincent, *Bread, Knowledge and Freedom: A Study of Nineteenth-Century Working Class Autobiography*, S. 46 f., 42.

31. John James Bezer: «The Autobiography of One of the Chartist Rebels of 1848» (1851), Hrsg. David Vincent, *Testaments of Radicalism: Memoirs of Working Class Politicians 1790–1885* (1977), S. 177; Bromme: *Lebensge-schichte*, S. 216, 219.

32. Holek, *Lebensgang*, S. 235. Brommes Werben war ebenso zögernd, gleichzeitig aber auch drängender; er schwängerte seine Freundin und heiratete sie dann – eben aus diesem Grund. *Lebensgeschichte*, S. 216, 219.

33. *The Art-Journal Illustrated Catalogue: The Industry of All Nations* (1851), S. 234, 288.

34. Fierens und andere, *L'Art en Belgique du moyen age à nos jours* (1947), S. 423.

35. *Art-Journal Illustrated Catalogue*, S. 325.

36. Siehe *Punch*: XXI (1851), S. 94; «Macht der Schönheit»: C. H. Gibbs-Smith, *The Great Exhibition of 1851*, Victoria and Albert Museum (1950; revid. Ausg. 1964), S. 127.

37. Zu dieser Doktrin siehe *Erziehung der Sinne*, S. 392 ff.

38. Zu Einzelheiten über das Bild des kastrierenden Weibes in der Kunst und Literatur des 19. Jahrhunderts vgl. ebd., S. 216–230.

39. *The Physical Life of Woman: Advice to the Maiden, Wife and Mother* (1869; 3. Aufl. 1888), S. 56ff. 96.

40. Wenige Gestalten des 19. Jahrhunderts legen von der schieren Komplexität ihrer Kultur beredteres Zeugnis ab als William Makepeace Thackeray, mit seiner Gabe der Distanzierung und seinen Kompromissen. Er war der Arzt seiner Gesellschaft und fast in gleichem Maße ihr Nutznießer; er diagnostizierte und verkörperte zugleich seine Zeit; er geißelte und entschuldigte die empörenden Tatsachen des Lebens; er praktizierte, was er verspottete. Er nicht nur der große Kritiker des «Jahrmarkts der Eitelkeiten»; er hatte selbst eine Bude dort. Aber wenigstens hatte er wenig Illusionen über diesen Platz. Männer und Frauen waren für ihn ein Gemisch; sie buhlten um unvereinbare Götter. Sie verlangten ein differenziertes Urteil, streng, aber nicht ohne Nächstenliebe. Seiner Mutter, der er alles sagte, schrieb er einmal: «Bei unserem Umgang mit anderen, so scheint mir oft, haben beide Seiten recht: die, die uns hassen, und die, die uns lieben.» (12.–14. August 1842, *The Letters and Private Papers of William Makepeace Thackeray*, Hrsg. Gordon N. Ray, 4 Bände [1945–1946], II, S. 72.) Die widerstreitenden Stimmen, die versuchten, das Zeitalter sich selbst zu erklären, und einander mit Schimpfworten bedachten, machten aus dem Basar der Zivilisation mitunter ein unwürdiges Wortgemenge. Für Thackerays Geschmack waren sie zu heftig, zu selbstsicher, zu verächtlich gegen andere und viel zu laut. Er deutete oft an – zumal in seinen frühen Jahren, als der Satiriker den in ihm schlummernden Sentimentalisten noch völlig dominierte –, daß die «Heiligkeit des Privatlebens» nur ein bequemes Schlagwort sei, das dazu diente, dringend der Enthüllung bedürfende skandalöse Wahrheiten der Untersuchung zu entziehen. Aber er sah in diesem abgetrennten Privatbereich auch eine hervorragende Errungenschaft seines Jahrhunderts. Diese Errungenschaft war zu kostbar, als daß man sie den selbstgerechten Phantasien irgendeiner Seite aufopfern durfte: Sie schenkte den bürgerlichen Liebenden ihren Spiel-Raum.

Bibliographischer Essay

Wie schon der bibliographische Essay in *Erziehung der Sinne,* wurde auch dieser Essay für die deutsche Ausgabe gekürzt und auf die Bedürfnisse des deutschen Lesers zugeschnitten. Auch dieser Essay erhebt keinen Anspruch auf Vollständigkeit. Ich habe mich auf jene Bücher, Artikel und ungedruckte Quellen konzentriert, aus denen ich am meisten gelernt habe, die mich fasziniert und angeregt oder aber zum Widerspruch gereizt haben. Wer wissen möchte, wie sehr ich – nach wie vor – der psychoanalytischen Literatur verpflichtet bin, sei auf die bibliographischen Hinweise in *Erziehung der Sinne,* vor allem S. 497–499 und 502 f., verwiesen.

I. Kontrapunkt

Die umfangreichen und überaus aufschlußreichen Materialien, die Otto Beneke hinterlassen hat – Tagebücher und Briefe –, befinden sich in dem Archiv, das er einst leitete, dem Staatsarchiv der Freien und Hansestadt Hamburg. Die kurzen Biographien über Beneke in der *Allgemeinen Deutschen Biographie* XLVI (1902), S. 355–358 und über seinen Vater Ferdinand Beneke, ebd., II (1875), S. 327, sind ihrem begrenzten Zweck angemessen. Eine nützliche Schilderung des atmosphärischen Hintergrundes, von dem der Einzelgänger Beneke sich abhob, bietet die knapp gefaßte Monographie von Olga Herschel, *Die öffentliche Meinung in Hamburg in ihrer Haltung zu Bismarck 1864–1866* (1916). Siehe auch die wissenschaftliche Untersuchung von Renate Hauschild-Thiessen, «Hamburg im Kriege 1870/71», *Zeitschrift des Vereins für Hamburgische Geschichte* LVII (1971). S. 3–45. Ihre lapidare Bemerkung zu Benekes Ambitionen findet sich ebd., LX (1974), S. 239. Siehe auch von derselben Verfasserin «Hamburg, Lübeck, Bremen und das Haus der Osterlinge in Antwerpen nach dem Frieden von Campo Formio», ebd., S. 125–137, mit Einzelheiten über Benekes Vater. Renate Hauschild-Thiessen hat auch interessante Briefe von Benekes Bruder Alfred veröffentlicht: «Alfred Beneke, Ein junger Hamburger Kaufmann in New York. Briefe an seine Angehörigen aus den Jahren 1844 bis 1847», ebd., LI (1965), S. 49–100. Aufschlußreich und gehaltvoll ist die Biographie über Benekes Vorgesetzten Johann Martin Dappenberg in der *Allgemeinen Deutschen Biographie* XVII (1883), S. 707–715.

Eine eingehende und zuverlässige zeitgenössische Darstellung bietet J. G. Gallois, *Geschichte der Stadt Hamburg,* Band III, *Specielle Geschichte der Stadt seit 1814* (1856). Das Buch enthält auch eine sorgfältige Beschreibung des großen Brandes von 1842 (S. 617–645), bei dem sich Beneke auf so selbstlose Weise auszeichnete. Hierzu auch die illustrierte Studie von Ludolf Wienbarg, *Hamburg und seine Brandtage: ein historisch-krititscher Beitrag* (1843). Besonders informativ ist Ernst Baaschs zweibändige *Geschichte Hamburgs 1814–1918* (1924–1925), zumal (für meine Zwecke) Band I, *1814–1867.* Siehe auch Baaschs Essay *Der*

Einfluß des Handels auf das Geistesleben Hamburgs (1909). Mosche Zimmermann, *Hamburger Patriotismus und deutscher Nationalismus: Die Emanzipation der Juden in Hamburg 1830–1865* (1979), bietet mehr, als der Titel ankündigt; ausgezeichnet die Seiten über den großen Brand (S. 19–88). Ein modernes, gehaltvolles Kollektivwerk ist Werner Jochmann und Hans-Dieter Loose (Hrsg.), *Hamburg: Geschichte der Stadt und ihrer Bewohner* (1982). Hilfreich fand ich ferner Hans-Dieter Loose (Hrsg.), *Gelehrte in Hamburg im 18. und 19. Jahrhundert* (1976), eine Sammlung von Biographien. Was die einflußreiche Institution der Oberalten betrifft, so habe ich die noch immer nützliche alte Studie von F. Georg Buek, *Die Hamburgischen Oberalten, ihre bürgerliche Wirksamkeit und ihre Familien* (1857), zu Rate gezogen. Siehe auch Hans-Dieter Loose, «Die Jastram-Snitgerschen Wirren in der zeitgenössischen Geschichtsschreibung», *Zeitschrift des Vereins für Hamburgische Geschichte* LIII (1967), S. 7 f.; maßgeblich die Monographie von Jürgen Bolland, *Senat und Bürgerschaft: über das Verhältnis zwischen Bürger und Stadtregiment im alten Hamburg* (1954).

Eliza Wilson Bagehots Tagebücher konnte ich einsehen. Sie sind unvollständig erhalten; trocken, nüchtern und zu knapp, um wirklich befriedigend zu sein, behalten sie dennoch einen gewissen Wert. Von den Biographien enthält Mrs. Barringtons *Life of Walter Bagehot* (1914) – im Jahr darauf auch als letzter Band ihrer Bagehot-Ausgabe erschienen – eine Fülle von Insider-Informationen und mittlerweile verlorenem Material, ist aber vorsichtig-zurückhaltend. Sie wäre zu ergänzen durch modernere Biographien, namentlich Alastair Buchan, *The Spare Chancellor: The Life of Walter Bagehot* (1959), verständig und knapp und zu lesen in Verbindung mit William Irvine, *Walter Bagehot* (1939). Unentbehrlich für mich waren natürlich die von Mrs. Barrington veröffentlichten *Love-Letters of Walter Bagehot and Eliza Wilson written from 10 November 1857 to 23 April 1858* (1933). Auch Mrs. Barringtons voluminöse Biographie ihres Vaters und ihrer Familie, *The Servant of All,* 2 Bände (1927), ist eine Fundgrube von nicht mehr existierenden Tagebüchern und Briefen.

Von den nicht wenigen Arbeiten über Bagehot möchte ich besonders hervorheben den brillanten, kurzen Essay von John W. Burrow, «Sense and Circumstances: Bagehot and the Nature of Political Understanding», in Stefan Collini, Donald Winch und John Burrow, *That Noble Science of Politics: A Study in Nineteenth-Century Intellectual History* (1983), S. 161–181. Anregend, aber nicht erschöpfend ist F. J. C. Hearnshaw (Hrsg.), *The Social and Political Ideas of Some Representative Thinkers of the Victorian Age* (1931). Sir Leslie Stephens Essay «Walter Bagehot», abgedruckt in Stephens *Studies of a Biographer,* 4 Bände, III (1902), ist als Reaktion eines Fast-Zeitgenossen auf Bagehots Neigung zum Theoretisieren von Interesse. G. M. Youngs klassische Beschreibung Bagehots als «The Greatest Victorian», erschienen in *Today and Yesterday* (1948), ist bequem greifbar in W. D. Handcock (Hrsg.), *G. M. Young, Victorian Essays* (1962), S. 123–128.

II. Zwei Strömungen der Liebe

Allgemeine geschichtliche Darstellungen der Liebe, auch wenn sie gut sind, präsentieren eine Überfülle von Material und durcheilen die Jahrhunderte im Geschwindschritt. Morton M. Hunt, *The Natural History of Love* (1959), ist hilfreich, reicht aber von den alten Griechen bis in die Mitte des 20. Jahrhunderts. Helmut Kuhn, «*Liebe*»: *Geschichte eines Begriffes* (1975), ist eine gedrängte philosophische Begriffsanalyse. Sydney L. W. Mellen, *The Evolution of Love* (1981), ist der informative Beitrag eines Archäologen, der auch die «Liebe» bei Primaten und den ersten Menschen behandelt. Siehe Irving Singers langen Essay *The Nature of Love,* Band I, *Plato to Luther* (1966; 2. Aufl. 1984), und Band II, Courtly and Romantic Love (1984). Laurence Lerner, *Love and Marriage: Literature and Its Social Context* (1979) ist ein anregender Essay; allerdings klammert er sich zu sehr an die extremen Ansichten Ruskins. Siehe ferner Suzanne Lilar, *Aspects of Love in Western Society* (1963; Übs. Jonathan Griffin, 1965). Band II und III von Michel Foucaults auf sechs Bände angelegtem historischen Überblick über *Sexualität und Wahrheit* erschienen in der Woche nach Foucaults Tod (1984) und führen sein Unternehmen durch den antiken griechischen und lateinischen «Diskurs». Von Briefsammlungen ist Antonia Frasers Anthologie *Love Letters* (1976) am besten greifbar. Thomas Gould, *Platonic Love* (1963) verfolgt die frappierend vielfältigen Inkarnationen des Eros durch die Jahrhunderte; über Platon spricht er bei weitem kompetenter als über Freud. Siehe auch Fritz Möschlers kurzen Abriß *Platons Eroslehre und Schopenhauers Willensphilosophie* (1907). Vieles von den Bosheiten über die bürgerliche «Unfähigkeit zur Liebe» und zum Empfinden großer Leidenschaften findet sich bei Werner Sombart, *Der Bourgeois: Zur Geistesgeschichte des modernen Wirtschaftsmenschen* (1913). Dieses Buch war unverdienterweise recht einflußreich.

Entscheidend für das Verstehen christlicher und heidnischer Liebe ist die Unterscheidung zwischen Eros und Agape. Anders Nygren arbeitet diesen Unterschied scharf (zu scharf) heraus in *Agape and Eros* (1929; Übs. P. W. Watson 1953). Der Jesuit M. C. d'Arcy unternimmt in *The Mind and Heart of Love* (1945; 2. Auflage. 1956) den Versuch einer Revision Nygrens. Ebenso anregend und offen ist Denis de Rougemonts *Die Liebe und das Abendland* (1939; Übs. Friedrich Scholz, 1986), das höfische Liebe und Ketzertum zu verbinden sucht. Unentbehrlich bleibt Sidney Painter, *French Chivalry: Chivalric Ideas and Practics in Medieval France* (1940). C. S. Lewis äußert sich in *The Allegory of Love* (1936) elegant und meinungstüchtig über mittelalterliche Literatur zu diesem Thema. Siehe auch Myrrha Lot-Borodine, *De l'amour profane à l'amour sacré: Etudes de psychologie sentimentale au Moyen Age* (1961). Die neuere Forschung über christliche Liebe und Sinnlichkeit im Mittelalter und danach wird von Jean-Louis Flandrin ausgezeichnet zusammengefaßt und weitergeführt in *L'église et le contrôle des naissances* (1970) und in seinem schönen Essay *Le sexe et l'occident: Evolution des attitudes et des comportements* (1981).

Bei Andreas Capellanus habe ich mich auf eine neue Ausgabe von P. G. Walsh, *Andreas Capellanus on Love* (1982) gestützt.

Jacob Burckhardts Klassiker über die *Kultur der Renaissance in Italien* (1860) lohnt immer noch ein genaues Studium, besonders die Kapitel V und VI. Siehe auch Ruth Kelso, *Doctrine for the Lady of the Renaissance* (1956). Über die Puritaner haben wir, als Korrektiv, den blendenden Essay von Edmund S. Morgan, «The Puritans and Sex», *The New England Quarterly*, XV (1942), S. 591–607, und seine kompetente Analyse *The Puritan Family: Religion and Domestic Relations in Seventeenth-Century New England* (1944; revid. Ausg. 1966) – gut bekannt, aber von Historikern, die über die Liebe schreiben, nur allzu oft geflissentlich übersehen. Nützlich war mir wieder einmal auch Jean H. Hagstrums erleuchtendes Buch *Sex and Sensibility: Ideal and Erotic Love from Milton To Mozart* (1980).

Die Liebe zur Zeit der Aufklärung bedarf noch der gründlicheren Untersuchung. Ich habe sie am Rande berührt in *The Enlightenment: An Interpretation.* 2 Bände (1966, 1969), vor allem in Band II, S. 187–207. Siehe auch meinen Essay «Three Stages on Love's Way: Rousseau, Laclos, Diderot» (1957) in *The Party of Humanity: Essays in the French Enlightenment* (1964), S. 133–161. Leo Spitzers Kapitel «Der Stil Diderots» in *Texterklärungen. Aufsätze zur europäischen Literatur*, S. 144–175, ist eine geistreiche Würdigung der Sinnlichkeit in Diderots Umgang mit Worten.

Romantik ist notorisch schwer zu definieren. 1923 unternahm Arthur O. Lovejoy seine berühmte Erledigung von Wort und Begriff «Romantik». Er schlug vor, entweder ganz darauf zu verzichten, da für «Romantik» nachweislich die verschiedensten Definitionen gegeben worden waren, oder den Begriff im Plural zu verwenden: «On the Discrimination of Romanticisms», *PMLA* XXIX (1924), S. 229–253, wieder abgedruckt in *Essays in the History of Ideas* (1948), S. 228–253. Erst ein Vierteljahrhundert später rettete René Wellek den Begriff; er entdeckte einige Merkmale, die allen «Romantiken» gemeinsam waren: «The Concept of Romanticism in Literary History» (1949) und das Postskript «Romanticism Re-examined», beides in *Concepts of Criticism* (1963), S. 128–198, 199–221. Einen weiteren gedankenreichen Definitionsversuch unternimmt Geoffrey Thurley, *The Romantic Predicament* (1984). Aus der spärlichen psychoanalytischen Literatur zur Romantik ist William N. Evans Beitrag «Two Kinds of Romantic Love», *PQ* XX (1953) zwar kurz, enthält aber hilfreiche Hinweise zur masochistischen Ader der Romantik. Titel, die sich speziell mit der romantischen Literatur befassen, werde ich unten aufführen. An dieser Stelle erwähne ich nur noch den unentbehrlichen Klassiker von Mario Praz, *Liebe, Tod und Teufel. Die schwarze Romantik* (1930; Übs. Lisa Rüdiger, Taschenbuch-Ausg. 1970).

Viel Interessantes über die deutsche Auffassung von der Liebe (sowohl in der Aufklärung als auch in der Romantik) findet man bei Paul Kluckhohn, *Die Auffassung der Liebe in der Literatur des 18. Jahrhunderts und in der deutschen Romantik* (1922; 2. Aufl. 1931), bei Julius Steinberg, *Liebe und Ehe in Schleiermachers Kreis* (1921), und in der von Siegbert Prawer herausgegebenen Aufsatzsammlung *The Romantic Period in Germany* (1970). Siehe auch Hans Steffen (Hrsg.), *Die deutsche Romantik. Poetik, Formen und Motive* (1967; 2. Aufl. 1970), und Werner Kohlschmidt, *Geschichte der deutschen Literatur*, Band III, *Von der Romantik bis zum späten Goethe* (1974). Die Literatur über Friedrich Schlegel ist groß; Julien Rouge, *Erläuterungen zu Friedrich Schlegels Lucinde* (1904), befaßt sich sachkundig mit diesem radikalen romantischen Roman. Ernst Behler, *Friedrich Schlegel in Selbstzeugnissen und Bilddokumenten* (1966), ist kurz und gehaltvoll und enthält eine ausgezeichnete Bibliographie. Das kluge alte Buch von Ricarda Huch, *Ausbreitung und Verfall der Romantik* (1902; neue Ausgabe 1951 unter dem Titel *Die Romantik: Blütezeit, Ausbreitung und Verfall)* ist subjektiv, anekdotisch, aber noch immer wertvoll. Aus der überwältigenden, nicht abreißenden Flut von Sekundärliteratur zu Goethe nenne ich nur Barker Fairleys klassische Studie *Goethe* (1947; dt. 1953), Karl Viëtors *Goethe – Dichtung, Wissenschaft, Weltbild* (1949) und Albrecht Schönes faszinierende, sorgfältig-genaue Lektüre einiger Goethetexte: *Götterzeichen, Liebeszauber, Satanskult: Neue Einblicke in alte Goethetexte* (1982).

Von den englischen Romantikern sind es Shelley und Byron, denen nach wie vor die meisten Monographien gelten. Gelernt habe ich aus James O. Allsup, *The Magic Circle: A Study of Shelley's Concept of Love* (1976), und aus der kommentierten Anthologie *Shelley on Love,* Hrsg. Richard Holmes (1980). Sylva Norman, *Flight of the Skylark: The Development of Shelley's Reputation* (1954), geht Shelleys Einfluß nach. Das autoritative Werk über Byron ist Leslie A. Marchands nüchterne und detailreiche Biographie *Byron* in drei Bänden (1958). Byrons Reputation untersucht das noch immer brauchbare Buch von Samuel C. Chew, *Byron in England: His Fame and After-Fame* (1963). Christopher Ricks, *Keats and Embarassement* (1974), nähert sich seinem Thema auf indirekte, anregende Art. *The Love Letters of William and Mary Wordsworth,* Hrsg. Beth Darlington (1981) sind bewegend und leidenschaftlich; sie sprengen geradezu die traditionelle Form des Liebesbriefes. Von allgemeineren Darstellungen behandelt Anne K. Mellor, *English Romantic Irony* (1980), besonders S. 31–76, geschickt einige Themen der romantischen Liebe. Einen zuverlässigen Überblick bietet Frederick L. Beaty, *Light from Heaven: Love in British Romantic Literature* (1971); er konzentriert sich auf die Hauptgestalten. Siehe auch Paul van Tieghem, *Le Romantisme Français* (1951). Albert Joseph George, *The Development of French Romanticism: The Impact of the Industrial Revolution on Literature* (1955) ist umfassender, als das recht speziell klingende Thema vermuten läßt. Ergänzend hierzu D.O. Evans, *Social Romanticism in France, 1830–1848.* (1951). Eine ziemlich bunte, aber nicht uninteressante Sammlung von Aufsätzen ist *Aimer en France, 1760–1860,* 2 Bände, Hrsg. Paul Viallaneix und Jean Ehrard (1977). Von den französischen Romantikern ist neben Stendhal, Alfred de Musset wichtig: siehe Yves Lainey, *Musset oú la difficulté d'aimer* (1978). George Sand hat Schlüsseltexte nicht nur geschrieben, sondern ist sozusagen selbst zu einem Schlüsseltext über das Thema «gelebte und aufgezeichnete Liebe» geworden. Aus der immer umfangreicher werdenden Literatur verweise ich auf Joseph Barry, *Infamous Woman: The Life of George Sand* (1977) und auf Barrys großzügige Textauswahl *George Sand: In Her Own Words* (1979). Informativ und gehaltvoll ist A.W. Raitt, *Prosper Merimée* (1970).

Über die wichtige typologische Unterteilung der Menschen in Nazarener und Hellenen ist viel geschrieben worden; genannt sei David J. De Lauras informatives Werk *Hebrew and Hellene in Victorian England: Newmann, Arnold, and Pater* (1969). Die einschlägigen Seiten (214, 233–237) in Lionel Trillings aristokratisch-elegantem *Matthew Arnold* (1939; 2. Aufl. 1949) sind bis heute unübertroffen. Diese Untersuchungen müssen in Verbindung mit zwei wichtigen kritischen Studien gelesen werden: Henry Hatfield, *Aesthetic Paganism in German Literatu-*

re from Winckelmann to the Death of Goethe (1964) und *Clashing Myths in German Literature from Heine to Rilke* (1974). Siehe auch Frank M. Turners maßgebliches Buch *The Greek Heritage in Victorian Britain* (1981).

Die verläßlichsten Studien über Stendhal bleiben jene von Henri Martineau: *L'Œuvre de Stendhal: histoire de ses livres et de sa pensée* (1951) und sein brillantes *Le cœur de Stendhal*, 2 Bände (1952–1953). Weltmännisch-gescheit ist Victor Brombert, *Stendhal et la voie oblique: l'auteur devant son monde romanesque* (1954). Gilbert D. Chaitin, *The Unhappy Few: A Psychological Study of the Novels of Stendhal* (1972) ist ein tiefschürfender, oft (zwangsläufig) spekulativer psychoanalytischer Essay. Unentbehrlich, was Stendhals Haltung im Leben betrifft, bleibt Léon Blum, *Stendhal et le Beylisme* (1914); 3. Aufl. 1947). Frappierende psychoanalytische Beobachtungen finden sich bei Edmund Bergler, *Talleyrand, Napoleon, Stendhal, Grabbe: Psychoanalytisch-Biographische Essays* (1935).

Über Balzac wird reichlich geschrieben. Siehe Jean-Hervé Donnard, *Balzac, Les réalités économiques et sociales dans ‹La comédie humaine›* (1961): Das Buch informiert über Balzacs Ansichten zu Frauen, Bildung und Ehe. Diese Themen untersucht in erfreulicher Ausführlichkeit auch Arlette Michel, *Le mariage chez Honoré de Balzac, Amour et féminisme* (1978). Ausgezeichnet die moderne Ausgabe von Balzacs, *Physiologie du mariage*, hrsg. von Maurice Regard (1968).

Die maßgebliche Studie über Bourget ist Michel Mansuy, *Un Moderne. Paul Bourget de l'enfance au ‹Disciple›* (1961). Ich erwähne noch Albert Feuillerat, *Paul Bourget, Histoire d'un esprit sous la IIIᵉ Rébuplique* (1937). Emilien Carassus, *Le snobisme et let lettres françaises de Paul Bourget à Marcel Proust 1884–1914* (1966) ist eine wertvolle Untersuchung von Bourgets Snobismus; Richard Griffiths, *The Reactionary Revolution: The Catholic Revival in French Literature 1870–1914* (1966) ist eine ebenso wertvolle Studie über Bourgets Religiosität. Victor Brombert, *The Intellectuel Hero: Studies in the French Novel, 1880–1955*, enthält ein schönes Kapitel (IV) über Bourgets *Le disciple*.

Patrick Gardiner, *Schopenhauer* (1967), ist bemerkenswert durch seine Knappheit und Eindringlichkeit. Das Werk des Neurologen Paul Julius Moebius *Über Schopenhauer* (1899) bleibt ein interessantes Dokument, ebenso die frühe Biographie von Helen Zimmern, *Arthur Schopenhauer. His Life and His Philosophy* (1876). *Arthur Schopenhauer, Gesammelte Briefe* Hrsg. Arthur Hübscher (1978), ist die ausgezeichnete Edition eines recht enttäuschenden Materials. Siehe auch Ludwig van Golther, *Der moderne Pessimismus* (1878). Schopenhauers Einfluß auf Thomas Mann bespricht Erich Heller in *Thomas Mann – Der ironische Deutsche* (1970).

Zu Schopenhauers Frauenfeindlichkeit sehe man vor allem die frühen Hinweise von Pierre Miramont, «La femme d'après Schopenhauer», *La nouvelle Revue* XXX (1884), S. 700–743; und André Fauconnet, «Essai sur la psychologie de la femme chez Schopenhauer» (1905) sowie Fauconnets kurzen, interessanten Aufsatz «Schopenhauer précurseur de Freud» (1933), beides in *Etudes sur l'Allemagne* (1934), S. 28–72, 185–201.

Der wackerste moderne Vorkämpfer Nietzsches ist Walter A. Kaufmann. In den fünfziger Jahren waren seine Schriften außerordentlich notwendig, da sie horrende Mißverständnisse und katastrophale Übersetzungsfehler berichtigten.

Sein *Nietzsche – Philosopher, Psychologist, Antichrist* (1950); 4. Aufl. 1974; dt. Ausgabe *Nietzsche – Philosoph, Psychologe, Antichrist*, Übs. Jörg Salaquarda 1982) war wahrhaft epochemachend. Doch waren auch Kaufmanns begeisterte Apologien korrekturbedürftig; siehe Hatfield, *Clashing Myths in German Literature*, Kap. V. Karl Joël, *Nietzsche und die Romantik* (1905; 2. Aufl. 1923) bietet einen interessanten Essay über Nietzsches geistige Ahnen. Siehe ferner Helmut Walter Brann, *Nietzsche und die Frauen* (1931).

Die Liebe muß für die Psychoanalyse ganz offensichtlich ein interessantes Thema sein. Trotzdem ist die technische Literatur dazu verhältnismäßig spärlich, wenngleich vieles davon von hohem Kaliber ist. Durch das ganze Werk von Freud zieht sich die Idee der Liebe. Die relevantesten Titel sind: *Drei Abhandlungen zur Sexualtheorie* (1905), *St. A.* V, S. 37–145; «Beiträge zur Psychologie des Liebeslebens» (1910, 1912, 1918), *St. A.* V, S. 185–228; «Bemerkungen über die Übertragungsliebe» (1915), *St. A.* XI, S. 217–230. Eduard Hitchmann, «Freud's Conception of Love», *Int. J. Psycho-Anal.* XXXIII (1952), S. 421–428, verzichtet auf Nachweise und bleibt an der Oberfläche. Von Otto F. Kernbergs schwierigen, aber lohnenden technischen Arbeiten erwähne ich «Barriers to Falling and Remaining in Love», ebd. XXII (1974), S. 486–511. Von Michael Balints anregenden Arbeiten ist die (mit Recht) meistzitierte die über genitale Liebe, in *Primary Love and Psychoanalytic Technique* (1959; dt. Ausgabe: *Die Urformen der Liebe und die Technik der Psychoanalyse*, Übs. Kathe Hügel, 1966). Roy Schafer, «The Interpretation of Transference and the Conditions for Loving», *J. Amer. Psychoanal. Assn.* XXV (1977), S. 335–362 und Therese Benedek, «Ambivalence, Passion, and Love», ebd., S. 35–52. Die wegweisenden Schriften Margaret S. Mahlers über die frühe Kindheit sind für die Konstruktion einer Geschichte der Liebe von ausschlaggebender Bedeutung. Zu nennen sind vor allem (unter Mitarbeit von Manuel Furer) *On Human Symbiosis and the Vicissitudes of Individuation: Infantile Psychosis* (1968; dt. Ausgabe: *Symbiose und Individuation*, Band I: *Psychosen im frühen Kindesalter*, Übs. Hildegard Weller, 3. Aufl. 1983) und (mit Fred Pine und Anni Bergmann) *The Psychological Birth of the Human Infant: Symbiosis and Individuation* (1975); dt. Ausgabe: *Die psychische Geburt des Menschen: Symbiose und Individuation*, dt. 2. Aufl. 1984).

Einfluß und Wirkung Freuds sind noch ein unzureichend erforschtes Gebiet. Wir haben bahnbrechende Studien von Hannah S. Decker, *Freud in Germany: Revolution and Reaction in Science 1893–1907* (1977), nüchtern und unpolemisch, aber revisionistisch; die kurze Abhandlung von David Shakow und David Rapaport, *The Influence of Freud on American Psychology* (1964); und Nathan G. Hale, Jr., *Freud and the Americans: The Beginnings of Psychoanalysis in the United States 1876–1917* (1971), eine sorgfältige Untersuchung.

III. Erfahrung – die beste Lehrmeisterin

Die originelle, kenntnisreiche, umstrittene Studie von Jack Goody, *The Development of the Family and Marriage in Europe (1983; dt. Ausgabe: Die Entwicklung von Ehe und Familie in Europa*, Übs. Eva Horn, 1986), verfolgt die Frage der Mitgift (und überhaupt das Thema Geld in der Ehe) durch die Geschichte. Goody stützt sich auf G. E. Howards zweibändige *History of Matrimonial Institutions*

(1904) und vor allem auf sein eigenes Werk *Production and Reproduction: a Comparative Study of the Domestic Domain* (1976), ferner auf Goody, Joan Thirsk und E. P. Thompson (Hrsg.), *Family and Inheritance: Rural Society in Western Europe, 1200–1800* (1977). Siehe auch den hochinteressanten Aufsatz von D. O. Hughes, «From Brideprice to Dowry in Mediterranean Europe», *Journal of Familiy History* III (1978), S. 262–296. Bonnie G. Smith berührt die Mitgift und ähnliche Gebräuche in *Ladies of the Leisure Class. The Bourgeoises of Northern France in the Nineteenth Century* (1981). Wie aus meinem Text hervorgeht, habe ich viel gelernt aus Marion A. Kaplans gut dokumentiertem Essay «For Love or Money: The Marriage Strategies of Jews in Imperial Germany», Leo Baeck Institute, *Year Book XXVIII* (1983), S. 263–300; der Beitrag geht über den Rahmen des Titels hinaus. Die Autobiographie von Rahel Straus, *Wir lebten in Deutschland: Erinnerungen einer deutschen Jüdin 1880–1933*, Hrsg. Max Kreutzberger (1961), enthält ungemein aufschlußreiches Material zu diesem Thema. Pflichtlektüre, was die USA betrifft, ist Carl N. Degler, *At Odds: Women and the Family in America from the Revolution to the Present* (1980). Wertvolle vergleichende Beobachtungen enthält Priscilla Robertson, *An Experience of Women: Patterns and Change in Nineteenth Century Europe* (1982).

Ich brauche nicht zu betonen, daß das ganze Arsenal an Studien über die moderne Familie (siehe meinen bibliograhischen Essay in *Erziehung der Sinne*, S. 532–535) für diese Seiten von Belang ist. Ich erwähne wiederum nur die umfängliche, bibliographisch reichhaltige Untersuchung von Michael Mitterauer und Reinhard Sieder, *Historische Familienforschung* (1977).

Die zeitgenössische Polemik des 19. Jahrhunderts über das Wesen der Ehe und die Beziehung der Geschlechter wurde vehement geführt. Der schneidenste Beitrag stammt zweifellos von der radikalen amerikanischen Feministin Charlotte Perkins Gilman: *Women and Economics: The Economic Factor between Men and Women as a Factor in Social Evolution* (1898; mit Einführung und Anmerkungen von Carl N. Degler, 1966).

Beatrice Webb hat bei der Abfassung ihrer Autobiographie *My Apprenticeship* (1926; neue Ausg. 1971) ausgiebigen Gebrauch von ihren umfangreichen Tagebüchern gemacht. Trotzdem bleibt die – wenngleich unvollständige – Publikation dieser glänzenden Selbsterforschung durch Norman und Jeanne MacKenzie ein Ereignis (4 Bände, 1982–1985). Der erste Band, *The Diary of Beatrice Webb, 1873–1892. Glitter Around and Darkness Within*, war für mich entscheidend. Kaum weniger erhellend als die Tagebücher sind die von denselben Herausgebern veröffentlichten *Letters of Sidney und Beatrice Webb*. Jeanne MacKenzie, *A Victorian Courtship: The Story of Beatrice Potter and Sidney Webb* (1979), ist lebendig und scharfsichtig.

Nicht vergessen will ich das sensible, wenn auch letztlich nicht ganz befriedigende Kapitel über Liebe (XIII.) in Walter E. Houghton, *The Victorian Frame of Mind, 1830–1870* (1957), das mir schon in der *Erziehung der Sinne* gute Dienste leistete.

Die ganze Problematik der Verlobung und des Brautwerbens ist für den Historiker noch (sozusagen) jungfräuliches Gebiet. Ellen K. Rothmann, *Hands and Hearts: A History of Courtship in America* (1984) könnte Vorbildfunktion haben.

IV. Das Werk der Dichtung

Angesichts der ungeheuren Schwingungsbreite der erzählenden Literatur des 19. Jahrhunderts muß der Chronist der bürgerlichen Liebe eine Auswahl unter seinen literarischen Gewährsleuten treffen. Es ist seit langem das Credo der Literatursoziologen, daß zweit-, ja drittrangige Literatur einen besseren Zugang zu ihrer eigenen Zeit bietet als die Meisterwerke. Das ist nicht von der Hand zu weisen. Populäre Romane, für den schnellen, seichten Konsum bestimmt, sind den nackten Wünschen der Leserschaft näher als jene bohrende, differenzierende, imaginative Auslotung, die der seriöse Schriftsteller sich zur Aufgabe macht. Sie sind leichte Lektüre – für ihre späteren Analytiker kaum weniger als für ihr Zielpublikum. Außerdem enthüllt ein mittelmäßiger Roman nicht nur Wünsche, sondern genauso brutal auch Abwehrhaltungen. Aber wie ich im Text schon gesagt habe: Erstklassige Literatur kann ungemein lohnend sein (auch für den Historiker), weil sie tief schürft, eine Menge sieht und Komplexitäten nicht aus dem Weg geht. Daher konzentriere ich mich auf Meisterwerke.

Kein Kritiker, der sich mit dem Roman des 19. Jahrhunderts befaßt, kommt am Thema Liebe vorbei. Der instruktivste Titel ist A. O. J. Cockshut, *Man and Woman: A Study of Love and the Novel, 1740–1940* (1978). Reflektierter ist Wendell Johnson, *Sex and Marriage in Victorian Poetry* (1975). Eindringliche Bemerkungen zur Liebe in wichtigen Romanen des 19. Jahrhunderts finden sich in Michael Black, *The Literature of Fidelity* (1975).

Die psychoanalytische Literatur über das Schreiben wächst ständig. Freuds Entdeckung, daß Phantasien eine gebieterische Rolle im Seelenleben spielen (und daß man aus erzählender Literatur viel lernen kann, wenn man sie richtig liest), stellt ein wertvolles, aber vernächlässigtes Instrument historischer Forschung dar. Die entscheidenden Texte Freuds sind: *Der Wahn und die Träume in W. Jensens ‹Gradiva›* (1907), *St. A.* X, S. 9–85; die faszinierende Psychoanalyse einer Novelle; «Der Dichter und das Phantasieren» (1908), *St. A.* X, S. 169–179, eine kurze, prägnante Arbeit über den Nutzen des Erinnerns und des Phantasierens; «Eine Kindheitserinnerung aus ‹Dichtung und Wahrheit›» (1917), *St. A.* X, S. 255–266; und «Dostojewski und die Vatertötung» (1928), *St. A.* X, S. 276–286. Freuds Arbeit über Dostojewskij wurde von Joseph Frank einer strengen (wenngleich nicht schlüssigen) Kritik unterzogen: *Dostoevsky: The Seeds of Revolt, 1821–1849* (1976), Anhang: «Freud's Case – Histery of Dostoevsky». Jack J. Spector, *The Aesthetics of Freud: A Study in Psychoanalysis and Art* (1972) ist eine gut verständliche Einführung in diesen Aspekt des Freudschen Werkes, behandelt allerdings hauptsächlich die bildende Kunst; siehe auch Peter Brückner, «Sigmund Freuds Privatlektüre», *Psyche* XV (1961–1962), S. 881–902, und ebd., XVI (1962), S. 881–895; ferner zwei aufschlußreiche Essays von Sir Ernst Gombrich über Freuds Ästhetik (1956) und über Psychoanalyse und Kunstgeschichte (1954), beide bequem zugänglich in *Meditations on a Hobby Horse and Other Essays on the Theory of Art* (1963; dt. Ausgabe: *Meditationen über ein Steckenpferd. Von den Wurzeln und Grenzen der Kunst*, dt. Übs. Lisbeth Gombrich, 1978). Der Überblick von Frederick J. Hoffmann, *Freudianism and the Literary Mind* (1945; 2. Aufl. 1957) informiert über Rezeptionsfragen. William Empsons wichtiger und einfallsreicher Essay *Seven Types of Ambiguity* (1931) und die scharfsinnige

Studie von Walter Muschg *Psychoanalyse und Literaturwissenschaft* (1930) haben kaum etwas von ihrem Gewicht eingebüßt.

Zu den ersten und fruchtbarsten Psychoanalytikern gehörte Otto Rank; zu seinen Essays zählen *Das Double* (1914) und *Die Don-Juan-Legende* (1922). Höchst hilfreich war mir Ranks gewaltiges Kompendium *Das Inzestmotiv in Dichtung und Sage* (1912; 2. Aufl. 1926). Ernest Jones' noch immer umstrittene Arbeit *Hamlet and Oedipus*, erstmals 1901 skizziert und 1949 zu einem Buch erweitert, geht von der berühmten Stelle über Hamlet in Freuds *Traumdeutung* aus (*St. A.* II, S. 268–270). Man hat Jones' Studie buchstabengläubig und unliterarisch gescholten, aber als bescheidene psychoanalytische Erklärung von Hamlets Zaudern (und von nicht anderem) wirkt sie überzeugend. Die vielzitierte Sammlung von Aufsätzen Ernst Kris', *Psychoanalytic Explorations in Art* (1952; dt. Ausgabe: *Die ästhetische Illusion. Phänomene der Kunst in der Sicht der Psychoanalyse*, 1977), enthält wichtige Kapitel über Literatur und bringt die psychoanalytische Ichpsychologie ins Spiel. Kurt R. Eisslers zweibändiges Werk *Goethe: A Psychoanalytic Study 1775–1786* (1963; dt. Ausgabe: *Goethe. Eine psychoanalytische Studie 1775–1786*, Übs. P. Fischer, Hrsg. J. Cremerius, W. Mauser, R. Scholz, 1983; Taschenbuchausgabe 1987) ist eine gelehrte und enzyklopädische Untersuchung von zehn entscheidenden Jahren in Goethes Leben. Eisslers *Leonardo da Vinci: Psychoanalytic Notes on the Enigma* (1962) entstand als polemische Antwort auf Meyer Schapiros gedankenreichen Artikel «Leonardo and Freud: An Art-Historical Study», *Journal of the History of Ideas* XVII (1956), S. 147–178, enthält aber auch einige wichtige Beobachtungen zu psychoanalytischen Auffassungen von Kreativität. Marie Bonaparte, *Edgar Poe. Eine psychoanalytische Studie* (1933; dt. 1979), ist faszinierend, wenngleich die kathartische Funktion des literarischen Schaffens vielleicht etwas mechanisch gesehen wird. Von der bedeutenden englischen Psychoanalytikerin Ella Freeman Sharpe, die von der Literatur herkommt, gibt es einige schöne Aufsätze über Shakespeare und den religiösen Dichter Francis Thompson in *Collected Papers on Psycho-Analysis*, Hrsg. Marjorie Brierley (1950), S. 183–265. Phyllis Greenacre hat seit langem den Schriftsteller zu ihrem Spezialgebiet gemacht; siehe u. a. *Swift and Carroll: A Psychoanalytic Study of Two Lives* (1955), «The Childhood of the Artist: Libidinal Phase Development and Giftedness» (1957), «The Family Romance of the Artist» (1958), «Play in Relation to Creative Imagination» (1959), «Woman as Artist» (1960) und «On Nonsense» (1966), alle in *Emotional Growth: Psychoanalytic Studies of the Gifted and a Great Variety of Other Individuals*, 2 fortlaufend paginierte Bände (1971), II, S. 479–504, 505–532, 555–574, 575–591, 592–615. Bernard C. Meyer Untersuchung *Joseph Conrad: A Psychoanalytic Biography* (1967) gehört zu den aufschlußreichsten ihres Genres. John E. Gedo, *Portraits of the Artist: Creativity and Its Vicissitudes* (1983) enthält anregende und originelle Kapitel. Siehe auch Lilli Peller, «Daydreams and Children's Favorite Books: Psychoanalytic Comments», *PSC* XIV (1959), S. 414–433 und Iza S. Erlich, «‹The Peasant Marey›: A Screen Memory», ebd. XXXVI (1981), S. 381–389, über eine Geschichte von Dostojewskij. Profitiert habe ich auch von Aaron A. Esman, «The Nature of the Artistic Gift», *American Imago* XXVI (1979), S. 305–312, und von Robert Waelders unerhört ideenreichen *Psychoanalytic Avenues to Art* (1965 deutsch in Helene Deutsch, Phyllis Greenacre, Robert Waelder [Hrsg.],

Psychoanalytische Studie zum Mythos von Dionysos und Apollo. Die Suche nach dem Vater. Psychoanalytische Wege zur Kunst, Übs. F. Herborth, W. Köhler, L. Gawert-Biesalski, 1973).

Die Analytiker haben sich im wesentlichen auf den Autor und sein Werk konzentriert und darüber sein Publikum fast (allerdings nicht ganz) vergessen. Norman H. Holland hat die Psychoanalyse des Lebens zu seiner Domäne gemacht; es gibt darüber von ihm eine Reihe anregender Bücher: *Psychoanalysis and Shakespeare* (1964), *The Dynamics of Literary Response* (1968), das mir besonders wertvoll war, *Poems in Persons: An Introduction to the Psychoanalysis of Literature* (1973) und *5 Readers Reading* (1975). Meredith Anne Skura macht in ihrem kenntnisreichen Buch *The Literary Use of the Psychoanalytic Process* (1981) Vorschläge, wie man Texte als Fallgeschichten, Phantasien, Träume und Manifestationen von Übertragungen lesen kann; ihre radikal verteidigte Behauptung, daß literarische Charaktere keine Personen seien, ist (jedenfalls für mich und in der Form, wie sie vorgetragen wird) nicht überzeugend. Dagegen versucht Elizabeth Dalton in *Unconscious Structures in ‹The Idiot›: A Study in Literature and Psychoanalysis* (1979) mit glänzendem Erfolg, die Protagonisten in diesem großen Roman Dostojewskijs zu verstehen, indem sie sie als wirklich behandelt. Simon O. Lesser, *Fiction and the Unconscious* (1957), war geradezu bahnbrechend und lohnt auch heute noch sehr die Lektüre. Seine neueren Essays wurden unter dem Titel *The Whispered Meanings* herausgegeben von Robert Sprinch und Richard W. Noland (1977). Siehe auch Frederick Crews (Hrsg.), *Psychoanalysis and Literary Process* (1970). Leon Edel hat viel über Psychoanalyse und Literatur nachgedacht; siehe *The Modern Psychological Novel* (1952; 2. Aufl. 1961). Marthe Robert, *Origins of the Novel* (1972; Übs. Sacha Rabinovich, 1980), bringt auf einfallsreiche Weise den Aufstieg des Romans mit der Psychoanalyse in Zusammenhang und entwickelt ausführlicher die Freudsche Kategorie des «Familienromans».

In der diffizilen Frage der vielfältigen Leseöffentlichkeiten im bürgerlichen Jahrhundert habe ich mich im wesentlichen gestützt auf R. K. Webb, *The British Working Class Reader 1790–1848* (1955), das über das im Titel formulierte Thema hinausgeht, und Webbs brillanten Essay «The Victorian Reading Public» in Boris Ford (Hrsg.), *The Pelican Guide to English Literature*, Band VI, *Form Dickens to Hardy* (1958; revid. Ausg. 1982), S. 198–219. Zu Frankreich gibt es James Smith Allen, *Popular French Romanticism: Authors, Readers and Books in the 19th Century* (1981), eine Arbeit, die auch den Markt nicht vernachlässigt. Klaus Heitmann, *Der Immoralismus-Prozeß gegen die französische Literatur im 19. Jahrhundert* (1970) ist eine umfassend dokumentierte Studie. Herbert Ross Brown, *The Sentimental Novel in America, 1789–1860* (1940), enthält ein Kapitel über «Sexualität und Empfindsamkeit». Es wäre zu ergänzen durch Henry Nash Smith, *Democracy and the Novel: Popular Resistance to Classic American Writers* (1978), eine kurze und sehr anregende Arbeit. Q. D. Leavis, *Fiction and the Reading Public* (1932), ist aufgeregt-nostalgisch und vor allem als Symptom von Wert. Über Deutschland gibt es Ernest K. Bramsted, *Aristocracy and the Middle-Classes in Germany: Social Types in German Literature 1830–1900* (1937; 2. Aufl. 1964), eine einflußreiche soziologische Analyse. Ferner Rudolf Schenda, *Volk ohne Buch: Studien zur Sozialgeschichte der populären Lesestoffe 1770–1910*

(1970) – gelehrt und mit weitem Horizont, aber zu scharf, um wirklich verläßlich zu sein. Ronald Hingley, *Russian Writers and Society, 1825–1904* (1967), ist erhellend.

Viel verdanke ich René Welleks autoritativer *History of Modern Criticism, 1750–1950*, bisher 6 Bände (1955–1986), vor allem Band III, *The Age of Transition*, und Band IV, *The Later Nineteenth Century* (beide 1965; dt. Ausgabe: *Geschichte der Literaturkritik 1750–1950*, seit 1959; Band II, *Das Zeitalter des Übergangs*, 1977, und Band III, *Das späte 19. Jahrhundert*, 1977). Welleks Arbeit gründet auf enzyklopädischer Lektüre in allen relevanten Sprachen und überlegenem, gesundem Urteil. M. H. Abrams, *The Mirror and the Lamp: Romantic Theory and the Critical Tradition* (1953; dt. Ausgabe: *Spiegel und Lampe: Romantische Theorie und die Tradition der Kritik*, Übs. Lore Iser, 1978), ist verdientermaßen ein Klassiker; dasselbe gilt für sein nicht weniger eindrucksvolles Werk *Natural Supernaturalism: Tradition and Revolution in Romantic Literature* (1971), das sich auf die Säkularisierung in England und Deutschland konzentriert. C. M. Bowra, *The Romantic Imagination* (1950) ist eine anregende Vorlesungsreihe über die englische Romantik. Marilyn Butler, *Romantics, Rebels, and Reactionaries: English Literature 1760–1830* (1981) ist eine geistreiche Studie über die englischen Künste «im Zeitalter der Revolution». Barbara Fass, *La Belle Dame sans Merci and the Aesthetics of Romanticism* (1974) befaßt sich mit einem für mein Unternehmen besonders wichtigen Thema, der *femme fatale* in verschiedenen Ländern.

Zum literarischen Realismus gibt es vor allem die meisterliche Studie von Erich Auerbach, *Mimesis: Dargestellte Wirklichkeit in der abendländischen Literatur* (1946), eine verdientermaßen einflußreiche Arbeit. Linda Nochlin, *Realism* (1971), untersucht geschickt den Realismus in Literatur und Kunst; vielleicht ist sie etwas zu sehr der These verhaftet, daß im 19. Jahrhundert das Bürgertum triumphiert habe. Über französische Realisten unterrichtet Harry Levin, *The Gates of Horn: A Study of Five French Realists* (1963); behandelt werden Stendhal, Balzac, Flaubert, Zola und Proust. D. A. Williams (Hrsg.), *The Monster in the Mirror: Studies in Nineteenth-Century Realism* (1978), enthält einige ausgezeichnete Essays verschiedener Autoren über ausgefallenere Werke, wie etwa Strindbergs *Röda rummet* [Das rote Zimmer] und Galdós' *Fortunata y Jacinta*.

Vladimir Nabokov, *Lectures on Literature* (1980; dt. Ausgabe: *Die Kunst des Lesens. Meisterwerke der europäischen Literatur.* Übs. Karl Klewer, 1984), enthält – abwechselnd provozierend, reizvoll und ärgerlich – revisionistische Kapitel über sieben große Autoren des 19. und frühen 20. Jahrhunderts, von Jane Austen bis zu James Joyce.

Von anderen, neueren Abhandlungen über englische Literatur fand ich nützlich Geoffrey Tillotson, *A View of Victorian Literature* (1978), eine postume Sammlung von Essays über einzelne Romanciers, eigenwillig und mit einigen bemerkenswerten Erkenntnissen; und die zu einem kleinen Klassiker gewordenen *Novels of the Eighteen-Forties* von Kathleen Tillotson (1954; 2. Aufl. 1956). Siehe auch U. C. Knoepflmacher, *Laughter and Despair: Readings in Ten Novels of the Victorian Era* (1971). Martin Price, *Forms of Life: Character and Moral Imagination in the Novel* (1983) ist eine gewichtige Untersuchung und besonders im

Hinblick auf die Hauptgestalten lohnend. Siehe auch Jefferson Hunters lebendigen Überblick *Edwardian Fiction* (1982), den man neben Samuel Hynes' autoritativem *Edwardian Turn of Mind* (1968) lesen sollte. Mit Genuß las ich Roger B. Hankle, *Comedy and Culture: England 1820–1900* (1980), das die englische Komik in einen Mittelschichts-Kontext stellt, und Karen Chase, *Eros and Psyche: The Representation of Personality in Charlotte Brontë, Charles Dickens, and George Eliot* (1984). Winifried Hughes, *The Maniac in the Cellar: Sensation Novelists of the 1860s* (1980) konzentriert sich unterhaltsam auf M. E. Braddon und vergleichbare Bestsellerautoren. In den letzten Jahren hat es eine wahre Explosion gegeben, was Bücher über Schriftstellerinnen und weibliche Romanfiguren betrifft. Mary Poovy, *The Proper Lady and the Woman Writer: Ideology as Style in the Works of Mary Wollstonecraft, Mary Shelley and Jane Austen* (1984), ist eine glänzende Studie über den inneren Konflikt zwischen Häuslichkeit und Selbstverwirklichung. Patricia Beer, *Reader, I Married Him* (1974), erörtert auf angenehme Weise Frauengestalten in Romanen von Jane Austen, Charlotte Brontë, Elizabeth Gaskell und George Eliot. Polemischer ist Elaine Showalter, *A Literature of Their Own: British Women Novelists from Brontë to Lessing* (1977); dasselbe gilt für Françoise Basch, *Relative Creatures: Victorian Women in Society and the Novel* (1972; Übs. Anthony Rudolf, 1974), sowie Sandra M. Gilbert und Susan Gubar, *The Madwoman in the Attic: The Woman Writer and the Nineteenth-Century Literary Imagination* (1979); das Buch nähert sich auf erschöpfende Weise einer «feministischen Poetik».

Die moderne Standardbiographie über Dickens ist Edgar Johnson, *Charles Dickens: His Tragedy and Triumph* (1953; 2. gekürzte Aufl. 1977); das Buch ist gehaltvoll, sieht aber auf naive Weise in Dickens den realistischen und immer radikaler werdenden Sozialkritiker; das beste Gegengift ist der treffliche, knappe Essay von Humphrey House, *The Dickens World* (1941; 2. Aufl. 1942), eine klassische Darstellung von Dickens konstruktiver Einbildungskraft. John Butt und Kathleen Tillotson, *Dickens at Work* (1957) ist eine skrupulöse und wichtige Studie über Dickens' Arbeitsgewohnheiten. Von Phillip Collins gibt es maßgebliche Bücher über *Dickens and Crime* (1962; 2. Aufl. 1965) und *Dickens and Education* (1963). George H. Ford, *Dickens and His Readers: Aspects of Novel Criticism since 1836* (1955) beleuchtet den Wandel des Geschmacks und die wechselnden Auffassungen über Dickens.

Dickens, und sein «Lieblingskind» zumal, scheinen zu psychoanalytischer Deutung einzuladen. Ich erwähne nur Leonard Manheim, «The Personal History of David Copperfield», *American Imago* IX (1952), S. 21–43, E. Pearlman, «David Copperfield Dreams of Drowning», ebd. XXVIII (1971), S. 391–403; und Gordon D. Hirsch, «A Pschoanalytic Rereading of *David Copperfield*», *The Victorian Newsletter* Nr. 58 (Herbst 1980), S. 1–5, ein Beitrag, der auch in *Charles Dickens, New Perspectives*, Hrsg. Wendell Stacy Johnson (1982), S. 83–93, zugänglich ist.

Gordon N. Rays zweibändige Biographie *Thackeray: The Uses of Adversity, 1911–1836* (1955) und *Thackeray: The Age of Wisdom, 1847–1863* (1958), ist maßgeblich; ebenso Rays *The Buried Life: A Study of the Relation between Thackeray's Fiction and His Personal History* (1952), eine herrlich kenntnisreiche, jeden Reduktionismus vermeidende Erkundung des psychologischen Hintergrundes von *Vanity Fair, Henry Esmond* und den anderen Romanen. Verpflichtet bin ich Rays Ausgabe von Thackerays Briefen und Aufzeichnungen: *Letters and Private Papers*, 4 Bände (1945–1946). John E. Tilford, Jr., hat sich mit der ödipalen Seite Esmonds befaßt (ebenso wie J. Hillis Miller, *Fiction and Repetition: Seven English Novels* [1982]): «The Love Theme of Henry Esmond», *PMLA* LXVII (1952), S. 684–701, und «‹Unsavoury Plot› of *Henry Esmond*», *Nineteenth Century Fiction* VI (1951), S. 121–130. Nur allzu überzeugend fand ich John Careys umstrittenen und irritierenden Essay *Thackeray: Prodigal Genius* (1977), der bei Thackeray von Roman zu Roman ein merkliches Schwinden der satirischen Kraft konstatiert.

Trollope, von der Kritik einst eher vernachlässigt, kommt von Jahr zu Jahr besser weg. Sehr hilfreich sind Michael Sadleir, *Trollope, A Commentary* (1927; 3. Aufl. 1945), und A. O. J. Cockshut, *Anthony Trollope: A Critical Study* (1955). Siehe auch Robin Gilmours verständiges *The Idea of the Gentleman in the Victorian Novel* (1984). Zentral ist Trollopes *Autobiography* (1883, oft nachgedruckt), weil sie unstilisiert den Menschen zeigt. N. John Halls definitive Briefausgabe *The Letters of Anthony Trollope*, 2 Bände (1983), die ältere Ausgaben ablöst, bestätigt das Zeugnis der Autobiographie; sie zeigt den «Künstler als Philister», wie es Stephen Wall vielleicht etwas hart formulierte (*TLS*. 3. Februar 1984).

Gordon S. Haight, *George Eliot: A Biography* (1968), ist einfach das Standardwerk. Barbara Hardy, *Particularities: Readings in George Eliot* (1982), enthält scharfsichtige Stellen über Themen, die für mich relevant sind. Siehe auch Barbara Hardys eindrucksvolles Buch *The Novels of George Eliot: A Study in Form* (1959). Richard Ellmann, «Dorothea's Husbands», in *Golden Codgers: Biographical Speculations* (1973), S. 17–38, ist, wie nicht anders zu erwarten, anregend. Juliet McMaster, «George Eliot's Language of the Sense», in Gordon S. Haight und Rosemary T. Van Arsdel (Hrsg.), *George Eliot: A Centenary Tribute* (1982), S. 11–27, analysiert George Eliots Umgang mit der Sexualität in ihren Romanen.

Hardy ist gut bedient. Es gibt zwei eindrucksvolle neue Biographien, von Robert Gittings *Young Thomas Hardy* (1975) und *Thomas Hardy's Later Years* (1978); und von Michael Millgate *Thomas Hardy: A Biography* (1982). Über die Sexualität seiner Frauengestalten schreiben Peny Boumelha, *Thomas Hardy and Women: Sexual Ideology and Narrative Form* (1982).

Werke über andere englische Romanciers sind: Kenneth Robinson, *Wilkie Collins: A Biography* (1951; 2. Aufl. 1974), und Nuel Pharr Davis, *The Life of Wilkie Collins* (1956); Walter F. Wright, *Art and Substance in George Meredith* (1953); V. S. Pritchett, *George Meredith and English Comedy* (1969), eine großartige Reihe von Vorlesungen; und die moderne Standardbiographie von Winifred Gérin, *Charlotte Brontë* (1967). Zu Elizabeth Gaskell, dieser höchst erfreulichen Autorin, siehe W. A. Craik, *Elizabeth Gaskell and the English Provincial Novel* (1975), M. Granz, *Elizabeth Gaskell: the Artist in Conflict* (1968), und die Ausgabe ihrer entzückenden Briefe, *Letters*, Hrsg. J. A. V. Chapple und Arthur Pollard (1966). Zwei neuere Untersuchungen sind für erotische Themen in der englischen Literatur des 19. Jahrhunderts von Bedeutung: Richard Barickman, Susan MacDonald und Myra Stark, *Corrupt Relations: Dickens, Thackeray, Trollope, Collins and the Victorian Sexual System* (1982), ist eine interessante

Analyse vorherrschender Anschauungen über das Wesen der viktorianischen Gesellschaft und bietet recht originelle Deutungen der Frauengestalten dieses Romanciers; und Dianne F. Sadoff, *Monsters of Affection: Dickens, Eliot and Brontë on Fatherhood* (1982), mit einer Analyse dieser Romanciers aus psychoanalytischer Sicht.

Von den vielen Geschichten der französischen Literatur habe ich mich hauptsächlich auf einige Bände der von Claude Pichois herausgegebenen vielbändigen Sammlung *Littérature française* verlasssen, vor allem auf Max Milner, *Le Romantisme*, Band I *(1820–1843)* (1968), und Raymond Pouilliart, *Le Romantisme*, Band III *(1869–1896)* (1968). Martin Turnell, *The Novel in France* (1950, zeichnet den Hintergrund, konzentriert sich aber auf Constant, Stendhal, Balzac und Flaubert. Victor Brombert, *The Romantic Prison: The French Tradition* (1978) geht einem erschreckenden Thema im modernen französichen Roman nach. Ein wichtiges Buch ist Paul Bénichou, *Le sacre de l'écrivain, 1750–1830* (1973). F. W. J. Hemmings, *Culture and Society in France 1848–1898: Dissidents and Philistines* (1971) ist eine glänzende Einführung in die Kulturgeschichte der Literatur. Henry James' Rezensionen und Essays über französische Schriftsteller, gesammelt in *French Poets and Novelists* (1878; 2. Aufl. 1884), ist mehr als nur ein Dokument ihrer Zeit; James' Formulierungen sind glücklich und außerordentlich gerecht.

Zu Stendhal siehe oben S. 472. Zu der ebenfalls dort angeführten Literatur über Balzac wäre zu ergänzen H. J. Hunt, *Honoré de Balzac: A Biography* (1957) und Hunt, *Balzac's Comédie Humainé* (1952; 2. Aufl. 1964). Siehe auch F. W. J. Hemmings, *Balzac: an Interpretation of ‹La Comédie Humainé* (1967), und Bernard Guyon, *La pensée politique et sociale de Balzac* (1947; 2. Aufl. 1967). V. S. Pritchett, *Balzac* (1973), ist stark, Benjamin F. Bart, *Flaubert* (1967), sehr umfassend. Victor Bromberts elegante Untersuchung *The Novels of Flaubert: A Study of Themes and Techniques* (1966), enthält brillante Einsichten. Für den frühen Flaubert ist unentbehrlich Jean Bruneaus schönes Buch *Les Débuts littéraires de Gustave Flaubert, 1831–1845* (1962). Die Briefe Flauberts sind ein Schatzhaus formvollendeter Entrüstung; Bruneaus unvergleichliche Ausgabe, *Correspondance* bisher 2 Bände (1973-), ist bis zum Jahre 1858 gediehen. Francis Steegmuller, *Flaubert and Madame Bovary: A Double Portrait* (1939; 2. Aufl. 1947), ist locker und vergnüglich. Maurice Nadeau, *Gustave Flaubert, écrivain. Essai* (1969; 2. Aufl. 1980), ist tiefschürfend.

Eugène Fromentin, der Romancier der Erinnerung, ist ausgiebig untersucht worden. Das Dokumentarische liefert Pierre Blanchon (Jacques-André Mérys), *Eugène Fromentin. Lettres de jeunesse. Biographie et notes* (1912) und Eugène Fromentin, *Correspondance et Fragments inédits. Biographie et notes* (1912). Marie-Anne Eckstein, *Le rôle du souvenir dans l'œuvre d'Eugène Fromentin* (1970), konzentriert sich auf seine eine, beherrschende Leidenschaft; Camille Reynaud, *La Genèse de ‹Dominique›* (1937) untersucht eingehend die Entstehung von Fromentins berühmtestem Buch.

George Sands englische Gefolgschaft hat begreiflicherweise zu Kommentaren herausgefordert. Paul G. Blount, *George Sand and the Victorian World* (1979), ist eine gute Ergänzung zu Patricia Thomson, *George Sand and the Victorians: Her Influence and Reputation in Nineteenth-Century England* (1977).

Zu Gautier siehe die erschöpfende Abhandlung von René Jasinski, *Les Années romantiques de Th. Gautier* (1929), P. E. Tennants sehr kurzes, biographisch orientiertes Buch *Théophile Gautier* (1975) und Joanna Richardson, *Théophile Gautier, His Life and Times* (1958). Über seinen berühmt-berüchtigten Roman gibt es Bertrand de Gelannes, *La Maupin, l'étrange aventurière* (1955). Maupassant wird gut abgehandelt in Francis Steegmuller, *Maupassant: A Lion in the Path* (1949) und in der kenntnisreichen Studie von Paul Ignotus, *The Paradox of Maupassant* (1966). Zu Paul Léautaud, einem kleineren Romancier, aber überaus freimütigen Tagebuchschreiber, siehe Marie Dormoy, *La vie secrète de Paul Léautaud* (1972), und James Harding, *Lost Illusions: Paul Léautaud and his World* (1974) – ziemlich manieriert –.

Die erzählende Literatur in Deutschland ist umfassend dargestellt. Eric A. Blackall, *The Novels of the German Romantics* (1983) ist maßgeblich. Claude David, *Geschichte der deutschen Literatur: Zwischen Romantik und Symbolismus 1820–1885* (1966), ist der meisterhafte Überblick eines führenden französischen Germanisten. Siehe ferner J. P. Stern, *Reinterpretations* (1964), eine Sammlung eindringlicher Essays, wie Friedrich Sengles *Arbeiten zur deutschen Literatur 1750–1850* (1965) und Walter Höllerers *Zwischen Klassik und Moderne. Lachen und Weinen in der Dichtung einer Übergangszeit* (1958), das sich hauptsächlich mit den dreißiger und vierziger Jahren des 19. Jahrhunderts befaßt. E. K. Bennett, *A History of the German ‹Novelle›* (1934; bearb. und hrsg. von H. M. Waidson, 1961), ist seit langem ein Standardwerk. Siehe dazu auch W. H. Brufords informativem Essay *The German Tradition of Self-Cultivation. ‹Bildung› from Humboldt to Thomas Mann* (1975).

Die Standardbiographie über Fontane ist Hans-Heinrich Reuters zweibändiges Werk, *Theodor Fontane* (1968), kenntnis- und detailreich, aber beeinträchtigt durch seinen klobigen Marxismus. Charlotte Jolles, *Theodor Fontane* (1972), gibt eine nützliche, prägnante Darstellung der Primär- und Sekundärliteratur. Peter Demetz, *Formen des Realismus: Theodor Fontane, Kritische Untersuchungen* (1964; 2. Aufl. 1966), ist ein glänzender Essay; er stellt Fontane in den internationalen Kontext, in den er gehört. Siehe auch Alan Bance, *Theodor Fontane: The Major Novels* (1982). Unter seinen Essays über verschiedene Romane des 19. Jahrhunderts in *Wirklichkeit und Kunstcharakter: Romane des 19. Jahrhunderts* (1963) hat Walter Killy auch ein aufschlußreiches Kaiptel (IX.) über Fontanes *Irrungen, Wirrungen*. Siehe ferner Erich Heller, «Fontane and the Novelist's Art», *TLS* (20. Oktober 1978), S. 1222–1224.

Adolf Muschgs *Gottfried Keller* (1977) ist ein scharfsinniger, zuweilen tiefschürfender Essay mit einem langen dokumentarischen Abschnitt.

Über den spanischen Roman im allgemeinen gibt es D. L. Shaws *The Nineteenth Century* (1972) in der von R. O. Jones herausgegebenen *Literary History of Spain* sowie S. H. Eoff, *The Modern Spanish Novel* (1962). Über Valera siehe vor allem Jean Krynen, *L'Esthétisme de Juan Valera* (1946) und Alberto Jiménez, *Juan Valera y la generación de 1868* (1955). Galdós wird oft und gut abgehandelt. Von modernen Untersuchungen sehe man Stephan Gilman, *Galdós and the Art of the European Novel, 1867–1887* (1982), Diane F. Ureys spezielles, aber anregendes Buch *Galdós and the Irony of Language* (1983). Joseph Schraibman, *Dreams in the Novels of Galdos* (1960), untersucht generell die literarische Funktion von

Träumen. Zu Eça de Queirós haben sich im wesentlichen portugiesische und französische Literaturkritiker geäußert; die erste umfassende Darstellung auf englisch ist Alexander Coleman, *Eça de Queiros and European Realism* (1980). Ferner gibt es Alvaro Lins, *História literária de Eça de Queirós* (1939; 3. Aufl. 1960) und die hervorragende portugiesische Arbeit von J. G. Simões, *Eça de Queirós* (1961). Über Queirós' brasilianischen Kollegen gibt es von Helen Caldwell, *Machado de Assis: The Brazilian Master and His Novels* (1970).

Über Lodewijk van Deyssel habe ich mich unterrichtet bei Jacob de Graff, *Le réveil littéraire en Hollande et le Naturalisme Français, 1880–1900* (1937).

Zu den Skandinaviern habe ich wenig zu sagen gehabt. Benutzt habe ich Harald Beyer, *A History of Norwegian Literature* (1952; Übs. Einar Haugen, 1956). Brian W. Downs, *Modern Norwegian Literature 1860–1918* (1966) ist energisch und voreingenommen; siehe auch Brita M. E. Mortensen und Brian W. Downs, *Strindberg: An Introduction to His Life and Work* (1965).

Henry Giffords Aufsatzsammlung *The Novel in Russia* (1964) ist ausgewogen, ebenso Richard Freeborns *The Rise of the Russian Novel: Studies in the Russian Novel from ‹Eugene Onegin› to ‹War and Peace›* (1973). Boris Eikhenbaum, *Tolstoi in the Sixties* (Übs. Duffield White, 1982), und *Tolstoi in the Seventies* (Übs. Albert Kaspin, 1982), ist absolut autoritativ. Henry Gifford, *Tolstoy* (1982), ist eine zuverlässige, ganz kurze Einführung und Isaiah Berlins kleiner Klassiker *The Hedgehog and the Fox* (1953), analysiert nur trefflich Tolstois Geschichtsverständnis.

Zu Dostojewskij siehe Donald Fanger, *Dostoevsky and Romantic Realism: A Study of Dostoevsky in Relation to Balzac, Dickens and Gogol* (1967), ein Buch, das auf vernünftige Weise alte Klassifizierungen aufbricht; und die einführende Studie von Edward Wasiolek, *Dostoevsky: The Major Fiction* (1964); Robert Louis Jackson, *The Art of Dostoevsky: Deliriums and Nocturnes* (1982), und sein früheres Buch *Dostoevsky's Quest for Form* (1966) sind von Bewunderung erfüllt, dennoch überzeugend.

Nabokovs Essay *Nikolai Gogol* (1947) ist rational und anregend. Donald Fanger, *The Creation of Nicolai Gogol* (1979), ist vorsichtig, aber im allgemeinen überzeugend. Siehe auch Victor Erlichs anziehende kurze Studie *Gogol* (1969). Simon Karlinsky, *The Sexual Labyrinth of Nikolai Gogol* (1976), ist eine wichtige Untersuchung der sorgfältig versteckten Homosexualität Gogols und ihrer Bedeutung für seine Schriften (insbesondere für Kap. IV von Interesse). Die Lektüre wäre zu ergänzen um Hugh McLeans scharfsinnigen Essay «Gogol's Retreat from Love: Toward an Interpretation of Mirgorod», *American Contribution to the Fourth International Congress of Slavists* (1958), S. 225–244. Eine liebenswürdige Biographie über Turgenjew ist V. S. Pritchett, *The Gentle Barbarian: The Life and Work of Turgenev* (1977); sie wäre zu ergänzen durch Avrahm Yarmolinsky, *Turgenev: The Man, His Art and His Age* (1926; 2. Aufl. 1959), Richard Freeborn, *Turgenev: The Novelist's Novelist* (1962), und Isaiah Berlins großartigen Essay *Fathers and Children*, The Romanes Lecture (1972).

Zu einigen Spezialthemen: James B. Twitchel, *The Living Dead: A Study of the Vampire in Romantic Fiction* (1981), ist unterhaltsam und informativ zugleich. Judith Armstrong, *The Novel of Adultery* (1966) befaßt sich prägnant mit dem Lieblingsthema der Romanschreiber, dem Ehebruch; ebenso Tony Tanner, *Adul-*

tery in the Novel: Contract and Transgression (1979), eine oft anregende, genaue, aber sehr eigenwillige Lektüre von Rousseaus *La nouvelle Héloïse,* Goethes *Wahlverwandtschaften* und Flauberts *Madame Bovary;* ein zweiter Band ist in Aussicht gestellt. Mary S. Hartmann fühle ich mich verpflichtet für ihr Buch, *Victorian Murderesses: A True History of Thirteen Respectable French and English Women Accused of Unspeakable Crimes* (1977), ein entzückendes Buch mit eindringlichen Bemerkungen über die Folgen des Lesens für beeindruckbare Naturen. Paul Englisch, *Geschichte der erotischen Literatur* (1932) berücksichtigt auch die Pornographie, genauso wie *Erziehung der Sinne,* S. 359–380. Viel Interessantes bietet des Psychologen Henry A. Murray Ausgabe von Hermann Melvilles *Pierre* (1949), der freimütig Inzest und ödipale Kämpfe erörtert. Elizabeth Stevens Prioleau entdeckt erotische Themen unter der beruhigten Oberfläche der Romane Howells': *The Circle of Eros: Sexuality in the Work of William Dean Howells* (1983); sie beweist wieder einmal, daß es bei der Erotik nicht darum geht, zu finden, was man sucht, sondern zu finden, was schon immer da war.

V. Problematische Bindungen

Die beste mir bekannte Darstellung der Homosexualität im 19. Jahrhundert ist Lillian Faderman, *Surpassing the Love of Men: Romantic Friendship and Love Between Women from the Renaissance to the Present* (1981). Das Buch berücksichtigt Romane, Tagebücher und anderes Material; es ist zu enthusiastisch, um objektiv sein zu können, aber anregend. Zwei Biographien werfen interessantes Licht auf zwei unterschiedliche Frauen: Peter Gunn, *Vernon Lee: Violet Paget, 1856–1935* (1964), sowie Dore Ashton und Denise Browne Hare, *Rosa Bonheur: A Life and A Legend* (1981); beide Bücher zeigen, wie sich unkonventionelle Frauen im viktorianischen Zeitalter behaupten konnten. Doch waren Lesbierinnen nicht immer sicher vor dem Zugriff des Gesetzes: siehe Louis Crompton, «The Myth of Lesbian Impunity: Capital Laws from 1270 to 1791», *Journal of Homosexuality* VI (1980–1981), S. 11–25. Von Carroll Smith-Rosenbergs Artikeln ist der für dieses Kapitel relevanteste, «The Female World of Love and Ritual: Relations Between Women in Nineteenth-Century America», *Signs: A Journal of Women in Culture and Society* I (1975), S. 1–29, wieder abgedruckt in: Carroll Smith-Rosenberg, *Disorderly Conduct: Visions of Gender in Visions of Gender in Victorian America* (1985), S. 53–76.

Historische Werke, die sich im allgemeinen mit der Geschichte der Homosexualität auseinandersetzen, kranken oft daran, daß sie sensationslüstern, wehleidig oder flach sind. Ein typisches Beispiel, das alle drei Eigenschaften vereint, ist A. L. Rowse, *Homosexuals in History: A Study of Ambivalence in Society, Literature, and the Arts* (1977) – schon der Untertitel verrät die Konfusion des Autors. Vern L. Bullough, *Sexual Variance in Society and History* (1976) ist materialreich, aber nicht tiefschürfend. H. Montgomery Hyde, *The Other Love: A Historical and Contemporary Survey of Homosexuality in Britain* (1970) ist verständig, umfassend und populär gehalten. Demgegenüber ist John Boswell, *Christianity, Social Tolerance, and Homosexuality: Gay People in Western Europe From the Beginning of the Christian Era to the Fourteenth Century* (1980) eine gelehrte Abhandlung, die ihren selbstgesetzten Rahmen überschreitet und sich in das Dickicht des Sprachgebrauchs wagt. Man lese es in Verbindung mit Kenneth J. Dover, *Greek Homosexuality* (1978; dt. Ausgabe *Homosexualität in der griechischen Antike*, Übs. Susan Worcester, 1983), ein weiteres Beispiel von mustergültiger Gelehrsamkeit. Thomas Africa, «Homosexual in Greek History», *The Journal of Psychohistory* IX (Frühjahr 1982), S. 401–420, bespricht die neuere Literatur im Licht antiker Texte. Immer noch nützlich ist die Darstellung der bahnbrechenden Forscher auf diesem Gebiet in Havelock Ellis, *Studies in the Psychology of Sex*, Band I, *Sexual Inversion* (1897; 2. Aufl. 1900). Siehe auch Ferdinand Karsch-Haack, *Der Putzmacher von Glaurus: Heinrich Hössli* (1903), über einen der frühesten von ihnen.

Die psychoanalytische Diskussion des Themas beginnt natürlich mit Freud, der zwangsläufig immer wieder darauf zurückkam. Der *locus classicus* sind die *Drei Abhandlungen zur Sexualtheorie;* siehe auch Freuds Fallgeschichten, vor allem «Bruchstücke einer Hysterie-Analyse» (1905), *St. A.* VI, S. 86–186, der «Fall Dora»; «Analyse der Phobie eines fünfjährigen Knaben» (1900), *St. A.* VIII, S. 9–123, der «kleine Hans»; «Psychoanalytische Bemerkungen über einen autobiographisch beschriebenen Fall von Paranoia (Dementia Paranoides)» (1911), *St. A.* VII, S. 133–199, der «Fall Schreber»; «Aus der Geschichte einer infantilen Neurose» (1918), *St. A.* VII, S. 125–232, der «Wolfsmann»; «Über die Psychogenese eines Falles von weiblicher Homosexualität» (1920), *St. A.* VII, S. 255–281. Siehe ferner Freuds vielgelästerte Arbeit über Leonardo, «Eine Kindheitserinnerung des Leonardo da Vinci» (1910), *St. A.* X, S. 87–150. Und Freud, «Über einige neurotische Mechanismen bei Eifersucht, Paranoia und Homosexualität» (1922), *St. A.* VII, S. 217–228.

Kompetent verfolgt George H. Wiedeman Freudsche und freudianische Auffassungen über männliche Homosexualität bis in die frühen sechziger Jahre: «Survey of Psychoanalytic Literature on Overt Male Homosexuality», *J. Amer. Psychoanal. Assn.* X (1962), S. 6–409; der Literaturbericht wird weitergeführt in Wiedemann, «Homosexuality, A Survey», ebd. XXII (1974), S. 651–696. Ronald Bayer, *Homosexuality and American Psychiatry: The Politics of Diagnosis* (1981), enthält auch einen geschichtlichen Überblick (Kap. I).

An wichtigen neuen psychoanalytischen Beiträgen gibt es den von Irving Bieber herausgegebenen Sammelband *Homosexuality: A Psychoanalytic Study of Male Homosexuals* (1962), worin Freuds Theorie der Bisexualität ausdrücklich verworfen wird; Charles Socarides, *Beyond Sexual Freedom* (1975) und vom selben Verfasser seine frühere Aussage *The Overt Homosexual* (1968); und das Werk Robert J. Stollers, der die Unterscheidung zwischen angeborener Sexualität *(sex)* und auferlegter Geschlechtsidentität *(gender)* zu seinem Anliegen gemacht hat, siehe vor allem *Sex and Gender*, Band I, *On the Development of Masculinity and Femininity* (1968).

An nicht-psychoanalytischen Studien gibt es Alan P. Bell und Martin S. Weinberg, *Homosexualities: A Study of Diversity Among Men and Women* (1978; dt. Ausgabe: *Der Kinsey-Institut-Report über weibliche und männliche Homosexualität* 1981); wie der Titel andeutet, liegt das Gewicht auf den sexuellen Varianten. Alfred C. Kinsey, Wardell B. Pomeroy und Clyde E. Martin, *Sexual Behavior in the Human Male* (1948), war zwar methodisch alles andere als überzeugend, traf aber revolutionäre Feststellungen über die Häufigkeit homosexueller Erfahrungen und versuchte eine quantitative Klassifizierung des «heterosexuell-homosexuellen Gleichgewichts». Es folgte das Buch von Kinsey, Pomeroy, Martin und P. H. Gebhard *Sexual Behavior in the Human Female* (1953). Besonders lesenswert ist in diesem Zusammenhang Paul Robinson, *the Modernization of Sex: Havelock Ellis, Alfred Kinsey, William Masters and Virginia Johnson* (1976), ein kurzer Essay. Die Betrachtung von Lionel Trilling, «The Kinsey Report» (1948), in *The Liberal Imagination: Essays on Literature and Society* (1950), S. 223–242, hat ihren Stachel nicht verloren. Wichtig ist Erwin J. Haeberles Sammlung *Anfänge der Sexualwissenschaft: Historische Dokumente* (1983); siehe auch seine beiden Artikel «The Jewish Contribution to the Development of Sexology», *The Journal of Sex Research* XVIII (November 1982), S. 305–323, vor allem über Magnus Hirschfeld und Max Marcuse, sowie «Human Rights and Sexual Rights: The Legacy of René Guyon», *Medicine and Law* II (1983), S. 159–172. Siehe auch Joachim S. Hohmann, Hrsg., *Der unterdrückte Sexus: Historische Texte und Kommentare zur Homosexualität* (1977), mit guten frühen Texten und modernen Plädoyers.

Die Standardbiographie über Marcel Proust ist George D. Painter, *Proust: The Early Years* (1959) und *Proust: The Later Years* (1965; dt. Ausgabe: *Marcel Proust. Eine Biographie.* Übs. Christian Enzensberger (Band 1) und Ilse Wodtke (Band 2), 1980); ein sehr detailreiches Buch, das gewissenhaft Romangestalten identifiziert. Roger Shattuck, *Proust* (1974), ist knapp gefaßt, aber brillant. Das Buch von J. E. Rivers *Proust and the Art of Love: The Aesthetics of Sexuality in the Life, Times and Art of Marcel Proust* (1980) ist gründlich, krankt aber an seinem schrillen Ton und einer Unkenntnis der Freudschen Theorien. Robert Alter, «Proust and the Ideological Reader», *Salmagundi* Nr. 58–59 (Herbst 1982–Winter 1983), S. 347–357, enthält eine wirksame Kritik Rivers'. Über Paul Verlaine, den berühmten Poeten und Päderasten, gibt es jetzt Pierre Petitfils, *Verlaine* (1981).

Was Oscar Wilde betrifft, über den so viel geschrieben worden ist, müssen wir auf die angekündigte Biographie Richard Ellmanns warten. Bis dahin halte man sich an seinen informativen, gedruckt vorliegenden Vortrag *Oscar Wilde at Oxford* (1984). *The Letters of Oscar Wilde*, Hrsg. Rupert Hart-Davis (1962), sind eine vorbildliche Editionsleistung und ein gefundenes Fressen für jeden, der bestimmte konventionelle Auffassungen korrigieren möchte; über die traurigen letzten Jahre Wildes siehe H. Montgomery Hyde, *Oscar Wilde: The Aftermath* (1963). Zu den Revisionisten zählt Rupert Croft-Cooke, *Feasting with Panthers: A New Consideration of Some Late Victorian Writers* (1967); er berücksichtigt neuere Forschungen, geht aber streng mit Wilde ins Gericht; das Buch enthält auch lebendige Würdigungen Swinburnes und Symonds'. Über Symonds gibt es die zuverlässige, ja definitive Biographie von Phyllis Grosskurth, *John Addington Symonds: A Biography* (1964). Phyllis Grosskurths Ausgabe von Symonds' unveröffentlichten *Memoirs* (1984) ist ausgezeichnet. Michael Levey, *The Case of Walter Pater* (1978) ist zwar kurz, aber hellsichtig; siehe ferner die intressante Monographie von John L. Conlon, *Walter Pater and the French Tradition* (1982). Aufschlußreiche Seitenblicke auf (insgeheim tolerante, aber auch öffentlich ablehnende) Einstellungen zur Homosexualität in England seit den sechziger Jahren des 19. Jahrhunderts erlaubt Donald Thomas, *Swinburne, The Poet in His World*

(1979), vor allem Kap. III; und in Fawn M. Brodie, *The Devil Drives: A Life of Sir Richard Burton* (1967). Über Whitman gibt es die solide Biographie von Justin Kaplan *Walt Whitman: A Life* (1980); die Stellen über den Menschen sind stärker als die über seine Dichtung. Über Edward Carpenter gibt es neben Phyllis Grosskurth, *Havelock Ellis: A Biography* (1980). Emily Delavaneys spekulatives Buch *D. H. Lawrence and Edward Carpenter. A Study in Edwardian Tradition* (1971) und Chushichi Tsuzuki, *Edward Carpenter, 1844–1929: Prophet of Human Fellowship* (1980), freimütig und nützlich. Kusmin wird knapp, aber trefflich abgehandelt in Renato Pogioli, *The Poets of Russia, 1890–1930* (1960), S. 216–223.

Hans Mayer, *Außenseiter* (1975), versammelt engagierte Essays über solche «Außenseiter» wie Frauen, Juden und Homosexuelle; es enthält kurze Biographien einiger bekannter Homosexueller und einiger anderer, wie Hans Christian Andersen, wo die Frage unklar bleibt. Ein früherer Überblick ist Dr. Albert Moll, *Berühmte Homosexuelle*, in *Grenzfragen des Nerven- und Seelenlebens*, Hrsg. Dr. L. Loewenfeld, Nr. 75 (1910). Über Tschaikowskij unterrichtet definitiv der zweite Band der auf drei Bände angelegten Biographie von David Brown, *Tchaikovsky: The Crisis Years, 1874–1878* (1983).

Was weibliche und männliche Homosexuelle in der Literatur betrifft, verweise ich nochmals auf die informativen Seiten bei A. O. Cockshut, *Man and Woman* (oben. S. 475). Jeffrey Meyers, *Homosexuality and Literature 1890–1930* (1977), enthält kurze, sinnfällige Betrachtungen über Wilde, Gide, Mann und andere. Die Essays über Frankreich in George Stambolian und Elaine Marks (Hrsg.), *Homosexualities and French Literature: Cultural Contexts/Critical Texts* (1979) sind von sehr unterschiedlichem Wert. Zwei ausgezeichnete Sammlungen gibt es über England: *Sexual Heretics: Male Homosexuality in English Literature from 1850 to 1900*, hrsg. und mit einer guten Einführung von Brian Reade (1970), und *Love in Earnest: Notes on the Lives and Writings of English ‹Uranian› Poets from 1889 to 1930* (1970), Hrsg. Timothy d'Arch Smith. Die Anthologie aus dem deutschen *Jahrbuch für sexuelle Zwischenstufen, Auswahl aus den Jahrgängen 1899–1932.* Hrsg. Schmidt (1983), enthält einige wichtige frühe Arbeiten, darunter Eduard Bertzs Essay über Whitman (1905), S. 57–141.

Von den Gesetzen im Zusammenhang mit Homosexualität ist am berüchtigsten der deutsche «Paragraph 175». Siehe Jürgen Baumanns Geschichte und Plädoyer *Paragraph 175* (1968), zu ergänzen durch James D. Steakley, *The Homosexual Emancipation Movement in Germany* (1975). Siehe auch Isabel V. Hull, *The Entourage of Kaiser Wilhelm II. 1888–1918* (1982); John Lauritsen und David Thorstad, *The Early Homosexual Rights Movement (1864–1935)* (1974; dt. Ausgabe *Die frühe Homosexuellenbewegung 1864–1935.* Übs. Dewar Adair und Gerold Hens, Nachw. Annette Dröge, 1984), kurz, aber nicht auf Deutschland beschränkt. Über England gibt es Jeffrey Weeks, *Coming Out: Homosexual Politics in Britain from the Nineteenth Century to the Present* (1977), sowie relevante Kapitel (vor allem II und VI) in Weeks, *Sex, Politics and Society: The Regulation of Sexuality Since 1800* (1981). Siehe ferner Ian Anstruther, *Oscar Browning: A Biography* (1983). Edward C. Mack, *Public Schools and British Opinion, 1780–1860: The Relationship Between Contemporary Ideas and the Evolution of an English Institution* (1939), meidet das Thema Sexualität völlig.

Weit offenherziger ist Jonathan Gathorne-Hardy, *The Old School Tie: The Phenomenon of the English Public School* (1978), und die verständnisvolle Studie von John Chandos, *Boys Together: English Public Schools 1800–1864* (1984), mit einem enthüllenden Kapitel (XIV.) und weiteren Stellen über vertuschte Skandale – Material, das bereits Phyllis Grosskurth in ihrer Biographie über Symonds verwertet hatte. David Newsome, *Godliness and Good Learning: Four Studies on a Victorian Ideal* (1981), ist gehaltvoll über public schools, sehr bewegend und seltsam unschuldig.

Über Griechenland als Apologie der Homosexualität im modernen England siehe vor allem Frank Turner, *Greek Heritage* und Richard Jenkyns, *The Victorians and Ancient Greece* (1980). Über Newmann und die anderen gibt es den Klassiker von Geoffrey Faber, *Oxford Apostles: A Character Study of the Oxford Movement* (1933; 2. Aufl. 1936), und David Hilliard, «Unenglish and Unmanly: Angelo-Catholicism and Homosexuality», *Victorian Studies* XXV (1982), S. 181–210, mit vernünftigen Kommentaren zu Fabers umstrittener Studie. Über den Fanatiker John Kensit gibt es die eindringlichen Seiten bei Owen Chadwick, *The Victorian Church*, Teil II (1970), S. 355–357.

Von der Literatur über den George-Kreis, ist namentlich die umfangreiche Anthologie *Der George-Kreis*, Hrsg. Georg-Peter Landmann (1965), zu nennen mit umfangreichen Auszügen aus den Schriften der Jünger, und die ausgezeichnete biographische Studie des französischen Germanisten Claude David, *Stefan George: Son œuvre poétique* (1952; dt. Ausgabe: *Stefan George: Sein dichterisches Werk*, Übs. Alexa Remmen, 1967). Franz Schonauer, *Stefan George in Selbstzeugnissen und Bilddokumenten* (1969), ist eine faire Zusammenstellung mit ausgezeichneter Bibliographie. Siehe auch Melitta Gerhard, *Stefan George, Dichtung und Kündung* (1962), H. Stefan Schulz, *Studien zur Dichtung Stefan Georges* (1967), Erich von Kahler, *Stefan George* (1964); alle diese Titel befassen sich hauptsächlich mit George als Dichter und Prophet. Karlhans Kluncker, *Blätter für die Kunst, Zeitschrift der Dichterschule Stefan Georges* (1974), untersucht die Zeitschrift des Kreises. Eine Kultur- (und Sexual-)geschichte der Gruppe bleibt ein Desideratum. Immerhin gibt es einige nützliche Kommentare in Walter Z. Laqueur, *Young Germany: A History of the German Youth Movement* (1962; dt. Ausgabe: *Die deutsche Jugendbewegung. Eine historische Studie.* 1978), und *Kulturkritik und Jugendkult*, Hrsg. Walter Rüegg (1974). Über Schweitzer, den homosexuellen deutschen Sozialisten, haben wir die gründliche Lebensgeschichte von Gustav Mayer, *Johann Baptist von Schweitzer und die Sozialdemokratie. Ein Beitrag zur Geschichte der deutschen Arbeiterbewegung* (1909), sowie die abwägenden Seiten in Bebels schwungloser, aber zuverlässiger Autobiographie *Aus meinem Leben*, 3 Bände (1911–1914), vor allem Band II. Die Fachzeitschrift *Archiv für Kriminal-Anthropologie und Kriminalistik*, Hrsg. Prof. Dr. Hans Groß, machte die juristische Seite homosexuellen Verhaltens zu ihrem besonderen Anliegen; seit etwa 1900 enthielt fast jede Nummer einen Beitrag über einen einschlägigen Prozeß oder eine Rezension über ein neu erschienenes Buch zur «konträren Sexualempfindung». Interessante Beobachtungen gibt es in George L. Moss, «Nationalism and Respectability: Normal and Abnormal Sexuality in the Nineteenth Century», *Journal of Contemporary History* XVII (1982), S. 221–246. Eine einfühlsame, historische Abhandlung über Lesbierinnen in

Deutschland bietet Gudrun Schwarz, «‹Mannweiber› in Männertheorien», in Karin Hausen (Hrsg.), *Frauen suchen ihre Geschichte: Historische Studien zum 19. und 20. Jahrhundert* (1983), S. 62–80.

Ein ausgezeichneter neuerer Artikel von George Chauncey, Jr., «From Sexual Inversion to Homosexuality: Medicine and the Changing Conceptualization of Female Deviance», *Salmagundi* Nr. 58–59 (1982–1983), S. 144–146, sichtet das verfügbare (und umstrittene) Material für die USA gegen Ende des 19. und Anfang des 20. Jahrhunderts.

VI. Strategien der Sinnlichkeit

Die klassische Arbeit über die Verteidigungsstrategien, mit denen der Mensch durchs Leben geht, ist Anna Freuds *Das Ich und die Abwehrmechanismen* (1936). Freud selbst hat nie eine ausgearbeitete Theorie der Sublimierung, dieses subtilsten und «gesündesten» Abwehrmechanismus, vorgelegt; wir können nur ausführliche Passagen in seinen Werken heranziehen, namentlich «Die Verdrängung» (1915), *St. A.* III, S. 103–118; siehe auch die berühmte Fallgeschichte des Wolfsmannes, «Aus der Geschichte einer infantilen Neurose» (1918), *St. A.* VIII, S. 125–232. Einige prägnante spätere Hinweise gab Freud in *Das Ich und das Es* (1923), *St. A.* VIII, S. 273–330. Von wichtigen früheren Arbeiten über Sublimierung lohnt Siegfried Bernfeld, «Zur Sublimierungstheorie», *Imago* XVII (1931), S. 399–409, die Lektüre. Imre Hermann, «Die Regel der Gleichzeitigkeit in der Sublimierungsarbeit», ebd. X (1924) verdient ebenfalls Aufmerksamkeit, desgleichen, zwei elegante Arbeiten von Ella F. Sharpe, «Certain Aspects of Sublimation and Delusion» (1930) und «Similar and Divergent Unconscious Determinants Underlying the Sublimation of Pure Art and Pure Science» (1935), beide in *Collected Papers on Psycho-Analysis*, Hrsg. Marjorie Brierley (1950), S. 125–136, 137–154. Siehe auch Edward Glover, «Sublimation, Substitution and Social Anxiety», *Int. J. Psycho-Anal.* (1931), gekürzte Fassung in *On the Early Development of Mind* (1956), S. 130–160. Hans W. Loewald hat die Sublimierung zum Thema mehrerer wegweisender Arbeiten gemacht; sie sollen in einem Buch erscheinen, auf das zu warten sich lohnt. Bis dahin müssen wir uns an seine Beobachtungen in *Papers on Psychoanalysis* (1980) halten, namentlich «Comments on some Instinctual Manifestations of Superego Formation» (1973), S. 326–341. Heinz Hartmann, «Notes on the Theory of Sublimation» (1955), in *Essays on Ego Psychology: Selected Problems in Psychoanalytic Theory* (1964; dt. Ausgabe: *Ich-Psychologie. Studien zur psychoanalytischen Theorie*. Übs. Marianne von Eckardt-Jaffé, 1972), bietet eine gute Zusammenfassung der Diskussion.

Über den verwandten Mechanismus der Reaktionsbildung gibt es die diversen Kommentare Freuds in seinen Arbeiten zur Metapsychologie und, noch dichter gestreut, in *Hemmung, Symptom und Angst* (1926), *St. A.* VI, S. 227–308. Siehe auch Otto Fenichel, «The Counter-Phobic Attitude» (1939), in *The Colected Papers of Otto Fenichel*, Second Series, Hrsg. Hanns Fenichel und David Rapaport (1954), S. 163–173 (dt. Ausgabe: *Gesammelte Aufsätze*, Hrsg. Klaus Laermann, 2 Bände, 1979, 1981). Über die (keineswegs leichte) Unterscheidung zwischen Reaktionsbildung und Sublimierung: Fenichel, *The Psychoanalytic Theory of Neurosis* (1945; dt. Ausgabe: *Psychoanalytische Neurosenlehre*, Taschenbuchausg., Hrsg. und Übs. Klaus Laermann, 1983), sowie die oben zitierte Arbeit von Hartmann.

Die psychoanalytische Untersuchung der Musik steckt noch in den Kinderschuhen. Viel geistige Anregung bietet aber die fünfteilige Artikelfolge «The Psychodynamic Meaning of Music» von Pinchas Noy in *Journal for Music Therapy*, III (1966), S. 126–134; IV (1967), S. 7–23, 45–51, 81–94 und 117–125. Siehe auch Otto Isakower, «On the Exceptional Position of the Auditory Sphere», *Int. J. Psycho-Anal.* XX (1939), S. 340–348; und die weiter ausgreifenden Arbeiten von Mark Kanzer, «Contemporary Psychoanalytic Views of Aesthetics», ebd., S. 514–524; Isidor H. Coriat, «Some Aspects of a Psychoanalytic Interpretation of Music», *Psychoanalytic Review* XXXII (1945), S. 408–418; und Martin L. Nass, «Some Considerations of a Psychanalytic Interpretation of Music», *PQ* XL (1971), S. 303–316.

Die Zahl der Abhandlungen über Musiktheorie, Ästhetik und Psychologie ist natürlich Legion. William Weber, *Music and the Middle Class: The Social Structure of Concert Life in London, Paris and Vienna* (1975), ist ein erster Entwurf zu einer soziologisch orientierten Geschichte der Musik im bürgerlichen Jahrhundert. Von den vielen guten Kurz-Essays Donald Francis Toveys ist besonders relevant «Words and Music: Some *Obiter Dicta*» (1938), in *The Main Stream of Music and Other Essays* (1949; Ausg. 1959), S. 202–219. Verpflichtet bin ich auch Deryck Cooke, *The Language of Music* (1959).

Über Charles Hallé siehe vor allem Michael Kennedy *The Hallé Tradition: A Century of Music* (1960), ebenso informativ sowohl was die Persönlichkeit Hallés als auch was sein Orchester betrifft.

Die Literatur über Richard Wagner ist schier grenzenlos. Die (oft unbeabsichtigterweise) enthüllendsten Dokumente sind *Die Tagebücher 1869–1883* von Cosima Wagner, Hrsg. Martin Gregor-Dellin und Dietrich Mack (1976–1977). Richard Wagners Autobiographie *Mein Leben* (1870; seither in verschiedenen Ausgaben immer wieder aufgelegt; Taschenbuchausg. 1983) ist umfangreich, verlogen – und unentbehrlich, ebenso Wagners Tagebuch, *Das Braune Buch, Tagebuchaufzeichnungen 1865–1882*, Hrsg. Joachim Bergfeld (1975). Von den vielen Biographien ist die beste aus dem wagnerfeindlichen Lager Robert Gutman, *Richard Wagner: The Man, The Mind, and His Music* (1968; dt. Ausgabe: *Richard Wagner*, 1974). Die überzeugendste Verteidigung Wagners, die ich kenne, ist der knappe Essay von Bryan Magee, *Aspects of Wagner* (1968). Die vierbändige Mammutbiographie von Ernest Newmann, *The Life of Wagner* (1933–1947) bleibt autoritativ und lohnt nach wie vor die Lektüre. Newmans einbändiger Essay *Wagner as Man and Artist* (1913; 2. Aufl. 1924) war eine blendende Vorwegnahme des späteren Meisterwerks. Von den wegweisenden Schriften Carl Dahlhaus' über Wagner sagt sein kurzer Essay *Wagners Konzeption des musikalischen Dramas* (1971) das Wesentliche. Gelernt habe ich aus den gesammelten Essays in Peter Burbidge und Richard Sutton, *The Wagner Companion* (1979), vor allem von Deryck Cooke, «Wagner's Musical Language», S. 225–268, und von Lucy Beckett, «Wagner and His Critics», S. 365–399. Ich habe versucht, die erotische Atmosphäre um Wagner und die Abhängigkeit der Jünger vom Meister zu skizzieren, in Anlehnung an «Hermann Levi: A Study in Service and Self-Hatred», *Freud, Jews and Other Germans* (1978; dt. Ausgabe: «Hermann Levi:

Eine Studie über Unterwerfung und Selbsthaß», in *Freud, Juden und andere Deutsche*, Übs. Karl Berisch, 1986, S. 207–237). Im selben Buch bin ich kurz auf die zeitgenössische Brahmsrezeption eingegangen. Besonders anregend fand ich in diesem Zusammenhang Imogen Fellinger, «Das Brahms-Bild der Allgemeinen Musikalischen Zeitung (1863 bis 1882)», in Heinz Becker (Hrsg.), *Beiträge zur Geschichte der Musikkritik* (1965), S. 27–54; der Artikel geht über die im Titel genannte Intention hinaus. Und Hans Gal, *Johannes Brahms. Werk und Persönlichkeit* (1961) ist eine verdienstvolle moderne Biographie. Arnold Schönbergs bekannter Essay über den progressiven Brahms, in *Style and Idea* (1950; dt. Ausgabe: *Gesammelte Schriften*, Band I: *Stil und Gedanke, Aufsätze zur Musik*, Hrsg. Ivan Vojtech, 1976) weist nach, daß Brahms kein bloßer Epigone war. Siehe in diesem Zusammenhang meinen Beitrag «For Beckmesser: Eduard Hanslick, Victim and Prophet», in *Freud, Jews and Other Germans* (dt. Ausgabe: «Eine Lanze für Beckmesser: Eduard Hanslick – Opfer und Prophet», in *Freud, Juden und andere Deutsche*, S. 263–282).

Die psychoanalytische Literatur über die Erotisierung der Natur ist mager. Anregend bleibt Hanns Sachs, «Über Naturgefühl», *Imago* I (1912), S. 119–131; Sachs sieht das Naturgefühl als Projektion eines verdrängten Narzißmus. Des Soziologen W. J. Thomas kurze «Discussion: The Sexual Element in Sensibility», *Psychological Review* XI (1904), S. 61–67, ist ein früher Versuch, mit diesem Thema zurande zu kommen. Höchst dienlich ist die umfassende Biographie *Waldo Emerson* von Gay Wilson Allen (1981); sie sagt viel über die Natur. Von den älteren (keineswegs freudianischen) Untersuchungen fand ich anregend Ferdinand Hoffmann, *Der Sinn für Naturschönheiten in alter und neuer Zeit* (1889), Sir Archibald Geikie, *The Love of Nature among the Romans during the Last Decades of the Republic and the First Century of the Empire* (1912) – altmodische, aber kenntnisreiche Geistesgeschichte –, und Wilhelm Ganzenmüller, *Das Naturgefühl im Mittelalter* (1914). An neueren, weit lohnenderen Werken seien genannt Majorie Hope Nicolson, *Mountain Gloom and Mountain Glory* (1959), eine glänzende, wegweisende Studie; U. C. Knoepflmacher und G. B. Tennyson (Hrsg.), *Nature and the Victorian Imagination* (1977), ein Sammelband voller interessanter Essays, namentlich Tennysons «The Sacramental Imagination», S. 370–390, und George H. Fords «Felicitous Space: The Cottage Controversy», S. 29–48; vor allem die luziden und gelehrten Trevelyan Lectures von Keith Thomas, *Man and the Natural World: Changing Attitudes in England 1500–1800* (1983), die modellhaft dem Wandel der Einstellung zu Fauna und Flora in England nachgehen. M. H. Abrams zu Recht gerühmtes Buch *Natural Supernaturalism: Tradition and Revolution in Romantic Literature* (1971) berücksichtigt auch die romantische Naturverehrung. Die Checkliste in Arthur O. Lovejoy, «Nature as Aesthetic Norm» (1927), in *Essays in the History of Ideas* (1948), S. 69–78, wies den Weg zu weiteren Forschungen über das Thema. Der deutsche Publizist, Romancier, Kritiker und Naturschwärmer Wilhelm Bölsche brachte zwischen 1898 und 1902 sein dreibändiges Werk *Liebesleben der Natur* heraus; interessant dazu: Alfred H. Kelly, «Darwinism and the Working Class in Wilhelmian Germany», Seymour Drescher et al. (Hrsg.), *Political Symbolism in Modern Europe: Essays in Honor of George L. Mosse* (1982), und Kelly, *The Descent of Darwin: The Popularization of Darwinism in Germany, 1860–1914* (1981).

Auf den prosperierenden, aber noch immer ziemlich begrenzten Gebiet der Religionspsychologie waren die Essays von Robert N. Bellah für mich besonders aufschlußreich. Siehe *Beyond Belief: Essays on Religion in a Post-Traditional World* (1970). Von den verschiedenen Arbeiten Freuds über das Thema sind einschlägig: «Zwangshandlungen und Religionsübungen» (1907), *St. A.* VII, S. 11–21, und *Die Zukunft einer Illusion* (1927), *St. A.* IX, S. 135–189. Andere psychoanalytische Zugänge zur Religion bieten u. a. die anregenden, früheren Essays des damals noch «orthodoxen» Erich Fromm, *The Dogma of Christ, and Other Essays on Religion, Psychology, and Culture* (1963; dt. Ausgabe: *Das Christusdogma und andere Essays*, Übs. Carola Dietlmeier, 1965). Mortimer Ostow und Ben-Ami Scharfstein, *The Need to Believe* (1954) ist ein brauchbares Kompendium von psychoanalytischen Gedanken zu religiösem Ritual und Glauben. Eine weniger religionsfeindliche Einstellung der Psychoanalyse bietet Hans W. Loewald, *Psychoanalysis and the History of the Individual* (1978), vor allem Kap. III, «Comments on Religious Experience». Charles Y. Glock und Philip E. Hammond (Hrsg.), *Beyond the Classics? Essays in the Scientific Study of Religion* (1973), enthält erhellende Essays über Durkheim, Weber, Freud, Malinowski und William James im Lichte der modernen Forschung. Paul W. Pruyser *A Dynamic Psychology of Religion* (1968) ist vernünftig und interessant. Von den Büchern Bryan R. Wilsons über das Thema faßt *Religion in Secular Society: A Sociological Comment* (1966) seine Auffassungen wohl am besten zusammen. Kraftvoll argumentiert Clifford Geertz in «Religion as a Cultural System» (1966), in *The Interpretation of Cultures* (1973), S. 87–125. Viele nützliche Bemerkungen zum Thema Religion und sexuelle Frustration enthält G. Rattray Taylor, *Sex in History* (1954). Zum vieldiskutierten Thema Religion und Sexualität bietet Havelock Ellis interessante Einzelheiten in «The Auto-Erotic Factor in Religion», *Studies in the Psychology of Sex*, Band II (1900), S. 267–282. Am aggressivsten und spannendsten plädiert Weston La Barre in seinem brillanten, kompromißlosen Buch *The Ghost Dance: The Origins of Religion* (1970) dafür, die Religion als die große Menschheitsneurose zu behandeln; ich habe aus diesem Buch Einsichten und Trost geschöpft.

Zu Patmore sehe man vor allem Derek Patmore, *The Life and Times of Coventry Patmore* (1949) und J. C. Reid, *The Mind and Art of Coventry Patmore* (1957). Edmund Gosse, *Coventry Patmore* (1905), ist eine unkritische Jubelschrift, aber nicht ohne Wert. Carol Christ, «Victorian Masculinity and the Angel in the House», in Martha Vicinus (Hrsg.), *A Widening Sphere: Changing Roles of Victorian Women* (1977), S. 146–162, versucht auf etwas tendenziöse Weise, das viktorianische Lieblingsklischee vom «Engel im Hause» abzuhandeln. June Badenis informative Biographie über die Freundin von Patmores Alter, *The Slender Tree: A Life of Alice Maynell* (1981), enthält ausgezeichnete Stellen über den Dichter, namentlich S. 90–129. Siehe auch Wendell Stacy Johnson, *Sex and Marriage in Victorian Poetry* (1975).

Die sensibelste und (im guten Sinne) einfallsreichste Biographie über Kingsley ist Susan Chitty, *The Beast and the Monk: A Life of Charles Kingsley* (1975). Ungemein lesenswert ist daneben auch R. B. Martin, *The Dust of Combat* (1959). W. R. Greg, «Kingsley and Carlyle», in *Literary and Social Judgements* (1973), ist eine aufschlußreiche zeitgenössische Stimme. Die viel gelesene und oft nachgedruckte Textsammlung von Kingsleys Witwe, *Charles Kingsley: His Letters and Memories of His Life,* 2 Bände (beste Ausg. 1879) enthüllt mehr, als zu enthüllen Fanny Kingsley ratsam fand. Heywood Broun und Margaret Leech schildern den großen amerikanischen Pornographiejäger *Anthony Comstock: Roundsman of the Lord* (1927). David J. Pivar, *Purity Crusade, Sexual Morality and Social Control, 1868–1900* (1973), ist erhellend. Siehe ferner Joseph R. Gusfield. *Symbolic Crusade: Status Politics and the American Temperance Movement* (1963), der mit Richard Hofstadters analytischer Kategorie der «Statusangst» arbeitet.

Über «Libidinisierung» allgemein siehe Edward Glover, «Unconscious Functions of Education» (1937), in *Early Development of Mind,* S. 282–289. Die marxistische Auffassung entwickelt das anregende, viel zitierte Buch von Francis Klingender, *Art and the Industrial Revolution* (1947; 2. Aufl. 1968; dt. Ausgabe: *Kunst und industrielle Revolution,* Übs. Eva Schumann, 1976). Interessantes Material enthält der Klassiker zur Industriegeschichte von Sigfried Giedion, *Mechanization Takes Command* (1948; dt. Ausgabe: *Die Herrschaft der Mechanisierung,* 1982). Siehe auch Herbert Read, *Art and Industry* (1961), wo der Gedanke seiner «Machine Aesthetic» (1946), in *Coat of Many Colors* (1954), fortgeführt wird. Eine höchst anregende, herrlich illustrierte «Produktion» ist der Ausstellungskatalog des New Yorker Museum of Modern Art *The Machine as seen at the end of the mechanical age* von K. G. Pontus Hultén (1968). Über England gibt es vor allem die von Jeremy Warburg zusammengestellte Anthologie *The Industrial Muse: The Industrial Revolution in English Poetry* (1958), zu lesen in Verbindung mit Warburgs Essay «Poetry and Industrialism: Some Refractory Material in Nineteenth Century and Later English Verse«, *Modern Language Review* LIII (1958), S. 161–170. Herbert L. Sussman, *Victorians and the Machine: The Literary Response to Technology* (1968), konzentriert sich auf die großen englischen Autoren von Thomas Carlyle bis Rudyard Kipling. Siehe auch Walter J. Hipple, *The Beautiful, the Sublime, and the Picturesque* (1957). John Baur, *Revolution and Tradition in American Art* (1950), äußert Treffliches zur Ästhetik der Maschine.

Zu Frankreich sehe man Marc Baroli, *Le train dans la litérature française* (1963), sehr nützlich und umfassend. Elliott M. Grant, *French Poetry and Modern Industry 1830–1870* (1927), ist informativ. Siehe auch Paul Ginestier, *The Poet and the Machine* (1954; Übs. Martin B. Friedman, 1961).

Die von Keith Bullivant und Hugh Ridley herausgegebene Anthologie *Industrie und deutsche Literatur, 1830–1914* (1976), ist kompakt, aber trotzdem überlegt ausgewählt, und trägt wenig bekanntes Material zusammen. Die ältere Untersuchung von Hans Kistenmacher, *Maschine und Dichtung: Ein Beitrag zur Geschichte der deutschen Literatur im 19. Jahrhundert* (1914), und die Dissertation von Felix Zimmermann, *Die Widerspiegelung der Technik in der deutschen Dichtung von Goethe bis zur Gegenwart* (1913) lohnen noch immer das Studium.

Leo Marx, *The Machine in the Garden: Technology and the Pastoral Ideal in America* (1965), ist ein verständiger Essay; Marx scheut sich nicht, Freud zu zitieren. Wie die meisten späteren Autoren zu diesem Thema erkennt er die bahnbrechende Arbeit von Henry Nash Smith an: *Virgin Land: The American West as Myth and Symbol* (1950). Die beste Studie über den Roman *Au Bonheur des Dames* ist eine indirekte: Michael B. Miller, *The Bon Marché: Bourgeois*

Culture and the Department Store, 1869–1920 (1981); das Buch spielt häufig auf Zolas imaginäres Kaufhaus an und vergleicht es mit der Realität. Dr. Paul Dubuisson, *Les Voleuses des grands magasins* (1902) ist die merkwürdige Beschreibung eines merkwürdigen Phänomens: der Kleptomanin.

Sehr gründlich ist Zolas Eisenbahnroman untersucht worden; so von Martin Kanes, *Zola's ‹La Bête humaine›, A Study in Literary Creation* (1962), und J. H. Matthews, «The Railway in Zola's ‹La bête humaine›», *Symposium* XIV (Frühjahr 1960), S. 53–59. Bronson Feldmann, «Zola and the Riddle of Sadism», *American Imago* XIII (1956), S. 415–425, bietet einige psychoanalytische Hinweise. Brian Nelsons Analyse Zolas, dieses halb-bürgerlichen Bürgerschrecks, *Zola and the Bourgeoisie: A Study of Themes and Techniques in ‹Les Rougon-Macquart›* (1983), bietet eine treffliche Einordnung des Romanciers und seiner Romane.

VII. Der Preis der Verdrängung

Andreas Steiner, *«Das nervöse Zeitalter»: Der Begriff der Nervosität bei Laien und Ärzten in Deutschland und Österreich um 1900* (1964) informiert über die genannten Länder. James C. Albisetti, *Secondary School Reform in Imperial Germany* (1983), enthält ein nachdrückliches Kapitel (IV) über die Überlastung der deutschen Jugend; es gibt die Diskussion wieder, die Ende des 19. Jahrhunderts über die möglichen Ursachen der Nervosität der deutschen Schüler geführt wurde. Ilza Veith, *Hysteria: The History of a Disease* (1965), ist ein keineswegs erschöpfender Überblick; der historische Abschnitt (Kap. IV) in Alan Krohn, *Hysteria: The Elusive Neurosis* (1978), ist relativ dünn. Er wäre zu ergänzen durch Harold Merskeys Buch *The Anaysis of Hysteria* (1979), das auch die historische Dimension berücksichtigt.

Die umfangreiche interpretative Literatur über Marx und Hegel berührt zwangsläufig auch das Thema «Entfremdung»; vielleicht am besten sind Jean Hyppolite, *Studies on Marx and Hegel* (1955; Übs. John O'Neill, 1969), George Lichtheim, *Marxism: An {sic} Historical and Critical Study* (1961; 2. Aufl. 1965), Isaiah Berlin, *Karl Marx* (1939; 3. Aufl. 1973; dt. Ausgabe 1963), das sich durch seine Luzidität auszeichnet; Heinrich Popitz, *Der entfremdete Mensch: Zeitkritik und Geschichtsphilosophie des jungen Marx* (1953), und, weit wohlwollender, Herbert Marcuse, *Reason and Revolution: Hegel and the Rise of Social Theory* (1941; 2. Aufl. 1955; dt. Ausgabe: *Vernunft und Revolution. Hegel und die Entstehung der Gesellschaftstheorie*, Übs. Alfred Schmidt, 1962, 2. Auf. 1968). Zum Begriff «Anomie» siehe Robert K. Merton, «Social Structure and Anomie», in Merton, *Social Theory and Social Structure* (1938; überarbeitete Aufl. 1957), S. 131–160; Kurt H. Wolff (Hrsg.), *Emile Durkheim, 1858–1917: A Collection of Essays with Translations and Bibliography* (1960); und Steven Lukes, *Emile Durkheim. His Life and Work: A Historical and Critical Study* (1972), vor allem S. 207–225. Ferdinand Tönnies, dieser faszinierende deutsche Soziologe (der mit «Gesellschaft» und «Gemeinschaft»), könnte ein weit gründlicheres Studium vertragen; bisher gibt es Rudolf Heberle, «The Sociological System of Ferdinand Tönnies: ‹Community› and ‹Society›», in Harry Barnes (Hrsg.), *An Introduction to the History of Sociology* (1948), S. 227–248; Louis Wirth, «The Sociology of Ferdinand Tönnies», *American Journal of Sociology* XXXII (1926),

S. 412–422; Anthony Oberschall, *Empirical Social Research in Germany 1848–1914* (1965).

J. A. Hobson verdient ebenfalls, daß man sich neu mit ihm, und zumal mit seinen psychologischen Aperçus, befasse. H. N. Brailsford, *The Life-work of J. A. Hobson* (1948), ist eine kundige Einführung; Hobsons Autobiographie *Confessions of an Economic Heretic* (1938) ist ansprechend. Siehe auch Paul T. Homan, *Comtemporary Economic Thought* (1928), S. 281–374.

Dr. George M. Beard, der «Erfinder» der «Neurasthenie», wird am besten erfaßt in dem einfühlsamen Essay von Barbara Sicherman, «The Paradox of Prudence: Mental Health in the Gilded Age», *The Journal of American History* LXII (März 1976), S. 890–912. Siehe ferner Sicherman, *The Quest for Mental Health in America, 1880–1917* (1980). Dann gibt es Eric T. Carlsson, «George M. Beard and Neurasthenia», in E. R. Wallace und C. Pressley (Hrsg.), *Essays in the History of Psychiatry, Supplement to Psychiatric Forum* (1980), S. 50–57; und Charles E. Rosenberg, «The Place of George M. Beard in Nineteenth-Century Psychiatry», *Bulletin of the History of Medicine* XXVI (1962), S. 245–259, jetzt. (unter einem anderen Titel) in Rosenberg, *No Other Gods: On Science and American Social Thought* (1976), S. 98–108.

Die Literatur über Prostitution ist seit jeher zumeist anekdotisch, pikant, amüsiert und amüsant gewesen. Typisch für diese oberflächliche, keineswegs unnütze, aber forsch fröhliche Gattung ist Cyril Pearl, *The Girl With the Swansdown Seat: An Informal Report on Some Aspects of Mid-Victorian Morality* (1955); Henry Blyth, *Skittles, the Last Victorian Courtesan. The Life and Times of Catherine Walters* (1970), mit Material über Gladstone; und der ausgiebig bebilderte Band von Joanna Richardson, *The Courtesans: The Demi-monde in 19th Century France* (1967).

Es gibt zahlreiche allgemeine Geschichten der Prostitution, von denen die meisten recht oberflächlich sind: Fernando Henriques, *Prostitution and Society*, 3 Bände (1962–1968), ist umfangreich, aus zweiter Hand und nicht immer zuverlässig. Siehe auch Vern L. Bullough, *The History of Prostitution* (1964), Vern und Bonnie Bullough, *Prostitution: An Illustrated Social History* (1978), und George Scott, *Ladies of Vice: A History of Prostitution from Antiquity to the Present Day* (1968). Die klassische vergleichende Übersicht vom Anfang des Jahrhundert, Abraham Flexners *Prostitution in Europe* (1914), lohnt noch immer das Studium. Robert Baldicks *The Life of J.-K. Huysmans* (1955) untersucht gründlich die Forschungsreisen eines eifrigen Amateurs zu den Freudenhäusern Westeuropas.

Seit dem Zweiten Weltkrieg hat die Sozialgeschichtsschreibung das «soziale Übel» als Thema ernstgenommen und einige eindrucksvolle Monographien hervorgebracht. So gibt es Frances Finnegan, *Poverty and Prostitution: A Study of Victorian Prostitution in York* (1979), eine mustergültige Monographie, die nebenher einige selbstgefällige Klischees über das «Leben» entlarvt. Judith R. und Daniel J. Walkowitz, «‹We ar not Beasts of the Field›, Prostitution and the Poor in Plymouth and Southampton Under the Contagious Diseases Acts», *Feminist Studies* I (Winter 1973), S. 73–106, ist zu einem kleinen Klassiker geworden; Judith Walkowitz, «The Making of an Outcast Group: Prostitutes and Working Women in Nineteenth-Century Plymouth and Southampton», in Martha Vicinus (Hrsg.), *A Widening Sphere*, S. 72–93, führte diese Studie fort, während Judith

Walkowitz, *Prostitution and Victorian Society: Women, Class and the State* (1980)
Material und Thematik der Artikel beträchtlich erweitert. Paul McHugh, *Prostitution and Victorian Social Reform* (1980), konzentriert sich auf eine sorgfältige,
unsentimentale Analyse von Pressure-groups-Taktiken und wirft einige pointierte
psychologische Fragen über die Apostel der Volksgesundheit auf. Brian Harrisons
Rezension (und Kritik) von Steven Marcus, *The Other Victorians*, «Underneath
the Victorians», *Victorian Studies* X (März 1967), S. 239–262, enthält ungemein
wertvolle Beobachtungen, die als Korrektiv übertriebener und aufgeregter Vermutungen dienen können. Siehe auch E. M. Sigsworth und T. J. Wyke, «A Study
of Victorian Prostitution and Venereal Disease», in Martha Vicinus (Hrsg.), *Suffer
and Be Still: Women in the Victorian Age* (1972), S. 77–99. Aufschlußreich ist der
wichtige Artikel von Keith Thomas, «The Double Standard», *Journal of the
History of Ideas* XX (1959), S. 195–216. Josephine Butler ist oft untersucht
worden, am besten ist vielleicht Glen Petrie, *A Singular Iniquity: The Campaigns
of Josephine Butler* (1971). Josephine E. Butler, *An Autobiographical Memoir*,
Hrsg. George W. und Lucy A. Johnson (1909), ist zwar verklärend, aber auch
materialreich.

Nüchtern und informativ ist Ruth Rosen in ihrem treffend illustrierten Buch
The Lost Sisterhood: Prostitution in America, 1900–1918 (1982). Alain Corbin,
Les filles de noce. Misère sexuelle et prostitution aux 19e et 20e siècles (1978) ist ein
Werk von monumentaler Gelehrsamkeit. Es beginnt bei den Erhebungen Parent-
Duchâtelets in den dreißiger Jahren des 19. Jahrhunderts und reicht bis in unsere
Zeit. Es befaßt sich mit dem epochalen Kampf zwischen Befürwortern und
Gegnern einer Legalisierung der Prostitution. Wertvolle Anregungen bieten von
moderneren Autoren noch James F. McMillan, *Housewife or Harlot: The Place of
Women in French Society, 1870–1940* (1981), sowie Robert Wheaton und Tamara
K. Hareven (Hrsg.), *Family and Sexuality in French History* (1980). Siehe auch
Jean Borie, *Le tyran timide. Le naturalisme de la femme au XIXe siècle* (1973).
Siehe auch Alexandre Dumas père, *Filles, lorettes et courtisanes* (1843), ein
Gemisch aus Statistik, Anekdoten und moralisierenden Sentenzen. Ich nenne
noch Dr. Sicard de Plauzoles, *La fonction sexuelle. Au point de vue de l'Ethique et
de l'Hygiène sociales* (1908).

Über die Prostitution in Deutschland gibt es jetzt Richard J. Evans, «Prostitution, State and Society in Imperial Germany», *Past and Present* Nr. 70 (1976),
S. 106–129, eine bahnbrechende Arbeit mit zahlreichen bibliographischen Angaben. Von älteren Untersuchungen informiert gut über die Verhältnisse in drei
deutschen Großstädten A. Neher, *Die geheime und öffentliche Prostitution in
Stuttgart, Karlsruhe und München* (1912). Eine gute, moderne Lokalstudie, die
die Entwicklung der Gesetzgebung zur Prostitution in einer deutschen Stadt
verfolgt, ist Alfred Urban, *Staat und Prostitution in Hamburg vom Beginn der
Reglementierung bis zur Aufhebung der Kasernierung (1807–1927)* (1972). Pastor
H. Stursbergs *Die Prostitution in Deutschland und ihre Bekämpfung* (1886;
2. Aufl. 1887), ist ein rührendes Plädoyer, das jedoch auf Erhebungen aus erster
Hand basiert. Camillo Karl Schneider, *Die Prostituierte und die Gesellschaft. Eine
soziologisch-ethische Studie* (1908) schildert im einzelnen die soziale Stellung der
Dirne und die Ursachen der Prostitution, faßt die Ansicht von Gegnern und
Befürwortern einer Reglementierung der Prostitution zusammen und enthält

einen guten Abschnitt über die Rettung der Prostituierten (S. 115–119). Hans Ostwald, *Das Berliner Dirnentum*, 2 Bände (1907), ist eine sehr eingehende Darstellung, die auch Material zur Gesetzgebung enthält. Siehe auch R. Hessen, *Die Prostitution in Deutschland* (1907). Dr. Fr. J. Bahrend, *Die Prostitution in Berlin und die gegen sie und die Syphilis zu nehmenden Maßregeln* (1850) ist charakteristisch für die kontroverse Literatur um die Jahrhundertmitte. Einen bemerkenswerten Außenseiter-Blick auf Deutschland wirft Josephine Butler, die Kämpferin gegen die doppelte Moral: *The New Era: Containing a Retrospect of the History of the Regulation System in Berlin, of the Repeated Opposition Directed Against the System There, and the Causes of the Failure of the Opposition; With an Indication of the Lessons to be Learned from Past Failure, and of the Source whence Hope Arises For the Future* [«Die neue Zeit: Rückblick auf die Geschichte der Reglementierung in Berlin, den wiederholten Widerstand gegen das dortige System und die Ursachen für dessen Scheitern; nebst einem Hinweis auf die hieraus zu ziehenden Lehren und die Hoffnungsquellen für die Zukunft»] (1872). Hans Schneikkert, «Zur Prostitutionsfrage», *Archiv für Kriminal-Anthropologie und Kriminalistik* II (1912), S. 56–61, und Ed. v. Grabe, «Prostitution, Kriminalität und Psychopathie», ebd. S. 135–181, sind sehr aufschlußreich.

Über die Prostitution in Österreich gibt es einen experimentellen Essay: Sander L. Gilman, «Freud and the Prostitute: Male Sterotypes of Female Sexuality in finde-siècle Vienna», *Journal of the American Academy of Psychoanalysis* IX (1981), S. 337–360. Zu den lohnendsten Vertretern der vorwissenschaftlichen Literatur über Prostitution in Österreich gehört Dr. Ant. J. Groß-Hoffinger, *Die Schicksale der Frauen und die Prostitution im Zusammenhange mit dem Prinzip der Unauflösbarkeit der katholischen Ehe und besonders der österreichischen Gesetzgebung* (1847), ein polemisch-statistisch-aphoristisches Potpourri.

Der philanthropische Impuls beginnt, in der Literatur jene Beachtung zu finden, die er verdient, vor allem für und in England. Brian Harrison, «Philanthropy and the Victorians», in Harrison, *Peaceable Kingdom: Stability and Change in Modern Britain* (1982), S. 217–259, ist die stark veränderte Version eines glänzenden Artikels, der ursprünglich in den *Victorian Studies* (1966) erschienen war. F. K. Prochaska bietet in *Women and Philanthropy in Nineteenth-Century England* (1980) einen informativen Überblick über Frauen, die sowohl private Mildtätigkeit als auch öffentliche Aufkärungsarbeit leisteten. F. B. Smith, *Florence Nightingale: Reputation and Power* (1982) ist eine gründlich dokumentierte, aber mehr als eine Spur zu destruktive «Entlarvung» der «Lady with the Lamp». Über Angela Burdett-Coutts siehe vor allem Edna Healey, *Lady Unknown: The Life of Angela Burdett-Coutts* (1978); Diana Orton, *Made of Gold: A Biography of Angela Burdett Coutts* (1980); Philip Collins, *Dickens and Crime* (1962; 2. Aufl. 1964), Kap. 4; und *Letters from Charles Dickens to Angela Burdett-Coutts 1841–1865*, Hrsg. Edgar Johnson (1953), die allmählich abgelöst werden von der «Pilgrim»-Ausgabe.

Die psychanalytische Literatur über die Rettungsphantasie ist nicht groß. Ein Pionier war Karl Abraham: «Über den weiblichen Kastrationskomplex», *Internationale Zeitschrift für Psychoanalyse*, Band VII (1920) und «Vaterrettung und Vatermord in den neurotischen Phantasiegebilden», ebd. Band VIII (1922; vgl. *Gesammelte Schriften*, Hrsg. J. Cremerius, 2 Bände, 1982). Ferner Edward

Glover, «The Psychopathology of Prostitution», in *The Roots of Crime: Selected Papers on Psycho-Analysis* (1960), S. 244–267. Otto Rank hat vereinzelte, interessante Hinweise in seinem *Inzest-Motiv*. Siehe Freuds wichtige Bemerkungen in «Über einen besonderen Typus der Objektwahl beim Manne» (1910), *St. A.* V, S. 185–195, vor allem S. 192 f. Bernard C. Meyers Vortrag «Some Observations on the Rescue of Fallen Women», *PQ* LIII (1984), S. 208–238, ist interessant.

Die Rettungsphantasie hängt innerlich mit jener nicht weniger weit verbreiteten Phantasie zusammen, die als «Familienroman» bekannt ist – mit der oft ins Bewußtsein vordringenden Vorstellung, daß man nicht der Sohn oder die Tochter seiner Eltern ist, sondern sich einer vornehmeren Abkunft rühmen darf. Freuds klassische Darstellung ist «Der Familienroman der Neurotiker», *St. A.* IV, S. 221–226. Die beste Zusammenfassung und Kritik der Literatur ist Linda Joan Kaplan, «The Concept of the Family Romance», *Psychoanalytic Review* LXI (1974), S. 169–202. Von Psychoanalytikern hat sich Phyllis Greenacre auf dieses Thema konzentriert; man beachte vor allem «The Family Romance of the Artist» (1958), wieder abgedruckt in *Emotional Growth*, II, S. 505–532. Bestätigung von nichtanalytischer Seite liefert Edmund S. Conklin, «The Foster-Child Fantasy», *American Journal of Psychology* XXXI (1920), S. 59–76.

Die gefallene Frau ist, wie jeder weiß, ein ergiebiges Thema der Literatur – und kaum weniger der Malerei. Zu Rate gezogen habe ich George Siegels gehaltvollen Essay «The Fallen Woman in Nineteenth Century Russian Literature», *Harvard Slavic Studies* V (1970), S. 81–107. Der Artikel wäre zu ergänzen um Simon Karlinskys Anmerkungen in *The Sexual Labyrinth of Gogol* (1976), S. 116–117; und Elizabeth Dalton, *Unconscious Structure in ‹The Idiot›* (1979), S. 90. Zur gefallenen Frau in der Malerei sehe man vor allem Susan P. Casteras, *The Substance or the Shadow* (1982), S. 36–38. Linda Nochlin, «Lost and Found: Once More the Fallen Woman», *Art Bulletin* LX (1978), S. 139–153, bezieht sich auf Dante Gabriel Rossettis berühmtes Bild (Abb. 15). Siehe auch den Überblick in George Watt, *The Fallen Woman in the Nineteenth-Century English Novel* (1984). Christiane Issartel, *Les Dames aux Camélias: De l'histoire à la légende* (1982) verbindet auf kundige Weise Fakten und Fiktion. Robert Ricatte, *La Genèse de ‹La Fille Elisa›, d'après des notes inédits d'Edmond et Jules de Goncourt* (1960) geht sorgfältig der Entstehung dieses Romans der Brüder Goncourt um die Prostituierte Elisa nach.

VIII. Epilog: Eros im schwarzen Rock

Hilfreiche Hinweise zu Abel Hugo finden sich in Jean-Louis Flandrin, *Families in Former Times: Kinship, Household and Sexuality* (1970; Übs. Richard Southers, 1976), S. 112–118. Gleichermaßen hilfreich ist Peter Keating, *The Working Classes in Victorian Fiction* (1971). Sheila M. Smith, *The Other Nation: The Poor in English Novels of the 1840s and 1850s* (1980), ist gehaltvoll.

Die Wiederentdeckung und Neu-Herausgabe von Arbeiter-Autobiographien ist zu einem produktiven Gewerbe geworden. Besonders informativ ist das Material in John Burnett (Hrsg.), *Useful Toil: Autobiographies of Working People from the 1820s to the 1920s* (1974). David Vincent hat fünf Autobiographien vollständig herausgegeben und mit erhellenden Einleitungen versehen: *Testaments* of *Radicalism: Memoirs of Working Class Politicians 1790–1885* (1977). Vincents *Bread, Knowledge and Freedom: A Study of Nineteenth-Century Working Class Autobiography* (1981) bietet einen kundigen Überblick über dieses und anderes Material. Bewegende, wahre Geschichten enthalten zwei schmale, von Margaret Llewellyn Davies herausgegebene Bände: *Maternity: Letters from Working Women* (1915); mit Einleitung von Linda Gordon, 1978), und *Life as We Have Known It. By Co-operative Working Women* (1931).

Über die autobiographischen «Versionen des Ichs» hinaus dokumentiert Samuel Pyeatt Menefee, *Wives for Sale: an Ethnographic Study of British Popular Divorce* (1981) das Fortdauern eines wahrlich grausamen Unterschichtenbrauchs bis ins 19. Jahrhundert. Anthony S. Wohls Vermutungen über Schmutz und erotische Beziehungen der arbeitenden Schichten in *Endangered Lives: Public Health in Victorian Britain* (1983) sind äußerst informativ. Siehe auch sein «Sex and Single Room: Incest among the Victorian Working Classes», in Wohl (Hrsg.), *The Victorian Family: Structure and Stresses* (1978), S. 192–216. Robert Roberts, *The Classic Slum: Salford Life in the First Quarter of the Century* (1971), ist selber ein kleiner Klassiker: offen, unsentimental, teilnahmsvoll. Guten Gebrauch von ihm hat Standish Meacham gemacht, *A Life Apart: The English Working Class 1890–1914* (1977), eine zuverlässige Studie, die auch das erotische Leben der Arbeiter (und Arbeiterinnen) berücksichtigt.

Schlicht unentbehrlich sind die Veröffentlichungen der großen englischen Sozialforscher. Charles Booths *Life and Labour of the People in London* erschien erstmals in einer einbändigen Ausgabe 1889, um schließlich (1902–1903) auf 17 Bände anzuschwellen. Eine kluge, knappe Auswahl hieraus bieten Albert Fried und Richard Elman (Hrsg.), *Charles Booth's London* (1969), und Peter Keating (Hrsg.), *Into Unknown England, 1866–1913, Selections from the Social Explorers* (1976), ein Buch, das seine Netze noch weiter auswirft. Ein wichtiger Text ist B. S. Rowntree, *Poverty: A Study of Town Life* (1901). Siehe Asa Briggs aufschlußreiches Werk *Social Thought and Social Action: A Study of the Work of Seebohm Rowntree* (1961). Siehe auch wieder Harrison, «Finding Out How the Other Half Live: Social Research and British Government Since 1780», *Peaceable Kingdom*, S. 260–308, 26.

Zum historischen Hintergrund der Sexualität der unteren Schichten im 19. Jahrhundert sehe man die Beiträge in Paul-Gabriel Boucé (Hrsg.), *Sexuality in Eighteenth-Century Britain* (1982), sowie höchst unglücklich betitelte, aber außerordentlich nüchterne und aufschlußreiche Studie über das Sexualleben der gewöhnlichen Bewohner einer englischen Grafschaft zwischen 1603 und 1660: G. R. Quaife, *Wanton Wenches and Wayward Wives: Peasants and Illicit Sex in Early Seventeenth Century England* (1979).

Siehe Pamela Horn, *The Rise and Fall of the Victorian Servant* (1975) und die knappe vergleichende Studie von Theresa M. McBride, *The Domestic Revolution: The Modernisation of Household Service in England and France 1820–1920* (1976). Ebenfalls vergleichend orientiert ist Faye E. Dudden, *Serving Women: Household Service in Nineteenth-Century America* (1983), mit präzisen Angaben zum sexuellen Verhalten der Dienstmädchen (und der Hausherren). A. J. Munby, der Liebhaber (und Photograph) der englischen Proletarierin, steht – so ausgefallen er war – für Einstellungen, die verbreiteter und weniger überspannt waren; siehe Derek Hudson, *Munby, Man of Two Worlds: The Life and Diaries of Arthur J. Munby 1828–1910* (1972).

Die Erinnerungen französischer Arbeiter sind zurückhaltend soweit es ihr Privatleben betrifft. Zu nennen sind in erster Linie Agricol Perdiguier, *Mémoires d'un compagnon* (1914; Vorwort Jean Bernard, 1964); Martin Nadaud, *Léonard, maçon de la Creuse* (1895; Hrsg. Jean-Pierre Rioux, 1976); Victorine B..., *Souvenirs d'une morte vivante* (1909; Vorwort Lucien Descaves, 1976); Norbert Truquin, *Mémoires et aventures d'un prolétaire à travers la révolution* (o. J.; Einführung Paul Lejeune, 1977); Louise Michel, *Mémoires* (1886; Ausg. 1975). Pierre-Jakez Helias, *The Horse of Pride: Life in a Breton Village* (1975; Übs. June Guicharnaud, 1978), ist ein atmosphärisch dichter, bewegender Rückblick. Eugen Weber, *Peasants into Frenchmen: The Modernization of Rural France, 1870–1914* (1976), ist eine wissenschaftliche Darstellung ländlicher Sitten und Gebräuche. Ferner Martine Segalen, *Love and Power in the Peasant Familiy: Rural France in the Nineteenth Century* (1980; Übs. Sarah Matthews, 1983), mit Ausführungen über Volksbräuche und Berücksichtigung regionaler Unterschiede; und eine geschickte Textsammlung von Jean-Louis Flandrin, *Les Amours Paysannes (XVIe–XIXe siècle)* (1975). Siehe auch Michel Frey, «Du mariage et du concubinage dans les classes populaires à Paris (1846–1847)», *Annales* XXXIII (Juli–August 1978), S. 803–829, ein sorgfältiger, revisionistischer Beitrag. Maurice Agulhon, *La république au village: Les populations du Var de la Révolution à la Seconde République* (1970), ist eine klassische Studie. Zusätzlich siehe den Beitrag von Lucien W. White, «Moral Aspects of Zola's Naturalism Judged by His Contemporaries and by Himself», *Modern Language Quarterly* XXIII (1962), S. 360–372; und Guy Robert, *«La Terre» d'Emile Zola. Etude historique et critique* (1952).

Von den von Paul Göhre angeregten deutschen Autobiographien ist heute nur noch Moritz Th. W. Brommes *Lebensgeschichte eines modernen Fabrikarbeiters* greifbar (1905; Nachwort von Bernd Neumann, 1971). Andere Titel sind Karl Fischer, *Denkwürdigkeiten und Erinnerungen eines Arbeiters*, 2 Bände (1903–1904); Wenzel Holek, *Lebensgang eines deutsch-tschechischen Handarbeiters* (1909) und Franz Rehbein, *Das Leben eines Landarbeiters* (1911). August Bebels berühmte Autobiographie *Aus meinem Leben* bleibt höchst lesenswert. Wichtig auch die *Lebenserinnerungen, 1848–1920* (1922) der Pädagogin Helene Lange; Anon., *Aus der Gedankenwelt einer Arbeiterfrau. Von ihr selbst erzählt*, Hrsg. C. Moszeit (1909); Adelheid Popp, *Jugendgeschichte einer Arbeiterin* (1909; 3. Aufl. 1927); und Ottilie Baader, *Ein steiniger Weg. Lebenserinnerungen* (1921). Reichhaltig auch die von Adolf Levenstein herausgegebenen Bände mit Gedichten, Briefen, Essays und aufschlußreichen Bemerkungen von Arbeitern: *Arbeiter-Philosophen und -Dichter* sowie *Aus der Tiefe. Arbeiterbriefe. Beiträge zur Seelen-Analyse moderner Arbeiter* sind tiefschürfend.

Zu Paul Göhre selbst siehe sein Buch *Drei Monate Fabrikarbeiter und Handwerksbursche* (1891) und die einschlägigen Seiten bei Anthony Oberschall, *Empirical Social Research in Germany, 1848–1914* (1965), vor allem S. 28–30, 80–82. Die Kompilation des protestantischen Pastors Carl Julius Immanuel Wagner, *Die geschlechtlich-sittlichen Verhältnisse der evangelischen Landbewohner im deutschen Reiche*, 2 Bände (1895–1896), bleibt eine Goldgrube. Siehe den kurzen, aber gehaltvollen Essay von Wolfram Fischer, «Arbeitermemoiren als Quelle für Geschichte und Volkskunde der industriellen Gesellschaft» (1958), in Fischer, *Wirtschaft und Gesellschaft im Zeitalter der Industrialisierung* (1972), S. 214–223. Ausgezeichneten Gebrauch von den Arbeiter-Autobiographien macht R. P. Neumann, «Industrialization and Sexual Behavior: Some Aspects of Working-Class Life in Imperial Germany», in Robert J. Bezucha (Hrsg.), *Modern European Social History* (1972), S. 270–298. Eindrucksvoll fand ich Neumanns knappen Essay «Working Class Birth Control in Wilhelmian Germany», *Comparative Studies in Society and History* XX (Juli 1978), S. 408–428. Siehe auch Theodor Klaiber, *Die deutsche Selbstbiographie* (1921). Über eine ältere Zeit unterrichtet die schöne sozialhistorische Arbeit von Helmut Möller, *Die kleinbürgerliche Familie im 18. Jahrhundert. Verhalten und Gruppenkultur* (1969), eine vorbildliche Leistung, die leider bisher keine Nachfolger gefunden hat.

Alte und neue statistische Erhebungen haben eine beredte Zahl von unehelichen Geburten ans Licht gebracht. Ich habe vor allem Othmar Spann, «Die geschlechtlich-sittlichen Verhältnisse im Dienstboten- und Arbeiterinnenstande, gemessen an der Erscheinung der unehelichen Geburten», *Zeitschrift für Sozialwissenschaft* VII (1904), S. 287–303, benutzt, ferner Spann, *Untersuchungen über die uneheliche Bevölkerung in Frankfurt am Main* (1905), sowie einen hilfreichen älteren Überblick von Friedrich Lindner, *Die unehelichen Geburten als Sozialphänomen. Ein Beitrag zur Statistik der Bevölkerungsbewegung im Königreiche Bayern* (1900). Neueren Datums ist John Knodel, «Law, Marriage, and Illegitimacy in Nineteenth Century Germany», *Population Studies* XX (März 1967), S. 279–294. J. Michael Phayer, *Sexual Liberation and Religion in Nineteenth Century Europe* (1977), untersucht in Kap. 2, «Proletarische Sexualität», die Zahl der unehelichen Geburten in Bayern.

Der Adel kommt in meinem Text nur am Rande vor; ich erwähne daher nur: Ernest K. Bramsted, *Aristocracy and the Middle-Classes in Germany: Social Types in German Literature 1830–1900* (1937; überarbeitete Ausg. 1964) und Heinz Gollwitzer, *Die Standesherren. Die politische und gesellschaftliche Stellung der Mediatisierten, 1815–1918. Ein Beitrag zur deutschen Sozialgeschichte* (1957). Zu England siehe Randolph Trumbach, *The Rise of the Egalitarian Family: Aristocratic Kinship and Domestic Relations in 18th Century England* (1978), ein durch seine ahnlungslose Freud-Kritik beeinträchtigter Essay. Über Guillaume Geefs siehe Paul Fierens (Hrsg.), *L'Art en Belgique du moyen age à nos jours* (1947), S. 420–423.

Abbildungen und Quellenverweise

Abmessungen in Zentimetern, Breite vor Höhe

1. Norman Hirst, *Walter Bagehot*, Mezzotinto. Aus Mrs. Russell Barrington, *Life of Walter Bagehot* (1914), Frontispiz.
2. Emilie Isabel Wilson, *Elizabeth Wilson*, Skizze. Ebd., nach S. 238.
3. Dr. Otto Beneke; Ölgemälde. Mit freundlicher Genehmigung des Staatsarchivs der Freien und Hansestadt Hamburg.
4. Moritz Retzsch, *Schachspieler;* Stich. Mit freundlicher Genehmigung des Staatsarchivs der Freien und Hansestadt Hamburg.
5. Emile-H. Meyer, unbetitelter Kupferstich. Frontispiz in Adolphe Retté, *Paradoxe sur l'Amour* (1893).
6. Charles Kingsley. Mit freundlicher Genehmigung des Bettman Archive.
7. Fanny Grenfell Kingsley. Mit freundlicher Genehmigung von Mrs. Angela Covey-Crump, Ely.
8. Charles Kingsley, Zeichnung. Mit freundlicher Genehmigung von Mrs. Angela Covey-Crump.
9. Charles Kingsley, Zeichnung. Mit freundlicher Genehmigung von Mrs. Angela Covey-Crump.
10. Charles Kingsley, Zeichnung. Mit freundlicher Genehmigung von Mrs. Angela Covey-Crump.
11. Mabel Barrows. Mit freundlicher Genehmigung von Susanna Barrows.
12. Aus Edna Healey, *Lady Unknown: The Life of Angela Burdett-Coutts* (1978), S. 81.
13. Aus *Punch* LXXVII (6. Dezember 1879), S. 262.
14. Aus Max Ring, *Die deutsche Kaiserstadt Berlin und ihre Umgebung*, 2 Bände (1883–1884), II, S. 44.
15. Dante Gabriel Rossetti, *Found*, Öl auf Leinwand (91,5 × 80 cm). Kunstmuseum Delaware, Sammlung Samuel and Mary R. Bancroft.
16. Abraham Solomon, *The Lion in Love*, Öl auf Leinwand (71 × 89 cm). Ausgestellt 1858. Aus *Apollo Magazine* IIIC (Januar-Juni 1973), S. 21. Mit freundlicher Genehmigung der Firma Christie.
17. Guillaume Geefs, *Der verliebte Löwe*, Skulptur. Ausgestellt 1851. Aus C. H. Gibbs Smith, *The Great Exhibition of 1851. A Commemorative Album* (1950; Ausg. 1964), S. 127.
18. John Bell, *Una and the Lion*, Elfenbeinporzellan (1861), nach dem Entwurf von 1847. Mit freundlicher Genehmigung des Victoria and Albert Museum, London.
19. Guillaume Geefs, *Genoveva von Brabant*, Skulptur. Aus *The Crystal Palace Exhibition: Illustrated Catalogue*, Sonderheft des *Art-Journal* (1851), S. 288.
20. Guillaume Geefs, *Der treue Bote*. Ebd., S. 234.

Danksagung

Dieses Buch war, wie sein Vorgänger, auf die Freundlichkeit Fremder angewiesen – und auf die von Freunden, Kollegen und Studenten. Ich versuche, mich ihrer aller in Dankbarkeit zu entsinnen.

Einige der Vorlesungen, die ich in *Erziehung der Sinne* erwähnt habe, muß ich hier noch einmal anführen, weil sie mir erlaubten, Gedanken zu entwickeln und Formulierungen zu erproben, die für diesen Band zentral sind: die Martin Rist Lectures an der Iliff School of Theology in Denver 1977; die Christian Gauss Lectures in Criticism an der Princeton University im Frühjahr 1979; die Ena H. Thompson Lectureship am Pomona College, die zu inaugurieren ich im Frühjahr 1980 die Ehre hatte; und die vier Freud Lectures, die ich in Yale im Herbst 1980 hielt, unter der Ägide des Western New England Institute of Psychoanalysis und des Humanities Center meiner Universität. Zu diesem muß ich ergänzen die John Teall Memorial Lecture im April 1980 am Mount Holyoke College über «Strategien der Sinnlichkeit: Apsekte bürgerlicher Sexualität im 19. Jahrhundert», sowie im selben Jahr meine Vorlesung über Patmore und Kingsley vor dem British Art Center in Yale. 1984 hatte ich das Vergnügen, Merle Curti Lecturer an der University of Wisconsin in Madison zu sein; dabei hatte ich reichlich Gelegenheit, einige zentrale Aussagen des IV. Kapitels, über Literatur, zu erproben. Im Dezember 1984 trug ich eine komprimierte Fassung dieser Vorlesungen am Humanities Center in Yale vor. Im Monat zuvor gab ich bei einem öffentlichen Auftritt als Ida Beam Lecturer an der University of Iowa in Iowa City eine Zusammenfassung der These des vorliegenden Bandes. Von angenehmen Erinnerungen erfüllt, möchte ich festhalten, daß ich überall großartig aufgenommen wurde (was heißen soll: gastfreundlich, geduldig und konstruktiv); die Gelegenheit, alte Freunde wiederzusehen und neue zu treffen – Freunde und Kritiker! –, war mehr als nur ein beiläufiger Ertrag dieser Vorlesungstätigkeit. Vergessen kann ich auch nicht die Dankesschuld (die ich nun, da ich den Kurs abgegeben habe, ausdrücklich festhalten möchte), welche mir meine Studenten in Yale vom Kurs «Geschichte 229a» aufgeladen haben, einem Kurs, der sich im Laufe der Jahre und mit dem Fortgang meiner eigenen Arbeit gewandelt hat. Meine Schüler waren aufmerksam, aufgeschlossen und auf ihre Weise sehr hilfreich für mich.

Die Stiftungen, die mein Großunternehmen unterstützt haben und die ich in *Erziehung der Sinne* dankbar erwähne, haben auch bei der Entstehung des vorliegenden Buches eine nicht weniger hervorstechende Rolle gespielt. Die Forschungsabteilung des National Endowment for the Humanities finanzierte mir Zeit, Reisen und Bücher durch zwei überaus willkommene Stipendien von 1973 bis 1975 und von 1981 bis 1984. Die geisteswissenschaftliche Abteilung der Rockefeller Foundation und die John Simon Guggenheim Foundation förderten meine Jagd nach Zeit und Ressourcen durch eine Fellowship. Der Fund for Research der American Psychoanalytic Association brachte sich fast in eine schiefe Lage dadurch, daß er meine historischen Forschungen unterstützte, die ja nun wirklich recht weit entfernt sind von den rein technischen Untersuchungen, mit denen er es in der Regel zu tun hat. Der A. Whitney Griswold Fund in Yale half mir, die Unkosten für Schreibkräfte und Fotokopien zu decken. Mein Dank an sie alle ist keineswegs nur Routinesache; ich freue mich, daß ich mich hiermit einiger meiner Dankesschulden auf die einzige Art und Weise entledigen kann, die einem Wissenschaftler ansteht – indem er vorlegt, was er vorzulegen versprochen hat.

Wieder einmal und mit wirklicher Freude möchte ich mich für die Hilfe der Universitätsverwaltung von Yale erkenntlich zeigen, die mir meine Wege geebnet hat. Joseph Warner und Linda Downey von der Grants and Contracts Administration opferten viel Zeit, um mich durch das Labyrinth von Bewerbungen und Kostenvoranschlägen zu führen; dasselbe tat unverdrossen Loueva Pflueger von meinem eigenen Department. Mein Kollege Howard Lamar, Dean des Yale College, arbeitete findig einen Stundenplan aus, der es mir erlaubte, Lehre und Forschung zu verbinden. Unendlich dankbar bin ich Robert Balay und seinem talentierten, vielgeplagten und oft unterschätzten Stab von Bibliothekaren. Betty Paine entwickelte professionelles Interesse an meiner Arbeit, lieh mir Bücher, suchte Zitate heraus und schrieb geduldig meine oft schwer entzifferbaren Manuskripte ab. Mary Kuntz und ihre Vorgängerin Janet Gertz, beide bewandert in der Welt von heute, gaben meine Kapitel flink und elegant in den Textcomputer ein. Dank schulde ich ferner Suzanna Lengyel, die wichtige Ratschläge gab; Susanne Roberts von der Bibilographischen Abteilung der Sterling Library, die mir beistand, wenn ich auf notwendige Neuerwerbungen drang; Teri Edelstein, damals beim British Art Center, die dringend benötigte Auskünfte über englische Kunst des 19. Jahrhunderts erteilte; Judith Schiff, der verantwortlichen Archivarin unserer Handschriften- und Archivabteilung, die mir wertvolle Informationen über Sammlungen und Bilder gab; Diane Kaplan und Bruce Stark, die einige prächtige Tagebücher und Briefe für mich entdeckten; Diane Ducharme, die sich die Zeit nahm, mit mir über die Roe Papers zu sprechen. Auch Gloria Locke war höchst hilfreich.

Ich brauche hier nicht noch einmal alle Archive und Archivare zwischen Oslo und Köln, Berlin und Stanford, München und Oxford und Cambridge aufzuzählen (siehe *Erziehung der Sinne*, S. 547), die meine Briefe in großer Ausführlichkeit beantwortet oder mich durch ihre Sammlungen geführt haben. Erwähnen muß ich aber, wegen der unschätzbaren Beneke-Papiere, Dr. Eckardt vom Staatsarchiv der Freien und Hansestadt Hamburg sowie, wegen der Kingsley- und der Wilson-Papiere, die Bibliothekare (besonders Dr. C. J. Wright), von der British Library in London. The Right Honourable Norman St. John-Stevas und Miss Nina Burgis (mit der ich ein denkwürdiges Gespräch in London führte) waren außerordentlich entgegenkommend, was die Papiere von Eliza Wilson Bagehot betraf; nicht minder entgegenkommend war Mrs. Angela Covey-Crump mit den faszinierenden Tagebüchern Fanny Grenfell Kingsley sowie mit Charles Kingsleys Zeichnungen. Der Tag, den ich in Mrs. Covey-Crumps Eßzimmer in der Domstadt Ely verbrachte, lesend, schauend und schreibend, bleibt mir als idealer Anlaß in Erinnerung – es war ein Tag, wie ihn der Wissenschaftler erträumt und wie er ihm mitunter vergönnt ist.

Als ich Ende 1983 die Danksagung zu *Erziehung der Sinne* schrieb, hatte ich soeben meine Kanditatur am Western New England Instiute for Psychoanalysis absolviert; mittlerweile bin ich offiziell graduiert, das Schild «Graduate in Research» hängt in meinem Arbeitszimmer, und ich bin selber Mitglied des Instituts. Die Mühsal der Ausbildung ist vorüber, aber das Gefühl dankbarer Verpflichtung bleibt. Ich habe meine Dankbarkeit gegen Dr. Richard Newman und Dr. Ernst Prelinger auf der Widmungsseite meines *Freud for Historians* (1985) zum Ausdruck gebracht. Doch möchte ich nicht unterlassen, meinen anderen Instruktoren und Mitkandidaten zu danken – sie haben in einem sehr realen Sinne dieses Buch erst möglich gemacht.

Es ist weit mehr als ein höflicher Gemeinplatz, wenn man sagt, daß ein Buch – zumal ein so dickes – ein Gespräch und eine Gemeinschaftsleistung ist. Für mich besteht eine der Freuden des Recherchierens, Durchdenkens und Niederschreibens solcher Bücher in der freundschaftlichen und anhaltenden Diskussion zwischen dem Autor und seinem ersten Publikum. Ich denke besonders an Freunde: Der Psychoanalytiker Martin Bergmann las nicht nur die ersten Kapitel durch und diskutierte sie mit mir, sondern gewährte mir auch Einblick in sein umfangreiches und ehrgeiziges, noch unveröffentlichtes, historisch-analytisch ausgerichtetes Manuskript «The Anatomy of Love». Stefan Collini hörte sich geduldig die Ausführungen über meine Generalthese und den Aufbau des Ganzen an und gab freimütig, aber freundlich seinen Kommentar zu beidem ab. Richard Ellmann half im allgemeinen wie im besonderen aus – zumal bei Oscar Wilde. Dick und Peggy Kuhns, der Philosoph und die Psychologin, gaben mir, bei zahllosen Diskussionen über Grundsatzfragen in Vermont, New York und Hamden, freundschaftlich von ihrer Zeit und ihrer Klugheit ab. Mit Jerry Meyer sprach ich ausgiebig über die meiner Arbeit zugrunde liegenden psychoanalytischen Theorien. Quentin Skinner, mit dem fast zwanzig Jahre lang fachzusimpeln ich das Vergnügen habe, hörte sich ruhig – zum Glück nicht zu ruhig – meine Gedanken an. Wim Smit, mein einstiger Kollege an der Columbia University, sandte mir eine aufschlußreiche, eingehende Denkschrift über Lodewijk van Deyssel. Gladys Topkis von der Yale University Press gewährte mir auf mancherlei Weise großzügig ihre Unterstützung. Und Vann Woodward war, wie immer, da, wenn ich ihn brauchte.

Noch andere waren an dieser Fach-Konversation beteiligt. Mein früherer Schüler James Albisetti, der jetzt an der University of Kentucky Geschichte lehrt, versorgte mich mit willkommenen Zitaten. Madelon Bedell versuchte bereitwillig, ein Rätsel über ein Gedicht von Louisa May Alcott zu lösen. Mein Kollege Paul Bushkovitch gab mir wertvolle Hinweise zur russischen Homosexuellen-Literatur. Caroline Bynum von der University of Washington kopierte hilfsbereit einiges schwer zu bekommende Material von Freud. Lady Chitty beantwortete höchst entgegenkommend meine Frage nach den Quellen ihrer akkuraten und unterhaltsamen Biographie über Charles Kingsley. Sophie Glazer sandte Köstlichkeiten, die ich unfehlbar gebrauchen konnte. Liliane Green von der romanistischen Abteilung in Yale sprach mit mir über französische Literatur des 19. Jahrhunderts. Ein anderer Kollege, Bob Herbert, sprach mit mir genauso hilfreich über französische Kunst. Isabell Hull aus Cornell, eine gute deutsche Historikerin, korrespondierte mit mir über Liebe und Sexualität im Deutschland des 19. Jahrhunderts. Jane Isay, früher bei der Yale University Press, sorgte dafür, daß ich schnellstens zu Büchern kam, die ich dringend benötigte. Der Psychoanalytiker Dr. Mark Kanzer schickte mir freundlicherweise einen Sonderdruck, den ich postwendend glaubte sehen zu müssen. Dr. Bernard C. Meyer, ebenfalls Psychoanalytiker, ließ mich einen wichtigen Artikel sehen. Stephen Kern, ein Historiker, der auf ganz ähnlichen Gebieten arbeitet wie ich, unterzog meine Ideen einer ebenso gründlichen wie förderlichen Prüfung. Carl Landauer, mein einstiger Schüler, nahm sich die Zeit, während er seine eigene Dissertation beendete, über mein Buch nachzudenken, und zwar gründlich. John Lauritsen beseitigte einige Unklarheiten über Homosexualität in Deutschland. Mark Micale, der jetzt über Charcot arbeitet, war mehr, als er weiß, eine geistige Anregung. Nützlich fand ich einige schon vor Jahren getätigte Recherchen von Debra Perry. Harry Payne ließ mich ein faszinierendes Manuskript über einige (nicht minder faszinierende) Gestalten des modernen Englands sehen. Dean Michael S. Pincus von der Fairleigh Dickinson University ließ mich in den Genuß seiner Kenntnis der modernen spanischen Literatur kommen. Barbara Corrado Pope gab großzügig Auskunft über einen französischen Briefwechsel, über den sie gerade arbeitet. Eine Arbeit von Janet Potash, einer Studentin meines Department (vgl. Bibliographie), lieferte mir Informationen. Meine Kollegen George Schoolfield und Jeffrey Sammons klärten mich fachkundig über skandinavische und deutsche Romane auf. Alan Spitzer von der University of Iowa erwies sich nicht nur als blendender Gastgeber, sondern auch als guter Partner beim Fachsimpeln. Dankbar bin ich James Steakley aus Wisconsin für Hinweise zur Homosexualität in Deutschland. Mary Lee Townsend unterrichtete mich glänzend über die Zensur in Deutschland. Paul B. Wehn von der Cambridge University Press versorgte mich mit dringend benötigter Literatur. Carl D. Weiner gab Auskunft über einen Brief. Schwester Martha Westwater schrieb mir über die Schwestern Wilson. Sean Wilentz von der Princeton University diskutierte mit mir, als es notwendig war, über *Onkel Toms Hütte*. Anthony S. Wohl aus Vassar erwies sich nicht nur als nachsichtiger Rezensent, sondern auch als informativer Briefpartner. Meine Forschungsassistenten Karen Bradley, Georges Magaud, Jeffrey Sturgess und Sally Tittman gruben einige interessante Artikel aus.

Die Oxford University Press erwies sich als kooperativ wie eh und je. Besonders danke ich Nancy Lane, die mehr ist als eine Lektorin, und Rosemary Wellner; die beiden haben das unhandliche Manuskript mit einem Maximum an guten Ratschlägen und einem Minimum an Reibung betreut. Vergessen will ich auch weder Sheldon Meyer, den Lektor, der dieses ganze Unternehmen mit mir zusammen lancierte, noch meine Lektorin beim ersten Band, Stephanie Golden, die weit mehr als das zu Erwartende tat, um die Kontinuität eines Projekts sicherzustellen, in das sie so viel wertvolle Arbeit investiert hatte.

Wie bei der *Erziehung der Sinne*, verdienen auch diesmal meine Leser besondere Erwähnung. Peter Demetz (und Julie Iovine) boten wertvolle, eingehende Kritik, besonders im Bereich Literatur. John Merriman, mein Kollege und guter Freund (trefflich assistiert von Carol Payne mit ihrem guten Blick für Nuancen), sah das ganze Manuskript durch; seine deutlichen, aber immer wohlwollenden Kommentare, zumal zur Sozialgeschichte, waren mit von erheblichem Nutzen. Groß ist meine Dankesschuld gegen Henry Gibbons und Susanna Barrows, ehedem meine Schüler und nun, wie ich mit Freuden sagen kann, meine Freunde. Henry wog jedes Wort dieses Manuskripts, las es höchst kritisch durch und zwang mich zum Glück, einige unklare Fragen der psychoanalytischen Theorie neu zu durchdenken, vor allem – aber nicht nur – über weibliche Sexualität. Susanna versorgte mich mit allerlei prachtvollem, unveröffentlichtem Material und mit Abbildungen. Und wieder einmal stehe ich in der Schuld Bob Webbs: Er machte sich unendlich Mühe mit diesem Manuskript, als der erfahrene Lektor und hervorragende Historiker, der er ist. Er gab zahlreiche Anregungen, von denen ich in der Tat sehr profitiert habe.

Und wie zuvor möchte ich Ruth Gay einen eigenen Absatz widmen; ihre Abneigung gegen das «Und» am Satzanfang bleibt nicht-kompromißfähig. Ihre Aufmerksamkeit und ihre Präzision ließen sie, inmitten drängender eigener Arbeit, jedes Kapitel zweimal und öfter lesen; inhaltlich wie stilistisch hat dieses Buch dadurch erheblich gewonnen. Wie immer wach für mein Interesse an entlegenem, und gewöhnlich übersehenem Material, hat sie in den Archiven von Yale einige großartige Dokumente ausfindig gemacht. Sie sei, schrieb ich in einer vorigen Danksagung, «Kritiker, Lektor, Rechercheur und Enthusiast in einem» gewesen. Da ich diese Formulierung nicht zu verbessern weiß und sie noch immer zutrifft, kann ich nichts Anderes tun, als sie an dieser Stelle zu wiederholen.

Peter Gay

Register